作者简介

田平安 重庆云阳人。西南政法大学法学教授、博士生导师,第三届全国高等院校教学名师,国务院津贴获得者,历任西南政法大学书记、校长等职,曾兼任中国法学会民事诉讼法学研究会副会长、中国高等教育管理研究会副理事长等职。出版专著《民事诉讼证据初论》《中国民事诉讼》《程序正义初论》《民事诉讼法学改革开放三十年》;主编各种法学教材四十余种,其中《民事诉讼法原理》荣获司法部第二届全国法学教材及科研成果一等奖。先后发表《民事诉讼模式初论》《民事诉讼责任论》《民事审判改革探略》等九十余篇论文。

唐力 法学博士,西南政法大学党委常委、副校长,教授、博士生导师,重庆市高等学校教学名师,重庆市巴渝学者特聘教授,中国法学会民事诉讼法学研究会副会长、中国行为法学会副会长、重庆市法学会民事诉讼法学研究会会长。曾获得"重庆市教学名师"、"重庆市巴渝学者特聘教授"等荣誉称号。出版个人专著《民事诉讼构造研究》一部,合著三部,主编、参编教材十余部;在《法学研究》《法商研究》《法律科学》《法学》《法学评论》《现代法学》等期刊上发表学术论文四十余篇;主持国家社科基金、省部级课题十余项。负责修订第六、七章。

黄娟 华南理工大学法学院副教授、硕士生导师,法学博士。曾参与国家级、省部级两项科研项目,在《法学研究》《中国法学》《现代法学》等期刊上发表学术论文二十余篇,出版个人专著一部,译著(合著)一部,参编法学著作、教材五部。学术成果曾获省部级奖励两项,省厅级奖励一项。负责修订第三、八、九章。

相庆梅 江苏东海县人。北方工业大学法律系教授,法学博士,中国法学会民事诉讼法学研究会理事。2020年主持国家社科项目《公共风险预防视角下公益诉讼制度理论研究与实践探索》、2018年主持教育部项目《互联网环境下的司法公开制度研究》,并主持北京社科基金等多个项目。出版《从逻辑到经验——民事诉权的一种分析框架》等两部专著;在《现代法学》《河北法学》《诉讼法学研究》等期刊上发表学术论文五十余篇,主编《民事诉讼法》教材两本;参与编写本科教材、研究生教材多本。负责修订第四、十三章。

彭世忠 四川自贡市人,法学博士。西南财经大学法学院教授,博士研究生导师。1996年、1999年分别在西南政法大学民事诉讼法专业获得法学硕士、法学博士学位。曾经在西南政法大学诉讼法教研室任教八年,华南理工大学法学院任教近十年。2013年进入西南财经大学法学院工作,任诉讼法研究所所长、诉讼法博士点负责人。兼任中国法学会民事诉讼法学研究会理事,四川省法学会理事,四川省法学会环境法研究会常务副会长,四川省高级人民法院特聘教授,四川省律师协会惩戒专家委员。主编或参编《国际民商事诉讼法比较研究》《民事诉讼法学》《比较民事诉讼法学》《民事诉讼法原理》等教材或专著等约十部;在《政法论坛》《现代法学》等刊物上发表《认真对待司法经验》《论民事执行的检察监督》《铁路运输司法机构存废论》等论文四十余篇。负责修订第十、二十一、二十二、二十六章。

黄宣 西南政法大学法学院法学副教授、法学博士,硕士生导师,中国法学会民事诉讼法学研究会理事。著有《民事诉讼法理与教学研究》《卓越法律专业硕士人才培养方式研究》《执行法律精要与依据指引》,主编《卓越法律本科人才培养的实践报告》,合著《民事诉讼实践理性导论》;参编《法学概论》《公证与律师制度》等教材和工具书二十余本,在《学海》《人民论坛》等期刊上独立或合作发表论文四十余篇。负责第十二、十九、二十三、二十四、二十五章。

赵信会 山东巨野县人,法学博士,博士后。山东财经大学法学院教授、硕士研究生导师、山东省重点学科民商法学的负责人、山东省特色专业法学专业的负责人。中国法学会民事诉讼法学研究会理事,山东省诉讼法学研究会副会长。出版专著《民事推定及其适用机制研究》《中国民事证据制度的近代化研究》《证据法专论》等,在《现代法学》《法律科学》《法学论坛》《法律适用》《人民司法》《中国刑事法杂志》等法学核心期刊上发表论文五十多篇。负责修订第十六、十八、二十章。

毋爱斌 河南焦作人,法学博士,西南政法大学教授,硕士生导师。兼任中国法学会民事诉讼法学研究会理事。主要从事民事诉讼法学、民事执行法学、司法制度等领域的教学和科研工作。先后在《法学》《清华法学》《法律科学》《比较法研究》《当代法学》等刊物上发表论文数十篇,部分成果被人大"复印资料《诉讼法学、司法制度》"转载;出版《民事执行拍卖制度研究》专著一部;主持国家社科、司法部等课题多项。获得重庆市第十次社会科学优秀成果名单三等奖、第一届重庆市学位与研究生教育学会研究生教育教学改革研究优秀成果奖等奖项。负责修订第二十七、二十八、二十九、三十、三十一章。

夏璇 四川乐山人,法学博士,西南政法大学副教授、硕士生导师。主要讲授民事诉讼法、中国司法制度等课程。2019年获西南政法大学"柯泰"教书育人奖;2020年获"西政好老师"荣誉称号。出版专著三部,参与编纂民事诉讼法学教材两本。主持有国家社会科学基金课题1项,省部级课题4项。参与其他国家级、省部级课题10余项,在《法律科学》《社会科学家》《广西社会科学》等核心期刊发表论文十余篇,其中部分被《人大报刊复印资料》转载。负责修订第一、二、五、十一、十四、十五、十七章。

李昌超　河南新乡人,中共党员,法学博士(2014),出站博士后(2016),现任民事诉讼法教研室讲师、硕士生导师,西南政法大学比较民事诉讼研究中心研究人员、中国仲裁学院研究人员。兼任《工人日报》特约评论员,中国司法行为研究会理事。曾在东莞市第一人民法院、涪陵区人民法院挂职。主要从事民事诉讼法学、执行法学、仲裁法学教学科研工作。在《政法论丛》《河南大学学报(社科版)》等CSSCI期刊发表论文十余篇。主持司法部课题、重庆教委课题等各类课题5项,参与国家社科基金、最高人民法院重点课题、司法部课题、中国法学会课题等各类课题十余项。获得第六届中国法治论坛优秀论文奖、中国司法论坛二等奖等各类奖项5次。负责修订第三十二、三十三章。

第七版说明

时光如白驹过隙,转眼间第六版修订至今已七年。作为一本面向研究生群体使用的教材,本书被大量选用,受到广大读者的好评。

近年来,中国民事司法审判不断向前发展,法律制度日臻完善。特别是《中华人民共和国民法典》的颁布,是新时代我国社会主义法治建设的重大事件。与此相适应,民事程序规则也随之发生变化。2019 年,最高人民法院总结近 20 年以来民事审判经验,吸收民事证据理论研究的最新成果,修订和完善了已实施 17 年之久的《关于民事诉讼证据的若干规定》;2021 年 1 月,最高人民法院颁布《关于修改〈最高人民法院关于人民法院民事调解工作若干问题的规定〉等十九件民事诉讼司法解释的决定》,更新大批民事程序法类司法解释;2021 年 5 月,为推进和规范在线诉讼活动,完善在线诉讼规则,最高人民法院发布了《人民法院在线诉讼规则》;2021 年 12 月,全国人大常务委员会对《民事诉讼法》进行修订;2022 年 3 月,最高人民法院对《关于适用〈中华人民共和国民事诉讼法〉的解释》进行第二次修正。此外,《民事强制执行法》起草工作正如火如荼进行,这将推动我国强制执行工作迈入一个新的历史时期。

为了使本教材能够更加深入贯彻党的十九大和十九届历次全会精神,贯彻落实习近平总书记关于"全党全国全社会齐心协力,为深入推进全面依法治国,加快建设中国特色社会主义法治体系,建设社会主义法治国家而奋斗"的指示,推动习近平法治思想进教材、进课堂、进头脑,反映当今民事程序理论的最新发展,紧密联系立法创新和司法实践,我们对本书再次进行修订。

我们虽尽心竭力,希冀为广大读者奉献一本高质量、高水平的教材,但难免挂一漏万,希望广大读者批评指正并提出宝贵意见,以便本教材再次修订时予以完善。

教材编写组

2022 年 4 月 1 日

Principles of Civil Procedure

民事诉讼法原理

总序

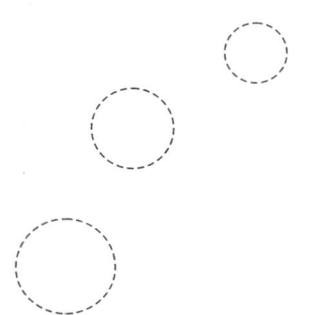

寒来暑往,秋去春来。回首往事,新中国民事诉讼法学已经蹒跚地走过了五十余载历程。掩卷沉思,民事诉讼法学的一串串足迹令人心潮澎湃,思绪万千。在一个重人治而不重法治的国度,在一个重刑事而轻民事、重实体而轻程序的现实社会里,民事诉讼法学的萌芽、破土、生长与含苞及至成为法学园地中的一枝稚嫩的小花是多么的不易啊。

众所周知,新中国成立以来,我国先后颁行过两部民事诉讼法典,即1982年的民事诉讼法(试行)和1991年的民事诉讼法。试行稿的公布昭示着带有浓厚注释性色彩的民事诉讼法学呱呱坠地,民事诉讼法的施行迎来了民事审判方式的改革和民事诉讼理论框架的大体搭建。

伴随着新世纪的来临,受制于国家政治、经济、文化、军事、外交形势巨变的大背景,民事诉讼法学面临着新的挑战。认真地总结过去,仔细梳理历史的教训;冷静地正视现在,全面总结审判的经验;准确引进域外的先进理念与制度,加之学者立足本土的创新思维,民事诉讼法学必将迎来新的发展阶段。在这承上启下的特殊历史时期,在为实现历史使命而不遗余力的众多同志推动下,这套命名为《21世纪民事诉讼法学前沿》系列(以下简称《前沿》系列)终于面世了。

一

随着时间的推移,1991年颁布的民事诉讼法的某些规定已经日益呈现出落后于司法实践的弊病。对现行民事诉讼制度进行一番脱胎换骨的改造,修订一部以先进理念为前导,内容充实,更具有操作性和针对性的,具有合理结构,并由完善的程序和制度构成的民事诉讼法典的任务已经提上立法机关的议事日程。新的民事诉讼法典应当具有前瞻性,能够适应今后若干年的经济与社会发展对民事诉讼机制与功能的期盼。为此,它必须立足于国情与司法实践并有所提升或超越。而要完成这一艰巨的任务必须有来自民事诉讼法学界的强力的理论支撑,这就要求民事诉讼法学研究彻底跳出注释法学的樊篱并成长为一种真正的理论法学体系,充分利用来自于法哲学、法社会学以及与法学密切相关的历史学、经济学等领域的法学研究方法,形成一种成熟、系统的方法论体系,进而完善整个民事诉讼法学的理论体系,最终以一种前瞻的姿态为民事诉讼法的修订提供全方位的理论支撑。

首先,实现民事诉讼法学研究从价值理念的确立到制度建构的重心转移,是我们在新世纪里所面临的首要任务。

在过去的岁月里,理论研究的重心基本上是停留于价值理念的确立而不是具体制度的建构。上世纪末,围绕民事审判方式改革所进行的理论探讨,与其说是进行制度建构不如说是重在制度批判,关于程序价值、程序保障、程序公正与实体公正的关系,以及当事人程序自主性等一系列问题的讨论在法哲学的层面上确立了民事程序的价值理念。然而法律家得以对社会发展给予推进的最有力途径,是把价值关怀与制度建设结合起来。在理论的大框架内不嫌微末地进行具体制度的构思和建设,这将是21世纪民事诉讼法学研究更为紧迫的课题。

其次,民事诉讼法学研究要为民事诉讼法律制度的构建提供具有内在统一、协调、全面的理论支撑,并最终完成理论研究与司法实务的动态对接。我国民诉法学基本理论的研究目前尚停留在纯理论探讨的层面,而未渗透到具体程序制度的设计之中;对几大基本理论的研究尚未贯穿一个具有内在逻辑一致性的共同法理。例如,诉讼标的理论与既判力理论在确定诉的开始、诉的合并与分离、诉的终结及再审的法定条件方面,都是具有决定性意义的,但目前对这两大理论的研究既未整合,也未结合现行立法或审判实务进行深入分析。诉权理论、诉讼目的理论和民事诉讼法律关系理论研究状况也大致如此。理论上缺乏缜密的逻辑联系是立法中制度设计过于粗糙、规范之间出现漏洞和冲突的重要原因。在理论更新和制度改革的年代,理论建设尤其要注意协调一系列关系:法律理念和基本原则在各基本理论中的一贯性,各基本理论所采学说之间的内在逻辑一致性,基本理论与对这一理论有依赖关系的法律制度设计之间的配套性,新的理论与旧的理论在制度设计中的相互衔接……唯有如此,才能以具有内在逻辑一致性的共同法理统帅各个基本理论的研究,实现整个民事诉讼法学理论体系的内在整合,形成具有内在统一性的民事诉讼法学基本理论体系。这是新世纪的民事诉讼法学研究所面临的另一重任。

第三,加强比较民事诉讼法的研究。历史所造成的中国法制建设、法学研究的"断代性",致使民事诉讼制度的发展和民事诉讼法学的研究出现了断层,它缺乏来自历史传统的制度层面和法学理论层面的素材支撑。而通过比较民诉法学研究方法的运用,以及对世界法治发达国家民事诉讼制度和民事诉讼法学理论的借鉴,是可以弥补这种资源贫乏的缺陷的。正是基于此,近年来对英、美、德、法、日等西方法治发达国家的现代诉讼制度的介绍已经大为增多,但缺乏对国外立法的完整系统的介绍,难免有望文生义、断章取义的嫌疑。而且,对国外制度的介绍往往缺乏与国内环境的有效对照,在态度上也有失偏颇:一味强调域外制度的优势,不能理性地看待制度移植实践中所面临的不确定性。在理论层面上,对原著的翻译严重不足,对西方学者的诉讼法理论介绍不够充分,而且缺乏系统性。这就割裂了制度实践与理论研究之间必然存在的互为参照和支撑的密切联系,而使对国外诉讼制度的介绍和借鉴丧失了来自理论层面的支撑。

第四,加强实务的考证。理论的纯粹探讨过多且缺乏严密的量化数据的支撑是以往学术研究的不足。无论是着眼于诉讼价值理念的确立还是具体诉讼制度的建构,要想对社会的发展产生实际的效果,民事诉讼法学研究就必须通过一种实证性的社会学研究实现理论研究与社会实践的良性沟通,而这正是当前民诉法学研究所缺乏的。总体看来,研究中理论层面的纯粹性探讨过多,而实务性的考证过少;某种价值理念的提出往往是基于一种纯粹的逻辑演绎,缺乏来自实证性研究领域的有力支撑;某种制度构想的提出也往往是基于一种本来在态度上就有失偏颇的对国外制度的借鉴,而对其所必备的实证性的社会环境支撑则缺乏足够的重视。基于此,我们必须加强实证性的民事诉讼法学研究,用来自司法实务领域的严密的量化数据证明所提出之理论主张的价值,并在提出某种民事诉讼制度构想之初就对其落实于司法实践的可能性作出预期。

第五,重视和加强对民诉法与宪法的关系的研究。民事诉讼法是国家法律体系的重要"成员"。民事审判制度是国家司法制度的有机组成部分。宪法作为国家的根本大法,它决定着国家权力的组成、结构状态,统帅着整个法律体系和司法制度。民事审判权的走向取决于司法权和司法部门在整个国家权力体系和国家机构体系中的宪法性定位;民事诉讼的目的以及当事人与法官在诉讼中的职能分配取决于宪法对审判权的功能性定位;而宪法对作为人权的一个基本组成内容的诉权的确认则是民事诉讼程序正当化的一个"原创性"基础要件;宪法制度所确定的司法理念渗透于民事诉讼法学理论和具体制度的每一个细胞,司法体制制约着整个民事诉讼法的制度框架和运作环境。因此,民事诉讼法学研究只有对民诉法与宪法的关系给予足够的重视,才能为其对具体制度建构所提供的理论支撑找到宪法层面的基础,并保持民事诉讼具体制度建构与整个社会法律制度体系建构的内在统一。

第六,强化民诉法学的研究与相关实体法学研究的沟通。强调程序的独立价值并不意味着要割裂程序法与实体法之间所存在的天然的密切联系。我国民事诉讼法学理论界已经就此达成共识:民事诉讼是民事实体法与民事程序法共同作用的"场",民事诉讼法学不可能是与民事实体法学没有任何关联的自我封闭体系,将民事实体法学研究与民事诉讼法学研究相结合对于后者的进一步发展是至关重要的。只有实现两者的良性沟通,才能在由民诉法学提供理论支撑的民事诉讼法律制度的建构与由民事实体法学提供理论支撑的民事实体法律制度的建构之间保持一致,并最终在制度的实践层面实现一种动态均衡。尽管如此,由于缺乏来自民事实体法学界的默契,而总体上讲两个领域的研究主体在知识范围上又难以同时涵盖两个领域,作为两个学科,它们的研究仍然处于相互独立、各自为政的一种隔离状态,沟通显得举步维艰。例如在证明责任这一两大学科共同面临的重大课题上,它们似乎没有任何共同话语,民事实体法学对民事诉讼法学所致力的这一领域的研究置若罔闻,在观察视角或是相关学术活动的交流上仍未能建立起经常性的沟通渠道。

第七,逐步形成多元化、立体化的民诉法学方法论体系。近年来,随着民诉法学研究群体的年轻化,其主体意识正日益走出传统意识形态的束缚,有力地促成了民诉法学研究方法的多元化、立体化趋势。注释法学的"专制"地位被打破,民诉法学逐步突破这种局限而进入多种研究方法百花齐放、百家争鸣的新时期。法哲学与作为部门法学的民诉法学之间的裂痕正逐渐得到弥补,法哲学研究的最新成果为民诉法学的进一步发展提供着有力的深层支撑。就方法论来讲,法哲学对部门法学应发挥统帅的作用,为各部门法学的发展提供方法论上的支撑,民诉法学也同样应该受到这种统帅。随着法哲学的方法论体系进驻民事诉讼法学,历史的方法、比较的方法重新得到强化;经济分析的方法、社会学的方法则日益成为民诉法学界的新贵。尽管如此,这种多元、立体化的方法论体系仍处于相对薄弱的形成时期,而要使民诉法学研究真正承担起为制度建构提供全面、系统理论支撑的重任,一种健全的、多元的、立体化方法论体系是必不可少的。这就要求21世纪的民事诉讼法学研究要不失时机地促成这一体系的形成,在一种成熟的方法论体系中开展民诉法学理论研究,从而为制度建构提供有力的理论支撑。

为此,《前沿》系列将继续发扬传统的注释法学方法的优势,并在方法论的选择上保持一种开放的姿态,对法哲学、法社会学、历史法学、经济分析法学等法学方法兼收并蓄,最终形成并运用一种系统均衡的方法论体系。从而全面、系统、准确地阐述民事诉讼法的过去、现在与未来;既立足中国又放眼世界;既有经验总结又有问题研究;既注重理论探索又注重实证研究;既追求民诉法学理论体系的内在统一性又力求与相关的实体法学研究保持协调。与这种方法论体系的开放性相一致,《前沿》系列在内容的体例编排上不以章、节行文,而以专题阐释。从而力图以理论体系所内含的实质系统性取代以章节行文为表征、以法典注释为内涵的形式系统性。而所有这些安排的一个重要目的就是要以系统的方法论体系为基础,构建系统的民事诉讼法学理论体系,并最终为民事诉讼法的修订提供一种系统的、全方位的理论支撑。

二

民事诉讼法学理论的繁荣昌盛,有待于民事诉讼法学人才的层出不穷。

西南政法大学的前身西南政法学院于1979年开了全国民事诉讼法学研究方向硕士研究生培养之先河。25年来,全国民诉法学研究生的培养无论在质量上还是数量上都已经有了长足的进步,但至今,民诉法学研究生教学仍然没有一套系统、权威、全面的教学蓝本,这不能不说是一件憾事。

据笔者所知,大多数高等院校的民诉法研究生们参考的是法学本科教材。应当看到,随着民诉法(试行)的公布和1991年民诉法的正式施行,各高等院校法学专业的民事诉讼法教学开始逐步走向繁荣,官方、民间和个人撰写了一大批教材。这批教材为民事诉讼法学教学的兴旺提供了有力的支撑,功不可没。但是,不少教材在方法论上仍囿于注释法学的樊篱,在体例编排上严格遵循现行立法体系,在内容上止于对立法的诠释。虽说它们对法学本科教学大有裨益,但亦可断言,民事诉讼法硕士研究生长期借用法学本科教材并非长久之计。

研究生,顾名思义,是既要进行学习又要进行研究的学生。研究生教学的任务不应再局限于为司法实践批量地培养初级、应用型法科人才,而应在本科的基础之上将具有研究潜质的本科学生培养成高层次的、专门的法学理论研究人才,使之能承担起从事为司法实践提供支撑的法学理论研究的重任,从而与初级、应用型法科人才形成知识互补,并为从司法实践到理论研究的整个法治建设提供一种从实践到理论、再到实践的良性互动。在这样的一个历史时期,原来的注释型民事诉讼法学教材的历史合理性就变得不那么充分了,无论是在理论深度还是在内容的全面性上,它都无力满足高层次的、专门法学理论研究人才培养的需求,这就需要有一种系统的、能够适应高层次的理论型民事诉讼法学研究人才培养的民诉法学教学蓝本与之分担新的历史时期所赋予民事诉讼法学教学的新的历史使命。

当然,研究生教育是为培养高层次的、专门的法学理论研究人才而设的,它必须保持适当的开放性,而不能因某种既定教育模式、体系的存在而循规蹈矩。但毕竟与个体化的理论研究不同,由教育的本质所决定,即便是研究生层次的法学教育也是集合化的,因此就有必要由一种外在的、体系化的东西加以统帅,而不能放任自流、各行其道。凭借西南政法大学培养研究生的经验与优势,专门组织一套为研究生所用的学习蓝本不仅是必需的而且是完全可能的。《前沿》系列深谙法学本科教育与研究生教育的差别,全面汲取25年培养研究生的正反两方面的经验,同时也充分注意到不能让教学的系统性泯灭研究生教学的开放性,相反,只要能因势利导,它就更有利于在一种体系化的格局中充分发挥民诉法学方向研究生的思想灵性,并能使之有的放矢,充分展现于理论研究和实践操作之中。

三

《前沿》系列力图保持内容设置和体例编排上的严谨统一。

无论是要为民事诉讼法的修订提供系统全面的理论支撑,还是要为民诉法学方向研究生教学提供一套系统的教学蓝本,都要求《前沿》既要具有内在的逻辑统一性又要具有外在的形式体系性,因此内容设置和体例编排对本系列的目的达成是至关重要的。为此,《前沿》系列将由九本著作组成。《民事诉讼法原理》是该系列中提纲挈领的首部,它相当于21世纪民事诉讼法学《前沿》系列的"总论";它承上启下,既兼顾法学本科的教学现状又辅之以深化的成分。在它的统帅下,根据民事诉讼法学各个领域在整个理论体系中的地位及其在民事诉讼制度建构工程中所处的坐标,将整个民事诉讼法学理论体系划分为八个组成部分,并分别命名为《基础理论篇》《诉讼主体篇》《原则制度篇》《诉讼证据篇》《诉讼程序篇》《执行程序篇》《涉外与仲裁篇》《海事诉讼特别程序篇》,这八部著作相当于《前沿》系列的"分论"。总论与分论互为表里、遥相呼应,共同塑造了《前沿》系列在体例上的外在形式体系性。同时,《前沿》力求突破传统教材以章、节行文的做法,而以"专题"作为理论阐释的基本单元。在编撰中,我们既注重每一本著作内部各专题性理论阐释间的协调,又注重各部著作对其研究领域描述、论证的统一,力求使本丛书在内容上具备内在的逻辑统一性。另外,《前沿》将"海事诉讼特别程序"纳入其视野,并给予高度重视,弥补了传统民事诉讼法学研究及传统教材在研究领域设置上的一个重大缺陷。

为实现上述目的,《前沿》系列在组建撰写队伍和确定策略时可谓呕心沥血。

西南政法大学诉讼法学科是西政乃至西南地区的第一个法学博士点。民事诉讼法学课程是重庆市的精品课程。《前沿》系列则是法学院民事诉讼法学科点的重点科研项目。"分兵以发动群众,集中以应付敌人"是本系列的策略。就是说,群策群力集中大家智慧,分工负责采用目标责任制。统编工作由鄙人负责,实行主编负责制,副主编协助主编工作。参编成员原则上是本学科点的人员,同时也广为吸收由本学科点步入社会的民事诉讼法学方向的博士和硕士。因此,《前沿》系列的编撰群体首先是实现了老、中、青的立体结合,其次是显现出浓郁的"西南"特色。由于力图突破地域分割给理论研究所造成的局限,同时,为加强与相邻学科的沟通,实现不同学科研究人员之间的理性对话,我们还特别邀请了相邻学科的学者参与书稿的编撰,从而为这种沟通和对话提供一个平台。再次,《前沿》系列力图推进民事诉讼法学方法论体系的多元化、立体化发展。

　　本系列无论是编撰人员的选配,还是内容的编排,都注重保持方法论选择的开放性,力争促进民事诉讼法学方法论体系的多元化、立体化发展。它在继续发扬传统的注释法学方法优势的同时,对法哲学、法社会学、历史法学、经济分析法学等法学方法兼收并蓄,针对不同的研究领域选择、运用合理的研究方法。针对传统民事诉讼法学研究过于注重纯理论探讨的缺陷,《前沿》系列将加强实证性分析,并使之与纯理论探讨相互关照、互为支撑。针对传统民事诉讼法学与相关实体法学研究缺乏必要沟通的缺陷,《前沿》系列将力争合理借鉴相关实体法学的研究方法和研究成果,实现程序法与实体法在民诉法学研究和实践中的对照和呼应,在民事程序法学与民事实体法学之间塑造一种系统均衡的状态,并启迪"系统论"的法学方法在民诉法学研究中的运用。

　　当然,制作一套研究生教学蓝本是一件开创性的工作,因为没有先例,无成功的经验可资借鉴,亦无失败的教训可资汲取。唯一能借鉴的只是25年的研究生教学实践,助推我们向前的是对法学教育事业的执着追求。本系列一共九部,其内容不可谓不丰富,其体系不可谓不庞大,欲在有限的学时内教授完毕显然是强人所难。因此,建议使用本系列的同事们斟酌取舍、灵活掌握,将部分内容留给研究生们自学、思考。

　　最后,我们遵从惯例,真诚地向编辑出版《前沿》系列丛书的厦门大学出版社的同志们致以深深的谢意。没有他们的支持与辛劳,本系列丛书是难以面世的。

　　由于水平所限,加之时间仓促,书中谬误之处在所难免。大到体系、论点,小到字句、标点,我们诚恳地期望得到同行和同学以及社会各界的指正。在此,先向您鞠躬啦。寥寥数语,是为序。

全国民事诉讼法专业委员会主任
西南政法大学民事诉讼法学科负责人　田平安
博 士 生 导 师 、 法 学 教 授
2004 年 7 月 8 日

目录 CONTENT

第一编 导 论

第一章 民事纠纷及其救济机制 /2

第一节 民事纠纷 ············ 2
第二节 民事纠纷的非讼救济 ············ 5
第三节 民事纠纷的诉讼救济 ············ 7

第二章 民事诉讼法的性质、任务及效力 /12

第一节 民事诉讼法 ············ 12
第二节 民事诉讼法的历史发展 ············ 15
第三节 民事诉讼法的性质 ············ 19
第四节 民事诉讼法的任务 ············ 20
第五节 民事诉讼法的效力 ············ 22

第三章 民事诉讼的目的与价值 /26

第一节 民事诉讼的目的 ············ 26
第二节 民事诉讼的价值 ············ 34

第四章 诉与诉权 /42

第一节 诉 ············ 42
第二节 诉的种类 ············ 45
第三节 诉讼标的 ············ 47
第四节 诉的合并与分离 ············ 49
第五节 反诉 ············ 51
第六节 诉权 ············ 53
第七节 诉权的保护 ············ 56

第五章　民事诉讼法律关系与民事诉讼模式 /59

　　第一节　民事诉讼法律关系概述 …………………………………………………… 59
　　第二节　民事诉讼法律关系的构成 ………………………………………………… 64
　　第三节　民事诉讼模式 ……………………………………………………………… 66

第二编　民事诉讼法基本原则与基本制度

第六章　民事诉讼法基本原则 /72

　　第一节　民事诉讼法基本原则概述 ………………………………………………… 72
　　第二节　当事人诉讼权利平等原则 ………………………………………………… 74
　　第三节　辩论原则 …………………………………………………………………… 77
　　第四节　处分原则 …………………………………………………………………… 79
　　第五节　法院调解原则 ……………………………………………………………… 81
　　第六节　诚实信用原则 ……………………………………………………………… 85

第七章　民事审判基本制度 /91

　　第一节　回避制度 …………………………………………………………………… 92
　　第二节　合议制度 …………………………………………………………………… 96
　　第三节　公开审判制度 ……………………………………………………………… 97
　　第四节　两审终审制 ………………………………………………………………… 101

第三编　程序主体

第八章　人民法院 /106

　　第一节　人民法院 …………………………………………………………………… 106
　　第二节　民事审判权 ………………………………………………………………… 110
　　第三节　审判组织 …………………………………………………………………… 113

第九章　民事诉讼当事人 /118

　　第一节　民事诉讼当事人概述 ……………………………………………………… 118
　　第二节　当事人的诉讼权利和诉讼义务 …………………………………………… 122
　　第三节　共同诉讼人 ………………………………………………………………… 125
　　第四节　诉讼代表人 ………………………………………………………………… 128
　　第五节　第三人 ……………………………………………………………………… 132

第六节　公益诉讼主体 ··· 140

第十章　诉讼代理人 /146

第一节　诉讼代理人概述 ··· 146
第二节　诉讼代理人分类 ··· 148

第十一章　其他诉讼参与人 /153

第一节　证人 ··· 153
第二节　鉴定人和专家辅助人 ·· 156
第三节　翻译人员、勘验人 ·· 158

第四编　诉讼保障制度

第十二章　管辖 /162

第一节　管辖概述 ·· 162
第二节　级别管辖 ·· 164
第三节　地域管辖 ·· 167
第四节　协议管辖 ·· 173
第五节　裁定管辖 ·· 175
第六节　管辖权恒定与管辖权异议 ··· 177

第十三章　期间与送达 /180

第一节　期间 ··· 180
第二节　期日 ··· 182
第三节　送达 ··· 183

第十四章　保全与先予执行 /187

第一节　保全 ··· 187
第二节　先予执行 ·· 193

第十五章　对妨害民事诉讼的强制措施 /197

第一节　对妨害民事诉讼的强制措施概述 ·· 197
第二节　妨碍民事诉讼行为的构成和种类 ·· 199
第三节　对妨害民事诉讼的强制措施的种类及其适用 ·························· 202

第十六章　诉讼费用 /206

第一节　诉讼费用概述 ·· 206
第二节　诉讼费用负担 ·· 208
第三节　诉讼费用的减、免、缓和诉讼费用的管理 ·· 215

第五编　民事诉讼证据与证明

第十七章　民事诉讼证据概述 /220

第一节　民事诉讼证据定义 ·· 220
第二节　民事诉讼证据的分类 ··· 226
第三节　民事诉讼证据的种类 ··· 228

第十八章　民事诉讼中的证明 /245

第一节　民事诉讼证明概述 ·· 245
第二节　证明对象 ·· 248
第三节　证明责任 ·· 257
第四节　证明标准 ·· 264
第五节　证据的收集 ··· 268
第六节　证据的审查 ··· 275

第六编　审判程序

第十九章　普通程序 /282

第一节　起诉与受理 ··· 282
第二节　审理前的准备 ·· 287
第三节　开庭审理 ·· 289
第四节　对案件审理中的特殊情况的处理 ··· 293

第二十章　简易程序和小额程序 /297

第一节　简易程序概述 ·· 297
第二节　简易程序的具体规定 ··· 299
第三节　小额案件审理程序的特别规定 ·· 304

第二十一章 民事裁判 /308

第一节 民事判决·· 308
第二节 民事裁定·· 315
第三节 民事决定·· 317
第四节 民事调解书··· 318

第二十二章 第二审程序 /321

第一节 上诉··· 321
第二节 上诉案件的审理··· 326
第三节 上诉案件的裁判··· 328

第二十三章 审判监督程序 /331

第一节 审判监督程序概述·· 331
第二节 再审案件的审理··· 333

第七编 非讼程序

第二十四章 特别程序 /344

第一节 特别程序概述·· 344
第二节 选民资格案件程序·· 345
第三节 宣告公民失踪案件程序·· 346
第四节 宣告公民死亡案件程序·· 348
第五节 认定公民无民事行为能力或限制民事行为能力案件程序······················ 350
第六节 认定财产无主案件程序·· 352
第七节 确认调解协议案件程序·· 353
第八节 实现担保物权案件程序·· 356

第二十五章 督促程序 /359

第一节 督促程序概述·· 359
第二节 支付令··· 360

第二十六章 公示催告程序 /365

第一节 公示催告程序概述·· 365
第二节 公示催告案件的审判··· 367

第八编　执行程序

第二十七章　执行程序概述 /372

第一节　执行与执行程序 …………………………………………………… 372
第二节　民事执行权的性质 ………………………………………………… 374
第三节　执行的原则 ………………………………………………………… 375

第二十八章　执行程序的一般规定 /378

第一节　执行机构 …………………………………………………………… 378
第二节　执行当事人 ………………………………………………………… 380
第三节　执行依据 …………………………………………………………… 383
第四节　执行管辖 …………………………………………………………… 385
第五节　对妨害执行行为的制裁 …………………………………………… 386
第六节　执行救济 …………………………………………………………… 387

第二十九章　执行措施 /395

第一节　对财产给付的执行措施 …………………………………………… 395
第二节　对行为的执行措施 ………………………………………………… 400
第三节　对被执行人到期债权的执行措施 ………………………………… 402

第三十章　执行过程 /405

第一节　执行开始 …………………………………………………………… 405
第二节　财产调查 …………………………………………………………… 409
第三节　执行中止 …………………………………………………………… 410
第四节　执行终结 …………………………………………………………… 412

第三十一章　对执行过程中特殊情况的处置 /415

第一节　执行和解 …………………………………………………………… 415
第二节　执行担保 …………………………………………………………… 416
第三节　执行竞合 …………………………………………………………… 417
第四节　参与分配 …………………………………………………………… 420
第五节　执行监督 …………………………………………………………… 422

第九编　涉外民事诉讼程序

第三十二章　涉外民事诉讼程序的特别规定 /426

　　第一节　涉外民事诉讼程序概述 …………………………………………… 426
　　第二节　涉外民事诉讼的原则 ……………………………………………… 428
　　第三节　涉外民事诉讼的管辖 ……………………………………………… 430
　　第四节　涉外民事诉讼的期间、送达 ……………………………………… 433

第三十三章　司法协助 /436

　　第一节　司法协助概述 ……………………………………………………… 436
　　第二节　一般司法协助 ……………………………………………………… 437
　　第三节　特殊司法协助 ……………………………………………………… 440

Principles of Civil Procedure

民事诉讼法原理

第一编 导 论

- 第一章 民事纠纷及其救济机制
- 第二章 民事诉讼法的性质、任务及效力
- 第三章 民事诉讼的目的与价值
- 第四章 诉与诉权
- 第五章 民事诉讼法律关系与民事诉讼模式

第1章　民事纠纷及其救济机制

> **[提要]** 民事纠纷是民事主体基于一定原因对民事权利义务状态或民事权利归属或民事责任的承担认识不一致所产生的矛盾。民事纠纷形成的原因是多方面的。面对冲突，化解矛盾，处置纠纷是每一个主权国家必须完成的任务。在我国，解决民事纠纷机制分为非讼救济和诉讼救济两类。

第一节　民事纠纷

一、民事纠纷概述

纠纷，据《辞海》解释是"纷扰"之意。左思《魏都赋》："至乎勃敌纠纷，庶士罔宁。"[1]亦指争执。纠纷可分为刑事纠纷、行政纠纷和民事纠纷。民事纠纷，意指有关民事方面的抵触、争执、争斗。所谓民事纠纷是指平等主体之间发生的，以民事权利、义务为内容的法律纠纷。这种纠纷源于不同的民事主体对同一民事权利或民事权益有不同的主张或看法。有人将民事纠纷称作民事争议或民事冲突，其意思大体一致。民事纠纷的外在表现形式呈多样性，如婚姻家庭纠纷、著作权纠纷、名誉权纠纷、损害赔偿纠纷、合同纠纷、海损事故纠纷、货物买卖纠纷、房屋租赁纠纷、山田水利纠纷、森林草原所有权归属纠纷等等。

民事纠纷形成的原因是错综复杂的。有政治的原因，也有经济的原因，还有社会人文的原因以及主体个性差异等原因。

就政治原因而言，不同时期以及同一时期不同阶段的民事纠纷都与统治阶级的意愿密切攸关。民事纠纷是阶级社会的必然产物。在阶级社会里，统治阶级为了维持和巩固自己的统治必须建立有利于自己统治的社会秩序，而民事纠纷恰恰是主体的行为与社会既定的秩序和制度以及主流道德的不协调或对之的反叛，为既定秩序和制度以及主流道德意识所不相容，它在一定程度上具有反社会性。[2]就现阶段而论，国家正处于社会主义初级阶段，剥削阶级作为一个阶级虽不复存在，但不能说阶级斗争已经消灭。在国家正集中全力发展

---

[1]《辞海》，上海辞书出版社1980年版，第1146页。
[2] 顾培东：《社会冲突与诉讼机制》，四川人民出版社1991年版，第2～7页。

社会主义市场经济,在各个领域深入改革开放的过程中,新的阶层和利益集团在不断分化组合变化发展。观念的参差,利益的冲撞,新与旧的矛盾,先进与落后的摩擦,前进与倒退的搏击,改革与守旧的较量在所难免,民事纠纷由此经常发生。

就经济原因而言,出于人的本能生存要求,人需要吃、喝、拉、撒、睡、衣、食、住、行、玩、乐。在向外界获取相应的资源时,人与人之间难免不发生意见的相左和利益的冲撞,相左的意见处置不当就产生矛盾,利益冲撞双方不保持冷静就产生纠纷。资源的有限性和人们对资源需求的急剧膨胀的客观存在,更助推了民事纠纷的生成。就所有制性质分析,社会存在国有经济、集体经济和个体经济,私营经济、外资经济等多种经济形态,多种经济成分并存发展。在各种经济成分相互交织中,在生产资料和生活资料的生产、分配、交换、消费等环节,在市场经济构筑和转轨定型的过程之中,公民之间,法人之间,公民与法人之间,公民、法人与其他组织之间,本国人与外国人之间,中方企业与外方企业之间势必产生各种各样的大量的民事纠纷。如合同纠纷、知识产权纠纷等。

就社会人文环境而言,在社会发展的任何时候和阶段,不可能是东、西、南、北、中整齐划一,而总是有的地方发达有的地方落后,平原与山区、城市与农村、沿海与内地、汉民族与少数民族,差别是客观存在的。"存在决定意识"。不同的人们对同样的事物出现不同的看法在所难免;不同的看法处置不当就产生纠纷;就现实而论,东部较发达地区与西部欠发达地区,大城市与中小城市,城镇与农村的差别是显而易见的。历史的原因、地理的原因以及现实的原因使这种差别形成若干人文环境圈。常言道:一方水土养一方人。日久天长,处于不同人文环境圈的人们在政治见解、思想观念、生活水平、文化意识、风情习俗等方面必然形成级差。加之,有的地方生活压力大些,有的地方生活压力小些,有的地方政策执行得好些,有的单位政策掌握得差些,加剧了这种级差。处于相同人文环境圈的人之间会产生民事纠纷,处于不同人文环境圈的人之间更会产生民事纠纷。

就主体个性原因而言,我国是一个拥有十四亿人口、五十六个民族的大国。民族习俗的差异,文化涵养的差别,法律知识的多寡,品格秉性的不同,加之利益的诱惑刺激和视角的多重性,不同的人们对同一事务往往会产生不同的看法,不同的看法有时又会激起矛盾与冲突。就人的主观而言,认识是有限的而世界是无限的,人的主观要符合千变万化的客观是相当不容易的,不符合便会产生矛盾,矛盾即是纠纷。

二、民事纠纷的特点

民事纠纷就本质上而言是利益的暂时冲撞,既可以是物质上的利益冲突,也可能是精神利益上的冲突。上升至法律层面分析就是民事权利义务的争执。

具有权利义务内容的民事纠纷大体上有下列特点:

1. 纠纷主体的平等性。民事纠纷是公民之间、法人之间和公民与法人之间产生的纠纷,无论其主体身份地位存在多大的差别,也无论是中、外公民或是中、外法人之间出现的矛盾,纠纷主体始终置身于市场经济之中,是在经济交往、文化交流或社会交往中基于各种原因出现的矛盾和冲突,民事纠纷主体之间法律地位平等,纠纷主体之间不存在命令、服从、上下隶属关系,也不存在尊、卑、贵、贱之分。

2. 纠纷内容的特定性。平等主体之间产生的民事纠纷,从程度上说尚未激化为刑事犯罪,从本质上说属于民事权利义务之争。民法理论将这些权利义务高度概括为财产权利义务和人身权利义务。质言之,任何民事纠纷要么是财产权利义务之争要么是人身权利义务之争。

3. 民事纠纷的可处分性。民事纠纷的可处分性来源其民事权利内容的可处分性,民事权利为私权,私权以"当事人意思自治"为主要原则。民事纠纷主体的平等性和内容的特定性,决定了主体对其内容具有处分权能。基于不同的理由和动机,主体可以主张权利,也可以让渡权利,甚至可以放弃权利。

4. 民事纠纷的可平息性。既然是民事财产权利义务或人身权利义务之争,主体又享有处分的权能,那么,无论民事纠纷的内容多么复杂,纠纷情节多么曲折,大多数民事纠纷是可以采用和平的方法平息和解决的。

如何看待民事纠纷?是好?是坏?或者不好不坏?在理论界是仁者见仁智者见智,归纳言之,有三种说法:

第一种说法认为民事纠纷是一种破坏力量。一个社会必然需要一种秩序,所谓秩序是:"在自然进程和社会进程中都存在的某种程度的一致性、连续性和确定性。"出于人的本能和社会统治者的权欲需求,总是希冀有序和规范。纠纷则意味着失范和道德规范的失衡。而失范与失衡如同一种病症,"由于社会是以有机体的形式存在的,它的整个器官和组织相互协调地发生联系,可以为各种需要提供必备的功能,社会机体在相互匹配的结构模式中,始终处于正常周转的状态。失范却意味着对这种社会整合模式的分解和破坏。在集体意识转变和社会结构转型时期,经济生活的非道德取向使普遍的公共生活产生了危机,造成了结构失调和功能紊乱。"① 听任纠纷的延伸与恶化,则整个社会迟早将混乱无序。所以,纠纷是恶、是失范、是消极因素。

第二种说法认为纠纷有其正面作用,是一种"清醒剂"。它有利于"提高社会单位的更新力和创造力水平;"有利于"使仇恨在社会单位分裂之前得到宣泄和释放",有利于"促进常规性冲突关系的建立",有利于"提高对现实性后果的意识程度",也有利于"社会单位间的联合得以加强"。②

第三种说法认为纠纷是一种中性的东西,既不能言其好也不能称其坏。"纠纷对于社会是一种中性的存在,不能在纠纷与病态之间画等号,当然也不能在纠纷与进步之间画等号。"③

以上三种说法是人们从各自不同侧面得出的不同结论,都有一定的道理。正确地对待民事纠纷如同人们正确地对待困难的态度一样,首先应当是不怕,其次是面对,最后是解决。这是人类从古至今的基本态度和做法。历史的延续使纠纷的解决与平息形成了若干种方式

---

① 渠敬东:《缺席与断裂——有关失范的社会学研究》,上海人民出版社1999年版,第31~38页,转引自何兵:《现代社会的纠纷解决》,法律出版社2003年版。
② [美]刘易斯·科塞:《社会冲突的功能》,孙立平译,华夏出版社1989年版,第17~183页。
③ 何兵:《现代社会的纠纷解决》,法律出版社2003年版,第5页。

与方法。从积极意义上而言,应当看到纠纷对非合理和不正常秩序的积极否定机能,虽然纠纷的存在会对既存社会产生负面影响,但是它也是推动人类社会不断发展进步的动力,纠纷的有效解决,秩序关系的产生。故而作为人类社会而言,其目的不在于消灭纠纷,而在于寻求解决纠纷的有效途径。

第二节
民事纠纷的非讼救济

正因为民事纠纷的可处分性,决定了纠纷主体可以自行选择何种机制予以解决。进入现代社会以来,基于民众权利意识的增长,各国法院都面临"诉讼爆炸"的难题。故自上世纪中叶以来,西方国家开始鼓励与推行诉讼以外的民事纠纷解决机制,以化解法院案多人少之间的矛盾,ADR 由此兴起。ADR(Ahernative Dispute Resolution)意指替代性纠纷解决方法,泛而言之,它是一切诉讼外纠纷解决方法的总称。早期的 ADR 特指美国现代的替代性纠纷解决方法,其制度起源于 20 世纪 30 年代劳动争议的解决。发展到今天,ADR 已经成为主要包括谈判、调解和仲裁及其派生形式在内的纠纷解决方法体系。由于它总体上符合法治精神,有助于缓解法治化进程面临的困境,有利于重构纠纷解决机制,构建 ADR 已成为许多国家民事司法改革的一项重要内容。①

我国自秦汉以降,历代统治者都非常重视纠纷的解决,都非常重视社会的教化,清康熙皇帝有言:"朕惟至治之世,不以法令为亟,而以教化为先。其时人心淳良,风俗朴厚,刑措不用,比屋可封,长治久安,茂登上理。善法令禁于一时,而教化维于可久,若徒将法令,而教化不先,是舍本而务末也。"②在教化的同时,国家还相当重视运用各种方式处理民事纠纷。分其大类,大致包括非诉讼救济与司法救济两种。因为不如此,不能维系一个主权国家所希望的正常社会秩序;若不如此,统治阶级难以完成其发展经济延续基业的基本任务。

在我国,民事纠纷的非诉讼救济方式有下列五种:

1. 民事当事人自行协商解决纠纷

民事当事人是民事纠纷的主体,是民事权利义务的直接承受者。根据国家法律,他们对民事权利义务享有充分的处分权能,是否行使处分权能、何时行使处分权能以及以何种方式行使处分权能概由当事人全权决定。当然,当事人处分行为的作出来源于思想的导向,而思想的状态又取决于主体情感的状态和对民事利益的权衡。众所周知,人是一种会思想的高级动物,"喜、怒、哀、乐、悲、恐、惊"七情皆备,"七情"是可以因时、因事、因势而变化的。实践证明,当事人双方发生冲突时其情感必然处于"怒"的状态。通过及时的思想工作或外界环境的感染,"怒"是可以转化的。当"怒"转化为"喜"或"乐"或"悲"时,当事人就可能依据利益的权衡对民事权利作出处分的行为表示,干戈就可能化为玉帛。何况,中国人历来就有"和为贵""忍为上""让为贤""息事宁人"的传统。纠纷双方的处分行为将演化为相互妥协、协

---

① 范愉主编:《多元化纠纷解决机制》,厦门大学出版社 2005 年版,第 122 页。
② 转引自吴吉远:《清代地方政府的司法职能》,中国社会科学出版社 1998 年版,第 102 页。

商,协商的上乘结果即达成和解。

当事人自行协商解决纠纷属于当事人私力救济,在纠纷解决过程中无外在第三方的参与,完全依靠当事人自由意志与对民事权益的处分。这种纠纷解决的结果没有法律上的强制力,达成的协议若有当事人不遵守,另一方要么只能和其再行协商,要么向法院提起诉讼,不能将和解协议申请法院强制执行。除此以外,此种纠纷解决方式,因为没有外在力量参与与监督,强势当事人方可能利用其优势地位,以欺诈、胁迫等方式与另一方达成不公平的协议。

2. 各种社会群体组织规劝平息纠纷

在中国长期的封建社会里,宗族的力量是相当强大的。族有族长,家有家长。这种以"血缘""亲情"为纽带的利益共同体有它的天然消极性,但不容否定,它们在平息纠纷方面是功不可没的。"凡我族人切宜深戒,遇有小忿自合容忍,或千户婚田土一切重情,在本户但当诉之族长,听其公处。如与他姓争讼,亦当存心忠厚,听人和解,不得偏护阴谋,以长子弟之恶。"① "族有争忿,告知族长,随传唤该分分长、房长、谕令调处。""族长、房长须博采众议,虚心斟酌,期于排解和协,毋令跃治,倘不论曲直,挟嫌挑唆,佐袒帮讼;甚或为异性倒戈者,更是同宗之蟊贼也。"② 而今,各地仍有不同规模的宗族势力存在,尤其在偏远山村,通常仍由有威望的老人规劝族人平息纠纷。此外,历史上的行会、帮会、现实的各种学会、协会、宗教、寺院、联谊会、同乡会、校友会等也不同程度地自觉或不自觉地、默默无闻地处理着部分民事纠纷。

现代我国社会群体组织也有较多类型,如宗教团体、社团组织以及商业领域的行会、协会等。它们可以对发生在内部成员间,或与自己内部成员相关的民事纠纷,通过规劝、引导的方式,运用组织内部力量,加以解决。这种纠纷解决方式虽有外来第三方的参与,但该第三方非国家权力机关,故也属于外来私力,其纠纷解决结果一般无法律强制力。

3. 有关部门依职权处理纠纷

在中国漫长的封建社会里,并不存在司法与行政的明显分野,行政长官即是法官,法官即是行政长官。行政长官除负责征粮纳税疏浚河道等行政事务外,更多的是维持治安开堂问案。历史发展至今,虽然行政与司法有了显明的划分,但国人无不隶属于一定的单位、部门或社区。单位、部门或社区必然有其负责人。这些大大小小的负责人的行政指挥权总是伴随思想工作而完成的。在一定的单位、部门或社区成员之间或本部门、单位或社区成员与相对方产生民事冲突时,或者他们的上级接到下级成员的申诉时,他们的负责人为稳定军心利于工作团结同事,往往要出面做"教育工作"和"规劝工作",而这种"教育"与"规劝"又有别于一般的第三者的劝说,因为它有形或无形中带有一定的行政职权色彩。由于中国是一个人情社会,行政职权的作用会使一部分民事纠纷烟消云散。

与前两种纠纷解决方式不同,有关部分依职权处理纠纷,其运用的权力不再是私权利,而是公权,其在纠纷解决过程中通常有硬性外在实体规范依据,其结果往往带有一定的强

---

① 转引自何兵:《现代社会的纠纷解决》,法律出版社2003年版,第12～13页。
② 转引自高其才:《中国习惯法论》,湖南出版社1995年版,第41～42页。

制性。

4. 人民调解委员会调解纠纷

中国民间调解机制源远流长。据记载,远在两千多年前的西周就建立了乡、遂等基层组织。乡内五家为比,遂内五家为邻。比、邻设比长、邻长,令五家相爱相亲。比长、邻长为乡邻调解婚姻、家财、田宅、债负等不系违法重事之纠纷,以免烦扰官司,荒废农务。秦汉以降直至明清,全国各地均存在类似的民间调解机制。

在民主革命时期,各革命根据地相继制定了人民调解办法。新中国成立后,国家在总结和发扬民间调解经验的基础上,于1954年颁布了《人民调解委员会暂行组织通则》;1989年重新颁布了《人民调解委员会组织条例》;2010年制定了《中华人民共和国人民调解法》(以下简称《人民调解法》)。依照法律的规定,人民调解委员会是在基层人民政府和基层人民法院的指导下,调解民间纠纷的群众性组织。调解组织在调解民事纠纷时,遵循合法、合理、平等、自愿和尊重当事人双方权利的原则。人民调解有利于增强群众的团结,减轻群众讼累;有利于防止矛盾激化,预防和减少犯罪,维护社会的稳定。

必须注意的是,根据《人民调解法》,人民调解委员会的性质是依法设立的调解民间纠纷的群众性组织,因此人民调解委员会并非国家机关,其参与调解仍然是外来私力,在其主持下达成的调解协议也不具有法律强制力,不能直接申请法院强制执行。

5. 仲裁委员会仲裁纠纷

仲裁是指在仲裁员的主持下,在双方当事人的参与下,依法对民事纠纷居中裁决并制作一定法律文书以平息冲突的方法。仲裁属于民间性质。仲裁的基础是当事人双方的合意。也就是说,提交仲裁必须以双方当事人同意为前提,否则仲裁程序不能启动。在通常情形下,仲裁庭成员由当事人选任。仲裁的最大特点是快速、简便、和谐。随着国家法制的日益健全,仲裁越来越受到人们的青睐。

仲裁与诉讼相比,仲裁解决纠纷的范围仅限于"平等主体的公民、法人和其他组织之间发生的合同纠纷和其他财产权益纠纷",人身纠纷不能够仲裁。仲裁虽然属于民间性质,但是仲裁委员会所作出的裁决具有强制力,当事人可以申请法院强制执行仲裁裁决所确定的权利义务。

就仲裁与诉讼两种纠纷解决方式而言,当事人只能选择一种,对同一民事权益争议,当事人选择了仲裁就不能再进行诉讼,选择了诉讼就不能够再进行仲裁。我国民商事仲裁委员会内部也没有上下级之分,因此仲裁实行"一裁终局",仲裁裁决一旦作出立即生效,没有像诉讼一样的二审或再审程序。

第三节
民事纠纷的诉讼救济

一、民事诉讼的概念与特征

由于非讼救济途径的民间性质决定了它在权威性上有相当的局限性。根据世界各国的经验,国家必须设立权威性极高的具有最后一道防线性质的整合民事纠纷的机制。这种机制便是民事诉讼。

在古代,人们称民事诉讼为"讼"。《周礼·秋官·大司寇》载:"以两造禁民讼。"其注释曰:"讼谓以财货相告者。"法官办案名曰"听讼"。

在近现代,参与民事纠纷解决的不仅有当事人和法官,还有诉讼代理人、证人、鉴定人等。因此,在界定民事诉讼概念时就必须面对此一现实。仅凭一个"讼"或"听讼"是难以准确表达的。既要概括所有参加的程序主体,又要如实把握民事诉讼特征,抓住核心环节。

所谓民事诉讼,是指国家为维持社会正常的秩序,维护公民、法人和非法人团体的民事权益,在当事人和全体诉讼参与人的参加下,承审法官依法审理和解决民事冲突以及强制执行生效法律文书的活动。

民事诉讼是人民法院承审法官的审判活动而不是法院全体法官的活动。根据《中华人民共和国法官法》(以下简称《法官法》)和《中华人民共和国人民法院组织法》(以下简称《法院组织法》)的规定,在一个具体的法院机构内,只有负责民事审判的法官才能行使民事审判权。在一个具体的案件里,只有特定的承审法官才有权审理具体的案件。如只有承审法官才能接受当事人的诉状、对案件进行审理、制作法律文书、执行生效法律文书等。

民事诉讼是当事人和全体诉讼参与人的活动。没有当事人就没有诉讼,这是不言自明的真理。因此当事人的起诉、答辩、辩论、证明、申请执行等等行为构成民事诉讼的主要骨架。但事实表明,现代民事诉讼离不开证人的作证活动,离不开诉讼代理人的代理活动,离不开鉴定人的鉴定活动等等,所以,民事诉讼活动还应当包括除当事人之外的所有诉讼参与人的活动。

民事诉讼活动并不是无序的而是有序的,它必须依法进行。所谓依法,主要指两方面:一是依照民事实体法,如《中华人民共和国民法典》(以下简称《民法典》);二是依照程序法,专指民事诉讼法和相关程序性法规文件。

民事诉讼是划分为若干阶段并依序逐一向纵深推进的活动,不是一蹴而就的。根据民事诉讼法的规定,民事诉讼活动大体分为一审阶段、二审阶段、审判监督阶段和执行阶段。在每一个阶段里又细分为若干子阶段,如在一审阶段分为起诉与受理、法庭准备、开庭审理、制作和宣告判决等子阶段。一般地说,各阶段不是彼此孤立的而是有机联系的整体:前一阶段是后一阶段的基础和前提,后一阶段是前一阶段的继续和延伸。民事诉讼必须按民事诉讼法规定的程序环节依次展开、推进,各程序主体循序渐进地在不同的程序环节行使不同的诉讼权利,履行不同的诉讼义务,获得不同的阶段性程序结果。违反规定的程序可能导致整个诉讼行为的无效。

在民事诉讼中,程序主体为探究民事案件的"真实",必须循序渐进。承审法官在诉讼中,既要认真细致地审视各种物证、书证、视听资料,又要认真听取当事人和全体诉讼参与人的陈述,同时还要充分调动所有诉讼参与人的积极性和主动性;所有诉讼参与人必须遵循法律规定的制度、原则,履行必要的手续,受既定的程序约束。

民事诉讼有狭义和广义之分。狭义的民事诉讼专指民事纠纷的审理和判决过程,不包括生效判决的强制执行阶段;广义的民事诉讼不但包括纠纷的审理和判决阶段,而且包括生效判决的强制执行阶段。通说认为,现阶段我国的民事诉讼属于后者。

二、民事诉讼的内部关系

所谓民事诉讼的内部关系,即指人民法院承审法官、当事人以及诉讼参与人在诉讼中的地位以及他们相互之间的关系。

民事诉讼是一种活动,这是一个表象命题。从实质上分析,民事诉讼活动是国家的审判权与当事人的诉权相结合运作的一种过程。代表国家行使审判权的是人民法院的承审法官,诉权的行使者则是当事人。此外,在民事诉讼活动中还有为数不等的诉讼参与人,如证人、鉴定人等。

人民法院民事法官是国家民事审判权的行使者。《中华人民共和国宪法》(以下简称《宪法》)第128条规定:"中华人民共和国人民法院是国家的审判机关。"在个案中,人民法院的承审法官才是真正的国家审判权的行使者。为了实现国家赋予的审判权,法官必须指挥诉讼、审查判断诉讼证据材料、适用国家法律和制作民事裁判。昔日,在超职权主义审判模式下,人民法院法官的职权过分膨胀,大包大揽,我判你服。当事人的诉权得不到应有的尊重。如今,审判权的行使和运用逐渐规范,当事人的诉权日益得到尊重。但绝不能认为承审法官在诉讼中只有处于绝对中立地位才是正确的。民事诉讼是一种公力救济形式,既然是公力救济,就必须运用并体现国家权力,在诉讼活动中只有人民法院才能代表并运用公权力。法官在整个民事诉讼活动中始终是而且不能不是活动的组织者、指挥者和裁决者。民事审判旨在追求民事案件的真实面目,化解双方当事人的矛盾纠纷,维护当事人的正当民事权益,保障国家进行经济建设需要的正当秩序。这也是宪法赋予法官的职权。法官不得拒绝审判,否则便是渎职。

民事诉讼当事人是诉讼活动的利害关系人,没有当事人就没有诉讼。当事人参加诉讼的基础是其依法享有的诉权。是否行使诉权以及如何行使诉权概由当事人决定。进入诉讼后,当事人应依法完成出庭、举证、答辩、质证、辩论等一系列诉讼行为,依据诉权充分地发挥主观能动性,协同人民法院查明案件真实、适用国家法律。法官应当尊重当事人的诉权,充分调动当事人的积极性,在当事人的诉求范围内公正、公平地平息纠纷处理矛盾。当事人应当协同动作,听从承审法官的指挥。

诉讼参与人是任何民事诉讼活动的必不可少的参与者。他们虽然与争执中的民事案件不存在直接的利益关系,但案件的审理与他们有间接的社会利益关系。法律允许他们出庭,其目的是公正、迅速地平息纠纷。为此,诉讼参与人在诉讼中享有一定的民事诉讼权利,同时负有一定的民事诉讼义务。正确行使诉讼权利履行诉讼义务是他们的职责。证人、鉴定人要对事实和良心负责,诉讼代理人要对自己的当事人和良心负责,翻译人员要对自己的委托人和法庭负责。所有诉讼参与人在法庭上均应当实事求是、诚实信用,听从法官指挥,协助法庭完成诉讼任务。

三、民事诉讼的外部关系

所谓民事诉讼的外部关系是指民事诉讼与其他救济形式之间的关系。也就是说,民事诉讼与其他救济形式之间的相同点和不同点。

(一)民事诉讼与其他救济形式的共性

1. 本质相同。民事诉讼从本质上说是对当事人民事权益的救济,其他非诉讼救济形式(如人民调解、行政机关处理和仲裁)本质上也是对当事人民事权益的救济。

2. 功能相同。就目的和作用论,诉讼与非诉讼救济形式都具有定纷止争、维系社会正常秩序的功能。

3. 参与主体大体相同。诉讼与非诉讼救济形式都必须有当事人参加这是不言自明的道理。除当事人自我协商平息纠纷方式外,其余形式不同程度地均有证人和其他利害关系人参与。

4. 就救济方式所坚持的原则而言,合情、合理、公平是它们的共同点。

(二)民事诉讼与其他救济方式之间的差异

1. 民事诉讼与当事人自行协商和解的差异

当事人自行协商和解的基础是当事人的意思自治,它不存在第三者的介入。民事诉讼则是第三者(人民法院)对纠纷介入的机制,此其一。其二,当事人自行协商一般不存在固定的程序和模式,民事诉讼则必须遵循固定的程序和模式。其三,当事人自行协商的结果只对双方当事人有道德上的约束力,对社会及第三者并不能产生任何拘束力,因此当事人自行协商的结果全凭他们自己履行,但不能请求法院强制执行。而经过民事诉讼后形成的裁判则体现了国家的意志,一旦生效就具有法律的权威性和特殊的强制力,一方当事人拒不履行时他方有权请求强制执行。

2. 民事诉讼与社会群体劝说平息纠纷的差异

社会群体平息纠纷或出于行业利益,或出于协会、学会的荣誉,它们所触及的是本行业、学会、协会内部的成员之间的纠纷,即使是家族处理纠纷也只限于家族成员内部。而民事诉讼在适用的范围方面并无特殊的限制,凡社会上的民事纠纷,只要当事人提出诉求,均可适用诉讼方式。稍作对比,人们还可发现,社会群体平息纠纷在很大程度上是运用"情理"二字,而民事诉讼遵循的是国家的法律,依据的是事实证据。

3. 民事诉讼与单位(部门或社区)处理民事纠纷的差异

单位(部门或社区)处理民事纠纷是职责使然。实践证明,单位(部门或社区)处理民事纠纷时并不存在一成不变的程式,虽然它也要讲是非曲直,但更多的是做劝说教育工作;虽然也要讲证据,但更多的是讲利弊得失。站在管理者或领导者的角度规劝双方相互让步,是此种非诉讼救济方式的基本特点。民事诉讼则是人民法院秉公执法、居中裁判,它严格地按照以事实为根据、以法律为准绳的规则行事。单位(部门或社区)依职权处理纠纷后不制作法律文书,而民事诉讼终结后,必定会形成法律文书。

4. 民事诉讼与人民调解的差异

其一,两者法律性质不同。民事诉讼是司法性质,人民调解是民间性质。其二,依据不同。民事诉讼是依据民事诉讼法处理民事、经济、海事海商纠纷;人民调解是依据人民调解条例处理民事纠纷。其三,主持人不同。人民调解的主持者是人民调解组织的成员,民事诉讼的主持者则是握有审判大权的人民法院法官。其四,效力不同。在民事诉讼中,所有参加人不得妨碍民事诉讼的进行,否则,要受到法律的制裁;民事诉讼终结后,当事人必须履行生效的民事裁判,否则将被强制执行。人民调解一般是心平气和的过程,调解结束后形成的调解协议凭借当事人的自觉性付诸实施,人民调解协议(或调解书)可成为诉讼中的证据材料却不能直接成为强制执行的根据。经过司法确认的人民调解协议可以成为法院强制执行的依据。

5. 民事诉讼与仲裁的区别

首先,两者的法律性质不同。民事诉讼是人民法院代表国家行使审判权,具有浓郁的司法性质。仲裁则属民间性质,充其量是准司法性质。其次,两者提起的条件不同。提起民事诉讼只需当事人一方的起诉行为,仲裁程序的发动必须基于当事人双方的合意。倘一方当事人不愿仲裁则任何人不得强迫。最后,两者的程序设计、原则制度也有许多不同之处。

【思考题】

1. 民事冲突的产生原因是什么?
2. 民事诉讼救济与民事非讼救济有哪些主要区别?
3. 民事诉讼法学研究的对象是什么?

【参考文献】

1. 顾培东:《社会冲突与诉讼机制》,四川人民出版社1991年版。
2. 汤维建主编:《外国民事诉讼法学研究》,中国人民大学出版社2007年版。
3. 何兵:《现代社会的纠纷解决》,法律出版社2003年版。
4. 高其才:《中国习惯法论》,湖南出版社1995年版。
5. 杨荣馨主编:《民事诉讼原理》,法律出版社2003年版。
6. 吴吉远:《清代地方政府的司法职能》,中国社会科学出版社1998年版。
7. 齐树洁主编:《民事司法改革研究》,厦门大学出版社2006年第3版。
8. 范愉:《纠纷解决的理论与实践》,清华大学出版社2007年版。
9. 江必新主编:《新民事诉讼法理解适用与实务指南》,法律出版社2012年版。
10. 田平安、肖晖编著:《民事诉讼法学改革开放三十年》,法律出版社2010年版。
11. 蔡虹:《转型期中国民事纠纷解决初论》,北京大学出版社2008年版。
12. 王福华:《民事诉讼的社会化》,载《中国法学》2018年第1期。

第2章 民事诉讼法的性质、任务及效力

[提要] 我国民事诉讼法是社会主义的民事诉讼法，它体现了社会主义民主原则以及便利人民群众进行诉讼和便利人民法院审判的精神。民事诉讼法的一般性质具体表现在三个方面，即基本法、部门法和程序法。我国民事诉讼法以及有关司法解释对民事诉讼法的任务、效力以及主管作出了具体规定。

第一节 民事诉讼法

一、民事诉讼法的概念

民事诉讼法，是指由国家制定的规定人民法院、当事人及其他诉讼参与人进行民事诉讼活动和执行活动的法律规范。

民事诉讼法既是人民法院承审法官处理、解决民事案件的操作规程，又是人民法院承审法官的行动指南。不能片面认为程序制度只是法官手中的工具，想怎么用就怎么用。也不能认为程序规定只是针对当事人的，与法官无关。其实，在相当大的程度上，一个国家的程序制度、规则主要是指导和约束承审法官的。一个根本就不了解案情的承审法官只有遵循民事诉讼法的规定行事，才可能循序渐进地真正了解民事纠纷的症结和本来面目，最终形成符合案件真相的"确信"，从而作出公正的裁判。

民事诉讼法是当事人起诉、应诉、进行诉讼和申请执行的行为准则。法治国家的标志是有序。民事诉讼既然是公力救济形式，它就不存在处理纠纷的任意性，相反，当事人应当而且必须讲究手续、条件和方式，既要行使诉权又不能滥用诉权，既要行使诉讼权利又必须履行诉讼义务。

民事诉讼法也是其他诉讼参与人必须遵循的法律规范。例如，证人作证是国家法律规定的义务，是一个公民良心的内在要求。真实陈述不说假话是起码的法定义务。鉴定人应科学鉴定，翻译人员应准确翻译，诉讼代理人应依法代理。凡此，都是民事诉讼法所要求的。民事诉讼法还规定了对妨害民事诉讼的强制措施和法律责任。

民事诉讼法是指导民事诉讼活动顺利进行的法律规范。民事诉讼是承审法官的审判行为、当事人和其他诉讼参与人的诉讼行为和执行行为共同构成的活动。这种活动必须符合

国家的意志，符合当事人权利保护的根本需求。换言之，承审法官、当事人和其他诉讼参与人进行民事诉讼必须依据民事诉讼法为各种诉讼行为。没有民事诉讼不需要民事诉讼法；同样，没有民事诉讼法难以进行民事诉讼活动。

民事诉讼法是国家的基本法之一。在市场经济和改革开放的大背景下，民事诉讼法在国家的法律体系中占有十分重要的地位。它充分地体现了国家对民事诉讼的基本要求。没有民事诉讼法，民事实体法所规定的权利将失去强有力的最终的司法保护；没有民事诉讼法，法院难以实现自己的审判权；没有民事诉讼法，当事人将难以实现自己的诉权；没有民事诉讼法，外商的民事权利将失却司法的屏障。

民事诉讼法是程序法。在法学理论中，人们习惯于把法律分为实体法和程序法两大类。凡规定公民、法人在现实生活中的权利义务者为实体法。凡规定公民、法人行为方式或行为过程的法律称为程序法。民事诉讼法属于程序法。民事诉讼法规定：当事人如何起诉、应诉、进行诉讼，法院如何循序渐进地、公正、公平地解决纠纷、平息矛盾，其他诉讼参与人如何为诉讼行为等。当主体不遵循民法规范或在遵循民法规范过程中产生了歧见时就有可能诉诸法庭。这时，民事诉讼法的功能就会充分呈现出来。

民事诉讼法有广义和狭义之分。广义的民事诉讼法包括民事诉讼程序和民事执行程序两大部分，狭义的民事诉讼法只包括民事诉讼程序部分。

民事诉讼法有形式意义的民事诉讼法与实质意义的民事诉讼法之分。所谓形式意义的民事诉讼法，是指从外观上、形式上一望即知它是民事诉讼法，如《中华人民共和国民事诉讼法》。所谓实质意义的民事诉讼法是指能够规范民事诉讼活动的法律规范，除民事诉讼法外还包括隐含在其他法律中实质上对民事诉讼起着潜在指导作用的相关规范。具体而言：(1) 调整专门民事诉讼的法律，如《海事诉讼特别程序法》。(2) 其他部门法中规定民事诉讼权利义务的条款。例如，《人民法院组织法》第 6 条规定的"各民族公民都有使用本民族语言文字进行诉讼的权利。人民法院对于不通晓当地语言文字的当事人，应当为他们翻译。在少数民族或者多民族聚居地区，人民法院应当用通用的语言文字进行审讯，用当地通用的文字发布判决书、布告和其他文件"。《民法典》第 1079 条第 2 款规定的"人民法院审理离婚案件，应当进行调解"等。(3) 最高人民法院关于民事诉讼的司法解释，如《最高人民法院关于适用〈中华人民共和国民事诉讼法〉的解释》、《人民法院在线诉讼规则》等。(4) 此外，我国参加的国际条约和国际公约中有关民事诉讼的规定也属于实质意义的民事诉讼法范畴。

二、民事诉讼法与相关法律的关系

民事诉讼法是国家的基本法。在国家法律体系中它是一个部门法。从大的分类来讲，它属于民事法学之列；就实体与程序而言，它又属于程序法，在程序法中它又仅仅是其中的组成部分。因此，应当正确理解和掌握民事诉讼法与相关法律的关系。

1. 民事诉讼法与民法的关系

古今中外的法制史证明，民事诉讼法在早期并未形成一个独立的部门法。它的存在完全依附于民事实体法。在国外，最典型的例子是罗马法。罗马十二表法中只有三表是民事诉讼程序的内容，其余各表是有关行政管理、民事交易的内容等，民事诉讼程序的内容并未单独成法。在中国,历来是民刑不分诸法合一。民事诉讼法独立门户,只不过是近百余年的事。民事诉讼法独立后,它与民事实体法之间存在着的历史的天然联系便一直延续至今。尽管民事实体法是规范自然人、法人的民事权利义务的,但细心的人们还是会在其间找到民事诉讼法律的个别内容,如诉讼时效制度、证据和举证责任等。一般地说,民事权利义务是建立在当事人自觉的基础上的。而一旦当事人不能或不愿履行自己的义务时,权利人的权利就需要一种司法救济的管道。民事诉讼就是这种重要而有力的救济管道。就此意义说,民事诉讼法担负着实现民事实体法的内容保证民事权利义务关系得以实施的繁重任务。这样立论,并不意味着民事诉讼法仅仅处于一种助法地位,并不否认民事诉讼法有其独立的程序价值。

2. 民事诉讼法与刑事诉讼法、行政诉讼法的关系

民事诉讼法与刑事诉讼法、行政诉讼法同属于国家程序法。三者在审理原则、制度、证据形式、审判组织、立法根据等方面有许多相同或相似之处。国家之所以确立三大诉讼法,在于它们各自承担的任务有根本的区别,为了实现各自的任务,又必须有不同的审判制度和程序。

民事诉讼法负责处理和化解各种民事纠纷,维护当事人行使诉讼权利,保证人民法院查明事实,分清是非,正确适用法律,及时审理民事案件,确认民事权利义务,制裁民事违法行为,保护当事人的合法权益,教育公民自觉遵守法律,维护社会秩序、经济秩序,保障社会主义建设事业顺利进行。刑事诉讼法负责查明犯罪事实、正确适用法律,用刑罚方法惩治犯罪分子,保护无罪的人不受刑事追究,教育公民自觉遵守法律,积极同犯罪分子做斗争,维护社会主义法制,保护公民的人身权利、财产权利、民主权利和其他权利。行政诉讼法的任务则是维护和监督行政机关依法行使行政职权,保护公民、法人和其他组织的合法权益。

民事诉讼法为完成自己的任务,规定了辩论原则、处分原则;刑事诉讼法则有辩护原则,公安、检察与法院三机关相互监督、相互配合原则;行政诉讼法则有对具体行政行为进行合法性审查原则。

在程序的发动方面,民事诉讼程序和行政诉讼程序都是由当事人发动的,而刑事诉讼程序除刑事自诉案件外,一般情况均由国家公安机关发动。

三大程序法除了相同和不同之处外,还存在诸多的联系。例如,刑事诉讼法中有附带民事诉讼问题。在审理附带民事案件时应当参照民事诉讼法的规定。又如,由于行政诉讼与民事诉讼的共性使然,在行政诉讼法公布之前,行政案件是适用民事诉讼法进行审理的。行政诉讼法公布之后,鉴于两者的共性,最高人民法院《关于执行〈行政诉讼法〉若干问题的解释》第97条明文规定:人民法院审理行政案件,除依照行政诉讼法的规定外,可以参照民事诉讼法的有关规定办理。

3. 民事诉讼法与其他相关法律的关系

这里所谓相关法律特指人民法院组织法、律师法、仲裁法和人民调解法。

人民法院组织法是专门规定人民法院内部组织机构与活动的法律。它包括人民法院的性质、任务、组织体系、活动原则等。人民法院组织法决定民事案件的审判组织形式,民事诉讼法的原则、制度的确立与人民法院组织法的内容密切相关。例如,人民法院独立行使审判

权原则、辩论原则、合议制度等就是由人民法院组织法相关规定所决定的。现行审判委员会研究疑难民事案件的做法也是由人民法院组织法所规定的。至于审判委员会的存废去留，目前理论界与实务界均各有说辞，这个问题将在未来的民事诉讼法和修改后的法院组织法中得到明确解答。

律师法规定律师机构的性质、任务、组织体系、活动原则和取得律师资格的条件和程序以及律师的业务范围、律师权利义务。从律师法的性质分析，律师法属于行政法之列。由于律师可代理民事当事人进入民事诉讼活动，包括进入一审、二审、再审程序和非讼程序，所以，民事诉讼法在许多章节中都涉及律师作为诉讼代理人时的权利义务问题。律师法与民事诉讼法的关系是很密切的。

仲裁法主要规定仲裁机构、仲裁性质、仲裁任务、仲裁活动原则和程序。仲裁分为国内仲裁与涉外仲裁。从世界的经验和本国的实践来看，仲裁的确是化解民事纠纷的重要形式。就此而论它与民事诉讼法具有同样的作用和意义。仲裁与民事诉讼的共性决定了两者在证据规则、财产保全、执行诸方面是相互融通的，以至于在民事诉讼法中设专章规定涉外仲裁。但是，区别也是存在的。仲裁的民间属性决定了它在仲裁庭组成以及仲裁程序等方面具有相当的机动性和灵活性。当事人对仲裁庭的组建和仲裁程序的影响力比之民事诉讼当事人对审判组织和诉讼程序的影响力要大得多。

人民调解是我国的优良传统。人民调解对于化解纠纷、解决矛盾、平息积怨具有重要的作用。历代统治者都十分重视调解。新中国成立以来的事实证明，人民调解的确是化解民事纠纷的第一道防线，是节约国家司法资源的重要手段。《人民调解法》是关于调解组织的建立、性质、任务、活动原则、调解程序的法律规范。尽管《人民调解法》与《民事诉讼法》在性质、原则、程序以及效力等方面有很大的不同，但两者的关系是十分紧密的。目前，理论界对于人民调解协议的法律效力问题正在深入研究。种种迹象表明，人民调解书的法律效力应当强化而不能弱化的观点是占主流的。

第二节
民事诉讼法的历史发展

大陆法系民事诉讼法发源于罗马民事诉讼法，而英美法系则是从日耳曼法发展演化而来。两大法系的民事诉讼法都在不断地进行修改，已经出现了一些融合的趋势。在中国，经由西周至清代，形成了独具特色的中华法系。晚清变法运动后，颁布了中国近代史上第一部较完整的民事诉讼法。1949年中华人民共和国成立，在大陆彻底废除了民国时期制定的民事诉讼法，新中国民事诉讼法律制度进入了发展时期。

一、中国古代民事诉讼法

部分学者以中国古代"以刑为主、诸法合体、刑民不分"的法律特征否定中国古代没有民事诉讼制度，如梁启超先生在其《法律之起源及观念》一书中就认为"盖初民社会之政治除祭祀战争以外，最要者便是讼狱。而古代所有权制度未确立，婚姻从其习惯，故所谓民事诉讼者殆甚稀,有事皆刑事也。对于破坏社会秩序者,用威力加以制裁,即法之所由起也。"但还是有更多的学者指出,"以刑为主,诸法合体,刑民不分"的特征是指刑事与民事法律在实体上之混合,就法典的编纂形式而言,保持了诸法存在于一部法典的立法体例,并且法典的内容上偏重于刑事法律,刑事法律在同一时期的法律中占主导地位,这并没有否定其他部门法律制度的存在,从"刑民不分"中也清楚地显示出民事法律制度在我国古代是存在的。

就中国古代法律制度而言,民事诉讼制度的的确确存在于国家的法律之中,虽然不成体系,不成法典,不完善,但是它确实存在,并且民事诉讼有独立的原则、制度和审判方式。中国古代民事诉讼制度不仅具有悠久的历史,而且内容丰富,特色鲜明。中国古代民事诉讼制度大致上可以划分为如下几个时期。

(一)民事诉讼与刑事诉讼初步划分的时期——西周

西周是中国奴隶制法制由兴盛转向封建法制过渡的时期。早在西周时期的司法实践中已经有了民事诉讼与刑事诉讼的初步划分。按《周礼·秋官·司寇》:"争罪曰狱","争财曰讼",郑氏注曰:"讼,谓以财货相告者;狱,谓相告以罪者。"因此对刑事案件的审理称为"断狱",对民事案件的审理称为"争讼"。

(二)中国古代民事诉讼制度的定型时期——秦汉至唐

由秦汉至隋唐是中国封建法制趋于成熟和定型的时期,诉讼制度的发展也同样达到了相应的程度。标志着封建法制成熟与定型的《唐律疏议》对于民事诉讼的管辖与受理已有了专门的规定。此外,对于民事案件的终审权、起诉、期间、越诉、官司应受理而不受理的责任等,也都作出了规定。

(三)中国古代民事诉讼制度的发展时期——宋至清

由宋迄清是中国封建经济的发展时期,也是民事法律以及与之相联系的民事诉讼制度的发展时期。两宋时期针对民事诉讼的复杂性而划分了级别管辖、地区管辖和移送管辖。同时,限定原告必须是直接利害关系人方得起诉。凡"讼不甘己事者"处以杖刑或决配,以防止刁顽之徒无端构讼,从中渔利。但允许老幼、残疾人以及妇人遣令家人代为诉讼。宋代对民事案件的审理,十分重视证据的作用。证据分为书证、物证、证人证言等等。

元朝继承宋制,在法制建设上既有特色,又有一定的贡献。譬如在法典中专列"诉讼"一篇,无疑具有开创性,它反映了我国古代实体法与程序法分野的开始,因而是法制史上的重大发展。元代民事诉讼制度值得提出的,一是采取民事诉讼原告就被告的原则,而不论当事人的民族与地位,起了开先例、启后世的作用;二是扩大了民事代理的范围,致仕官与现任官均许令同居、亲属、家人代诉;三是凡调解结案之诉,当事人不得重新提起诉讼,以示调解结案所具有的法律效力;四是涉及伤风、败俗、淆乱伦常,营私损公之类的民事案件,均附以刑罚。

明朝是专制主义强化的朝代,行政管理体制发生了重大变化,因而影响到了民事审判机构的变化。例如,里长于申明亭剖决民事案件,通政司受理民事案件后转达刑部听理,军卫受理军户的民事案件,巡按御史和巡抚也执掌一定的民事审判权。在管辖方面,由于分设南北二京,两京刑部各自执掌所辖京师的民事审判,这是与前代相异的。

清朝是中国的末代封建王朝,其法制以完备著称,虽仍无单一的刑事或民事诉讼法,但随着民事案件的增多,民事诉讼逐渐从民事依附于刑事的状态走向独立,在审判程序和法律适用方面,都形成了自己的特色。清代对民事诉讼的审理制度,如限期结案、回避制度、代理制度,基本如宋制。

总体上,中国古代的民事诉讼制度,受特定的国情的影响与整个法制发展状况的制约,形成了以下特点:

1. 民事诉讼与刑事诉讼,分中有合,合中有分

根据法律文献和地下文物的发现,证明了从西周起民事诉讼与刑事诉讼已有了初步的划分。但在3000多年的发展过程中,刑事诉讼与民事诉讼一直缺乏明确的概念区分。民事诉讼在大多数情况下是依附于刑事诉讼的。

2. 民事诉讼的标的被视为"细故"

尽管民事诉讼涉及的案件是大量的,并且与百姓的切身利益密切相关,但统治者对其重视程度远不如涉及国家、社会稳定的刑事诉讼。故而中国古代对民事案件受理有特殊的时间规定,其他时间不予受理。这一制度唐代称"务开期"。唐开元二十五(737年)年令规定"诸诉田宅婚姻债务,起十月一日,至三月三十日检校,以外不合。"

3. 强调依礼解决民事争端

在中国古代社会,宗族组织是国家基层行政组织的骈支,宗法观念是广泛渗透于社会的、具有强大约束力的精神信条。如果说礼法结合并用是中国古代法律的特点之一,那么在民事诉讼中表现得尤为突出。

4. 调解发挥特殊作用

运用调解来解决民事法律纠纷,在中国古代由来已久,西周铜器铭文中便记录了不少的案例,发展至明清时期,已成为常用的基本手段。

5. 体现了等级特权原则

中国古代是一个等级森严的社会,因此当事人的身份不同,在民事诉讼中的权利地位也不同。等级特权原则是中国古代民事诉讼最基本的原则。

二、中国近代民事诉讼法

《大清民事诉讼律(草案)》,是中国近代史上第一部较完整的民事诉讼法。它是以德国民事诉讼法为蓝本,参照日本等国民事诉讼法,结合中国封建社会的法律和习俗而制定的。它不仅标志着我国民事诉讼法律的现代化,也揭开了民事诉讼制度史的新篇章。《大清民事诉讼律(草案)》共4编800条。第一编审判衙门,第二编当事人,第三编通常诉讼程序,第四编特别程序。这部民事诉讼法草案虽因清政府的灭亡而未能颁行,但对后来的北洋军阀政府和国民党政府制定民事诉讼法产生了重要影响。

国民政府于1935年2月1日公布了民事诉讼法,同年7月1日实施。该法共9编636条。第一编总则,第二编第一审程序,第三编上诉审程序,第四编控告程序,第五编再审程序,第六编督促程序,第七编保全程序,第八编公示催告程序,第九编人事诉讼程序。这部民事诉讼法的结构、内容,都与《大清民事诉讼律(草案)》基本相同。

与此同时,中国共产党领导的各革命根据地制定了不少民事诉讼法律规范。1932年颁

布了《裁判部暂行组织及裁判条例》,1934年公布了《中华苏维埃共和国司法程序》,1943年颁布了《陕甘宁边区军民诉讼暂行条例》《晋冀鲁豫边区工作人员离婚程序》《晋冀鲁豫边区民事诉讼上诉须知》,1946年颁布了《晋察冀边区各级法院状纸与讼费暂行办法》等,相继建立了依靠群众、便利群众的民事诉讼制度。革命根据地的民事诉讼实行两审终审制度、就地审理和巡回审判制度、公开审判制度、人民陪审制度,简化诉讼程序,普遍开展调解工作,这对中华人民共和国成立后施行的民事审判程序和制定完整的民事诉讼法典起了积极作用。中国共产党领导的革命根据地与国民党领导的国民政府并存,一个国家两种不同的社会制度并存,两种不同的民事诉讼法律制度并存。1949年中华人民共和国成立后,在大陆彻底废除了国民政府颁布的民事诉讼制度。

三、中华人民共和国民事诉讼法

(一)中华人民共和国民事诉讼法的制定与试行

中华人民共和国成立后,国家为制定民事诉讼法做了许多准备工作。1950年12月政务院法制委员会起草了《中华人民共和国诉讼程序试行通则(草案)》,计82条;1951年9月中央人民政府通过颁行《中华人民共和国人民法院暂行组织条例》,计6章39条;1954年9月第一届全国人民代表大会通过颁行了《中华人民共和国人民法院组织法》《中华人民共和国人民检察院组织法》;1956年10月最高人民法院印发了《关于各级人民法院民事案件审判程序总结》,并于1957年将这个总结条文化,制定了《民事案件审判程序》,共84条;1979年2月,最高人民法院制定了《人民法院审判民事案件程序制度的规定(试行)》,为制定中华人民共和国民事诉讼法奠定了基础。

1979年9月,全国人民代表大会常务委员会法制委员会正式成立了民事诉讼法起草小组。1982年3月8日,《中华人民共和国民事诉讼法(试行)》公布,自1982年10月1日起在全国实施。

(二)中华人民共和国现行民事诉讼法的颁行

《中华人民共和国民事诉讼法(试行)》[以下简称《民事诉讼法(试行)》]经过9年的实践,证明它所规定的任务、基本原则和制度是正确的,规定的诉讼程序基本上是可行的。随着改革开放和社会主义经济的发展,加之《民事诉讼法(试行)》本身有的条款不够完善,也需要加以修改、补充,第七届全国人民代表大会第四次会议于1991年4月9日审议通过了《民事诉讼法》。这在中国法制建设史上和社会主义经济建设中有着极为重要的意义,表明我国社会主义法制建设的重大进展。随着以构建和谐社会为目标的时代变迁与理念更新,原有的法律不能适应社会的需求。2007年10月28日,十届全国人大常委会第三十次会议审议通过了新的民事诉讼法。

2007年修订的《民事诉讼法》共分四编28章268条,内容包括总则、审判程序、执行程序、涉外民事诉讼程序的特别规定,删除了1991年民事诉讼法中的"企业法人破产还债程序"。新法共进行了19处修改,涉及"妨害民事诉讼的强制措施"、审判监督程序以及执行程序等三个方面。审判监督程序的修改主要是为了解决当事人"申诉难"的问题,内容涉及当事人申请再审的时间、事由以及管辖等。执行程序的修改则主要是为了解决"执行难"的问题,内容涉及申请执行的时间和执行措施等。

2012年8月31日,十一届全国人大常委会第二十八次会议再次修改民事诉讼法。此项修法涉及面较广,引起了全社会的关注和讨论。修改后的《民事诉讼法》仍为四篇,共27章284条。本次修法的主要内容可归纳为如下10个方面:(1)明确规定诚实信用原则,规范当事人的诉讼行为。(2)设立公益诉讼制度,维护公共利益。(3)设立小额诉讼制度,提高小额纠纷的解决效率,降低诉讼成本。(4)扩大检察监督的领域,增加监督的方式,强化检察监督的职能。(5)增设案外第三人撤销之诉,维护案外第三人的民事权益。(6)对利用法律程序侵害他人合法权益、逃避义务履行的行为,规定了法律制裁措施。(7)完善和发展民事证据制度。(8)完善第二审程序。(9)明确规定裁判文书公开制度,推进审判的公开化。(10)对再审程序再修改,使得再审制度更加合理。

2015年2月4日,最高人民法院公布《关于适用〈中华人民共和国民事诉讼法〉的解释》(以下简称《解释》)。

2017年6月27日,第十二届全国人民代表大会常务委员会第二十八次会议对《民事诉讼法》第三次修正。此次修正针对提起公益诉讼的主体,明确规定人民检察院可以以原告身份提起公益诉讼。对原55条增加一款作为第二款,"人民检察院在履行职责中发现破坏生态环境和资源保护、食品药品安全领域侵害众多消费者合法权益等损害社会公共利益的行为,在没有前款规定的机关和组织或者前款规定的机关和组织不提起诉讼的情况下,可以向人民法院提起诉讼。前款规定的机关或者组织提起诉讼的,人民检察院可以支持起诉。"从而使我国公益诉讼的实施更加有效。

第三节
民事诉讼法的性质

民事诉讼法的性质,是指反映民事诉讼法共同规律的社会属性,是民事诉讼法所具有的特定法律属性。对此可以从民事诉讼法的效力层次、调整的对象以及内容三个方面分别加以理解:

(一)民事诉讼法是公法

民事诉讼虽然是解决平等主体之间私权纠纷的活动,但是并不意味着民事诉讼法如民法一样也是私法。公法跟私法的最主要区别在于部门法当中是否涉及国家权力,是否涉及国家的强制性规范。民事诉讼法首先是用来规范国家审判机关行使民事审判权的程序规则的法律,其次民事诉讼法中关于强制执行、民事诉讼保障措施等制度体现了国家的强制力介入,故而其性质应当是公法。

(二)民事诉讼法是基本法律

从法律的效力层次方面来看,民事诉讼法是基本法。在我国法律体系中,效力最高的是宪法。宪法作为国家的根本大法,确定和规定国家的体制、政治制度、公民的基本权利等重大问题,是制定其他法律的依据。民事诉讼法是调整民事纠纷审理活动的法律依据。维系正常的民事法律关系对国家和整个社会来说都是极其重要的。民事诉讼法的效力仅次于宪法,由全国人民代表大会制定。

(三)民事诉讼法是部门法

从法律调整的对象来看,民事诉讼法是部门法。在我国法律体系中,根据其调整的对象,可将法律分为若干个独立的部门。民事诉讼法以民事纠纷的审理和判决为调整对象,规定诉讼参与者(包括法院)的权利(力)和义务关系,规定诉讼程序开始、进行以及终结的相关规则。民事诉讼法所调整的内容是其他法律不可替代和包容的,这就决定了民事诉讼法是我国法律体系中的一个独立的法律部门。

(四)民事诉讼法是程序法

从法律规定的权利义务内容来看,民事诉讼法是程序法。依照法律所调整的内容不同,可以将法律分为实体法和程序法两大类。民事诉讼法与刑事诉讼法、行政诉讼法一样,其调整的内容具有程序性。比如,民事诉讼法调整的权利义务关系,是诉讼程序上的权利和义务关系;民事诉讼法还以诉讼过程为调整内容,包括案件诉讼的提起、法院对案件的管辖、当事人对诉讼的参与,以及一审二审程序的具体展开等完全具有程序性质的内容。所以,民事诉讼法属于程序法的范畴,是我国法律体系中最为重要的程序法律之一。

第四节
民事诉讼法的任务

《民事诉讼法》第 2 条规定:"中华人民共和国民事诉讼法的任务,是保护当事人行使诉讼权利,保证人民法院查明事实,分清是非,正确适用法律,及时审理民事案件,确认民事权利义务关系,制裁民事违法行为,保护当事人的合法权益,教育公民自觉遵守法律,维护社会秩序、经济秩序,保障社会主义建设事业顺利进行。"据此,我国民事诉讼法有以下三项任务:

一、保障当事人行使诉讼权利、保护当事人的合法权益

诉讼权利是当事人进行诉讼的基础,民事诉讼法首先应当予以保障。当事人因发生纠纷而向法院提起诉讼,要求法院保护其合法权益。为保障当事人能够充分地参与诉讼,提出自己的主张、证据来支持自己的诉讼请求或者反驳对方,民事诉讼法必须为当事人实施相应诉讼行为提供充分的权利保障。为此,我国民事诉讼法规定当事人享有广泛的诉讼权利。比如,当事人在诉讼中可以委托诉讼代理人,享有申请回避的权利,有权收集和提供证据,有权进行主张、反驳以及为查明案件事实进行辩论,有权对自己的实体利益和程序利益在法律规定的范围内自由处置。

为保障当事人行使诉讼权利,除在民事诉讼立法中规定当事人享有广泛的诉讼权利以外,还必须强调人民法院对当事人行使诉讼权利予以保护和尊重。《民事诉讼法》第 8 条对此有明确的规定:"人民法院审理民事案件,应当保障和便利当事人行使诉讼权利。"为使当事人更清楚地了解自己所享有的诉讼权利,更有效地实施诉讼行为,法院在这一方面应该发挥积极的作用。例如,通过告知、引导(释明)等行为,帮助当事人正确选择和实施诉讼权利,提高诉讼行为的合理性,避免诉讼行为失当而造成不必要的损失。

二、保障人民法院查明事实,分清是非,正确适用法律,及时审理民事案件。民事诉讼通

过当事人之间具有"竞争"性的"攻击"与"防御"活动,对争议的案件事实、当事人诉讼请求的妥当性及合法性展开辩论活动,并由法院最终对事实进行认定,并正确适用法律作出判决。因此,保障人民法院能够查明案件事实、分清是非、正确适用法律作出判决,应当是民事诉讼法的重要任务之一。

查明案件事实,是法院正确适用法律、解决民事纠纷的前提。民事诉讼中所说的事实,实际上是通过证据加以证明的案件事实。为了保证人民法院能够查明案件事实,民事诉讼法对证据的种类、收集证据的程序与方法、证据的审查与认定等问题,作出了详尽的规定。民事诉讼采取当事人间平等辩论、法官居中判断并作出判决的结构。查明案件事实是双方当事人与法官相互作用的过程。民事诉讼法的任务是保证在这一证明构造中,双方当事人、法官之间的分工合理,责任明确,在此基础上准确查明事实,正确适用法律。

分清是非、正确适用法律作出判决,是民事诉讼所要达到的目标。一般认为,适用法律作出判决是法官审判权控制的领域。"法为法官所知"或"当事者表述事实,法官表述法律"等法谚就表达了这样一种精神。按照"辩论原则"和"处分原则"为机理形成的当事人与法院之构造关系,明确了当事人与法院的职责分工:当事人在确定审理的范围、主张事实和提出证据方面承担责任;而法院的任务是在当事人主张的范围内基于当事人提出的诉讼资料,根据法官自己对法律的认识,发现法之所在。但是,当事人履行上述职责是在其自我认识的法律框架下进行的。诉讼中的事实,其实已经不是现实生活中本来形态的事实,而是经过了法的加工的所谓"法律上的事实"。所以,当事人在提示诉讼标的、主张事实以及提供证据等方面,都是在一定法律观点的支配之下展开的,倘若将法的适用仅作为法官的问题,那么当事人对诉讼程序的参与尚不能认为得到了充实,当事人在"不知法"或在与法官的法律观点不一致时,将难以展开有效的"攻击"与"防御"活动。"法官依据什么样的法律框架来审理本案也应该为当事者所充分理解。如果法官头脑中的法律框架与当事者并不一致,就可能带来所谓'判决时不意打击'的危险。……所以,法官持有与当事者不同的法律观点时,不应以'法律问题是法官的专属权限'为由而保持沉默,而应当向当事者进行开示并尽量求得共同的理解。这样的开示近来被法学界提到法官的义务的高度,称为'法律观点开示义务',并被作为程序保障的重要内容之一。"① 按照上述理解,在以当事人主导为原则构建的诉讼构造中,由当事人明确争点并提出证据阐释案情而法官适用法律的审判形态,只有在当事人能够懂得、理解法律并与法官就本案法律之适用达成共识的情况下才具有意义。因此,法官常常需要采取主动,通过行使"释明权"来使三方主体获得共同的认识。法官的这种统合作用是当事人主义诉讼构造的一个有机部分。"在证明阶段,为了使对方理解通过证据提出而传递信息,同样必须以法律规范所提供的认识框架作为前提。如果对话三方缺乏共通的认识框架,许多信息就不会得到对方的有效反应,或者由于对方的理解发生混乱而使信息交换和意

---

① [日]谷口安平:《程序的正义与诉讼》,王亚新、刘荣军译,中国政法大学出版社1996年版,第114~115页。

思疏通难以成立。"①适用法律尽管是法官控制的领域,但这并不意味着法官可以把自己的法律观点强加给当事人,而意味着共通的认识应当通过当事人和法官以及当事人双方之间进行的讨论逐渐形成。为了使在以当事人主导诉讼的构造下,案件的信息能够得到顺利的交换,当事人之间、当事人与法院之间的意思能够得到有效沟通,法律观点的整理并达成共识就成为必要。只有这样,民事诉讼法才能保障法院查明案件事实、分清责任是非,正确适用法律并作出判决。

及时审理民事案件,是从立法上能够保证法院审理案件的效率性。诉讼迟延,是世界各国民事审判制度及诉讼实践所遇到的一个共同性的问题。诉讼迟延不但增加了诉讼参与人(法院与当事人)时间和金钱上的负担,同时对实现诉讼公正也构成了障碍。效率的概念反映行为的速度,它一般是指单位时间内所完成的工作量。有这样一句西方法谚:迟延诉讼实际上等于拒绝审判。诉讼的效率价值首先意味着迅速、及时的判决。在对社会资源进行高效合理配置的市场经济运行模式下,任何冲突都可能导致社会资源的归属处于一种不确定状态。及时从法律上确定这些社会资源的归属有助于更高效率地利用社会资源,为社会创造更多的财富。高效司法对整个市场经济正常运转和社会的稳定具有不言而喻的重要意义。由此,一个新的价值原则被引入诉讼领域,即司法权的运作必须是高效率的。

三、宣传社会主义法制,教育公民自觉遵守法律

民事诉讼法规定的宣传社会主义法制、教育公民自觉遵守法律的任务,主要是通过以下两个途径来实现的:一是通过案件的具体审理,向参与诉讼的当事人以及参与旁听的群众宣传法律。二是通过案件的具体判决、裁定公之于众之后,对社会必然产生一种法制教育效应,使得人们通过法院的判决了解法律的规定,以便正确选择自己的行为。

第五节 >>>
民事诉讼法的效力

民事诉讼法的效力,又称民事诉讼法的效力范围,是指民事诉讼法对何人、何事、何地、何时适用和发生作用。

一、民事诉讼法对人的效力

民事诉讼法对人的效力,是指我国民事诉讼法对哪些人适用,也即哪些人之间发生的民事纠纷可以按照我国民事诉讼法规定的诉讼程序进行审理和判决。

《民事诉讼法》第4条规定:"凡在中华人民共和国领域内进行民事诉讼,必须遵守本法。"据此,无论是中国公民、法人或者其他组织,还是外国人、无国籍人、外国的企业和组织,只要在我国领域内进行民事诉讼,就必须适用我国的民事诉讼法。具体而言,我国民事诉讼

---

① [日]谷口安平:《程序的正义与诉讼》,王亚新、刘荣军译,中国政法大学出版社1996年版,第84~85页。

法适用下列人员和组织：(1)中国公民、法人和其他组织；(2)居住在我国领域内的外国人、无国籍人以及在我国登记的外国企业和组织；(3)申请在我国进行民事诉讼的外国人、无国籍人以及外国的企业和组织。

除此之外，根据《民事诉讼法》的规定，"对享有外交特权与豁免权的外国人、外国组织或者国际组织提起的民事诉讼，应当依照中华人民共和国有关法律和中华人民共和国缔结或者参加的国际条约的规定办理"。涉及享有外交特权与豁免权的人的民事纠纷，原则上不受我国的司法管辖。但是民事管辖豁免并不是绝对的，根据《中华人民共和国外交特权与豁免条例》、《中华人民共和国领事特权与豁免条例》的规定，下列情况我国民事诉讼对其有管辖权：(1)其所属主管机关明确宣布放弃司法豁免权的；(2)涉及未明示以派遣国代表身份所订的契约的诉讼；(3)涉及在中国境内的私有不动产的诉讼，但以派遣国代表身份所拥有的为领馆使用的不动产不在此限；(4)以私人身份进行的遗产继承的诉讼；(5)因车辆、船舶或者航空器在中国境内造成的事故涉及损害赔偿的诉讼。

二、民事诉讼法对事的效力

民事诉讼法对事的效力，是指哪些争议的解决应当适用民事诉讼法的规定，或者说人民法院有权依照民事诉讼法的规定审理哪些案件。民事诉讼法对事的效力，实际上就是指人民法院对民事案件的主管范围。《民事诉讼法》第3条规定："人民法院受理公民之间、法人之间、其他组织之间以及他们相互之间因财产关系和人身关系提起的民事诉讼，适用本法的规定。"据此，由人民法院主管的民事案件包括：(1)由民法调整的财产关系和人身关系；(2)由婚姻法调整的婚姻家庭关系；(3)由继承法调整的继承关系；(4)由经济法、劳动法调整的经济关系、劳动关系；(5)法律规定适用民事诉讼程序审理的其他案件，如特别程序案件、督促案件、公示催告案件等。

某些民事纠纷不属于人民法院主管的范围，应当通过其他途径解决。

(1)土地所有权和使用权争议纠纷

根据《土地管理法》第16条的规定，土地所有权和使用权争议，由当事人协商解决；协商不成的，由人民政府处理。单位之间的争议，由县级以上人民政府处理；个人之间、个人与单位之间的争议，由乡级人民政府或者县级以上人民政府处理。故对于土地所有权和使用权争议纠纷不属于人民法院主管的范围，不能直接向人民法院提起诉讼，当事人只有对有关人民政府的处理决定不服时，可以自接到处理决定通知之日起30日内，向人民法院起诉。

(2)解除同居关系纠纷

1994年2月1日以后，我国《婚姻法》不再承认事实婚姻，未办结婚登记即以夫妻名义同居生活的，按非法同居关系处理，这种关系不受法律保护。故而当事人提起诉讼仅请求解除同居关系的，人民法院不予受理；但当事人因同居期间财产分割或者子女抚养纠纷提起诉讼的，人民法院应当受理。

(3)补偿安置争议纠纷

根据《最高人民法院关于当事人达不成拆迁补偿安置协议就补偿安置争议提起民事诉讼人民法院应否受理问题的批复》的规定，拆迁人与被拆迁人或者拆迁人、被拆迁人与房屋承租人达不成拆迁补偿安置协议,就补偿安置争议向人民法院提起民事诉讼的,人民法院不予受理,并告知当事人可以按照《城市房屋拆迁管理条例》第十六条的规定向有关部门申请裁决。

三、民事诉讼法对空间的效力

民事诉讼法的空间效力,是指民事诉讼法适用的空间范围,也即民事诉讼法在哪些地方有效。这又称为民事诉讼法对地的效力。

民事诉讼法在我国领域内有效,包括:我国的领土、领海和领空以及我国领土延伸的地方。换言之,凡是发生在我国领域内以及我国领土延伸的范围内的民事、商事、经济、海商事案件,我国民事诉讼法对其都具有效力,即这些案件若通过民事诉讼的方式予以解决,必须遵守我国民事诉讼法的规定。

四、民事诉讼法对时间的效力

民事诉讼法的时间效力,是指适用民事诉讼法的有效期间,即民事诉讼法发生效力和终止效力的时间。我国现行民事诉讼法自1991年4月9日起生效,至今后立法机关宣告它废止时失效。

除此之外,有一个问题是应当注意的,即在新民事诉讼法生效之前发生的民事案件未起诉或者虽已起诉但尚未审理终结的案件,新法是否具有效力的问题。根据民事诉讼法的相关精神,这一问题应当按照以下办法处理:(1)民事诉讼法生效前已经审结的案件仍然有效;(2)民事诉讼法生效前已发生但未起诉或者已起诉法院尚未审结的民事案件,则应当按照新民事诉讼法规定的诉讼程序审理。如2012年民事诉讼法修改后,针对修改前后法律的适用,最高人民法院颁布了《关于修改后的民事诉讼法施行时未结案件适用法律若干问题的规定》,其中第一条规定"2013年1月1日未结案件适用修改后的民事诉讼法,但本规定另有规定的除外",即是遵循了该原则。

【思考题】
1. 论确定法院对民事案件主管范围的根据。
2. 简述民事诉讼与人民调解的关系。
3. 如何理解两大法系民事诉讼法的基本区别。
4. 如何理解我国2012年民事诉讼法的修订背景。

【参考文献】
1. [日]谷口安平:《程序的正义与诉讼》,王亚新、刘荣军译,中国政法大学出版社1996年版。
2. 江伟主编:《民事诉讼法专论》,中国人民大学出版社2005年版。
3. 范愉主编:《多元化纠纷解决机制》,厦门大学出版社2005年版。

4. 张晋藩:《中国民事诉讼制度史》,成都巴蜀书社1999年版。
5. [日]小岛武司等:《司法制度的历史与未来》,汪祖兴译,法律出版社2000年版。
6. 齐树洁主编:《英国民事司法改革》,北京大学出版社2004年版。
7. 沈德咏主编:《最高人民法院民事诉讼法司法解释理解与适用》,人民法院出版社2015年版。

第3章　民事诉讼的目的与价值

[提要] 民事诉讼目的论、价值论的研究大大拓展了民事诉讼理论研究的深度和广度，从而对民事诉讼实践产生良好的指导作用。从民事诉讼目的论的演变历史来看，它先后经历了私法权利保护说、私法秩序维持说、纠纷解决说、程序保障说以及权利保障说等阶段。一定社会特定历史发展阶段对民事诉讼目的的定位应该与国家对司法权的功能定位、诉讼文化以及社会生产力发展水平相联系。现阶段我国民事诉讼目的宜首先定位为解决纠纷，而后再进一步延伸到权利的实现。此外还需考虑诉讼文化的影响。民事诉讼价值可以划分为目的性价值和工具性价值这两种基本类型，其中目的性价值的基本内容包括程序公正和效益，工具性价值包括实体公正和秩序。实体公正与程序公正之间是既统一又分离的关系，而在程序公正与诉讼效益这两者相互关系的把握上，必须在尽量保证两者兼顾的基础之上根据当时的具体情况有所侧重，并且在牺牲程序公正以保证实现效益的这一问题上，须以尊重当事人的意思为前提。

第一节　民事诉讼的目的

一、探究民事诉讼目的的意义

民事诉讼是运用国家公权力解决民事纠纷的一种特定的社会活动，它产生的原因主要有两个方面：一是人类社会中不可避免地存在纠纷，需要通过一定的途径和方式予以解决；二是当社会发展到一定的历史阶段、产生了国家以后，原先完全依靠纠纷当事人自身的力量来解决纠纷的自力救济方式逐步受到限制和排斥,纠纷的解决交给了专门的公权力机构来完成,由此以诉讼为典型代表的公力救济方式得以在社会当中产生和确立。与其他任何一种社会活动一样,对于在一定社会当中开展的民事诉讼活动而言,它既是一定社会客观历史条件的体现,同时又反映了当时的人们一定的主观愿望和要求,是主观见之于客观的一种社会实践活动。

民事诉讼目的是民事诉讼法学领域内的一个重大理论课题,对该课题的研究源于人们对"民事诉讼制度为何而设立"这样一个深层次命题的思考和探索,由此将研究的触角伸向了隐藏在民事诉讼制度背后的观念性事物,将人们对民事诉讼制度的思考从其现实使命引向了终极目标。对于民事诉讼法学研习者而言,探究民事诉讼目的的理论意义和实践意义具体在以下三个方面得到体现:

其一,在理论研究领域引入民事诉讼目的论,无疑大大拓展了其研究的范围和空间,丰富了其理论体系,升华了其研究的层次和水平,从而使人们能够站在更高的层次上发现问题和思考问题,在构筑民事诉讼制度的正当性方面从原有的现实关怀进一步延伸到终极关怀;并且,通过将理念性的元素注入具体的制度考察和设计当中,将从实质上优化民事诉讼研究范式,避免受到注释法学、对策法学的禁锢和限制,促进理论法学和目的法学应有地位的确立,由此在整体上推动民事诉讼理论研究朝着纵深方向发展。

其二,对目的论的结合研究可以使我们在考察某个特定历史时段、特定区域的民事诉讼活动时不仅做到"知其然",而且还能做到"知其所以然",找到各项具体制度形成的根源,由此达到对该制度的深刻理解和把握;通过对民事诉讼目的观演变过程的了解,我们能够在纵向上窥探到民事诉讼发展的一些必然规律,同时在横向上理解当今世界各国民事诉讼制度之间存在的种种差异。这样,在方法论意义上有助于逐步培养民事诉讼法学研习者历史考察的意识和习惯,树立尊重前人智慧、重视事物发展的传承性的良好研究品性。

其三,对民事诉讼目的的探究,有助于培养从"应然"的层面不断审视和反思现有制度的良好习惯,在对当前的特定社会现实予以准确、深刻把握的基础上,顺应历史发展的规律,用合理的、科学的目的观指导民事诉讼立法和实践,及时发现现有制度的缺陷和不足,引导民事诉讼制度的变革朝着良性的轨道进行。此外,从长远来看,民事诉讼目的观是随着社会发展而不断发生变化的,领会这一点,有助于在民事诉讼领域树立一种科学的发展观,以动态的、发展的眼光看待眼前事物,保持一种开放的眼光和心态看待和从事民事诉讼制度建设,从而保证现实制度总是具备一定的开放性和前瞻性,由此适应不断发展变化的社会需求。

二、民事诉讼目的学说的历史考察

对民事诉讼目的进行了较为正式的探讨,并且形成了较为系统的学说体系的是同属大陆法系的德国和日本。从民事诉讼目的学说的发展史来看,先后出现并具代表性的学说有私法权利保护说、私法秩序维持说、纠纷解决说、程序保障说以及权利保障说。这些学说均是特定历史时代的产物,均反映了一定的时代要求。

1. 私法权利保护说

该学说认为,既然国家禁止自力救济而用民事诉讼这种公力救济方式来取代,那么,当私人的权利受到侵害而诉诸公力的时候,民事诉讼就必须承担起保护私人权利的任务,诉讼本身不过是私人谋求实体权利实现的手段。该学说提出的时代正是自由资本主义时期,个人主义盛行,个人权利和自由被推崇到极致,国家的任务被定位于保障公民权利这一目标之上。因而,作为运用国家公权力来解决私人纠纷的民事诉讼而言,同样必须围绕着保护公民权利而进行。

2. 私法秩序维持说

该学说认为,民事诉讼制度是国家制度的一部分,其设立的目的应该是为了满足社会整体的需要,而非个人私法权利的实现。民事诉讼的目的在于消除实体权利争议给社会带来的不安定的影响,从而平复和维护既有的私法秩序,而不在于保护私人实体权利本身。该学说提出于19世纪末自由资本主义向垄断资本主义过渡时期,在此时期个人自由受到一定的限制,国家开始干预社会生活,社会正义取代了原来的个人正义而成为社会的价值趋向,国家的任务由此也从保护私权转移到维护社会整体利益和公共秩序上面来。私法秩序维持说正是在这一思想背景下产生的。

3. 纠纷解决说

"纠纷解决说"是"二战"以后日本学者在对私法秩序维持说进行批判继承的基础上产生的,被认为是当前日本的通说,为日本学者兼子一所首倡,后得到三月章等人的支持。该学说认为,民事诉讼的出发点和目的并不是从先有的实体权利出发确认当事人之间的权利义务关系,而是要解决当事人之间活生生的纠纷。私法与其说是私人生活规范,不如说是为解决纠纷而制定的裁判规范,即使在私法不发达的时代,以裁判解决纠纷的诉和审判制度即已存在。因此,若将民事诉讼目的视为维护私权或私法秩序实属本末倒置。该说还认为,民事诉讼无须达到案件真实,因为在民事案件中随着时间的推移,当事人之间的利益关系也随时在变化,因而只有变化的真实,而无绝对的客观真实。[①] 纠纷解决说是"二战"以后民主思想的产物,它受到英美法上的司法优越理念的影响,极力主张和推崇法官创制法或者法官造法的活动,同时在学术思想上它又与利益法学、价值法学在西方的兴起不无关联;从该学说产生的客观现实来看,现代资本主义社会纠纷大量出现、法院背负着日渐沉重的受案压力,由此产生了迅速解决纠纷这一客观需要,这样一来国家设立诉讼制度时,也就自然而然地将其重心放在如何提高诉讼效益、保证所有相关纠纷通过诉讼程序一次性地得到迅速解决这一点上面来。

4. 程序保障说

该学说建立在以罗尔斯为代表的程序正义理论基础之上,认为民事诉讼的正当性来自程序本身的正当,而非结果的正当;民事诉讼程序本身并不是达到正确判断的手段,而应该将其作为民事诉讼的目的来予以把握,亦即只有保障程序的正当才是民事诉讼的目的所在。程序保障说使得人们对民事诉讼的关注从法院的判决转到了诉讼过程。该说在日本发展成为以诉讼的过程为中心的理论,并且构成日本民事诉讼法学界的所谓"第三波理论"的核心内容。程序保障说的出现反映了人们对诉讼制度在应对快速解决纠纷这一现实需要时如何

---

① 参见[日]兼子一、竹下守夫:《民事诉讼法》,白绿铉译,法律出版社1995年版,译者前言。

保证其正当性的思考,此时正当程序观念的引入恰恰成为了追求程序正当、强调法院在程序保障方面职责的重要立论基础。

5. 权利保障说

该学说由日本学者竹下守夫在 1994 年提出。他从宪法上赋予法院司法权的作用出发,对权利和救济进行了区分,认为诉讼制度基于宪法而保障的权利实为实体法上的实质权,而这种实质权和当其受到侵害或置于危险境地后所施加的救济手段——"请求权"不是一个概念,只有对实质权的保障才是民事诉讼的目的。该说以为,私权保护说的最大缺陷在于不考虑实质权与请求权的功能差异,只强调近代法治国家的观念,认为包括请求权在内的所有权利都由实体法自身规定。① 可以看出,权利保障说是其倡导者基于对日本国宪法中司法的作用的认识来论证其民事诉讼目的论的,这表明民事诉讼理论研究已经开始从宪政的角度来探寻民事诉讼制度正统性和合法性的根源。这可以看成是当前世界宪政制度的发展在民事诉讼领域内的"投影",同时也是民事诉讼理论研究向纵深发展的一个突出标志。

三、我国民事诉讼目的研究状况概述

20 世纪 90 年代之前,学界对民事诉讼目的的研究几乎是一片空白,仅仅出现了一些在立法框架内对民事诉讼任务的讨论。近十几年来这种状况已经有所改观,随着我国民事诉讼的研究逐步向理论法学过渡,学界在民事诉讼目的论上已经开始了一些有益的探讨,学者们从不同的角度出发,在有选择地吸收国外相关学说的基础之上纷纷提出了自己的民事诉讼目的观,其中大致有以下几种:

1. 程序保障说

持这种观点的学者赞同将"程序保障"视为民事诉讼的目的,其理由如下:首先,从经验层次来看,实体法本身并不能告诉我们诉讼是否"保护了权利",法官认定事实只能借助于程序,而程序对判决的形成以及判决内容的确定都具有直接的影响,因此程序就不只是达到判决的手段了;其次,从心理学上的意义上看,使当事人接受判决的因素不是因为其"权利受到保护",而是因为程序本身的正当性;再次,从法的价值论角度而言,诉讼所能提供的价值内涵就是"程序正义"。②

2. 纠纷解决说

持该观点的学者立足于市场经济下我国民事诉讼法学何去何从这一宏大命题,认为将民事诉讼目的定位于纠纷解决更契合发展市场经济的内在要求。③

3. 利益保障说

持该观点的学者认为,民事诉讼制度的目的就是利益的提出、寻求、确认和实现,这里的利益包含实体利益和程序利益。民事诉讼制度的设立、运作和适用,均应强调维护当事人争

---

① 参见[日]竹下守夫:《民事诉讼法的目的与司法的作用》,载《现代法学》1997 年第 3 期。
② 参见章武生、吴泽勇:《论民事诉讼的目的》,载《中国法学》1998 年第 6 期。
③ 参见汤维建:《市场经济与民事诉讼法学的展望》(上),载《政法论坛》1997 年第 1 期。

议之实体利益和程序利益。①

4. 双重目的说

另有学者基于民事诉讼形成的历史过程而提出,一方面国家设置民事诉讼制度是为了实现其社会统治职能,即通过对民事纠纷的解决实现社会秩序正常化;另一方面,民事纠纷产生的原因是民事权益不明确,因而不对民事权益的归属加以明确就无法解决纠纷,而使个人意志下的权益符合国家意志下的权益并加以保护是国家的责任。由此,民事诉讼制度具有双重目的:一是解决纠纷(维护社会秩序),二是保护民事权益(确定权利义务关系)。

5. 多元目的说

在当前我国民事诉讼目的论的研究当中,在对各种目的论进行折中之后而形成的多元目的说得到很大一部分学者认同。这些学者中有的认为,现代民事诉讼价值的多元化和相对性决定了民事诉讼目的论的多重性,较为合理的思路是在各种冲突的价值观念当中找到一个平衡点。首先,民事案件审理中追求客观真实仍应是民事诉讼的最高理念,不应当随意抛开这个理念;其次,基于当事人的程序保障、诉讼的促进、诉讼经济等因素的考虑,法院在诉讼中必须兼顾当事人的实体利益和程序利益,将两者等量齐观,同时赋予当事人自由、平等地追求上述两种利益的机会。② 也有人认为,在现代社会,无论是大陆法系还是英美法系,各国无不将查明真相和程序正当作为民事诉讼所追求的两大崇高理念,因此追求实体公正与程序公正作为立法者通过具体民事诉讼活动竭力达到的效果,这就是民事诉讼的直接目的。具体而言,民事诉讼旨在确认民事权利义务关系,保护民事主体的合法权益,着重于解决民事纠纷。③ 还有的认为,民事诉讼目的具有多重性和多层次性,对民事诉讼目的的界定不宜局限于单一的目的理论,而应依据本国国情,科学合理地构建一个层次分明且有内在逻辑联系的目的体系,其中主要包括实现权利保障、解决民事纠纷、维护社会秩序。④

6. 民事纠纷终局解决说

该学说认为,民事诉讼各主体追求三种诉讼价值:内部主体追求诉讼效率和诉讼公正,民事诉讼系统的创造者追求综合效益。将民事纠纷的终端解决作为民事诉讼的目的,可以在理论体系中统一这三种价值。在实践中,将民事纠纷的终端解决作为民事诉讼的目的,可以引导法官积极行使自由裁量权,提高司法效率,弥补制定法的漏洞;可以凸显民事纠纷的可司法性;可以引导民事诉讼加强"终局性"制度构建,维护法治统一,减缓其他制度对民事判决的干扰。⑤

---

① 参见李祖军:《民事诉讼目的论》,法律出版社2000年版,第156页。
② 参见江伟主编:《中国民事诉讼法专论》,中国政法大学出版社1998年版,第17页。
③ 参见毕玉谦:《民事证据法及其程序功能》,法律出版社1997年版,第244~246页。
④ 参见何文燕、廖永安:《民事诉讼理论与改革的探索》,中国检察出版社2002年版,第11~13页;何文燕、廖永安:《民事诉讼目的之界定》,载《法学评论》1998年第5期。
⑤ 参见宋春龙:《渐进式的民事诉讼目的观——"民事纠纷的终局解决"》,《西南石油大学学报(社会科学版)》2013年第5期。

四、民事诉讼目的的分析框架

在分析民事诉讼目的时,首先必须明确民事诉讼目的所体现出来的意志关系,也就是说,要厘清对民事诉讼目的的确定起着决定性作用的是何者的意志。民事诉讼是随着国家的产生而产生的,国家通过建立一定的民事诉讼制度来解决社会纠纷,整个民事诉讼活动的进行由该制度予以规范和调整,而民事诉讼目的就在民事诉讼制度运作的过程及其结果当中显现出来。因此,民事诉讼的目的必然是民事诉讼制度的制定者——国家的意志体现,该制度本身就是一定的国家认识的产物。一定的民事诉讼制度基于某种目的建立起来之后,就对民事诉讼活动形成了规范作用,诉讼的进行及其结果必然要反映这种既定的目的。尽管具体的诉讼过程中有多方主体参与进来,各个主体参与诉讼都有其各自的目的,但是他们的目的对于民事诉讼目的的形成并不能起到决定性的作用。反映国家意志的民事诉讼目的的形成要受到以下因素的影响:

1. 国家对司法权的功能定位

民事诉讼的本质就是由法院运用审判权对私人纠纷作出司法判断,因此在这其中必然离不开审判权的运作。而作为国家司法权的一部分,民事审判权按照怎样的方式和目的行使,在整个诉讼过程中应发挥怎样的功能,将直接影响到民事诉讼的整体面貌。所以,民事诉讼目的的确定首先离不开国家对司法权作用和功能的定位。总的来看,与立法权、行政权这两种国家权力一样,司法权的运作目标着眼于统治关系以及社会秩序的维护。但在这一总体目标之下,在不同的社会以及社会发展的不同历史阶段,由于对国家和公民相互关系认识的不同,对司法权的定位存在某些差异。自近现代以来,随着公民意识的兴起以及宪政观念的加强,对于国家的司法权功能的关注逐渐集中到了民权保护方面,强调为公民提供一种最终的权利救济机制,尤其是为宪法统帅下的各种实体法所确认的权利提供一种有效的救济渠道。如此一来,以解决纠纷为直接目的的民事诉讼必然要围绕着权利保护或权利保障来进行,在具体的程序制度设计上必然要考虑制度利用者基于权利实现的需要而产生的各种程序需求。

一般而言,国家对司法权的功能定位在宪法上可以得到体现。如果一个国家将公民接受裁判的权利正式确立为一项基本的宪法权利,那么在民事诉讼领域也必将要体现这一基本的宪法理念和意识,民事诉讼目的才有可能在权利救济上面得以定位。

2. 诉讼文化

诉讼文化从狭义上理解就是社会在其长期的历史发展进程中渐渐积淀下来的诉讼意识、诉讼观念以及诉讼行为模式的总和,是法律文化的组成部分。而诉讼目的反映的是人对诉讼的基本认识以及对诉讼功能的某种预期,它本身就是诉讼文化的产物,或者说对诉讼文化具有很强的依附性。一定的诉讼目的植根于一定的诉讼文化。譬如,在以"无讼"和"耻讼"为价值取向的诉讼文化之下,民事诉讼目的注重当事人之间、当事人与周围世界之间的和谐统一,注重纠纷解决符合纠纷主体对纠纷本身的认知以及纠纷解决的预期,在纠纷的解决过程及结果方面不会拘泥于某种固定的程序以及既定的法律所确认的某种权属以及利益分配关系;而在以实现法律正义为基本价值取向的诉讼文化之下,民事诉讼目的就会向法律权利实现及其保障方面靠拢,同时会更追求一种程序上的正义或正当,诉讼程序也将完全遵循对抗的模式来进行构造。

3. 社会生产力发展水平

从宏观上看,民事诉讼目的属于意识形态的范畴,因而是国家上层建筑的组成部分,它必然要受到一定的经济基础的制约。社会生产力的总体发展水平制约着国家的司法水平和司法能力。这可以从以下两个方面得到说明:

其一,社会的物质丰富程度总体上决定着可以投入到司法领域中去的各种资源的总量,其中包括对司法机构力量的投入、律师行业的投入以及公民可以获取的各种诉讼资源的投入等等,所有这一切不仅决定着国家可以提供给国民的司法服务的数量和质量,而且也影响着公民对诉讼的选择和预期。当社会总体资源有限而导致司法资源有限、不能满足全社会的司法服务需求时,那么在其政策的导向上必定对国民对诉讼制度的利用有所抑制,至少是不予积极鼓励和倡导,而是主张人们从诉讼外寻求纠纷的解决,并且在诉讼程序的内部也将倾向于设置一些判决之外的"出口",使得进入到诉讼当中来的当事人能够较为容易地获得判决之外的诉讼终结效果,这些对民事诉讼目的产生的影响是显而易见的。在这种诉讼需求受到压抑的氛围之下,诉讼目的在权利实现方面将不会过多侧重,而是更关注纠纷解决的迅速、便利和低成本。

其二,社会生产力的发展水平在一定程度上制约司法技术的成熟和完善程度,由此而制约着诉讼程序技术的发展,关于科技对法律制度的影响,①这对民事诉讼目的也是有影响的。科学技术的发展与完善需要相当的经济基础来支撑,当后者不足以支持前者时,在司法领域造成的结果主要体现为证据提取、收集及固定以及证明手段的局限性,这样就大大限制了人们通过技术手段还原案件事实的能力。正因为有了这种认识,作为一种相应的调整措施,人们对完全依靠诉讼程序的实现展现真实,从而实现法律正义的可能性自然产生怀疑和不信任,由此自然会在这方面降低对诉讼程序本身的期望值,转而谋求从诉讼外设立一定的辅助性措施和渠道来保证纠纷的妥当解决。在这种情况下,人们对程序的依赖以及完善程序技术的兴趣必定会降低,通过诉讼谋求权利实现,从而实现法律正义的目的也会在一定程度上打折扣。

五、我国民事诉讼目的的合理定位及其实现

在我国,民事诉讼制度改革目标及方向的准确把握、改革的顺利进行与民事诉讼目的论的不断丰富和发展不无关联。要对民事诉讼目的进行合理的定位,既要考虑到历史及现实的因素,又要考虑到民事诉讼发展的必然规律和未来发展趋势,具体而言,可以从下面几个层面予以把握:

现阶段民事诉讼的直接目的必须首先定位于纠纷的解决。其意义在于:一方面,我国当前正处于转型期,法治建设一直处于一个较长时间的爬坡阶段,而社会变化的节奏日趋加快与法律滞后性之间产生的矛盾,以及现有法律对社会生活全方位调控能力的整体偏低,导致

---

① 参见苏力:《法律与科技问题的法理学重构》,载《中国社会科学》1999年第5期。

纠纷产生的概率和频率均较高,涉及的范围也较广,而且,从纠纷的内容来看,其中有相当一部分涉及基本的人权保障及民生问题。纠纷处理是否及时,处理的过程和结果是否能得到纠纷主体乃至社会的认同,不仅关系到社会生活及生产关系是否稳定,而且还关系到社会基本架构在经历一次次内部、外部冲击之后能否得到及时调整和回复,并得以良性发展。正因为如此,通过诉讼来尽可能有效、及时地化解纠纷,在当前特定的历史条件下获得了非常特殊的意义。一旦选择了诉讼,那么诉讼制度本身应当能够基本满足当事人在经历诉讼程序之后获得一个确定裁判、从而使其纠纷得到最终解决这一现实要求,为国民提供一种通过诉讼实现权利的有效机制;另一方面,民事诉讼如果很好地发挥了解决纠纷的功能,无疑能够对诉讼外的其他纠纷解决方式形成良好的促进作用。司法最终解决原则的确立不仅为诉讼外解决方式的存在营造了一个较为宽松的环境,使其存在的正当性长期不受影响,而且可以促使它们对其各自的优势进行保留和进一步发扬,从而诉讼与非诉讼方式之间形成一种优势互补的良性协作关系,由此为社会公众提供多样化的途径和方式以满足其在纠纷解决方面的多层次需求。就当前我国的民事诉讼立法和实践的现状而言,要使解决纠纷这一目的得到顺利实现,最为关键的是提高诉讼程序的自治性以及判决的稳定性,在合理构建审级制度、充分保证当事人的审级利益及判决本身的正当性的前提下,通过规范当事人的举证和法院的采证行为、改革再审程序的发动机制和审理模式来实现民事诉讼在解决纠纷方面的应有功效。

其次,在达到纠纷解决这一目的的同时,在我国民事诉讼目的还必须进一步延伸到权利实现上面来。这一点不仅与我国宪法中对人权保障原则我国于2004年3月14日通过宪法修正案,在宪法第33条中增加了"国家尊重和保障人权"这一条款,从而使得国家在人权保障方面的义务第一次在宪法中得到确立。这一修改对于我国法治建设所产生的影响是长久而深远的。宪法所确立的人权保障理念在由宪法统率的各个部门法中必然要得到具体的贯彻和实施,民事诉讼法也不例外。这必将使我国民事诉讼更加注重对公民权利的保护。一脉相承,而且也是基于对我国现实国情的认识和考虑:我国的法治建设是在一个有着悠久的人治传统的社会当中进行的,这就决定着在相当长的一段时期内,民众的启蒙、公民权利的建设与发展将是其中的中心任务,而社会纠纷解决机制在这方面必然要发挥重要作用。从目前来看,由于各方面原因,诉讼外的权利救济渠道还不通畅,一些原本可以通过其他国家权力的运作实施的权利救济实际上并未达到预期的效果,这样就导致程序规范性相对较强的诉讼必然要立足于权利实现和权利保障来进行。为使民事诉讼这一深层次目的得到实现,不仅需要在诉讼程序构造方面进行合理安排,使得从诉讼程序的启动一直到判决的形成,各个环节的程序运作都能够朝着有利于权利人进入程序、实现其权利这一方向进行,而且还必须在其外围建立与公民诉权保障相关的一系列制度,比如诉讼救助制度、证人制度、律师取证保障制度等等。只有通过这种诉讼程序内外的配合机制的形成,民事诉讼活动的进行才有可能达到权利实现和保护的实际效果。

再次,我国民事诉讼目的的设定还必须考虑到诉讼文化的因素。我国传统诉讼文化中有一种"贱讼"的倾向,讲求"和为贵",注重纠纷解决过程中人际关系的和谐。文化所具有的历史延续性必然要成为我们目前乃至今后构建诉讼制度时不可忽视的因素。这意味着获得确定判决、谋求法定权利实现不能成为整个民事诉讼制度的唯一指向,而必须在诉讼程序中设置多种诉讼终结方式,并赋予当事人程序选择权,以满足其在诉讼中谋求和解的愿望。另外,为了促使当事人及早对诉讼结果作出理性预测并对诉讼终结方式作出理性决策,保证当事人的知情权能够得到充分实现,还须设置信息披露制度,在诉讼过程中的适当阶段组织当事人开展证据交换以及相关诉讼信息的交流活动。这些安排既体现了对当事人各种需求以及选择的尊重,也体现了对传统和前人智慧的尊重,是一种制度理性的反映。

第二节 民事诉讼的价值

一、民事诉讼价值论研究的意义

"价值"一词在马克思主义哲学价值论中的含义是指客体对主体的意义,它反映的是主客体之间的需要与满足相统一的效应关系。具体而言,在人类改造世界的实践过程当中,周围世界不仅需要被人所感知和认知,而且还须用来满足人的各种需求,同时还将成为倾注人类理想和希望的目标所在。对此有学者这样总结道,价值的内容为"对于人的意义",价值一是客体对于人的需要的满足,二是人在处理客体与人的关系时客体的绝对超越指向。在这其中,作为对于人的需要的满足的价值,是最直观的价值表现,表现着外在物与人的关系的应然状况,包含着人的希望与理想的成分;而所谓绝对超越指向,是指价值在主体处理主客观关系时对于主体始终具有的、不可替代的指导和目标意义。[①] 而就民事诉讼价值这一概念而言,它是将价值论的研究深入到民事诉讼领域的产物,此种研究视角以及研究方法的形成原因,产生于程序法从实体法中分离出来、取得独立地位之后。研究者们将其目光转向了程序本身,进而开始了对程序本身存在的价值、意义的探究,开始了对程序"为何而存在"这一本原问题的追问和思考。对民事诉讼价值的研究就是对民事诉讼程序价值的研究,因为民事诉讼活动都是按照一定的程序和方式进行的,它不仅是一个过程意义上的概念,同时也是一个结果意义上的概念,即程序本身及其运作的结果都将是民事诉讼价值研究所要涵盖的对象。对于民事诉讼程序价值的理解和分析,同样需要放在一定的主客体关系中进行,这里的主体就是当事人,客体即为民事诉讼程序。在该主客体相互作用的过程中,不仅会由于民事诉讼程序对主体诉讼行为的调整而形成一定的社会控制关系,而且会由于程序主体及其内在尺度的作用,使民事诉讼程序趋向主体、接近主体,为主体的需要及其发展服务,形成一定的价值关系。民事诉讼程序价值的概念就是对这种关系的概括。[②]

民事诉讼价值论是一种关于民事诉讼价值的具有系统性、完整性和独立性的理论。我国对该价值论的研究刚刚起步,尚处于非常不成熟的阶段,但它却是一个有着广阔发展前景的研究领域。这不仅源于价值论研究本身的魅力,而且还在于该研究对我国民事诉讼法制

[①] 卓泽渊:《法的价值论》,法律出版社1999年版,第4页。
[②] 章武生等:《司法现代化与民事诉讼制度的建构》,法律出版社2000年版,第31页。

事业所具有的特殊意义,具体阐述如下:

第一,在宏观方面,对民事诉讼价值论的研究必然在相当大的程度上提升我国民事诉讼理论研究的水准,使我们对民事诉讼的认识和把握不再局限于"实然"层面,而是更进一步深入到"应然"层面,激发人们对民事诉讼的本质规律、发展趋势以及制度正当性进行了解和探寻的兴趣和热情,时刻保持从人自身的需要出发来审视整个民事诉讼制度的构建以及运作过程的思维习惯,从而将民事诉讼理论研究与人类对自身的终极关怀紧密联系起来,为我国的法治建设提供更为丰富和成熟的理论准备和知识准备。

第二,在中观方面,民事诉讼价值论的研究可以对立法活动提供理念和价值观上的参考,使之顺应民事诉讼的本质规律并且符合一定社会条件下的人们对真、善、美等一切美好事物及情感的追求愿望。由于人类对自身价值的认识在不断深化,民事诉讼价值论并非一成不变,而是在随着社会不断向前发展而不断地发生变化,人们对民事诉讼不断提出更高的要求,寄予更多的期望。那么,要使得民事诉讼制度在这方面作出即时、积极的跟进,对立法者而言就必须准确把握时代前进的脉搏,对社会发展的趋势作出科学的预测。

第三,在微观方面,民事诉讼价值论研究对于民事诉讼活动实践者尤其是法官准确把握立法原旨和法律精神,保证其诉讼活动在法律的框架内进行也能产生积极作用。徒法不足以自行,纸面上的法律要成为活生生的法律,必须依靠富有成效的司法活动。何况,现实生活中的法律并非完美无缺,同时任何法律也都不可能对现实当中的细节都纳入其中事无巨细地作出规定。正是基于这一点,整个诉讼活动需要依靠法官在法律赋予的自由裁量权范围内所进行的各种解释活动来完成,并且在具体的程序操作上也需要法官根据当时的情况和情境来执行法律的规定。一种正确的价值观有助于保证法官司法行为的合法性及合理性,从而保证民事诉讼活动沿着良性的轨道进行而达到预期的目的。

二、民事诉讼价值的基本类型

按照价值本身的功能特性的不同,民事诉讼价值可以划分为工具性价值和目的性价值两种基本类型。

(一)民事诉讼的目的性价值

民事诉讼的目的性价值即内在价值,指的是在主客体之间需要与满足的关系中,须予以满足的诉讼主体的某些需要,就是这些主体参与活动的内在价值本身。前文已经提到,民事诉讼价值的主客体分别是诉讼主体和诉讼程序,那么民事诉讼的目的性价值反映的就是诉讼程序对诉讼主体所具有的能够满足主体需要及其终极价值追求,同时又不依赖于活动结果本身的那部分意义。

1. 民事诉讼目的性价值结构的基石:自由

黑格尔认为,自由是人的本质。自由可以被视为每个社会主体从事各种实践活动的最高价值取向和精神追求。"通过诉讼实现自由"是民事诉讼的最高价值追求,自由也就构成了民事诉讼内在价值结构的基石,对其他的内在价值具有统帅作用。在英语中,自由有两种表达方式:"be free from"和"be free to do",即"免于……的自由"和"做……的自由",有人将它们分别解释为不受他人干预的消极自由和不受他人阻止进行自我选择的积极自由。基

于此,民事诉讼程序对于主体自由实现的价值可以从下面两个层面进行理解和把握:

其一,诉讼程序能够保障诉讼主体的意志和行动不受审判权的干预。提供保障的方式便是将这种自由外化为一系列自主性和豁免性此处借用了美国法学家霍菲尔德(Wesley Hohfeld)提出的权利概念分析理论。该理论将社会成员可能对公权者享有的权利按对象和内容分为两大类,一类是要求公权者积极作为的权利,包括要求公权者给予某种对待、处理某项事务的主张权(claim-right)和迫使公权者作出某种行为或保持某种状态的权力权(power-right);另一类是要求公权者消极不作为的权利,包括思想和行为不受公权者干涉的自主权利(liberty-right)和不被公权者强迫从事某种行为或者承担某种负担的豁免权利(immunity-right)。在民事诉讼中,诉讼主体意志和行为不受干涉的诉讼权利就属于后一类型①的诉讼权利,比如提起诉讼、撤诉、进行和解、进行自认等等。当事人对这些诉讼权利的行使在不侵害第三人以及社会公共利益、国家利益的前提下,基于尊重和保障当事人处分权这一基本的民事诉讼原则,都能够通过一定的程序和方式得到实现。

其二,诉讼程序能够保证诉讼主体在诉讼当中有自主选择从事某种行为的权利。这包括两层含义:一是在涉及当事人程序利益以及实体利益的事项上,诉讼法律规范都预先设定了一定的行为模式及其行为后果,让选择主体能够及时、清楚地预见到自己可以如何作为以及作为的后果是什么,从而为其理性决策作准备;二是在一些重要的事项上,诉讼程序根据诉讼主体的多种程序需求为之提供了多样化的选择方案、充分的选择机会以及有效的选择手段,并且为这种选择权在客观上得到顺利实现而建立了有效的保障机制。

2. 民事诉讼目的性价值结构的基本内容:程序公正和效益

程序公正和效益是建立在自由这一基石上的民事诉讼的基本价值,这三者共同组成了民事诉讼的内在价值结构。诉讼主体对于自由的追求在诉讼程序当中要得到实现,首先必须将自由转换成公正的价值取向。彰显程序自身独立价值的程序公正是民事诉讼内在价值中公正的当然意旨。

从历史上看,英美法上的程序公正观念经历了从自然公正观到正当程序观的演变过程。日本学者谷口安平认为程序正义在诉讼制度上的表现,一是确保利害关系人参加程序并得到提出有利于自己的主张和证据以及反驳对方提出的主张和证据的机会,二是建立具有公正、独立等性质以及包含法官、律师的人选、训练等要素的审判制度,三是将程序参加的结果予以展示。② 关于程序公正的基本内涵,美国学者戈尔丁(Golding)给出了一个更为详尽的标准,认为它主要包含九项内容:(1)任何人不能作为与自己有关案件的法官;(2)结果中不应包含纠纷解决者个人的利益;(3)纠纷解决者不应有支持或反对某一方的偏见;(4)对各方当事人的意见均给予公平的关注;(5)纠纷解决者应听取双方的辩论和证据;(6)纠纷解决者只应在另一方当事人在场的情况下听取对方的意见;(7)各方当事人应得到公平的机会来对

---

① 参见夏勇主编:《走向权利的时代——中国公民权利发展研究》(修订版),中国政法大学出版社2000年版,第631～632页。

② [日]谷口安平:《程序的正义与诉讼》,王亚新、刘荣军译,中国政法大学出版社1996年版,第4～5页、第12～18页。

另一方提出的辩论和证据作出反应;(8)解决的诸项内容应以理性推演为依据;(9)分析推理应建立于当事人作出的辩论和提出的证据之上。① 我国学者对程序公正的阐述一般是围绕着法官中立、当事人平等、程序公开与公正以及程序参与这几个方面来进行。

如果说程序公正体现了民事诉讼的正义性要求的话,那么效益则体现了对诉讼活动的经济性要求。由于社会资源的有限性以及时空的有限性,成本—效益原理是人类一切行为所不得不考虑的一项基本活动准则。就诉讼而言,"无论审判能够怎样完美地实现正义,如果付出的代价过于昂贵,则人们往往只能放弃通过审判来实现正义的希望"。② 因此,是否重视民事诉讼的效益,将直接影响到当事人在纠纷解决渠道的选择上理性决策的结果,如果这一结果呈现出来的是多数公民远离诉讼,那么将不利于公民权利以及国家既定法律秩序的实现,而且,在诉讼中不当的资源耗费也不利于整个社会资源配置的优化与整合。诉讼效益原则的意旨是要求以最少的诉讼成本(或投入)换取最大的诉讼收益(或产出),它反映的是诉讼成本和诉讼收益之间的一个理性比例关系,主要以经济效益的形式体现。诉讼成本是指因诉讼行为而消耗的社会资源,它包括国家用于诉讼业务的财政预算和当事人为取得个案司法保护所承担的资源耗费。③ 诉讼成本的支出主要指向人力、物力、财力和时间这些方面,其中,人力方面的支出是指整个诉讼过程需要法官、书记员、法警、当事人和其他诉讼参与人的参与;物力方面的支出是指法院进行审判活动需要一定的设施和设备;财力方面的支出是指司法审判人员及其有关人员(包括专职法官、书记员、法警等)的薪金以及须由当事人承担的诉讼费用支出;时间支出是指由于诉讼周期的存在而给参与诉讼者在时间上带来的耗费。而诉讼收益是指诉讼程序的运作给诉讼主体带来的经济上的收益。

诉讼效益是国家在设置诉讼制度以及国民在利用诉讼制度时都会予以考虑的问题。为了实现诉讼效益的最大化,必须尽力将诉讼成本控制在一个合理范围内。这里之所以"合理"而非"最少",是因为诉讼成本并非越少越好,而是要求在无损于公正的前提下尽可能地降低诉讼成本。就诉讼程序而言,它自身的一些因素对诉讼成本效益的高低起着决定性的作用,这些因素包括诉讼周期的长短、诉讼程序的繁简、诉讼成本在国家与当事人之间的分担比例以及裁判结果的公正率等。④ 一般而言,诉讼周期越长,诉讼程序越复杂,当事人的分担比例越高,裁判的公正率越低,那么诉讼效益就越低。国家为了保证公民诉权的实现,满足公民通过诉讼获得权利救济以及接近公正的愿望,就应当在观念上将效益与公正一道作为民事诉讼的内在价值追求看待,在公共成本可以承受的范围内,按照公民的实际需求和能力来合理设计程序制度,并且当事人与国家之间合理设定诉讼成本的负担原则,以确保一套高效民事诉讼机制的建立。在这方面,学界立足于具体制度的完善提出了一些积极的思路,包括设置小额诉讼程序、规范当事人的举证行为、增强一次诉讼程序解决多个纠纷的能力、完善督促程序、降低诉讼费用和律师费用、完善诉讼救助机制以及合理缩短诉讼周

---

① [美]马丁·P.戈尔丁:《法律哲学》,齐海滨译,三联书店1987年版,第240~241页。
② [日]棚濑孝雄:《纠纷的解决与审判制度》,王亚新译,中国政法大学出版社1994年版,第266页。
③ 王如铁、王艳华:《诉讼成本论》,载《法商研究》1995年第6期。
④ 柴发邦主编:《体制改革与完善诉讼制度》,中国人民公安大学出版社1991年版,第81~91页。

期等。

(二)民事诉讼的工具性价值

民事诉讼的工具性价值指的是诉讼程序为诉讼主体实现其诉讼目的而具有的价值,又称为外在价值。民事诉讼的工具性价值主要体现为对实体公正的促成以及对诉讼过程当中秩序的维护维持。

1. 实体公正

所谓实体公正是指个案的裁判结果基本达到实体法上的公正要求。这一要求是通过诉讼过程经历的两个阶段来达到的,一是真实发现阶段,二是适用法律阶段。诉讼程序促成真实发现的可能性包括两个方面:其一,当事人对纠纷事件的亲历性使得其主张和举证活动有可能围绕着纠纷事实的本来面貌进行,并且他们之间彼此对立的利害关系促使其有足够的动力竭尽所能地展现于己有利的事实,这在客观上就有助于法官准确把握纠纷发生过程的全貌。其二,由于诉讼活动对真实的再现具有滞后性的一面,司法认知和证明活动的有限性及相对性的存在导致无法绝对回复纠纷事实,但是,法官在证据审查环节中自由裁量权的行使即自由心证活动,可以在法律上弥补这一缺憾。在适用法律阶段,尽管在认定事实的基础之上正确适用法律是法官的重要行为准则,但是这其中也不排斥司法能动行为,现有法律存在漏洞需要法官通过法律的解释来予以弥补。这就是所谓的法官造法的过程,也正是在这个意义上,法官成了立法者。对于这种通过司法过程——在决定宣告之前为完成的交易提供规则——来制定法律的体制,按照美国著名大法官卡多佐的观点,对其进行默认的理由是基于一种信仰,即当法律留下了不为任何先前的既成规则所涵盖的情况时,法律是无能为力的,而只能由一些无偏私的仲裁者来宣告什么是那些公道的、讲情理的、并对该社区的生活习惯以及人们之中流行的正义和公平交易的标准烂熟于心的人在这种情况下应当做的;这时,除了那些规制他们行为的习惯和良知外,并无规则。① 法律适用的过程就是一个司法过程中的法律发现的过程,它的任务就是将法律个别化为判案依据,这就要求法官对法律进行一种创造性的解释,以此来达到事实与法律间的互动。② 而这种事实与法律的互动恰恰是保证实体公正实现的重要环节。

2. 秩序

民事诉讼对秩序的追求源于人类对有秩序、有组织生活的心理需求。这种心理需求可以追溯到两种欲望或冲动:第一,人具有重复过去被认为是令人满意的经验或安排的先见取向;第二,当出现人与人之间的关系是受瞬间兴致、任性和专横力量控制,而不是受关于权利义务对等的合理稳定的决定控制的情形时,人倾向于作出逆反反应。此外,法律的秩序要素还可能具有一种审美的要素和一种思想(智识)的成分。遵循规则化的行为方式,能够为社

---

① [美]本杰明·卡多佐:《司法过程的性质》,苏力译,商务印书馆1998年版,第89页。
② 陈金钊:《司法过程中的法律发现》,载刘士国主编:《法解释的基本问题》,山东人民出版社2003年版,第217~238页。

会生活提供很高程度的有序性和稳定性。① 民事诉讼作为一种特定领域内的社会活动,它不仅要体现人的这种秩序需求,而且还要能够促进这种需求的满足。民事诉讼中的秩序主要依靠民事诉讼程序制度的调整来形成,即通过民事诉讼程序运作的强制性、规范性以及序列性来保证程序自身的和平和安定。具体而言,民事诉讼程序设定之后,便由法院依据其审判权对该程序进行操作,其中排除了任何外来力量的非法干涉,保证整个诉讼活动在一个相对封闭的时间和空间范围内进行,从而严格保证诉讼结论的得出是程序运作之下的当然结果;与此同时,预先设定好了的程序和禁止"推倒重来"的程序运作机制,能够增强诉讼结果的可预测性,使当事人在进入诉讼程序之前以及进入程序之后对每一诉讼阶段可能产生的效果乃至最终实体权利的归属有一个大致合理的预期,这样就为其和平接受诉讼结果、确保诉讼结果的实现形成了积极的铺垫作用。

三、实体公正与程序公正的关系

我们认为,实体公正与程序公正之间是一种既统一又分离的关系。其统一性主要表现为以下两个方面:

其一,实体公正和程序公正共同构成了诉讼公正的基本内容。依前文所述,程序公正和实体公正分属于民事诉讼的内外价值,它们都是为了满足诉讼主体不同的需要而产生的,因而在认识民事诉讼价值时不能采取一元化的思维模式,而必须将这两者有机地结合、统一起来,将其对过程的公正与结果的公正的促进作用一并作为考察与衡量民事诉讼程序制度是否合理的指标,而不仅仅局限于某一个方面,以此来满足诉讼主体在诉讼活动中的多层次需要。

其二,实体公正与程序公正的侧重点尽管不尽相同,但是两者的最终指向还是具有一致性。过程与结果之间必定具有天然的某种联系,两者不能绝对割裂开来。强调程序的正当与公正其目的是保障诉讼结果实体公正的实现,完全脱离实体公正而强调程序公正不仅毫无意义,而且还会导致唯程序论这一形而上学思维的产生。这完全不利于民事诉讼制度的良性发展,而且最终将导致程序自身意义丧失殆尽。与此同时,实体公正也是程序公正外部效果的显现,而且需要从程序的公正中寻找到其缘由,无法从过程中寻找到其正当来由的结果公正是令人怀疑的和不具有说服力的。

对实体公正与程序公正之间的统一性进行把握的同时,还必须认识到这两者各自的独立性所在,也就是说,它们在某种程度上是彼此分离的。兹分述如下:

其一,由于实体公正与程序公正各自的侧重点不一样,导致它们各自的评价体系和评价标准出现很大的分离。对程序公正而言,它关注的重心主要放在裁判者是否中立、双方当事人是否被赋予了同等的陈述和辩论机会、当事人的辩论结果是否对诉讼结果有影响力等影响到程序正当性的因素上。而实体公正的评价标准则侧重于纠纷事实是否得到真实再现,适用的法律是否准确,至于程序是否正当不是其考量的内容。

---

① [美]E.博登海默:《法理学、法律哲学与法律方法》,邓正来译,中国政法大学出版社 1999 年版,第 226~228 页。

其二，程序公正和实体公正对诉讼主体带来的满足感不一样。对双方当事人而言，程序公正的最大意义在于使其感受到人格受到尊重、意见受到充分重视以及得到公平对待；而实体公正则满足了其实现实体权利的愿望，使得权利义务的安排符合客观实际。这两种满足感分别指向主体的不同需要，迎合了其参与诉讼的多层次目的。

其三，程序公正尽管最终指向实体公正，但是它本身并不依赖于实体公正而存在，亦即程序有其独立的价值。程序的公正能够在一般意义上保障实体公正的实现，但这并非绝对。证据收集活动的有限性、证明活动的相对性以及程序运作时间和空间的有限性等因素都会导致程序公正的局限性，尽管如此，程序公正的价值并不因此而受到影响。由于程序本身是一种可以观测和感知的事物，其是否公正可以依据一些客观的标准进行判断，因此对程序公正与否的评价更容易进行。而实体是否公正是一个受个人主观因素影响、不确定性的问题，缺乏一种确定的、看得见的标准和方式来进行评判，故而比较难以把握。所以，整个社会制度运行机制建立在程序公正的基础之上较为可靠，因为它能满足社会主体充分表达和对话的愿望，由此自然形成一种心理上的信赖机制。只要程序是正当的，那么就有理由相信结果也是正当的。当然，这种信赖必须建立在程序的完善之上。至于追求程序公正可能导致的个案正义流失，只要它无损于由程序公正构筑起来的社会整体信赖机制，应将其视为一种必要的牺牲和代价，况且这种代价将随着程序的不断完善而逐渐减小。

四、程序公正与诉讼效益的关系

法律在公正与效益之间进行的权衡和抉择，牵涉到中国自古代以来就存在的"义""利"之争，以及西方思想史中的正义与功利学说之间的交锋。这种争论之所以长久不息并且至今没有得出一个已成共识的、明确的结论，就是因为公正和效益都是法律难以舍弃的重要价值，都是社会的应有美德，要在这两者之间简单进行取舍十分艰难。公正是法律的灵魂，法律失去了公正便从根本上失去了存在的正当性和价值；而效益则是人类行为所包含的经济逻辑的体现，法律必然要体现这一逻辑，否则无法在现实中得到贯彻。对于同属民事诉讼内在价值的程序公正与诉讼效益而言，如何把握这两者之间的相互关系同样不是一个简单的问题。

对这一问题的分析要从程序公正与诉讼效益之间的一致性与非一致性开始。首先在一致性方面，程序公正本身并不当然排斥对诉讼效益的追求，诉讼效益本身能够促成程序公正的实现，或者说是程序公正的应有之义。任何程序不管其公正程度如何，都是有一定的运转周期的，否则便在现实中失去了操作性意义。民事诉讼制度中对期间的规定是这方面要求的体现；对判决的及时性要求也可看成是程序正义的体现，[①]一句古老的法谚"迟来的正义等于非正义"正说明了这一点。其次，在两者的非一致性上，程序公正的实现必须以一定的程序耗费为代价，而程序耗费的增加将直接导致诉讼成本的提高，诉讼效益因此会降低；而对诉讼效益的无止境追求将有可能会突破程序公正的最低标准，由此阻碍程序公正的实现。

---

① [美]迈克尔·D.贝勒斯：《法律的原则——一个规范的分析》，张文显等译，中国大百科全书出版社1996年版，第36页。

这些都意味着诉讼效益与程序公正之间存在一种天然的紧张关系。认识到程序公正与诉讼效益之间的这种一致性与非一致性,我们可以对这两者的权衡与抉择问题作出如下安排:

第一,在对程序公正与诉讼效益的取舍过程中,不能简单地将其中某一种价值目标推向绝对化,只能根据当时特定的条件和处境作出尽可能兼顾、又有所侧重的处理。在一般的情况下,掌握一个最起码的标准,那就是只要诉讼效益的最大化不损害程序公正的最低要求,那么这种追求就具有合理性,反之则是不合理的。在任何条件下,使诉讼制度保持持久生命力和永恒魅力的唯有公正,对效益的追求必须控制在一定的范围之内才具有现实意义。缺乏公正的效益不但不会长久,而且效益自身应有的价值也会由于缺乏公正的支撑而最终失去光彩。

第二,如果当时的情境要求程序公正必须对诉讼效益作出某种退让,或者说在当时的情形牺牲一定的程序公正换取诉讼效益具有某种必要,那么,在是否作出这种牺牲这一问题上,应当将其决定权交给当事人,即由当事人根据自己的处境和实际需要来自主决定其中的取舍,在这方面法官不能施加任何强制。这不但是出于对当事人程序保障的考虑,也体现了对当事人意志自由的尊重。从另一角度来看,这意味着诉讼程序的设计必须考虑到当事人的多样化需求,不能单纯采用某一种价值立场,人为地限制当事人的选择余地和选择机会,而应该根据纠纷形态的多样性以及复杂程度来设计与之相适应的、多样化的权利实现渠道。

【思考题】

1. 研究民事诉讼目的对学习民事诉讼法有何意义?
2. 历史上关于民事诉讼目的的学说主要有哪些?其基本内容是什么?
3. 民事诉讼目的与哪些因素相关?我国民事诉讼目的的确定要考虑哪些问题?
4. 民事诉讼价值论的研究有何意义?
5. 民事诉讼价值的基本类型有哪些?

【参考文献】

1. 卓泽渊:《法的价值论》,法律出版社1999年版。
2. 章武生等:《司法现代化与民事诉讼制度的建构》,法律出版社2000年版。
3. 夏勇主编:《走向权利的时代——中国公民权利发展研究》(修订版),中国政法大学出版社2000年版。
4. [日]谷口安平:《程序的正义与诉讼》,王亚新、刘荣军等译,中国政法大学出版社1996年版。
5. [美]马丁·P.戈尔丁:《法律哲学》,齐海滨译,三联书店1987年版。
6. 张文显:《二十世纪西方法哲学思潮研究》,法律出版社1996年版。
7. 肖建国:《民事诉讼程序价值论》,中国人民大学出版社2000年版。
8. 田平安主编:《民事诉讼法·基础理论篇》,厦门大学出版社2009年版。
9. 李祖军:《民事诉讼目的论》,法律出版社2000年版。

第4章　诉与诉权

> **[提要]** 诉是当事人向代表国家的法院提起的对民事纠纷进行审理和判决的请求。诉之利益是原告要求法院就其私权主张予以裁判时所必须具备的必要性。诉的种类分为确认之诉、给付之诉和变更之诉。诉的构成要素包括当事人和诉讼标的。诉权是当事人请求人民法院对其民事财产权和人身权进行司法保护的权利。对诉权的尊重和保护是民事诉讼程序设计和运行首先应考虑和实现的目标。诉的合并和分离有利于节约诉讼时间、提高效率。反诉对于避免矛盾判决、节约诉讼成本具有重要作用。

第一节　诉

一、诉的概述

诉是民事争议发生时一方当事人向法院提出的关于解决争议的请求。作为民事诉讼的一个基本概念,诉不仅在民事诉讼法学理论中具有重要地位,而且对诉讼实践也有很大的指导意义。当民事纠纷发生时,如果当事人希望通过法院解决,就必须向法院提起一个诉。而诉的依法提起,就引起了民事诉讼法律关系的发生,也引起了人民法院对民事纠纷的审判。

目前,学界对诉的概念的认识并不一致,有的把诉看成是一种程序,有的把诉看成是一种行为或活动,还有的把诉看成是一种法律关系等等。我们认为,诉的本质是一种请求,是在民事争议发生时一方当事人向法院提出的关于解决争议的请求。根据这一理解,诉具有以下特征:

1. 诉的主体是当事人。没有当事人,诉则无从提起,因此诉的主体只能是双方当事人。由于在民事争议发生时,双方当事人都具有依法起诉的权利,故不能认为只有原告一方才是诉的主体。

2. 诉的内容是当事人请求法院解决的民事权益争议。当事人提起诉的目的是要求法院对自己受到侵犯的民事权益进行保护,因而,民事权益争议就成为诉的内容。

3. 诉是当事人对法院的请求。诉是当事人请求法院对民事争议进行审理和裁判的行为,而并不是针对另一方当事人的行为。由此,也可以看出诉是公法上的概念。对于当事人来说,也只有向法院提出保护其权益的请求,才能引起诉讼程序的发生。

二、诉的构成

要确定诉有几个要素必须结合诉的要素的作用来考察。简单地说,诉的要素的作用有以下两点:第一,使诉成立并使诉特定化。诉的要素作为构成诉的必不可少的内容,意味着缺乏某一要素,诉便不能成立。除此之外,诉的要素还必须能够使诉特定化,也就是说通过这些要素能够明确此诉与彼诉的界限。第二,诉的要素的具体内容须能够反映出一个民事案件的全貌。诉作为当事人对法院的请求,意味着当且仅当诉的要素能够反映并明确诉在什么人之间进行以及这些人争议并请求法院裁判的事项是什么的时候,案件的全貌方能一览无余,诉也因而得以特定。

对于诉的要素,国内外学者间一直存在争议。日本的学者大都认为诉的要素为当事人、诉讼上请求(诉讼标的),而诉讼上请求则由请求旨意与请求原因确定。① 我国台湾地区的学者通常认为诉由当事人和诉讼标的构成,诉讼标的由诉之声明及请求之原因事实加以特定。② 可见,在传统大陆法理论中,是认为诉的构成主要包含了当事人和诉讼标的。而这其实表明,除了当事人这一主观要素外,诉讼标的是判断诉的客观要素的唯一标准。至于为何诉讼标的何以成为诉的客观要素的判断标准,我们可以从整个诉讼的发展过程获得印证。在起诉和审理阶段,诉讼标的不仅决定法院的审判范围,当事人也在此范围内提出攻防的方法;如果原告欲要求法院审理此范围以外的请求,就必须通过另行起诉或诉的变更的程序来实现;当诉讼的裁判时机已至成熟时,法院就对诉讼标的作出判决,并使其产生既判力。由此可见,从诉讼的开始乃至终了阶段,诉讼标的自始至终是诉讼的核心,也一直是当事人争议和法院裁判的对象。而这也正是大陆法系主要国家将当事人和诉讼标的作为诉的构成两大要素的主要原因。

在我国大陆,有关诉的要素,长期存在二元论、三元论、四元论之争。二元论认为诉由诉讼标的和诉讼理由构成。③三元论主张诉由当事人、诉讼标的和诉讼理由构成。④ 四元论则主张诉由当事人、诉讼标的、诉讼理由和诉讼请求(笔者注:此处学者所称的诉讼请求,其实是指诉之声明)构成。⑤ 对于以上三种观点,我们认为皆未能正确揭示诉的本质内容。

从以上关于诉的要素功能的分析中,我们不难看出二元论的缺陷,那就是未明确诉在什么人之间进行,也即未指出诉讼当事人。事实上,任何一个诉都必须要有当事人。因为任何权利义务都必须有主体,只有主体之间发生了民事权益之争,才涉及诉的问题。因而任何一

---

① [日]兼子一、竹下守夫:《民事诉讼法》(新版),白绿铉译,法律出版社1995年版,第57~61页。
② 陈荣宗、林庆苗:《民事诉讼法》,台湾三民书局1997年版,第359~360页。
③ 柴发邦主编:《民事诉讼法学新编》,法律出版社1992年版,第60~61页。
④ 田平安主编:《民事诉讼法学》,中国政法大学出版社1999年版,第142~143页。
⑤ 张晋红:《民事之诉研究》,法律出版社1996年版,第72页。

个诉,都必须要具备当事人这一要素,否则诉讼无法进行,法院也无法进行审理。

三元论和四元论相对于二元论的进步之处在于将当事人列为诉的要素之一。但它们都在肯定了诉的要素包括当事人和诉讼标的之外,又分别将诉讼理由乃至诉讼请求(诉之声明)作为诉的要素。所以出现这种情况,本质上是由于我国民诉法学研究中对诉讼标的的关注和探讨不够精深导致的。进而言之,在大陆法系国家,学者们对诉的构成理论并无多大争议,多认为当事人为诉的主观要素,诉讼标的为诉的客观要素;而究竟如何识别诉讼标的,才是诉论研究中争议最大的问题。而在我国,由于早期受苏联民事诉讼法学理论的影响,传统诉讼标的理论影响根深蒂固,以至于尽管近十余年来,关注诉讼标的的研究的学者提出了诉讼标的的识别的诸多观点和学说,但在诉的要素理论研究中,仍倾向于立足传统诉讼标的的展开,也因此出现了将诉讼标的与诉讼理由、诉讼请求并列作为诉的客观要素的诸多理论。

显然,将诉的要素理解为当事人和诉讼标的,并将诉的识别的着重点放在诉讼标的识别上,是当下德日学者的通常做法,也是较为契合诉讼标的的概念及其功能的做法。尽管我国民诉法学中传统诉讼标的的观点根深蒂固,短期内也无法形成强有力的诉讼标的的识别的观点或学说,但局限于传统诉讼标的的理论,同时增加其他要素作为诉的客观要素的做法并不十分可取,因为这可能使有关诉讼标的的识别的研究在某种程度上丧失其理论和实践意义。因此,我们认为,将当事人、诉讼标的作为诉的构成要素仍应是未来诉论研究的方向,而在诉讼标的的识别上,我们倾向于将诉讼请求和诉讼理由作为识别标准。具体而言,当事人作为诉的主观要素可使当事人范围以及当事人资格得到确定;诉讼标的作为诉的客观要素,可以确定法院的审理范围,使本诉与相同当事人之间的其他诉区别开来。

三、我国民诉法及其司法解释中有关诉的构成的规定

2015 年最高人民法院《关于适用中华人民共和国民事诉讼的解释》(以下简称《解释》)公布施行。该司法解释第 247 条有关重复起诉禁止的规定明确将当事人同一、诉讼标的同一、诉讼请求同一作为判断两诉是否同一的标准,这也意味着,目前我国民事诉讼立法和司法实践是将诉的构成要素确定为当事人、诉讼标的和诉讼请求。根据《最高人民法院民事诉讼司法解释理解与适用》一书对 247 条的解释说明,诉讼标的相同是指当事人所争议的实体法上的权利义务关系,所以以旧实体法说来界定诉讼标的,简便易行,法院审理范围十分明确,诉讼程序秩序稳定,当事人攻击防御目标集中。所谓诉讼请求是建立在诉讼标的的基础上的具体声明,在采旧实体法说理解诉讼标的的前提下,具体的诉讼请求对于诉讼中识别诉讼标的及其厘清其范围具有实际意义。①

尽管"三个同一"属于我国首次通过司法解释的形式明确了两诉区分的标准,促进了我国诉之理论研究的发展,但是该规定的运行并不乐观。

首先,由于诉讼标的的旧实体法说本身就容易带来当事人一次纠纷不能一次解决的问题,再辅之以诉讼请求这一多变量作为区分此诉与彼诉的标准,就极其容易带来当事人针对同

---

① 沈德咏主编:《最高人民法院民事诉讼司法解释理解与适用》,人民法院出版社 2015 年版,第 634 页。

一纠纷反诉起诉的情况。因此说,细观司法解释本身,以民事实体法律关系(诉讼标的)加上诉讼请求作为诉的客观要素,带来的最大问题就是增加了当事人滥用诉权的可能,使强调纠纷一次解决的理念难以得到贯彻。而这也与我国案多人少、司法资源紧张的现实存在一定程度的冲突。

其次,从《解释》第247条出台后的司法实践观之,不同法官对"诉讼请求同一"的理解和适用并不完全一致。从文义解读,人们一般认为诉讼请求的内容不同就属于诉讼请求不同一,例如,基于侵权法律关系,原告在诉讼中提出了恢复原状的诉讼请求。在审理过程中或者法院生效裁判做出后,原告由以该法律关系为基础,提出了新的损害赔偿请求,则根据第247条的规定,应理解为后诉的诉讼请求与前诉不同,不构成重复起诉。但实践中法院对此的解读并不一致,有严格按照文义解读何为诉讼请求是否一致的,也有在更宽泛的意义上解读诉讼请求是否一致的。例如在最高法(2015)民申字第854号裁定书中,最高人民法院在确定诉讼请求是否一致时,认为尽管前诉的诉讼请求为继续履行合同,后诉的诉讼请求为违约赔偿,但继续履行、采取补救措施或者赔偿损失都属于承担违约责任的方式,据此认为后诉构成重复起诉。显然,该裁判将违约责任的不同承担方式解释为同一诉讼请求,与立足司法解释进行的文义解读还是存在一定差距的。

最后,尽管最高院有关民诉法司法解释的理解与适用明确了诉讼标的应理解为双方争议的民事实体法律关系,且该理论也广泛受到实务界人士认同,但由于诉讼标的理论研究的不足,且争议较大,导致在实践中对诉讼标的的理解有时也会出现不一致的情况。例如,在(2017)渝0103民初3878号裁定书中,该裁判文书就将两个诉的"纠纷事实"相同理解为构成重复起诉。这种解读在某种意义上体现了将"纠纷事实"作为诉的识别标准的倾向,显然与民诉法司法解释第247条的规定不相契合。

事实上,究竟应如何区分两诉实质上就是诉的构成问题。我们认为,在总体上,应坚持以当事人和诉讼标的两要素来对此诉与彼诉进行区分。如果其中一个内容发生变化,则构成新诉。而在诉讼标的的识别上,适时放弃旧实体法学说,以诉讼理由和诉讼请求这一新程序法说作为诉讼标的的识别标准,可能是一种符合现有司法环境的更为可行的方案。

第二节
诉 的 种 类

诉的种类,就是依据一定的标准对诉进行分类。目前,各国最普遍采用的分类方法是将诉分为确认之诉、给付之诉及形成之诉。

一、确认之诉

确认之诉,是指原告请求人民法院确认其与被告间存在或不存在某种民事法律关系的诉。确认之诉具有以下特征:

1. 法院只是对双方当事人之间是否存在某种民事法律关系进行确认,而并不判决另一方履行一定的民事义务。

2. 当事人提起确认之诉的目的是谋求法院对某一民事法律关系是否存在或不存在,以及存在的范围作出肯定或否定的裁判。

3. 由于在确认之诉中，当事人之间没有行使权利和履行义务之争，故法院的裁判不存在执行问题。

对于确认之诉，根据当事人请求的目的的不同，可以分为肯定的确认之诉和否定的确认之诉。所谓肯定的确认之诉，又称为积极的确认之诉，是指当事人请求法院确认其与对方当事人之间存在某种民事法律关系的诉。例如，请求法院确认其与对方当事人之间的合同关系，请求确认其对争议财产拥有所有权等等。所谓否定的确认之诉，又称为消极的确认之诉，是指当事人请求法院确认其与对方当事人之间不存在某种民事法律关系的诉。例如，请求法院确认其与对方当事人之间不存在合同关系，不存在收养关系等等。

二、给付之诉

给付之诉，是指当事人请求人民法院判令对方当事人为一定行为之诉。给付之诉占民事案件的绝大部分，是最普通的诉。给付之诉中的给付不仅指支付金钱和其他物，而且还包括为债权性的或物权性的一定作为和不作为。给付之诉具有以下特征：

1. 双方当事人之间存在权利义务关系，即一方享有权利，而另一方应承担某种义务。

2. 双方当事人之间有权利和义务之争，即对于如何行使权利和履行义务存有争议，因而请求法院予以裁判。

3. 法院对案件经过审理后，应在确认当事人之间民事法律关系的基础上判令义务人履行义务。

给付之诉，按照不同的标准，有不同的分类。

按照请求给付的时间不同，可以分为现在给付之诉和将来给付之诉。现在给付之诉，就是在给付判决生效后，义务人即应向权利人履行一定的义务。将来给付之诉，是指在给付判决生效后，在履行期到来时，义务人才向权利人履行一定的义务。

按照请求给付的内容不同，可以分为特定物给付之诉、种类物给付之诉和特定行为给付之诉。所谓特定物给付之诉，就是请求对方交付某个不能代替的特定的物品。所谓种类物给付之诉，就是要求对方交付具有共同物理性能和经济意义的、可以互相代替的、能够用度量衡计算的实物。所谓特定行为给付之诉，就是要求义务人为一定的行为或者不为一定的行为。例如，要求对方提供一定的劳务等等。

三、形成之诉

形成之诉，又称为变更之诉，是指当事人请求人民法院改变或消灭其与对方当事人之间现存的民事法律关系的诉。例如，要求解除收养关系之诉，要求撤销买卖合同之诉等等。形成之诉具有如下特征：

1. 双方当事人对现存的法律关系无争议，只是对这一法律关系是否变更或如何变更有争议。

2. 双方当事人只是要求法院对某一法律关系加以变更，而不要求解决权利或义务的承担问题。

3. 在法院的变更判决生效以前,当事人之间的法律关系仍然保持不变。

第三节 诉讼标的

一、诉讼标的的概念、意义

诉讼标的,又称为诉的标的或诉的客体,是当事人双方争议和法院审判的对象。诉讼标的,是任何一起民事案件都必须具备的。无论学者们对诉讼标的的认识有多大差异,都不否认诉讼标的是整个诉讼的核心。具体来说,诉讼标的的核心地位表现在以下几个方面:首先,当事人的攻击和防御都围绕着诉讼标的进行;其次,法院的判决是对诉讼标的的最终处理;最后,诉讼标的还是法院判定当事人是否重复起诉的根据。如果前诉的诉讼标的与后诉的诉讼标的相同,则当事人不得就该诉讼标的向法院再行起诉。

二、诉讼标的识别的不同学说

诉讼标的作为当事人争议并要求法院进行审判的对象,在具体民事案件中应根据什么标准予以识别,是世界各国民事诉讼法学者争论最激烈的理论之一。对于诉讼标的的识别,主要有三种学说,即传统诉讼标的理论、新诉讼标的理论和新实体法理论等。

传统诉讼标的理论最早阐述诉讼标的的概念和识别方法。其基本特征是以实体法上的请求权为根据确定诉讼标的。实体法律关系说,是我国民事诉讼标的理论的通说,若对其归类,仍属于"权利主张说"。① 而识别诉讼标的的多寡,就以原告所享有的实体法上所规定的实体请求权为标准。因此,凡同一事实关系,在实体法上按其权利构成要件产生不同的请求权时,每一实体法上的请求权均能形成一个诉讼标的,多数请求权的给付目的即使相同,也能构成多数不同的诉讼标的。在请求权竞合的场合,由于原告所享有的实体请求权为多数,其诉讼标的也就有多数。如果原告在同一诉讼中先主张一个请求权,后又变为另一个请求权,就产生诉之变更问题。

由于传统诉讼标的理论在请求权竞合问题上存在重复起诉等不足,诉讼法学者们率先对其进行了批判,并在突破传统理论的同时,创立了新的理论,即新诉讼标的理论。该理论有一分肢说与二分肢说之分野。二分肢说也称诉之声明及事实理由说。就是认为,诉之声明与事实理由两者构成了诉讼标的识别的标准,其中任一要素为多数时,则诉讼标的即为多数。这样,在实体请求权发生竞合时,如果事实理由和诉之声明合并构成一个诉讼标的,不管实体法上存在多少个请求权,都不发生多个诉讼标的的问题。至于各请求权之间的变更,则只能认为是原告攻击方法的变更,而不是诉讼标的的变更,从而也无诉的变更。

一分肢说又称诉之声明说。此说认为,诉讼标的仅由诉之声明加以特定,在以同一给付为目的时,即使存在若干不同的事实理由,仍只有一个诉讼标的。这个诉讼标的就是原告在

---

① 参见西南政法大学李龙博士学位论文:《民事诉讼标的理论研究》,第98页。

诉之声明中向法院提出的要求法院加以裁判的请求。依一分肢说,诉之声明只要同一,即使事实理由为多数,也不会发生诉之变更问题。

新诉讼标的理论产生后,一直在诉讼法的范围内发展,从 20 世纪 60 年代开始,诉讼标的理论的研究又有回到实体法领域的趋势。在此基础上就有了重新强调诉讼标的与实体法请求权联系的新实体法学说。该说以事实关系作为判断实体请求权的标准,认为,凡基于同一事实关系而发生的,以同一给付为目的的数个请求权存在时,并不是实体请求权的竞合,只是请求权基础竞合,实际上只有一个请求权,因为发生请求权的事实关系是单一的。在有名的"电车案"中,由于只有旅客乘电车受伤这一个事实关系,所以只有一个实体法上的请求权存在。因此,此时诉讼标的仍是单一的。诉讼中,若原告由侵权行为的损害赔偿请求变更为合同不履行的损害赔偿请求,并不产生诉之变更问题。

另外,随着对纠纷一次性解决的强调和重视,目前也有学者提出了以"纠纷事件"作为诉讼标的的识别标准的观点。该观点强调将当事人起诉到法院的"纠纷事件"作为诉讼标的,至于能用于评价该纠纷的法律关系的数量则不在评价之列。若以纠纷事件为诉讼标的,其优势是可实现将当事人在该纠纷中的相关法律地位一次性解决,最终彻底解决纠纷。

三、诉讼标的的二分肢说的采纳

在以上各学说中,旧实体法说以实体法所规定的实体请求权为识别诉讼标的的标准,在遇到请求权竞合的场合无法作合理的解释。新实体法说则由于请求权竞合与请求权基础竞合的区分标准在实体法理论中尚未统一,也难以使人信服。对一分肢说,在请求给付金钱或代替物之诉讼中,如不一并斟酌原因事实,几乎无法确定诉讼标的是否同一。而至于"纠纷事件"说,尽管其在强调纠纷一次解决上有更多优势,但适用该学说作为诉讼标的识别标准,确实存在需要提高当事人法律素质、法官释明职责加强的问题,笔者认为,诉讼标的虽是独立的诉讼法上的概念,但却无法摆脱其与实体法的关系。作为一种社会规范的实体法,同时还是法院的裁判规范,这本身就表明实体法对作为裁判对象的诉讼标的有着不可忽略的影响。而二分肢说之诉讼标的的概念,将诉之声明与原因事实结合起来作为识别诉讼标的的标准正可起到连接实体法与诉讼法纽带的作用。也即,原因事实是诉之声明得以实现的基础事实,基于原因事实所生的不同法律评价或法律观点则为诉之声明的最终实现提供了实体法上的裁判依据。对于二分肢说在此一意义上的合理性,有学者这样评价:"诉讼上二分肢之诉讼标的的概念,自其功能上为观察,不外实体法上请求权概念之对照,是为配合诉讼法的需要所生对照。若将此种功能上之关系经常置于眼前,则实体法与诉讼法之间对于诉讼标的之讨论所招致之鸿沟得以克服。"[①]正是为此,笔者赞同二分肢之诉讼标的的概念,即以诉之声明和原因事实作为诉讼标的的识别的标准,凡两者中有一要素为多数时,则诉讼标的即为多数,从而发生诉之变更。

不过,需要指出的是,由于诉讼类型的复杂多变,诉之声明结合原因事实作为识别诉讼标的的多寡的标准不是绝对的,"其中原因事实只在具体判别当事人法律地位和能否具体产生

---

① 陈荣宗:《民事程序法与诉讼标的理论》,台湾大学法学丛书 1975 年版,第 449 页。

法律效果时作为参考标准"。① 也就是说,二分肢说虽然以诉之声明和原因事实作为诉讼标的识别的标准,但诉之声明与原因事实的地位却略有不同。具体而言,在确认之诉及形成之诉中,由于诉之声明已经表明了要求确认或变更的法律关系或法律效果,单凭诉之声明已可识别案件的诉讼标的,这时原因事实的变更也就不会对诉讼标的的多寡发生影响,不过是原告攻击方法的变更而已。在给付之诉中,单凭诉之声明往往不能使诉讼标的特定化,需要结合原因事实加以识别,因此,两者在诉讼标的识别中具有同值地位。

另外,对于诉之声明的理解,应坚持从一种抽象意义上来理解其含义,并不能将其等同于当事人在诉状中向法院提出的特别具体的诉讼请求。就如前文论及,对于基于承担违约责任而提起的各种不同的诉讼请求,如继续履行、违约损害赔偿等皆属于原告要求对方承担违约责任而提出的同一声明,不应理解为诉之声明的变化。同样,对于基于承担侵权责任而提起的恢复原状、损害赔偿等诉讼请求皆属于承担侵权责任的声明,不应认为构成诉的声明的变化。甚至于在某种情况下,应将其泛泛理解为要求被告人履行一定义务的请求,以至于基于何种法律关系或何种实体请求权都对其发生影响。

长期以来,我国民事诉讼法将诉讼标的理解为当事人双方争议并要求法院解决的民事法律关系,这一概念本质上属于传统诉讼标的理论的范畴。2015年《解释》第247条有关重复起诉禁止的规定中,将诉讼标的与当事人、诉讼请求并列作为诉的同一性认定的标准之一,再次体现了我国民诉法坚持传统诉讼标的的立场,即将双方当事人争议并要求就法院解决的民事法律关系作为识别诉讼标的的标准。如上所述,只要以争议的民事法律关系作为识别具体案件诉讼标的的标准,在遇到请求权竞合的场合就无法作合理的解释。而以诉之声明和事实理由作为识别诉讼标的标准的新诉讼标的的理论,则能够更准确地区分此诉与彼诉,从而更好地实现民事诉讼一次解决纠纷的目的。

第四节
诉的合并与分离

一、诉的合并

(一)诉的合并的定义

诉的合并,是指人民法院把几个独立的诉,合并在一个案件中进行审理和裁判。

人民法院将几个独立的诉合并审理,可以简化诉讼过程,节省时间、人力、物力,提高办案效率,防止对数个有联系的诉作出相互矛盾的判决。

(二)诉的合并的情形

对于诉的合并的情形,各国民事诉讼法学者有着不同的认识。在大陆法的德国、日本等,一般认为诉的合并包括以下三种:

---

① 江伟主编:《中国民事诉讼法专论》,中国政法大学出版社1997年版,第89页。

1. 单纯合并

各诉相互之间无任何关系,或者即使存有关系也只是一种并存关系的数个诉讼上的请求被合并的情形,这就是单纯合并。例如,当事人将支付买卖价金的请求与支付房租的请求加以合并主张的情形,就属于此。在此种合并情形中,由于多数的请求被置于同一诉讼程序中加以审理,因而针对所有请求的证据调查就可以共同地进行。当然,由于各请求是相互独立的,法院在认为必要时也可以分别进行审理,而且判决也可以分别作出。此外,在这种场合,法院审理请求的顺序也不是固定的。

2. 选择性合并

选择性合并是指如果原告提出了多个请求,其中只有一个请求被法院认可,则这种情形属于诉的选择性合并。

3. 预备性合并

原告将主诉与预备性之诉(当主请求被否定时预备的副位请求)加以合并主张的情形,就是预备性合并。一般而言,对于原告来说,主诉比预备性之诉更为有利一些,法院首先对主诉进行审理,只有在认为主诉无理由时才对预备性请求进行审理。大陆法的通说认为,只有互不两立的数个请求才可以加以合并。例如,原告提出以买卖合同成立为前提的支付买卖价金的请求(主诉),当买卖合同被认定为无效时,原告要求对方返还已交付标的物之请求(预备之诉)。不过,近年来,也有大陆法学者提出,预备性合并之诉,无须先诉与后诉之间存在独立关系,任意无关的两个请求之合并也是合法的。

在我国,目前民事诉讼理论并未沿袭德日有关诉的合并的理论,在立法和司法上也并无有关上述诉的合并的更多实践。事实上,由于我国诉的合并理论是与诉的构成理论一脉相承的,因此,诉的合并的情形就有与之相应的体系。具体说,既然诉是当事人依照法律规定,向人民法院提出的保护其合法权益的请求,由诉的主体即当事人和诉的客体即诉的标的两要素所构成,因而,我国诉的合并的情形就包括诉的主体合并、诉的客体合并。

第一,诉的主体合并。诉的主体合并,又称为主观的诉的合并,或广义上的诉的合并。民事诉讼法规定的共同诉讼,包括必要的共同诉讼和普通的共同诉讼,都属于诉的主体合并,即当事人一方或双方为两人或两人以上,一同在人民法院起诉或应诉的情形。代表人诉讼,即当事人一方或双方人数众多,由其推选的代表人所进行的诉讼,也属诉的主体合并。

第二,诉的客体合并。诉的客体合并,又称为诉的标的合并、客观的诉的合并,或狭义的诉的合并。在同一诉讼程序中,同一方当事人向对方当事人提出了两个或两个以上的诉的标的,人民法院予以合并审理的,称为诉的标的合并。例如,同一原告对同一被告,既包括单一的原告、被告,也包括共同诉讼人、代表人诉讼中的原告、被告,只要是在同一诉讼程序中,一方当事人针对对方当事人向受诉法院提出了两个以上的诉的标的,人民法院予以合并审理,一并作出判决的,都是诉的客体合并。

第三,诉的主、客体合并。诉的主、客体合并是指人民法院在诉的合并审理过程中既有主体合并的内容,又有客体合并的内容。如在有独立请求权的第三人参加的诉讼中,有独立请求权的第三人是以本诉中的原告、被告作为被告提起诉讼而参加诉讼的,从这个意义上讲,是诉的主体合并。但是,有独立请求权的第三人提起的诉与本诉,又形成了两个诉,诉的标的不同,这又是诉的标的合并的情形。因此,第三人参加诉讼就属于诉的主、客体的合并。

第四,反诉与本诉的合并。人民法院受理案件后,本诉的被告向本诉的原告提出反诉,人民法院认为可以合并审理的,应当合并审理。

上述诉的合并形式,除必要共同诉讼引起的诉的合并,必须予以合并审理外,其他情形引起的诉的合并,人民法院既可以将其合并审理,也可以不合并审理。是否合并审理,由人民法院视案件情况而定。另外,即使法院予以合并审理,对各个诉仍应分别进行审查,分别作出裁判。

二、诉的分离

(一)诉的分离的概念

诉的分离是诉的合并的对称,是指人民法院受理案件后,将几个诉从一个案件中分离出来,作为若干独立的案件分别进行审理和裁判。

诉的分离的目的在于避免诉讼的复杂化,便于法院顺利地审结案件,确保案件审理质量。

(二)诉的分离的条件

诉的分离,是由于诉的不恰当合并,不能达到诉合并审理的目的而采取的一种措施。其发生须具备以下条件:(1)人民法院已经将多个诉合并受理。(2)已经合并受理的诉的审理将会使诉讼复杂化或导致诉讼迟延。(3)诉的分离不得违背法律的强制性规范。如必要共同诉讼就不得进行分离审理。

(三)诉的分离的几种情形

1. 将普通共同诉讼分为若干案件审理。普通共同诉讼,如不能达到诉的合并审理的目的,就应该进行诉的分离。

2. 同一原告向同一被告提出的几个诉的分离。对于同一原告向同一被告提出的几个诉,如具人民法院认为不宜合并审理,无法达到合并之目的,应进行诉的分离。

3. 被告向本诉原告提出的反诉与本诉的分离。反诉引起的诉的合并审理,如果增加了程序的复杂性,不符合诉的合并审理旨意的,应进行诉的分离。

4. 人民法院根据案件具体情形,认为达不到合并审理目的的,应该进行诉的分离。如对有独立请求权的第三人提出的参加之诉的分离。

第五节
反诉

一、反诉的定义

反诉,是指在已经开始的诉讼程序中,本诉的被告通过法院向本诉的原告提出的一种独立的反请求。最初提起的诉,称为本诉,反诉和本诉都是法律规定的、用以保护当事人合法权益的制度。反诉与本诉相比,具有以下特征:

1. 反诉当事人的特定性。反诉中的原告只能是本诉中的被告,反诉中的被告只能是本诉中的原告。

2. 反诉请求的独立性。反诉和本诉都是以实体法和程序法为根据所提起的完整之诉。因此反诉具有自身的独立性,反诉不因本诉的原告撤回本诉而终结,也不因本诉的原告放弃请求而结束。

3. 反诉时间的限定性。反诉只能在本诉进行中提起,一般是在本诉原告起诉后,法庭辩论终结前提起。反诉时间的特定性便于人民法院将反诉与本诉合并审理。

4. 反诉目的的对抗性。被告提起反诉的目的,在于抵销或吞并原告所提起之诉,使原告败诉,以保护自己的合法权益。

5. 反诉的请求和理由与本诉的请求和理由具有关联性。反诉的诉讼请求与本诉的诉讼请求虽然是相互对立的,但提出反诉的诉讼请求和理由所依据的事实和法律应与本诉的诉讼请求和理由具有关联性。这一关联性是被告得以反诉的基础,没有这一基础,反诉便不能成立。

民事诉讼法规定反诉制度,体现了民事诉讼当事人双方诉讼权利平等的原则,有利于保护当事人的合法权益。人民法院将反诉与本诉合并审理,既可以简化诉讼程序,节省人民法院和诉讼当事人的时间、人力,又可以防止本诉审理终结后,因被告又提起诉讼,法院作出相矛盾的裁判或者出现裁判难以执行的情形。

二、提起反诉的条件

反诉既为起诉的一种方式,就必须具备起诉的条件。我们认为,被告提起反诉,必须具备以下条件:

1. 反诉只能是本诉被告向本诉的原告提起。反诉的当事人具有特定性,有权提起反诉的,只能是本诉中的被告。被告只能向本诉的原告提起反诉,不能向原告以外的人提起反诉。也就是说,本诉中的双方当事人不增加、不减少,仅是诉讼地位互换。如果被告提起诉讼,是针对本诉原告以外的人提起的,或者超出了本诉原告范围,都不是反诉,而是与本诉无关的其他独立之诉。

2. 反诉只能在本诉进行中提起。诉讼进行中,是指法院受理原告提起的本诉,直至判决、裁定作出前的任何阶段。一般应在法庭开庭审判前提起,以便法院将反诉与本诉合并审理。对于二审程序中是否允许提出反诉的问题,一般认为二审允许提起反诉会带来双方当事人审级利益受到损害,即双方依法不能对二审法院对反诉的裁判提出上诉。但是,如果当事人自愿放弃审级利益的则不应受到此限制,这其实也是对当事人处分权的尊重。也正是为此,最高人民法院《解释》第326条第一款规定,在第二审程序中,原审原告增加独立的诉讼请求或原审被告提出反诉的,第二审人民法院可以根据当事人自愿的原则就增加的诉讼请求或反诉进行调解,调解不成立的,告知当事人另行起诉。第二款则规定,双方当事人同意由第二审人民法院一并审理的,第二审人民法院可以一并裁判。可见,在我国民诉法中,原则上二审程序中是不允许提出反诉的,但是出于对各方利益的考虑,如果双方同意调解或放弃审级利益,则应予许可。

3. 反诉只能向审理本诉的人民法院提起。反诉只能向审理本诉的人民法院提起,首先要求审理本诉的人民法院对反诉案件有管辖权。基于此,当事人向审理本诉的人民法院提起反诉时,才能由同一人民法院对反诉与本诉合并审理,从而达到反诉的目的。如果本诉的被告向其他法院对本诉的原告提起诉讼,就不是反诉,而是由两个法院分别审理的两个独立的案件。

4. 反诉必须与本诉适用同一诉讼程序。反诉与本诉必须同属普通程序或简易程序,特别程序不适用反诉制度;本诉与反诉也不能一个适用第一审程序,一个适用第二审程序。同一案件适用两种不同的诉讼程序,既不便于法院审理,也不便于当事人进行诉讼活动。

5. 反诉与本诉应有一定的牵连性。牵连性是指反诉与本诉的诉讼标的或者诉讼理由,应当在法律上或事实上有牵连关系,例如,原告要求被告按购销合同交货,被告提起反诉,要求撤销该合同;原告要求被告交付房租,被告提起反诉,要求原告维修房屋,并赔偿因房屋漏雨给自己造成的损失。无论基于同一种法律关系还是同一事实,或者基于某种权利义务,都应与本诉有一定的联系才便于法院合并审理。如果本诉的被告提起的诉与本诉原告提起的诉毫无联系,则应是两个独立案件,应分开审理。

第六节
诉权

一、关于诉权的学说

诉权学说最早产生于19世纪前半叶德国普通法末期。在此之后,该学说又几经变迁,总的来说,关于诉权的学说主要有以下几种:

(一)私法诉权说

私法诉权说盛行于公法学尚未发达的德国普通法时代,以萨维尼和温德雪德为代表。私法诉权说的主要观点是:诉权是每一项民事权利受到侵犯后产生的一种特殊权利,即是指可以进行诉讼的权利。换言之,诉权是原告对被告所享有的一项权利,它是民事权利的一项附属权利,是其组成部分,它在私权被侵害后生成,是实体法上请求权的变形或派生物。

私法诉权说的实质在于,诉权和私权是同一利益所表现的不同形态,诉权也是私权。根据私法诉权说,诉讼法是实体法的一个组成部分,民事诉讼无非是借助法院的力量实现实体法规定权利的持续而已。这一学说漠视了诉讼法的独立价值,严重扭曲了诉讼法和实体法的关系。

(二)公法诉权说

19世纪中叶以后,随着公法学的发达,人们开始对民事诉讼法是民事实体法的一部分并从属于民事实体法的观念产生了怀疑,并由此开始了诉讼法理论与实体法理论的分离。在此基础上,公法诉权说得以产生。按照公法诉权说的解释,诉权在性质上不是依据私法上的请求权派生的权利,而是一种公法上的权利。具体地说,公法诉权说经历了从抽象诉权说到具体诉权说的发展。

1. 抽象诉权说

抽象诉权说的主要观点是：诉权，就是每一个享有民事权利的人，请求法院进行审判的权利。诉权只限于发动诉讼程序，只要当事人提起了诉讼，即使被法院依法驳回，当事人的诉权也被视为得到了实现。这一学说的实质是，把诉权看成请求司法保护的一种抽象权利。这也意味着，任何具有民事权利的人，不论他的民事权利是否受到侵犯，都可以请求法院进行审判。在这一学说下，诉权同它所要保护的实体权利是脱节的。

2. 具体诉权说

具体诉权说的主要观点是：诉权是公法性质的权利，但它是指在个案诉讼中，原告向法院请求特定内容的胜诉判决或者有利自己的判决的权利。

具体诉权说纠正了抽象诉权说将诉权作为纯粹意义上的、抽象的权利的缺陷，将原告的具体权利主张作为诉权的内容，并以个案来解释诉权的具体化，是诉权理论的进步。后来，随着理论的进一步发展，由于具体诉权说无法说明和解释被告是否也拥有该项权利，所以后来被"权利保护请求权说"吸收合成为一说。"权利保护请求权说"将诉权解释为原被告双方当事人请求法院作出"有利于自己的判决"的权利。该说在长时期内成为诉权理论中的主流学说。

（三）本案判决请求权说

该学说认为，诉权是当事人要求法院就自己的请求是否适当作出判决，即本案判决的权利。

本案判决请求权说的立论基础在于将民事诉讼定位于解决纠纷，因而该学说又被称为纠纷解决请求权说。学者们认为，该学说存在当事人主观愿望与客观诉讼结果相矛盾的缺陷，也即，即使原告受到败诉判决，其诉权也被视为获得实现，这显然与原告的初衷不符。

（四）二元诉权说

二元诉权说是我国民事诉讼法学理论中的通说。其含义是指诉权具有程序意义上和实体意义上的两种诉权。

二元诉权说在我国长期处于支配地位。直至上世纪 80 年代以来，才有不少学者对这一学说提出了挑战。他们认为，二元诉权说仅仅在技术上对具体诉权说做糅合处理，缺乏合理性；同时诉权双重意义上的内涵，也会使两者陷入矛盾；另外，在诉讼实践中，对这两种含义进行区分也无必要。基于此，学界有主张一元诉权说的观点出现。[①] 该观点主要认为，诉权与民事纠纷和民事权益有密切关系，但诉权仅仅是一种程序性权利，而不是一种实体性权利。

二、诉权的概念、性质和构成

诉权及其相关理论，是民事诉讼法学中一个重要的基本理论。长期以来，人们对其争论不休，但至今仍是学派林立，观点不一。在我国民事诉讼法学中，目前通说认为，所谓诉权，是指当事人请求人民法院对其民事财产权和人身权进行司法保护的权利。诉权是当事人进

---

① 刘荣军：《程序保障的理论视角》，法律出版社 1999 年版，第 256～257 页。

行民事诉讼的基本权利,属于程序性权利。当事人有了诉权,才能向人民法院提出保护其民事权益的请求,才能有诉。

众所周知,现代国家的法治建设基本上都是以价值法学为基础发展的,在价值法学那里,权利有应有权利和法定权利之分。所谓应有权利,就是指没有被现实法律确认,而实际上法律又应当在目前或将来予以确认的权利。它来源于特定的社会事实,根源于由物质条件决定的社会生活。① 所谓法定权利,又称为现有权利,就是指经由国家立法得到确认的权利。② 将应有权利确定为法定权利是权利获得国家法律保护的重要一步,而法定权利在多大程度上能够体现应有权利的价值,则取决于立法者的立法活动。显然,应有权利概念的提出,为我们评判实定法,进而完善实定法提供了理论支持。而对于一个法治国家的立法者来说,充分认识应有权利,并尽量使法定权利与应有权利的价值相一致则是其进行立法的重要环节。

基于这种理论,在民事诉讼领域,我们有必要先明确诉权作为公民应有权利的属性。具体而言,随着社会的发展,以私力来解决纠纷无法实现公平和效率,于是人们便将所拥有的解决纠纷的私权让渡给国家,并由国家通过法院依据一定程序来解决纠纷,公民从而获得了诉权这一程序上的权利。③ 因此说,自国家形成并承担了解决纠纷的职责后,公民的诉权就得以形成,它并不依赖于国家是否以法律形式将其确定,而是在特定的社会物质生活条件下产生并客观存在,即所谓的应有权利。诉权的这一属性决定了国家应通过宪法和民事诉讼法对公民诉权进行保障,并以实现有诉必立为诉权保障的目标。④

关于诉权的构成,我们认为,诉权的构成包含了纠纷可诉性、诉之利益和当事人适格。纠纷的可诉性即纠纷的可司法性,它是指纠纷发生后,纠纷主体可以将其诉诸司法的属性,或者说纠纷可以被诉诸司法因而能够通过司法最终解决的属性。凡是法院能够行使司法权的纠纷就可认为纠纷具有可诉性。只有纠纷具有了可诉性,才可能有国民诉权的存在。所谓诉之利益又称为权利保护利益或权利保护必要,乃指原告要求法院就其私权主张予以裁判时所必须具备之必要性而言。⑤ 它是为了考量"具体请求的内容是否具有进行审理之必要性以及实际上的效果"而设置的一个要件,所以我们通常将诉之利益称之为权利保护必要。需要指出的是,在日本和台湾地区诉讼法学理论中,诉之利益经常被理解为包含广义和狭义。而广义诉之利益就包含了"纠纷本身原本是否应当在法院中予以解决"。⑥ 可以看出,其与纠纷可诉性具有大致相同的含义。在此,我们将广义诉之利益所包含的权利保护资格问题界定为纠纷可诉性问题,而将诉之利益从狭义角度界定为权利保护必要问题。对于纠纷可诉性和诉之利益的关系,我们认为,纠纷具有可诉性是分析狭义诉之利益的前提。如

---

① 程燎原、王人博:《权利及其救济通论》,山东人民出版社1998年版,第35页。
② 公丕祥:《法制现代化的理论逻辑》,中国政法大学出版社1999年版,第268页。
③ 马俊驹、舒广:《私法与司法公正》,载《司法改革论评》第四辑,中国法制出版社2002年版,第208页。
④ 本部分内容参考了陈桂明、相庆梅在2003年全国诉讼法学年会(南宁)提交的论文《民事诉讼法修改的目标及其实现路径》。
⑤ 刘敏:《裁判请求权研究》,中国人民法学出版社2005年版,第154页。
⑥ 高桥宏志:《民事诉讼法制度与理论的深层分析》,林剑锋译,法律出版社2003年版,第285页。

果不具备可诉性,根本就谈不上诉的利益问题。体现在诉讼要件之调查顺序上,纠纷可诉性应优先于权利保护利益。而其两者共同决定了纠纷能否最终进入司法程序。

除了纠纷可诉性和诉之利益,诉权构成要件还包括当事人适格。所谓当事人适格,也被称为正当当事人或诉讼实施权,是指在具体事件的诉讼中,能够作为当事人进行诉讼或被诉,且获得本案判决的诉讼法上的权能或地位。

对于任何一个诉讼而言,都存在这样一个问题,即为了使纠纷有效且适当地获得解决,应在何人之间进行诉讼。这也就是当事人适格所要回答的问题。如果说纠纷可诉性与诉的利益是判断该纠纷是否应进入司法程序的概念,当事人适格则是用于判断进入司法程序的纠纷应由何人进行诉讼最合适或恰当的概念。

三、诉权的内容

关于诉权的内容,通说认为,诉权就是纠纷主体基于民事纠纷向国家请求"公力救济"的权利。然而,对于现代法治国家的公民来说,基于民事纠纷而行使诉权请求法院的司法解决,其实还内在包含着要求彼此之间的纠纷通过一种公正的、给以双方充分程序保障的方式得到解决的含义。《公民权利与政治权利国际公约》第14条第1款规定:"任何人,为了就刑事上的犯罪或有关民事上权利义务的争议作出决定,均有权在依法设立的、独立、公平且享有权限的法院获得公正的公开审理。"因此,对于公民的诉权,已有学者开始从扩大的含义上对其进行解释,即它包含司法请求权和公正程序请求权两方面的内容。[①]应该说,这种分析对于现代民事诉讼法学基础理论体系的完善是非常有益的。既如此,现代法治国家公民应然诉权的内容就具体体现为:包含在司法保护请求权中的诉讼权利,如起诉权、撤诉权等;包含在公正程序请求权中的诉讼权利,如程序参与权(主张权、陈述权)、程序公开权等。

第七节 >>>
诉权的保护

诉权是当事人请求国家进行司法保护的一项基本权利,如果我们不对诉权予以充分和有效的保护,那么这一最终救济手段和途径就失去了意义,也就谈不上建设社会主义法治国家。基于此,对诉权进行有效的保护就显得尤为重要。

诉权的保护主要体现在两个方面,即诉权的立法保护和诉权的司法保护。

一、诉权的立法保护

诉权的立法保护主要表现在民事诉讼法的法律规范方面。我国现行民事诉讼法的许多规定都体现了对当事人诉权的保护。我们认为,民事诉讼的立法应着重从程序保障和程序效益两个方面实现诉权的立法保护。

(一)程序保障方面

程序保障的核心之义在于让当事人充分参与程序,并影响程序结果。尽管我国民事诉

---

① 王亚新:《社会变革中的民事诉讼》,中国法制出版社2001年版,第268页。

讼法关于保护公民程序参与的规定具有一定的合理性和正当性,但是从真正实现诉讼公正的角度看,有关内容尚有不够完善之处。主要体现在以下两方面:

1. 关于民事诉讼基本原则

首先是关于辩论原则。对我国民事诉讼法所规定的辩论原则,有学者将其称为非约束性辩论原则,也就是说,当事人的辩论对法院没有约束力,法院还可以按照自己的判断独立收集证据,并作为裁判的依据。[①] 非约束性辩论原则的实质就是对当事人程序主体地位的否定。因此,我们有必要确立与之相对应的约束性的辩论原则。其次是关于处分原则。我国现行民事诉讼法中还存在许多不尊重当事人处分权的规定,如当事人的撤诉以及变更诉讼请求等有时无法按照当事人意志实现。因此,如何真正使当事人处分诉讼权利的行为对法院的审判行为起到制约作用,是完善处分原则的重心。

2. 关于民事诉讼具体制度

在具体制度方面,对当事人诉权保护的欠缺主要体现在检察机关抗诉制度、无独立请求权第三人制度、证据制度以及诉讼费用制度方面。在检察院抗诉制度方面,目前,抗诉是启动再审的一种重要方式,而且是只要抗诉,法院就必须审理。这就为检察机关超越当事人的诉权实施不符合当事人意志的抗诉行为提供了可能。因此,应该对此做限制性规定,即强调检察院抗诉与当事人诉权的结合,突出当事人诉权在发动民事诉讼程序中的作用。在无独立请求权第三人制度方面,目前,无独立请求权的第三人参加诉讼,除可以由本人申请外,还可以由法院依职权通知参加。很显然,将没有行使诉权的人拉进诉讼,不能不说是对他们诉权的忽视。基于此,应进一步强调尊重他们的诉权,避免强制性地将他们拉进诉讼。在举证责任制度方面,应进一步明确当事人举证与法院查证之间的关系,以及案件事实真伪不明时的败诉风险负担。

(二)程序效益方面

权利行使的成本对公民权利实现的影响是非常大的。为了保障公民诉权的行使,法律必须采取一系列降低成本的手段,实现程序效益,否则只能使法律所确认的权利成为"纸上的权利"而无任何实质意义。从民事诉讼法的角度看,直接与诉权实现成本有关的制度是诉讼费用制度,而诉讼效率则是影响诉讼成本的另一个因素。因为诉讼的周期越长,当事人投入的人力、物力和财力就越多,从而造成诉讼成本的增加。正因为如此,提高诉讼效率以降低诉讼成本已成为许多国家民事诉讼制度改革的重要举措。德国在1976年的民诉法改革中确立了举证时限制度;英美等国民事诉讼制度改革中强化了法官对程序的管理以防止诉讼拖延。

我国民诉程序存在的主要问题是,案件繁简分流不够科学,且某些程序,如简易程序不够简化,难以适应现实诉讼的需要,同时也使人们不能更充分、更方便地利用民事诉讼来解决纠纷。为了提高程序效益,2015年,民诉法修改时确立了小额诉讼程序;2016年最高人民法院通过了《关于进一步推进案件繁简分流优化司法资源配置的若干意见》。这些改革从本质而言,都是为了更好实现对诉权的保障。

---

① 张卫平:《民事诉讼辩论原则重述》,载《法学研究》1996年第6期。

二、诉权的司法保护

诉权的司法保护,主要体现于行使审判权的法院对当事人诉权的保护。但是,法院如不依法行使审判权,就会使诉权受到侵犯。目前,在司法实践中,还存在着对于当事人提起的诉讼法院不及时受理,以及对依法应受理的案件不予立案等情况,这些都构成了对当事人诉权的侵害。我们认为,要真正使诉权在司法层面获得充分的保护,最重要的是完善民事诉讼责任制度,从而使得侵犯公民诉权的违法司法行为得到制裁。

【思考题】

1. 诉有哪些分类?
2. 诉由哪些要素构成的?
3. 简述诉之利益的本质。
4. 反诉的构成要件有哪些?
5. 如何理解我国法律制度在诉权保护方面的不足。
6. 如何理解诉讼标的的识别标准。

【参考文献】

1. 常怡主编:《民事诉讼法学》,中国政法大学出版社2021年第5版。
2. [日]三月章:《日本民事诉讼法》,汪一凡译,台湾五南图书出版公司1997年版。
3. 王亚新:《社会变革中的民事诉讼》,中国法制出版社2001年版。
4. 江伟、邵明、陈刚:《民事诉权研究》,法律出版社2002年版。
5. 左卫民等:《诉讼权研究》,法律出版社2003年版。
6. 段厚省:《民事诉讼标的论》,中国人民公安大学出版社2004年版。
7. 李龙:《民事诉讼标的理论研究》,法律出版社2003年版。
8. 相庆梅:《从逻辑到经验——民事诉权的一种分析框架》,法律出版社2008年版。
9. 夏璇:《论民事重复起诉的识别及规制》,载《法律科学》2016年第2期。
10. 陈杭平:《诉讼标的理论的新范式——"相对化"与我国民事审判实务》,载《法学研究》2016年第4期。

第5章 民事诉讼法律关系与民事诉讼模式

> [提要] 民事法律关系是一种受民事诉讼法律调整的社会关系,它由主体、内容、客体构成的,其发生是有条件的。
>
> 民事诉讼模式是对民事诉讼内部结构进行平面和立体分析之后所作的抽象概括。通说划分为职权主义和当事人主义两种。我国应当汲取国外经验,结合中国国情,建立协同型民事诉讼模式。

第一节 民事诉讼法律关系概述

一、民事诉讼法律关系的概念

民事诉讼法律关系是指在民事诉讼中,人民法院与当事人以及除当事人之外的所有诉讼参与人之间发生的受到民事诉讼法调整的社会关系。

民事诉讼法律关系至少有三个突出的特点:

第一,民事诉讼当事人始终是民事诉讼法律关系的重要主体。民事诉讼是民事主体捍卫其民事权益的重要武器或工具。当民事主体的权利受到外力侵害或与他人发生争执产生纠纷时,民事权利人有权向人民法院提起诉讼。提起诉讼的人在诉讼法理论中称为原告。法院受理原告的起诉状后,原告便与法院之间发生了一种社会关系。为了解决纠纷,人民法院必须迅速将原告的诉状在规定时间内向被告送达。被告收到起诉书副本后无论是否向法院提交答辩状,他都必然与法院形成一种社会关系。由于发生在原告与法院之间、法院与被告之间的这种社会关系是发生在民事诉讼之中的,所以,它理所当然地应当受民事诉讼法律规范的调整。在起诉阶段是这样,在诉讼的其他阶段也是这样。在整个诉讼过程中,原告与法院、被告与法院之间始终会形成一定的并受到民事诉讼法调整的社会关系。这种发生在民事诉讼之中的社会关系便是民事诉讼法律关系。在这种法律关系中,原告与被告始终是该法律关系的主体。如果原告撤诉,则诉讼不再继续进行。事实证明,没有当事人就没有民事诉讼。就此意义上说,民事诉讼当事人始终是民事诉讼法律关系的重要主体。

第二,人民法院在民事诉讼法律关系中始终居于重要地位。审判实践证明,在民事诉讼中,不仅当事人双方要分别与人民法院发生一定的民事诉讼法律关系,而且证人、鉴定人、翻译人员等也会与法院发生民事诉讼法律关系。法院作为国家审判权的实施者,作为公力救济的代表者,为了排难解纷查清案件,必须通知证人到庭作证,通知鉴定人出庭作证。为了克服语言上的障碍,不得不邀请翻译人员,如此等等。其他诉讼参与人与争议中的案件是不存在利害关系的,他们之所以到法庭为诉讼行为,是因为法院的通知或委托,是出于对国家法律的服从与尊重。其他诉讼参与人在诉讼活动中应当以事实为根据、以法律为准绳,他们的根本出发点是对案件负责、对法律负责。他们在进行诉讼行为时必然会与法院结成一定的社会关系。由于这种社会关系发生在民事诉讼过程中,因此也必然要受到民事诉讼法的调整,属于民事诉讼法律关系。不难看出,在当事人与法院之间发生的民事诉讼法律关系中,法院是主体之一;在法院与其他诉讼参与人之间发生的民事诉讼法律关系之中,法院也是主体之一。全体诉讼参加人依据法院的指挥为诉讼行为,行使诉讼权利,履行诉讼义务。

第三,民事诉讼法律关系是一种多面系列关系。所谓"多面"是指法院与原告、法院与被告、法院与第三人、法院与证人、法院与鉴定人、法院与勘验人、法院与翻译人员等分别结成民事诉讼法律关系。每一个"面"的民事诉讼法律关系是独立存在的。例如,法院与原告之间的民事诉讼法律关系不同于法院与证人的民事诉讼法律关系,法院与被告之间的民事诉讼法律关系也不同于法院与翻译人员之间的民事诉讼法律关系,如此等等。但是,民事诉讼是一个统一的整体,所以,这些彼此有别、完全独立的"面的关系"又总是依一定的秩序进行排列并形成一个网络。这里的"一定的秩序"是由民事诉讼法律加以确定的。在诉讼中,总是先由原告和法院结成一定的社会关系后,才产生法院与被告的社会关系;总是先由当事人与法院发生一定的社会关系后,才发生法院与其他诉讼参与人的社会关系。无前者就无后者。诉讼向前推进的过程就是多面诉讼法律关系彼此联系交替展现的过程。诉讼向前推进的基础在于当事人的诉权和法院依法行使的审判权。

二、民事诉讼法律关系学说评析

率先提出民事诉讼法律关系概念的当是德国法学家比洛夫(Biilowoskar,1837—1907)。他认为,法院与当事人的行为,各个诉讼阶段和民事审理工作本身只是诉讼的外在方面,而诉讼是一个产生着、发展着和消灭着的整体,要透过现象审视民事诉讼的本质。他认为:"诉讼是有阶段地进行,并一步步地发展的法律关系。"他认为,当事人和法院在诉讼法律关系中处于平等的地位,诉讼权利属于当事人,诉讼责任属于法庭。他的这种见解在法学界产生了很大的影响。后人也曾给予极高的评价。自此之后,在世界各国的民事诉讼法学界开始了一场研究、争鸣民事诉讼法律关系的热潮,时至今日莫衷一是。归纳起来主要有下列几种学说:

(一)一面关系说

该学说的代表人物是德国学者科累尔。他认为,民事诉讼法律关系只是当事人双方之间的关系。当原告认为自己的民事权利遭到他人侵犯或发生争执时,才到法院向相对方提起诉讼。在诉讼中,原、被告双方紧紧围绕民事实体权利的归属而展开斗争。法院始终处于中立的第三者地位。法院只是监视并指导双方的斗争,最后根据争斗结果作出判决。对法院而言无所谓权利义务一说。所以,只有原告与被告之间的一面才受到民事诉讼法的调整,才是民事诉讼法律关系。

(二)两面关系说

两面关系说的代表人物是普兰克。该学说认为,原告起诉是请求法院保护其权利,法院受理原告的起诉是其职责使然,所以,原告与法院要产生一定的关系;当法院受理原告的诉状后,按规定必须向被告送达起诉状,被告收到起诉状后有义务提交答辩状,法院也有职责接受答辩状。于是,被告也要和法院产生一定的关系。这种发生在民事诉讼中的法院与原告一面、法院与被告一面的"关系"就是民事诉讼法律关系。

(三)三面关系说

三面关系说的代表人物是德国法学家瓦赫。该学说主张,民事诉讼法律关系不仅仅是法院与原告、法院与被告之间的关系,还应当包括原告与被告之间的横向关系。理由是:在诉讼中,原被告之间也存在权利义务关系。例如原告陈述时被告不得阻止,被告陈述时原告也不得阻止。此所谓彼此之"忍耐"义务,与义务相对应的就是权利。而且,在诉讼中当事人仍可以通过和解、调解的方式解决纠纷,故原被告在诉讼中仍然存在一定的权利义务关系。

(四)法律状态说

此说的首创者是德国法学家高尔德斯密德。该学说主张,民事诉讼的根本任务是要确定民事判决,民事诉讼程序就是根据判决的既判力确定当事人的权利作为目的的一种程序。为了追求这种目的,当事人之间便形成一种状态:即当事人对未来判决预测的状态。例如,一方当事人可能出现对胜诉的"希望",另一方当事人便可能出现对败诉的"恐惧",这种"希望"与"恐惧"的背后就是利益,此种利益状态从诉讼一开始发动便在当事人之间交替出现和变化。所以,民事诉讼法律关系并不是什么权利义务关系而是一种状态。

(五)多面系列关系说

此说最早见于苏联法学家克列曼的著述。[①] 克列曼认为,民事诉讼法律关系既不是一面也不是两面更不是三面关系。民事诉讼法律关系是一种多面系列关系。之所以存在多面关系,是因为苏联民事诉讼理论将大陆法系民事诉讼法律关系主体范围扩大到了当事人与法院以外的主体,将检察机关、证人、鉴定人等都纳入民事诉讼法律关系主体的范畴。多面系列关系说认为,民事诉讼法律关系是"发生在法院同原告人、法院同被告人、法院同检察机关、法院同国家管理机关、法院同当事人的代理人、法院同每个诉讼参加人之间的。法院同所有上述个人和机关的关系,是法律性质的,也就是法律关系,因为它们都是由民事诉讼法律规范调整的"。[②]

(六)审判法律关系加争讼法律关系说

审判法律关系加争讼法律关系说是近年来出现的一种新观点,由我国民事诉讼法学者

[①] [苏]克列曼:《苏维埃民事诉讼》,法律出版社1957年版,第20页。
[②] [苏]阿·阿·多勃罗沃里斯基等:《苏维埃民事诉讼》,法律出版社1985年版,第42页。

刘荣军先生所主张。① 他认为,民事诉讼法律关系是审判法律关系和争讼法律关系构成的特殊社会关系。所谓审判法律关系是指以审判权力为核心的,在人民法院与当事人及其他诉讼参与人之间形成的由民事诉讼法、法院组织法等法律调整的以审判权利和审判义务为内容的社会关系。所谓争讼法律关系,是指以当事人的诉权为核心的,在当事人及其他诉讼参与人之间形成的由民事诉讼法、律师法及其他诉讼法规调整的以诉讼权利和诉讼义务为内容的社会关系。民事诉讼法律关系体现了人民法院审判权与当事人诉权的结合,它是一种在多个法律关系主体之间形成的多面法律关系。

应当承认,法律关系是一种特殊的社会关系,必须以现行法律存在为前提。没有法律规范,尽管是社会关系,尽管受制于物质关系,它仍不能成为法律关系,如同学关系、朋友关系。当然,法律本身并不产生法律关系,只有当人们依照法律规定进行活动时才构成特定的法律关系。如夫妻关系是一种法律关系。首先,要有婚姻法规定,其次,要有男女双方到婚姻登记机关登记的行为,否则,难以形成夫妻关系。法律关系是一种带强制性的社会关系。法律关系一经成立即受国家保护,不允许任何人以任何方式违反或破坏,否则要承担一定的法律后果。例如合同关系是法律关系,合同关系一经确定,双方当事人均须遵守,依照国家法律违约者要承担相应的法律责任。

基于以上认识,我们不同意把民事诉讼法律关系简单地界定为一面关系、两面关系或三面关系。

"法律状态说"把诉讼权利说成"希望",把诉讼义务说成"恐惧"或"负担"是不符合实际的。首先,权利只能是现实的,它根本不等同于"希望",义务也是实际的,它与"恐惧"无缘;其次,民事诉讼的"核心"并不是"当事人之间在诉讼法上的期待(希望)和负担的交错",而是当事人和其他诉讼参与人共同追求的"案件客观真实"的过程;再次,"希望""恐惧"之说充其量是当事人在一定时候的心理状态或心理活动,这种心理状态或心理活动是不受法律调整的,它也不可能具有权利义务的内容;最后,"动态""静态"研究一说值得研究,"法律状态说"的拥护者认为,考察民事法律关系时应运用静态方法、动态方法,其实民事法律关系无所谓"静态",因为它也会变化乃至消灭,民事诉讼法律关系无所谓"动态",因为它实质上是诉讼权利和诉讼义务。

至于审判法律关系加争讼法律关系一说,为分析法院和当事人之间的关系提供了有效的视角。但是有几点尚可质疑:其一,认为民事诉讼法律关系就是民事诉讼法律关系,其间为什么又包含另一个审判关系或争讼关系?其二,法律关系始终是一种社会关系,是一种受到一定法律调整的社会关系,不能设想一个民事诉讼法律关系既要受民事诉讼法律的调整,又要受法院组织法的调整,还要受律师法的调整!其三,认为存在一个争讼法律关系,但又明白地表明,它只能是一种实体法律关系,是当事人之间为实际的权利义务而争讼,而实体法律关系永远也不可能是诉讼法律关系。

---

① 刘荣军:《民事诉讼法律关系理论的再构筑》,载《民商法论丛》(第九卷),法律出版社1998年版,第271~272页。

三、民事诉讼法律关系发生的条件

只有在一定的条件下,民事诉讼法律关系才能发生、发展、变更和消灭。这些条件是:

(一)民事诉讼法律规范

民事诉讼法律关系是以法律规定为前提的。在我们的生活中,社会关系是相当之多的。发生在民事诉讼中的那部分社会关系之所以能成为民事诉讼法律关系,就在于有民事诉讼法的事先规定。例如,《民事诉讼法》规定:"公民、法人和其他组织可以作为民事诉讼的当事人"(第51条),"原告是与本案有直接利害关系的公民、法人或其他组织"(第122条)。这就是说,当事人起诉、应诉必须具备当事人能力。没有当事人能力的人是不能成为当事人的。又如,《民事诉讼法》第144条规定,法庭辩论的顺序是:原告及其诉讼代理人发言,被告及其诉讼代理人发言,第三人及其诉讼代理人发言,相互辩论。不难明白,民事诉讼法律关系的主体的资格,排列的顺序并不是主体的任意行为,而是法律预先就已经设计好的。没有民事诉讼法律规范,就没有民事诉讼法律关系。

(二)民事诉讼行为

民事诉讼行为是法院和当事人以及所有诉讼参与人在民事诉讼法律规定的情况下所为的能引起民事诉讼法律关系发生、变更和消灭的行为。例如,原告的起诉行为、传唤被告人行为、被告人的上诉行为等。

民事诉讼行为通常由诉讼主体在诉讼中所实施,但是不能绝对化。如两方民事主体在签订民事合同时,在合同中订立关于纠纷解决管辖法院的条款,该条款的订立即引发民事诉讼法上关于协议管辖的效果,在两个民事主体之间产生了民事诉讼法律关系,但此时并未进入诉讼程序,两个民事主体也并非诉讼主体。故判断某个行为是否为民事诉讼行为,关键在于该行为的效果是否会引发诉讼上的法律效果,该行为能否引起民事诉讼法律关系发生、变更或消灭的效果。

民事诉讼行为是诉讼法律关系主体的合法行为。行为不合法,不能引起民事诉讼法律关系的发生、发展、变更乃至消灭。不合法的行为会受到法律的相应排斥甚至制裁。

值得说明的是,法院的行为具有一定的特殊性。法院是国家的审判机关,行使国家审判权。它在诉讼中一方面要以平等的身份对待当事人和全体诉讼参与人,另一方面又肩负着国家职权,要组织诉讼,指挥诉讼,还要处理诉讼中可能出现的难题。因此,法院的诉讼行为又是一种职权行为或称审判行为。

在民事诉讼法律关系中,并不是一方法律关系主体的诉讼行为就必然能引起民事诉讼法律关系的发生、发展、变更或消灭,有些要求当事人和所有诉讼参与人的诉讼行为与法院的行为相结合,即构成法律事实后,才能使民事诉讼法律关系发生、发展、变更或消灭。例如,原告起诉,不仅要有原告递交诉状的行为,而且需要法院受理案件的行为。否则,民事诉讼程序不会启动。如是,则民事诉讼法律关系也不会发生。根据此标准可以将民事诉讼行为分为与效行为和取效行为。与效行为是指直接产生诉讼法上效力的行为,如自认、原告放弃、变更诉讼请求等。而取效行为则是指当事人自身无法单独直接获得所要求的诉讼效果,其行为目的在于引发法院的活动的行为,如起诉,申请回避等。

(三) 事件

能够导致民事诉讼法律关系变更、消灭的不以人们的主观意志为转移的客观情况称为事件。事件包括当事人死亡、严重疾病等。例如一方当事人死亡，需要等待继承人参加诉讼时，民事诉讼法律关系暂停发展。事件也包括足以使民事诉讼中止的自然灾害、战争或其他原因。如某地发生的七级强烈地震，就足以使正在进行中的诉讼停止，此时，正在进行中的案件民事诉讼法律关系也不得不暂时中止。

第二节 民事诉讼法律关系的构成

一、民事诉讼法律关系主体

民事诉讼法律关系主体是指在民事诉讼中享有诉讼权利并承担诉讼义务的人。民事诉讼法律关系主体有：人民法院、当事人、全体诉讼参与人和人民检察院。

(一) 人民法院

人民法院是代表国家行使民事审判权的专门机关。一方面它在诉讼中要代表国家排难解纷，因此享有指挥诉讼、制作裁判并付诸实施的权力；另一方面，法院权力的行使又不能超脱于诉讼法之外，而是要受民事诉讼法的调整，认真地完成法律规定的诉讼义务。法院在诉讼中是以行使权利、履行义务的方式活动的。

(二) 当事人

此处的当事人系广义的当事人，包括原告、被告、第三人、共同诉讼人和诉讼代表人。当事人是民事诉讼的发动者也是民事诉讼的重要参加者。为了维护他们的正当民事权益，法律赋予他们广泛的诉讼权利，为了诉讼的正常进行，法律也要求他们履行相应的诉讼义务。当事人是集诉讼权利义务于一身的承受人。

(三) 全体诉讼参与人

全体诉讼参与人包括诉讼代理人、证人、鉴定人、勘验人和翻译人员。这些人不同于当事人，他们与争议中的民事案件不存在利益关系。所以，他们的诉讼行为对诉讼的开始和完结不起决定性的作用。但他们也是身负任务的诉讼参与人。诉讼代理人要协助当事人顺利进行诉讼活动，证人要出庭作证，鉴定人要对案件的疑难问题作出科学的结论，勘验人要对现场作出全面完整的表述和反映，翻译人员要准确地沟通语言及时交流。全体诉讼参与人在诉讼中享有相应的诉讼权利，负有相应的诉讼义务。没有他们的参加，正常的程序便无法推进，案件事实难以查明，纠纷难以平息。

(四) 人民检察院

人民检察院是国家的法律监督机关。按照现行民事诉讼法的规定，人民检察院在一定条件下可以提出抗诉。根据我国民事诉讼法规定，检察院抗诉法院必须要进行再审，抗诉的提出势必与法院发生受民事诉讼法调整的社会关系，这种社会关系的实质便是民事诉讼法律关系。

二、民事诉讼法律关系的内容

民事诉讼法律关系的内容,是指民事诉讼法律关系主体在诉讼中所享有的诉讼权利和承担的诉讼义务。民事诉讼权利是指主体在民事诉讼中依法可以这样行为或要求他人这样行为或不这样行为的可能性。民事诉讼权利的特征之一是可以行使也可以放弃。民事诉讼义务是指主体在民事诉讼中应从事一定行为或不应从事一定行为的责任。民事诉讼义务的特征之一是不可推却性。根据民事诉讼法的规定,任何民事诉讼法律关系主体都享有与其身份相适应的民事诉讼权利和民事诉讼义务。(详细内容参见第八、九、十、十二章)

三、民事诉讼法律关系的客体

民事诉讼法律关系的客体是指民事诉讼法律关系主体的诉讼权利义务指向的对象。关于民事诉讼法律关系的客体的表述,理论著述是不尽一致的。有人主张当事人和法院之间指向的客体是"案件的客观事实和实体权利请求",[①]法院与检察院之间指向的客体是"生效裁判的事实和适用的法律",法院与其他诉讼参与人之间指向的客体是"案件的客观事实"。应当承认,民事诉讼法律关系的众多主体的诉讼权利义务是不尽一致的。但也要承认它们只有量的差异而无质的差别,因此,民事诉讼法律关系主体的权利义务指向不应当呈多元化态势。之所以在我国民事诉讼法律关系的客体出现如此大的争议,还在于我国民事诉讼法律关系主体范围系继受于苏联民事诉讼法理论,传统德日民事诉讼法理论中,民事诉讼法律关系主体的范围与诉讼主体的范围一致,仅包括当事人与人民法院,其权利义务指向的对象即"诉讼标的"。而我国继受苏联学说,将检察院、其他诉讼参与人等纳入民事诉讼法律关系主体的范围,民事诉讼法律关系的主体不同,享有的诉讼权利和承担的诉讼义务也就不同,所指向的对象随之不尽相同。

根据一般的法学原理,法律关系的客体是指"物""行为"或"精神财富"。但我国民事诉讼法律关系的客体有其特殊性。当事人向人民法院起诉是请求保护自己的合法民事权益,法院在整个诉讼过程中追求的是矛盾的解决和平息,证人等诉讼参与人围绕的中心则是案件的处理。尽管他们的着眼点略有不同,但其基本方向是一致的。他们的诉讼权利义务指向的目标都是处于争执中的民事案件,民事案件一经法院判决,当事人的利益得到满足(有时要通过强制执行程序才能最后满足),法院的职责便宣告完成,各诉讼当事人和诉讼参与人的任务也大功告成,于是,诉讼结束。因此,应当认为"民事案件"是民事诉讼法律关系的客体。至于有的民事案件是确认民事实体法律关系,有的民事案件是变更民事实体法律关系,还有的民事案件是要求给付一定的财物或金钱,则是案件内容的差别。民事诉讼法律关系的客体应当是统一的、一元的而不可能是多元的或分散的。审判实践已经证明并正在继续证明,无论是司法机关或是当事人,无论是证人或是其他诉讼参与人,他们的任务只有一条——排难解纷。为此,法律明令他们必须"以事实为根据,以法律为准绳"。

---

① 江伟主编:《民事诉讼法》,中国人民大学出版社 2000 年版,第 35～36 页。

第三节
民事诉讼模式

一、当事人主义与职权主义

一般地说,"模式"是指一个系统的内部结构状态和诸要素的相互关系的一种外在形象,对这种形象的高度理论概括称为模式。

诉讼模式是对诉讼内部结构进行平面和立体分析之后所作的形象概括。它包括诉讼程序何以发生、何以进行、何以终结的全过程。它必须反映程序的基本特征。诉讼模式的概括离不开对诉讼目的的定位和诉讼价值的取向,换言之,诉讼模式的背景是导致该种模式赖以出现和存在的各种要素。

民事诉讼模式是指民事诉讼法律关系主体在诉讼中所处的地位、作用以及它们相互关系的外在表象在理论上的高度概括。

对于民事诉讼模式的划分问题,学术界尚存争议。① 但通说是分为当事人主义和职权主义。

当事人主义民事诉讼模式,是指在民事诉讼中,当事人居于核心的地位,诉讼的启动、诉讼请求的确定、诉讼资料和证据的收集和证明概由当事人负责。当事人甚至对法律的适用有选择的权利;法官则在诉讼中处于中立的地位,他从不主动去干预某一方,而是充分尊重当事人的意志。

当事人主义发端于古罗马法。民事诉讼当事人主义模式的成因是多种多样的。一个重要的原因是私权自治原则的影响。私权是绝对的,外人不得干预,及至发生了民事纠纷,国家也不得随意干预,一旦干预就会破坏私权中的当事人双方平等的关系。

当事人主义的优越之处有:第一,能体现当事人的权利,当事人享有的诉权可以制约法院的审判权。第二,能较充分地实现程序公平和程序正义。由于法官的干预少,当事人是程序的真正主宰者。起诉自由撤诉也自由。第三,当事人的自由性能得到较大范围的展示。告什么法院处理什么,不告的内容法院无权处理。第四,充分尊重当事人的程序选择权。法官对当事人程序上权利的行使不会无端限制与干涉,保障了当事人的主体地位。当事人主义并非没有弊端,其缺陷体现在,第一,当事人主义下法官保持完全中立,对当事人的诉讼行为不加干涉,容易被当事人滥用诉讼权利,阻碍民事诉讼的顺利进行,导致审判效率低下。第二,虽然民事诉讼中当事人诉讼地位平等,但是现实中当事人存在知识、财产等方面的差异,当事人可能因为法律知识与举证能力上的差异导致实现实体公正中缺乏保障。

职权主义发端于古罗马末期。在公元 12 世纪,英国法与法国法分道扬镳后,大陆法系

---

① 参见肖建国:《民事诉讼程序价值论》,中国人民大学出版社 2000 年版,第 112 页;田平安:《我国民事诉讼模式初探》,《中外法学》1995 年第 5 期;张卫平:《当事人主义与职权主义》,载《外国法学研究》1993 年第 1 期;常怡主编:《民事诉讼法学》,中国政法大学出版社 2002 年版,第 60 页。

的民事诉讼便深深地打上职权主义的印记。职权主义的核心内容是法官的职权高于当事人的意志,尤其在证据制度和判决的既判力方面,在某种意义上可以说"欧洲大陆接受了教会法院所采取的诉讼模式"。① 而在罗马—教会民事诉讼中,当事人被视为诉讼的客体,几乎没有多少诉讼权利,法官主宰着诉讼的进程,口供被奉为"证据之王",武断、专横、频繁干预是职权主义的外部特征。

职权主义的典型表现是中国的民事诉讼模式。在计划经济条件下,我国长期以来实行职权主义或超职权主义。主要表现在下列方面:其一,证据材料收集完全由法院包揽,当事人举证责任落空;其二,诉讼调解居于首位,强制调解,久调不决;其三,不尊重当事人的诉讼权利尤其是处分权利,借口要维护国家集体利益动辄干预侵犯当事人的私权,在诉讼中,当事人几乎任何行为都要法院点头认可;其四,在诉讼中,承审法官包打包唱,"我问你答""我说你遵""我判你服",当事人的辩论权形同虚设,你辩你的我判我的;其五,法院的判决内容可以超越当事人请求的范围。

职权主义模式并非一无是处。它也有其优越性:首先,它的诉讼效率较高。由于法官的主动干预,当事人和律师作用发挥有限,诉讼进行得较快。其次,法官在诉讼中发挥的作用较大,致使审理案件的质量相对客观。法官的释明权运用充分,有助于维护不谙诉讼技巧的当事人的权利。

二、民事诉讼模式发展趋势

应当说,职权主义与当事人主义各有千秋,很难评判出一个高低优劣。美国比较法学家约翰·梅里曼说得好:"哪一个更好些? 一般来说,这是一个愚蠢的问题,正如问法语是否比英语优越一样笨拙。因为,'好'是针对具体对象而言,肯定没有一个人会说意大利人处境会比普通法系国家的人的处境更好,或者说大陆法系国家的人的处境比美国人处境更糟。法律根植于文化之中,它在一定的文化范围内对特定社会在特定的时间和地点提出特定的要求产生反映。"②

不同意简单的"优""劣"评价,并不意味着抹杀两种模式的独特长处。一般而言,当事人主义模式中当事人积极性调动得充分一些,职权主义模式中法官作用发挥得好一些,这是值得相互借鉴的。事实上"当事人主义"与"职权主义"民事诉讼模式两者之间本无万丈鸿沟,其间存在不少共通之点。例如两种模式都采取"当事人自诉原则",在证据制度上均奉行"采证定案原则",在诉讼过程中都要"听取双方当事人的陈述"。不仅如此,最新迹象表明,奉行当事人主义模式的英、美等国法学家和奉行职权主义的大陆各国法学家们,都在认真地审视对方、检讨自己,并正在采取实际步骤向对方靠拢。

以德国为例。最初制定的德国民事诉讼法基本上是以个人主义、自由主义为立法的指导思想。按照当时的诉讼观,民事诉讼是具有平等地位、平等能力、完全对等的双方当事人(原告与被告)各自保护自己的利益而进行的一系列攻击防御行为,法官只是站在中间人的

---

① [法]勒内·达维:《英国法与法国法》,西南政法学院 1980 年印行。
② 转引自王保树译:《日本民事诉讼制度》,载《法学译丛》1986 年第 3 期。

立场作出裁判。① 在当时的民事诉讼中,对于作为裁判基础的事实来源实行辩论主义,即法官只能从当事人的辩论中采纳作为判决基础的资料,在学理上将这一时期的辩论主义称之为古典的辩论主义。此后,随着诉讼案件的增多,法院负担日益加重,诉讼日益拖延,有识之士开始警觉到,不能继续放任当事人(尤其是他们的律师)主宰诉讼,必须强化法官的作用,否则无法解决这些问题。如果不考虑当事人能力,仍然全部由当事人负担辩论的责任,也就不能公正地解决纠纷。通过多次的辩论、调研,理论界和实务界逐渐认识到为了促进诉讼,必须强化法院的指挥权和对辩论的协助责任。在程序的运行方面,表现为从当事人进行主义向职权进行主义的倾斜;在确定作为裁判基础的事实方面,表现为单纯依赖当事人的古典辩论主义向事实发现上的法官与当事人协同型辩论主义的转变。

立法上修正的内容包括:(1)确定法官阐明义务;(2)确定当事人的真实陈述义务;(3)法官调查证据范围的扩大。在德国民事诉讼中,法官的主要任务为找到真情,而不是决定哪一方当事人提出最佳证据。按照辩论主义的要求,当事人在法官的引导下仍必须自己提出要件事实和证据,但由于阐明义务与真实义务的规定,法官在确定证据的范围以及调查证据中仍起着作用。调查证据是根据法院证据裁定进行的。证据裁定规定哪些问题应调查证据以及证人和鉴定人的姓名,法院使用证据裁定排除对与争执点无关的事实提供的证据。证人和鉴定人由法院询问,法院能做到所询问的事项限于法院认为与争点有关的事实。1976年公布并于1977年7月1日实行的《简化与加速诉讼程序的法律》进一步扩大了法官作出调查证据裁定的权力,尤其是在言词辩论日期之前提取证言的权力。②

1976年的《简化与加速诉讼程序的法律》和1990年12月的《简化司法程序法》对民事诉讼法进行了较大的修改。修改后的德国民事诉讼法明确规定了法官与当事人协力促进诉讼的义务。为了加快诉讼程序,尽早举行言词辩论,诉讼通常应该在一次经充分准备的言词辩论期日(主期日)结束。这只有在法院和当事人"合作"的情况下才有可能,为了确保这一点而不致听任参与各方随便处分,德国民事诉讼法明确规定了法官和当事人的诉讼促进义务。法院的诉讼促进义务具体体现在第273条第1款,即法院应及时地采取必要的准备措施。在诉讼的任何阶段,法院都应该使当事人为及时而完全的陈述。当事人的诉讼促进义务主要是及时提出攻击和防御方法的义务,具体体现在第277条第1款、第282条。

在美国,要求对现行诉讼制度进行改革的呼声达到了前所未有的程度。美国前副总统奎尔在1991年美国律师协会年会上批评道:"令人惊讶的诉讼费用以及漫长的诉讼期限,已使美国的竞争能力受到内在机制的损害。"1984年,时任美国首席大法官的沃伦·伯格在1984年美国律师协会会议上告诫道:"对于一个诚实的公民而言,我们的制度太耗费财力,太令人痛苦,太具有危害性,同时也太缺乏效力。"③

基于对传统诉讼模式弊端的反思,英美法系国家纷纷进行民事司法改革。改革的趋势

---

① 谢怀栻译:《德意志联邦共和国民事诉讼法》,中国法制出版社2001年版,译者前言第4页。

② 参见沈达明编著:《比较民事诉讼法初论》上册,中信出版社1991年版,第168~169页;下册,第60页。

③ 转引自何兵:《从美国民事诉讼的困境看我国民事审判方式的改革》,载《中外法学》1996年第2期。

是强化法官的职权。以《联邦民事诉讼规则》审理前程序的修改为例。美国的审理前程序主要包括证据开示程序和审理前会议。从20世纪70年代后期开始,证据开示程序因缺乏法官监督而被当事人滥用的现象受到了尖锐的批评。主要问题在于当事人及其律师利用证据开示程序不受限制地向对方和第三者取得证据,导致了开庭前准备阶段时间的延长,结果是开庭的拖延和整个审判过程的长期化。证据开示程序被滥用,还导致了当事人经济负担的增加和诉讼成本的提高。证据开示程序因此而成为美国20世纪80年代以来民事诉讼程序改革的焦点。自20世纪80年代以来,《联邦民事诉讼规则》经历了数次修改,增加了当事人的主动开示义务和对使用开示方法的次数进行限制的条文。

美国民事诉讼中的审理前会议原来是在法庭审理之前,法官传唤和召集双方当事人(实际上是双方律师)整理争点和证据的会议。随着复杂案件的增加,发现程序的范围不断扩大,1983年美国全面修改《联邦民事诉讼规则》第16条,扩大了审理前会议的职能,加强了法院对审前准备阶段的管理,并规定了具体措施。

日本在二次世界大战前,基本上奉行职权主义,"二战"结束后,"随着新宪法的实施,日本的司法制度经历了一次重大变化。在民事诉讼制度方面,某些英美法系的观点和原有的大陆法系的观点融合在一起了。这种融合的结果之一是削弱了法院在指挥诉讼时的专断的职能,而加强了诉讼当事人辩论的原则"。法国学者也认为,"在提供证据方面当事人起主要作用,在探索应该运用的法律规则方面法官起主要作用"。①

英国也出现了令人瞩目的变化。"陪审团的作用已经在民事案件的审理中消失了","证据法的内容也发生了很大的变化"。"大陆法国家民事诉讼的某些特点,引起了英国法学家的注意,他们甚至把大陆法的某些特点引进了英国法"。②

西方主要发达国家民事诉讼的变革,尽管具体方式、措施有所不同,但总的发展趋势是强化法官的作用并与当事人一道协力促进诉讼的进程。这种强化法官在民事诉讼中的职权、强调法官与当事人协同进行诉讼的变化,是否导致了新的诉讼模式的产生,在理论界有不同的认识。一种观点认为这种改变意味着新的诉讼模式的产生,即协同主义诉讼模式。③另一种观点认为,西方国家民事诉讼的变革没有改变构成裁判基础资料的事实与证据提出由当事人负责这一根基,即辩论原则,因此不应将合作主义理解为辩论主义和职权探知主义的混合物或者是与辩论主义和职权探知主义并列的标准;到目前为止,涉及的只是对辩论主义进行修订。④

---

① 沈达明编著:《比较民事诉讼法初论》,中信出版社1991年版,第141页。
② [法]勒内·达维:《英国法与法国法》,西南政法学院1980年印行。
③ 田平安、刘春梅:《试论协同型民事诉讼模式的建立》,载《现代法学》2003年第1期。
④ [德]卡尔·奥古斯特·贝特尔曼:《民事诉讼法百年——自由主义法典的命运》,载[德]米夏埃尔·施蒂尔纳编:《德国民事诉讼法学文萃》,赵秀举译,中国政法大学出版社2005年版,第70页。

Principles of Civil Procedure

第二编 民事诉讼法基本原则与基本制度

第六章　民事诉讼法基本原则

第七章　民事审判基本制度

第6章 民事诉讼法基本原则

[提要] 民事诉讼的基本原则是贯穿于民事诉讼全过程,对民事诉讼法律关系主体和整个诉讼活动起指导作用的根本性准则。我国民事诉讼法基本原则体系的构成包括当事人诉讼权利平等原则、辩论原则、处分原则、法院调解原则和诚实信用原则。

第一节 民事诉讼法基本原则概述

一、基本原则的概念

民事诉讼的基本原则,是指贯穿于民事诉讼全过程或者重要的诉讼阶段,对民事诉讼法律关系主体和整个诉讼活动起指导作用的根本性准则。

民事诉讼基本原则是民事诉讼这一法律部门规律的高度抽象,体现本法律部门的价值要求。民事诉讼基本原则是民事诉讼立法,制定民事诉讼具体原则、具体制度的基础和根据。民事诉讼法规定的基本原则集中体现和反映了民事诉讼法的本质特征、指导思想和立法精神,是制定和实施民事诉讼法的重要依据。基本原则的表现形式一般有两种,一种形式是在立法时明确加以规定,另一种形式是将基本原则的内容、精神反映在具体法律规范中。我国民事诉讼法的基本原则以第一种形式即在民事诉讼法中以具体的法律条文予以明确规定。

民事诉讼法的基本原则不同于民事诉讼中的具体制度,更不同于民事诉讼法的具体条文。基本原则具有以下三个特征:

第一,基础性。所谓基础性,是指基本原则是制定民事诉讼各项基本制度、具体程序规范的基础。各项制度和规范应当符合基本原则的要求,不得与基本原则相抵触。它的效力贯穿于民事诉讼始终或作用于重要的诉讼阶段。

第二,导向性。所谓导向性,是指基本原则对民事诉讼具有宏观的指导作用,为人民法院审判民事案件以及当事人、其他诉讼参与人顺利进行诉讼活动指明方向,使整个诉讼活动符合民事诉讼法的基本要求。

第三,抽象性。所谓抽象性,是指民事诉讼法的基本原则,是对民事诉讼法精神实质的高度概括。基本原则并不具体规定诉讼的具体制度和诉讼主体的权利义务,而是对民事诉讼的基本精神及立法指导思想作出的高度概括性规定。

二、民事诉讼基本原则的功能

民事诉讼基本原则反映了民事诉讼的本质规律和立法的指导思想,体现了对民事诉讼活动的基本要求,是规定民事诉讼体制和程序结构的基石,因而对民事诉讼立法以及司法实践具有重要的作用。同时,从理论上研究和把握民事诉讼的基本原则,对于全面掌握民事诉讼理论也具有重要价值。

民事诉讼法基本原则主要具有以下基本功能:

第一,民事诉讼法基本原则是民事诉讼立法的准则。民事诉讼法是由一系列具体原则、具体制度和程序规则构成的规范体系。作为蕴涵民事诉讼内在要求和价值规律的基本原则,是统领和协调这些规范的基准。在制定民事诉讼法的具体规则时,应当首先确定民事诉讼法的基本原则,并将基本原则所蕴含的精神和要求在具体的制度规范中予以体现。所以,民事诉讼法的基本原则是制定民事诉讼法律规范的基础,起着立法准则的作用。

第二,民事诉讼法基本原则是规范民事诉讼活动和民事诉讼参与人诉讼行为的准则。民事诉讼首先是解决民事纠纷的一种活动,民事诉讼法的基本原则规定了这一活动的总体"框架",使民事诉讼活动能够有序地进行;其次,民事诉讼是由多个主体参与的活动,民事诉讼法的基本原则对各主体的行为具有导向作用。基于立法的不可周延性特点,民事诉讼基本原则在法无明文规定时起着指引作用:对当事人来说,民事诉讼法基本原则规制了其实施诉讼行为的界限,既保障当事人享有充分的"自主权利",又避免其"权利滥用";对于法官来说,民事诉讼基本原则划定了审判权行使的"范围",既赋予其"自由裁量"的权力,又限制其权力行使的"恣意"。

第三,对于民事诉讼法基本原则的研究和学习,有助于全面、深入地领会和把握民事诉讼的基本原理和各项制度、规则的精神实质。民事诉讼基本原则的本质内涵决定了其在民事诉讼理论中的重要地位和作用。由于各项制度、规则是民事诉讼基本原则的具体落实和体现,所以,掌握基本原则的内涵,有助于对具体制度的正确理解。

三、基本原则体系

在我国,民事诉讼法的基本原则以具体的条文形式规定于民事诉讼法之中。《民事诉讼法》第一章对民事诉讼的基本原则进行了规定,具体包括以下原则:诉讼权利同等原则(第5条),民事审判权由人民法院行使原则(第6条),人民法院独立进行审判原则(第6条),以事实为根据、以法律为准绳原则(第7条),对当事人适用法律平等原则(第8条),法院调解原则(第9条),使用本民族语言、文字进行诉讼原则(第11条),辩论原则(第12条),诚实信用原则(第13条),处分原则(第13条),检察监督原则(第14条),支持起诉原则(第15条)。这些原则共同构成了我国民事诉讼法基本原则体系。在这些原则中,有些原则反映了诉讼的共同规律,是民事诉讼、行政诉讼和刑事诉讼中都适用的原则。例如以事实为根据以法律为准绳原则、使用本民族语言文字进行诉讼的原则等,这类原则属于公理性原则,不仅在民事诉讼中适用，在其他诉讼中也同样适用，所以也将这些原则称为共有原则。在这一原则体系中，有的原则则仅仅反映了民事诉讼的本质属性，不为其他诉讼所拥有，例如处分原则、调解原则等。因此，从各基本原则调整的内容及适用的领域分类，民事诉讼基本原则体系可以说是由共有原则和特有原则构成的。

从理论上讲，基本原则体系的构成并不完全与立法相一致。有学者认为，上述基本原则并不都能够构成我国民事诉讼法基本原则体系的内容，例如，有的学者将平等原则、辩论原则、处分原则、调解原则作为基本原则体系的基本构成；有的学者则认为平等原则、辩论原则、处分原则、诚信原则才是我国民事诉讼法基本原则体系的内容。还有的学者认为，基本原则体系应当包括以下原则：平等原则，辩论原则，处分原则，以事实为根据、以法律为准绳原则。

我们认为，民事诉讼基本原则体系的构成，应当包括那些能够反映民事诉讼本质特点及诉讼基本规律，并且能够适用于诉讼的全过程的原则。基于这种认识，我国民事诉讼法基本原则体系的构成应当包括以下基本原则：当事人诉讼权利平等原则、法院调解原则、辩论原则、处分原则、直接原则、诚实信用原则。

第二节
当事人诉讼权利平等原则

一、当事人诉讼权利平等原则的含义

当事人诉讼权利平等原则，是指在民事诉讼中，当事人平等地享有和行使诉讼权利。我国《民事诉讼法》第 8 条对这一原则作了规定："民事诉讼当事人有平等的诉讼权利。人民法院审理民事案件，应当保障和便利当事人行使诉讼权利，对当事人在适用法律上一律平等。"

民事诉讼法确立当事人诉讼权利平等原则，是基于以下几个因素：第一，诉讼权利平等原则是宪法规定的"公民在法律面前一律平等"原则在民事诉讼中的贯彻和体现。民事诉讼立法以宪法为根据，应当体现宪法的基本要求和精神。诉讼权利平等原则即是"公民在法律面前一律平等"这一宪法性原则在民事诉讼中的具体化。第二，诉讼权利平等原则是由民事纠纷的性质所决定的。民事主体地位的平等性必然要求并决定在解决因这一法律关系而产生的纠纷的诉讼活动中，赋予当事人平等的诉讼地位。第三，诉讼权利平等原则是程序公正的必然要求。程序公正是民事诉讼的最基本价值准则，当事人在诉讼中享有平等的诉讼权利，是程序公正的基本构成要素之一。只有确立当事人平等的诉讼地位，平等地享有和行使诉讼权利，才能保障诉讼的平等性以及诉讼的公正性。

根据民事诉讼法的规定，当事人诉讼权利平等原则，包括以下三个基本内容：

（一）当事人在诉讼中的诉讼地位平等

当事人的诉讼地位是指当事人在诉讼中所享有的诉讼权利和承担的诉讼义务的总和。当事人诉讼权利平等，是指当事人在诉讼中的诉讼地位是平等的，不因当事人的出身、社会地位、经济状况、文化程度、民族等因素不同而存在差别。当事人诉讼地位平等包括平等地

享有诉讼权利和平等地承担诉讼义务。法院应当对当事人行使诉讼权利给予平等的机会。在民事诉讼中,只有原告、被告称谓的不同,而不存在双方诉讼地位的优劣和差异。

(二)当事人平等地享有诉讼权利

当事人平等地享有诉讼权利,是指当事人在民事诉讼中所进行的"诉讼攻击"与"诉讼防御"的平等性。例如,当事人双方都有对案件事实进行陈述的权利,都有权提出证据以维护其合法权益;一方当事人提出主张时,另一方当事人有权反驳其主张;一方提出证据证明其主张时,另一方有权进行质证并提出反证予以抗衡。任何一方不得享有比对方更优越或更多的诉讼权利。只有赋予双方当事人平等的权利、均等的机会,才能确保民事诉讼活动中当事人双方"攻击"与"防御"的平等进行。

当事人享有平等的诉讼权利,并不意味着双方的诉讼权利完全相同。因为当事人在诉讼中的身份的不同,使得双方当事人享有的诉讼权利,有些是相等的,有些是对等的。民事诉讼法采取"同一性"规定和"对等性"规定,使诉讼权利平等具体化。当事人所享有的诉讼权利中,有的诉讼权利是双方都享有的,例如,双方当事人都有权委托诉讼代理人、收集提供证据、进行辩论等。而有些诉讼权利只能是由原告享有,有些诉讼权利则只能是由被告享有,例如,原告有放弃、变更诉讼请求的权利;被告则享有承认、反驳原告提出的诉讼请求,提出反诉的权利。这种差异,体现了诉讼权利的对应性。

(三)保障和便利当事人平等地行使诉讼权利

诉讼权利平等原则作为民事诉讼法的基本原则,是对民事诉讼法本质的一种抽象概括。要使当事人能真正地、现实地平等享有和行使诉讼权利,还必须从以下两个方面加以保障。

首先,立法保障。作为立法的指导原则,诉讼权利平等原则应当体现在民事诉讼法的相关制度和具体规范中,使这一原则具体化,为当事人实际平等地享有和行使诉讼权利提供法律依据。

其次,是在司法实践中,人民法院应当为当事人平等地行使诉讼权利提供保障和便利。依法保障当事人双方平等地行使诉讼权利,并且为他们行使诉讼权利创造和提供平等的机会和条件,是人民法院应当履行的职责,也是诉讼权利平等原则实现的重要保证。这包含两方面的含义:一是人民法院应当保障当事人能够平等地行使诉讼权利,为当事人提供行使诉讼权利均等的机会。例如,民事诉讼法规定,人民法院应当在开庭前和开庭审理时,告知当事人的诉讼权利和义务。这要求人民法院要切实履行"告知"义务,同时告知双方当事人,以便当事人有充分的时间了解和行使诉讼权利。二是人民法院应当为当事人平等地行使诉讼权利提供便利条件。在实践中,构成阻碍当事人行使诉讼权利的障碍较多,例如,当事人缺少文化知识,书写诉状有困难,不通晓当地语言文字,生活困难等,人民法院应当尽可能排除障碍,为其指定代书人,提供翻译,给予法律帮助等,为当事人行使诉讼权利创造条件。

二、诉讼权利平等原则的适用

(一)适用范围

诉讼权利平等原则的适用范围:一是指适用的主体。如上所述,诉讼权利平等原则适用于在我国人民法院进行民事诉讼的所有当事人。在属性上,包括自然人、法人和其他组织;

在国籍上,既包括我国当事人,也包括在我国人民法院进行诉讼的外国当事人、无国籍当事人。当然,对外国当事人、无国籍当事人,我们还应当采取"同等、对等"的原则。即外国人、无国籍人、外国企业和组织在人民法院起诉、应诉,同中华人民共和国公民、法人和其他组织有同等的诉讼权利义务;但是,外国法院对中华人民共和国公民、法人和其他组织的民事诉讼权利加以限制的,人民法院对该国公民、法人和组织的民事诉讼权利,实行对等原则。二是指适用的案件。凡是涉及民事权利义务争议案件,无论是财产权益争议案件,或是身份关系争议案件,都适用该原则。非讼案件由于其自身的特殊性,不适用这一原则。三是指适用的程序。除特别程序、公示催告程序等非讼程序外,其他诉讼程序都适用该项原则。四是指适用的人民法院。该原则适用于审理民事案件的各级人民法院和各专门法院。

(二)当事人、诉讼代理人、人民法院应当明确树立权利平等的观念

为了保证诉讼权利平等原则的贯彻、实施,当事人、诉讼代理人首先应当了解当事人享有哪些诉讼权利及相关要求,同时也应当注意人民法院对当事人双方实施诉讼权利是否给予了方便及平等保障。人民法院审判民事案件时,应当牢固树立当事人诉讼权利平等的观念,及时、准确告知当事人的诉讼权利,并为当事人行使诉讼权利提供保障。法官应严格遵守民事诉讼法、最高人民法院司法解释的相关规定,并针对具体案件适时、恰当地指导当事人行使诉讼权利。值得指出的是,人民法院在引导当事人行使诉讼权利时,必须注意平等性,不能只注重一方当事人,而忽略了另一方当事人。

(三)正确理解诉讼权利平等原则在民事诉讼中的重要作用

诉讼权利平等原则,是民事诉讼法中的一个"基础性"的原则。该原则在诉讼中能得到正确理解、适用,有利于民事诉讼法的其他基本原则,包括处分原则、辩论原则、调解原则等的适用。当事人在诉讼中的地位平等,是实施处分权、辩论权、进行民事调解的前提和基础,也是实现诉讼公正的保障。

三、诉讼权利同等与对等原则

诉讼权利同等与对等原则并非当事人诉讼权利平等原则的内容,它是各国在维护国家主权,考虑承担的国际义务,以及国际关系中的互惠原则基础上,使用的一项原则。《民事诉讼法》第 5 条规定:"外国人、无国籍人、外国企业和组织在人民法院起诉、应诉,同中华人民共和国公民、法人和其他组织有同等的诉讼权利义务。外国法院对中华人民共和国公民、法人和其他组织的民事诉讼权利加以限制的,中华人民共和国人民法院对该国公民、企业和组织的民事诉讼权利,实行对等原则。"

"同等",指的是外国公民、法人、其他组织及无国籍人和我国公民、法人、其他组织在民事诉讼中享有同等的诉讼地位,不能有歧视。但是,给予不同国籍、无国籍的当事人平等的诉讼权利,存在一个前提条件,即在该当事人所在国未对我国当事人在该国法院进行诉讼时的权利进行限制的前提下,我国法律才给予他们平等诉讼权利的待遇;若他国对我国当事人在该国法院进行诉讼时的权利进行限制,则我国对该国当事人在我国法院进行诉讼的权利同样予以限制。此即"对等"。

在民事诉讼法中确立同等与对等原则,对于维护国家主权和司法的独立,保护我国民事

主体在外国的合法权益有重要意义,也有利于促进国际经济贸易交流,为我国的对外经贸营造一个和平、公正、合理的外部环境。

第三节　辩论原则

一、辩论原则的内容

辩论原则通常是指当事人在民事诉讼活动中,有权就案件所争议的事实和法律问题,在人民法院的主持下进行辩论,各自陈述自己的主张和根据,互相进行反驳与答辩,从而查明案件事实,以维护自己的合法权益。我国《民事诉讼法》第12条对此作了规定:"人民法院审理民事案件时,当事人有权进行辩论。"从文字上理解,我国民事诉讼中的辩论原则并没有形成当事人与法院合理分工的结构关系,仅停留在强调当事人所享有的进行辩论的权利。尽管如此,我国民事诉讼法确立的辩论原则有助于当事人诉讼权利的实现。当事人通过行使辩论权,积极地参与诉讼,向法庭充分阐明自己的主张和理由,反驳对方的主张,通过辩论来揭示案件的事实。凡是未经当事人辩论的事实,不能作为裁判的依据。我国辩论原则的主要内容包括以下几个方面:

(一)辩论权是当事人进行辩论的基本权能

辩论原则的最重要内容便是当事人能够享有和行使辩论权。它是建立在当事人诉讼地位平等基础上的,原告提出诉讼请求,就应当陈述事实并用证据证明其真实性;被告有权就原告提出的请求、事实、证据进行反驳和答辩,证明原告请求的不合法性或主张的事实的不真实性。通过辩论澄清争议案件的事实,明确双方的民事权利义务关系。

辩论权行使的主体只能是当事人,法官并非辩论的主体。在民事诉讼过程中,法官不得介入当事人的争执帮助任何一方当事人与对方辩论,否则将导致当事人平等诉讼地位的破坏,也违反法官中立的立场。

(二)当事人辩论的范围既可以是程序方面的内容,也可以是实体方面的内容;既可以是法律问题,也可以是事实问题

在民事诉讼中,当事人行使辩论权的范围非常广泛。概括起来有四个方面:一是对案件的实体问题进行辩论,例如,所争议的实体法律关系是否存在,原告的诉讼请求和被告的答辩能否成立,有无事实根据;二是对案件所涉及的程序问题进行辩论,例如,原告、被告是否为本案正当当事人,诉讼代理人是否合法,受诉人民法院对本案是否享有管辖权等;三是对适用的法律问题进行辩论,当事人可以就案件所适用的法律规范提出自己的见解。四是对案件的事实问题进行辩论,当事人可以就证明自己主张的直接与间接事实提出自己的意见,反驳对方的观点。对以上问题的辩论,应当是当事人之间存在争议的问题,当事人不争执的问题无须辩论。

(三)当事人行使辩论权的形式

双方当事人进行辩论的形式,主要是言词辩论,也可以通过书面形式进行辩论。言词辩

论主要集中在开庭审理中进行，民事诉讼法专门规定了庭审辩论阶段；书面形式主要适用于庭审阶段之外，如原告提交起诉状，被告提交答辩状，即是一种书面辩论形式。但在法庭辩论阶段必须采取言辞辩论。

（四）辩论权的行使贯穿于诉讼的全过程

辩论权的行使贯穿于第一审程序、第二审程序以及再审程序的全过程。这不但包括各程序的开庭审理阶段，当事人可以行使辩论权，在开庭前的准备阶段也能行使辩论权，例如原告的起诉行为以及被告的答辩行为等。

（五）经当事人辩论所形成的"材料"应当是法院作出判决的依据

当事人通过案件所涉及的事实和证据进行辩论所形成的"辩论材料"，是作为判断事实并最终作出判决的基础材料。任何事实和证据都必须经过当事人的辩论，才能成为定案的依据；凡是未在当事人辩论中显示的内容，都不得进入法院审查判断的范围。

二、辩论原则的适用

（一）辩论原则的实施保障

辩论是当事人维护其合法权益的一种诉讼行为。当事人双方就其所争执的问题，相互进行辩驳，并通过充分的辩论来揭示案件的事实真相，为人民法院正确判断案件事实创造条件。但辩论原则的贯彻实施，有赖于人民法院提供保障。首先，审判人员应当充分认识辩论原则对诉讼的重要意义。辩论权既是当事人维护其合法权益的重要诉讼权利，也是人民法院得以查清案件真实情况，分清是非，正确处理民事案件的保障。其次，在诉讼过程中，人民法院应当保障当事人辩论权的充分行使。一是审判人员应当为当事人提供行使辩论权的机会，既要为当事人在开庭审理之前，提供书面辩论的机会，特别是要为被告答辩提供时间保障；又要为他们在庭审中提供平等的言词辩论机会。二是审判人员应恰当地组织和引导当事人的辩论活动，既不能限制当事人的辩论，也不能放任自流，使当事人能够紧紧围绕案件争议焦点进行辩论。三是在辩论过程中，审判人员应当保持中立地位，既不能参与当事人的辩论，也不能发表带有倾向性的意见。

（二）当事人辩论权与法院裁判的关系

作为辩论原则基础的辩论权，是当事人实施辩论行为的根据。在民事诉讼中，存在着当事人辩论权的行使与法院审判权行使的相互关系问题。根据民事诉讼法的规定及最高人民法院相关的司法解释，作为裁判根据的事实、证据，必须经当事人的辩论、质证，凡是未经当事人辩论、质证的事实、证据，不能作为法院裁判的根据。这里既包括对双方当事人提出的事实、证据应经辩论、质证，也包括法院依职权调查到的事实、收集到的证据，也应经过庭审的辩论、质证。当事人辩论的结果，应当作为人民法院裁判民事案件的基础。唯有如此，才能保证辩论原则的实现，才能使当事人的辩论权充满实质性的内容。

三、辩论原则与辩论主义

辩论原则是我国民事诉讼法的基本原则之一。辩论主义是大陆法系国家当事人主义诉讼模式下所遵循的一项基本原则。将提出"确定作为裁判基础之事实"所必需资料权能及责任赋予当事人行使及承担的原则就是辩论主义。与此相对,将确定事实所必需资料的探寻作为法院职责来予以对待的原则就是职权探知主义。辩论主义内容包括以下三项:(1)直接决定法律效果发生或消灭的主要事实,只有在当事人的辩论中出现才能作为判决的基础。(2)法院应当将双方当事人无所争议的主要事实当然地作为判决的基础,就这一意义而言,法院也受其约束(自认)。(3)法院能够实施调查的证据只限于当事人提出申请的证据(禁止职权证据调查)。①

我国辩论原则与辩论主义的区别就在于其约束性不同,辩论主义体现了当事人诉讼模式下当事人权利对法院权力的约束,法院不得超越当事人所主张的事实与证据范围进行审判,尊重当事人的意思与程序主体地位,同时也能起到防止法院诉讼突袭的作用。我国民事诉讼法虽然也规定辩论原则,并要求人民法院应当充分保障当事人双方辩论权的行使,但由于法院的保障仅仅停留于让当事人进行辩论的行为层面,而没有通过立法明确当事人的辩论结果对法院裁判的约束,这种形式上的辩论原则被我国学者称为"非约束性辩论原则"。②

第四节
处分原则

一、处分原则的内容

处分原则,是指在民事诉讼中,当事人有权按照自己的意志支配、决定自己的实体权利和诉讼权利。处分原则的核心内容是当事人对自己所享有的实体权利和程序权利的支配决定权,即可以自行决定是否行使或者如何行使自己的实体权利和诉讼权利。

民事诉讼法规定的处分原则,是体现民事诉讼本质特征的一项重要原则,是由民事诉讼的对象即民事法律关系的性质所决定的。民事法律关系中,主体的地位平等,民事主体有权按照自己的意志支配自己的民事权利。因而,在因民事法律关系发生争议而进行的诉讼过程中,当事人也同样应当享有依法处置自己权利的自由,这是民事实体领域当事人意思自治原则在纠纷解决领域乃至国家公权力行使的诉讼活动中的必然要求和延伸。处分原则体现了国家对"私权"的一种尊重,这种尊重一方面体现在当事人在纠纷发生以后对解决方式的选择。一般来讲,当纠纷发生以后当事人可以选择以下方式加以解决:(1)纠纷双方当事人通过协商解决;(2)由中立的第三方经调解解决;(3)达成仲裁协议并申请通过仲裁方式加以解决;(4)向法院提起诉讼,通过国家设立的司法程序加以解决。另一方面体现在,如果当事人选择诉讼的方式来救济其权利的话,当事人在诉讼中的选择。

处分原则的确立最主要是基于对当事人"私权"尊重的考虑。它体现了民事诉讼与行政

---

① [日]高桥宏志:《民事诉讼法——制度与理论的深层分析》,林剑锋译,法律出版社2003年版,第329-230页。

② 张卫平:《我国民事诉讼辩论原则重述》,载《法学研究》1996年第6期。

诉讼和刑事诉讼的本质区别。我国《民事诉讼法》第13条第2款规定："当事人有权在法律规定的范围内处分自己的民事权利和诉讼权利。"这是我国民事诉讼处分原则的法律依据。从民事诉讼立法来分析,我们认为我国民事诉讼法所确立的处分原则包括以下内容:

（一）诉讼程序的开始、终结原则上由当事人决定

一般来看,民事诉讼中的第一审程序及第二审程序的开始绝对由当事人决定。虽然我国民事诉讼法未用具体的法律条文明确加以表述,但从立法的本意及其精神分析,一、二审程序的启动完全由当事人控制。从当事人对其纠纷的解决方式有选择权来看,诉讼应当是因当事人的起诉而开始,法院不得依职权发动一审程序。《民事诉讼法》第171条第1款规定:"当事人不服地方人民法院第一审判决的,有权在判决书送达之日起十五日内向上一级人民法院提起上诉。"《民事诉讼法》第175条还规定:"第二审人民法院应当对上诉请求的有关事实和适用法律进行审查。"从这两条规定的内容我们可以明确二审程序的发生也只能基于当事人的上诉行为而开始。对于已经开始的诉讼是否必须持续下去,当事人也有一定的决定权。《民事诉讼法》第148条第1款规定:"宣判前,原告申请撤诉的,是否准许,由人民法院裁定。"《民事诉讼法》第180条规定:"第二审人民法院判决宣告前,上诉人申请撤回上诉的,是否准许,由第二审人民法院裁定。"从这些规定来看,当事人撤诉虽然要受到一定的限制,但是除非当事人提出撤诉申请（法律有例外规定的除外）,法院是不能依职权将当事人提出的合法成立的诉讼予以撤销的。当然,有些程序的启动当事人没有绝对的处分权,如财产保全、再审程序以及执行程序等。

（二）对审理裁判的对象与范围当事人有一定的决定权

根据《民事诉讼法》第122条的规定,当事人提起诉讼时必须提出明确的诉讼请求、事实和理由。起诉时当事人提出的具体诉讼请求,是当事人要求权利救济的方式和救济范围的表达;"事实和理由"实际上是指的支持当事人诉讼请求的根据。当事人处分权的行使对法院形成了一定的约束,法院原则上不能在当事人主张的内容之外进行裁判。当事人拥有竞合请求权时（如侵权责任与违约责任竞合）,法院只能以当事人所主张的诉讼标的作为审判对象,不能将审理的范围扩张到当事人未主张的诉讼标的。《民事诉讼法》第155条规定:"判决书应当写明判决结果和作出判决的理由。判决书内容包括:（1）案由、诉讼请求、争议的事实和理由;（2）判决认定的事实和理由、适用的法律和理由;（3）判决结果和诉讼费用的负担;（4）上诉期间和上诉的法院。……"在这里,法院只能根据其所认定的事实来判断当事人请求的妥当性,而不能根据其所查明的事实来改变当事人的请求。例如原告请求法院判决被告支付违约金来合法权益,法院就不能判决解除合同。即便法院经过审理,认为当事人主张的法律关系错误,也不得依职权变更,根据《最高人民法院关于民事诉讼证据的若干规定》第53条的规定,"诉讼过程中,当事人主张的法律关系性质或者民事行为效力与人民法院根据案件事实作出的认定不一致的,人民法院应当将法律关系性质或者民事行为效力作为焦点问题进行审理。但法律关系性质对裁判理由及结果没有影响,或者有关问题已经当事人充分辩论的除外"。此时,法院只能将该问题作为焦点问题进行审理,交由当事人辩论质证,由其决定是否变更诉讼请求。

然而,检讨我国《民事诉讼法》的相关规定,我们认为处分原则也存在需要改革和完善之

处。例如,对于某些程序的启动并未完全尊重当事人的意愿(例如再审程序),当事人在诉讼中未主张的事项法院可以职权认定,法院对程序的结束有决定权(当事人撤诉应当经过法院的同意等)。如此等等,都表明了我国民事诉讼立法过分强调法院对诉讼的控制、干预,这是与处分原则的本质要求相悖的,也不符合民事诉讼本质特点的要求。因此,我们有必要对我国的民事诉讼处分原则进行重新审视并予以完善,以建立与现代诉讼机制要求相吻合、确实能够对当事人行使其权利提供保障的处分原则。

第五节 法院调解原则

一、法院调解概述

(一)法院调解的概念与特征

法院调解,是指在人民法院审判人员的主持下,诉讼当事人就争议的问题,通过自愿协商,达成协议,解决其民事纠纷的活动。法院调解是人民法院审理和解决民事纠纷的重要形式。

我国民事诉讼法所规定的法院调解原则,是对自新民主主义革命时期以来司法工作成功经验的总结。早在抗日战争时期,在总结人民法院审判工作经验的基础上,各根据地和解放区的政权组织,就把调解作为处理民事案件的重要制度明确加以规定。著名的"马锡五审判方式"便是这一时期法院调解的典型。"马锡五审判方式"强调依靠群众和调查研究,实行审判与调解相结合,并将调解作为审理和解决民事纠纷的主要方式。在这一时期,有些地区提出过"调解为主、审判为辅"的八字方针。

新中国成立以后,我国民事审判工作继承和发扬了根据地人民司法工作的优良传统,仍然把调解作为审理民事案件的基本方法。1956年,最高人民法院就调解工作提出了"调查研究、就地解决、调解为主"的十二字方针,后又发展为"依靠群众、调查研究、调解为主、就地解决"的十六字方针。自新民主主义革命时期至1982年民事诉讼法颁布之前,民事审判工作体现出两大特点:一是强调"走群众路线",进行"调查研究",二是强调调解在解决民事纠纷中的重要作用,调解成了民事审判工作不可或缺的重要组成部分。1982年我国颁布了新中国成立后的第一部民事诉讼法。该法在总结了我国民事审判工作经验的基础上,克服了原有强调"调解为主"提法的不足,确立了"着重调解"的原则,即人民法院审理民事案件,应当着重调解,调解无效的,应当及时判决。

1982年试行法的"着重调解"原则仍然突出了调解较判决更为优越的地位。由于"着重调解"这一提法缺乏科学性,1991年修订民事诉讼法时,将这一原则改为"自愿、合法调解"原则,即"人民法院审理民事案件,应当根据自愿和合法的原则进行调解;调解不成的,应当及时判决。"这一原则强调调解的自愿性与合法性。

2012年修改民事诉讼法时,将法院调解原则予以了强化,除了保留原民事诉讼法中关于自愿、合法调解这一原则性规定以及判前调解的内容外,还增加了关于立案调解与庭前调解的内容,即《民事诉讼法》第125条:"当事人起诉到人民法院的民事纠纷,适宜调解的,先行调解,但当事人拒绝调解的除外",第136条:"人民法院对受理的案件,分别情形,予以处理:(二)开庭前可以调解的,采取调解方式及时解决纠纷;……"使得法院调解原则在民事诉讼中得以全面贯彻。

我国法院调解制度的发展历程,是对调解本质的一个认识过程,也是对调解与判决这两种解决民事纠纷方式的相互关系,在我国民事审判工作中得以正确理解的过程。在学术界,有人主张取消"法院调解"原则。我们认为此论太主观。诚然,在具体实施法院调解时,有的法院存在片面追求调解成功率的现象,但这不能成为否认法院调解的依据。法院调解无论在理论上,还是在实践中,其作用都是不能低估的。

法院调解有以下三个特点:第一,法院调解是一种诉讼活动。与一般的民间调解不同,法院调解是在法院审判人员的主持下进行的,通过审判人员的"劝导",促使双方当事人明了法理、分清是非,达成解决纠纷的协议。法院调解具有诉讼的性质,既是人民法院审理案件的一种活动,也是当事人的一种诉讼活动。必须注意的是,法院调解原则的贯彻并非只有法官主持下进行调解一种方式,根据《民事诉讼法》以及《人民法院调解工作若干规定》,下列方式都可以视为是法院调解原则的具体实现:(1)法官主持调解。我国《民事诉讼法》第97条规定:"人民法院进行调解,可以由审判员一人主持,也可以由合议庭主持,并尽可能就地进行。"法官对案件进行审理,由其亲自主持调解,有利于分清是非,明确当事人本身的权利义务,有针对性地进行劝说工作。(2)法院邀请有关单位或个人协助参与调解或委托相关单位或个人对案件进行调解。《民事诉讼法》第98条规定:"人民法院进行调解,可以邀请有关单位和个人协助。被邀请的单位和个人,应当协助人民法院进行调解。"此处有关单位和个人,是指与当事人有特定关系或者与案件有一定联系的企业事业单位、社会团体或者其他组织,和具有专门知识、特定社会经验、与当事人有特定关系并有利于促成调解的个人。(3)委托调解。法院将纠纷交由法院以外的调解人进行调解,达成调解协议后,人民法院对调解协议依法确认。委托调解机制,有利于健全诉讼与非诉讼相衔接的矛盾纠纷解决机制,实现调解主体的多元化与社会化。同时,把一部分调解活动交给法院以外的调解人进行,可以减轻法院的工作负担,使法院更好地发挥在解决社会纠纷中的作用。虽然此种调解方式的主体不是法院,但因调解协议达成后,人民法院要依法确认及制作调解书,在此过程中法院职权依然发挥作用,故不能将此类调解视为是诉讼外的调解。[①]

第二,法院调解是法院行使审判权与当事人行使处分权相结合。一方面,法院调解是法院审理民事案件的一种方式;另一方面,法院调解还必须以当事人行使处分权为前提和基础。当事人是否愿意利用法院调解方式解决纠纷,取决于当事人对其程序权利的处分;经过调解,若要达成解决民事权利义务争议的调解协议,有赖于当事人对其实体权利的处分。由此可见,法院调解就是法院行使审判权与当事人行使处分权相结合,并且相互作用、相互影响的一个过程。第三,法院调解,是人民法院审结民事案件的一种方式。通过法院调解,当事人双方自愿达成协议后,经法院审查认可,制作调解书。调解书送达双方当事人签收后,

---

① 常怡主编:《民事诉讼法(第五版)》,中国政法大学出版社2021年版,第254页。

即发生法律效力,从而终结诉讼程序。生效的调解书与生效的判决书具有同等的法律效力。

法院调解不同于诉讼外的调解。诉讼外的调解包括人民调解委员会的民事调解、行政机关的民事调解以及仲裁机构的仲裁调解。法院调解与诉讼外调解的区别主要有两点:一是性质不同。法院调解是人民法院依照民事诉讼法的规定进行的诉讼活动,具有司法性质;而诉讼外的调解是非国家审判权的运作,不具有司法性质,充其量是准司法性质。二是调解的法律效力不同。法院调解是人民法院审理民事案件的一种方式,生效的调解书具有强制效力,义务人不履行义务时,权利人可以向人民法院申请强制执行;而诉讼外的调解,除仲裁调解以外,调解协议一般不具有强制执行的效力。

法院调解与当事人和解也存在差别。和解,又分为诉讼外和解和诉讼上的和解。诉讼上的和解,是在民事诉讼过程中,当事人自主、平等协商,达成协议,解决纠纷,以终结诉讼的活动。诉讼外的和解,是指案件尚未纳入诉讼轨道,当事人双方平等协商解决纠纷的方式。法院调解与当事人和解的区别在于:第一,主持主体不同。法院调解是在人民法院的主持下进行,是审判权与处分权的一种结合;而当事人的和解,是在没有外力作用的情况下,双方当事人自主行使处分权的一种行为。第二,适用的阶段不同。法院调解只能在审判程序中适用;而当事人的和解既可以适用于审判程序,也可以适用于执行程序。第三,是否具有强制效力不同。法院调解形成的调解协议生效后,具有强制执行力;而当事人和解不具有这种效力。

(二)法院调解的意义

法院调解,是我国人民法院审理、解决民事纠纷的一种重要方式,也是长期以来我国民事审判工作的成功经验。调解方式与判决方式相比较,调解方式更加尊重当事人的意愿,能充分地调动当事人参与诉讼的积极性,实现人民法院的审理活动与当事人的诉讼活动的有机结合。司法实践证明,法院调解在民事诉讼中具有以下三个方面的重要意义:

1. 法院调解有利于及时、彻底地解决当事人之间的民事纠纷。首先,调解达成协议后,调解书经双方当事人签收后立即生效,不存在上诉的问题,可以提高诉讼效率;其次,调解协议是在法院主持下,当事人双方平等协商,通过充分地"交换意见""权衡利弊",自愿达成的协议。一般情况下,大多数当事人都能自觉地履行,不必通过法院强制执行来实现。因此,调解是一种快捷、彻底地解决纠纷的方式。

2. 法院调解有利于化解矛盾,促进当事人的团结。与判决不同,法院调解为当事人解决纠纷营造了"友好的氛围"。双方在自愿的前提下,互相谅解,消除分歧与隔阂,自觉让步,从而达成解决纠纷的协议,获得双方都满意的结果。因此,调解解决纠纷有利于当事人之间的团结。

3. 法院调解有利于法制宣传,预防和减少诉讼。法院调解,是在事实清楚、是非分明的基础上依法进行的,因此,调解的过程,既是当事人平等协商、达成协议的过程,也是人民法院对当事人进行法制宣传和教育的过程。通过法院调解,使当事人了解了法律、法规的相关规定,增强法律意识,也使旁听者受到教育,从而有利于预防纠纷的发生,减少诉讼。

二、法院调解原则的适用

(一)法院调解的适用范围

法院调解的适用范围包括以下几个方面:

1. 适用的案件。一般来讲,凡属于民事权益争议性质、存在调解可能的案件,人民法院均可以用调解方式解决。但是,下列三类案件不适用调解原则:(1)适用特别程序、公示催告程序、督促程序审理的案件;(2)婚姻等身份关系确认案件;(3)其他根据案件性质不能进行调解的案件。

2. 适用的程序。法院调解原则适用于解决民事权利义务争议的审判程序的全过程。包括第一审程序、第二审程序以及审判监督程序。在第一审程序中,无论是普通程序还是简易程序都可适用。但是,非诉讼程序以及强制执行程序不能适用调解原则,强制执行程序中只能执行和解。

(二)法院调解应当遵循的原则

法院适用调解方式审理民事案件时,应当遵守以下三个原则:

1. 自愿原则。自愿原则,是指人民法院以调解方式解决纠纷时,必须在当事人自愿的基础上进行的,包括调解活动的进行和调解协议的达成,都必须以当事人自愿为前提。自愿原则包括两方面的含义:一是程序上的自愿。程序上的自愿,是指是否以调解的方式来解决当事人之间的争议,取决于当事人的意愿,人民法院不能未经当事人同意自行依职权调解或强迫当事人接受调解。二是实体上的自愿。实体上的自愿,是指经过调解所达成的调解协议的内容必须是双方当事人真实的意思表示。

2. 合法原则。合法原则,是指人民法院进行调解必须依法进行,调解的过程和达成的调解协议的内容,应当符合法律的规定。首先是程序上的合法。程序上的合法,是指人民法院的调解活动应当严格按照法律规定的程序进行,包括调解的开始、调解的方式、调解的步骤、调解的组织形式、调解协议的形成以及调解书的送达等,都要符合民事诉讼法的规定。其次是实体上的合法。实体上的合法,是指经调解达成的协议的内容合法。调解协议内容的合法性,应当理解为调解协议的内容只要不违反法律、法规的强制性规定,不损害国家、社会和他人的合法权益,即为合法。这就是说,调解协议内容的合法性,并不是以严格适用实体法的规定为要件,这一点与判决内容的合法性的要求有所不同。

3. 调解不公开原则。为有效促进当事人之间"互谅互让"达成调解协议,调解采不公开原则。包括调解过程不公开和调解内容不公开,但当事人同意公开或者人民法院认为确有必要公开的除外。

三、正确处理调解与判决的关系

调解与判决都是人民法院行使审判权解决民事争议的方式,虽然法院调解是民事诉讼法确立的基本原则之一,但是,并不能因此认为调解方式结案优于判决方式结案。在处理两者的关系时,应当注意以下几点:第一,人民法院审理民事案件时,既可以根据自愿运用调解方式,也可以运用判决方式,人民法院应当根据案件的具体情况合理选择适用;第二,调解不是人民法院审理民事案件的必经程序，人民法院可不经调解，而在查明事实的前提下，直接作出判决；第三，当事人达成调解协议后，法院原则应当制作调解书，但以下情形除外：(1)调解和好的离婚案件；(2)调解维持收养关系的案件；(3)能够即时履行的案件；(4)其他不需要制作调解书的案件。对不需要制作调解书的协议，应当记入笔录，由双方当事人、审判人员、书记员签名或者盖章后，即具有法律效力。调解未达成协议或者调解书送达前一方反悔的，人民法院应当及时判决。

第六节
诚实信用原则

一、诚实信用原则的一般概述

民事诉讼中的诚实信用原则，"是指法院、当事人以及其他诉讼参与人在审理民事案件时必须公正和诚实、善意"。[1] 我国《民事诉讼法》第13条第1款规定："民事诉讼应当遵循诚信原则。"诚实信用原则的明文化、法定化，是2012年修改民事诉讼法的一个引人瞩目之处，其意义十分重大，必将对我国民事司法制度产生深远的影响。[2]

诚实信用原则，原本是市民社会生活中的一种道德规范，后来上升为民法的一项基本原则。此种转变是由该规范对规范商品交易行为，调整商品经济关系的极端重要性所决定的。[3] 据考察，诚实信用原则起源于罗马法中的诚信契约和诚信诉讼。[4] 我国《民法通则》第4条对诚实信用原则作了规定。徐国栋先生解释说："诚信原则就是要求民事主体在民事活动中维持双方的利益平衡，以及当事人利益与社会利益平衡的立法者意志。概言之，诚信原则就是立法者实现上述三方利益平衡的要求，目的在于保持社会稳定与和谐的发展。三方利益平衡是这一原则实现的结果，当事人以诚实、善意的态度行使权利，履行义务，法官根据公平正义进行创造性的司法活动是达到这一结果的手段。"[5]诚实信用原则的立法目的，在于排除一切非道德的、不正当的行为，维护商品经济和市民社会生活的正常秩序和安全。

长期以来，诚实信用原则被视为仅适用于实体法领域而为民法学者研究的范畴，一直未引起民事诉讼法学者高度的重视和关心。即使在外国，民事诉讼领域是否适用"诚实信用"原则也存在"肯定说"与"否定说"的争论。直到1933年，经修改的德国民事诉讼法明确规定了当事人的真实义务，才为诚实信用原则适用于民事诉讼领域奠定了基础。[6] 受德国法的

---

[1] 张卫平主编：《民事诉讼法学》，法律出版社1998年版，第79页。
[2] 张卫平：《民事诉讼中的诚实信用原则》，载《人民法院报》2012年9月12日第7版。
[3] 江平主编：《民法学》，中国政法大学出版社2000年版，第66页。
[4] 徐国栋：《民法基本原则解释——成文法局限性之克服》，中国政法大学出版社1996年版，第80页。
[5] 徐国栋：《民法基本原则解释——成文法局限性之克服》，中国政法大学出版社1996年版，第78~79页。
[6] [日]谷口安平：《程序的正义与诉讼》，王亚新、刘荣军译，中国政法大学出版社1996年版，第138页。

影响,日本、意大利等大陆法系国家的民事诉讼法也相继作了类似的规定。① 我国澳门地区民事诉讼法也有诚实信用的规定。

在实行辩论主义的西方国家民事诉讼中,由于当事人未主张的事实法院不能认定,当事人未提供的证据法院不能调查,法院在诉讼中的作用就被"弱化"了。当事人在诉讼中自认的事实,法院必须照此认定,即当事人不争执的事实对法院具有约束力,法院应以此作为判决的根据。但是,"因为承认自认的约束力,就认为民事诉讼放弃发现真实事实,只满足于合法的形式真实是不妥当的。民事裁判的目的从来就是解决现存的纠纷,并不是以科学地发现客观事实为目的,所以对事实的认定是在纠纷存在的范围之内作为解决纠纷的前提而进行的。但是辩论主义并不是给予当事人在诉讼中背着自己的良心有意地作虚伪陈述的自由。解决纠纷如同交易关系一样,应以信义诚实的原则进行交涉,那种用诺言得到意外利益,有意给审理造成混乱,拖延诉讼的行为,应该说是违反诉讼比赛规则的行为"。② 为此,为了促使诉讼能够按照立法的本旨进行,有必要赋予法官对诉讼加以控制的释明权,以及规定当事人诉讼的真实义务,即当事人作虚假陈述时不产生对法官的约束力。

民事诉讼领域规定诚实信用原则,首先是对辩论主义诉讼体制的修正,因为在辩论主义的要求下,法官不能主动介入当事人的诉讼,其目的是使诉讼更加符合当事人的意愿。但这种当事人主导的原则不可能不受任何制约,否则诉讼就可能偏离立法的宗旨。因此,在维系当事人在诉讼中的主导地位的基础上,又使得诉讼能够按照立法目的运作,就有必要规定诚实信用原则加以矫正。其次是实现诉讼公正的要求。诉讼公正包括程序上的公正和实体上的公正,辩论主义能够确保程序公正的实现,但如果承认当事人之间的虚假自认也对法官产生约束力,则必然会导致实体解决上的不公正,这样也会危及程序的公正,同时也会造成人们社会价值观念的不良变化。第三,特别是在现代民事诉讼实务中,各种类型的诉讼纷纷出现,当事人之间的社会地位、经济地位存在相当大的差别,导致诉讼的失衡。特别是律师代理制度的发展,使得诉讼更加具有"趋利性",对抗更加激烈。因此,为了保证公正地实施诉讼程序,也有必要建立诚实信用原则来均衡这些关系。

在当今的民事诉讼中,诚实信用原则具有独立存在的价值,其对诉讼的调整作用不同于其他原则,是其他原则的补充,弥补其他原则的不足。例如,诉讼权利平等原则旨在保证当事人在诉讼中的地位平等,使当事人享有平等的"进攻"与"防御"手段,从而保证诉讼程序公正地实施。在诉讼的实践中,由于当事人在诸如经济、律师代理等多方面的差异,可能会存在实质上的不平等,这就需要诚实信用原则加以适当的调整,来平衡当事人双方的"攻防"力量。辩论原则和处分原则体现了当事人与法院在诉讼中的相互关系。这两项原则的主要内容是保证当事人在诉讼中的主导地位,并对法院审判权形成制约,其实质是使诉讼最大可能地按照当事人的意愿进行,法院受此约束。但是,过分注重对当事人的意愿的尊重,可能会导致当事人权利的"滥用",从而造成诉讼违背实质正义。因此,诚实信用原则作为法院适度干预当事人诉讼行为的调节器,可促进诉讼按照立法者的意图进行。"辩论原则要求法院尊

---

① 杨建华主编:《民事诉讼法论文选编》(上),台湾五南图书公司1984年版,第21～25页。
② [日]兼子一、竹下守夫:《日本民事诉讼法》,白绿铉译,法律出版社1995年版,第72～73页。

重当事人之间对对方提出的事实的自认，处分原则要求法院尊重当事人对各种请求权的处分。但法院在诉讼中又不可能对可查的虚假自认和不正当的处分漠然处之，必须对其进行必要的干预，否则有悖诉讼的实质公正。这种必要的干预和限制就只能由诚信原则来完成，从而使民事诉讼基本原则成为一个完整、协调和整合的体系。"①因此，诚实信用原则是通过调整诉讼主体之间的相互关系，使诉讼在协作、诚实、善意的协同关系中进行，并以此实现诉讼的公正。

二、诚实信用原则的适用

诚实信用原则的适用，是指其适用的主体、客体范围以及违反诚实信用原则应当具有什么样的法律后果。诚实信用原则的初始形态是对当事人的"真实义务"的要求，主要是对当事人诉讼行为的一种要求，是对辩论主义的一项补充条款。随着诉讼制度的不断发展，诚实信用原则的适用已不仅仅存在于当事人之间的诉讼关系，而扩展至所有诉讼主体。② 下面分别加以分析：

（一）诚实信用原则对当事人的适用

诚实信用原则首先表现为对当事人在诉讼中意思自治的限制，具体表现在以下四个方面：

1. 禁止反悔及矛盾行为

禁止反悔及矛盾行为，是指当事人在诉讼上或诉讼外为某种行为的结果，使对方当事人相信其行为将出现的一定的法律状态，因而决定其态度。这时只要从客观上来看该当事人的相信是合理的，就应受法律保护。③ 禁止反悔及矛盾行为重在保障对方当事人的利益，在基于一方当事人已有的陈述和行为，另一方当事人基于充分的信任而为的行为应当受到法律的保护，不允许一方当事人事后反悔或采取矛盾的行为来损害对方当事人的正当利益。英国民事诉讼中将不准反言作为排除规则，分为记录不准反言、因蜡封文书不准反言与因行为不准反言，不准反言规定的法律效果是对关联性的事实，不采纳其证据。④ 我国立法中也有对禁反言的规定，例如《海事诉讼特别程序法》第 85 条规定："当事人不能推翻其在《海事事故调查表》中的陈述和已经完成的举证，但有新的证据并有充分的理由说明该证据不能在举证期间内提交的除外。"2015 年最高人民法院《关于适用〈中华人民共和国民事诉讼法〉的解释》（以下简称《解释》）第 229 条和第 340 条的规定体现了禁反言的要求，即当事人在第一审审前程序中所认可的事实和证据在庭审中原则上不得提出不同意见，在第二审程序中，当事人受其一审诉讼行为的约束，原则上不得推翻。

---

① 张卫平主编：《民事诉讼法教程》，法律出版社 1998 年版，第 81 页。
② ［日］谷口安平：《程序的正义与诉讼》，王亚新、刘荣军译，中国政法大学出版社 1996 年版，第 139～142 页；陈光中、江伟主编：《民事诉讼法论丛》第 4 卷，第 337～359 页。
③ ［日］兼子一、竹下守夫：《日本民事诉讼法》，白绿铉译，中国政法大学出版社 1995 年版，第 79 页；［日］谷口安平：《程序的正义与诉讼》，王亚新、刘荣军译，中国政法大学出版社 1996 年版，第 145～146 页。
④ 沈达明：《英美证据法》，中信出版社 1996 年版，第 73 页。

2. 禁止以不正当的方法或手段骗取有利于自己的诉讼状态

这是指当事人使用不正当的手段或方法使自己处于有利的诉讼地位,或形成有利于自己的诉讼状态,比如以不正当手段骗取案件的审判管辖,或以不正当的理由获得财产保全、证据保全、先予执行等。根据诚实信用原则的要求,采取不正当手段获取的对自己有利的诉讼状态,其诉讼行为应当视为无效。

3. 禁止滥用诉讼权利,故意拖延诉讼

在诉讼中当事人享有广泛的诉讼权利,同时也承担相应的诉讼义务,即当事人行使诉讼权利必须依法进行。滥用诉讼上的权利是指违背权利设置的目的,专门以损害对方当事人或国家利益为目的的行使权利的行为。当事人在诉讼中滥用诉讼权利的行为应当予以禁止,例如,滥用反诉权、回避申请权、异议权等。在这一方面,体现诚实信用原则对当事人处分权的制约。滥用诉讼权利的行为法院应当予以驳回,并承担相应的诉讼费用。例如,《德国民事诉讼法》第 39 条规定:"如当事人违背真实义务,致使诉讼程序延滞的,应负担因延滞而产生的费用。"《日本民事诉讼法》第 157 条第 1 款规定:"对于当事人因故意或重大过失而提出的延误时机的攻击或防御方法,法院认为其目的是由此致使诉讼终结延迟时,根据申请或依职权,可以作出裁定驳回。"

4. 禁止在诉讼中作虚假陈述,影响法院对案件事实的判断

这是诚实信用原则最初的表现形态,是对当事人真实义务的要求,同时也是对辩论主义的补充,即当事人作虚假的陈述对法院不具有约束力。如果对于当事人所作的虚假陈述法院也要认定的话,必然会违反诉讼形式上的公正以及实体上的公正。因此,在确立诚实信用原则之后,当事人在诉讼中所作的虚假自认的事实,对法院不产生相应的拘束力,即法院将不承认自认事实的效力(作为判案基础的效力)。

我国修订后的《最高人民法院关于民事诉讼证据的若干规定》也明确了当事人有真实陈述义务,其第 63 条规定:"当事人应当就案件事实作真实、完整的陈述。当事人的陈述与此前陈述不一致的,人民法院应当责令其说明理由,并结合当事人的诉讼能力、证据和案件具体情况进行审查认定。"

5. 诉讼上的权利丧失

当事人一方由于长时间不行使诉讼上的权利时,为了保护另一方当事人基于对其不行使权利的有理由的信任而为与这一权利有关联的其他诉讼行为时,可以不允许前一当事人行使该权利来妨碍对方当事人的利益。例如迟延提出攻击与防御方法的行为不予允许。

对当事人违反诚实信用原则,恶意滥用诉讼权利,特别是进行虚假诉讼的侵害他人合法权益或者逃避履行法律文书确定的义务的,不仅由此谋取的不正当利益应当返还,而且可能遭到相应的制裁,人民法院可以根据情节轻重予以罚款、拘留;构成犯罪的,依法追究刑事责任。

(二)诚实信用原则对法院的适用

按照一般的观点,民事诉讼中的诚实信用原则是民事主体实体问题的交涉在诉讼中的延伸,诚实信用原则只是对当事人实施诉讼行为时的要求。但是在诉讼中是不是只有当事人之间才存在诚实信用的问题呢?法院应不应当受诚实信用原则的拘束?反对的观点认

为：法院与当事人之间的关系是作为权力主体的法院和服从于这种权力的当事人的关系。在这种关系中，要求负有司法任务的法院与当事人之间发生以相互信赖为前提的遵守信义关系显得不自然，在当事人与作为国家机关的法院的关系上，让当事人承担具有浓厚伦理色彩的义务时应该特别慎重。① 赞成的观点则认为：与法院期待当事人遵守信义一样，当事人也有权期待法院遵守信义，这是一种相互关系。

可见，无论从何种角度来把握，诉讼受信义原则的支配都是没有问题的。由于诉讼法律关系的多面性，为了实现诉讼的公正，不但当事人之间的关系应当遵守诚实信用原则，其他诉讼法律关系中也应当适用诚实信用原则。因此，法院的审判行为也应当适用诚实信用原则，也即，法院在审理民事案件活动中应当本着诚实、善意的原则进行审判。具体包括以下几点内容：

1. 禁止滥用自由裁量权

由于大多数立法都具有一定的弹性与模糊性，为了将法律有效地、妥当地适用于具体实践，就有必要赋予法院一定的自由裁量权。诚实信用原则要求法官在处理程序问题和实体问题时，应当以事实为根据、以法律为准绳；在需要实施自由裁量权时，应根据具体情况本着诚实、善意的心态作出决定。

2. 尊重当事人的程序权利，为当事人创造平等的诉讼条件

法官在诉讼中应当平等地对待双方当事人，与双方保持同等的"诉讼距离"，并为双方提供平等的行使诉讼权利的机会。在证据的评价方面，法院应当一视同仁，只要是真实、合法的证据都应当加以认定。在案件事实的认定上，应当按照诚实信用原则的要求予以判断。

3. 尊重当事人程序主体地位，禁止实施突袭性裁判

以辩论主义、处分权主义为核心原则构筑的诉讼体制，要求法院在民事诉讼中不过分介入当事人之间的纠纷，体现了对当事人主体地位的尊重。诚实信用原则在这一方面的要求是，法院在诉讼中应当尊重当事人的选择（违反诚实信用原则的除外），不得实施突袭性裁判行为。突袭性裁判包括两种形态：发现真实的突袭和促进诉讼的突袭两大类，前者又具体细化为认定事实的突袭和推理过程的突袭。认定事实的突袭是指在当事人言词辩论终结前，未能使当事人充分认识、预测法院所要认定的事实或该事实的具体内容，以至于当事人在不能就对己不利的事实作充分的攻击防御的情况下，受到法院的裁判。推理过程的突袭，是指在当事人未能充分提出诉讼资料或作必要的陈述（包括对证据的分析）的情况下，受法院的裁判。② 为避免形成突袭裁判，在诉讼过程中，法院应当保障当事人充分的辩论的机会，不仅包括当事人对事实问题的辩论，而且对于有关的法律问题也应当给予当事人进行辩论的机会。

（三）诚实信用原则对其他诉讼参与人的适用

其他诉讼参与人包括诉讼代理人、证人、鉴定人、勘验人以及翻译人员。诚实信用原则

---

① ［日］竹下守夫：《诉讼行为与信义原则》，转引自［日］谷口安平：《程序的正义与诉讼》，王亚新、刘荣军译，中国政法大学出版社 1996 年版，第 141 页。

② 参见张卫平：《我国民事诉讼法辩论原则重述》，载《法学研究》1996 年第 6 期。

要求其他诉讼参与人在诉讼中也应当本着诚实、善意原则实施诉讼行为。比如诉讼代理人不得在诉讼中滥用代理权损害当事人的利益,不得超越代理权限实施诉讼行为,对在代理活动中知悉的当事人的隐私、秘密,应当为当事人保密;证人不得作虚假的证词;鉴定人不得作与事实不符的鉴定意见;勘验人不得作与事实不符的勘验笔录等。

【思考题】

1. 论我国民事诉讼法基本原则体系的构建。
2. 论我国民事诉讼辩论原则的完善。
3. 论民事诉讼中确立诚实信用原则的必要性及可行性。
4. 论法院调解原则存在的问题及其完善。
5. 论确立处分原则的根据。

【参考文献】

1. 田平安主编:《民事诉讼法·原则制度篇》,厦门大学出版社2006年版。
2. 王亚新:《社会变革中的民事诉讼》,中国法制出版社2001年版。
3. [日]上田徹一郎:《当事者平等原則の展開》,有斐阁1997年版。
4. [日]吉野正三郎:《民事訴訟における裁判官の役割》,成文堂1990年版。
5. [日]兼子一、竹下守夫:《民事诉讼法》,白绿铉译,法律出版社1995年版。
6. [日]谷口安平:《程序的正义与诉讼》,王亚新、刘荣军译,中国政法大学出版社1996年版。
7. 张卫平:《民事诉讼中的诚实信用原则》,载《法律科学》2012年第6期。
8. 纪格非:《我国民事诉讼中当事人真实陈述义务之重构》,载《法律科学》2016年第1期。
9. 傅郁林:《论民事诉讼当事人的诚信义务》,载《法治现代化研究》2017年第6期。

第7章 民事审判基本制度

[提要] 民事审判基本制度是法院审理民事案件必须遵循的基本操作规程。我国民事审判的基本制度包括回避制度、合议制度、公开审判制度和两审终审制度。

民事审判基本制度是法院审理民事案件必须遵循的基本操作规程。我国民事审判的基本制度包括回避制度、合议制度、公开审判制度和两审终审制度。

民事审判制度是一个外延非常广泛的概念。从民事诉讼理论的角度分析,民事审判制度主要包括审级制度、公开审判制度、回避制度、管辖制度、当事人制度、证据制度、再审制度、诉讼费用制度等。这些制度从不同的角度规范、调整民事审判工作,使民事诉讼活动能够有序地进行。依照各项制度在诉讼中所起的作用和调整的范围不同,理论上可以将民事审判制度划分为具体制度和基本制度。具体制度是指规范民事审判某一个方面的具体操作规程,如管辖制度、当事人制度、证据制度等。基本制度是指法院审理民事案件必须遵循的基本操作规程,体现了民事诉讼活动的基本要求,对构筑民事审判的基本方式起重要作用的制度,如审级制度、公开审判制度等。本章旨在对民事审判的基本制度进行深入探讨。

民事审判的基本制度不同于民事诉讼基本原则。首先,基本原则所反映的是民事诉讼法的根本精神和价值要求,决定了民事诉讼基本构造和程序结构;而民事审判的基本制度仅就民事诉讼活动中的一些重大问题作出基本的规定。其次,民事诉讼基本原则是民事诉讼立法、司法的准则,是对整个民事诉讼的具体制度、规范起指导作用的准则,具有高度的抽象性;而民事审判的基本制度则是以宪法、人民法院组织法为根据,以民事诉讼基本原则为指导制定的民事审判的基本操作规程。第三,民事诉讼的基本原则,是用以指导人民法院和诉讼参与人进行民事诉讼活动的准则,而民事诉讼的基本制度主要是用以规范人民法院的审判行为。

民事诉讼法建立审判的基本制度,其目的在于保障人民法院正确行使审判权,保证民事诉讼基本原则的实现和其他程序规范的贯彻落实,保护诉讼参与人的合法权益。根据民事诉讼法的规定,民事审判的基本制度包括两审终审制度、公开审判制度、合议制度和回避制度。

第一节 回避制度

一、回避制度的概念

回避制度,是指在民事诉讼中,审判人员以及其他可能影响案件公正审理的有关人员,在遇有法律规定的特别情形时,退出某一案件诉讼程序的制度。在诉讼中实行回避制度,可以使对案件公正审理可能产生不良影响的审判人员和其他有关人员退出审判活动,从而从程序上保障诉讼在公正的情况下进行。我国《民事诉讼法》第47条至第50条对回避制度作了详尽的规定。

民事诉讼法设立回避制度,旨在保障审判主体的中立性,以实现审判公正。审判主体的中立性与审判的独立性的含义存在区别。审判的独立性侧重于强调审判不受外界的干扰,特别是不受来自于国家其他权力的压制,根据事实和法律自主、理性地作出判决;而审判的中立性,则更注重诉讼程序结构的内部来确保案件的公正审理,也即法官应当与案件本身以及当事人双方及诉讼代理人无关联而保持中立的诉讼地位,也就是与双方当事人保持同等的诉讼距离。审判的中立性则要求法官在解决具体纠纷时应当做到公正、客观、不偏不倚,不因当事人的身份、社会地位、民族、经济条件以及其他因素不同而有任何差别,保持中立,依法裁决案件。这就要求法官在必要的情况下予以回避,以排除偏见,从而保证诉讼的公正性。

在民事诉讼中,回避制度所反映的核心内容是审判人员及相关人员的中立性,这种中立性要求"有关人员"不能与案件存在利害关系,对当事人不能有偏见。美国大法官弗兰克福特指出:"任何人,无论其职位多高,或者其个人动机多么正当,都不能是他自己案件的法官。这是法院的职责所在……如果可能允许某个人为他自己确定法律,那么也可以允许每个人这样做。那首先意味着混乱,然后就是暴虐。"① 丹宁勋爵也指出:"一个人可能由于下列两种原因之一没有资格行使司法能力。其一为:在审理的案件中有'直接的金钱利益';其二:'偏袒'一方或对另一方有偏见。"② 回避制度可以从制度上确保负责对某一具体案件审理、决定的主体,如果在与当事人一方有某种关系或与诉讼程序的结果存在法律上利害关系时,被排除在案件的诉讼活动之外。

二、适用回避的对象

由于各个国家诉讼传统、诉讼模式的差异,回避对象的范围也有所不同。历史地讲,在大陆法系国家,回避是针对法官而言的,而在英美法系国家,回避的对象除了法官以外,还包括陪审团成员。总而言之,凡是能够决定案件处理结果的人员,在遇有法律规定的情形时,

---

① 转引自杨一平:《司法正义论》,法律出版社1999年版,第179页。
② [英]丹宁:《法律的训诫》,杨百揆、刘庸安、丁健译,法律出版社1999年版,第98页。

都应当属于回避的对象。

根据《民事诉讼法》第47条的规定,回避制度适用的对象包括:审判人员、执行人员、书记员、翻译人员、鉴定人和勘验人。其中,审判人员包括参与本案审理的人民法院院长、副院长、审判委员会委员、庭长、副庭长、审判员、助理审判员和人民陪审员。这些人员对民事案件的审理均可能起到决定性的作用,理应属于回避的对象。

其他国家规定的回避范围与我国规定的内容大体相同。例如,《法国民事诉讼法》第339条至第355条规定了法官的回避问题,而在第234条规定了其他参与人的回避事项。《法国民事诉讼法》第232条规定:"法官得委托其挑选的任何人,通过验证、咨询或鉴定,以查明应有技术人员协助才能查明的某事实问题。"这里的技术人员相当于我国立法所指的鉴定人和勘验人。该法第234条第1款规定:"对技术人员,得依申请法官回避之相同理由,申请回避,如所涉及的是法人,申请回避既可针对法人本身提出,也可针对法官认可的自然人提出。"《日本民事诉讼法》第23条至第26条就法官的回避问题作了规定;第27条规定书记员(官)回避比照法官的回避执行。第214条第1款规定:"当鉴定人有妨碍诚实地进行鉴定时的情形时,在该鉴定人对鉴定事项进行陈述之前,当事人可以对之申请回避……"对勘验人的回避问题,法律未作明确规定,但由于勘验人属于法院的工作人员,应当属于回避的对象。

美国《联邦民事诉讼规则》仅对陪审团成员的回避作了规定,该规则第47条第2款规定,对陪审员的回避,法院应按照《美国法典》第28编第1870条所规定的强制回避进行适用。在美国等国家,对法官相关司法行为的规范并未具体规定在民事诉讼程序规则中,而是由《司法行为准则》以及《法官伦理行为准则》加以补充调整。至于鉴定人和勘验人的回避问题,英美法系各国并无规定。由于鉴定人等是当事人聘请而非法院指派的人员,其在诉讼中的地位相当于证人在英美法国家,证人被作为广义上的理解,证人通常是指经过宣誓之后在庭审或者其他诉讼过程中对案件事实作证的人,其范围较大陆法系国家要广泛。包括当事人、一般意义上的证人以及鉴定人等。此外,根据英美证据法的理念,证人是当事人的证人,并不对国家负任何责任,其主要认识来源于对审判实务的这样理解,即法院所作出的裁判主要依据过去的事实①,应当接受交叉询问,不应当属于回避的对象。以宣誓而出庭作证的人(包括鉴定人)等,也不属于回避的对象。

三、回避的原因

回避原因即法律规定应当回避的情形,亦称回避的法定事由。我国《民事诉讼法》第47条第1款规定了审判人员回避的三种原因:(1)是本案当事人或者当事人、诉讼代理人的近亲属。所谓近亲属,一般是指父母、配偶子女、兄弟姐妹、祖父母、外祖父母、孙子女、外孙子女等。(2)与本案有利害关系。所谓利害关系,是指案件的处理结果会直接或间接涉及审判人员本人的利益。(3)与本案当事人、诉讼代理人有其他关系,可能影响对案件公正审理的。所谓其他关系,是指除了上述关系以外的其他亲密社会关系或者恩怨关系。前者如同学关

---

① 参见毕玉谦:《民事证据法判例实务研究》,法律出版社1999年版,第84~86页。

系、同事或朋友关系,后者如双方曾发生过纠纷,相处不和睦等。此外,根据第47条第2款的规定,审判人员接受当事人、诉讼代理人请客送礼,或者违反规定会见当事人、诉讼代理人的,当事人有权要求他们回避。

除此以外,根据《解释》,审判人员具有下列情形之一的,应当自行回避,当事人及其法定代理人也有权申请其回避:(1)是本案的当事人或者当事人近亲属的;(2)本人或者其近亲属与本案有利害关系的;(3)担任过本案的证人、翻译人员、鉴定人、勘验人、诉讼代理人、辩护人的;(4)是本案诉讼代理人近亲属的;(5)本人或者其近亲属持有本案非上市公司当事人的股份或者股权的;(6)与本案当事人或者诉讼代理人有其他利害关系,可能影响案件公正审理的。

当事人及其法定代理人发现审判人员违反规定,具有下列情形之一的,有权申请其回避:(1)接受本案当事人及其受托人宴请,或者参加由其支付费用的活动的;(2)索取、接受本案当事人及其受托人财物或者其他利益的;(3)违反规定会见本案当事人、诉讼代理人的;(4)为本案当事人推荐、介绍代理人,或者为律师、其他人员介绍代理本案的;(5)向本案当事人及其受托人借用款物的;(6)有其他不正当行为,可能影响案件公正审理的。

凡在一个审判程序中参与过本案审判工作的审判人员,不得再参与该案其他程序的审判,但二审裁定发回重审的案件,重审判决后当事人又上诉的不受此限。此外,根据《中华人民共和国法官法》(以下简称《法官法》)第36条的规定,法官从法院离任后二年内,不得以律师身份担任诉讼代理人或者辩护人。法官从法院离任后,不得担任原任职法院办理案件的诉讼代理人或者辩护人。法官的配偶、子女不得担任该法官所任职法院审理案件的诉讼代理人或者辩护人。

四、回避的方式及程序

回避的方式,从各国法律的规定来看,主要有三种:一种是自行回避,即遇有法定的回避情形时,审判人员及其他有关人员主动退出该案审理活动;第二种是申请回避,即当事人及其诉讼代理人,向法院提出申请,要求符合条件的审判人员和其他有关人员回避。《民事诉讼法》第47条第1款规定:"审判员有下列情形之一的,应当自行回避,当事人有权用口头或者书面方式申请他们回避。"第三种是责令回避。《解释》第46条规定:"审判人员有应当回避的情形,没有自行回避,当事人也没有申请其回避的,由院长或者审判委员会决定其回避。"

为了保证回避制度的正确适用,必须遵循一定的程序。回避程序包括申请程序、决定程序和复议程序三方面内容。

(一)回避的申请程序

1.申请回避的时间。回避方式有自行回避和申请回避两种。当事人申请回避一般应在案件开始审理时提出,但回避事由在案件开始审理后知道的,也可以在法庭辩论终结前提出。所谓案件开始审理时,是指法庭调查前的法庭准备阶段。《民事诉讼法》第140条第2款规定:"开庭审理时,由审判长核对当事人,宣布案由,宣布审判人员、书记员名单,告知当事人有关的诉讼权利义务,询问当事人是否提出回避申请。"当事人申请审判人员和其他人员回避的,应当在此时提出。但有时对于应当回避的事由,当事人在案件开始审理时并不知道,而是事后才知道的,在这种情况下,为了保证案件的公正处理,法律允许当事人在法庭辩论终结前行使回避申请权。至于审判人员或者其他人员自行回避应当在什么时候提出,法律未作明文规定。根据立法精神,学者认为,审判人员在接受案件后到作出判决之前,不论什么时候,只要发现自己具有应当回避的法定原因,就应当主动回避,以保证案件的公正审判。①

2.申请回避的法定后果。《民事诉讼法》第 48 条第 2 款规定:"被申请回避的人员在人民法院作出是否回避的决定前,应当暂停参与本案的工作,但案件需要采取紧急措施的除外。"至于何谓"紧急措施",民事诉讼立法及司法解释均没有明确规定。参照其他国家或地区的法律规定,"紧急措施"既包括采取证据保全措施,也包括采取财产保全措施;既包括依职权所为的行为,也包括依当事人申请所为的行为。

(二)回避的决定程序

1.行使回避决定权的主体及其权限。根据《民事诉讼法》第 49 条的规定,回避决定权的行使主体是受理案件的人民法院,但被申请回避的人员不同,决定其回避的权限也不同:院长担任审判长时的回避,由审判委员会决定;审判人员的回避,由院长决定;其他人员的回避,由审判长或者独任审判员决定。根据《解释》第 47 条的规定,书记员和执行员适用审判人员回避的有关规定。故书记员和执行员的回避也应由院长决定。

2.回避决定的期限及其方式。《民事诉讼法》第 50 条前半段规定:"人民法院对当事人提出的回避申请,应当在申请提出的三日内,以口头或者书面形式作出决定。"

(三)回避的复议程序

为了使法院能够正确行使回避决定权,维护申请人的利益,法律规定,申请人对法院驳回其申请回避的决定不服的,可以申请复议。《民事诉讼法》第 50 条后半段规定:"申请人对决定不服的,可以在接到决定时申请复议一次。复议期间,被申请回避的人员,不停止参与本案的工作。人民法院对复议申请,应当在三日内作出复议决定,并通知复议申请人。"在理解这一规定时应注意以下几点:(1)申请人对决定不服,仅仅指申请人对法院驳回其申请回避的决定不服。(2)申请人对法院驳回其申请回避的决定不服,不能提起上诉,只能向作出决定的法院申请复议一次。(3)申请人提出复议申请,在法院作出复议决定之前,不影响被申请回避的人员参与本案的审理工作,即他们不因当事人申请复议而停止对本案的审理活动。(4)法院对申请人提出的复议申请,应当在接到申请后的 3 日内作出复议决定。复议决定不论是否变更原决定,均应通知复议申请人。

---

① 谭兵主编:《民事诉讼法学》,法律出版社 2004 年版,第 120 页。

第二节 合议制度

一、审判组织的概念

审判组织,是针对具体民事案件行使民事审判权审判人员的组织形式。根据我国法律的规定,我国审判组织有独任制与合议制两种形式。

独任制是指由一名审判员独立地审判案件,并在此基础上做出裁判的制度。独任制通常只适用于简易程序、小额诉讼程序审理的民事案件;选民资格案件和重大、疑难以外的特别程序案件,督促程序以及公示催告程序的公告阶段,由审判员一人独任审理。即独任制通常只适用于基层人民法院依第一审程序审理的简单民事案件或按特别程序审理的一般非诉讼案件。

但 2021 年修订的《民事诉讼法》第 41 条第 2 款,第 42 条第 2 款分别规定了一审普通程序与二审程序中可以由审判人员一人审理的情形。

合议制度,是指由三名以上单数审判人员或由审判人员、陪审人员组成审判集体代表人民法院行使审判权的制度。法律上规定合议制与独任制,其目的在于适应不同民事案件的审理。

二、合议制度的内容

合议制度是民主集中制在民事审判中的体现,其意义在于发挥集体的智慧和力量,弥补审判人员能力和知识的不足,防止和克服审判人员的主观片面性,减少审判工作的失误。

合议制度的内容包括合议庭的组织形式、权限及活动原则。合议庭的组织形式有两种:一种是由三名以上审判员组成的合议庭,另一种是由三名以上审判员和陪审员共同组成合议庭。其中,人民法院审理第一审民事案件,由审判员、陪审员共同组成合议庭或者由审判员组成合议庭;人民法院审理第二审民事案件,由审判员组成合议庭;发回重审的案件,原审人民法院应当按照第一审程序另行组成合议庭;审理再审案件,原来是第一审的,按照第一审程序另行组成合议庭;原来是第二审的或者是上级人民法院提审的,按照第二审程序另行组成合议庭。无论是哪种组成方式,合议庭都代表人民法院行使审判权,对具体案件进行审理、作出裁判。

三、合议庭的内部关系

合议庭成员在审判过程中,无论其身份如何,无论其是审判员还是人民陪审员,都有同等的权利义务。合议庭是一个审判集体,对案件的评议、处理,实行少数服从多数原则,对案件的审理和裁判应由合议庭集体作出,但少数人意见应记入合议笔录。合议庭不能形成多数人意见时,应提交审判委员会讨论。审判委员会对案件的处理决定合议庭必须执行,该决定对外仍以合议庭的名义发出。

由合议庭审理的案件,应当确定其中一人为审判长,负责组织审判活动。例如开庭时,由审判长查明当事人是否到庭,宣布案由,宣布合议庭的组成人员,告知当事人各项权利,主持讯问,宣布辩论终结;如果诉讼参与人违反法庭秩序,审判长应警告制止,情节严重的,可责令退出法庭或依法追究刑事责任。合议庭的审判长由院长或者庭长指定审判员一人担任;院长或者庭长参加审判的,由院长或者庭长担任。

四、合议制度的适用范围

1. 适用的法院。各级人民法院审理民事案件,均可适用合议制;中级以上人民法院审理民事案件时,必须适用合议制。基层人民法院可以根据不同的案件及诉讼程序,或适用合议制,或适用独任制。

2. 适用的程序及案件。合议制度主要适用于审理和解决民事权利义务争议案件的审判程序,包括第一审普通程序、第二审程序及审判监督程序。此外,适用特别程序审理的重大疑难案件和选民资格案件、第三人撤销诉讼案件、公益诉讼案件和执行异议之诉案件也应当适用合议制审理。

第三节
公开审判制度

一、公开审判制度的概念

公开审判制度,是指人民法院审理民事案件的过程及判决结果应当向社会公开的制度。公开审判制度是政治民主在诉讼中的体现,是诉讼文明的必然要求。民事诉讼实行公开审判制度的意义在于:第一,公开审判制度将人民法院的审判活动置于社会的监督之下,有利于促进和保障司法公正。第二,公开审判制度在一定程度上可以促进当事人及其诉讼参与人依法、诚实进行诉讼活动,有助于人民法院对案件事实的查证。第三,公开审判制度有利于进行法制宣传教育。通过对具体案件的审理,能够使旁听者生动、形象地接受法制教育,增强法律意识。

二、公开审判制度的内容

有学者认为,"现代各种诉讼制度都以一定程度的相对封闭来维系相对的审判独立,同时又在相对独立的前提下保证诉讼或审判的相对开放"。这种相对开放一般包括以下几项内容:"(1)构成诉讼程序的具体审判行为(主要指庭审行为)通常在一定场合中公开进行。(2)作为诉讼裁判基础的事实以及裁判的法律根据向冲突主体及社会公开。在某些国家中,还包括审判组织内部对案件裁判的不同意见亦向社会公开。概括地说,相对的开放是指主要诉讼行为、诉讼裁判及其根据通常置于冲突主体和其他社会成员的直接或间接地观察之下——无论是借助于新闻媒介,抑或直接参与或旁观庭审。"①这一观点阐释了公开审判的基本内容。

《民事诉讼法》规定了公开审判制度。第 139 条规定:"人民法院审理民事案件,应当在开庭三日前通知当事人和其他诉讼参与人。公开审理的,应当公告当事人姓名、案由和开庭的时间、地点。"第 151 条第 1 款规定:"人民法院对公开审理或者不公开审理的案件,一律公开宣告判决。"第 155 条第 1 款规定:"判决书应当写明判决结果和作出判决的理由。"第 159 条规定:"公众可以查阅发生法律效力的判决书、裁定书,但涉及国家秘密、商业秘密和个人隐私的内容除外。"据此,公开审判制度包括如下内容:第一,审理程序的公开。包括对当事人的公开与对社会公众的公开。对当事人应当在开庭三日前通知当事人和其他诉讼参与人。公开审理的,应当公告当事人姓名、案由和开庭的时间、地点。对社会公众的公开,开庭时允许群众旁听,但新闻记者采访报道,要录音、录像必须经法院同意。允许群众旁听案件的庭审,是公开审判制度的一项重要内容,但根据《人民法院法庭规则》的规定,未成年人(经人民法院批准的除外)、精神病人及醉酒的人,不得参与旁听。新闻记者经人民法院许可可以记录、录像、摄影、转播庭审实况。外国人和无国籍人持有效证件要求旁听的,参照我国公民旁听的规定办理。外国记者的旁听按照我国有关外事管理规定办理。第二,公开宣告判决。对案件的处理结果向社会公开,是公开审判制度的必然要求。人民法院对公开审理的案件或者不公开审理的案件,判决结果一律公开宣告。第三,判决书应当公开说明作出判决的理由。判决理由的公开,能够起到展示法官审理案件心证过程,化解当事人不满心理的作用,还有利于社会监督,防止司法腐败。第四,判决书、裁定书对社会公众公开,允许当事人及公众查阅。为了便于民众查阅已经生效的裁判文书,我国最高人民法院建立了全国法院规范、统一的裁判文书网——中国裁判文书网。要求全国法院系统除法律有特殊规定的以外,生效裁判文书全部在中国裁判文书网予以公布。审判文书公开是法院系统积极回应社会关切,主动接受社会监督的重要举措,标志着人民法院司法公开迈出了关键一步。裁判文书公开是司法公开的重要一环,有利于增强司法透明度,强化监督,防止司法权滥用。

三、未遵守公开审判制度的法律后果

公开审判制度既然是一项基本制度,就应当对违反公开审判制度佐以相应的法律后果,而这种法律后果应当是一种消极的评价。根据最高人民法院《关于严格执行公开审判制度的若干规定》,违反公开审判制度,不但是提起上诉并能引起二审裁定发回重审的理由,而且是再审的法定理由之一。具体内容如下:(1)当事人提起上诉的,第二审人民法院应当裁定撤销判决,发回重审。(2)当事人申请再审,人民法院可以决定再审;人民检察院按照审判监督程序提起抗诉的,人民法院应当决定再审。上述发回重审或者决定再审的案件应当依法公开审理。

---

① 顾培东:《社会冲突与诉讼机制》,四川人民出版社 1991 年版,第 238~239 页。

四、公开审判制度的例外规定

公开审判制度也不是绝对的,某些案件如涉及国家机密、个人隐私等,由于案件的特殊性,公开审判将是不适宜的。有些民事案件如果公开审理,可能会对社会造成消极影响,甚至会给国家或者当事人的利益造成重大损害。公开审判虽然对案件的公正处理具有制度上的保障作用,但当其与另一重要价值(国家安全、个人隐私等)发生冲突时,就存在一个选择的问题,公开审判之例外规定考虑了国家安全、社会利益以及个人利益的价值取向。因此,民事诉讼法对公开审判制度作了原则规定的同时,也规定了某些案件的审理不公开进行。我国《民事诉讼法》第137条规定:"人民法院审理民事案件,除涉及国家秘密、个人隐私或者法律另有规定的以外,应当公开进行。离婚案件,涉及商业秘密的案件,当事人申请不公开审理的,可以不公开审理。"

根据法律的规定,不公开审理的案件包括以下几类:

1. 涉及国家秘密的案件。国家秘密一般是指关系国家利益及安全的事项。包括党和政府的秘密及军事秘密。在审理涉及国家机密的案件时,为了保守国家秘密,这类案件不公开审理。

2. 涉及个人隐私的案件。个人隐私是指公民个人私生活中不愿向他人或社会公开的内容。为了保护当事人的隐私权,以及避免审理这类案件可能对社会产生不良影响,涉及个人隐私案件不公开审理。

3. 根据当事人的申请,人民法院可以决定不公开审理的离婚案件和涉及商业秘密的案件。离婚案件涉及夫妻感情纠葛,也常常涉及当事人的一些个人隐私。商业秘密是尚未被公开的技术秘密、商业情报、经营信息等,如生产工艺、配方、购销渠道等当事人不愿公开的工商业秘密。这些秘密能够给所有者带来经济上的利益,一旦泄露,将会给当事人造成经济利益的损失。根据民事诉讼法的规定,这两类案件可由当事人提出申请,人民法院审查决定是否不公开审理。

应当注意的是,以上不公开审理的案件,其判决结果必须公开宣告。

五、公开审判制度之附随内容

为了保证公开审判制度的落实,法院在审理民事案件时必须履行相应的义务,为公开审判提供保障。

(一)法院应当履行告知义务

公开审判制度是法院审理民事案件的方式,这种形式有助于促进诉讼的公正。当然,这种审理方式对程序保障提出了更高的要求:一方面是当事人能够获知自己所享有的诉讼权利、被告知或获取诉讼的相关资料和信息,以便在公开审判中充分行使权利,维护自己的合法权益。为此,各国民事诉讼法都对此项内容规定得非常详尽。如美国民事诉讼规则规定的诉答程序以及证据开示;德国民事诉讼法、日本民事诉讼法规定的传唤保障,以及攻击、防御方法的适时、限时提出等措施,都为充实公开审判制度奠定了基础。理论界对于这一方面的讨论尚不够重视,在常怡教授主编的司法部统编教材《民事诉讼法学》中有所论及。① 另一方面,法院应当向社会告知,以便使公众知晓并参加旁听案件的审理。上述两方面的内容是公开审判制度实现的前提和保障。

(二)法院应当保障当事人诉讼权利的实现

公开审判的一项重要内容是庭审过程的公开。庭审过程的公开,为当事人实际参与诉讼以及行使广泛的诉讼权利创造了条件。由于公开审判的内在要求必然包含法院开庭审理案件,这就为当事人参与诉讼和行使诉讼权利提供了可靠的"场所"。在这一"场所"中,为使公开审判真正具有实际意义,法官必须保障当事人各项诉讼权利的行使。实际上,公开审判之目的是通过司法的社会监督来实现审判的公正,而这种监督的最有效途径便是通过法院给予当事人足够、充实的程序保障来实现。这种程序保障的核心内容实际上是对当事人诉讼权利的保障和尊重。公开审判制度(庭审公开进行)只有在充分地保障当事人诉讼权利有效地行使时才具有意义,公开审判为社会对法院是否给予这种权利的充分保障进行评价提供了机会。

六、公开审判与社会监督的关系

公开审判制度的目的是通过社会的监督,实现司法公正。这一命题的内涵实际上包含了司法独立与社会监督的关系。诉讼程序的现代化与公正目的,要求诉讼过程的公开性及透明性,以保证社会对司法的监督。"程序的公开性、透明化首先要求除法律有特殊规定之外,所有的案件都必须实行公开审判,当事人的证据、理由必须当庭提出,并应在公开程序中进行辩论和质证。其次,应当最大限度地允许民众旁听审判。此外,判决书也应当完全公开,法官的判决应当向公众展示,以利于公众的监督。"②"可以认为,诉讼开放与社会监督实际上是不同意义上的同一实指。有开放就必然有监督;并且,开放的程度越高,社会监督的作用也就越突出。"③

但是,社会监督必须把握一个度,否则就会造成对法院独立审判的不当干预。这就是存在于法院独立审判与司法之社会监督之间的平衡关系,也就是说,既不能因强调审判独立而使司法沦为专断,也不能因强调社会监督而使审判权的独立性受到侵蚀。所以,在考虑公开审判制度保证诉讼公正的前提下,也不能忽略在制度上保障法院独立审判。

2007年6月4日,最高人民法院印发《关于加强人民法院审判公开工作的若干意见》。该《意见》阐述了依法公开、及时公开、全面公开等三项原则,针对审判实践中影响审判公开的突出问题作了进一步规范,涉及立案、审判、执行等各个诉讼环节和与审判有关的法院工作。

---

① 常怡主编:《民事诉讼法学》,中国政法大学出版社1999年第3版,第88页。
② 王利明:《司法改革研究》,法律出版社2000年版,第52页。
③ 顾培东:《社会冲突与诉讼机制》,四川人民出版社1991年版,第237~238页。

第四节
两审终审制度

一、概述

审级制度,是指法院处理案件从法律上达到终审的层级数。纵观世界各国的民事诉讼立法,审级制度不外乎两种类型:两审终审制与三审终审制。

两审终审制,是指一个案件只要经过两级法院的审理即宣告终结。第二审是发生法律效力的终审,即案件初审后可以上诉的法院层级数仅有一级。1954年颁布的《人民法院组织法》正式确立了法院审判案件实行两审终审制度,1982年民事诉讼法和1991年民事诉讼法都将两审终审规定为民事审判的基本制度。实行两审终审制是基于对我国基本国情的认识,充分考虑审级制度的可行性而确立的。我国地域辽阔,人口分布不均,交通比较不便,特别是经济欠发达,若实行三审终审制,不仅增加当事人的讼累,而且实际效果并不明显,同时还增加了人民法院特别是较高级别法院的工作负担,不利于他们监督下级人民法院的审判工作。历史地看,在我国设立两审终审制度无疑是正确的选择。

审级制度的确定,对于民事诉讼活动具有重大意义:首先,审级制度能够促进审判的公正性。审判的公正性由多方面的因素所决定,审级制度是从避免因法官个人的认识能力的欠缺或不当的司法行为可能造成的司法不公的角度出发,通过审判程序的内在制约机制,最大限度地保证审判的公正性。从一般意义上讲,法院裁判的权威性是以裁判的正确性、公正性为基础的,虽然审级制度无法保障法院处理的每个案件都是正确、公正的,但总体上讲,案件经过审级的过滤,裁判的瑕疵会得到相当程度的矫正。其次,审级制度为当事人追求合法权益的司法保障提供了制度基础。审级制度对当事人来讲即是当事人所享有的审级利益,是利用和启动审判程序的程序权利的根据。受到不利益裁判的当事人,可以通过行使上诉权要求上级法院对案件重新进行审理并予以改判,从而维护自己的合法权益。审级制度是程序公正的必然要求,它使得当事人的利益在诉讼程序内得到"最大化""最优化"的保障。第三,审级制度的确立有利于保障国家法律统一实施。国家立法机关颁行的法律需要通过一定的机关统一实现,法院审判也是适用国家制定法的过程,审级制度为法院统一实施法律提供了保障。在实践中,由于诉讼管辖制度的缘由,前后两个类似的案件可能会在不同的法院初审,由于法官认识上及法律素养上的差异,就有可能使相同(类似)的案件,判决结果大相径庭。而审级制度的程序功能则可能使这样的案件的终审归属同一法院,那么在适用法律上就能够保障其统一性。

从国家设立上诉制度的目的来看,无非是纠正错误的裁判。具体而言存在三个方面的制度目的:一是从当事人的角度考虑,为当事人对案件求得公正的裁判提供程序保障,增强社会对法院裁判的信赖;二是从国家的角度考虑,上诉审具有统一法令的解释,谋求安定的法律生活的使命。① 三是审级制度可以使法院的职责、功能更加明晰。一般来讲,初审法院的职能主要是认定案件事实,正确适用法律作出裁判,解决当事人之间的利益纠纷;而上诉审法院则以下级法院所认定的事实和适用的法律为审理对象,判断下级法院裁判行为的妥当性,从而保证案件的公正、正确处理。

由于审级制度涉及多方面的因素,所以,在确立审级制度时,一般应考虑以下因素:(1)法院的职责与工作负担。不同层级的法院职能与负担是存在差异的。(2)经济发展状况。诉讼是较为复杂的纠纷解决机制,审级层次太多容易造成当事人的诉累,使法院负担过重。同时,不利于纠纷的及时解决。(3)既有利于纠纷的解决,又能确保诉讼公正、诉讼效率的实现。

二、我国两审终审制度的内容

我国民事诉讼实行两审终审制度,第一审是初审,第二审是终审。关于上诉审与第一审的关系,理论界尚存在争论。对第二审性质的认识主要有以下几种观点:

(一)续审主义

所谓续审主义,就是按照第一审言词辩论终结时的诉讼程序继续审理诉讼案件的审理体制。上诉审不仅复审第一审法院的诉讼资料,而且复审第一审法院判决的妥当性,同时还可以接受新的诉讼资料,审理第一审的裁判是否妥当。

(二)复审主义

所谓复审主义,是指上诉审与一审完全没有联系,而重新审理的体制。这种性质的上诉审因不经济而极少被采用。

(三)限制上诉主义

即在上诉审中不允许提出新的诉讼资料,只调查第一审言词辩论终结前所形成的诉讼资料、证据资料,并据此审查第一审的裁判是否妥当。②

我国学界一般认为上诉审是第一审的继续。从民事诉讼法有关的规定分析,我国上诉审属于续审性质,即第二审不但在一审中已经形成的诉讼资料的基础上审查认定一审的裁判行为,而且还可以接受当事人在二审中提出的新的诉讼资料并进行审查认定。

我国《民事诉讼法》规定的两审终审制体现出以下特点:(1)初审法院与上诉审法院没有审判职能的专业划分。我国法院分为四级,即基层人民法院、中级人民法院、高级人民法院以及最高人民法院,各级法院均可根据法律规定审理第一审案件,除基层人民法院外,中级以上法院还是其下级法院一审裁判的上诉审法院。(2)上诉审既是事实审,又是法律审。即上诉审法院既要审查下级法院认定的案件事实是否清楚,同时也要对一审法院适用的法律进行审查。(3)普遍上诉制度。法律除了对上诉规定了相应的形式要件外,对上诉并无区别、限制,只要当事人不服一审裁判即可上诉。对此,有学者也认为我国上诉制度对上诉的条件仅作形式规定,对当事人无理由、无利益的上诉,并无程序上的处置措施,法院也必然要

---

① [日]三月章:《日本民事诉讼法》,汪一凡译,台湾五南图书出版有限公司1997年版,第515页。
② 王锡三:《民事诉讼法研究》,重庆大学出版社1996年版,第389～390页。

对上诉请求进行审理,因此上诉利益导致诉讼迟延和司法资源的浪费。应将上诉利益作为判断当事人提起上诉合法性的条件,是法院是否有必要对上诉请求进行审理的前提,无上诉利益的上诉无审理之必要,法院应当将上诉予以驳回。①

人民法院对民事案件作出一审判决时,应明确告知当事人的上诉权利、上诉期限和上诉法院,以保证当事人对上诉权的行使。但依特别程序审理的案件,适用小额诉讼程序审理的案件,实行一审终审,当事人不得上诉。

【思考题】
1. 比较我国的合议制度与英美法系国家的陪审团制度。
2. 论我国审级制度的完善。
3. 论公开审判与司法独立的关系。

【参考文献】
1. 常怡主编:《民事诉讼法学》,中国政法大学出版社1999年第3版。
2. 顾培东:《社会冲突与诉讼机制》,四川人民出版社1991年版。
3. [英]丹宁:《法律的训诫》,杨百揆、刘庸安、丁健译,法律出版社1999年版。
4. 韩波:《论回避制度的根基:信息披露》,载《法律科学》2011年第1期。
5. 陈杭平:《比较法视野中的中国民事审级制度改革》,载《华东政法大学学报》2012年第4期。

---

① 唐力:《论民事上诉利益》,载《华东政法大学学报》2019年第6期。

Principles of Civil Procedure

第三编　程序主体

第八章　人民法院

第九章　民事诉讼当事人

第十章　诉讼代理人

第十一章　其他诉讼参与人

第8章 人民法院

> [提要] 在我国,人民法院是代表国家行使审判权对民事案件进行审理和裁判的专门机关,其职权主要包括审判权、司法解释权以及强制执行权。民事审判权是人民法院享有的对民事案件进行审理并作出裁判的国家公权力。其具体形态表现为立案审查权、诉讼指挥权、调查取证权、特殊事项处理权、调解主持权、案件裁判权等。人民法院审判民事案件以及法律规定依照民事诉讼程序审理的其他类型案件采用的审判组织形式包括独任制和合议制两种。

第一节 人民法院

一、人民法院的性质和职权

(一)人民法院的性质

在当今世界各国的国家机构体系中,法院都是承担审判职能的专门机构。在我国,人民法院是专门的审判机关,其性质及法律地位在我国宪法以及人民法院组织法中均得到了明确体现,在民事诉讼法中得到了具体贯彻。根据这些法律的规定,人民法院依法独立行使民事审判权,不受任何行政机关、社会团体及个人的干涉。

(二)人民法院的职权

从世界各国的立法及司法实践来看,法院的职权主要包括审判权、司法解释权以及违宪审查权等权力。

1. 审判权

审判权是法院最主要的职权,其行使的内容是对各类案件进行审理并作出裁判,由此对相关的争议给出一个权威性的、最终的法律判断。法院在审理民事案件的过程中行使的是民事审判权。

2. 司法解释权

司法解释是法律解释中的一种,是法院就诉讼案件适用的法律所作的解释,它与审判权有不可分离的关系。在我国,根据1981年全国人大常委会《关于加强法律解释工作的决定》

的规定,凡是属于法院审判工作中具体适用法律问题,由最高人民法院解释。目前我国最高人民法院对法律的解释主要采用两种形式,一种是对下级法院请求的问题作出批复,其中有的是结合具体案件作出法律解释,有的并不结合具体案件,而是直接对某一法律问题进行解释;另一种是对同一类问题提出综合性的若干意见,与前一种形式相比,这种形式较少使用。

3. 违宪审查权

违宪审查是指有违宪审查权的国家机关通过法定程序,以特定的方式审查和裁决某项立法或某种行为是否合宪,它是当今世界宪政国家的一项重要法律制度,司法机关审查模式是其中的一种模式,是指由普通法院在审理具体案件过程中对该案件适用的法律和行政法规的合宪性进行审查和裁决。①

我国目前的违宪审查由国家权力机关负责,现行的违宪审查模式主要是根据1982年《宪法》和《中华人民共和国行政诉讼法》(以下简称《行政诉讼法》)以及《中华人民共和国国家赔偿法》(以下简称《国家赔偿法》)确定下来的。1982年《宪法》规定,全国人民代表大会及其常务委员会负责监督宪法实施,享有违宪审查权;《行政诉讼法》和《国家赔偿法》规定,司法机关有权对国家机关及其公务人员行为的合宪性、合法性问题进行审查。因此,目前我国法院的违宪审查只能针对公务行为进行,而不能针对立法行为进行,即法院不具有违宪立法审查权。

二、法院的人员构成

我国法院目前的人员构成包括法官以及法官之外的法院其他职员。

(一)法官

1. 法官的组成

在我国,法官是指在各级人民法院内部依照法律规定已经取得法官资格、担负各类案件的审理和裁判工作的专职审判人员。依据我国现行《法官法》第2条的规定,法官包括最高人民法院、地方各级人民法院和军事法院等专门人民法院的院长、副院长、审判委员会委员、庭长、副庭长和审判员。

2. 法官的任职条件

第12条至第15条对法官的任职条件作出了规定,担任法官必须具备如下条件:具有中华人民共和国国籍;拥护中华人民共和国宪法;拥护中国共产党领导和社会主义制度;有良好的政治、业务素质和道德品行;具备普通高等学校法学类本科学历并获得学士及以上学位;或者普通高等学校非法学类本科及以上学历并获得法律硕士、法学硕士及以上学位;或者普通高等学校非法学类本科及以上学历,获得其他相应学位,并具有法律专业知识;从事法律工作满五年,初任法官应当通过国家统一法律职业资格考试取得法律职业资格。其中获得法律硕士、法学硕士学位,或者获得法学博士学位的,从事法律工作的年限可以分别放宽至四年、三年。者获得法学学士学位、工作满1年的;获得法律专业硕士、法律专业博士学位可以不受上述工作年限的限制。如果是从律师当中公开选拔法官,除了应当具备法官任

---

① 周叶中主编:《宪法》,高等教育出版社、北京大学出版社2000年版,第403～408页。

职条件外,还要求律师实际执业不少于五年,执业经验丰富,从业声誉良好;如果公开选拔从事法学教学、研究的人员担任法官,则应当具有中级以上职称,从事教学、研究工作五年以上,有突出研究能力和相应研究成果。曾因犯罪受过刑事处罚的、曾被开除公职的人员以及被吊销律师、公证员执业证书或者被仲裁委员会除名的人员,不能担任法官职务。

3. 法官的选任方式和程序

当前各国的法官选任方式主要有三种:行政任命方式、选举方式和募选方式。其中行政任命方式是指法官由行政长官选择,如美国全部联邦法官和少数州法官的任免;选举方式是指法官由公民直接或间接选举产生,大革命时期的法国、苏联、美国大多数州以及瑞典等的法官选任采取此种方式;募选方式则是指法官通过类似职业文官的方式选出,这是欧洲大陆和其他大陆法系国家所有法官选任的基础。①

我国现行立法规定的法官选任方式同样采取选举制、任命制和募选制这三种方式。我国《法官法》第 18 条规定,最高人民法院的院长由全国人民代表大会选举和罢免,地方各级人民法院院长由地方各级人民代表大会选举和罢免。而各级人民法院的副院长、审判委员会委员以及庭长、副庭长、审判员则由各级权力机关任命。第 14 条规定,初任审判员、助理审判员的选任采取公开考试、严格考核,按照德才兼备的标准,从具备法官条件的人员中择优选拔。《法官法》还规定了法官的专职制,即法官不得兼任其他任何职务,比如不得兼任人民代表大会常务委员会的组成人员,不得兼任行政机关、监察机关、检察机关的职务,不得兼任企业或者其他营利性组织、事业单位的职务,不得兼任律师、仲裁员和公证员。

关于法官的遴选,《法官法》第 16 条、第 17 条规定,省、自治区、直辖市设立法官遴选委员会,负责初任法官人选专业能力的审核;初任法官一般到基层人民法院任职。上级人民法院法官一般逐级遴选;最高人民法院和高级人民法院法官可以从下两级人民法院遴选。

4. 法官的职务竞合禁止及任职回避

为了保证法官能够良好履行审判职责,我国《法官法》第 21 条至第 24 条、第 36 条条对法官的职务竞合禁止、法官离任后的任职要求以及法官的任职回避等作出了规定。根据这些条款的规定,法官之间有夫妻关系、直系血亲关系、三代以内旁系血亲以及近姻亲关系的,不得同时担任下列职务:同一人民法院的院长、副院长、审判委员会委员、庭长、副庭长;同一人民法院的审判员、助理审判员;同一审判庭的庭长、副庭长、审判员;上下相邻两级人民法院的院长、副院长。法官从人民法院离任后两年内,不得以律师身份担任诉讼代理人或者辩护人;法官从人民法院离任后,除非作为当事人的监护人或者近亲属代理诉讼或者进行辩护,不得担任原任职法院办理的案件的诉讼代理人或者辩护人;法官的配偶、子女不得担任该法官所任职法院办理的案件的诉讼代理人或者辩护人。法官的配偶、父母、子女如果担任该法官所任职人民法院辖区内律师事务所的合伙人或者设立人的;或者在该法官所任职人民法院辖区内以律师身份担任诉讼代理人、辩护人,或为诉讼案件当事人提供其他有偿法律服务的,该法官应当实行任职回避。

---

① 陈业宏、唐鸣:《中外司法制度比较》,商务印书馆 2000 年版,第 194～197 页。

5. 法官的职业保障

法官的任职保障是指法官一经任命,非因法定事由,并经法定程序,不得将其停职、免职、降职、转调或减俸。对于法官的任期,多数国家采取终身制,并且在法官的罢免上都规定了严格的事由和程序,法官被免除职务的情形主要有退休免职和弹劾免职两种。我国《法官法》第53条、第54条对法官的任职保障作出了规定,除非出现法定情形,不得将法官调离审判岗位,任何单位或者个人也不得要求法官从事超出法定职责范围的事务。

《法官法》第55条至第57条对法官的人身安全保障作出了规定,法官的职业尊严和人身安全受法律保护,法官因履行职责,本人及其近亲属人身安全面临危险的,人民法院、公安机关应当对法官及其近亲属采取必要保护措施。

法官的职务保障包括在职物质待遇和退休后物质待遇的保障。我国《法官法》第58条至第63条对法官的物质保障作出了原则性规定。根据这些规定,法官任职期间实行定期增资制度。经考核确定为优秀、称职的,可以按照规定晋升工资;有特殊贡献的,可以按照规定提前晋升工资;法官享受国家规定的审判津贴、地区津贴、其他津贴以及保险和福利待遇。法官退休后,享受国家规定的养老保险金和其他待遇。

(二)法院的其他职员

法院其他职员是指法院组成人员中法官之外的、不行使审判职权、辅助法官完成审判任务的职员。具体而言包括以下人员:

1. 书记员

我国各级人民法院根据其工作需要都设置了书记员若干名。书记员负责审判庭的记录、档案整理和保管、司法统计工作。书记员不得参加合议庭对案件的审理和评议。

2. 执行员

执行员是在法院负责民事判决、裁定及其他法律文书执行的司法行政人员。执行员的执行事务必须依据执行程序进行。

3. 法医

法医是我国地方各级法院内部设立的、运用医学专业知识对于案件有关的人身、尸体或者其他物质进行鉴别、认定,并作出法医鉴定的人员。

4. 司法警察

司法警察是法院内设立的执行特定任务的警察。根据我国相关法律的规定,各级人民法院设司法警察若干名,其主要职责包括维持法庭秩序、押解犯罪嫌疑人出庭受审以及协助执行员执行生效判决、裁定及其他法律文书。

三、我国法院的组织体系

我国法院的组织体系是指我国法院的机构设置,它包括整个法院系统内部纵向的机构设置以及单个法院内部横向的机构设置两部分内容。

(一)我国法院系统的纵向组织结构

根据我国《人民法院组织法》的规定,我国法院从类别上可划分为普通法院和专门法院两类,其中普通法院在纵向上划分为中央法院和地方法院,居于前者的是最高人民法院,居于后者的法院包括基层人民法院、中级人民法院和高级人民法院。专门法院则包括军事法院、海事法院、铁路运输法院等,这些法院是根据特定的组织系统或者案件的特殊性质而设立的。

在中央与地方各级人民法院之间、地方各级人民法院之间的相互关系方面,最高人民法院对地方各级人民法院和专门人民法院的审判工作、地方上级人民法院对下级人民法院在审判业务上进行指导,并对其审判工作实行监督。

(二)我国法院内部的机构设置

我国法院内部设立刑事审判庭、民事审判庭、行政审判庭、审判监督庭、执行庭以及根据实际需要而设立专业性较强的审判庭(如知识产权庭、房地产庭)。此外,法院内部还设立一些与专门审判庭平行的辅助性机构,如审判管理办公室、研究室、政治处以及行政处等。

第二节
民事审判权

一、民事审判权的概念及其特点

民事审判权是法院审判权中的一种,是法院对民事案件进行审理并作出裁判的权力,它的特征可以从以下三个方面进行把握:

(1)行使主体的专门性,即民事审判权只能由人民法院代表国家统一行使,其中具体包括中央和地方各级人民法院,其他任何国家机关、社会团体和个人均无权行使。就具体案件的审理和裁判而言,是由经过专门职业训练的法官依照法律规定组成一定的审判组织来负责实施的。

(2)行使对象的特定性,即民事审判权是针对各类民事案件以及法律规定适用民事诉讼程序审理的其他案件行使的。

(3)行使内容上的专业性,即民事审判权行使的内容是运用专门法律知识和技能对案件进行审理,然后在此基础上作出裁判。这个过程中最为核心的两个阶段——认定事实和适用法律——均要求高度专业化的法律知识和审判技巧,它们体现的是一种有别于其他任何行业和领域的、独有的司法智慧,是法律活动职业化和专门化的具体表现。

二、民事审判权的权能

所谓民事审判权的权能,是指民事审判权的运作所具有的功能和发挥的作用,它是民事审判权价值的体现,而且从中也能反映出民事审判权运作的全貌。民事审判权的权能表现为以下几个方面:

(一)吸收与接纳司法保护请求

国家设立专门的裁判机构来处理私人之间的纠纷,并赋予该机构民事审判权来对这些纠纷进行审理和作出裁判。那么,一旦出现了符合法院受理民事案件范围的纠纷并且提交到法院,就必须先通过审判权的运作将该纠纷成功地纳入诉讼程序中来,从而为其进入正式的审理阶段作准备。所以,审判权的运作首先具有的权能是吸收和接纳公民的司法保护请求,即受诉的权能。它具体表现为在民事诉讼一审程序中接纳原告的起诉请求,在第二审程序中接纳上诉人的上诉请求,在再审程序中接纳再审申请人提出的再审请求。这些请求只要符合民事诉讼的起诉条件,那么法院就应当受理,不能予以拒绝。

（二）认定纠纷事实

对民事审判权而言,当民事纠纷进入审判程序中后,接下来的一个重要任务就是对该纠纷的事实进行认定,从而为裁判提供事实基础。为了实现这一目的,审判权的运作将围绕着组织双方当事人主张和举证、质证、辩论来进行,并且根据当事人举证、质证的结果对全案证据进行认证,而后在此基础之上对案件事实作出认定。

（三）适用法律,确认双方当事人之间的权利义务关系

在纳入诉讼轨道的纠纷事实得到法院的认定之后,裁判的事实基础便得以形成。接下来审判权运作的直接目标就是将相关的实体法律适用于该纠纷事实,由此使双方当事人的权利义务关系得到法律上的最终确认。

三、民事审判权的运行特征

（一）启动上的被动性

民事审判权体现了国家权力对社会生活的一种干预,但是,与行政权主动干预社会生活的运作模式不同,民事审判权的启动始终保持着被动性,这种被动性是由司法的消极性决定的。民事审判权的启动必须与当事人诉权的行使相结合,没有当事人的起诉,法院不得主动启动一审程序;没有上诉人的上诉,法院同样不得主动启动二审程序。

（二）运作的独立性

民事审判权一旦启动,就像定点开出的列车一样将按照预定的轨道运行,一直到达终点目标——作出裁判或者以判决外的其他形式终结诉讼。在这个过程中,审判权的运作始终都保持着一种独立性。这种独立性的含义是指民事审判权的行使只服从于法律,不受外界力量的干涉。具体而言,法院对案件事实如何认定、如何适用法律,既不受立法、行政机关的干涉,也不受上级法院的干预,同时也不受大众传媒和舆论的影响。在我国,民事审判权的独立行使指的是法院作为一个整体独立行使审判权,而非法院内部合议庭或审判员的独立。

（三）运行过程的公开性和透明性

司法的公开是司法民主的重要表现之一。我国民事诉讼法规定了公开审判原则,该原则包括两层含义,一是法庭裁判过程的公开,二是裁判结论的公开。前者是指法庭对案件的整个审理活动向社会开放,允许新闻记者采访报道,并且作出的裁判予以公开宣告;后者是指法官心证的公开,即在裁判书中公开裁判结论所依据的事实及其推理过程、采证的情况及其理由以及适用的法律。

（四）运行结果的权威性

司法的权威性是司法公信力的体现。民事审判权运行的结果一般以裁判的形式展现,这种结果以国家强制力为后盾,并且经历了法定程序而形成,因而具有权威性。裁判书一旦生效即对当事人、法院以及其他社会成员产生拘束力。对当事人而言,必须按照裁判书确定

的内容履行自己的义务,并且不得就同一事实再行争议;对法院而言,非经法定程序不得任意撤销或者变更裁判的内容,并且不得就同一争议重复审判;对社会公众而言,不得对抗该裁判的效力。

四、我国民事审判权的具体形态

民事审判权是在抽象意义上对法院享有的、对民事案件进行审理和裁判的公权力的总称。在我国民事诉讼过程中,该审判权具体表现为下列权力:

1. 立案审查权

立案审查权是指法院对当事人的起诉进行审查,以决定是否将其作为民事案件进行审理和裁判的权力。作为对当事人的起诉进行审查的处理结果,一是当事人的起诉不符合法定的起诉条件的,裁定不予受理;二是当事人的起诉符合起诉条件的,必须裁定予以受理。对此法官无自由裁量权。

2. 诉讼指挥权

诉讼指挥权是指法官引导、调控诉讼的进行,以保证诉讼活动有序开展的权力。它主要包括以下内容:(1)确定应该到庭参加诉讼的相关人员并通知其参加诉讼;(2)指挥诉讼活动按照法定的程序进行,比如组织当事人庭前交换证据、组织法庭调查和法庭辩论等;(3)告知诉讼参与人员相关的诉讼权利义务等。

3. 调查取证权

这是指民事诉讼过程中针对当事人因客观原因无法收集证据的情况,根据当事人的申请调取相关证据;或者根据法律规定对某些程序事项依职权主动调查取证。

4. 特定事项处理权

在民事诉讼进行过程中,可能会出现一些既非实体问题又非程序问题的特殊事项需要法院即时作出处理,比如对当事人提出回避申请的处理,期间的顺延,诉讼费用的缓、减、免等等,否则会影响到诉讼的顺利进行。因而,法院享有对这些特殊事项的处理权。

5. 调解主持权

自愿、合法调解原则是我国民事诉讼的一项基本原则。基于这一原则,当事人在诉讼进行过程当中可以申请法院对其进行调解,或者法院在征得双方当事人同意的前提下依职权主动进行调解。而无论调解程序的启动采取何种方式,整个调解活动的开展都是在法院的主持之下进行的,调解成功、达成协议的,一般须由法院制作调解书来将协议的内容固定下来并赋予其法律效力;调解不成的,立即转入判决程序。

6. 案件裁判权

法院经过对案件的审理,一般的情况下将对案件的实体问题或者程序问题依法作出最终的法律判断,即作出裁判,其中包括判决和裁定两种形式。法院作出的裁判是民事审判权运作的最终成果体现,它必须以一定的事实为基础,而且该事实的认定过程必须经历双方当事人的举证、质证和辩论等诉讼环节。

第三节
审判组织

法院对民事审判权的行使需要依托一定的组织形式来进行,该组织形式便是审判组织形式。根据我国民事诉讼法的规定,根据民事案件本身性质和特点的不同,人民法院审判民事案件可以分别采取两种不同的审判组织制度:独任制和合议制。

一、独任制

独任制是指由一名审判员对案件进行审理并作出裁判的审判组织制度。我国《民事诉讼法》第40条第2款规定:"适用简易程序审理的民事案件,由审判员一人独任审理。"此外根据该法第185条的规定,依照特别程序审理的案件,除了选民资格案件或者重大、疑难案件由合议庭进行审理外,其余案件均由审判员一人独任审理。此外,为了推进案件繁简分流,进一步优化司法资源配置,根据第十三届全国人民代表大会常务委员会第十五次会议作出的《全国人民代表大会常务委员会关于授权最高人民法院在部分地区开展民事诉讼程序繁简分流改革试点的决定》,最高人民法院于2020年1月15日印发了《民事诉讼繁简分流改革试点实施办法》(以下简称《繁简分流实施办法》),其中第16条至第20条对扩大独任制的适用范围作出了规定,将独任制在一定范围内扩大至适用普通程序审理的案件以及第二审法院审理的案件依据其规定。基层人民法院适用小额诉讼程序、简易程序审理的案件,由法官一人独任审理;基层人民法院审理的事实不易查明、但法律适用明确的案件,可以由法官一人适用普通程序独任审理;第二审人民法院审理上诉案件应当组成合议庭审理,事实清楚、法律适用明确的第一审适用简易程序审结的案件以及不服民事裁定而提起上诉的案件,可以由法官一人独任审理;第二审人民法院审理上诉案件应当组成合议庭审理,事实清楚、法律适用明确的第一审适用简易程序审结的案件以及不服民事裁定而提起上诉的案件,可以由法官一人独任审理。

2021年修订后的《民事诉讼法》第40条第2款规定,基层人民法院审理的基本事实清楚、权利义务关系明确的第一审民事案件,可以由审判员一人适用普通程序独任审理。第41条第2款定,中级人民法院对第一审适用简易程序审结或者不服裁定提起上诉的第二审民事案件,事实清楚、权利义务关系明确的,经双方当事人同意可由审判员一人独任审理。

就独任制自身的特点而言,一方面它能够较好地体现法官审判的独立性,能有效保证法官个人审判意志不受外界的干预;并且,对独任法官而言,一人独任审理意味着清楚的而且是不可分摊的责任,这就在一定程度上节约了对法官的投入,由此节约了国家的审判成本。[①] 但是另一方面,独任制缺少共同讨论和监督的合作同事,一人审理时其专断性和恣意性不易受到控制,因而与合议制相比,采取独任制审理时出现审判失误的可能性较大。因此,2021年修订的《民事诉讼法》第42条规定,"人民法院审理下列案件,不得由审判员一人独任审理:(一)涉及国家利益、社会公共利益的案件;(二)涉及群体性纠纷,可能影响社会稳

---

① [德]奥特马·尧厄尼希:《民事诉讼法》,周翠译,法律出版社2003年版,第39页。

定的案件;(三)人民群众广泛关注或者其他社会影响较大的案件;(四)属于新类型或者疑难复杂的案件;(五)法律规定应当组成合议庭审理的案件;(六)其他不宜由审判员一人独任审理的案件。"

二、合议制

所谓合议制,是指由三名以上的审判人员组成审判庭,代表法院行使审判权,对案件进行审理和裁判的审判组织制度。合议制在我国民事诉讼中的采用是民主集中制在民事审判工作中的体现和具体运用。合议制乃基于群体决策的优势而建立有关群体决策的理论分析及其对我国合议制优化的促进作用的讨论,①相对于独任制而言,多个法官一起能够比一个法官更全面和更可靠地对案情作出评价,而且合议庭的讨论、监督和团体合作为裁判的正确性提供了更高的保障;此外该制度可以让年轻的法官通过共同合作而使其审判技能得到训练和培养。合议制的这些优点能够解释为什么大多数国家从初级法院到高级法院其法官数量与案件的重要性相适应逐级增加,对重要的和疑难的案件的审理以及在较高审级法院,合议制均占上风。②

1. 合议庭的组成

合议制的组织形式即合议庭。根据我国民事诉讼法的规定,合议庭的组成因审级的不同而有所区别。

我国《民事诉讼法》第40条第1款规定:"人民法院审理第一审民事案件,由审判员、陪审员共同组成合议庭或者由审判员组成合议庭。合议庭的成员人数,必须是单数。"此外,2002年7月30日最高人民法院发布的《关于人民法院合议庭工作的若干规定》第1条对其作了补充:"人民法院实行合议制审判第一审案件,由法官或者由法官和人民陪审员组成合议庭进行;人民法院实行合议制审判第二审案件和其他应当组成合议庭审判的案件,由法官组成合议庭进行。"关于具体案件审理中合议庭组成的方式,2010年1月13日最高人民法院公布的《关于进一步加强合议庭职责的若干规定》(以下简称《加强合议庭职责若干规定》)第2条规定,合议庭由审判员、助理审判员或者人民陪审员随机组成。合议庭成员相对固定的,应当定期交流。人民陪审员参加合议庭的,应当从人民陪审员名单中随机抽取确定。此外,我国《人民陪审员法》第15条规定,人民法院审判第一审刑事、民事、行政案件,有下列情形之一的,由人民陪审员和法官组成合议庭进行:(1)涉及群体利益、公共利益的;(2)人民群众广泛关注或者其他社会影响较大的;(3)案情复杂或者有其他情形,需要由人民陪审员参加审判。据此,我国民事诉讼中第一审合议庭的组成有两种情形,一种是由审判员和陪审员共同组成合议庭;另一种是由审判员组成合议庭。前者适用于按照合议制审判第一审案件的情形,后者则适用于按照合议制审判第二审案件的情形。在适用合议制审理的重大疑难第一审案件,是要求人民陪审员参与审理的。

---

① 参见张雪纯:《我国合议制裁判的缺陷及其完善——基于决策理论的分析》,载《法学家》2009年第3期。

② [德]奥特马·尧厄尼希:《民事诉讼法》,周翠译,法律出版社2003年版,第39页。

此外,关于人民陪审员与法官组成合议庭审理案件时合议庭的人数问题,《人民陪审员法》第14条至第16条规定,人民陪审员和法官组成合议庭审判案件,由法官担任审判长,可以组成三人合议庭,也可以由法官三人与人民陪审员四人组成七人合议庭。

审理再审案件,原来是第一审的,按照第一审程序另行组成合议庭审理;原来是第二审的或者是上级人民法院提审的,按照第二审程序另行组成合议庭。

第二审法院发回重审的案件,仍然是一审案件,按第一审程序另行组成合议庭审理。

2. 合议庭组成人员的更换及其通知

根据《加强合议庭职责若干规定》第3条的规定,合议庭组成人员确定后,除因回避或者其他特殊情况,不能继续参加案件审理的之外,不得在案件审理过程中更换。更换合议庭成员,应当报请院长或者庭长决定。合议庭成员的更换情况应当及时通知诉讼当事人。

3. 合议庭的职能及其与审判委员会的关系

合议庭的作用在于,主要通过全体成员平等参与案件的审理、评议和裁判,来履行审判职能。对于合议审判的案件,合议庭每位成员都应该进行实质性的参与,包括开庭审理、评议以及宣判等各个环节。合议庭代表法院对具体的案件行使审判权,对案件进行审理并作出裁判。在这个过程当中合议庭需接受审判委员会的指导和监督,并执行审判委员会的决定。

在民事审判中必须正确处理好合议庭与审判委员会之间的相互关系。提交审判委员会讨论决定的案件只能是重大疑难的案件或者合议庭内部不能形成多数处理意见的案件。审判委员会不能代替合议庭行使职权,不得干预合议庭审判案件。另外,合议庭应当自觉接受审判委员会的指导和监督,并自觉执行审判委员会对重大疑难案件作出的处理决定。为了尽量减少或杜绝审判实践中出现的合议庭"合而不议"、完全由主审法院一手操办的非正常现象,避免合议制流于形式,《加强合议庭职责若干规定》对承办法官的具体职责作出了规定,同时强化了合议庭独立裁决案件的职能。根据该规定第7条,除提交审判委员会讨论的案件外,合议庭对评议意见一致或者形成多数意见的案件,依法作出判决或者裁定。对于下列案件可以由审判长提请院长或者庭长决定组织相关审判人员共同讨论,合议庭成员应当参加:(1)重大、疑难、复杂或者新类型的案件;(2)合议庭在事实认定或法律适用上有重大分歧的案件;(3)合议庭意见与本院或上级法院以往同类型案件的裁判有可能不一致的案件;(4)当事人反映强烈的群体性纠纷案件;(5)经审判长提请且院长或者庭长认为确有必要讨论的其他案件。此外,最高人民法院于2015年9月公布的《关于完善人民法院司法责任制的若干意见》第18条明确了由审判委员会讨论决定的案件范围,它们是:

(1)涉及国家利益、社会稳定的重大、复杂案件;

(2)本院已经生效的判决、裁定、决定、调解书确有错误需要再审、重新审理的案件;

(3)最高人民检察院依照审判监督程序、国家赔偿监督程序对本院生效裁判、决定提出抗诉、检察意见的案件;

(4)合议庭意见有重大分歧,经专业法官会议讨论仍难以作出决定的案件;

(5)法律规定不明确,存在法律适用疑难问题的案件;

(6)处理结果可能产生重大社会影响的案件;

(7)对审判工作具有指导意义的新类型案件;

(8)其他需要提交审判委员会讨论的重大、疑难、复杂案件。

上述案件的讨论意见供合议庭参考,不影响合议庭依法作出裁判。

4. 合议庭的活动原则

合议庭审理案件时,由其中的一名审判员担任审判长,主持案件的审判活动。合议庭的审判长由院长或者庭长指定审判员一人担任;院长或庭长参加审判的,由院长或庭长担任审判长。根据2007年3月30日最高人民法院发布的《关于完善院长、副院长、庭长、副庭长参加合议庭审理案件制度的若干意见》第2条的规定,院长、副院长、庭长、副庭长参加合议庭审理的案件包括:疑难、复杂、重大案件;新类型案件;在法律适用方面具有普遍意义的案件;以及认为应当由自己参加合议庭审理的案件。

合议庭组成之后,全体成员地位平等,享有同等的权利。陪审员参加审判时,除了不能担任审判长之外,与审判员有着同等的权利和义务。合议庭评议案件,实行少数服从多数的原则。评议应当制作笔录,由合议庭成员签名。评议中的不同意见,必须如实记入笔录。

5. 合议庭成员承担的责任及其豁免

为了有效规范合议庭成员的审判行为,同时保障其依法履行审判职责,《加强合议庭职责若干规定》第10条规定,合议庭组成人员存在违法审判行为的,应当按照《人民法院审判人员违法审判责任追究办法(试行)》等规定追究相应责任。合议庭审理案件有下列情形之一的,合议庭成员不承担责任:(1)因对法律理解和认识上的偏差而导致案件被改判或者发回重审的;(2)因对案件事实和证据认识上的偏差而导致案件被改判或者发回重审的;(3)因新的证据而导致案件被改判或者发回重审的;(4)因法律修订或者政策调整而导致案件被改判或者发回重审的;(5)因裁判所依据的其他法律文书被撤销或变更而导致案件被改判或者发回重审的;(6)其他依法履行审判职责不应当承担责任的情形。

【思考题】

1. 如何理解法院的性质?
2. 法院的职权有哪些?每一种职权行使的内容是什么?
3. 什么是民事审判权?请简述其主要权能及具体形态。
4. 简述我国民事审判组织形式及其特点。

【参考文献】

1. 周叶中主编:《宪法》,高等教育出版社、北京大学出版社2000年版。
2. 陈业宏、唐鸣:《中外司法制度比较》,商务印书馆2000年版。
3. 左卫民、周长军:《变迁与改革——法院制度现代化研究》,法律出版社2000年版。
4. 左卫民:《合议制度研究——兼论合议庭独立审判》,法律出版社2001年版。
5. 孙万胜:《司法权的法理之维》,法律出版社2002年版。
6. 尹忠显主编:《合议制问题研究》,法律出版社2002年版。
7. 最高人民法院法学研究所编:《美英德法四国司法制度概况》,人民法院出版社2008年版。

8. 齐树洁主编:《英国民事司法制度》,厦门大学出版社2011年版。
9. 齐树洁主编:《美国民事司法制度》,厦门大学出版社2011年版。
10. 傅郁林:《民事司法制度的功能与结构》,北京大学出版社2006年版。
11. 苏力:《送法下乡——中国基层司法制度研究》,北京大学出版社2011年版。
12. 左卫民主编:《中国司法制度》,中国政法大学出版社2012年版。
13. 陈光中:《中国现代司法制度》,北京大学出版社2020年第3版。

第9章 民事诉讼当事人

> [提要] 民事诉讼当事人是指因发生民事争议而以自己的名义请求法院对该争议作出裁判的人及其相对人。当事人享有诉讼主体的地位,在诉讼中享有一系列诉讼权利,同时承担相应的诉讼义务。基于诉讼形态的复杂性,当事人既可以表现为单一的原告和被告,也有可能以共同诉讼人、诉讼代表人这样的形态出现。在诉讼进行过程中,还有可能出现案外第三人参与诉讼的情形。

第一节 民事诉讼当事人概述

一、民事诉讼当事人的概念及其称谓

民事诉讼当事人,是指发生民事争议之后,以自己的名义要求法院对该争议作出裁判的人及其相对人。当事人主要是一个程序意义上的概念,该身份的获得需具备以下三个方面的条件:

(一)以自己的名义起诉或应诉、实施诉讼行为

当事人必须是起诉状中的原告或被告,包括起诉、应诉在内的所有诉讼行为均以当事人的名义实施。

(二)向法院提出对其争议进行裁判、以确认某种民事权利的归属或者某种民事法律关系存在与否的请求

纠纷的存在是民事诉讼活动进行的前提。当事人是诉讼法上的概念,他们本身必须是因为特定纠纷的存在而成为诉讼上的当事人,其进行诉讼的直接目的是获得法院对该纠纷作出的司法裁判。

(三)接受法院裁判的拘束

当事人选择向法院提交其争议以获得司法裁判时,法院对其提交的争议行使审判权的前提是他们必须接受法院所作裁判的拘束,亦即法院裁判拘束双方当事人。

民事诉讼在对立的双方当事人之间进行。当事人是民事诉讼中重要的诉讼主体,他们的起诉和应诉是民事诉讼得以成立并进行的不可缺少的前提条件。就当事人的外延而言,

广义上的当事人包括原告、被告、第三人、共同诉讼人以及诉讼代表人,狭义上的当事人仅指原告和被告。而且,在不同的诉讼程序以及不同的审级中,民事诉讼当事人有着不同的称谓。在第一审程序中,双方当事人分别称为原告和被告。第二审程序中,分别称为上诉人和被上诉人(一审当事人双方均上诉的,都称为上诉人)。再审程序中,若适用第一审程序审理,则分别称为原审原告、原审被告、原审第三人;若适用第二审程序审理,则分别称为原审上诉人、原审被上诉人、原审第三人。在执行程序中,分别称为申请执行人和被执行人,等等。

二、当事人诉讼权利能力

(一)当事人诉讼权利能力的概念

当事人诉讼权利能力又称当事人能力,是指成为一般意义上的民事诉讼当事人所必须具备的诉讼法上的能力和资格。当事人诉讼权利能力是一个抽象的概念,是否具备这种能力决定民事主体在其民事权益受到侵害或者与他人发生民事争议时是否有资格获得司法保护。

(二)民事诉讼权利能力与民事权利能力之间的关系

民事诉讼权利能力与民事权利能力有着密切的一致性,但有时这两者又出现一定的分离。两者的一致性主要表现在:(1)享有诉讼权利能力的主体,一般应具有民事权利能力,因为只有这样才能保证法院对某个民事权利义务关系争议所作的利益判定最终有其归属;(2)有民事权利能力的人,一定享有诉讼权利能力,这样能够保证依照民事法律有资格享有某种民事权利或者承担某种民事义务的人,在该权利义务与他人发生争议的时候,能够通过成为民事诉讼当事人起诉或应诉这种途径,使相关的民事权利义务关系得到最终实现。

民事诉讼权利能力与民事权利能力出现分离的情形主要包括:(1)在极其特殊的情况下,有民事权利能力的人却不具有诉讼权利能力。比如死者的人格权在其死后仍然受法律保护,但是一旦该权利受到侵犯,由其继承人或者其他权利义务承受人作为原告提起诉讼。在这种情况下,死者虽是民事权利享有者,但是却不具有诉讼权利能力,即不具有原告资格。(2)在某些情况下,一些不具有民事权利的人却能够成为民事诉讼当事人。比如,胎儿的民事权利能力受限制,但是却有当事人能力;某些非法人团体不具有民事权利能力,但是却能成为民事诉讼主体。

从民事诉讼权利能力与民事权利能力出现分离的原因来看,商品经济发展是两者发生分离的原动力。商品经济一方面推动着民事主体理论的建立和发展,另一方面又推动了当事人概念从实体意义逐渐向程序意义上的转变,由此导致两者的分离。此外,两者的分离也是司法能动作用的突出体现,它使得传统的"没有权利就没有救济"的观念被突破,更多的纠纷,更多的未及时得到法律确认、但是对于民事主体而言具有重要意义的利益被纳入司法评价和司法判断的领域中来,从而不断丰富人权的内容,促进人权的发展。

(三)我国民事诉讼权利能力的确定

根据我国法律的规定,自然人的诉讼权利能力与其民事权利能力一样,始于出生、终于死亡;法人的民事诉讼权利能力始于成立,终于撤销或解散;对于未出生的胎儿,我国法律对其法律利益的保护作出了相应规定,比如,我国继承法规定,遗产分割时应为胎儿保留必要的份额,胎儿出生时是死体的,保留的份额按照法定继承处理;我国《民法典》第16条规定,涉及遗产继承、接受赠与等胎儿利益的保护,胎儿视为具有民事权利能力。但是,胎儿出生时未存活的,其民事权利能力自始不存在。因此,如果因胎儿的利益受到侵犯而提起诉讼,胎儿本身具有当事人诉讼权利能力可作为原告,其亲生母亲的诉讼身份是其法定代理人。

此外对于不具备法人资格的其他组织,我国民诉法也承认其当事人能力。根据我国《民事诉讼法》第51条的规定,其他组织可以作为民事诉讼当事人。根据《解释》第52条的规定,这里的"其他组织"所应具备的条件是:依法成立、有一定的组织机构和财产,但又不具有法人资格。具体而言包括四类:一是依法登记领取营业执照的个人独资企业、合伙企业、乡镇企业、街道企业、中外合作企业和外资企业等;二是依法设立并领取营业执照的法人的分支机构;三是依法设立并依法领取营业执照的商业银行、政策性银行和非银行金融机构的分支机构;四是依法成立的社会团体的分支机构、代表机构等。

另外,关于死者的民事权利是否能够获得司法保护问题,《中华人民共和国著作权法》(以下简称《著作权法》)第20条规定,作者的署名权、修改权、保护作品完整权的保护期不受限制。在司法实践中,这类侵权案件由其继承人或者受遗赠人以原告身份提起诉讼;除了知识产权中的人格权之外,死者的名誉权也能受到司法的保护。根据相关的司法解释,死者的名誉权受到损害的,其近亲属有权作为原告向人民法院起诉。

三、当事人适格

诉讼权利能力这一概念仅仅解决谁能成为抽象意义上的民事诉讼当事人的问题,而对于具体的个案,并不能解决谁是本案当事人,此时需引入另外一个诉讼法上的概念——当事人适格来进行解释。

(一)当事人适格的概念及其意义

当事人适格是指对于具体的诉讼作为当事人起诉或应诉的资格。这一概念解决的问题是,对于本案诉讼标的,谁有权要求法院作出判决,以及谁应作为请求的相对人。满足当事人适格要求的是正当当事人,只有正当当事人起诉和应诉,以自己的名义实施诉讼并受本案判决的拘束,诉讼才有其实际意义。

确立当事人适格这一概念的意义在于,一是通过排除不适当的当事人而避免无意义的诉讼程序发生,从而促进司法资源得到充分合理的运用;二是承认当事人的纯粹程序意义使得正当当事人的范围不断扩大,从而扩大了司法解决纠纷的机能。[①]

(二)判断当事人适格的标准

从各国民事诉讼理论来看,正当当事人的确定标准有两种,一是管理权,二是诉的利益。

1. 以管理权为基础的诉讼实施权

传统的诉讼实施权理论发端于德国,该理论将作为适格当事人所需具备的一般实体要件抽象出来作为确立适格当事人的一般标准。在民事诉讼中,根据该标准,民事诉讼中只要

---

① 谭兵主编:《民事诉讼法学》,法律出版社2004年版,第164页。

发生争议的权利或者法律关系的主体享有诉讼实施权,即属于正当当事人,又称当事人适格。这既包括实体法律上的利害关系人,也包括基于实体法上的权利人的意思或者基于法律规定的管理权而获得正当当事人地位的人,比如诉讼代表人、遗产管理人、遗嘱执行人以及破产程序中的清算组织等等。

2. 诉的利益

判断正当当事人的另外一个标准是原告具有请求司法救济的利益,亦即具有诉的利益的人,视为本案正当当事人。诉的利益这一概念反映的是国家在司法裁判供给问题上的一种利益衡量。① 在不同类型的民事诉讼中,诉的利益各自有其判断标准。就给付之诉而言,一般因其种类的不同而有所不同:现在给付之诉的诉的利益是债务清偿期届满,对于将来给付之诉的诉的利益,各国民事诉讼法将其认定为"有预先提出请求的必要"或者"有不履行之虑";就确认之诉而言,一般规定只有在原告对通过裁判来即时确定的事项存在法律上的利益时,方可提起确认之诉;对于形成之诉,只有在同时具备法定性和现实性这两个条件的前提下,方可提起。②

(三)当事人的变更

当事人的变更是指在诉讼过程中,基于法律的直接规定或者当事人的意思,将原诉讼当事人予以更换或变动,从而由新的当事人承担原当事人的诉讼权利义务继续进行诉讼的制度。根据据以变更的基础的不同,当事人变更可分为法定的当事人变更和任意的当事人变更两种类型。前者主要发生在诉讼中一方当事人死亡或者法人或者非法人团体合并的场合,此时由继承人或新成立的法人取代原来的当事人地位继续进行诉讼,原当事人在诉讼中已经实施的诉讼行为对更换后的当事人有拘束力;后者指的是在当事人不适格时进行当事人的更换。我国现行民事诉讼法没有对当事人的更换作出规定,但是这种做法在诉讼实务中已经实际得到认可和采用。通常采取如下处理方式:发生原告不适格时,由法院通知更换适格的原告参加诉讼,原来的原告不愿意退出诉讼的,裁定驳回起诉;符合条件的原告不愿意参加诉讼的,终结对案件的审理。被告不适格的,人民法院通知适格的被告到庭诉讼,原告对此不同意的,裁定驳回起诉;法院决定更换被告之后,如果适格被告不愿参加诉讼,经人民法院两次传票传唤无正当理由拒不到庭的,可以依法对其采取拘传措施或者进行缺席判决。

四、当事人诉讼行为能力

1. 当事人诉讼行为能力的概念

当事人诉讼行为能力是指能够以自己的行为实际实施诉讼的能力。当事人的诉讼行为能力与其民事行为能力有关。一般而言,具有完全民事行为能力的人即有诉讼行为能力,无民事行为能力人和限制民事行为能力人则无诉讼行为能力。

---

① 相关论述参见常怡、黄娟:《司法裁判供给中的利益衡量:一种诉的利益观》,载《中国法学》2003年第4期。

② 相关论述参见常怡主编:《比较民事诉讼法》,中国政法大学出版社2002年版,第363～364页。

2. 当事人诉讼行为能力的判断标准

根据我国法律规定,在民事诉讼当中判断诉讼行为能力有无的标准与完全民事行为能力的判断标准相一致,对于自然人而言,一是年龄要求,必须年满18周岁,或者年满16周岁不满18周岁,以自己的劳动收入作为主要生活来源;二是智力和精神状况要求,即能够辨认自己的行为。这两方面的条件必须同时具备。法人和其他组织的诉讼行为能力始于合法成立,终于撤销或解散。法人和其他组织的行为能力分别通过其法定代表人和代表人实现。根据《解释》第50条的规定,法人的法定代表人以依法登记的为准,但法律另有规定的除外。依法不需要办理登记的法人,以其正职负责人为法定代表人;没有正职负责人的,以其主持工作的副职负责人为法定代表人。法定代表人已经变更,但未完成登记,变更后的法定代表人要求代表法人参加诉讼的,人民法院可以准许。其他组织,以其主要负责人为代表人。同时,《解释》第51条规定,如果诉讼中法人的法定代表人或者其他组织的主要负责人发生变更的,由新的法定代表人或主要负责人继续进行诉讼,并应向人民法院提交新的法定代表人或主要负责人身份证明书。原法定代表人或主要负责人进行的诉讼行为有效。

3. 欠缺诉讼行为能力的当事人所为诉讼行为的后果

具有诉讼行为能力是保证行为人实施的诉讼行为产生预期法律效果的前提。当事人若无诉讼行为能力,应由其法定代理人代为进行诉讼。当事人在欠缺诉讼行为能力的情况下实施了某种或某些诉讼行为时,产生的法律后果包括三个方面:其一,其实施的诉讼行为无效;其二,基于维护对方当事人的信赖利益,对方当事人对其实施的诉讼行为也无效;其三,无诉讼行为能力人实施的诉讼行为若经过其法定代理人或者本人取得诉讼行为能力后的追认,则可以产生法律效力。

第二节
当事人的诉讼权利和诉讼义务

在民事诉讼中,当事人享有诉讼主体的地位。基于该主体地位,当事人在诉讼过程中享有一定的诉讼权利并承担相应的诉讼义务。在民事诉讼法中规定当事人的诉讼权利和诉讼义务,一方面是为了保证当事人的诉权能够在整个诉讼过程中得到充分实现,另一方面是为了保证诉讼活动顺利、有序地进行。

一、当事人的诉讼权利

当事人的诉讼权利是当事人在诉讼中享有的各种程序性权利,它们是当事人的诉权在诉讼过程中的具体演化和展现,其具体表现形态与诉讼的阶段性有关。根据我国民事诉讼法的规定,当事人在民事诉讼中享有的诉讼权利主要有下列几种:

1. 起诉权和应诉权

起诉权和应诉权是当事人在诉讼程序启动环节所享有的一种重要权利,分别由原告和被告享有和行使。起诉权是指原告就特定的民事争议向法院提起诉讼、请求法院予以接纳其司法保护请求的权利,应诉权则是指被告针对原告的起诉参与诉讼作出回应,以维护自己的合法利益的权利。相对于起诉权而言,应诉权的行使具有被动性,但这种被动性不影响其行使主体通过应诉来维护其权益这一愿望和要求。

2. 委托诉讼代理人的权利

在诉讼中,当事人为了获得更好的诉讼效果,有权通过委托诉讼代理人的方式来获取诉讼能力方面的辅助资源。在这方面,当事人不仅可以自主选择和更换委托对象,而且还可以在授权委托书中自主确定委托的事项范围。

3. 申请回避的权利

为了确保审判活动的公正性,保证当事人对审判组织形成必要的信赖,我国民事诉讼法对当事人申请回避的权利作出了规定。当事人在诉讼当中有权要求具有法定回避情形的审判人员、书记员、翻译人员、鉴定人和勘验人退出本案的审理或者与本案有关的其他活动。

4. 收集和提供证据的权利

当事人基于其事实主张和诉讼请求而在诉讼过程当中担负着一定的证明责任,为了卸除该证明责任,必须能够拥有足够的证据收集手段,并且有充分的机会向法庭展示和提供其收集到的证据。对于因客观原因不能自行收集的证据,当事人有权要求法院调查收集;并且在证据存在灭失或者今后难以取得的可能性的情况下,当事人有权申请法院对相关证据采取保全措施,以保障其取证权利的充分实现。

5. 陈述、质证和辩论权

陈述、质证和辩论是当事人在法庭调查和法庭辩论阶段享有的重要诉讼权利,其目的在于保证双方当事人都有充分的机会向法庭表达自己的主张及反驳对方的主张,并对对方当事人提出的证据提出质疑,以此来体现其参与的充分性。

6. 自主选择调解的权利

基于我国民诉法确立的自愿、合法调解原则,当事人在诉讼过程中有权申请法院对其争议进行调解,或者在法院提议调解时选择是否接受。

7. 自行和解的权利

基于当事人的处分权,当事人在诉讼开始之后、裁判作出之前有权自行和解,由此不再要求法院对其争议继续予以审理和裁判。

8. 撤诉的权利

原告在法院受理案件之后、判决宣告之前,都有权将其提出的诉予以撤回。只要该撤诉行为不会影响到第三人的合法权益以及国家和社会公共利益,法院都应予以准许。该撤诉的规定同样适用于被告对反诉的撤回以及上诉人对上诉的撤回。

9. 查阅、复制本案有关材料和法律文书的权利

为了保障当事人及时、充分了解案情,以方便其各种诉讼行为的实施,民诉法规定当事人及其诉讼代理人有权查阅本案的有关材料,复制与本案有关的材料和法律文书。根据相关的司法解释的规定,当事人及其诉讼代理人在诉讼中查阅案件材料限于案件审判卷和执行卷的正卷,包括起诉书、答辩书、庭审笔录及各种证据材料等。人民法院应当为当事人或者其诉讼代理人阅卷提供便利条件,安排阅卷场所。必要时,该案件的书记员或者法院其他工作人员应当在场。参见2002年《最高人民法院关于诉讼代理人查阅民事案件材料的规

定》第 2 条、第 5 条。

10. 申请财产保全、行为保全和先予执行的权利

为了保证判决将来能够得到执行,或者为了及时解决权利人在生产、生活上的急需,当事人可以在诉前或诉讼中申请法院采取保全措施,或者在终局执行之前申请法院采取先予执行措施。

11. 提起上诉的权利

对于可以上诉的一审判决和裁定,当事人在不服此裁判的情况下可以在法定的上诉期限内依法提起上诉,请求上一级法院予以撤销或变更该裁判。

12. 申请执行的权利

法院作出具有给付内容的生效裁判之后,一方当事人不按照此生效裁判履行自己的民事义务的,另一方当事人可以申请法院强制执行,以实现自己的民事权益。

13. 申请再审的权利

当事人认为法院作出的生效判决、裁定或者调解书确有错误、具备法定申请再审的事由时,有权向原审人民法院或者原审法院的上一级人民法院申请再审,以纠正该裁判或者调解书的错误。

14. 提出异议的权利

基于以诉权制约审判权这一诉讼中的基本权利制衡原则,针对法院的不当审判和执行行为,当事人有权通过一定的方式和程序提出异议,包括管辖权异议、违法执行行为异议等。

二、当事人的诉讼义务

当事人的诉讼义务是指在诉讼过程中对当事人"必须做什么"和"必须不做什么"的一系列程序上的行为要求,其产生源于一定的公共诉讼秩序要求。从我国现行民诉法的相关规定来看,当事人的诉讼义务主要有:

1. 遵守法庭纪律

庭审活动的顺利开展离不开一定的行动纪律要求,这对当事人便构成了相应的行为要求。比如,在庭审当中不得喧哗,不得破坏法庭设施,服从诉讼指挥,不得以各种手段攻击审判人员及对方当事人等。

2. 出庭诉讼

按照辩论原则的要求,法院的裁判必须是在听取双方当事人的辩论之后作出,任何一方当事人不到庭将会直接导致辩论主义原则无法得到贯彻,从而最终影响裁判基础的正当性。因此,到庭诉讼是当事人的一项基本诉讼义务。若相关的当事人违反该义务,则将承受一定的实体或程序方面的制裁或不利益,比如,必须到庭的被告经法院传票传唤无正当理由拒不到庭的,法院可以对其采取拘传措施,对其人身自由实施一定的强制;原告经合法传唤无正当理由拒不到庭时,则视为撤诉。

3. 正确实施诉讼行为。当事人实施各种诉讼行为须在一定的框架内、按照一定的要求进行,这是保证诉讼有序进行、促进预期诉讼效果实现的重要方面。具体而言,当事人实施诉讼行为必须具备相应的主体资格,遵守相应的期间规定,符合一定的形式及程序要求,针

对适合的对象在正确的范围内进行。

4. 缴纳诉讼费用。当事人承担一部分诉讼成本既是贯彻"成本—收益"原则的要求,同时也是抑制滥诉行为不可缺少的途径。当事人缴纳一定的诉讼费用由此成为一种公共要求。

5. 履行法院生效裁判

裁判是诉讼程序运作的最终结果。裁判得到遵守是维护国家司法权威之必要,同时也是确保诉讼程序运行目的的重要环节。作为诉讼程序的利用者和重要参与者而言,自动履行生效裁判所确定的义务是当事人不可推脱的一项诉讼义务。

6. 不滥用诉讼程序

所谓滥用诉讼程序,是指当事人(包括其律师)利用其占有的诉讼资源,使用诉讼伎俩,操纵诉讼程序,不正当地获得诉讼优势地位,从而损害对方当事人的程序利益。对于诉讼程序的滥用,有学者将其分为两种类型,一种是滥用诉讼(abuse of litigation),二是滥用具体程序(abuse of specific procedural devices),前者指的是滥用所获取的司法救济权,主要表现为恶意起诉(malicious prosecution);后者则是指合理提起诉讼之后存在于各个程序环节当中的、不按其本来目的行使其权能的各种行为,具体包括:滥用诉讼权利;故意实施前后矛盾的行为;不当地制造于己有利的诉讼状态;诉讼中作虚假陈述或提供虚假证据;故意妨碍对方当事人实施诉讼等行为。不从事滥用诉讼程序的行为便构成当事人的一项诉讼义务。

在此需要强调的是,在对当事人的诉讼义务的理解上,必须将其与当事人的诉讼负担区分开来。所谓当事人的诉讼负担指的是当事人为避免败诉的风险而在诉讼当中必须承受的某些行为负担,这种负担与民事诉讼对抗机制以及一定的证据规则相联系,主要反映在当事人举证和证明这几个方面。诉讼义务与诉讼负担的区别在于,诉讼义务的设定与某种公法秩序的维护有关,违反该义务将导致一定的法律制裁;而诉讼负担仅仅体现为当事人在避免败诉这一压力之下而产生的某种作为或不作为的必要性。当这种负担未解除时,仅仅影响到负担承受者个人的利益,即承受程序上的不利益或者败诉这一不利后果,而不会对他人进行诉讼的利益或者整个诉讼秩序构成影响,因而不会导致法律制裁的发生。

第三节
共同诉讼人

一、共同诉讼概述

(一)共同诉讼的概念及其历史沿革

共同诉讼是指一方或双方当事人的人数为两人或两人以上的诉讼。共同诉讼是与一对一的单数诉讼形式相对应的复数诉讼形式当中的一种。当某个民事法律关系的争议牵涉到若干主体,而且所争议的权利或义务归属于该若干主体时,即产生了进行共同诉讼的必要。

就共同诉讼这种多数人诉讼形态的产生及其历史沿革来看,它并非与一对一的单数诉讼形式同时出现。罗马法和日耳曼法对共同诉讼的认识态度正好相反。在早期的罗马法中,只承认一对一的单独诉讼,共同诉讼这种诉讼形态得不到承认。但为了诉讼经济,裁判者把有关联的两个诉讼合并起来审理,因此就出现了主观的诉的合并的最初形式——普通共同诉讼形式。后来,审判者对当事人一并提起的、有相互牵连的两个或两个以上的诉讼要求必须合并,从而出现了类似的必要共同诉讼形式。再到后来,要求某些诉讼必须由全体利害关系人共同提起或者必须针对全体利害关系人提起,由此才出现了固有的必要共同诉讼的形态。

而在早期的日耳曼法中,团体观念特别发达,某些诉讼不能由单个人提起,对于团体"总有"或"合有"的权利,必须由该权利的总有人或合有人一起提起,诉讼才能进行,否则当事人就不适格。这样一来,团体中只要有人不愿意参加诉讼或者下落不明,诉讼就无法进行。为了克服这种状况,日耳曼法就在制度上逐渐缓和,将这种必须一同提起的诉讼变为允许部分人共同提起;最后,这种允许团体的部分人共同提起的诉讼缓和为单个人也可以分别提起。①

(二)共同诉讼制度的意义

承认共同诉讼这种诉讼形态并将其制度化,其意义主要体现在两个方面:其一,通过数个当事人同时收集诉讼资料并同时进行审理,可以节省法院与当事人的时间与劳动,由此达到诉讼经济的目的;其二,通过对若干个相互有牵连关系的诉讼合并到一次诉讼程序当中集中进行审理并作出裁判,可以避免出现分开审理时法院裁判彼此发生矛盾的情况;其三,在民事诉讼法当中设立共同诉讼制度能够促进诉讼法与实体法的协调,使得实体法中规定的共有制度、连带责任制度能够通过相应的诉讼程序得到贯彻实施。

二、共同诉讼人的概念及其分类

共同诉讼人是共同诉讼当中人数为复数一方当事人的概称。从其所处的诉讼地位来看,共同诉讼人既可能是共同原告,又可能是共同被告。根据共同诉讼的种类的不同,可以分为必要的共同诉讼人和普通的共同诉讼人两种。

1. 必要的共同诉讼人

必要的共同诉讼,是指当事人一方或双方为两人或者两人以上、诉讼标的共同的多数人诉讼。所谓诉讼标的共同,是指各共同诉讼人与对方当事人争议的是共同的实体权利义务关系,亦即各共同诉讼人在争议中存在共同的利害关系。存在诉讼标的共同情形的共同诉讼人即为必要的共同诉讼人。就具体诉讼实践而言,必要共同诉讼人存在以下几种情形:

(1)民法上规定存在财产共有关系的情形,比如合伙人对合伙财产的共有、共同继承人对被继承财产的共有、夫妻对其共同财产的共有以及数个知识产权人对知识产权的共有等,一旦共有人因该共有财产与他人发生争议,那么,这些共有人为必要共同诉讼人。

(2)民法上规定的存在连带债权或连带债务关系的情形,一旦连带关系人就行使该连带债权或履行连带债务与他人发生争议,那么这些连带关系人即为必要的共同诉讼人。

---

① 杨建华等:《就若干诉讼实例谈民事诉讼法第56条第1项的适用》,载民事诉讼法研究会编:《民事诉讼法之研讨》(二),台湾三民书局1990年版,第104~105页。

(3)基于同一事实或法律上的原因而产生实体法上的共同权利义务关系的情形,比如因实施共同侵权行为而产生的承担共同侵权责任,一旦因该共同侵权行为而涉讼,则所有的共同侵权人为必要的共同诉讼人。

对于必要共同诉讼的形态划分,大陆法系国家和地区通常将其分为固有必要诉讼和类似必要诉讼两大类。固有必要诉讼指基于共同的诉讼标的,多个当事人必须一并进行诉讼,法院必须一同进行审判的诉讼。类似(非真正)的必要共同诉讼是指当事人虽然可以分别起诉应诉,不影响当事人适格。但是受诉法院针对起诉、应诉的当事人所作出的裁判,其效力也及于未参加诉讼的当事人。而当事人若全体一同起诉、应诉,则当事人之间的诉讼标的必须合一确定,受诉法院也应对其统一裁判。如部分股东提起关于确认股东会决议无效、撤销股东大会决议的诉讼。在此情形下,法院作出的关于股东大会决议无效的判决或驳回股东诉讼请求的判决,对其他没有参与该诉讼的股东同样有拘束力,其他股东不能再以此提起诉讼。

我国学界不少学者认为,针对我国现有的必要共同诉讼存在形态单一、程序规则不合理等缺陷,有必要借鉴大陆法系的相关做法,并立足于我国多数人纠纷具体形态的多样性与差异性,结合诉讼实践需要,对必要共同诉讼分类予以进一步细化。近些年来在这方面学者们的主要争鸣主要是围绕民事连带责任的共同诉讼类型以及多数人侵权的共同诉讼形式展开。2020年出台的《民法典》物权编、合同编、侵权责任编以及婚姻家庭编当中有关必要共同诉讼的条款更是促进了学界对必要共同诉讼研究的进一步深入。①

在立法尚未对必要共同诉讼进一步细分的情况下,在必要共同诉讼人的内部关系上,一般认为各必要共同诉讼人之间具有共同的权利义务关系,因而其行为必须保持一致,即必须一同起诉或应诉;若只有部分必要共同诉讼人参加诉讼,则法院应当对其他必要共同诉讼人进行追加,追加的方式是法院经申请人的追加申请而通知或者主动通知。如果追加的必要共同诉讼人是共同被告,该被告不愿意参加诉讼,而且又不能适用拘传的,可以对该未参诉的共同被告作出缺席判决;如果追加的必要共同诉讼人是共同原告,而该原告不愿意参加诉讼,又没有明确表示放弃实体权利的,法院仍应将其列为共同原告。各个必要共同诉讼人之间的行为具有牵连性,其中一人的诉讼行为对其他共同诉讼人有益的,其效力及于全体;对其他共同诉讼人不利益的,对全体不发生效力。对各个必要共同诉讼人的判决必须合一进行。

---

① 相关论述可参见汤维建:《类似必要共同诉讼适用机制研究》,载《中国法学》2020年第4期;任重:《重思多数人侵权纠纷的共同诉讼类型——与卢佩博士商榷》,载《法律科学》2020年第3期;任重:《反思民事连带责任的共同诉讼类型——基于民事诉讼基础理论的分析框架》,载《法制与社会发展》2018年第6期;蒲一苇:《诉讼法与实体法交互视域下的必要共同诉讼》,载《环球法律评论》2018年第1期;罗恬漩:《数人侵权的共同诉讼问题研究》,载《中外法学》2017年第5期;卢佩:《多数人侵权纠纷之共同诉讼类型研究——兼论诉讼标的之"案件事实"范围的确定》,载《中外法学》2017年第5期;王亚新:《"主体/客体"相互视角下的共同诉讼》,载《当代法学》2015年第1期;张永泉:《必要共同诉讼类型化及其理论基础》,载《中国法学》2014年第1期。

2. 普通的共同诉讼人

普通共同诉讼是指当事人一方或双方为两人或两人以上，其诉讼标的为同一种类，人民法院认为可以合并审理，并且当事人同意合并审理的多数人诉讼。根据这一概念，适用普通共同诉讼的条件如下：

(1) 实体上的条件：诉讼标的为同一种类。这主要包括两种情形，一是存在两个或两个以上互不关联但是属于同一种类的法律关系争议，比如甲基于其分别与乙、丙发生的各自不相干的债权债务关系而提起诉讼，此时乙和丙为普通共同被告；二是基于同一法律事实而在各自不相同的当事人之间产生相同种类的法律关系争议，比如甲开车不慎先后将乙和丙两人撞伤，当乙和丙以甲为被告分别向同一法院提起损害赔偿之诉时，法院将乙和丙列为普通共同原告合并审理。

(2) 程序上的条件：人民法院认为可以合并审理，即合并审理不会造成审判繁琐或诉讼迟延；双方当事人同意合并审理；审理法院对各个案件都享有管辖权并且各个案件能适用同一种诉讼程序审理。

存在诉讼标的为同一种类情形时的共同诉讼人即为普通共同诉讼人。在普通共同诉讼人的内部关系上，由于其涉及的是若干个彼此独立的诉，因此在合并审理的情况下各共同诉讼人各自独立实施诉讼行为，其中一人的诉讼行为对其他共同诉讼人不发生法律效力。对于各个普通共同诉讼人，法院必须分别进行判决。

第四节 >>>
诉讼代表人

诉讼代表人是与代表人诉讼这种诉讼形态相联系的一种当事人形态。在代表人诉讼当中，经人数众多的一方当事人推选或者法院与当事人商定而产生的、代表该方当事人进行诉讼的人即为诉讼代表人。诉讼代表人的产生机制与代表人诉讼的种类有关，因此，首先必须对代表人诉讼制度有一个大致的了解。

一、代表人诉讼制度概述

(一) 代表人诉讼的概念及其立法背景

所谓代表人诉讼，是指当纠纷一方当事人人数众多、同时起诉或应诉比较困难或不可能时，由人数众多一方推选出诉讼代表人进行诉讼的多数人诉讼形态。根据《解释》第75条的规定，这里的"人数众多"一般是指人数在10人以上。但是，我国民诉法并没有硬性规定一方当事人人数在10人以上的诉讼就必须适用代表人诉讼制度，到底诉讼应采取何种形式进行，由人民法院根据具体情况决定。

代表人诉讼制度是我国民事诉讼法规定的、用以解决群体纠纷的一种多数人诉讼制度。涉及众多当事人利益的群体性纠纷对当事人的参诉方式上提出了特殊要求，原先以一对一的单一诉讼为主的诉讼模式显然无法解决其中出现的新问题。在法律无明文规定的情况下，1983年四川省安岳县人民法院审理的安岳县元坎乡、努力乡1569户稻种经营户诉该县种子公司水稻稻种购销合同纠纷案,通过法院的司法判决开创了我国利用推选诉讼代表人进行诉讼这种方式来解决群体纠纷的先河。1991年修订的民事诉讼法在吸收以往的成功司法实践经验的基础上,借鉴国外相关的群体纠纷解决机制,正式确立了代表人诉讼制度。

(二)代表人诉讼制度的机理

我国代表人诉讼制度是以共同诉讼制度为基础,吸收了诉讼代理制度的机能建立起来的。一方面,代表人诉讼可以视为共同诉讼在人数上的扩张,诉讼代表人所代表的一方当事人必须是共同诉讼人,即他们之间具有共同的法律上的利害关系,或者各自与对方当事人之间争议的诉讼标的具有同种类性,否则不能适用代表人诉讼制度;另一方面,从诉讼代表人产生的机制来看,诉讼代表人经推选产生之后,除了代表他本人进行诉讼之外,更重要的是必须以其代表的众多当事人的名义,并且为了维护被代表的当事人的利益参与诉讼并实施各种诉讼行为。因而诉讼代表人又具有诉讼代理人的某些重要特征。

(三)代表人诉讼的分类

我国民诉法将代表人诉讼分为两类,一类是起诉时人数众多一方当事人人数确定的代表人诉讼,另一类是起诉时人数众多一方当事人人数不能确定,需要法院通过某种方式对该方当事人人数进行界定的代表人诉讼。下面分别予以阐述。

1. 起诉时人数确定的代表人诉讼

起诉时人数确定的代表人诉讼,其性质为共同诉讼,只不过一方当事人的人数为10人以上。因此,在这类代表人诉讼中,人数众多一方当事人就是共同诉讼人,他们既可能是必要共同诉讼人,也可能是普通共同诉讼人。对于必要共同诉讼人而言,要么推选出代表其参加诉讼的诉讼代表人进行诉讼,要么自己参加诉讼,两者必居其一;对于普通共同诉讼人而言,既可以选择推选出其诉讼代表人参加诉讼,也可以选择另行起诉。

2. 起诉时人数不确定的代表人诉讼

在相当多的场合,对于诉讼标的为同一种类的普通共同诉讼而言,其利害关系人在起诉时往往不能全部确定,需要通过一定形式的信息传播来使尽可能多的利害关系人获知相关的诉讼信息以决定是否及时参诉以维护其合法权益。针对这种情况,为了不影响权利救济的及时性,允许在全体利害关系人不明确的情况下由其中一部分人先行起诉,以此启动司法救济程序,使已得到确认的权利人获得及时的权利救济,并且通过判决的扩张使得那些无法得知诉讼消息但确实属于权利人的人也能从该判决当中受益。

在我国,如果起诉时人数众多一方当事人人数无法全部确定,法院受理案件后即发布公告通知有关的利害关系人在公告期内(不少于30日)向法院进行登记。根据《解释》第80条的规定,参加登记的利害关系人必须能够向法院证明其与对方当事人之间存在的法律关系及其所受损害,证明不了的,不予登记,权利人可另行起诉。登记产生如下法律效果:其一,没有登记的权利人无权推选诉讼代表人,同时也不能被推选为诉讼代表人;其二,人民法院对本案作出的裁判对那些已经登记的权利人产生拘束力。没有登记的权利人在诉讼时效期间内提起诉讼的,人民法院在认定其请求成立的前提下,裁定适用先前作出的裁判。

(四)代表人诉讼的管辖法院

我国民事诉讼法对代表人诉讼的管辖法院没有作专门规定。按照民事案件管辖的原则

及司法实践,其确定方法是:

(1)级别管辖。凡涉及当事人人数众多、标的额较大、有较大影响的案件,一般由中级人民法院管辖;案情简单、波及面小和诉讼标的额不大的案件,由基层人民法院管辖。

(2)地域管辖。侵权纠纷或者合同纠纷中,代表人代表多数人一方作为原告方提起诉讼时,依侵权案件或者合同案件确定其地域管辖。专属管辖的案件,其管辖法院按照民诉法关于专属管辖的规定来确定。最高人民法院《关于审理证券市场因虚假陈述引发的民事赔偿案件的若干规定》第8条、第9条特别规定,虚假陈述引起的证券民事赔偿案件,由发行人或者上市公司等虚假陈述行为人所在地有管辖权的中级人民法院管辖,而且只限于省、直辖市、自治区人民政府所在的市、计划单列市和经济特区中级人民法院有管辖权。

二、诉讼代表人的产生机制

1. 诉讼代表人产生的前提条件

(1)一方人数众多,一般为10人以上。只有在人数众多的情况下才有推选代表人进行代表人诉讼的必要,否则诉讼可以共同诉讼的形式进行。

(2)人数众多的一方具有一定的、共通性的利益关系,这种利益关系或是表现为诉讼标的相同,或是表现为诉讼标的同种类。亦即多数当事人既可以是必要的共同诉讼人,也可以是普通的共同诉讼人。

(3)多数当事人的诉讼请求或者抗辩方法相同。比如都是请求对方停止侵害、赔偿损失;都否认对方的诉讼请求或者提出反诉。如果多数人内部在这方面不能达成一致,可根据最高人民法院《意见》第60条的规定,由部分当事人推选自己的代表人进行诉讼。人民法院也可以要求多数人分别选定其代表人。

2. 诉讼代表人的人数

按照最高人民法院《解释》第78条的规定,多数当事人一方可以推选诉讼代表人2~5人进行诉讼,并且每位代表人可以委托1~2人作为诉讼代理人。

3. 诉讼代表人的基本条件

(1)必须是他所代表的一方当事人中的一员,与该方其他成员具有共同的利害关系。

(2)具有诉讼行为能力。具备诉讼行为能力是诉讼代表人进行诉讼、实施诉讼行为的一种基本能力要求,是其诉讼代表行为产生相应法律效果的保证。

(3)能够正确履行其代表人职责,并能善意维护被代表人利益。这是对诉讼代表人行使其职责的素质和主观方面的要求,是其代表行为产生预期效果、达到预期目的的保证。

4. 诉讼代表人产生的程序

(1)在起诉时多数当事人一方人数确定的场合,由该方当事人推选产生能够代表该方全体当事人的诉讼代表人,或者由部分当事人推选出自己的诉讼代表人;推选不出的,在必要共同诉讼的情况下,当事人可以自己参加诉讼,在普通共同诉讼中当事人可另行起诉。

(2)在起诉时多数当事人一方人数不确定的场合,由参加登记的当事人推选诉讼代表人;推选不出的,可由法院提出人选与当事人协商,协商不成的,也可以由人民法院在起诉的当事人中指定诉讼代表人。

三、诉讼代表人的诉讼地位

诉讼代表人在诉讼中代表己方当事人进行诉讼,享有当事人的诉讼地位。诉讼代表人在诉讼中实施的诉讼行为对其代表的当事人发生法律效力;但是如果牵涉到对被代表的当事人的实体权利和程序权利的处分,比如放弃自己的诉讼请求、承认对方的诉讼请求、进行和解等,须取得被代表的当事人的特别授权或者征得其同意方可实施。

诉讼代表人在诉讼中如果不能正确行使其代表职责,或者不能善意地维护其所代表的当事人的利益,被代表的当事人有权对该诉讼代表人进行更换。

四、我国群体诉讼制度的新发展

代表人诉讼制度是我国解决群体纠纷的一项民事诉讼具体制度,然而现实中由于种种原因,比如法院对通过诉讼解决群体性纠纷存在的顾虑,诉讼代表人产生效率低下,以及诉讼程序运转不畅,等等,该制度一直未能得到充分运用。然而,随着商品经济的进一步发展以及我国金融改革的逐步推进,金融投资领域越来越多地出现涉及具有着相同或者相似法律利益的众多利害关系人的法律事件,相关实体法也出现群体纠纷解决的相关条款。这些都在呼唤司法制度给出充分的回应。正是在这样一种背景之下,证券代表人诉讼以及示范诉讼等一些新型诉讼应运而生,从而将我国代表人诉讼制度往前推动了一大步。我国《证券法》第 95 条对投资者提起虚假陈述等证券民事赔偿诉讼作出了具体规定,2020 年 3 月 24 日,上海金融法院制定公布的《关于证券代表人诉讼机制的规定(试行)》确立了三种形式的证券代表人诉讼:人数确定的普通代表人诉讼、人数不确定的"加入制"普通代表人诉讼以及人数不确定的"退出制"特别代表人诉讼。与我国传统代表人诉讼相比,证券代表人诉讼的亮点主要体现在投资者保护机构作为诉讼代表人时的权利登记"退出制",该制度大幅提升了代表人产生的效率,使得那些典型、重大、社会影响面广、关注度高、具有示范意义的群体纠纷,有可能通过现有的代表人诉讼制度得以有效解决。

作为另一种新型群体纠纷解决形式,示范诉讼产生的标志是 2019 年 1 月 16 日《上海金融法院关于证券纠纷示范判决机制的规定》的出台。总体而言,示范诉讼是法院在处理群体性证券纠纷中,选取在事实争点和法律争点方面具有共通性和代表性的案件先行审理、先行判决,通过发挥示范案件的引领作用,妥善化解群体性案件的一种纠纷解决机制,它主要适用于当事人之间的诉讼主张各异且存在重大分歧,或者不愿意加入代表人诉讼的人数过多,适用普通代表人诉讼存在客观障碍的情形。

第五节 第三人

一、第三人诉讼制度概述

1. 第三人的概念、分类及其制度意义

按照我国学界通说,民事诉讼第三人是指对他人争议的诉讼标的具有独立的请求权,或者虽然没有独立请求求权,但与他人案件的处理结果具有法律上的利害关系,因而参加到他人已经开始的诉讼当中来,以维护其合法权益的案外人。该第三人参加诉讼既可能是基于对本案诉讼标的有着独立的请求权而主动参与进来,也可能是基于和本案处理结果存在法律上的利害关系而由本案一方当事人引进或法院的追加而参加进来。前者称之为有独立请求权第三人,后者称为无独立请求权第三人。对于上述通说,近年来也有学者提出质疑,认为当初立法者在界定第三人的概念时将诉讼法意义上的请求(诉讼请求)与实体法意义上的请求权混同了。该学者认为,从诉讼法理的角度而言,不管诉讼标的按旧实体法学说(诉讼标的为实体法意义上的权利或法律关系)还是按诉讼法学说(诉讼标的为原告诉的声明或诉的声明及事实关系)以及新实体法学说(请求权竞合说)等诉讼标的的理论来理解,都不能说"第三人对诉讼标的有或者无独立的请求权",故而,应该从其是否提出自己独立的诉讼请求或是辅助某一方当事人而参加诉讼这个层面来理解第三人的本质特征。①

我国民诉法规定的第三人诉讼制度是一般意义上的、第三人参与他人诉讼的诉讼参加制度的一种形式。诉讼参加制度是各国民事诉讼法中的一项重要制度。该制度的实质就是认可这么一种客观现实的存在:民事诉讼并不一定总是在诉讼开始之初显现出来的"两造"之间进行,在某些情况下,一个具体的诉讼案件往往涉及第三方,或者说在本案当事人之外还可能存在第三方与本案当事人主张的权利存在利害关系。在这种情况下,为了全面、准确地发现案件事实,同时也是为了维护案外利害关系人的正当利益,准许原、被告之外的第三人基于一定的法律上的理由参加进来,成为诉讼中的当事人。② 通过这样一种引进案外第三人的程序制度,不仅能使更多的利害关系人便利地参与其中,而且能够让本案当事人主张之外的案件事实得以展现出来,从而有助于法官对纠纷的全貌进行准确把握,进而准确认定真正的权利人和义务人。这无疑在一定程度上扩展了诉讼程序的纠纷解决机能,使其在更大范围内实现对权利人的权利救济。

2. 第三人诉讼的法律特征

(1)他人之间的诉讼已经开始。如果他人之间的诉讼尚未开始,那么其第三人身份就无以存在,而只可能成为独立之诉的原告或被告。

(2)第三人参与诉讼的理由在于与本案有着某种法律上的利害关系。这种利害关系既

---

① 李为民:《民事诉讼第三人新论》,载《法学评论》2005 年第 3 期。
② 常怡主编:《比较民事诉讼法》,中国政法大学出版社 2002 年版,第 370 页。

可能是有权对本案争议的诉讼标的直接主张权利,也可能是不能对本案标的直接主张权利,但是与本案的处理结果有着法律上的利害关系。无论是何种利害关系,都表明第三人对于本案有着诉的利益,因而其参加进来具有正当性。

(3)第三人参与诉讼的动机是出于对自身利益的关心并产生了通过参与他人诉讼程序维护自身权利的需要。这种需要在他人争议的诉讼标的物为特定物的时候显得尤为迫切,在这种情况下如果该第三人选择另行单独起诉,则有可能遭受某种不利益。而正由于这一需要的存在,第三人制度设立的目的主要在于实现对案外人正当权益的救济。

(4)第三人参加进来之后,在本诉之外形成了另外一个参加之诉。和本诉发生于原、被告之间不同,参加之诉发生于参加人与本诉的原、被告之间。如果该参加之诉成立,那么法院将对这两个诉予以合并审理。因此,第三人诉讼构成诉的合并的一种形式。

二、有独立请求权的第三人

(一)有独立请求权第三人的概念

在我国民事诉讼中,有独立请求权的第三人是指对他人争议的诉讼标的有独立的请求权,为了维护自己的利益而主动参与到他人已经开始的诉讼当中来的人。比如,甲与乙之间因某栋房屋的所有权问题发生争议而诉至法院,请求法院对该房屋的权属进行判断。法院受理之后开始了对本案的审理。此时丙闻讯得知该诉讼消息,遂主动向受理本案的法院提起诉讼,声称自己才是甲乙二人所争议的房屋的真正所有权人,要求加入甲、乙二人的诉讼当中。此时,倘若丙的起诉得到法院的认可,则丙在诉讼当中的诉讼地位就是有独立请求权的第三人。

(二)有独立请求权第三人的参诉根据和参诉方式

我国《民事诉讼法》第59条第1款规定:"对当事人双方的诉讼标的,第三人认为有独立请求权的,有权提起诉讼。"该规定确立了我国有独立请求权第三人的参诉根据和参诉方式。

1. 参诉根据

有独立请求权的第三人参加诉讼的根据在于认为自身对本诉争议的诉讼标的有独立的请求权。这里所谓"有独立的请求权",是指依据实体法上的规定对本诉当事人所争议的诉讼标的可以主张全部或部分的权利。

在这种参诉依据之外,有学者认为,我国《民法典》合同编规定了一种合同当事人之外的第三人的撤销权,即在"因债务人放弃其到期债权或者无偿转让其财产,对债权人造成损害"的条件下,由债权人有权撤销他人之间的赠与合同或转让合同所产生的、系属于法院的纠纷。但是,债权人有权撤销他人之间的法律行为的权利,并不等于承认债权人有提起主参加之诉的权利,这样不利于防止他人滥用诉讼程序、恶意规避法律的行为,因此,应该在民事诉讼法中赋予第三人主动提起诈害防止之诉的权利,亦即将防止他人诉讼结果可能对自己的权利造成损害也作为有独立请求权第三人的参诉根据。[①]

---

① 肖建华:《主参加诉讼的诈害防止功能》,载《法学杂志》2000年第5期。

2. 参诉方式

在有独立请求权第三人的参诉方式上,由于该第三人参与诉讼的原因是为了主张独立的权利,而在是否通过参加他人之诉来维护自身权利这一问题上,该第三人有独立的选择权,不受他人干涉,因而其参与诉讼只能通过起诉这一主动方式来进行,而不能以法院追加的方式参与。

(三)有独立请求权第三人的诉讼地位

一般认为,有独立请求权第三人参加进来之后,在诉讼中的地位相当于原告,而将原来诉讼的双方当事人作为共同被告。即该第三人的主张既不同于原告的主张,也不同于被告的主张,而是以独立的权利人身份向法院提起了一个新的、与他人争议的诉讼标的相关的独立诉讼。此时在本诉之外形成了一个新的参加之诉,法院对该参加之诉的承认实际上就是将这两个诉合并起来进行审理。既然在诉讼中居于原告的地位,那么,有独立请求权第三人享有完全的当事人诉讼权利,并承担相应的诉讼义务。基于此,《解释》第81条规定,有独立请求权的第三人起诉之后,有权向人民法院提出诉讼请求和事实、理由,成为当事人。

(四)第三人主动参加诉讼时其诉讼地位的处理

对于在民事诉讼过程当中发生的第三人主动加入进来的情形,是否一律按照有独立请求权第三人对待,这需要根据具体情况进行具体的分析。第三人加入他人的诉讼中来之后,原有的诉讼结构和诉讼形势均会发生一定的变化,不再是单纯由原来的原、被告双方与裁判机构形成的三方结构。至于最终形成何种诉讼局面,对其中各方的诉讼地位如何进行把握,则须依据该第三人所提出的具体诉讼请求来进行判断。如果第三人主动参加进来之后提出的诉讼请求与本诉的原、被告的诉讼请求均形成对抗,那么应将其列为有独立请求权的第三人;但如果该第三人参加进来后,只否认本诉一方当事人的请求而同意另一方当事人的请求,那么在这种情况下他就不是有独立请求权的第三人,而应将其列为必要的共同诉讼人:在同意本诉原告主张时,他是必要共同原告;在同意本诉被告主张时,他是必要共同被告。

三、无独立请求权第三人

(一)无独立请求权第三人的概念

无独立请求权第三人是指与他人争议的诉讼标的没有独立的请求权,但是却与该案的处理结果有着法律上的利害关系,因而参与到他人已经开始的诉讼中来的情形。比如,在一个因产品质量问题引起的损害赔偿案件中,作为被告方的产品制造商声称其产品存在的缺陷是由某零部件本身不合格所致,于是法院将该零部件生产商追加进来,将其列为无独立请求权第三人参与诉讼。在本案中,作为参与者的零部件生产商对原、被告之间争议的法律关系并没有独立的请求权,但是,本案的诉讼结果如何,亦即产品制造商是否败诉,将直接影响到其是否有可能承担一定的民事责任,故而,为了最终落实民事责任的具体承担者,法院将其追加进来具有必要性。

(二)无独立请求权第三人的参诉根据和参诉方式

我国《民事诉讼法》第59条第2款规定:"对当事人双方的诉讼标的,第三人虽然没有独立的请求权,但案件的处理结果同他有法律上的利害关系,可以申请参加诉讼,或者由人民法院通知他参加诉讼。"该规定确立了我国无独立请求权第三人的参诉根据和参诉方式。

1. 参诉根据

根据我国民诉法的规定,无独立请求权第三人参加诉讼的根据是与案件的审理结果有法律上的利害关系。"法律上的利害关系"产生的缘由在于该第三人与案件的一方当事人之间存在另一种法律关系,而该法律关系与本案所涉及的法律关系之间具有某种牵连性,本案的审理结果如何将直接影响到第三人是否需要承担一定的民事责任。换句话说,如果本诉的判决或调解书的结果将直接或间接影响到第三人的民事权益或者法律地位,那么就可以认为该第三人同本诉的处理结果有法律上的利害关系。

2. 参诉方式

无独立请求权第三人参加诉讼的方式有两种,一种是申请参加诉讼,另一种是经法院追加而参加诉讼。追加的方式是法院经一方当事人的申请或者依职权主动进行通知。就前种方式适用的场合而言,通常是第三人在得知与己有关的他人诉讼开始之后,为了维护其自己的利益而参与诉讼中,试图通过尽力主张和举证而防止产生对自己不利的诉讼局面;后一种方式主要发生在诉讼进行过程中、即将被判决承担责任的一方当事人为了摆脱自己的责任而将案外第三人引进来的场合。案外第三人被法院追加进来之后,引进该第三人的一方当事人经过对其与该案外人之间存在的法律关系的举证,如果能够说明他自己对对方当事人的损失不应当承担最终的民事责任,那么,该当事人引进案外第三人的目的即已达到。对于无独立请求权第三人参与他人诉讼的方式,《解释》第81条也有所涉及,该条规定,无独立请求权的第三人,可以申请或者由人民法院通知参加诉讼。

(三)无独立请求权第三人的诉讼地位

关于无独立请求权第三人的诉讼地位问题,我国《民事诉讼法》第59条第2款的后段规定,无独立请求权第三人只有在人民法院判决其承担民事责任的情况下,才有当事人的诉讼权利义务。对此《解释》第82条作了扩张性解释,该条规定,无独立请求权的第三人无权提出管辖异议,无权放弃、变更诉讼请求或者申请撤诉,被判决承担民事责任的,有权提起上诉。由此可见,在我国民事诉讼中,无独立请求权第三人在诉讼中是不具有完全独立的当事人地位的。按照学界的一般解释,该第三人参与诉讼之后的主要任务就是辅助一方当事人进行诉讼。如果其辅助的一方胜诉,那么判决对其有利;反之则不利,须由此而承担相应的民事责任。无独立请求权的第三人在判决其承担民事义务时有权提出上诉,在调解时需要其承担义务的,对该调解协议有同意和签收权。

(四)无独立请求权第三人制度的具体适用

由于追加无独立请求权第三人能够在客观上产生让该第三人承担民事责任的诉讼效果,因而在司法实践中,出现了一些法院不当追加无独立请求权第三人,或者一方当事人擅自将案外第三人引进诉讼,企图以此达到转嫁民事责任的目的的不良现象。对此,最高人民法院1994年12月22日发布的《关于在经济审判工作中严格执行〈民事诉讼法〉的若干规定》第9条至第11条对追加无独立请求权第三人进行了限制。根据这些规定,在下列情况下不得进行此种追加:

其一,受诉人民法院对与原被告双方争议的诉讼标的无直接牵连和不负有返还或者赔偿义务的人,以及与原告或被告约定仲裁或有约定管辖的案外人,或者专属管辖案件的一方当事人,均不得作为无独立请求权第三人通知其参加诉讼。

其二,人民法院在审理产品质量纠纷案件中,对原被告之间法律关系以外的人,有证据证明其已经提供了合同约定或者符合法律规定的产品的,或者案件中的当事人未在规定的质量异议期内提出异议的,或者作为收货方已经认可该产品质量的,不得作为无独立请求权第三人通知其参加诉讼。

其三,人民法院对已经履行了义务,或者依法取得了一方当事人的财产,并支付了相应对价的原被告之间法律关系以外的人,不得作为无独立请求权第三人通知其参加诉讼。

此外,针对一些特殊案件中可以追加无独立请求权第三人的问题,最高人民法院专门作出了有针对性的解释:

(1)根据最高人民法院1999年6月颁布的《关于审理农业承包合同纠纷案件若干问题的规定(试行)》第2条的规定,当发包方所属的半数以上村民,以签订承包合同时违反土地管理法和村民委员会组织法等法律规定的民主议定原则,或其所签订的内容违背多数村民意志,损害集体和村民利益为由,以发包方为被告,请求确认承包合同的效力提起诉讼时,人民法院受理后应当通知承包方作为无独立请求权第三人参加诉讼。

(2)根据1996年5月最高人民法院《关于如何确定委托贷款协议纠纷诉讼主体资格的批复》,在履行委托贷款协议过程中,贷款人(受托人)可以借款合同纠纷为由向人民法院提起诉讼;贷款人不起诉的,委托人可以委托贷款协议的受托人为被告,以借款人为第三人向人民法院提起诉讼。

(3)最高人民法院《关于适用〈中华人民共和国合同法〉若干问题的解释》(一)第16条第1款规定,债权人以次债务人为被告向人民法院提起代位权诉讼,未将债务人列为第三人的,人民法院可以追加债务人为第三人。

(4)根据《民法典》第538条、第539条的规定,债务人放弃到期债权或者无偿转让或以不合理的低价转让财产,对债权人造成损害的,债权人可以请求人民法院撤销债务人的行为。债权人提起撤销权诉讼时,只以债务人为被告,未将受益人或者受让人列为第三人的,人民法院可以追加该受益人或者受让人为无独立请求权第三人。

(5)根据最高人民法院《关于适用〈中华人民共和国合同法〉若干问题的解释》(一)第27条至第29条的规定,在合同转让案件中,债权人转让合同权利后,债务人与受让人之间因履行合同发生纠纷诉至法院时,债务人对债权人的权利提出抗辩的,可以将债权人列为第三人;经债权人同意,债务人转移合同义务后,受让人与债权人之间因履行合同发生纠纷诉至法院时,受让人就债务人对债权人的权利提出抗辩的,可以将债务人列为第三人;合同当事人一方经对方同意将其在合同中的权利一并转让给受让人,对方与受让人因履行合同发生纠纷诉至法院时,对方就合同权利义务提出抗辩的,可以将出让方列为第三人。

(6)根据最高人民法院《关于审理存单纠纷案件的若干规定》第6条的规定,出资人起诉金融机构的,人民法院应通知用资人作为第三人参加诉讼;出资人起诉用资人的,人民法院应通知金融机构作为第三人参加诉讼。

(7)根据最高人民法院《关于适用〈中华人民共和国担保法〉若干问题的解释》第127条

的规定,债务人对债权人提起诉讼,债权人提起反诉的,保证人可以作为第三人参加诉讼。

(五)我国无独立请求权第三人制度的缺陷

从我国民诉法及司法解释对无独立请求权人的参诉方式、诉讼地位的相关规定以及具体的司法实践来看,无独立请求权第三人在诉讼中处于相当被动的地位,其诉讼权利没有得到应有的重视与尊重。

首先,从无独立请求权第三人参加之诉的判决实质上是经历了对两个独立的诉进行合并审理之后而形成的。但我国立法作出的处理却是将这两个诉予以混同,仅仅注重本诉当事人诉讼权利的完整性,而忽略了身为另一个诉的当事人的无独立请求权第三人其诉讼权利的完整性。一方面,无独立请求权第三人在是否涉入他人之诉、并且承受他人之诉的判决义务这一问题上没有完全的决定权,不是完全通过自己主动起诉或应诉的方式来进行参与,法院可以通过追加的方式强制性地将该第三人引入他人之诉中;另一方面,该第三人参与他人诉讼之后,面临着被本诉判决承担义务的可能,但是他在诉讼中却不具有完全独立的当事人地位,不能享有完全的当事人权利。这对于第三人而言显然不公平,违背了"不诉者不判"这一基本的诉讼法理。

其次,立法上虽然也确立了无独立请求权第三人申请参加这一参诉方式,但是并没有将申请参加与无独立请求权第三人为维护自身利益主动参与诉讼、通过法院在本诉当中作出的判决来确定其与本诉一方当事人之间的法律关系这一需要真正联系起来。这主要体现在,一方面,如前所述,该第三人即便主动参与他人诉讼也不能获得完全独立的当事人地位,因而他在诉讼中发挥的作用尤其是对判决形成的影响作用非常有限,通过主动参诉而维护其权益的可能性较小;另一方面,既然主动申请参诉的当事人参加诉讼是基于维护其利益的必要性,那么前提条件是能够在参与之前及时获取涉及其利益的他人诉讼的相关信息,以便能及时参诉。而关于如何保证其及时知晓诉讼信息,法律上却没有作出相应的规定。

鉴于上述理由,将来修订我国民事诉讼法时,有必要重新审视无独立请求权第三人的诉讼地位,并将尊重其应有的诉讼主体地位及意思自治的权利和便于纠纷的统一解决、实现诉讼经济有机地结合起来,从而使我国的第三人诉讼制度进一步完善。在这方面不少学者进行了深入研究,结合司法实践当中出现的各种具体情况,提出了对当前的无独立请求权第三人进行进一步细分的方案。比较有代表性的观点是肖建华教授提出把准独立第三人从无独立请求权第三人中分解出去,由此剩下来的是辅助参加第三人,前者以独立之诉的方式引入诉讼,后者则视为真正意义上的无独立请求权第三人。[①] 新近比较有代表性的学说是张卫平教授提出的"结构调整说",他认为应当对现行诉讼第三人制度的基本结构进行调整,不再按照有无独立请求权对第三人加以界定,而是按照第三人参加诉讼的实际地位和作用对第三人予以界定,将其分为独立第三人和非独立第三人两大基本类。独立第三人在诉讼中具有当事人地位,非独立第三人不具有当事人地位。独立第三人包括在实体上具有独立请求权的第三人,也包括虽在实体上不具有独立请求权,但具有阻止不利裁判利益的第三人——损害阻止第三人。非独立第三人在诉讼中处于辅助人的地位。这样的结构性调整

---

① 肖建华:《论我国无独立请求权第三人制度的重构》,载《政法论坛》2000年第1期。

使得第三人的诉讼地位能够与第三人参加诉讼的目的、作用以及应有的诉讼地位更好地契合,达至协调一致。①

四、第三人撤销之诉

第三人撤销之诉,是指未参加他人之间诉讼而又与该诉讼结果有利害关系的第三人为维护自己的合法权益,向法院提起要求撤销他人之间诉讼判决的诉讼程序。第三人撤销之诉是遭受生效裁判侵害的第三人维护其合法权益的一种重要的救济制度。

(一)第三人撤销之诉提起的条件

《民事诉讼法》第59条第3款规定:"前两款规定的第三人,因不能归责于本人的事由未参加诉讼,但有证据证明发生法律效力的判决、裁定、调解书的部分或者全部内容错误,损害其民事权益的,可以自知道或者应当知道其民事权益受到损害之日起六个月内,向作出该判决、裁定、调解书的人民法院提起诉讼。人民法院经审理,诉讼请求成立的,应当改变或者撤销原判决、裁定、调解书;诉讼请求不成立的,驳回诉讼请求。"

此外,《解释》第290条规定:"第三人对已经发生法律效力的判决、裁定、调解书提起撤销之诉的,应当自知道或者应当知道其民事权益受到损害之日起六个月内,向作出生效判决、裁定、调解书的人民法院提出,并应当提供存在下列情形的证据材料:(1)因不能归责于本人的事由未参加诉讼;(2)发生法律效力的判决、裁定、调解书的全部或者部分内容错误;(3)发生法律效力的判决、裁定、调解书内容错误损害其民事权益"。

根据上述规定,提起第三人撤销之诉的需具备以下要件:

第一,提起的主体。有独立请求权的第三人和无独立请求权的第三人,可提起第三人撤销之诉。

第二,提起的事由。第三人系因他人之间的前诉判决、裁定或调解书内容错误而致使其民事权益受到侵害,方可提起第三人撤销之诉。

第三,提起的前提条件。第三人因不能归责于本人的事由而未能参加前诉,方可提起撤销之诉。根据《解释》第293条之规定,第三人因不能归责于本人的事由未参加诉讼,是指没有被列为生效判决、裁定、调解书当事人,且无过错或者无明显过错的情形,具体包括:(1)不知道诉讼而未参加的;(2)申请参加未获准许的;(3)知道诉讼,但因客观原因无法参加的;(4)因其他不能归责于本人的事由未参加诉讼的。

第四,提交相应证据材料。第三人向人民法院提起撤销之诉,应当提供存在下列情形的证据材料:(1)因不能归责于本人的事由未参加诉讼;(2)发生法律效力的判决、裁定、调解书的全部或者部分内容错误;(3)发生法律效力的判决、裁定、调解书内容错误损害其民事权益。

第五,提起的时间。第三人提起撤销之诉,必须在其知道或者应当知道其民事权益受到损害之日起6个月内提出。

第六,管辖的法院。第三人撤销之诉,必须向作出该判决、裁定、调解书的人民法院

---

① 张卫平:《我国民事诉讼第三人制度的结构调整与重塑》,载《当代法学》2020年第4期。

提起。

(二)第三人撤销之诉的受理与审查

《解释》第 291 条规定,针对第三人提起的第三人撤销之诉,人民法院应当在收到起诉状和证据材料之日起五日内送交对方当事人,对方当事人可以自收到起诉状之日起十日内提出书面意见。人民法院应当对第三人提交的起诉状、证据材料以及对方当事人的书面意见进行审查。必要时,可以询问双方当事人。经审查,符合起诉条件的,人民法院应当在收到起诉状之日起三十日内立案。不符合起诉条件的,应当在收到起诉状之日起三十日内裁定不予受理。

第三人撤销之诉作为最后的救济程序,并非所有类型的民事案件都适用。基于某些案件性质的特殊性,根据《解释》第 295 条的规定,对下列情形提起第三人撤销之诉的,人民法院不予受理:(1)适用特别程序、督促程序、公示催告程序、破产程序等非讼程序处理的案件;(2)婚姻无效、撤销或者解除婚姻关系等判决、裁定、调解书中涉及身份关系的内容;(3)民事诉讼法第 54 条规定的未参加登记的权利人对代表人诉讼案件的生效裁判;(4)民事诉讼法第 55 条规定的损害社会公共利益行为的受害人对公益诉讼案件的生效裁判。

之所以对第三人撤销之诉的适用范围作出如上限制,其原因如下:其一,非讼程序案件基本上采用书面审理,所作的裁判并不具有既判力,那么对其利害关系人的救济都适用特别规定;其二,涉及婚姻的身份关系案件的判决生效后,其当事人可以另行再婚,因此,出于维护社会关系稳定的考虑,此类案件不能提起第三人撤销之诉;其三,代表人诉讼中对未参加权利登记的权利人已经提供了单独起诉来保护其权益这一方式,如果人民法院对其适用的代表人诉讼裁判有错误,可以其当事人的身份通过上诉以及申请再审来获得救济,允许其提起第三人撤销之诉不符合诉讼法理,同时也无必要;其四,在公益诉讼中,受害人并非公益诉讼裁判的当事人,因此不具备提起第三人撤销之诉的资格。对受害人的救济可以通过专门的私益诉讼来解决,根据《解释》第 286 条规定,人民法院受理公益诉讼案件,不影响同一侵权行为的受害人根据民诉法第 119 条规定提起诉讼。

(三)第三人撤销之诉中的当事人诉讼地位的确定

第三人撤销之诉提起后,如何确定该第三人与原审当事人在诉讼中的地位也是一个需要明确的重要问题。对此,《解释》第 296 条规定,第三人提起撤销之诉,人民法院应当将该第三人列为原告,生效判决、裁定、调解书的当事人列为被告,但生效判决、裁定、调解书中没有承担责任的无独立请求权的第三人列为第三人。

(四)第三人撤销之诉的审理和裁判

根据《解释》第 292 条、第 298 条的规定,人民法院对第三人撤销之诉应当组成合议庭开庭审理。对第三人撤销或者部分撤销发生法律效力的判决、裁定、调解书内容的请求,人民法院经审理,按下列情形分别处理:

(1)请求成立且确认其民事权利的主张全部或部分成立的,改变原判决、裁定、调解书内容的错误部分;

(2)请求成立,但确认其全部或部分民事权利的主张不成立,或者未提出确认其民事权利请求的,撤销原判决、裁定、调解书内容的错误部分;

(3) 请求不成立的，驳回诉讼请求。

对上述裁判不服的，当事人可以上诉。原判决、裁定、调解书的内容未改变或者未撤销的部分继续有效。

第六节
公益诉讼主体

一、公益诉讼的概念、特点

2012年修改后的《民事诉讼法》第58条规定："对污染环境、侵害众多消费者合法权益等损害社会公共利益的行为，法律规定的机关和有关组织可以向人民法院提起诉讼。"根据这一规定，社会普遍关注、学界呼吁多年的公益诉讼制度终于从理念成为立法，并即将付诸司法实践，成为"行动中的法律"。这是我国民事司法改革的一项重要成就。

公益诉讼除具有民事诉讼的一般特征外，还具有如下特征：(1) 原告是无直接利害关系的不特定主体。公益诉讼的原告不以直接利害关系为基础，可以是与侵害后果无直接利害关系的公民、公益组织或法定的国家机关 (如检察院)。只要有社会公众的民事权利受到某种侵害，原告就有权利向法院主张司法救济。(2) 原告起诉具有公益性。原告起诉是为了维护社会公共利益，而非一己私利。(3) 诉讼中国家干预较强。由于公益诉讼的目的是维护国家利益和社会公众的民事权利，因此，诉讼中当事人自由处分权受到较多的国家干预的限制。如公益诉讼原告不得随意撤诉、与对方当事人任意和解等。(4) 判决效力具有扩张性。权利受害人并不一定直接参加诉讼，而是由国家机关或公益组织等代表民事公益受害人进行诉讼，这种代表资格是由法律规定的，无须征得被害人同意。法院的裁判不仅对参加诉讼的当事人有拘束力，对社会公众、特定的国家机关、公益组织均有拘束力，均产生法律效力。

公益诉讼具有以下三大功能：(1) 弥补国家作为公共利益代表在维护公益过程中存在的弊端和缺漏。国家的组成和运作必须维护公共利益，制止、纠正和惩罚损害公共利益的行为，但是，国家公共事务繁杂，国家代表公共利益的行为不可避免地存在漏洞和偏差，而且由于国家机关及其组成人员具有部门利益和个人利益，有可能为牟取部门利益或个人利益而损害公共利益。公益诉讼作为一种公共利益的补充代表机制，有助于维护遭受损害的公共利益。(2) 及时制止损害公共利益的违法行为。公益诉讼的提起不以实际发生损害为前提，也不以直接利害关系的存在为提起要件，因而能够及时制止违法行为，有效防范损害后果的发生或者进一步扩大。这是传统事后救济方式所不具备的预防性功能。(3) 保障民众的诉权，扩大司法解决纠纷的功能。从这个意义上说，公益诉讼制度的设立标志着诉权的社会化。

二、公益诉讼的原告

在理论上，关于哪些主体可以作为原告提起公益诉讼，有很大争议。概括言之，大体涉及三大类主体：一是检察机关和法定行政机关。检察机关和法定行政机关代表国家利益和社会公共利益提起公益诉讼,不仅具有法律地位的保障,而且相较于社会团体和公民个人,更具有提起公益诉讼的人财物等方面的优势。二是社会团体。相对于被告而言,公益纠纷中的普通受害者无论在起诉的专业知识还是在物质保障上通常都处在弱势地位,难以与被告进行诉讼抗衡;而社会团体在我国处在不断的发展状态之中,其参与社会管理的能力和积极性与日俱增。社会团体在其性质和职能范围内,应有权提起公益诉讼。三是公民个人。赋予公民以公益诉权可以有效地补充公共执法所存在的不足,同时对公共执法状况进行监督。不过,为了避免公民个人滥用公益诉权,对公民个人提起公益诉讼应当加以适当限制,并设置相应的前置程序,对于滥用公益诉权的行为规定相应的法律责任。

《民事诉讼法》第58条确定了两类公益诉讼主体,即"法律规定的机关和有关组织"。至于哪些机关和组织可以提起公益诉讼,《解释》第282条作出了进一步的说明,规定环境保护法、消费者权益保护法等法律规定的机关和有关组织对污染环境、侵害众多消费者合法权益等损害社会公共利益的行为可以依据民事诉讼法第58条的规定向人民法院提起公益诉讼。关于有权起诉的机关包含哪些,学界大多认为主要是检察机关和在一定社会关系和事务领域担负管理职责的行政机关。其理由是,检察机关作为国家的法律监督机关,通过公益诉讼维护国家利益和社会公共利益是其本职使然,当然享有公益诉讼的原告资格;而由一定社会关系和事务领域的法定职权机关担当公益诉讼的原告则具有对于欲保护的公共利益的熟悉性、联系性以及取证等方面的便利性和优势。

人民检察院提起民事公益诉讼的原告资格在2017年6月27日第十二届全国人民代表大会常务委员会第二十八次会议通过的《关于修改〈中华人民共和国民事诉讼法〉和〈中华人民共和国行政诉讼法〉的决定》第1条中得到了正式确认,该条规定,民诉法第55条增加一款作为第二款:"人民检察院在履行职责中发现破坏生态环境和资源保护、食品药品安全领域侵害众多消费者合法权益等损害社会公共利益的行为,在没有前款规定的机关和组织或者前款规定的机关和组织不提起诉讼的情况下,可以向人民法院提起诉讼。前款规定的机关或者组织提起诉讼的,人民检察院可以支持起诉。"据此,检察机关在立法上正式获得了提起民事公益诉讼和行政公益诉讼的原告资格。

关于有权起诉的社会组织,我国《消费者权益保护法》第37条规定,消费者协会享有就损害消费者合法权益的行为支持受损害的消费者提起诉讼,或者依照该法提起诉讼这一履行公益性职责的权利;《环境保护法》第58条规定,对污染环境、破坏生态、损害社会公共利益的行为,依法在设区的市级以上民政部门登记、专门从事环境保护公益活动连续五年以上并无违法记录的社会组织可以向人民法院提起公益诉讼。

值得一提的是,作为一种特殊的诉讼类型,公益诉讼与传统民事诉讼相比有其明显的特殊性,在这方面,《解释》第十三部分对公益诉讼制度作了进一步的细化,就起诉条件、管辖法院的确定、案件的受理通告、有关机关和组织对诉讼的参与及其诉讼地位的确定、和解与调解协议的公告以及重复起诉的处理等问题进行了专门规定,大大提升了民诉法第55条的可操作度以及实效性。具体内容如下:

(一)起诉条件

法律授权的有关机关和社会组织提起公益诉讼须符合以下条件:(1)有明确的被告;(2)

有具体的诉讼请求;(3)有社会公共利益受到损害的初步证据;(4)属于人民法院受理民事诉讼的范围和受诉人民法院管辖。

(二)管辖

公益诉讼案件由侵权行为地或者被告住所地中级人民法院管辖,但法律、司法解释另有规定的除外;因污染海洋环境提起的公益诉讼,由污染发生地、损害结果地或者采取预防污染措施地海事法院管辖;对同一侵权行为分别向两个以上人民法院提起公益诉讼的,由最先立案的人民法院管辖,必要时由它们的共同上级人民法院指定管辖。

(三)案件的受理通告与诉讼参加

人民法院受理公益诉讼案件后,应当在 10 日内书面告知相关行政主管部门。人民法院受理公益诉讼案件后,依法可以提起诉讼的其他机关和有关组织,可以在开庭前向人民法院申请参加诉讼。人民法院准许参加诉讼的,列为共同原告。

(四)和解或者调解协议的公告

对公益诉讼案件,当事人可以和解,人民法院可以调解。当事人达成和解或者调解协议后,人民法院应当将和解或者调解协议进行公告。公告期间不得少于 30 日。公告期满后,人民法院经审查,和解或者调解协议不违反社会公共利益的,应当出具调解书;和解或者调解协议违反社会公共利益的,不予出具调解书,继续对案件进行审理并依法作出裁判。

(五)重复起诉的处理

公益诉讼案件的裁判发生法律效力后,其他依法具有原告资格的机关和有关组织就同一侵权行为另行提起公益诉讼的,人民法院裁定不予受理,但法律、司法解释另有规定的除外。

此外,为了进一步规范检察机关提起公益诉讼,2020 年 9 月 28 日最高人民检察院第十三届检察委员会第五十二次会议通过了《人民检察院公益诉讼办案规则》,其中对检察机关提起民事公益诉讼的相关程序问题作出了详细规定,该规则于 2021 年 7 月 1 日开始施行,其具体内容如下:

(一)管辖

1. 地域管辖

人民检察院办理民事公益诉讼案件,由违法行为发生地、损害结果地或者违法行为人住所地基层人民检察院立案管辖。

2. 级别管辖

设区的市级以上人民检察院管辖本辖区内重大、复杂的案件。公益损害范围涉及两个以上行政区划的公益诉讼案件,可以由共同的上一级人民检察院管辖。

3. 指定管辖

上级人民检察院可以根据办案需要,将下级人民检察院管辖的公益诉讼案件指定本辖区内其他人民检察院办理。

4. 管辖权争议的处理

人民检察院对管辖权发生争议的，由争议双方协商解决。协商不成的，报共同的上级人民检察院指定管辖。

5. 管辖权的转移

上级人民检察院认为确有必要的，可以办理下级人民检察院管辖的案件，也可以将本院管辖的案件交下级人民检察院办理。下级人民检察院认为需要由上级人民检察院办理的，可以报请上级人民检察院决定。

（二）回避

检察人员具有下列情形之一的，应当自行回避，当事人、诉讼代理人有权申请其回避：（1）是行政公益诉讼行政机关法定代表人或者主要负责人、诉讼代理人近亲属，或者有其他关系，可能影响案件公正办理的；（2）是民事公益诉讼当事人、诉讼代理人近亲属，或者有其他关系，可能影响案件公正办理的。

应当回避的检察人员，本人没有自行回避，当事人及其诉讼代理人也没有申请其回避的，检察长或者检察委员会应当决定其回避。

（三）立案

人民检察院对公益诉讼案件线索实行统一登记备案管理制度。重大案件线索应当向上一级人民检察院备案。人民检察院应当对公益诉讼案件线索的真实性、可查性等进行评估，必要时可以进行初步调查，并形成《初步调查报告》；人民检察院经过评估，认为国家利益或者社会公共利益受到侵害，可能存在违法行为的，应当立案调查，对于国家利益或者社会公共利益受到严重侵害，人民检察院经初步调查仍难以确定不依法履行监督管理职责的行政机关或者违法行为人的，也可以立案调查。

检察官对案件线索进行评估后提出立案或者不立案意见的，应当制作《立案审批表》，经过初步调查的附《初步调查报告》，报请检察长决定后制作《立案决定书》或者《不立案决定书》。

（四）调查

人民检察院办理公益诉讼案件，可以采取以下方式开展调查和收集证据：（1）查阅、调取、复制有关执法、诉讼卷宗材料等；（2）询问行政机关工作人员、违法行为人以及行政相对人、利害关系人、证人等；（3）向有关单位和个人收集书证、物证、视听资料、电子数据等证据；（4）咨询专业人员、相关部门或者行业协会等对专门问题的意见；（5）委托鉴定、评估、审计、检验、检测、翻译；（6）勘验物证、现场；（7）其他必要的调查方式。

人民检察院开展调查和收集证据，应当由两名以上检察人员共同进行。检察官可以组织司法警察、检察技术人员参加，必要时可以指派或者聘请其他具有专门知识的人参与。根据案件实际情况，也可以商请相关单位协助进行。需要向有关单位或者个人调取物证、书证的，应当制作《调取证据通知书》和《调取证据清单》，持上述文书调取有关证据材料。

人民检察院可以依照规定组织听证，听取听证员、行政机关、违法行为人、行政相对人、受害人代表等相关各方意见，了解有关情况。听证形成的书面材料是人民检察院依法办理公益诉讼案件的重要参考。

(五)提起诉讼

人民检察院提起公益诉讼,应当向人民法院提交公益诉讼起诉书和相关证据材料。起诉书的主要内容包括:(1)公益诉讼起诉人;(2)被告的基本信息;(3)诉讼请求及所依据的事实和理由。

公益诉讼起诉书应当自送达人民法院之日起五日内报上一级人民检察院备案。

人民检察院办理民事公益诉讼案件,审查起诉期限为三个月,自公告期满之日起计算。移送其他人民检察院起诉的,受移送的人民检察院审查起诉期限自收到案件之日起计算;重大、疑难、复杂案件需要延长审查起诉期限的,民事公益诉讼案件经检察长批准后可以延长一个月,还需要延长的,报上一级人民检察院批准。委托鉴定、评估、审计、检验、检测、翻译期间不计入审查起诉期限。

(六)出席第一审法庭

人民检察院提起公益诉讼的案件,应当派员出庭履行职责,参加相关诉讼活动。人民检察院应当自收到人民法院出庭通知书之日起三日内向人民法院提交《派员出庭通知书》。《派员出庭通知书》应当写明出庭人员的姓名、法律职务以及出庭履行的职责。

出庭检察人员履行以下职责:宣读公益诉讼起诉书;对人民检察院调查收集的证据予以出示和说明,对相关证据进行质证;参加法庭调查、进行辩论,并发表出庭意见;依法从事其他诉讼活动。

出庭检察人员参加法庭辩论,应结合法庭调查情况,围绕双方在事实、证据、法律适用等方面的争议焦点发表辩论意见。

【思考题】

1. 什么是民事诉讼当事人?其在不同诉讼程序及审级中的称谓如何?
2. 什么是民事诉讼权利能力?它与民事权利能力有何联系?
3. 什么是当事人适格?判断当事人是否适格有哪些一般标准?
4. 什么是诉讼行为能力?它与民事行为能力有何联系?
5. 按照我国法律的规定,民事诉讼当事人有哪些诉讼权利和诉讼义务?
6. 什么是共同诉讼?它有哪些种类?
7. 什么是代表人诉讼?它有哪些种类?
8. 如何完善我国的公益诉讼制度?
9. 我国无独立请求权第三人制度存在哪些缺陷?应如何完善?
10. 第三人撤销之诉与案外人申请再审制度有何联系与区别?

【参考文献】

1. 张晋红:《民事诉讼当事人研究》,陕西人民出版社1998年版。
2. 肖建华:《中国民事诉讼法判解与法理——当事人问题研析》,中国法制出版社2001年版。
3. 范愉编著:《集团诉讼问题研究》,北京大学出版社2005年版。

4. 汤维建等:《群体性纠纷诉讼解决机制论》,北京大学出版社2008年版。
5. 黄娟:《当事人民事诉讼权利研究——兼谈中国民事诉讼现代化之路径》,北京大学出版社2009年版。
6. 王嘎利:《民事共同诉讼制度研究》,中国人民公安大学出版社2008年版。
7. 卢正敏:《共同诉讼研究》,法律出版社2011年版。
8. 蒲一苇:《民事诉讼第三人制度研究》,厦门大学出版社2009年版。
9. 章武生等:《中国群体诉讼理论与案例评析》,法律出版社2009年版。
10. 陈慰星:《选择中的正义:民事诉讼当事人行为选择的法经济分析》,社会科学文献出版社2015年版。
11. 杨会新:《当事人诉讼行为论》,法律出版社2018年版。
12. 贺增磊:《第三人撤销之诉制度研究》,吉林出版集团有限责任公司2020年版。

第10章 诉讼代理人

> **提要**
> 本章主要介绍民事诉讼代理人的概念和特征。学习本章时应重点掌握诉讼代理人的权限及其法律地位。

第一节 诉讼代理人概述

一、民事诉讼代理人的概念和沿革

民事诉讼代理人,是指根据法律的规定或者当事人的委托在一定权限内代替或协助当事人,并且以当事人名义进行民事诉讼的人。被代替或被协助的当事人称为被代理人。"一定权限"又称为诉讼代理权限,诉讼代理人为诉讼行为和接受对方当事人诉讼行为的权利范围称为诉讼代理权。

民事诉讼一般由当事人亲自进行,但在当事人不能或难以亲自进行诉讼时,就需要有人代替或帮助其诉讼。民事诉讼代理就是为适应这一客观需要而设立的一种法律制度。

民事诉讼代理制度萌芽于奴隶社会,发达于资本主义社会。在西方,早在公元前5—前4世纪,雅典民主共和国便已产生和存在着民事诉讼代理。比如,陪审法院审理虐待孤儿案、虐待继承人案、损害孤儿财产案等,当事人本人出庭诉讼确有困难,为了使诉讼能顺利进行,便规定可以由他们的保护人或与继承人同居之亲属提出诉讼。此外,法律还允许某些拙于言辞的诉讼当事人聘请那些能言善辩的人充当帮手;假如当事人病了,也准许其至亲好友出庭为之辩护。在罗马共和国有所谓"靠里托"(Cogritar)制度。全面、系统地以成文法方式规定民事诉讼代理制度的法律,首推1806年的《法兰西共和国民事诉讼法典》。该法典论及诉讼代理的达四十余条之多,对民事诉讼代理人的资格、地位、权利、义务和代理手续等均作了规定。自此以后,意大利、德国、土耳其、日本等国家纷纷仿效,先后在自己的民事诉讼法典中规定了诉讼代理制度。

在中国奴隶社会的周朝,有"听讼折狱""以两造禁民讼""以两剂禁民狱"的记载,并且有"命夫命妇,不躬坐狱讼""若取辞之时,不得不坐,当使其属或子弟代坐"的规定,这些实质上是民事诉讼代理制度的雏形。到了元朝,民事诉讼代理制度的范围由贵族、官僚扩大到部分老百姓,"诸老、废、笃、疾事须争讼,止令同居亲属深知本末者代之"。及至清朝末年,随着《大清民事诉讼律草案》等法律的制定(未及颁行),有了律师作为民事诉讼代理人或者辅佐人的规定。到了民国时期的1941年,中国第一部《律师法》得以颁行。新中国的民事诉讼代理制度乃至整个律师制度都经过了曲折的发展过程。1980年的《中华人民共和国律师暂行条例》和1982年的《中华人民共和国民事诉讼法(试行)》的颁布,标志着我国民事诉讼代理制度的正式建立。

二、民事诉讼代理人的特征

民事诉讼代理人具有如下特征:

第一,代理活动只能发生在民事诉讼过程中。

如诉讼前替当事人提供法律咨询或者帮助准备诉讼文书,诉讼结束时替当事人领取判决书等,但是不在诉讼过程中参加诉讼,便不能称为诉讼代理人。

第二,始终是以被代理人名义进行诉讼活动。

设立诉讼代理制度是解决当事人不能或难以亲自进行诉讼的困难。诉讼代理人参加诉讼活动的唯一目的是维护被代理人的合法权益,参加诉讼活动始终是以被代理人的名义,不能也不允许他以自己的名义为诉讼行为或接受对方的诉讼行为。否则,他就不是诉讼代理人而是当事人了。可见,以谁的名义进行诉讼活动是区分诉讼代理人和当事人的重要标志。

第三,必须在诉讼代理权限范围内进行活动。

当事人在民事诉讼活动中依法享有广泛的诉讼权利。作为当事人的诉讼代理人却不一定享有广泛的诉讼权利。诉讼代理人享有诉讼权利的多寡,全由"诉讼代理权限"决定。"诉讼代理权限"或由法律规定或由当事人授予。诉讼代理权限由法律规定者称为法定诉讼代理人,由当事人授予者称为委托诉讼代理人。如果诉讼代理人不充分行使"代理权限"即构成失职,超越"代理权限"视为越权。前者会遭到被代理人反对,后者不会被人民法院认可。

第四,进行诉讼活动的最终后果由被代理人承担。

最终后果是指人民法院对案件的最后判决结果。在当事人亲自进行诉讼时,诉讼行为人与诉讼终极结果承受人是一致的。当诉讼由诉讼代理人代为进行时,诉讼行为人与终极结果承受人就要发生分离,即终极后果由被代理人承担,而不由诉讼代理人承担。因为诉讼代理人在代理权限范围内的诉讼行为是一种法律上的劳务行为。他是帮人打官司,而不是为自己争输赢。值得说明的是,诉讼代理人不承担最终后果,不等于诉讼代理人不享有诉讼权利或不负有诉讼义务。诉讼代理人是民事诉讼法律关系主体,在诉讼中他要依法行使诉讼权利、履行诉讼义务。诉讼代理人的违法行为,如妨害民事诉讼顺利进行的行为所产生的法律后果,则直接由诉讼代理人承担,不得转嫁给被代理人。

第五,必须具有诉讼行为能力和一定的诉讼基本知识。

诉讼代理人具有诉讼行为能力是他充当诉讼代理人的首要条件。只有具备这一条件他才有可能代替那些没有诉讼行为能力的当事人参加诉讼。在诉讼持续期间,如果诉讼代理人突然丧失诉讼行为能力,即丧失代理人资格。

诉讼代理人还须具备一定的诉讼基本知识。例如具备进行诉讼所需的社会经验、文化知识、表达能力和一定的法律修养,否则就难以代为诉讼,也难以维护被代理人的合法权益。

第六,民事诉讼代理人区别于刑事辩护人、民事代理人。

首先,区别于刑事辩护人:(1)法律性质不同。刑事辩护人辩护的是刑事案件,民事诉讼代理人代理的是民事、经济纠纷案件。一为"刑"、一为"民",性质截然不同。(2)为诉讼行为的法律依据不同。刑事辩护人在诉讼中依据的是刑事实体法和刑事诉讼法,民事诉讼代理人在诉讼中依据的是民事实体法和民事诉讼法。(3)责任不同。刑事辩护人的责任是根据事实和法律,提出犯罪嫌疑人、被告人无罪、罪轻或者减轻、免除其刑事责任的证明材料和意见,维护犯罪嫌疑人、被告人的合法权益,是为被告是否犯罪,是否存在从轻或减轻情节进行辩护;民事诉讼代理人是为维护被代理人的合法权益进行诉讼。(4)范围不同。刑事辩护人仅为犯罪嫌疑人、被告人提供辩护;民事诉讼代理人不仅为被告方也为原告方代理诉讼,有第三人存在时,还为第三人代理诉讼。

其次,区别于民事代理人:(1)担负的任务不同。民事代理人是代当事人完成某种民事行为,实现当事人的实体权利义务;民事诉讼代理人是代替或协助被代理人实施某些诉讼行为,维护被代理人的合法权益。(2)法律依据不同。民事代理人行为的法律依据是民事实体法,民事诉讼代理人诉讼行为的法律依据是民事诉讼法。(3)完成任务的方式不同。民事代理人完成任务的基本方式是与第三者以合同形式建立某种实体法律关系,从而实现被代理人意愿,如代为买卖。民事诉讼代理人完成任务的基本方式是代为诉讼行为,如进行辩论等,从而争取胜诉达到维护被代理人权益的目的。(4)代理范围略有不同。具有人身性质的债务和侵权行为是不能请人代理的。民事诉讼代理的范围则广泛得多,无论是具有人身性质的案件或者是侵权案件,不管当事人有理或无理,代理人均可代理;即使是涉及人身关系的离婚案件,法律规定也可代理诉讼。

第二节
诉讼代理人分类

一、法定诉讼代理人

(一)概念

法定诉讼代理人,是指依照法律规定代理无诉讼行为能力的当事人进行民事诉讼的人。

法定诉讼代理人最大的特征是"法定"。表现在:法定诉讼代理人的范围由法律直接规定,法定诉讼代理人的代理权限亦由法律直接规定。《民事诉讼法》第60条规定:"无诉讼行为能力人由他的监护人作为法定代理人代为诉讼。"监护人既可以是公民也可以是一定社会组织。《解释》第83条规定,在诉讼中,无民事行为能力人、限制民事行为能力人的监护人是他的法定代理人。事先没有确定监护人的,可以由有监护资格的人协商确定,协商不成的,由人民法院在他们之间指定诉讼中的法定代理人。当事人没有《民法典》第27条或者第28条规定的监护人的,可以指定该法规定的有关组织担任诉讼期间的法定代理人。《民法典》第27条规定:"未成年人的父母是未成年人的监护人。未成年人的父母已经死亡或者没有监护能力的,由下列人员中有监护能力的人担任监护人:(一)祖父母、外祖父母;(二)兄、姐;(三)关系密切的其他亲属、朋友愿意承担监护责任,经未成年人父、母的所在单位或者未成年人住所地的居民委员会、村民委员会同意的。……没有第1款、第2款规定的监护人的,由未成年人的父、母的所在单位或者未成年人住所地的居民委员会、村民委员会或者民政部门担任监护人。"第 28 条规定："无民事行为能力或者限制民事行为能力的成年人，由下列有监护能力的人按顺序担任监护人：（一）配偶；（二）父母、子女；（三）其他近亲属；（四）其他愿意担任监护人的个人或者组织，但是须经被监护人住所地的居民委员会、村民委员会或者民政部门同意。"从《民法典》的规定来看，无民事行为能力人和限制民事行为能力人的监护人范围是比较广泛的。依据民法原理，监护人既要保护被监护人的人身权益，又要保护他的财产权益和其他权益。当被监护人合法权益遭到外力的侵扰或发生争议，监护人有职责挺身而出保护被监护人，必要时以法定诉讼代理人的身份进入诉讼领域，借助司法手段维护被监护人利益。为此，《民法典》第 31 条特别规定了监护争议解决程序："对监护人的确定有争议的，由被监护人住所地的居民委员会、村民委员会或者民政部门指定监护人，有关当事人对指定不服的，可以向人民法院申请指定监护人；有关当事人也可以直接向人民法院申请指定监护人。"

如果事先没有确定监护人而现实又需要法定诉讼代理人，解决的办法是由有监护资格的人先自行协商确定，协商不成者，由人民法院从他们中间指定法定诉讼代理人。如果事先已确定监护人，但他们互相推诿诉讼代理责任的，则"由人民法院指定其中一人代为诉讼"。居民委员会、村民委员会、民政部门或者人民法院应当尊重被监护人的真实意愿，按照最有利于被监护人的原则在依法具有监护资格的人中指定监护人。

（二）法定诉讼代理权限的取得和消灭

法定诉讼代理权的取得与监护权的取得同步。监护权的取得大致有三种情况。第一，因某种身份关系的存在；第二，基于自愿而发生的某种扶养义务；第三，基于人道主义而产生的社会保障措施。监护权一旦取得，监护人就要正当履行职责。一旦被监护人与他人发生纠纷，监护人即依法取得代理诉讼权。当然，监护人取得法定诉讼代理权后，要在诉讼中实现法定诉讼代理权，还必须提供相应的证明文件，如户口簿、身份证、单位介绍信等。

法定诉讼代理权的消灭与监护权的丧失同步。在诉讼持续期间，法定诉讼代理人的监护权丧失必然导致法定诉讼代理权的消灭。代理权一旦消灭，原法定诉讼代理人即应退出诉讼。司法实践表明，法定诉讼代理权消灭的情形有以下几种：（1）被监护人取得或恢复行为能力，如被监护人年龄达到 18 周岁或精神病痊愈；（2）监护人丧失行为能力，如监护人突患精神病；（3）基于婚姻关系而发生的监护权因解除婚姻关系而使一方丧失监护权；（4）监护人或被监护人死亡；（5）收养关系解除。原享有法定诉讼代理权的监护人丧失法定诉讼代理权后，其他享有监护权的监护人可以依法行使法定诉讼代理权。

（三）法定诉讼代理人的代理权限和诉讼地位

《民法典》第 34 条的规定，"监护人的职责是代理被监护人实施民事法律行为，保护被监护人的人身权利、财产权利以及其他合法权益等。监护人依法履行监护职责产生的权利，受法律保护。监护人不履行监护职责或者侵害被监护人合法权益的，应当承担法律责任"。既然实体法已经规定监护人有全面保护被监护人权益的职责，当然包括监护人拥有保护被监护人权益的手段和方式，其中包含诉讼手段。可以推定，监护人一旦成为法定诉讼代理人进入民事诉讼领域，为了维护被监护人利益就应该享有被监护人所享有的全部诉讼权利，包括与对方和解、承认、放弃、变更诉讼请求、提起反诉或者上诉的权利。

法定诉讼代理人在诉讼中与被代理的当事人的诉讼权利义务大体相同,其法律地位相当于被代理的当事人,但不等于当事人。事实上,法定诉讼代理人与被代理的当事人之间也存在某些区别。例如,人民法院确定管辖时是以被代理的当事人住所地为准,并不以法定诉讼代理人住所地为依据;法定代理人在诉讼中死亡或不能行使代理权,只能导致诉讼中止,而不能终结诉讼。

二、委托诉讼代理人

（一）概念

《民事诉讼法》第61条第1款规定:"当事人、法定代理人可以委托一至二人作为诉讼代理人"。这是委托诉讼代理人的法律依据。

所谓委托诉讼代理人,是指受当事人、法定代理人委托并以委托人的名义在授权范围内进行民事诉讼活动的人。与法定诉讼代理人相比,委托诉讼代理人具有下列特点:首先,代理诉讼的权限、范围和事项不由法律直接规定,而由被代理人委托和授予;其次,委托诉讼代理人与被代理人之间不存在监护与被监护关系;最后,委托诉讼代理人进行诉讼须向人民法院提交被代理人的授权委托书,而法定代理人进行诉讼只需提交表明监护关系的证明文件。

在我国,可以充当委托诉讼代理人的范围是比较广泛的。根据《民事诉讼法》第58条第2款的规定,以下人士可以担任委托代理人:(1)律师、基层法律服务工作者。接受当事人的委托,代理民事诉讼,是律师和基层法律服务工作者的一项主要业务。(2)当事人的近亲属或者工作人员。所谓近亲属,包括当事人的配偶、父母、子女、兄弟姐妹、祖父母、外祖父母、孙子女、外孙子女。但是,《解释》第85条对近亲属作为委托诉讼代理人的范围作了扩大解释:"根据民事诉讼法第六十一条第二款第二项规定,与当事人有夫妻、直系血亲、三代以内旁系血亲、近姻亲关系以及其他有抚养、赡养关系的亲属,可以当事人近亲属的名义作为诉讼代理人"。对于委托"工作人员"作为诉讼代理人,《解释》第86条规定:"根据民事诉讼法第六十一条第二款第二项规定,与当事人有合法劳动人事关系的职工,可以当事人工作人员的名义作为诉讼代理人"。也就是说,委托"工作人员"作为诉讼代理人时,该"工作人员"须是"与当事人有合法劳动人事关系的职工"。(3)当事人所在社区、单位以及有关社会团体推荐的公民。有关的社会团体,是指其业务或职责与案件有一定联系的社会团体。例如,工会、妇联、消费者组织、未成年人保护组织等。根据《解释》第87条的规定,"根据民事诉讼法第五十八条第二款第三项规定,有关社会团体推荐公民担任诉讼代理人的,应当符合下列条件:(一)社会团体属于依法登记设立或者依法免予登记设立的非营利性法人组织;(二)被代理人属于该社会团体的成员,或者当事人一方住所地位于该社会团体的活动地域;(三)代理事务属于该社会团体章程载明的业务范围;(四)被推荐的公民是该社会团体的负责人或者与该社会团体有合法劳动人事关系的工作人员。专利代理人经中华全国专利代理人协会推荐,可以在专利纠纷案件中担任诉讼代理人。"

当事人、法定代理人委托诉讼代理人人数,以两人为限。如委托两人代理诉讼,授权委托书应分别记明代理诉讼的事项和权限。

(二)委托诉讼代理权的取得、变更和消灭

委托诉讼代理权基于当事人、法定代理人的授权委托而产生。换言之,没有当事人、法定代理人的授权,委托诉讼代理人无权进入诉讼。授权委托以书面方式进行。《民事诉讼法》第62条第1款规定:"委托他人代为诉讼,必须向人民法院提交由委托人签名或盖章的授权委托书。"另外,《解释》第88条规定:"诉讼代理人除根据民事诉讼法第六十二条规定提交授权委托书外,还应当按照下列规定向人民法院提交相关材料:(一)律师应当提交律师执业证、律师事务所证明材料;(二)基层法律服务工作者应当提交法律服务工作者执业证、基层法律服务所出具的介绍信以及当事人一方位于本辖区内的证明材料;(三)当事人的近亲属应当提交身份证件和与委托人有近亲属关系的证明材料;(四)当事人的工作人员应当提交身份证件和与当事人有合法劳动人事关系的证明材料;(五)当事人所在社区、单位推荐的公民应当提交身份证件、推荐材料和当事人属于该社区、单位的证明材料;(六)有关社会团体推荐的公民应当提交身份证件和符合本解释第八十七条规定条件的证明材料。"

授权委托书中应载明受托人、委托人的基本情况、委托事项和权限。为保证授权委托书的真实可信,委托人必须在授权委托书中亲自签名或者盖章。侨居在国外的中华人民共和国公民从国外寄交或者托交的授权委托书,必须经中华人民共和国驻该国的使领馆证明;没有使领馆的,由与中华人民共和国有外交关系的第三国驻该国的使领馆证明,再转由中华人民共和国驻该第三国使领馆证明,或者由当地的爱国华侨团体证明。

至于授权范围,由当事人、法定代理人自行决定。授权是单方行为,在诉讼存续期间,当事人、法定代理人可以变更授权。例如,增大或缩小原授权范围。代理权限的大小关系到对方当事人利益和整个诉讼的推进,故当事人、法定代理人变更代理权限后应及时告知人民法院,并由人民法院通知对方当事人。

审判实践中,存在委托诉讼代理人受托后能否转委托的问题。对此法无明文规定。我们认为,原则上应该允许转委托,但须严加掌握。委托诉讼代理人转委托他人代为诉讼时,必须事先或事后征得原委托人认可,新的委托诉讼代理人必须严格在授权范围内为诉讼行为和接受诉讼行为。人民法院亦应严格审查转委托合同。

委托代理权限因下列情况而消灭:(1)诉讼代理任务完成,诉讼结束;(2)委托诉讼代理人辞去代理职务;(3)委托人解除委托;(4)委托诉讼代理人在诉讼中丧失诉讼行为能力或死亡。

(三)委托诉讼代理人的权限和诉讼地位

委托诉讼代理人的权限由委托人授予,但在授权委托书中如何表述授权,实践中的做法极不统一,有的写"代理",有的写"全权代理",还有的写"代理诉讼",也有的写"特别代理"等等。上述写法均失之笼统,既不利于人民法院审查授权委托书,又不利于委托诉讼代理人参加诉讼活动。科学的办法是写实,即委托人授予何种权限就写何种权限。根据诉讼权利和实体权利联系的紧密度不同可对诉讼权利分类:第一类属一般的诉讼权利,如起诉权、应诉权、申请回避权、提供证据权、辩论权等;第二类是与实体权利联系紧密的诉讼权利或特别权利,如承认、放弃、变更诉讼请求,进行和解,提起反诉或者上诉。如果委托人愿意授予代理人承认、放弃、变更诉讼请求、进行和解、提起反诉或者上诉的权利,必须在授权委托书中写明。根据《解释》第89条的规定,"当事人向人民法院提交的授权委托书,应在开庭审理前送交人民法院。授权委托书仅写'全权代理'而无具体授权的,诉讼代理人无权代为承认、放弃、变更诉讼请求,进行和解,提起反诉或者上诉。适用简易程序审理的案件,双方当事人同时到庭并径行开庭审理的,可以当场口头委托诉讼代理人,由人民法院记入笔录。"之所以这样严格规范,目的是杜绝委托诉讼代理人越权,避免被代理人或者对方当事人可能发生的节外生枝。

委托代理权采取写实方式并不等于委托诉讼代理人只能按其权限机械地操作。恰恰相反,代理人应以事实为根据,以法律为准绳,充分发挥自己的主观能动性,运用自己的经验、知识和技巧,在权限范围内最大限度地维护被代理人的合法利益。根据《民事诉讼法》第64条的规定,代理诉讼的律师和其他诉讼代理人有权调查收集证据,可以查阅本案有关材料。但查阅本案有关材料的范围和办法应遵循最高人民法院的规定。

鉴于离婚诉讼直接涉及当事人人身关系,且离婚与否的唯一标准是双方感情是否彻底破裂,而"夫妻感情"变化微妙,即使是有特别授权的委托诉讼代理人也不能对"离与不离"问题表态,所以,法律要求离婚案件有诉讼代理人的,本人除不能表达意志的以外,仍应出庭。确因特殊情况无法出庭的,本人应向人民法院提交离婚与否的书面意见。

值得说明的是,委托诉讼代理人取得代理权限后,并不等于被代理人就丧失了相应的诉讼权利。因此,被代理人仍然可以与委托诉讼代理人一道出庭诉讼,并行使同样的诉讼权利。当然,除必须到庭者外,被代理人因故不能出庭时,单独由委托代理人出庭亦是可以的。委托诉讼代理人与法定诉讼代理人不同,无论有多大代理权限,在诉讼中始终居于诉讼代理人地位,永远也不是当事人。

【思考题】

1. 如何理解诉讼代理权?
2. 诉讼代理人有哪些特征?
3. 法定代理人和委托代理人有何区别?
4. 我国是否有必要建立律师强制代理制度?

【参考文献】

1. 田平安主编:《民事诉讼法学》,法律出版社2015年版。
2. 李浩主编:《民事诉讼法学》,高等教育出版社2007年版。
3. 赵钢主编:《民事诉讼法》,武汉大学出版社2008年版。
4. 齐树洁主编:《民事诉讼法》,厦门大学出版社2016年第10版。
5. 宋朝武主编:《民事诉讼法学》,高等教育出版社2018年第2版。

第11章 其他诉讼参与人

[提要] 其他诉讼参与人指证人、鉴定人、翻译人员和勘验人等。从民事诉讼法律关系的角度说,他们都是民事诉讼法律关系主体。其资格具有规定性,在民事诉讼中,享有一定的民事诉讼权利,负有一定的民事诉讼义务。

第一节 证人

一、证人资格

民事诉讼中的证人,是指知道案件实情而向人民法院作出陈述的人。从法律资格的角度看,中国公民、外国公民(享有豁免权的外交代表除外)或无国籍人,不论其性别、民族、职业、种族、政治表现、财产状况如何,也不论是否与当事人有利害关系等,都可以作为民事诉讼中的证人。从证人适格的角度审视,某人能否成为民事案件中的证人,主要看其是否符合证人的条件。

1. 证人的客观要件

(1)必须知道案件实情。证人通过自己的眼、耳、鼻、口、舌、身等器官感知案件情况,并根据其在大脑皮层的记忆,再用语言或其他方式"转述"当时的"感知"以证明案件实情。生理学告诉我们,证人的这种"感知",通常是直接"感知"。当然感知可以是多面的,也可以是单面的。不能借口某人有生理缺陷而全盘否定其作证资格。

(2)能够正确表达意思。能够正确表达意思是指证人对所感知的"东西"能再次陈述和表达。医学证明,精神病患者在精神病发作期间,不能正确认识事物、表达意思、辨别是非,故不能充当证人。未成年人尤其是幼童,智力发育尚未健全,易受外因干扰,一般而论,难以正确表达意思。但在正常情况下,他们也能"感知"并客观描述案件情况,只是因为智力所限,较难做到"正确"表述,故不能简单地肯定或否定未成年人特别是幼童的证人资格,而应具体情况具体分析。我国民事诉讼法规定,不能正确表达意思的人,不能作为证人。待证事实与其年龄、智力状况或者精神健康状况相适应的无民事行为能力人和限制民事行为能力人,可以作为证人。

2. 证人的主观要件

证人的主观要件是必须向人民法院陈述。证人向人民法院陈述的方法有二：一是口头，二是书面。

证人是民事诉讼法律关系主体之一。主体的不可重合性和审判的公正性要求证人在诉讼中自始至终不得担任其他职务，如兼任审判人员等。

对于单位能否成为证人的问题，学界大体呈三种态度：肯定、沉默、否定。

"肯定说"认为：我国《民事诉讼法》规定单位也可以成为证人（见第75条），"弥补"了一个"缺陷"。

"沉默"是大多数人的状态。即使比较权威的司法部统编教材《民事诉讼法学》，其字里行间对单位能否成为证人一事均避而不谈或轻描淡写一笔带过。

"否定说"认为："证人能力属身份权的一种，机关、单位不能享有，不能当证人。"[①]我们赞成否定说。首先，前已述及，证人其所以能成为证人在于他可以通过眼、耳、鼻、口、舌、身亲自感知案件，而所谓单位要么是法人要么是非法人团体，此两者均无感触器官，既无感触器官何以感知案件？不能感知、贮存和复制案件信息，请问又如何作证？至于以单位常常为其成员出具"表现证明""经济收入证明""情况证明"为例，推论单位可以成为证人是缺乏说服力的。诚然，类似例子在生活中是存在的，但这类"证明"不是证明案件而是从组织的角度说明当事人某方面的情况；再者，单位的证明往往要加盖公章，如是，单位证明就变成书证而非证人证言了。其次，证人必须能言语，但单位如何说话呢？民事案件必须开庭，证人在庭审中应当接受有关人员的询问，而法人和非法人团体既无法接受询问也不能进行质证。如果由法人和非法人的负责人出庭接受质询，则该负责人就成了证人了。第三，我国存在三大诉讼法。刑事诉讼法和行政诉讼法中并无单位可以作证的规定。最后，翻阅世界各国法律，迄今为止尚未发现单位可以作证的条款。

二、证人的诉讼权利、义务

证人是一国之公民。作为公民他享有宪法规定的权利，负有宪法规定的义务。证人是民事诉讼的参与人。作为参与人他在诉讼中要与其他法律关系主体发生一定的诉讼法律关系。以上两点决定了证人在法庭上理当享有一定的诉讼权利并承担一定的诉讼义务。

证人有使用本民族语言文字的权利。如不通晓审判通用的语言文字，人民法院有义务为其提供翻译。证人有阅读证言笔录的权利。对笔录中记载确有遗漏或错误的，有权申请补正。证人因作证影响其正当经济收入的，有权向人民法院请求补偿。证人对审判人员侵犯其诉讼权利的行为，有权向有关机关提出控告。

证人负有按时到庭的义务、如实陈述的义务、遵守诉讼秩序的义务。诉讼秩序是保证诉讼正常推进的前提。作为诉讼参与人的证人，有义务服从法院的指挥，自觉遵守秩序，不得扰乱司法机关的工作秩序。若有违犯，人民法院将视其情节轻重，予以训诫、责令其具结悔过或予以罚款、拘留，构成犯罪的，将依法追究其刑事责任。

---

① 王锡三：《民事诉讼法研究》，重庆大学出版社1996年版，第233页。

在我国,证人拒绝作证现象非常突出。它已经严重地影响着民事审判的顺利进行。因此,有必要探究原因,寻求对策。

证人是否应该享有拒证权,也是一个值得研讨的问题。我国现今刑事诉讼中部分承认了证人的拒证权,《刑事诉讼法》第193条规定:"经人民法院通知,证人没有正当理由不出庭作证的,人民法院可以强制其到庭,但是被告人的配偶、父母、子女除外。"但民事诉讼中尚无此规定,纵观域外民事诉讼立法,赋予一定主体享有拒证权并不罕见。如日本民事诉讼法规定有下列事由的,证人享有保密权可以拒绝证言:公务员或曾为公务员,讯问其有关职务上的秘密;医师、药剂师、律师等就其职务上所得知而应守秘密的事实受到讯问的情况,有关技术或职业秘密事项受到讯问的情况;该法还规定,如果提供的证言足以使证人的配偶、四等以内血亲或三等以内姻亲或曾有这种关系的人以及有监护或受监护关系的人受到刑事追诉或有罪判决的,有拒绝证言权。《德国民事诉讼法》在第383条也规定因个人原因而拒绝作证的条款,包括是当事人一方的未婚配偶的;是当事人一方的配偶,包括婚姻关系已不存在的;现在是或者过去是当事人一方的直系血亲或直系姻亲,或三亲等以内的旁系血亲,或二亲等以内的旁系姻亲;教会的人员关于在教会工作中受人信赖而被告知的事项;由于职务身份或职业上的关系而知悉一定事项的人,由于从事情的性质上或依法律规定应保守秘密的事项等。①

我国民事诉讼法规定,凡是知道案件情况的单位和个人都有出庭作证的义务,并没有规定哪些情况下证人享有拒绝提供证言的权利。不管证人与当事人之间是血亲、姻亲或者其他信赖关系,也不管证言内容是否置自身、自己的亲属于法律上的不利处境,或涉及公开他人的秘密和隐私,都必须出庭作证。对此,有观点认为,这种证人制度必然会导致对有关秘密隐私权的侵害。如果立法追求的价值是通过牺牲一种利益,甚至更大的利益来获取另一种较小的利益,这种立法追求的价值是值得怀疑的。为了查清案件事实,不惜牺牲其他任何权利和利益,是不可取的。故无论从民事证据制度自身的完善与发展,还是出于对个人人格和隐私的保护,有必要考虑将来在我国民事诉讼法中加入证人拒证权的相关规定。②

三、证人作证

鉴于质证是必不可少的环节。因此,证人在一般情形下应该出庭。证人必须到庭陈述并经当事人各方质证、询问,其证言的可靠性才可确定。在此过程中,法庭记录人员应忠实记录证人陈述。

证人作证前应不应当进行宣誓?当今世界各国的法律中大多有有关证人宣誓的规定。宣誓有助于克服证人因恐惧、疑惑出现的抑制,消除心理不平衡状态,增强证人说明事实真相的勇气与能力。我国民事诉讼相关立法未采用证人宣誓制度,而以证人签署保证书的形式对证人作证进行约束。

法官判断证人证言时应遵循的原则如下:

---

① 丁启明译:《德国民事诉讼法》,厦门大学出版社2016年版,第95页。
② 常怡主编:《比较民事诉讼法》,中国政法大学出版社2002年版,第440页。

首先，要认真审查证人的资格。只有具备证人资格的人才有权作证。

其次，要审查证人证言的内容。该内容是否具备客观性关联性和不可替代性。法官对证人陈述中的主观分析部分、无关部分和虚假部分应予以剔除。

再次，要审查证人证言的形成过程。前已述及，证人证言的形成有赖于主观和客观要件。法官对证人的职业、品德、意识应了如指掌；法官对证人与当事人之间有无利益关系也应心中有数；法官对证言形成的客观环境更应洞若观火。法官审查的场所主要是法庭，审查的方法主要是询问、质证。

最后，要综合权衡证人证言与其他证据之间的统一之处与矛盾之点。法官要冷静听取当事人双方的举证、质证和辩论，对各种证据斟酌取舍慎重定案。

2012年修法时，就证人作证问题增设两条新规定。第76条规定："经人民法院通知，证人应当出庭作证。有下列情形之一的，经人民法院许可，可以通过书面证言、视听传输技术或者视听资料等方式作证：（一）因健康原因不能出庭的；（二）因路途遥远，交通不便不能出庭的；（三）因自然灾害等不可抗力不能出庭的；（四）其他有正当理由不能出庭的。"第74条规定："证人因履行出庭作证义务而支出的交通、住宿、就餐等必要费用以及误工损失，由败诉一方当事人负担。当事人申请证人作证的，由该当事人先行垫付；当事人没有申请，人民法院通知证人作证的，由人民法院先行垫付。"

第二节 >>> 鉴定人和专家辅助人

一、鉴定人资格

在民事诉讼中，鉴定人员指由具有相关专门技术或知识的人对民事案件疑难问题进行科学的比较、实验、论证，并作出鉴定意见的人。

鉴定人不同于证人。证人的任务是将自己感知的案件情况如实向法院陈述；鉴定人的任务则是根据案情，凭借专门知识或技术对案件专门问题进行分析研究得出结论，用结论去说明和揭示案情。因此，鉴定人是可以选择和替换的，证人则不能选择和替代。

从各国关于鉴定人的规定看，其共同性大体有二：一是在通常情况下必须具备相当的技能和知识，二是原则上必须是自然人。

英美法系国家虽不事先明确鉴定人和鉴定机构，但在确定鉴定人之前，必须通过专家资格的认定，取得主审法官的首肯，同时还有一定的程序规定。比如要接受对方当事人或其律师的询问。询问的主要内容是：本人受教育的学校、受教育的程度、学历，以及是否具备案件所需的知识或技能，是否参加过某种学会、协会等专业组织，是否接受过某种培训，他的工作经历、时间，发表过何种论文、著作。

大陆法系国家的鉴定人通常是比较固定的。一般情况下，国家按照一定的法律程序决定鉴定机构或鉴定人。法国、意大利等国均设有鉴定人名册。

2005年2月28日，十届全国人大常委会第十四次会议通过《关于司法鉴定管理问题的决定》,确立了对鉴定人和鉴定机构的管理制度。鉴定人鉴定的对象是案件事实中的专门性问题,因而对鉴定人应有严格的资格限制,以保证鉴定结果的科学性。

具备下列条件之一的人员,可以申请登记从事司法鉴定业务:(1)具有与所申请从事的司法鉴定业务相关的高级专业技术职称;(2)具有与所申请从事的司法鉴定业务相关的专业执业资格或相关专业本科以上学历,从事相关工作5年以上;(3)具有与所申请从事的司法鉴定业务相关工作10年以上经历,具有较强的专业技能。因故意犯罪或者职务过失犯罪受过刑事处罚的,受过开除公职处分的,以及被撤销鉴定人登记的人员,不得从事司法鉴定业务。

法人或者其他组织申请从事司法鉴定业务的,应当具备下列条件:(1)有明确的业务范围;(2)有在业务范围内进行司法鉴定所必需的仪器、设备;(3)有在业务范围内进行司法鉴定所必需的依法通过计量认证或者实验室认可的检测实验室;(4)每项司法鉴定业务有3名以上鉴定人。

鉴定人必须具备较充分的专门知识。何谓专门知识?对此,法律并无具体规定。法官在什么时候才能指派鉴定人?这是一个涉及阐明鉴定实质的问题。对此,法律并无明确规定。根据审判实践,有一点可以肯定,即进行鉴定的问题只能是事实问题而不是法律问题。法律方面的知识不属于进行鉴定所需的专门知识,所以,在诉讼中不可能也不需要对法律问题加以鉴定。

如果说要对专门知识作一个界定,可以这样表达:专门知识是指超过法律知识以外,但不包括世人普遍共知的自然法则、经验总结、生活规则、伦理道德规范而产生的知识。换言之,是指法官所不知晓而只有较狭小范围的专家所知晓的那些知识。

当然,在法律没有明确界定的情况下,实践中人们对"专门知识"的理解是不一致的。一般的看法是"专门知识"已是一个具体的概念,没有再限定的必要。但由于案件的特殊性,鉴定人仅凭笼统的"专门知识"或行业经验并不能确保鉴定意见的真实可靠性,特别是在劳动分工、技术手段更趋多样化的今天,一些政府主管部门相继颁布了各自的行业标准,这些行业标准显然不能为笼统的"专门知识"或行业经验所代替。由此也可看出,只有符合行业的资质审查要求,方具备担任这一行业的涉讼案件鉴定人的条件。

二、鉴定人的诉讼权利义务

鉴定人享有下列权利:(1)了解、查阅与鉴定事项有关的情况和资料;(2)要求委托人无偿提供鉴定所需要的鉴材、样本;(3)拒绝接受不合法、不具备鉴定条件或者超出登记的执业类别的鉴定委托;(4)拒绝解决、回答与鉴定无关的问题;(5)鉴定意见不一致时,保留不同意见;(6)获得合法报酬。

鉴定人应当履行下列义务:(1)受所在司法鉴定机构指派按照规定时限独立完成鉴定工作,并出具鉴定意见;(2)对鉴定意见负责;(3)依法回避;(4)妥善保管送鉴的鉴材、样本和资料;(5)保守在执业活动中知悉的国家秘密、商业秘密和个人隐私;(6)依法出庭作证,回答与鉴定有关的询问。根据《证据规定》第81条,鉴定人拒不出庭作证的,鉴定意见不得作为认定案件事实的根据。人民法院应当建议有关主管部门或者组织对拒不出庭作证的鉴定人予以处罚。

鉴定人应当科学、客观、独立、公正地从事司法鉴定活动,遵守法律、法规的规定,遵守职业道德和职业纪律,遵守司法鉴定管理规范。鉴定人执业实行回避、保密、时限和错鉴责任追究制度。

三、鉴定程序

当事人申请鉴定,通常应在举证期限内提出申请,经人民法院同意后,由双方当事人协商选择鉴定机构和鉴定人,如果协商不成,由人民法院指定。对需要鉴定的事项负有举证责任的当事人,在人民法院指定的期限内无正当理由不提出鉴定申请或者不预交鉴定费用或者拒不提供相关材料,致使对案件争议的事实无法通过鉴定结论予以认定的,应当对该事实承担举证不能的法律后果。

鉴定人应就案件中专门性问题作出的结论性意见以鉴定书形式表现出来。鉴定人出具的鉴定书内容包括:(1)委托法院的名称;(2)委托鉴定的内容、要求;(3)鉴定材料;(4)鉴定所依据的原理、方法;(5)对鉴定过程的说明;(6)鉴定意见;(7)承诺书。鉴定书应当由鉴定人签名或者盖章,并附鉴定人相应资格证明。委托机构鉴定的,鉴定书应当由鉴定机构盖章,并由从事鉴定的人员签名。对人民法院委托的鉴定部门作出的鉴定意见,当事人有异议并申请重新鉴定的,如理由充足,人民法院应当准许重新鉴定。但对有缺陷的鉴定意见,如果可以通过补充鉴定、重新质证或者补充质证等方法解决的,就不允许重新鉴定。此外,一方当事人自行委托的部门作出的鉴定意见,另一方当事人有证据足以反驳并申请重新鉴定的,人民法院应予准许。

2012年修法时,将原先的"鉴定结论"改为"鉴定意见",并对有关程序制度作了较大的修改补充。第79条规定:"当事人可以就查明事实的专门性问题向人民法院申请鉴定。当事人申请鉴定的,由双方当事人协商确定具备资格的鉴定人;协商不成的,由人民法院指定。当事人未申请鉴定,人民法院对专门性问题认为需要鉴定的,应当委托具备资格的鉴定人进行鉴定。"第80条规定:"鉴定人有权了解进行鉴定所需要的案件材料,必要时可以询问当事人、证人。鉴定人应当提出书面鉴定意见,在鉴定书上签名或者盖章。"第81条规定:"当事人对鉴定意见有异议或者人民法院认为鉴定人有必要出庭的,鉴定人应当出庭作证。经人民法院通知,鉴定人拒不出庭作证的,鉴定意见不得作为认定事实的根据;支付鉴定费用的当事人可以要求返还鉴定费用。"第82条规定:"当事人可以申请人民法院通知有专门知识的人出庭,就鉴定人作出的鉴定意见或者专业问题提出意见。"

第三节
翻译人员、勘验人

一、翻译人员

作为民事诉讼法律关系主体的翻译人员,是诉讼得以向前顺利推进的重要人物。当当事人或证人对法庭审判采用的语言有障碍时,就需要翻译,否则,诉讼难以推进。法律并未对翻译人员的资格作出规定。根据审判实践,凡能沟通当事人、证人和审判人员之间的语言障碍者,都可以担任翻译人员。从诉讼公正的角度考虑,当翻译人员是本案当事人或是当事人的近亲属,或与本案有利害关系,或与本案当事人有其他关系可能影响正确翻译时,应自行回避或被申请回避。翻译人员享有了解案情、获取一定报酬等诉讼权利,负有如实翻译、遵守诉讼秩序等诉讼义务。

二、勘验人员

勘验人员是勘查、验证物证或案件现场的专门工作人员,可以是审判员,也可以是法院的其他工作人员。对现场或物证的实地勘查、验证是确认当事人双方权利、义务的基础。在侵权行为引起的损害赔偿之诉中尤其重要。勘验人员应具备相关的科技知识。如勘验房屋应了解建筑学知识,勘验汽车肇事现场应具有肇事痕迹学和汽车驾驶知识等等。作为民事诉讼法律关系主体的勘验人员,在诉讼中享有要求当事人或其成年家属到现场的权利,使用本民族语言文字进行勘验的权利,请求获取一定的劳务报酬的权利。负有如实勘验现场情况,认真制作笔录的义务,遵守诉讼秩序的义务。

三、诉讼辅助人

德国、日本民事诉讼法均规定了诉讼辅佐人制度。所谓诉讼辅佐人,是指经法院许可,于审判期日与当事人或诉讼代理人一同到庭,辅佐当事人为诉讼行为的人。最高人民法院首次设立了诉讼辅助人制度:"当事人可以向人民法院申请由一至二名具有专门知识的人员出庭就案件的专门性问题进行说明。人民法院准许其申请的,有关费用由提出申请的当事人负担。审判人员和当事人可以对出庭的具有专门知识的人员进行询问。经人民法院准许,可以由当事人各自申请的具有专门知识的人员就有关案件中的问题进行对质。具有专门知识的人员可以对鉴定人进行询问。"

【思考题】

1. 其他诉讼参与人与当事人有何区别?
2. 简述我国证人作证制度的不足及其完善。
3. 鉴定人制度与专家证人制度之比较。

【参考文献】

1. 田平安主编:《民事诉讼法·诉讼证据篇》,厦门大学出版社2006年版。
2. 卞建林主编:《证据法学》,中国政法大学出版社2007年第3版。
3. 何家弘主编:《证人制度研究》,人民法院出版社2004年版。
4. 何家弘主编:《证据法学研究》,中国人民大学出版社2007年版。

Principles of Civil Procedure

第四编　诉讼保障制度

第十二章　管辖

第十三章　期间与送达

第十四章　保全与先予执行

第十五章　对妨害民事诉讼的强制措施

第十六章　诉讼费用

第12章 管　辖

[提要] 我国《民事诉讼法》对国内民事诉讼案件管辖、民事非讼案件管辖、涉外民事诉讼案件管辖和民事强制执行案件管辖分别作了规定。《民事诉讼法》第2章对国内第一审民事诉讼案件管辖作了具体的规定。按照立法的体例，国内第一审民事诉讼案件管辖分为级别管辖、地域管辖、移送管辖和指定管辖，其中地域管辖又可以分为一般地域管辖、特殊地域管辖、专属管辖、协议管辖、共同管辖和选择管辖。

第一节 管辖概述

一、管辖的概念

民事案件的管辖制度，是指确定人民法院组织系统中各级各类人民法院上下之间、同级法院之间受理、审理、执行不同审级民事案件的分工与权限的法律制度，其内容涉及民事诉讼案件的第一审管辖、第二审管辖、再审管辖，民事非讼案件管辖、专门法院的民事案件管辖、涉外民事诉讼案件管辖和民事强制执行案件管辖。我国民事审判实行两审终审制度，确定民事案件管辖法院的关键在于确定案件的第一审法院，当第一审法院明确后，该案的第二审管辖法院即为第一审法院的上一级法院；当事人对法院生效的民事裁判、调解书不服申请再审的，其管辖法院为审理该案的原审法院或者上一级法院。

主管与管辖是民事诉讼立法中的具有密切联系的两个制度。当特定纠纷具有民事可诉性，即属于人民法院主管的范围时，该案件应当依法由人民法院组织体系中的哪一个特定法院管辖，就成为当事人提起民事诉讼时必须解决的现实问题。所以，主管先于管辖发生，它是确定管辖的前提与基础，只有首先确定某一纠纷属于民事诉讼受案范围后，才有必要与可能通过管辖将其具体分配到某一法院，而管辖则是对属于法院民事诉讼主管范围案件的体现与具体落实，具体确定由哪个法院来行使审判权。

在民事诉讼理论上，管辖权与审判权存在区别。审判权是国家赋予人民法院审理各类案件的权力，是国家基本权力形态的重要组成部分；管辖权是特定的人民法院依法对于某一具体案件进行审理的权限,即对该案有权行使审判的权力。审判权是确定管辖权的前提,而管辖权是对审判权行使的落实。因此,不应将管辖权与审判权相混淆。

民事诉讼法对管辖作出明确、具体的规定,对民事诉讼制度的科学、合理有效运作具有重要意义:第一,有利于人民法院正确、及时地行使民事审判权,避免人民法院之间因管辖权不明造成的相互推诿或者争抢受理案件;第二,有利于当事人行使诉权,避免因管辖不明使当事人"告状无门"而四处奔波;第三,有利于维护国家主权,保护我国公民、法人和其他组织的合法权益。

在推进新时代中国特色社会主义法治建设进程中,为积极适应民事审判工作发展新要求,我国民事诉讼管辖制度进行了不断创新与完善,在级别管辖上合理定位四级法院民事审判职能,推动审判重心下移、保障跨区划案件裁判公正、方便人民群众诉讼,最高人民法院在全国设置六个巡回法庭并明确了各个巡回法庭管辖案件范围,调整优化省高级人民法院和其所辖中级人民法院管辖第一审民商事案件标准;在完成对铁路运输法院管理体制改革和完善军事法院、海事法院、森林法院、新疆生产建设兵团法院等专门法院对第一审民事案件管辖规定的同时,增设了知识产权法院、金融法院、网络法院等专门法院并分别通过立法或司法解释文件规定的方式明确各专门法院管辖案件范围。例如,最高人民法院《关于军事法院管辖民事案件若干问题的规定》(2020年修改,2021年1月1日施行)共9个条文对军事法院管辖民事案件作出了具体规定。

二、管辖的种类

(一)根据民事诉讼立法的规定对诉讼管辖的分类

依据民事案件的不同类型,我国《民事诉讼法》对国内民事诉讼案件管辖、民事非讼案件管辖、涉外民事诉讼案件管辖和民事强制执行案件管辖分别作了规定。其中《民事诉讼法》第2章对国内第一审民事诉讼案件管辖作了规定。按照立法的体例,国内第一审民事诉讼案件管辖分为级别管辖、地域管辖、移送管辖和指定管辖;其中地域管辖又可以分为一般地域管辖、特殊地域管辖、专属管辖、协议管辖、共同管辖和选择管辖。

(二)根据民事诉讼理论对诉讼管辖的分类

(1)依管辖是由法律直接规定还是由法院裁定确定为标准,可以将管辖分为法定管辖和裁定管辖。

(2)依管辖是否由法律强制规定不允许当事人协商变更为标准,可以将管辖分为专属管辖和协议管辖。

(3)依诉讼主体、诉讼客体与法院辖区存在的联系(即诉讼关系)为标准,可以将管辖分为共同管辖和合并管辖。

三、确立管辖的原则

所谓确定管辖的原则,是指立法者在制定管辖条款时所遵循的一些基本指导思想。我国《民事诉讼法》依据下列原则来规定管辖:

（一）便于当事人进行诉讼的原则

便于当事人进行诉讼的原则，是指管辖的确定，应当尽可能考虑当事人起诉、应诉以及行使诉讼权利的方便性。绝大多数一审民事案件由基层人民法院管辖、协议管辖、管辖权异议等制度就是这一原则的体现。

（二）便于人民法院行使审判权的原则

便于人民法院审判的原则，就是指在确定管辖制度时，应当考虑法院审判案件的方便性。为使审判更具有效率性，在确定管辖制度时必须为法院审判案件提供方便。民事诉讼法中关于专属管辖、管辖权转移等规定体现了便于法院审判的原则的要求。

（三）保证案件的公正审判，维护当事人合法权益的原则

审判的公正性是民事诉讼的根本价值要求所在，管辖的确定必须有利于实现审判的公正性。为此，在确定管辖时，除了赋予当事人一定的选择权利和异议权利之外，对于疑难案件、社会影响大的案件，应当由较高级别的法院审理。

（四）兼顾各级人民法院的职能分工和工作均衡负担的原则

我国各级人民法院的职能分工存在一定的差别：基层法院的职责是审理第一审案件，而中级以上的法院除了审理第一审案件之外，还要审理对下级法院的第一审裁判不服的上诉案件，特别是最高人民法院还要指导全国各级、各类法院的审判工作和从事司法解释工作。所以，相应地在确定管辖时应当考虑第一审案件尽可能由级别较低的法院担负。

（五）确定性规定与灵活性规定相结合的原则

从理论上讲，管辖制度应当是具体、明确的。但是，在诉讼中不可避免地会出现一些特殊情况，为使案件能够得到及时、公正的处理，就必须考虑对管辖确定一定限度的灵活性，即允许上级法院依职权确定某些案件的管辖权。

（六）有利于维护国家主权的原则

这一原则主要涉及对涉外民事案件的管辖权问题。众所周知，司法权是一个国家主权的重要组成部分，管辖权又是司法权的具体落实和实现。因此，在涉外民事诉讼中应当贯彻国家主权原则，尽量行使我国人民法院对涉外案件的管辖权，从而维护国家主权以及我国当事人的合法权益。

第二节 级别管辖

一、级别管辖概述

级别管辖，是指按照一定的标准，划分上下级法院之间受理第一审民事案件的分工与权限。

级别管辖是对我国法院的组织系统纵向划分每一级人民法院各自管辖的第一审民事案件的权限和范围，以保证人民法院正确行使审判权。外国民事诉讼立法对案件的级别管辖是通过确立初审法院事物管辖来确定的。由于各国的法院设置、审级不尽相同，因而对事物

管辖(级别管辖)标准的确定也不完全一致,但就多数国家而言,一般是以诉讼标的的价额作为确定事物管辖(级别管辖)的主要标准。《民事诉讼法》根据我国的传统做法和实际情况,将案件的性质、繁简程度、影响大小三者结合起来作为划分级别管辖的标准。

为了完善全国四级法院的功能分层,理顺民商事案件的级别管辖秩序,自《民事诉讼法》2012年修改以来,最高人民法院作出了多个司法文件对各高级人民法院、各中级人民法院管辖第一审民事案件范围和标准进行了修订与完善。

二、各级人民法院的管辖

《民事诉讼法》第18条至第21条分别对各级人民法院管辖的第一审民事案件作了如下规定:

(一)基层人民法院管辖的第一审民事案件

根据《民事诉讼法》第18条的规定,基层人民法院管辖除《民事诉讼法》另有规定的所有第一审民事案件。因此,绝大多数第一审民事案件均由基层人民法院管辖,但立法明确规定由中级人民法院、高级人民法院和最高人民法院管辖的第一审民事案件不由基层人民法院管辖。

(二)中级人民法院管辖的第一审民事案件

根据《民事诉讼法》第19条的规定,中级人民法院管辖的第一审民事案件包括:

1. 重大涉外案件

"重大涉外案件"被界定为"争议标的额大的案件、案情复杂的案件,或者一方当事人人数众多等具有重大影响的案件"。为合理定位四级法院涉外民商事审判职能,统一裁判尺度,维护当事人的合法权益,保障开放型经济的发展,最高人民法院《关于明确第一审涉外民商事案件级别管辖标准以及归口办理有关问题的通知》(法〔2017〕359号)、《关于涉外民商事案件诉讼管辖若干问题的规定》(2020年修改,2021年1月1日施行)对第一审涉外民商事案件级别管辖标准以及归口办理予以明确规定。

2. 在本辖区有重大影响的案件

为了明确判定"本辖区内有重大影响的案件"的范围,最高人民法院在已有的各中级人民法院辖区内"有重大影响的案件"具体的量化标准基础上,近年来分别制定了《关于调整河北省、河南省、湖南省高级人民法院所辖中级人民法院管辖第一审民商事案件标准的通知》(法发〔2020〕36号)、《关于调整高级人民法院和中级人民法院管辖第一审民事案件标准的通知》(法发〔2019〕14号)、《关于调整部分高级人民法院和中级人民法院管辖第一审民商事案件标准的通知》(法发〔2018〕13号)、《关于调整高级人民法院和中级人民法院管辖第一审民商事案件标准的通知》(法发〔2015〕7号)、《关于知识产权法庭若干问题的规定》(法释〔2018〕22号)等司法解释文件,对"本辖区有重大影响的案件"进行了调整与优化。

3. 最高人民法院确定由中级人民法院管辖的案件

《解释》第2条规定,专利纠纷案件由知识产权法院、最高人民法院确定的中级人民法院和基层人民法院管辖。海事、海商案件由海事法院管辖。2014年6月6日,中央全面深化改革领导小组第三次会议审议通过《关于设立知识产权法院的方案》;2014年8月31日,第十二届全国人大常委会第十次会议通过《关于在北京、上海、广州设立知识产权法院的决定》,最高人民法院制定了《关于北京、上海、广州知识产权法院案件管辖的规定》(2020年修改,20201年1月1日起施行),我国目前设有3个知识产权法院(北京、上海、广州),在22个城市设置了知识产权法庭,2019年1月1日,最高人民法院知识产权法庭正式挂牌办公。《关于知识产权法庭若干问题的规定》(法释〔2018〕22号)明确了最高人民法院知识产权审判庭管辖的第一审知识产权案件和上诉案件范围。《关于审理著作权民事纠纷案件适用法律若干问题的解释》(2020年修改,2021年1月1日起施行)第2条规定,著作权民事纠纷案件,由中级以上人民法院管辖。各高级人民法院根据本辖区的实际情况,可以报请最高人民法院批准,由若干基层人民法院管辖第一审著作权民事纠纷案件。《关于审理因垄断行为引发的民事纠纷案件应用法律若干问题的规定》(2020年修改,2021年1月1日起施行)第3条规定,第一审垄断民事纠纷案件,由知识产权法院,省、自治区、直辖市人民政府所在地的市、计划单列市中级人民法院以及最高人民法院指定的中级人民法院管辖。《关于审理生态环境损害赔偿案件的若干规定(试行)》(2020年修改,2021年1月1日起施行)第3条规定,第一审生态环境损害赔偿诉讼案件由生态环境损害行为实施地、损害结果发生地或者被告住所地的中级以上人民法院管辖。经最高人民法院批准,高级人民法院可以在辖区内确定部分中级人民法院集中管辖第一审生态环境损害赔偿诉讼案件。中级人民法院认为确有必要的,可以在报请高级人民法院批准后,裁定将本院管辖的第一审生态环境损害赔偿诉讼案件交由具备审理条件的基层人民法院审理。生态环境损害赔偿诉讼案件由人民法院环境资源审判庭或者指定的专门法庭审理。我国海事法院是为行使海事司法管辖权而设立的专门审判一审海事、海商案件的专门人民法院。我国目前分别在大连、天津、青岛、上海、南京、武汉、宁波、厦门、广州、海口、北海设立了11个海事法院,最高人民法院制定了《关于海事诉讼管辖问题的规定》(法释〔2016〕2号)等司法解释文件明确规定了各海事法院对海事案件的管辖区域;各海事法院判决或裁定的上诉案件,由所在地高级人民法院受理。

(三)高级人民法院管辖的第一审民事案件

根据《民事诉讼法》第20条的规定,各省、自治区、直辖市高级人民法院管辖在本辖区内有重大影响的第一审民事案件。对于以财产为内容的第一审"重大影响的民事案件",最高人民法院司法文件以争议金额为量化指标予以明确界定的基础上,近年来又进行了必要调整与优化(具体内容请查阅本章"第二节级别管辖"确定中级人民法院管辖"本辖区内有重大影响的案件"中所列司法文件)。

(四)最高人民法院管辖的第一审民事案件

根据《民事诉讼法》第21条的规定,最高人民法院管辖下列案件:第一,在全国范围有重大影响的案件;第二,认为应当由本院审理的案件。所谓"认为应当由本院审理的案件",是指只要最高人民法院认为某个案件应当由自己审判,它就取得了对该案的管辖权,可以直接受理。可见,现行《民事诉讼法》赋予了最高人民法院管辖第一审民事案件的必要的机动权,以适应审判实践中的复杂情况。

在综合考虑各省区市地理位置、区域面积、交通状况、经济社会发展水平、人口数量以及我国传统地理区域划分和近年来最高人民法院受理案件类型、数量等因素,经中央全面深化改革领导小组第29次会议审议通过,最高人民法院设立巡回法庭,受理巡回区内相关案件。根据《最高人民法院关于修改〈关于巡回法庭审理案件若干问题的规定〉的决定》（法释〔2016〕30号，自2016年12月28日起施行）规定，《民事诉讼法》第20条所列的最高人民法院受理的第一审民事案件分别由六大巡回法庭和最高人民法院本部来管辖，具体为第一巡回法庭设在广东省深圳市，巡回区为广东、广西、海南、湖南省；第二巡回法庭设在辽宁省沈阳市，巡回区为辽宁、吉林、黑龙江三省；第三巡回法庭设在江苏省南京市，巡回区为江苏、上海、浙江、福建、江西五省市；第四巡回法庭设在河南省郑州市，巡回区为河南、山西、湖北、安徽四省；第五巡回法庭设在重庆市，巡回区为重庆、四川、贵州、云南、西藏五省区；第六巡回法庭设在陕西省西安市，巡回区为陕西、甘肃、青海、宁夏、新疆五省区；最高人民法院本部直接受理北京、天津、河北、山东、内蒙古五省区市有关案件。巡回法庭设立诉讼服务中心，接受并登记属于巡回法庭受案范围的案件材料，为当事人提供诉讼服务。对于依照本规定应当由最高人民法院本部受理案件的材料，当事人要求巡回法庭转交的，巡回法庭应当转交。巡回法庭对于符合立案条件的案件，应当在最高人民法院办案信息平台统一编号立案。巡回法庭根据审判工作需要，可以在巡回区内巡回审理案件、接待来访。巡回法庭受理的案件，统一纳入最高人民法院审判信息综合管理平台进行管理，立案信息、审判流程、裁判文书面向当事人和社会依法公开。巡回法庭设廉政监察员，负责巡回法庭的日常廉政监督工作。最高人民法院监察局通过受理举报投诉、查处违纪案件、开展司法巡查和审务督察等方式，对巡回法庭及其工作人员进行廉政监督。

第三节 地域管辖

一、地域管辖概述

地域管辖，又称区域管辖、土地管辖，是指按照人民法院的不同辖区确定同级人民法院之间受理第一审民事案件的分工与权限。在我国，法院的管辖区域与行政区划相适应，在确定特定民事案件的管辖法院时，除该案由最高人民法院管辖外，在明确其级别管辖后，还必须通过地域管辖的规定解决同一级别法院中由哪一个法院行使审判权。可见，地域管辖以级别管辖为基础，只有确定了级别管辖，然后才能确定地域管辖。地域管辖与级别管辖的区别在于：前者解决的是人民法院内部受理第一审民事案件的横向分工，也即地域管辖存在于同级人民法院之间；而后者解决的是人民法院内部受理第一审民事案件的纵向分工，也即级别管辖存在于上、下级人民法院之间。

《民事诉讼法》以案件与法院辖区的不同隶属关系作为确定地域管辖的联结点标准，具体包括当事人住所地与法院辖区的关系、案件事实与法院辖区的关系、诉讼标的或争议标的物与法院辖区的关系等。

二、一般地域管辖

一般地域管辖是指以当事人住所地与法院的隶属关系为联结点来确定的诉讼管辖。当事人有原告和被告之分,世界各国确定一般地域管辖的通常做法是实行"原告就被告"的原则,即以被告住所地作为确定管辖的标准。其积极意义在于:第一,有利于法院传唤被告参加诉讼,减少缺席判决;第二,有利于维护被告的合法权益,抑制原告滥用诉权,使被告免受原告不当诉讼的侵扰;第三,有利于法院查明案件事实,对案件公正审理与裁判;第四,有利于法院对诉讼标的物进行保全或勘验,便于判决的执行。我国《民事诉讼法》是以被告所在地管辖为原则、原告所在地管辖为例外来确定一般地域管辖的。

(一)被告住所地法院管辖

根据《民事诉讼法》第22条的规定,适用一般地域管辖的案件如下:

(1)对公民提起的民事诉讼,由被告住所地人民法院管辖;被告住所地与经常居住地不一致的,由经常居住地人民法院管辖。《解释》规定,公民的住所地是指公民的户籍所在地,公民的经常居住地是指公民离开住所地至起诉时已连续居住一年以上的地方,但公民住院就医的地方除外。当事人的户籍迁出后尚未落户,有经常居住地的,由该地人民法院管辖;没有经常居住地的,由其原户籍所在地人民法院管辖。

《解释》对被告住所地法院管辖作了以下补充规定:第一,被告被注销户籍的,依照《民事诉讼法》第23条规定确定管辖;原告、被告均被注销户籍的,由被告居住地人民法院管辖。第二,双方当事人都被监禁或者被采取强制性教育措施的,由被告原住所地人民法院管辖。被告被监禁或者被采取强制性教育措施一年以上的,由被告被监禁地或者被采取强制性教育措施地人民法院管辖。第三,双方当事人均为军人或者军队单位的民事案件由军事法院管辖。第四,夫妻双方离开住所地超过一年,一方起诉离婚的案件,由被告经常居住地人民法院管辖;没有经常居住地的,由原告起诉时被告居住地人民法院管辖。第五,不服指定监护或者变更监护关系的案件,可以由被监护人住所地人民法院管辖。

(2)对法人或者其他组织提起的民事诉讼,由被告住所地人民法院管辖。根据《解释》规定,法人或者其他组织的住所地是指法人或者其他组织的主要办事机构所在地。法人或者其他组织的主要办事机构所在地不能确定的,法人或者其他组织的注册地或者登记地为住所地。

(3)对没有办事机构的个人合伙、合伙型联营体提起的诉讼,由被告注册登记地人民法院管辖。没有注册登记,几个被告又不在同一辖区的,被告住所地的人民法院都有管辖权。

(二)原告住所地法院管辖

为了避免某些特定诉讼由被告住所地法院管辖给原告行使诉权和法院审理案件带来的诸多不便,作为原告就被告原则的补充和例外规定,《民事诉讼法》规定某些诉讼由原告住所地法院管辖,原告住所地与经常居住地不一致的,由原告经常居住地法院管辖。

《民事诉讼法》第23条规定由原告住所地法院管辖的四种例外情形如下:第一,对不在中华人民共和国领域内居住的人提起的有关身份关系的诉讼;第二,对下落不明或者宣告失踪的人提起的有关身份关系的诉讼;第三,对被采取强制性教育措施的人提起的诉讼;第四,对被监禁的人提起的诉讼。

《解释》对由原告住所地法院管辖作了以下补充规定:第一,追索赡养费、扶养费、抚养费案件的几个被告住所地不在同一辖区的,可以由原告住所地人民法院管辖。第二,夫妻一方离开住所地超过一年,另一方起诉离婚的案件,可以由原告住所地人民法院管辖。

(三)涉外民事诉讼案件一般地域管辖的特别规定

对涉外民事诉讼案件管辖一般地域,《解释》有以下规定:第一,在国内结婚并定居国外的华侨,如定居国法院以离婚诉讼须由婚姻缔结地法院管辖为由不予受理,当事人向人民法院提出离婚诉讼的,由婚姻缔结地或者一方在国内的最后居住地人民法院管辖。第二,在国外结婚并定居国外的华侨,如定居国法院以离婚诉讼须由国籍所属国法院管辖为由不予受理,当事人向人民法院提出离婚诉讼的,由一方原住所地或者在国内的最后居住地人民法院管辖。第三,中国公民一方居住在国外,一方居住在国内,不论哪一方向人民法院提起离婚诉讼,国内一方住所地人民法院都有权管辖。国外一方在居住国法院起诉,国内一方向人民法院起诉的,受诉人民法院有权管辖。第四,中国公民双方在国外但未定居,一方向人民法院起诉离婚的,应由原告或者被告原住所地人民法院管辖。第六,已经离婚的中国公民,双方均定居国外,仅就国内财产分割提起诉讼的,由主要财产所在地人民法院管辖。

三、特殊地域管辖

特殊地域管辖,又称特别管辖,是指法律对某些案件的管辖所作出的特殊规定。我国《民事诉讼法》规定的特殊地域管辖是以诉讼标的或标的物所在地、法律事实所在地、被告住所地为标准来确定的管辖,根据《民事诉讼法》第24条至第33条的规定,以下十种案件适用特殊地域管辖:

1. 因合同纠纷提起的诉讼,由被告住所地或者合同履行地人民法院管辖。

所谓合同履行地,是指合同约定的履行义务和接受义务的地点,主要包括合同标的物的交货地点、付款地点、施工地点、运输地点等。如果合同没有实际履行,当事人双方住所地又都不在合同约定的履行地的,《解释》第18条至第20条对下列类型合同的履行地作了界定:第一,合同约定履行地点的,以约定的履行地点为合同履行地。合同对履行地点没有约定或者约定不明确,争议标的为给付货币的,接收货币一方所在地为合同履行地;交付不动产的,不动产所在地为合同履行地;其他标的,履行义务一方所在地为合同履行地。即时结清的合同,交易行为地为合同履行地。合同没有实际履行,当事人双方住所地都不在合同约定的履行地的,由被告住所地人民法院管辖。第二,财产租赁合同、融资租赁合同以租赁物使用地为合同履行地。合同对履行地有约定的,从其约定。第三,以信息网络方式订立的买卖合同,通过信息网络交付标的的,以买受人住所地为合同履行地;通过其他方式交付标的的,收货地为合同履行地。合同对履行地有约定的,从其约定。第四,借款合同标的物为货币,贷款方与借款方均应按照合同约定分别承担贷出款项与偿还贷款及利息的义务,贷款方与借款方所在地都是履行合同约定义务的地点。依照借款合同的约定,贷款方应先将借款划出,从而履行了贷款方所应承担的义务。

2. 因保险合同纠纷提起的诉讼,由被告住所地或者保险标的物所在地人民法院管辖。

所谓保险标的物,即保险对象,是投保人与保险人订立的保险合同、收取保险费用所指向的对象,如财产、人身(指生命、健康、劳动能力等)以及以其他表现形式反映出来的财产利益等。《解释》第21条规定,因财产保险合同纠纷提起的诉讼,如果保险标的物是运输工具或者运输中的货物,可以由运输工具登记注册地、运输目的地、保险事故发生地人民法院管辖。因人身保险合同纠纷提起的诉讼,可以由被保险人住所地人民法院管辖。

3. 因票据纠纷提起的诉讼,由票据支付地或者被告住所地人民法院管辖。

4. 因公司设立、确认股东资格、分配利润、解散等纠纷提起的诉讼,由公司住所地人民法院管辖。

根据我国《公司法》的规定,公司以其主要办事机构所在地为其住所。《解释》第22条规定,因股东名册记载、请求变更公司登记、股东知情权、公司决议、公司合并、公司分立、公司减资、公司增资等纠纷提起的诉讼,依照《民事诉讼法》第27条规定确定管辖。

5. 因铁路、公路、水上、航空运输和联合运输合同纠纷提起的诉讼,由运输始发地、目的地或者被告住所地人民法院管辖。

运输始发地是指货物起运或者乘客乘交通工具出发的地点,运输目的地是指依照合同规定货物运输或乘客最终到达地,铁路运输合同纠纷由铁路运输法院管辖。

6. 因侵权行为提起的诉讼,由侵权行为地或者被告住所地人民法院管辖。

这是对一般民事侵权纠纷诉讼管辖的规定,运输事故和海损事故等特殊侵权纠纷管辖不适用此规定。侵权行为地,是指构成侵权行为的法律事实存在地,《解释》第24条、第25条和第26条规定,侵权行为地,包括侵权行为实施地、侵权结果发生地。信息网络侵权行为实施地包括实施被诉侵权行为的计算机等信息设备所在地,侵权结果发生地包括被侵权人住所地。因产品、服务质量不合格造成他人财产、人身损害提起的诉讼,产品制造地、产品销售地、服务提供地、侵权行为地和被告住所地人民法院都有管辖权。

最高人民法院还在以下司法解释文件中对侵权诉讼案件管辖作出了进一步具体规定,例如,《关于审理商标民事纠纷案件适用法律若干问题的解释》(2020年修改,2021年1月1日起施行)第6条规定,因侵犯注册商标专用权行为提起的民事诉讼,由《商标法》第13条、第57条所规定侵权行为的实施地、侵权商品的储藏地或者查封扣押地、被告住所地人民法院管辖,侵权商品的储藏地,是指大量或者经常性储存、隐匿侵权商品所在地;查封扣押地,是指海关等行政机关依法查封、扣押侵权商品所在地。《关于审理植物新品种纠纷案件若干问题的解释》(2020年修改,2021年1月1日起施行)第4条规定,以侵权行为地确定人民法院管辖的侵害植物新品种权的民事案件,其所称的侵权行为地,是指未经品种权所有人许可,生产、繁殖或者销售该授权植物新品种的繁殖材料的所在地,或者为商业目的将该授权品种的繁殖材料重复使用于生产另一品种的繁殖材料的所在地。《关于审理专利纠纷案件适用法律问题的若干规定》(2020年修改,2021年1月1日起施行)第2条规定,因侵犯专利权行为提起的诉讼,由侵权行为地或者被告住所地人民法院管辖。侵权行为地包括:被诉侵犯发明、实用新型专利权的产品的制造、使用、许诺销售、销售、进口等行为的实施地;专利方法使用行为的实施地,依照该专利方法直接获得的产品的使用、许诺销售、销售、进口等行为的实施地;外观设计专利产品的制造、许诺销售、销售、进口等行为的实施地;假冒他人专利的行为实施地。上述侵权行为的侵权结果发生地。第3条规定,原告仅对侵权产品制造者提起诉讼,未起诉销售者,侵权产品制造地与销售地不一致的,制造地人民法院有管辖权;以制造者与销售者为共同被告起诉的,销售地人民法院有管辖权。销售者是制造者分支机构,原告在销售地起诉侵权产品制造者制造、销售行为的,销售地人民法院有管辖权。《关于审理侵害信息网络传播权民事纠纷案件适用法律若干问题的规定》(2020年修改,2021年1月1日起施行)第15条规定,侵害信息网络传播权民事纠纷案件由侵权行为地或者被告住所地人民法院管辖;侵权行为地包括实施被诉侵权行为的网络服务器、计算机终端等设备所在地。侵权行为地和被告住所地均难以确定或者在境外的,原告发现侵权内容的计算机终端等设备所在地可以视为侵权行为地。

7. 因铁路、公路、水上和航空事故请求损害赔偿提起的诉讼,由事故发生地或者车辆、船舶最先到达地,航空器最先降落地或者被告住所地人民法院管辖。

事故发生地是指事故开始发生的地点与事故造成损害结果的地点;车辆、船舶最先到达地是指事故发生后,车辆、船舶最先到达的地点;航空器最先降落地是指事故发生后,航空器首先降落地或坠毁地。最高人民法院《关于审理铁路运输人身损害赔偿纠纷案件适用法律若干问题的解释》(2020年修改,2021年1月1日起施行)第3条规定,铁路运输人身损害赔偿纠纷案件赔偿权利人要求对方当事人承担侵权责任的,由事故发生地、列车最先到达地或者被告住所地铁路运输法院管辖;赔偿权利人依照《民法典》第三编要求承运人承担违约责任予以人身损害赔偿的,由运输始发地、目的地或者被告住所地铁路运输法院管辖。

8. 因船舶碰撞或者其他海事损害事故请求损害赔偿提起的诉讼,由碰撞发生地、碰撞船舶最先到达地、加害船舶被扣留地或者被告住所地人民法院管辖。

因海损事故引起的损害赔偿有其特殊性,立法对此类案件的法院管辖规定,有利于当事人根据案件的具体情况选择其中一个法院提起诉讼,也有利于法院对案件的审理和判决的执行。

9. 因海难救助费用提起的诉讼,由救助地或者被救助船舶最先到达地人民法院管辖。

救助地即实施救助行为所在地,被救助船舶最先到达地即被救助船舶经过救助脱险后首先到达的地点(港口)。

10. 因共同海损提起的诉讼,由船舶最先到达地、共同海损理算地或者航程终止地的人民法院管辖。

《中华人民共和国海商法》第193条规定:"共同海损,是指在同一海上航程中,船舶、货物和其他财产遭遇共同危险,为了共同安全,有意地合理地采取措施所直接造成的特殊牺牲、支付的特殊费用。"共同海损理算是估计共同海损的损失程度,并按被保全财产的比例分摊损失的行为。船舶最先到达地是指共同海损发生后,船舶首先到达的地点;共同海损理算地是对共同海损的理算进行审核计算的所在地;航程终止地是指发生共同海损的船舶航程终止的地点。审理与裁判共同海损纠纷诉讼案件的主要内容是根据一定的规则对共同海损作出的牺牲和支付的费用进行理算并由受益各方分摊。目前国际上通行的理算规则是《约克·安特卫普规则》(该《规则》最新一次修改时间是2016年),《约克·安特卫普规则》不是国际公约,而只是一种国际贸易惯例规则。中国国际贸易促进委员会于1969年设立了共同海损理算处,在1975年公布施行了《中国国际贸易促进会共同海损理算暂行规则》,它的内容包括前言和共同海损的范围、共同海损的理算原则、共同海损损失金额的计算、共同海损的分摊、利息和手续费、共同海损担保、共同海损时限、共同海损理算的简化等规定。

对于海事诉讼案件管辖,《民事诉讼法》和最高人民法院《解释》没有明确规定的,遵行

《海事诉讼特别程序法》的规定。

四、专属管辖

专属管辖是指法律强制规定某些案件只能由特定的人民法院管辖,其他法院无管辖权,当事人也不得协议变更管辖法院。

专属管辖是法律规定的强制性最强的一种管辖,具有管辖上的排他性,即凡法律规定的专属管辖的案件不得适用一般地域管辖和特殊地域管辖;当事人不得采用协议管辖予以排除;属于我国人民法院专属管辖的案件,外国法院无权管辖。

根据我国《民事诉讼法》第34条的规定,属于专属管辖的诉讼有以下三类:

(一)因不动产纠纷提起的诉讼,由不动产所在地人民法院管辖

不动产一般是指不能移动或移动后会降低乃至丧失其价值的财产,如土地及土地上的建筑物、河流、滩涂等。不动产中的土地又是国家领土的组成部分,关系到国家主权,因此,将不动产诉讼规定为专属管辖,是各国民事诉讼立法通行的做法。由不动产所在地人民法院管辖不动产诉讼,有利于受诉法院对不动产进行勘验、保全和生效裁判的执行。《解释》第28条规定,所谓不动产纠纷,是指因不动产的权利确认、分割、相邻关系等引起的物权纠纷。农村土地承包经营合同纠纷、房屋租赁合同纠纷、建设工程施工合同纠纷、政策性房屋买卖合同纠纷,按照不动产纠纷确定管辖。不动产已登记的,以不动产登记簿记载的所在地为不动产所在地;不动产未登记的,以不动产实际所在地为不动产所在地。

(二)因港口作业中发生纠纷提起的诉讼,由港口所在地人民法院管辖

港口作业纠纷包括港口货物的装卸、驳运、仓储过程中发生的合同纠纷以及因违章作业等行为损害港口设施或造成其他人身或财产损害而引起的侵权纠纷。港口作业中发生纠纷提起的诉讼专属港口所在地法院管辖,有利于人民法院查明案件事实,及时采取财产保全,作出公正裁判。

(三)因继承遗产纠纷提起的诉讼,由被继承人死亡时住所地或者主要遗产所在地人民法院管辖

遗产继承纠纷往往会涉及被继承人立遗嘱时有无民事行为能力、继承人对被继承人的赡养情况,遗产的数额、种类等问题。由被继承人死亡时住所地或者主要遗产所在地法院管辖继承遗产诉讼,有利于法院查明被继承人、继承人和遗产的有关情况,对案件作出公正裁判。在司法实践中,确定主要遗产所在地有其复杂性。当遗产有多处且分布在不同法院辖区时,需要区分主要遗产和非主要遗产;遗产中既有动产又有不动产的,一般以不动产作为主要遗产地;动产有多项的,应以价值高的动产所在地作为主要遗产地。

另外,我国《海事诉讼特别程序法》第7条规定海事诉讼案件专属管辖的具体情形有:第一,因沿海港口作业纠纷提起的诉讼,由港口所在地海事法院管辖;第二,因船舶排放、泄漏、倾倒油类或者其他有害物质、海上生产、作业或者拆船、修船作业造成海域污染损害提起的诉讼,由污染发生地、损害结果地或者采取预防污染措施地海事法院管辖;第三,因在中华人民共和国领域和有管辖权的海域履行的海洋勘探开发合同纠纷提起的诉讼,由合同履行地海事法院管辖。

五、共同管辖、选择管辖和合并管辖

共同管辖,是指依照法律规定,两个以上的人民法院对同一案件享有管辖权。选择管辖,是指两个以上的法院对诉讼都有管辖权时,当事人可以选择其中一个法院提起诉讼。

在诉讼理论上,共同管辖与选择管辖实际上是一个问题的两个方面,即共同管辖是从法院行使审判权的角度说的,选择管辖是从当事人行使诉权的角度说的。共同管辖是选择管辖的前提,选择管辖是确定共同管辖案件中的管辖法院的一条规则,两者都是对一般地域管辖、特殊管辖和专属管辖法律规定的补充。

《民事诉讼法》第36条规定:"两个以上人民法院都有管辖权的诉讼,原告可以向其中一个人民法院起诉;原告向两个以上有管辖权的人民法院起诉的,由最先立案的人民法院管辖。"为了防止法院之间在受理诉讼时相互推诿或者争抢管辖权,《解释》第36条规定,两个以上人民法院都有管辖权的诉讼,先立案的人民法院不得将案件移送给另一个有管辖权的人民法院。人民法院在立案前发现其他有管辖权的人民法院已先立案的,不得重复立案;立案后发现其他有管辖权的人民法院已先立案的,裁定将案件移送给先立案的人民法院。

合并管辖,又称牵连管辖,是指对某一个案件有管辖权的人民法院可以一并审理与该案有牵连的其他案件。《民事诉讼法》第143条规定,原告增加诉讼请求、被告提出反诉、第三人提出与本案有关的诉讼请求,受诉人民法院可以合并管辖。立法关于合并管辖的规定体现了诉讼经济的要求,有利于法院及时审理民事案件,维护当事人的合法权益。

第四节 >>>
协议管辖

一、协议管辖的种类

协议管辖,又称约定管辖、合意管辖,是指当事人在纠纷发生前或发生后,以协议方式约定案件的管辖法院。协议管辖有明示协议管辖和默示协议管辖之分,明示协议管辖是指双方当事人在民事纠纷发生之前或之后,以书面方式约定诉讼的管辖法院。默示协议管辖,是指基于被告应诉,对受诉法院行使管辖权不提出异议,即推定双方当事人均同意由受诉法院管辖,受诉法院便取得了对该案的管辖权。

《民事诉讼法》确定协议管辖,使法院的地域管辖权在不违反级别管辖、专属管辖的前提下根据当事人的合意得以扩张。协议管辖是民事诉讼处分原则在管辖制度上的重要体现,反映了对当事人选择案件管辖法院意愿的尊重,它不但为当事人进行诉讼提供了方便,而且还有利于抑制和克服地方保护主义,保证案件的公正处理。

二、适用协议管辖应当具备的条件

(一)明示协议管辖的适用条件

《民事诉讼法》第35条规定:"合同或者其他财产权益纠纷的当事人可以书面协议选择

被告住所地、合同履行地、合同签订地、原告住所地、标的物所在地等与争议有实际联系的地点的人民法院管辖,但不得违反本法对级别管辖和专属管辖的规定。"据此规定,适用协议管辖必须同时具备以下条件:

(1)协议管辖适用于合同纠纷和其他财产权益纠纷,身份关系纠纷不适用协议管辖。《解释》第 35 条规定,当事人因同居或者在解除婚姻、收养关系后发生财产争议,约定管辖的,可以适用《民事诉讼法》第 35 条规定确定管辖。

(2)协议管辖仅适用于合同纠纷中的第一审案件,对第二审案件和再审案件,当事人不得以协议方式选择管辖法院。

(3)协议管辖是要式行为,必须采用书面形式。当事人可以在订立合同时约定协议管辖,将协议管辖作为合同的条款内容;也可以在合同订立后、诉讼发生前以书面形式约定协议管辖。《解释》对管辖协议作了以下补充规定:第一,管辖的书面协议,包括书面合同中的协议管辖条款或者诉讼前以书面形式达成的选择管辖的协议。第二,合同转让的,合同的管辖协议对合同受让人有效,但转让时受让人不知道有管辖协议,或者转让协议另有约定且原合同相对人同意的除外。第三,经营者使用格式条款与消费者订立管辖协议,未采取合理方式提请消费者注意,消费者主张管辖协议无效的,人民法院应予支持。

(4)当事人必须在法律规定的范围内选择管辖法院。双方当事人对于合同纠纷案件,只能在原告住所地、被告住所地、合同签订地、合同履行地、标的物所在地等与争议有实际联系的法院中协议选择案件的管辖法院。《解释》第 30 条规定,根据管辖协议,起诉时能够确定管辖法院的,从其约定。管辖协议约定两个以上与争议有实际联系的地点的人民法院管辖,原告可以向其中一个人民法院起诉。《解释》第 33 条规定,管辖协议约定由一方当事人住所地人民法院管辖,协议签订后当事人住所地变更的,由签订管辖协议时的住所地人民法院管辖,但当事人另有约定的除外。

(5)双方当事人对管辖法院的协议选择,不得违反《民事诉讼法》对级别管辖和专属管辖的规定。

(6)当事人要具有诉讼行为能力。协议管辖在本质上属于诉讼契约,协议管辖的行为是一种以发生诉讼法的效果为目的之诉讼行为,因此,当事人协议选择管辖时必须具有诉讼行为能力。无诉讼行为能力的当事人与他人达成的管辖协议不发生诉讼法上的效果。

合同中的选择管辖协议无效,该合同纠纷依照民事诉讼法的相关规定确定管辖。

(二)默示协议管辖的适用条件

默示协议管辖的法律依据是《民事诉讼法》第 130 条第 2 款,其内容是"当事人未提出管辖异议,并应诉答辩的,视为受诉人民法院有管辖权,但违反级别管辖和专属管辖规定的除外。"其适用应当同时满足以下条件为:第一,法院已经受理了原告的起诉。该受诉人民法院,可以是对案件有管辖权的人民法院,也可以是对案件没有管辖权的人民法院;第二,被告在答辩期内没有就受诉法院对案件的管辖权提出异议;第三,被告以出庭、就案件实体内容进行答辩和陈述、提出反诉等方式进行了应诉答辩;第四,受诉法院受理的案件不得违反级别管辖和专属管辖规定。

《解释》第 35 条规定,当事人在答辩期间届满后未应诉答辩,人民法院在一审开庭前,发现案件不属于本院管辖的,应当裁定移送有管辖权的人民法院。

第五节 裁定管辖

裁定管辖,是指人民法院通过裁定的形式确定第一审民事诉讼案件法院管辖的制度。裁定管辖作为法定管辖的一种补充,是管辖制度灵活性的体现,它具体包括移送管辖、指定管辖、管辖权转移。

一、移送管辖

(一)移送管辖的概念

移送管辖,是指人民法院受理案件后,发现本法院对该案无管辖权,依照法律规定将案件移送给有管辖权的人民法院审理。移送管辖就其实质而言,是对案件的移送,而不是对案件管辖权的移送,它是对管辖发生错误所采用的一种纠正措施。移送管辖通常发生在同级人民法院之间,但也不排除在上、下级人民法院之间适用。

(二)适用移送管辖应当具备的条件

《民事诉讼法》第37条规定,人民法院移送案件应当符合下列条件:

1. 人民法院已经受理案件

人民法院在立案阶段,对尚未受理的案件,经审查不属本院管辖的,应当告知当事人向有管辖权的人民法院起诉,不存在移送管辖问题。

2. 已经受理案件的人民法院对该案无管辖权或者不能实际进行管辖

受诉法院对案件没有管辖权,是指受理案件的人民法院没有管辖该案的法律依据。受诉法院不能实际进行管辖,是指受诉法院依法对案件享有共同管辖权,但由于其他有管辖权的法院已经先立案,因而本院不能实际取得管辖权。不论属于哪一种情况,受诉法院都必须进行移送,前者是将案件移送给有管辖权的人民法院,后者是将案件移送给最先立案的人民法院。

3. 接受移送案件的人民法院依法享有管辖权

这是对移送案件法院的要求,即不得随意移送,只能向有管辖权的人民法院移送。适用移送管辖,必须正确理解《民事诉讼法》第37条规定的"不得再自行移送"。所谓不得再自行移送,是指移送案件的人民法院作出的移送案件裁定,对接受移送案件的人民法院具有拘束力,即受移送案件的人民法院必须受理,不得以任何理由再自行移送。如果受移送的人民法院认为对受移送的案件依法确无管辖权时,应当报请上级人民法院指定管辖。

二、指定管辖

(一)指定管辖的概念

指定管辖,是指上级人民法院以裁定方式,指定下级人民法院对某一案件行使管辖权。指定管辖的实质是法律赋予上级人民法院在特殊情况下有权变更和确定案件管辖法院,以适应审判的需要,保证案件得到及时公正的处理。

（二）适用指定管辖的情形

依据《民事诉讼法》第37条、第38条规定，指定管辖适用于以下三种情形：

(1) 在移送管辖适用过程中，受移送的法院认为自己对受移送的案件无管辖权的，应当报请上级法院指定管辖。

(2) 有管辖权的人民法院由于特殊原因，不能行使管辖权的，由其上级人民法院指定管辖。所谓"特殊原因"，包括事实上和法律上的原因。事实上的原因，是指有管辖权人民法院所在地发生了不可抗力的严重自然灾害（如地震、水灾）而无法行使管辖权；法律上的原因，是指有管辖权法院的全体法官均应回避，不能组成合议庭对案件进行审理。

(3) 人民法院之间因管辖权发生争议，由双方协商解决不了的。管辖权争议包括积极争议和消极争议，前者是指两个或两个以上法院主张自己对某一案件有管辖权而争着受理这一案件，后者是指两个或两个以上法院认为自己对某一案件无管辖权而均不愿意受理这一案件。出现管辖权争议后，应尽可能由争议双方法院通过协商解决案件管辖权，协商不成的，应当逐级报请它们的共同上级法院指定管辖。《解释》第40条规定，发生管辖权争议的两个人民法院因协商不成报请它们的共同上级人民法院指定管辖时，双方为同属一个地、市辖区的基层人民法院的，由该地、市的中级人民法院及时指定管辖；同属一个省、自治区、直辖市的两个人民法院的，由该省、自治区、直辖市的高级人民法院及时指定管辖；双方为跨省、自治区、直辖市的人民法院，高级人民法院协商不成的，由最高人民法院及时指定管辖。上级人民法院指定管辖时，应当逐级进行。

（三）指定管辖的程序适用

根据《解释》第41条规定，指定管辖的程序适用应遵守以下规则：第一，人民法院依照《民事诉讼法》第38条第2款规定指定管辖的，应当作出裁定。第二，对报请上级人民法院指定管辖的案件，下级人民法院应当中止审理。指定管辖裁定作出前，下级人民法院对案件作出判决、裁定的，上级人民法院应当在裁定指定管辖的同时，一并撤销下级人民法院的判决、裁定。

三、管辖权转移

管辖权转移，是指依据上级人民法院的决定或经其同意，将某个案件的管辖权由上级人民法院转交给下级人民法院，或者由下级人民法院转交给上级人民法院。管辖权转移实质上是对级别管辖的一种变通和补充。

根据《民事诉讼法》第39条的规定，管辖权转移包括以下两种情形：

1. 上调性转移，即下级人民法院将自己管辖的第一审民事案件移交上级人民法院审理。它又分为两种情况：一是上级人民法院主动将下级人民法院管辖的第一审民事案件调上来自己审理，二是下级人民法院将自己管辖的第一审民事案件报请上级人民法院审理。上级人民法院有权审理下级人民法院管辖的第一审民事案件，也可以本院管辖的第一审民事案件交下级人民法院审理。

2. 下放性转移，即上级人民法院将本院管辖的第一审民事案件移交下级人民法院审理。这一规定实际上是将依照法定标准已被确定为由上级法院审理的案件重新交给下级法院审理。在司法实践中,可能会出现法院利用此规定规避级别管辖规定,任意降低案件的级别管辖,从而弱化案件应有的级别管辖的程序保障,扩大审判上的地方保护主义影响,损害诉讼当事人的权益。因此,2012年修订民事诉讼法时,作出如下规定:"确有必要将本院管辖的第一审民事案件交下级人民法院审理的,应当报请其上级人民法院批准。"《解释》第42条规定,下列第一审民事案件,人民法院依照《民事诉讼法》第39条第1款规定,可以在开庭前交下级人民法院审理:第一,破产程序中有关债务人的诉讼案件;第二,当事人人数众多且不方便诉讼的案件;第三,最高人民法院确定的其他类型案件。人民法院交下级人民法院审理前,应当报请其上级人民法院批准。上级人民法院批准后,人民法院应当裁定将案件交下级人民法院审理。

管辖权转移与移送管辖虽然都属于裁定管辖,但两者存在以下区别:第一,适用前提不同。适用移送管辖必须是受诉法院对案件无管辖权,而适用管辖权转移则是受诉法院对案件有管辖权。第二,性质不同。管辖权转移是案件的管辖权发生了移位,而移送管辖移送的仅仅是案件而非管辖权。第三,作用不同。管辖权转移是对级别管辖的变通和补充,因此管辖权转移只限于在上、下级法院之间进行,而移送管辖是法院受理案件后发现管辖发生错误时的一种纠错方法,移送管辖可以发生在同级法院之间和上下级法院之间。第四,程序不同。管辖权转移包括因上级法院的单方决定而转移和因下级法院报请与上级法院同意双方行为而转移两种程序规范;在移送管辖中,移送管辖作出移送案件的裁定无须经过受移送法院的同意。

第六节
管辖权恒定与管辖权异议

一、管辖权恒定

(一)管辖权恒定的种类

在确定案件的管辖时,应当遵守"管辖权恒定"规则。所谓管辖权恒定,是指某个法院对某个案件是否享有管辖权,应当以原告起诉时为准。法院在原告起诉时依法对该案取得管辖权的,该案件自始至终由其管辖,不因据以确定管辖的因素发生变化而变更管辖法院。管辖权恒定包括级别管辖权恒定和地域管辖权恒定,级别管辖权恒定主要是指级别管辖按起诉时的诉讼标的额确定后,不因为诉讼过程中标的额增加或减少而变动;地域管辖权恒定是指地域管辖按起诉时的标准确定后,不因为诉讼过程中确定管辖的因素的变动而改变。

我国《民事诉讼法》对管辖权恒定未有明文规定,最高人民法院在有关司法解释文件中确定了该原则。《解释》第37条至第39条对管辖权恒定作了以下规定:第一,案件受理后,受诉人民法院的管辖权不受当事人住所地、经常居住地变更的影响。第二,有管辖权的人民法院受理案件后,不得以行政区域变更为由,将案件移送给变更后有管辖权的人民法院。判决后的上诉案件和依审判监督程序提审的案件,由原审人民法院的上级人民法院进行审判;上级人民法院指令再审、发回重审的案件,由原审人民法院再审或者重审。第三,人民法院对管辖异议审查后确定有管辖权的,不因当事人提起反诉、增加或者变更诉讼请求等改变管辖,但违反级别管辖、专属管辖规定的除外。人民法院发回重审或者按第一审程序再审的案件,当事人提出管辖异议的,人民法院不予审查。

(二)管辖权恒定的效力

管辖权恒定以受诉法院依照《民事诉讼法》规定有管辖权为前提,而该法院是否实际行使管辖权,以原告起诉时为准。管辖权恒定的效力及于案件诉讼的全过程,不仅及于一审程序,而且还及于一审以后可能进行的其他程序,如二审程序、审判监督程序或执行程序。如果在受理原告起诉时无法定管辖权,就不发生管辖权恒定的效力。但是,如果原告在法院依法受理案件后撤回起诉后又起诉的,因撤诉产生起诉效力归于消灭,原告可以选择新的诉讼标的所确定管辖权的联结点所在地或诉讼标的不变的情形下选择新的确定管辖权的联结点所在地法院起诉,而不受前次起诉受诉法院管辖权恒定的限制。

确定管辖权恒定规则,可以避免法院之间互相推诿和争夺案件管辖权引起管辖变动造成的司法资源的浪费,为当事人进行诉讼提供方便,减轻当事人讼累。

二、管辖权异议

(一)管辖权异议的概念

管辖权异议,是指人民法院受理案件后,当事人依法提出该人民法院对本案无管辖权的主张和意见。管辖权异议既包括当事人对受诉法院地域管辖权的异议,也包括对受诉法院级别管辖权的异议。当事人依法提出管辖权异议后,受诉法院应当予以审查和处理。对管辖权提出异议,是当事人依法享有的一项重要诉讼权利,它有利于人民法院正确行使对民事案件的管辖权,有利于维护当事人的合法权益。

管辖权异议与管辖权恒定并无冲突之处。因为,管辖权恒定规则以受诉法院有法定管辖权为前提。在诉讼中,当事人就该受诉法院的管辖权提出异议,如果异议成立,说明该受诉法院对案件无法定管辖权,法院应当依法将已受理的案件移送其他有法定管辖权的法院审理,这体现了管辖权恒定的要求;如果异议不成立,说明该受诉法院对案件有法定管辖权,其管辖权不因管辖权异议而丧失,这也是管辖权恒定的必然要求。

(二)管辖权异议的成立条件

根据《民事诉讼法》第130条的规定,管辖权异议成立应当符合下列条件:

(1)法院已经受理案件,但尚未进行实体审理。没有受理的案件或者已经进入实体审理的,不得提出管辖权异议。

(2)管辖权异议只能对第一审法院提出,对于第二审法院不得提出管辖权异议。对于一审法院因指定管辖而取得对本案的管辖权,当事人能否异议?一般认为,指定管辖是法律赋予上级法院的权利,当事人和下级法院都不能提出异议。《解释》第39条规定,人民法院发回重审或者按第一审程序再审的案件,当事人提出管辖异议的,人民法院不予审查。

(3)管辖权异议的主体必须是本案的当事人,通常是被告。原告在以下两种情况下也可以提出管辖权异议:第一,原告发现其误向无管辖权的法院起诉的;第二,诉讼开始后被追加的共同原告认为受诉法院无管辖权的。根据最高人民法院《关于第三人能否对管辖权提出异议问题的批复》和《解释》第 82 条规定,民事诉讼第三人无权提出管辖权异议。

(4)对管辖权的异议,应当在提交答辩状期间以书面形式提出。即被告在收到起诉状副本 15 日内提出,逾期提出的,人民法院不予受理。《解释》第 223 条规定,当事人在提交答辩状期间提出管辖异议,又针对起诉状的内容进行答辩的,人民法院应当依照《民事诉讼法》第 130 条第 1 款的规定,对管辖异议进行审查。当事人未提出管辖异议,就案件实体内容进行答辩、陈述或者反诉的,可以认定为《民事诉讼法》第 127 条第 2 款规定的应诉答辩。

(5)管辖权异议理由的合法存在是管辖权异议成立的实质条件,即当事人应当在管辖权异议申请书中证明清楚受诉法院对该案无法定管辖依据。

最高人民法院《关于审理民事级别管辖异议案件若干问题的规定》(2020 年修改,2021 年 1 月 1 日施行)共 10 个条文,主要内容有:第一,被告在提交答辩状期间提出管辖权异议,认为受诉人民法院违反级别管辖规定,案件应当由上级人民法院或者下级人民法院管辖的,受诉人民法院应当审查,并在受理异议之日起十五日内作出裁定:异议不成立的,裁定驳回;异议成立的,裁定移送有管辖权的人民法院。第二,提交答辩状期间届满后,原告增加诉讼请求金额致使案件标的额超过受诉人民法院级别管辖标准,被告提出管辖权异议,请求由上级人民法院管辖的,人民法院应当按照本规定第 1 条审查并作出裁定。第三,被告以受诉人民法院同时违反级别管辖和地域管辖规定为由提出管辖权异议的,受诉人民法院应当一并作出裁定。第四,当事人未依法提出管辖权异议,但受诉人民法院发现其没有级别管辖权的,应当将案件移送有管辖权的人民法院审理。

人民法院对当事人提出的管辖权异议,应当审查。异议成立的,裁定将案件移送有管辖权的人民法院;异议不成立的,裁定驳回。当事人对地方各级人民法院一审处理管辖权异议的裁定不服,可以提起上诉。

【思考题】

1. 简述主管与管辖的相互关系。
2. 简述管辖权异议成立的条件。
3. 简述协议管辖应当具备的条件。
4. 简述移送管辖和管辖权转移的区别。

【参考文献】

1. 李婷:《民商事案件管辖制度与司法体制改革》,中山大学出版社 2016 年版。
2. 孙邦清:《民事诉讼管辖制度研究》,中国政法大学出版社 2008 年版。
3. 湖北省高级人民法院民事审判庭编:《涉外民事诉讼管辖权问题研究》,武汉大学出版社 2008 年版。

第13章 期间与送达

> **[提要]** 期间对于保证人民法院正确、合法、及时地使案件得到解决,保证当事人和其他诉讼参与人的诉讼权利具有重要的意义。期间是人民法院、当事人及其他诉讼参与人,单独为诉讼行为的期限。送达的目的是使诉讼参加人了解诉讼文书的内容,它有利于审判工作的顺利进行,也对诉讼当事人的诉讼权利与诉讼义务有重大的影响。送达应根据不同情况采取不同方式。

第一节 期间

一、概念和种类

期间是指人民法院、当事人及其他诉讼参与人,单独为诉讼行为的期限。只有在期限内所为的诉讼行为,才能够发生诉讼法上的效力。如超过了期限,就丧失为诉讼行为的权利,所为的诉讼行为就不能发生诉讼法上的效果。根据不同的标准,期间可分为下面两种:

(一)法定期间

又称为法律上的期间,是指由法律予以规定的期间。例如,上诉期间、抗诉期间、立案或不予受理的期间、公告期间等。法定期间又分为不变期间与可变期间。所谓不变期间,是指不能变更的期间。例如,上诉期间、抗诉期间都是不变期间。这种期间的特点在于,只有在诉讼程序停止进行的时候,才能允许有变化,否则,无论是人民法院还是当事人,都不能延长或缩短。

所谓可变期间,是指可以变更的期间。例如,民事诉讼法规定的起诉状副本的送达期间、被告提出答辩状的期间,委托调查期间,都是可变期间。它们与不变期间的区别在于,在诉讼程序不停止进行的情况下,如果有重大理由或者特殊原因,可以延长或缩短。这样规定是为了在保障当事人的诉讼权利的前提下,保证案件的及时审理,保护当事人的合法权益。

(二)指定期间

又称为裁定期间,是指人民法院根据案件的具体情况,依职权指定的期间。它是相对于法定期间而言的,是对法定期间的一种补充。这种期间是根据案件的具体情况来决定的,它不但可以根据实际情况延长或者缩短,而且可以取消原来指定的期限而另行指定。它在法律上虽然没有直接地规定期限,但审判实践中运用非常广泛,例如:指定当事人补正起诉状的欠缺、案件延期审理,在判决、裁定中指定搬迁房屋,交付财物的期间等等,都属于指定期间。

人民法院在指定期时,应注意当事人或其他诉讼参与人住所地或居所地与人民法院距离的远近,指定适当的期间。过长的期间影响诉讼的终结,过短则给诉讼参与人造成实际困难,均非适宜。

二、期间的意义

民事诉讼法规定期间的意义如下:

1. 保证人民法院能够正确、合法、及时地审理案件。正确、合法、及时,这是衡量人民法院办案质量的标准。诉讼期间的规定有利于人民法院及时迅速地查明案件的事实,防止诉讼的过分拖延,协调当事人之间的诉讼活动。

2. 保证当事人和其他诉讼参加人的诉讼权利。当事人和其他诉讼参加人在期间内进行的诉讼活动,只要不违背其他法律的规定,就会产生诉讼上的效力。当事人可以通过在期间内行使诉讼权利,来达到保护自己的合法权益的目的。

三、期间的计算

各国民事诉讼法关于期间的计算,一般都有明文规定,关于计算的方法也大体上相同。根据我国民事诉讼法第85条的规定,期间以时、日、月、年计算。期间开始的时和日,不计算在内。例如,上诉期间,都从当事人收到判决书或裁定书的次日起算。具体地说,如果当事人在2021年1月1日收到判决书,其上诉期限应从1月2日起算,在15日内可以提起上诉。如果超过上诉期间,上诉权就因此丧失,无权再提起上诉。

如果期间届满的最后一日是法定休假日,应以法定休假日后的第一日为期间届满的日期,这也是各国民事立法共同承认的一项立法原则。就以上所举的例子来说,如果上诉期间或抗诉期间届满之日恰好是星期日或节日,就以星期一或节日后的第一日为期间届满的日期。

计算法定期间时应当扣除诉讼文书的在途期间。扣除在途期间的目的是保障当事人和其他诉讼参加人充分地行使自己的诉讼权利,保证他们在规定的期间内所进行诉讼活动的有效性。

四、期间的耽误

(一)概念

所谓期间的耽误,就是不在期间内为诉讼行为。例如,对于上诉期间来说,当事人不服一审判决,若不在15日内提起上诉,就是对期间的耽误。一般地说,对期间的耽误会引起当事人的权利在法律上受不到保护。民事诉讼法对此设立了补救的办法。

(二)期间耽误的补救

根据我国民事诉讼法第86条的规定,当事人对期间的耽误,可以申请顺延期限。所谓顺延，是指在已经开始进行的期间内，除去实际迟误的时间，继续进行。至于顺延期限的长短，则因迟误的期间的种类是法定期间或指定期间而有所不同。为了避免当事人忽视期间的规定，申请顺延期间必须具备一定的条件，即：(1)迟误期间的原因必须是不可抗拒的事由；(2)迟误期间的原因必须是不应归责于己的正当理由。所谓不可抗拒的事由，就是指当事人在主观上不能抗拒或者无法预防的事由。例如，地震、火灾、水灾、战争使交通中断，当事人无法在期间内为诉讼行为。所谓不应归责于己的正当理由，就是指除了因不可抗拒的事由以外，因为不应归责于当事人的原因，在期间开始以后，不能够在期间内为诉讼行为。例如，因为交通事故身受重伤或者突然患重病住院医治等。

当事人耽误期间，如果具备上述条件，在障碍消除后的10日内，可以申请顺延期限；是否准许，由人民法院决定。

第二节
期　日

一、概念

期日，是指人民法院与当事人及其他诉讼参与人会合为诉讼行为的时间。例如，调查证据期日、调解期日、宣告判决期日等。期日如同期间一样，也是民事诉讼中的一个重要问题，并关系到诉讼行为的发生和消灭。但在民事诉讼法里，一般对期日不作具体规定，这是因为期日是由受诉法院指定的，法律上不需要作出强制性的规定，只要有一定的规范即可。期日包括言词辩论期日、调查证据期日、调解期日、宣告判决期日等。

二、期日的指定

期日的指定，由于审判组织不同，指定期日的机关也不相同。在采用合议制的审判形式时，期日由审判长指定；在采用独任制的审判形式时，期日由独任审判员指定。在指定期日时，不应指定星期日或其他节假日等休息日。在指定期日后，审判长应告知当事人以外，书记员应该作成书面文书，依法通知当事人或其他诉讼参与人。期日皆由法院指定。但需要注意的是，指定期日须指定具体日期和时间。时间，即钟点，为一定的时点，只定始点，不定终点。

三、期日的变更、耽误

期日的变更，是指在指定期日后，在期日开始前，另指定新期日，代替原来的旧期日。期日在指定以后，如有重大原因可以变更。期日变更时，书记员应该通知当事人或其他诉讼参与人，以便他们按期出庭，进行诉讼活动。

期日的迟误，是指当事人或其他诉讼参与人，在指定的期日不出庭为诉讼行为。期日的迟误，如果是由于不应归责于自己的事由而发生的，可向人民法院申请恢复原状，另定新期日。反之，如果是因为应归责于己的事由而迟误期日的，则应承担不利的后果。例如，对于原告经合法传唤,没有正当理由,不在指定期日出庭时,可以按撤诉处理;如果是被告经合法传唤,没有正当理由不出庭时,人民法院根据《民事诉讼法》第147条的规定,可以缺席判决。

四、期日与期间的区别

1. 期间有法律直接规定和人民法院指定两种,而期日则完全由法院指定。

2. 期间有不变期限,不能由法院和当事人延长或缩短,而期日是可以变更的,没有不变的期日。

3. 期间有起点和终点,即确定由什么时间开始,到什么时间为止,而期日只有开始的日期,即法院确定的日期为开始的日期。对于期日何时终了,法律没有规定,由人民法院根据诉讼行为进行的情况决定。

4. 期间之内的任何时候,人民法院、当事人或其他诉讼参与人,都可以单独进行诉讼行为,而期日则必须是在法院宣布期日开始后,才会合进行诉讼行为。

第三节
送达

一、送达的概念和意义

送达,是指人民法院按照一定的方式,将诉讼文书送交诉讼当事人或其他诉讼参与人的行为。送达的特点如下:

1. 送达是法院的一种诉讼行为。在诉讼法律关系中,送达既是法院的权利,又是法院的义务;在民事诉讼理论中,送达有职权送达与当事人送达两种。我国法律规定的送达为职权送达。

2. 送达必须按照法律规定的程序和方式进行,违反了法律规定就不能产生预期的法律效果。

3. 送达是对当事人和其他诉讼参与人进行的一种诉讼行为。对诉讼参与人以外的人发送或报送材料,上下级法院报送案件材料均不属于送达。

4. 送达的内容是诉讼文书,或通知有关诉讼的事项。

送达的意义不仅是把诉讼文书交给收件人(受送达人),使他们了解诉讼文书的内容,以利于审判工作顺利进行,更重要的是送达这种行为的本身包含了一定的法律后果,对诉讼当事人的诉讼权利与诉讼义务可能产生重大的影响。例如,传票一经合法送达,受传唤人就有到庭的义务;必须到庭的被告经两次合法送达传票,无正当理由拒不到庭,可强制拘传其到庭。

二、送达的证明

根据《民事诉讼法》第87条的规定,送达诉讼文书,必须有送达回证,由受送达人在送达回证上记明收到日期,签名或者盖章。受送达人在送达回证上签收的日期为送达日期。这种回证,不仅具有证明送达的作用,而且具有证明送达合法性的作用。

三、送达的方式

根据《民事诉讼法》的规定,送达的方式有如下七种:(1)直接送达;(2)留置送达;(3)传真、电子、邮件送达;(4)邮寄送达;(5)委托送达;(6)转交送达;(7)公告送达。分别说明如下:

1. 直接送达

直接送达,是将应送达的诉讼文书交付应受送达人或代收人的送达方式。受送达人是公民的,本人不在时交他的同住成年家属代收;受送达人是法人或其他组织时,交法人的法定代表人、该组织的主要负责人或法人及组织的负责收件的人代收;受送达人有诉讼代理人时,可以送交其诉讼代理人代收;受送达人已向人民法院指定代收人时,交代收人代收,这同本人签收发生同等效力。代收人在送达回执上签收的日期,即送达日期。送达以直接送达为原则,凡是能够用直接送达方法送达的,都应当尽可能用直接送达的方式。

2. 留置送达

留置送达是指受送达人拒绝签收诉讼文书时,送达人将诉讼文书留放在受送达人的住处。受送达人拒绝接收诉讼文书时,送达人可以邀请有关基层组织或所在单位的代表到场,说明情况,在送达回证上记明拒收的事由和日期,由送达人、见证人签名或者盖章,把诉讼文书留在受送达人的住处,即视为送达。这种送达方法与直接送达产生同样的效力。规定留置送达的目的在于防止拖延诉讼。送达人也可以把诉讼文书留在受送达人的住所,并采用拍照、录像等方式记录送达过程,即视为送达。

3. 传真、电子邮件送达

经受送达人同意,人民法院可以采用传真、电子邮件等能够确认其收悉的方式送达诉讼文书,但判决书、裁定书、调解书除外。采用这种送达方式时,以传真、电子文件等到达受送达人特定系统的日期为送达日期。为了更好推进电子送达,2016年《最高人民法院关于进一步推进繁简分流优化司法资源配置的若干意见》明确指出要充分利用中国审判流程信息公开网,建立全国统一的电子送达平台,2016年《最高人民法院关于进一步推进繁简分流优化司法资源配置的若干意见》明确指出要充分利用中国审判流程信息公开网,建立全国统一的电子送达平台。2021年《民事诉讼法》第90条规定:"经受送达人同意,人民法院可以采用能够确认其收悉的电子方式送达诉讼文书。通过电子方式送达的判决书、裁定书、调解书,受送达人提出需要纸质文书的,人民法院应当提供。"

4. 委托送达

委托送达,是指人民法院直接送达诉讼文书有困难时,委托其他人民法院代为送达。我国《民事诉讼法》以直接送达为原则,因此,委托送达只是一种补充的送达方法。负责审理该民事案件的人民法院称为委托法院,接受送达任务的法院称为受托法院。委托送达应当出具委托函,并附相关的诉讼文书和送达回证。从实际情况看,委托送达一般是由于受送达人不在受诉法院的辖区内,直接送达有困难,因此需要委托其他人民法院代为送达。

5. 邮寄送达

邮寄送达是指人民法院直接送达有困难的,通过将诉讼文书交邮局挂号寄给受送达人。邮寄送达,应当附有送达回证。挂号信回执上注明的收件日期与送达回证上注明的收件日期不一致的,或者送达回证没有寄回的,以挂号信回执上注明的收件日期为送达日期。用邮寄方法送达的,在计算期间的时候,要把邮件的在途期间扣除。邮寄送达方式简便易行,但是,这种送达方式应当是在上述几种送达方式不能实施的情况下,才能采用。

6. 转交送达

转交送达,是指人民法院将诉讼文书送交受送达人所在单位代收,由其转交给受送达人的送达方式。转交送达有三种情况:(1)受送达人是军人的,通过其所在部队团以上单位的政治机关转交;(2)受送达人被监禁的,通过其所在监所转交;(3)受送达人被采取强制性教育措施的,通过其所在强制性教育机构转交。代为转交的机关、单位收到诉讼文书后,必须立即交受送达人签收,以受送达人在送达回证上的签收日期为送达日期。

7. 公告送达

人民法院用张贴公告、登报等方法,通知受送达人在一定时期内受领送达文书的,为公告送达。根据《民事诉讼法》第 95 条的规定,公告送达,自发出公告后 30 日,即视为送达。这种送达,不需要送达回证,应当在案卷中记明原因和经过。公告送达,可以在法院的公告栏或受送达人原住所地张贴公告,也可以在有关报纸上刊登公告;对公告送达方式有特殊要求的,应按特殊要求办理。

采用公告方法送达时,必须具备两个条件:(1)须受送达人下落不明;(2)须用上述五种方式无法送达。不符合上述两种情况,不得采取公告送达的方法。

四、送达的效力

所谓送达的效力,是指法律文书和诉讼文书经送达后所产生的必然法律后果。送达的效力主要表现在以下两个方面:第一,实体上的效力,即产生实体权利义务方面的法律后果。如具有执行内容的判决书、调解书送达后,义务人即应在法律文书规定的期限内履行义务,逾期不履行义务的,权利人有权依法申请强制执行。第二,程序上的效力,即产生诉讼法律关系上的效力。如起诉状副本送达后,被告即应向法院提交答辩状;传唤当事人出庭的传票送达后,当事人有义务出庭进行诉讼活动。

【思考题】

1. 民事诉讼期间的计算应当遵循哪些基本规则?
2. 民事诉讼法规定的送达方式有哪些?

【参考文章】

1. 王福华:《民事送达制度正当化原理》,载《法商研究》2003 年第 4 期。
2. 赵文良、陈霞:《论诉讼文书的留置送达及其改进与完善》,载《黑龙江省政法管理干部学院学报》2003 年第 2 期。

3. 成安:《诉讼文书送达制度论》,载《成都理工大学学报》2003年第1期。
4. 杨柏勇:《送达难对司法效率的影响》,载《法律适用》2002年第11期。
5. 王建平:《邮寄送达至收发室是否有效》,载《政治与法律》2001年第5期。
6. 杨秀清:《以克服"送达难"优化民事诉讼审前准备程序,载《山东社会科学》2018年第12期。

第14章　保全与先予执行

[提要] 保全制度是一种诉讼保障措施。本章对我国民事诉讼法中的保全制度的概念和种类、保全的条件、保全的范围和措施以及财产保全的程序作了分析。对于先予执行本章首先介绍了外国民事诉讼中的假执行制度,然后从先予执行的条件、范围和程序三个方面对我国民事诉讼的这一制度进行了阐释。

第一节　保全

一、保全的概念

保全是指人民法院在诉讼开始前或诉讼过程中,为使利害关系人的合法权益免受难以弥补的损害或使将来的生效判决得以顺利执行,依申请或依职权对有关财产采取保护性措施、责令有关当事人作出一定行为或者禁止其作出一定行为。我国民事诉讼中的保全制度可分为财产保全和行为保全。1991年《民事诉讼法》仅规定财产保全制度。2012年修法时增设行为保全制度。《解释》163条增设了执行前保全制度。

保全作为一种诉讼执行保障措施,其设立的目的在于保护当事人或者利害关系人的合法权益,保证将来的生效裁判能够切实执行,以维护法院生效判决的权威性和法律的尊严。德国、日本等国家的民事诉讼法,都设立了类似于我国保全制度的执行保障措施——假扣押和假处分制度。所谓"假扣押",是指债权人的诉讼请求为金钱给付时,为防止法院判决后债务人不履行给付义务,债权人可向法院申请对债务人的财产或者权利暂时予以扣押的制度。所谓"假处分",是指债权人在金钱给付以外的诉讼请求中,为防止债务人不履行法院判决的应履行的义务,债权人可向法院申请对争议标的物采取强制处分的制度。可见假扣押、假处分制度和我国的保全制度一样,都是为了保证将来的生效判决得以切实执行,二者不同的是根据申请人的请求内容为标准划分,假扣押适用于金钱的请求,假处分适用于金钱以外的请求,只是因不同的法律传统,它们所使用的名称、保全的对象、方法、条件有所不同而已。

一般认为,对于完成行为的给付请求,因被申请人的行为或其他原因,可能导致申请人的合法权益遭受难以弥补的损害,或使判决不能执行或难以执行的,申请人可以向法院申请制止某种行为或者要求作出某种行为的保全,即行为保全。①

二、保全的种类

根据《民事诉讼法》第 103 条、第 104 条的规定,可将保全分为诉前保全和诉讼中保全两种。

(一)诉前保全

诉前保全,是指利害关系人在起诉前或申请仲裁前向法院申请采取保全措施的制度。该制度属于应急性的保全措施,其目的是保护利害关系人不致遭受无法弥补的损失。例如,双方当事人签订购销合同,需方按约定给付供方 150 万元的预付款,事后发现供方有欺诈行为,根本没有能力履行合同,而且所付货款有被转移的可能,如不及时采取强制保全措施加以控制,必将产生难以弥补的损失。由于从债权人起诉到法院受理需要一段时间,法律有必要赋予利害关系人在情况紧急时,请求法院及时保全可能被转移的财产的权利。根据《民事诉讼法》第 104 条的规定,诉前保全应当具备以下几个条件:

1.申请人将来提起案件的诉讼请求具有财产或行为给付内容。

2.情况紧急,不立即采取保全将会使申请人的合法权益受到难以弥补的损害。"情况紧急",一般是指债务人有可能马上要转移、处分财产,或由于某种客观原因使有关财产可能发生毁损、灭失。如果出现这些情形,申请人的合法权益就会遭受难以弥补的损失,将来即使起诉、胜诉,其财产权利也难以得到实现。

3.必须由利害关系人提出申请。人民法院不得依职权主动采取诉前保全的措施。"利害关系人"是指对某项财产权益发生争议的人。诉前保全的申请只能由利害关系人提出,人民法院实行"不告不理"的原则。

4.诉前保全应当向被保全财产所在地、被申请人住所地或者对案件有管辖权的人民法院申请。在人民法院采取诉前保全措施后,申请人起诉的,应当向有管辖权的人民法院提起。根据《解释》第 160 条的规定,当事人向采取诉前保全措施以外的其他有管辖权的人民法院起诉的,采取诉前保全措施的人民法院应当将保全手续移送受理案件的人民法院。诉前保全的裁定视为受移送人民法院作出的裁定。

5.申请人必须提供担保,否则,法院可驳回其申请。申请诉前财产保全的,应当提供相当于请求保全数额的担保;情况特殊的,人民法院可以酌情处理。申请诉前行为保全的,担保的数额由人民法院根据案件的具体情况决定。

在人民法院采取保全措施后 30 日内,申请人应当向人民法院起诉或申请仲裁;超过 30 日不起诉或不申请仲裁的,人民法院应当解除诉前财产保全。

(二)诉讼中保全

诉讼中保全,是指人民法院在受理案件之后、作出生效判决前所采取的保全措施。

民事案件从人民法院受理到作出生效判决需要经过几个月甚至更长的时间。法院判决生效后,如果债务人不履行义务,债权人申请强制执行又需要一段时间。在这一过程中,如

---

① 江伟主编:《民事诉讼法》,中国人民大学出版社 2011 年第 5 版,第 207 页。

果债人隐匿、转移或者挥霍争议中的财产或者以后用于执行的财产而得不到制止,不仅会激化当事人双方的矛盾,而且可能会使生效的判决不能得到执行。有些争议的标的物,如水果、水产品等,容易腐烂变质,必须及时处理,保存价款,以减少当事人的损失。此外,在某些情形下,有必要责令一方当事人作出一定行为或禁止其作出一定行为。

采取诉讼中保全应当具备如下条件:

1.采取诉讼中保全的案件标的必须具有财产或行为给付内容。即该案的诉讼请求具有给付财物或完成行为的内容,有判决生效后不能或难以给付(执行)的可能,才有保全的必要。

2.确有采取保全的必要。在司法实践中,并非所有的案件都适于采取保全,只有在"可能因当事人一方的行为或者其他原因,使判决不能执行或者难以执行"的情况下才能实施保全。例如,当事人有转移、毁损、隐匿财物的行为或者可能实施这种行为,如果不及时采取保全措施将会使以后的判决不能执行或者难以执行。

3.诉讼中保全发生在民事案件受理后、法院作出的判决尚未生效前。应当注意的是,根据《解释》的有关规定,对当事人不服一审判决提起上诉的案件,在第二审人民法院接到报送的案件之前,当事人有转移、隐匿、出卖或者毁损财产等行为,必须采取保全措施的,由第一审人民法院依当事人申请或者依职权采取。第一审人民法院的保全裁定,应当及时报送第二审人民法院。第二审人民法院裁定对第一审人民法院采取的保全措施予以续保或者采取新的保全措施的,可以自行实施,也可以委托第一审人民法院实施。再审人民法院裁定对原保全措施予以续保或者采取新的保全措施的,可以自行实施,也可以委托原审人民法院或者执行法院实施。

另外,《解释》增加了一种"执行前的保全"制度。《解释》第163条规定,法律文书生效后,进入执行程序前,债权人因对方当事人转移财产等紧急情况,不申请保全将可能导致生效法律文书不能执行或者难以执行的,可以向执行法院申请采取保全措施。债权人在法律文书指定的履行期间届满后五日内不申请执行的,人民法院应当解除保全。

4.诉讼中保全既可以依当事人申请而开始,也可以在人民法院认为必要时主动依职权作出裁定。在实践中,人民法院一般很少依职权裁定保全。根据《国家赔偿法》的规定,人民法院依职权采取保全或者先予执行发生错误的,应当依法承担赔偿责任。

5.人民法院可以责令当事人提供担保。在诉讼中,人民法院依申请或者依职权采取保全措施的,应当根据案件的具体情况,决定当事人是否应当提供担保以及担保的数额。担保数额不超过请求保全数额的百分之三十;申请保全的财产系争议标的的,担保数额不超过争议标的价值的百分之三十。申请人不提供担保的,人民法院可以驳回其申请。在发生诉讼中保全错误给被申请人造成损失的情况下,被申请人可以直接从申请人提供担保的财产中得到赔偿。

(三)行为保全

所谓行为保全,是指在民事诉讼中,为了避免当事人或者利害关系人的合法权益受到不应有的损害或进一步的损害,法院有权根据他们的申请或者依职权对被申请人的行为采取强制措施,责令其作为或者不作为。根据我国现行民事诉讼法及司法解释,行为保全也可以分为:诉前行为保全和诉讼中的行为保全,这两种行为保全的程序与财产保全的程序大致相同,只是申请人需要提供担保时,担保的数额由人民法院根据案件的具体情况决定。

我国的行为保全主要有人身保护令、知识产权诉前禁令、环境保护禁令几种类型。《民法典》所规定的人格权禁令是否属于行为保全的范围,尚存较大争议。①

三、保全的适用条件和范围

（一）保全的适用条件

保全制度的适用须具备基本的条件,即确有实施保全的必要。根据我国《民事诉讼法》的规定,人民法院对于可能因当事人一方的行为或者其他原因,使判决难以执行或造成当事人其他损害的案件,可以根据对方当事人的申请,作出保全的裁定。可见,保全措施的适用条件,是案件可能因当事人一方的行为或者其他原因,使判决不能执行或者难以执行。所谓"当事人一方的行为",是指实际占有、支配控制争议标的物的当事人转移、变卖、挥霍、隐匿、毁损该争议财产或与本案有关的财产的行为。例如房屋占有人改建房屋以处分的行为。所谓"其他原因"是指当事人上述行为以外的各种人为或自然的原因,例如风吹日晒、诉讼标的物长期保存会发生腐烂变质等情形。因此,只要案件在客观上发生有可能使将来的生效判决不能执行或难以执行的情况,就能够适用保全措施。

（二）保全的适用范围

我国《民事诉讼法》第 105 条规定:"保全限于请求的范围,或者与本案有关的财物。"

"限于请求的范围"是指法院保全的数额应当与利害关系人请求的数额或与当事人起诉的诉讼请求数额大体相当。但是,任何原则都有例外,法院决定保全的范围也不是绝对不能超出申请人请求的范围。在被申请人没有其他财产可供保全,而可供保全的财产价值较大又不能分割或者分割了会损害其功能和价值时,法院超额保全整个财产则是允许的。比如,申请人申请法院保全,扣押被申请人 5 万元的财产,而被申请人除了一颗价值 20 万元的红宝石以外没有别的可供保全的财产,此时法院将该红宝石予以扣押的措施即不属于保全范围不当。

"与本案有关的财物",是指被保全的财物是本案的诉讼标的物,或者当事人在诉讼请求中未有涉及,但是与日后本案生效判决的强制执行相牵连的财物。对案外人善意取得的与案件有关的财产,一般也不得采取保全措施。例如,请求返还木材价款之诉,被告已将木材加工为家具,家具就是与本案有关的财物。

---

① 《民法典》第 997 条规定:"民事主体有证据证明行为人正在实施或者即将实施侵害其人格权的违法行为,不及时制止将使其合法权益受到难以弥补的损害的,有权依法向人民法院申请采取责令行为人停止有关行为的措施。"对于人格权禁止的性质,有观点认为人格权禁令制度就是人格权侵权领域的诉前行为保全。但是,也有观点认为人格权禁令与行为保全是两种不同的制度。郭小东:《人格权禁令的基本原理与程序法落实》,载《法律科学》2021 年第 2 期。

四、保全的程序

(一)保全程序的启动

诉前保全只能由利害关系人申请开始,法院不得依职权进行诉前保全;诉讼中的保全既可以依当事人申请开始,必要时,也可以由法院依职权开始。

(二)保全的管辖

诉前保全由当事人向被保全财产所在地、被申请人住所地或者对案件有管辖权的人民法院申请。当诉前保全的管辖与当事人起诉的案件的诉讼管辖发生竞合时,在人民法院采取诉前保全后,申请人起诉的,应当向有管辖权的人民法院提起。采取诉前保全的人民法院对该案有管辖权的,应当依法受理;没有管辖权的,应当及时将采取诉前保全的全部材料移送有管辖权的受诉人民法院。诉讼中的保全由受诉法院管辖。

(三)保全的担保

诉前保全必须提供担保。诉讼中的保全,如果法院责令申请人提供担保时,申请人也必须提供担保,申请人不提供担保的,法院驳回申请。根据《最高人民法院关于人民法院办理财产保全案件若干问题的规定》,当事人在诉讼中申请财产保全,有下列情形之一的,人民法院可以不要求提供担保:(1)追索赡养费、扶养费、抚育费、抚恤金、医疗费用、劳动报酬、工伤赔偿、交通事故人身损害赔偿的;(2)婚姻家庭纠纷案件中遭遇家庭暴力且经济困难的;(3)人民检察院提起的公益诉讼涉及损害赔偿的;(4)因见义勇为遭受侵害请求损害赔偿的;(5)案件事实清楚、权利义务关系明确,发生保全错误可能性较小的;(6)申请保全人为商业银行、保险公司等由金融监管部门批准设立的具有独立偿付债务能力的金融机构及其分支机构的。

对申请保全人或者他人提供的担保财产,人民法院应当依法办理查封、扣押、冻结等手续。

(四)保全的裁定

人民法院接受财产保全申请后,应当在五日内作出裁定;需要提供担保的,应当在提供担保后五日内作出裁定;裁定采取保全措施的,应当在五日内开始执行。对情况紧急的,必须在四十八小时内作出裁定;裁定采取保全措施的,应当立即开始执行。

保全裁定一旦作出立即生效,当事人对保全裁定不服的,可以自收到裁定书之日起五日内向作出裁定的人民法院申请复议。人民法院应当在收到复议申请后十日内审查。裁定正确的,驳回当事人的申请;裁定不当的,变更或者撤销原裁定。复议期间,人民法院不停止保全裁定的执行。

(五)执行

人民法院裁定采取保全措施的,应当立即开始执行,可由承办案件的法官执行,也可以由执行员执行,有关单位有义务协助人民法院执行。

申请保全人、被保全人、利害关系人认为保全裁定实施过程中的执行行为违反法律规定提出书面异议的,人民法院应当依照《民事诉讼法》第232条的规定审查处理。人民法院对诉讼争议标的以外的财产进行保全,案外人对保全裁定或者保全裁定实施过程中的执行行为不服,基于实体权利对被保全财产提出书面异议的,人民法院应当依照《民事诉讼法》第234条的规定审查处理并作出裁定。案外人、申请保全人对该裁定不服的,可以自裁定送达之日起十五日内向人民法院提起执行异议之诉。

人民法院裁定案外人异议成立后,申请保全人在法律规定的期间内未提起执行异议之诉的,人民法院应当自起诉期限届满之日起七日内对该被保全财产解除保全。

（六）保全的解除

根据《民事诉讼法》和有关司法解释的规定,人民法院裁定采取保全措施后,除作出保全裁定的人民法院自行解除或者其上级人民法院决定解除外,在保全期限内,任何单位不得解除保全措施。裁定采取保全措施后,有下列情形之一的,人民法院应当作出解除保全裁定：(1)保全错误的；(2)申请人撤回保全申请的；(3)申请人的起诉或者诉讼请求被生效裁判驳回的；(4)人民法院认为应当解除保全的其他情形。解除以登记方式实施的保全措施的,应当向登记机关发出协助执行通知书。

财产保全的被保全人提供其他等值担保财产且有利于执行的,人民法院可以裁定变更保全标的物为被保全人提供的担保财产。

根据《解释》第168条的规定,保全裁定未经人民法院依法撤销或者解除,进入执行程序后,自动转为执行中的查封、扣押、冻结措施,期限连续计算,执行法院无需重新制作裁定书,但查封、扣押、冻结期限届满的除外。

（七）保全错误的赔偿

人民法院根据利害关系人或者当事人的申请而采取保全措施的,如果由于申请人的错误而导致被申请人因保全而遭受损失的,应当由申请人负责赔偿。对于因人民法院依职权采取保全措施错误造成损失的,由人民法院依法予以赔偿。

五、财产保全的措施

《民事诉讼法》第106条规定:"财产保全采取查封、扣押、冻结或者法律规定的其他方法。人民法院保全财产后,应当立即通知被保全财产的人。财产已被查封、冻结的,不得重复查封、冻结。"

1.查封。查封是指法院将需要保全的财物清点后,加贴封条,就地或者易地封存的一种措施。查封的本意是检查核实之后,贴上封条,禁止动用。法院对财产实施查封后,当事人、负责保管的有关单位和个人以及法院都不得动用该项财产。

2.扣押。扣押是指法院将需要保全的财物转移到一定场所予以扣留,使被申请人在一定期限内不得占有和动用的一种措施。在特殊情况下,扣押也可就地进行,例如对船舶、飞机予以就地扣留。对不动产和特定的动产(如车辆、船舶等)可以采取扣押有关财产权证照并通知有关产权登记部门不予办理该项财产的转移手续,以达到财产保全的目的。

3.冻结。冻结是指法院通知银行和非银行金融机构,对被申请人的存款或其他款项阻止流动、变动的一种措施。法院裁定冻结款项的,应当立即通知被冻结款项的权利人。冻结单位存款的期限不得超过6个月,逾期不办理继续冻结手续的,视为撤销冻结。

4.法律规定的其他方法,包括保存、提存财物或价款,禁止第三人对被申请人清偿到期债务,扣留、提取被申请人收入,禁止被申请人为或不为一定行为。在审判实践中,法院对季节性商品,鲜活、易腐烂变质以及其他不宜长期保存的物品,可以责令当事人及时处理,由法院保存价款;必要时,法院可予以变卖,保存价款。法院对债务人到期应得的收益,可以采取财产保全措施,限制其支取,通知有关单位协助执行。债务人的财产不能满足保全请求,但对第三人有到期债权的,法院可以依债权人的申请裁定该第三人不得对本案债务人清偿。该第三人要求偿付的,由法院提存财物或价款。

六、保全物的保管、使用

人民法院应当妥善保管被查封、扣押、冻结的财产。不宜由人民法院保管的,人民法院可以指定被保全人负责保管;不宜由被保全人保管的,可以委托他人或者申请保全人保管。由人民法院指定被保全人保管的财产,如果继续使用对该财产的价值无重大影响,可以允许被保全人继续使用;由人民法院保管或者委托他人、申请保全人保管的财产,人民法院和其他保管人不得使用。

对于设定有担保物权的财产,人民法院仍然可以对其采取保全措施,但不影响抵押权人、质权人、留置权人的优先受偿权。查封、扣押、冻结担保物权人占有的担保财产,一般由担保物权人保管;由人民法院保管的,质权、留置权不因采取保全措施而消灭。

第二节 >>>
先予执行

先予执行是指法院对于某些特殊的民事案件在终审判决作出以前,为解决一方当事人的生活或者生产急需,根据当事人的申请,法院裁定另一方当事人履行一定给付义务的诉讼措施。

一、外国民事诉讼中的相关制度

先予执行制度,本质上属于"未决而先执行",它是指法院作出终审裁判前,以裁定的方式判令一方当事人先行给付。法院之所以作出如此裁定,是因为一些情况紧急的特殊案件,当事人无法等到法院终审裁判的作出。如果法院不判令一方当事人立即给付,另一方当事人将难以维持正常的生活,或者难以组织正常的生产经营活动。设立这一制度的目的在于保障法院及时有效地保护当事人的合法权益。

先予执行制度在外国民事诉讼法(无论是英美法系国家,还是大陆法系国家)中并不多见。学界很多人将我国的先予执行制度与德、日、法的"假执行"制度相提并论,这其实是一个重大的误解。我国的先予执行制度与德、日、法的假执行制度是完全不同的两种制度,两者适用的阶段和适用的条件截然不同。

所谓假执行,是指对于尚未确定的终局判决(非确定判决,如第一审判决),法院在一定条件下可以依当事人的申请或者依职权赋予其执行力,将判决书的给付内容提前予以实现。法院判决的目的在于确定当事人之间所争执的实体权利或法律关系,法院判决书中的给付内容原则上应等到判决确定（我国大陆民事诉讼法称为发生法律效力）后，才能基于该判决申请执行。然而，因败诉当事人可以以上诉的方式对未确定的终局判决声明不服，阻断判决的确定，而且，判决的确定都需要经过一定的期间。胜诉的当事人虽然胜诉，但却不能申请执行，败诉的当事人反而可以利用上诉，拖延诉讼期间，在判决确定前隐匿或处分财产，使判决确定后，其内容无从实现。法律顾及胜诉当事人的利益，在必要的情况下，对于未确定判决也赋予其执行力，以避免败诉的当事人借上诉的方法，规避法律，逃避执行。这是假执行制度设立的基本目的。

外国的假执行制度与我国民事诉讼法的先予执行制度的区别是十分明显：宣告假执行是对于未确定的终局判决所作出的，先予执行是在法院在终审前的某个阶段作出的裁定。假执行是判决确定以前的执行宣告，已经确定的判决（如第三审判决和不得上诉的第二审判决）无须宣告假执行；对于为终局判决作准备的中间判决，因其不是终局的确定权利或法律关系，故也不得宣告假执行；对于裁定原则上即时发生执行力，也没有宣告假执行的必要。先予执行是法院在终审判决前为解决一方当事人的现实困难而裁定对方当事人马上给付，这一制度与法院终局判决的效力无关。

二、我国民事诉讼法中的先予执行制度

（一）先予执行的条件

对于先予执行这一特殊的法律制度，我国《民事诉讼法》第110条及最高人民法院有关的司法解释规定了具体的适用条件：

1. 申请人已经向法院提出了一个给付之诉

首先，我国法律没有规定诉前先予执行制度。只有在案件诉讼系属以后，终审判决作出以前，申请人才可以向受诉法院申请先予执行。其次，申请人向法院提出的诉的种类必须是具有执行性的给付之诉。如果申请人提起的诉没有给付内容，法院将来的判决也不会包含给付内容，这样的判决不具有执行性，法院也就没有裁定先予执行的必要。从当事人的角度看，可以申请先予执行的当事人除了原告以外，还可能是被告和有独立请求权的第三人，其条件是被告和有独立请求权第三人提出了有给付内容的反诉和参加之诉。

2. 申请人与被申请人之间的权利义务关系明确，没有对等的给付义务

人民法院对当事人申请先予执行的案件，只有在案件的基本事实清楚，当事人间的权利义务关系明确，被申请人负有给付、返还或者赔偿义务时方可裁定采取。如果法院采取先予执行的措施不当，势必给被申请人的合法权益造成一定的损害。

3. 申请人的生产和生活处于十分困难的境地，不先予执行将会严重影响申请人的生活或者生产经营

这个条件是对先予执行的必要性的规定。如果不考虑申请人生产和生活的困难，申请人完全可以在终审判决作出以后再申请执行，以实现自己的给付利益。正因为申请人存在生产和生活的特殊情况（如不先予执行可能给申请人的生活带来严重困难，甚至可能因生活无着落而发生意外的；申请人缺少生产经营资金，急需被申请人返还货款，用于购置生产原料，如不先予执行就将使申请人停工停产，甚至破产的），法院才有必要采取先予执行的措

施,以解申请人的燃眉之急。

4. 被申请人有履行能力

先予执行措施本质上是责令被申请人立即履行一定的给付内容以解决申请人的生产和生活急需,但是如果被申请人完全没有履行能力,那么法院的裁定就没有任何意义。因此,人民法院应当在考察被申请人的履行能力后,在被申请人履行能力范围内裁定先予执行的数额,避免法院的先予执行的裁定成为一纸空文。

5. 先予执行应当限于申请人诉讼请求的范围,并以申请人的生活、生产经营的急需为限

民事诉讼双方当事人的诉讼权利平等,法院在民事诉讼活动中应当注意保护民事诉讼双方当事人的合法权益,不能为了解决一方当事人的生产和生活急需而侵害另一方当事人的合法权益。法律规定了法院裁定先予执行的数额标准有两个:第一个标准是申请人诉讼请求的范围,这一个范围是不能逾越的;第二个标准是申请人的生活、生产经营的急需,这一个标准是要求申请人应当在诉讼请求的范围内申请先予执行。

以上五个条件,必须同时具备,人民法院才能裁定先予执行。

(二)先予执行的案件范围

在行政诉讼和民事诉讼中法律规定了先予执行制度,行政诉讼和民事诉讼也都明确规定了先予执行的案件适用范围。根据《民事诉讼法》第109条以及最高人民法院的有关司法解释,根据当事人的申请,下列案件法院可以裁定先予执行:

1. 追索赡养费、扶养费、抚养费、抚恤金、医疗费用以及劳动报酬的案件

追索赡养费、扶养费、抚养费、抚恤金、医疗费用以及劳动报酬的案件,即所谓"四费一金一酬"案件。这些案件的权利主体大多属于老、弱、幼、小、伤残等社会弱势群体,其生活往往处于困难的状态,有待法律特别加以扶持。将这些案件纳入先予执行的范畴,体现了民事诉讼法对弱势群体的关爱。

2. 因情况紧急需要先予执行的案件

这是一个兜底条款,法律不可能也没有必要将司法实践中可能出现的每一种情况都列举出来。这个弹性规定赋予法院确定是否采取先予执行措施的自由裁量权,同时也为以后的司法解释留下了空间。《解释》第170条规定,民事诉讼法第109条第3项规定的情况紧急,包括:(1)需要立即停止侵害、排除妨碍的;(2)需要立即制止某项行为的;(3)追索恢复生产、经营急需的保险理赔费的;(4)需要立即返还社会保险金、社会救助资金的;(5)不立即返还款项,将严重影响权利人生活和生产经营的。

(三)先予执行的程序

根据《民事诉讼法》和最高人民法院有关的司法解释,先予执行的程序包含以下内容:

1. 先予执行的开始。先予执行只能依申请人的申请开始,法院不能依职权采取先予执行措施。申请人应当在人民法院受理案件后至终审判决作出前提出申请。

2. 责令申请人提供担保。人民法院应视案件的基本情况来决定是否要求申请人提供担保。如果认为必要,可责令其提供担保,不提供担保的驳回申请。

3. 先予执行的裁定。人民法院对当事人的申请,经审查符合法定条件的,应当及时作出先予执行的裁定。裁定一经送达当事人,即发生法律效力。

4. 先予执行错误的救济。先予执行错误的救济方式包括两种:(1)复议。当事人、利害关系人对先予执行裁定不服的,可以自收到裁定书之日起五日内向作出裁定的人民法院申请复议。人民法院应当在收到复议申请后十日内审查。裁定正确的,驳回当事人的申请;裁定不当的,变更或者撤销原裁定。(2)赔偿。人民法院裁定先予执行后,经过审理,判决申请人败诉的,申请人应返还先予执行所取得的利益;拒不返还的,由法院强制执行(执行回转);被申请人因先予执行遭受损失的,还应赔偿被申请人因先予执行而遭受的损失。

【思考题】

1. 何谓保全?财产保全与行为保全有何不同?
2. 我国民事诉讼财产保全的措施有哪些?
3. 何谓先予执行?简述先予执行的条件。

【参考文献】

1. 陈计男:《民事诉讼法论》(上、下),台湾三民书局2009年第5版。
2. 杨建华:《民事诉讼法(问题研析)》(共四册),三民书局1991年印行。
3. 全国人大常委会法制工作委员会民法室编:《中华人民共和国民事诉讼法条文说明立法理由及相关规定》,北京大学出版社2012年版。
4. 魏大晓:《民事诉讼法》,台湾三民书局2015年版。
5. 任重:《我国诉前行为保全申请的实践难题:成因与出路》,载《环球法律评论》2016年第4期。
6. 李喜莲:《财产保全"申请有错误"的司法考量因素》,载《法律科学》2018年第2期。
7. 周翠:《行为保全问题研究——对〈民事诉讼法〉第100—105条的解释》,载《法律科学》2015年第4期。

第15章 对妨害民事诉讼的强制措施

[提要] 本章阐述民事诉讼强制措施的概念和特点,民事诉讼强制措施的性质、目的、意义;妨害民事诉讼行为的构成要件和种类;民事诉讼强制措施的种类和适用程序以及对妨害民事诉讼行为人追究刑事责任的程序。

第一节 对妨害民事诉讼的强制措施概述

一、对妨害民事诉讼的强制措施的概念和特点

民事诉讼强制措施是指为了维护民事诉讼程序的正常进行而由法律规定的、对有妨害诉讼行为的人实施的带有强制性的排除措施。在我国,民事诉讼包括民事审判和民事执行两个阶段,在民事审判活动中,法律要求双方当事人必须依法行使诉讼权利,不得滥行法律赋予的诉讼权利,损害他人的合法权益;必须遵守诉讼秩序,服从法庭指挥,不得实施妨害民事诉讼秩序的行为;在执行过程中,必须履行发生法律效力的判决书、裁定书和调解书。如果当事人(包括其他诉讼参与人和案外人)以故意的作为或者不作为的方式干扰民事审判活动和民事执行活动,法院就可以用法律赋予的强制手段予以排除,这种排除措施就是我们所说的民事强制措施。这种排除措施具有以下特点:

1. 民事诉讼强制措施是人民法院在民事诉讼过程中适用的一种强制性的排除诉讼妨碍的手段。这种手段只适用于民事诉讼的审判和执行两个阶段,如果民事诉讼程序尚未开始或者民事诉讼程序已经结束,则法院不能适用这种措施。同时,法院实施这种强制性手段,其目的在于排除妨害,保证民事诉讼的顺利进行。

2. 民事诉讼强制措施适用于民事诉讼过程中任何妨害诉讼的个人和单位。只要有妨害民事诉讼正常进行的行为的人,无论是个人还是单位,无论是当事人还是其他诉讼参与人,甚至是案外人,法院都可以根据其行为的情节适用相应的强制性排除措施。

3. 民事诉讼强制措施具有较强的权力性。强制措施决定权和实施权是法院职权的重要组成部分,强制措施一旦作出,就会产生支配力,无论受该强制措施约束的人愿意与否、认可与否。

与刑事诉讼、行政诉讼相比,民事诉讼强制措施在种类、目的、适用条件、适用主体以

适用对象等方面,也有明显的不同。

1. 适用的目的不同

民事诉讼强制措施与行政诉讼强制措施都属于排除性措施,措施适用的目的在于排除已经发生的、业已干扰诉讼程序正常进行性的妨害诉讼的行为;刑事诉讼的强制措施属于预防性措施,适用刑事诉讼强制措施的目的主要在于防止被告人、犯罪嫌疑人逃跑、串供、自杀或者继续犯罪。

2. 实施的主体略有不同

民事诉讼和行政诉讼的强制措施的实施主体都只能是法院,刑事诉讼强制措施的实施主体除了法院以外,还包括公安机关和人民检察院。

3. 适用的对象不同

民事诉讼和行政诉讼的强制措施对有妨害诉讼行为的人采取,无论是本案的当事人、诉讼参与人或者案外人,只要其行为妨碍了诉讼进行,都可以对其使用相应的强制措施;刑事诉讼中的强制措施只能对本案的被告人、犯罪嫌疑人和犯罪分子适用,不能对案外人适用。

4. 与判决结果的关系不同

民事诉讼和行政诉讼的强制措施与判决结果无关,与当事人实体权利义务的承担没有任何关系;而刑事诉讼的强制措施常常与判决结果产生联系,如:拘留、逮捕的期间可以折抵判决的刑期。

5. 强制措施的种类不同

民事诉讼的强制措施包括拘传、训诫、责令退出法庭、罚款和拘留;行政诉讼的强制措施则包括:训诫、责令具结悔过、罚款和拘留;刑事诉讼中的强制措施主要有拘传、取保候审、监视居住、拘留和逮捕。

二、对妨害民事诉讼的强制措施的意义

民事诉讼强制措施的适用对于保证民事诉讼的正常进行,排除当事人、其他诉讼参与人及案外人的非法妨碍,维护法律的权威具有十分重要的意义。

1. 有利于保证民事诉讼程序正常进行

正常的诉讼秩序是民事诉讼运作的前提,也是法院公正、及时解决民事纠纷的基本要求。当诉讼中出现了干扰妨害民事诉讼秩序的行为时,民事诉讼的强制措施则可以发挥其排除妨害的功能,对妨害人实施恰当的强制措施,以恢复正常的诉讼秩序。例如,在民事诉讼过程中,被告拒不出庭、证人作伪证、案外人哄闹冲击法庭等,给诉讼造成严重障碍,此时法院就可以根据具体情况,分别适用拘传、训诫、责令退出法庭乃至拘留和罚款的强制措施。

2. 有利于维护法律的权威

在民事诉讼中,必须到庭的当事人拒不到庭;违反法庭规则,不遵守法庭纪律,哄闹、冲击法庭,侮辱诽谤、威胁、殴打审判人员,扰乱法庭秩序;妨害诉讼证据的收集、调查,干扰诉讼的进行;有义务协助调查、执行的单位或组织拒不履行协助义务等妨害民事诉讼的行为都严重损害了法院和法律的严肃性和权威性。对妨害诉讼行为的人采取必要的强制措施,对于保证法院和法律的权威性具有十分重要的意义。

3. 有利于保障当事人的合法权益

法院对当事人合法权益的保护是通过两个途径来实现的：一是确认，二是实现。法院通过其作出的裁判确认当事人的合法权益，但是权利的确认不等于权利的实现，如果被法院判决承担民事责任的当事人拒不履行人民法院的生效裁判，那么被法院确认的当事人的合法权益也就成了一张无法兑现的司法白条。民事诉讼不能将被执行人的人身作为执行的标的，在被执行人拒不履行法院的生效裁判时，强制措施就可以和执行措施配套，强制实现生效法律文书中的给付内容。

第二节
妨害民事诉讼行为的构成和种类

一、妨害民事诉讼行为的构成要件

民事诉讼强制措施只能适用于有妨害民事诉讼行为的人。所谓妨害民事诉讼的行为，是指在民事诉讼中，行为人故意实施的旨在扰乱、破坏民事诉讼程序，干扰民事诉讼活动正常进行的不法行为。妨害民事诉讼行为有其特定的构成要件：

（一）必须实施了妨害民事诉讼的不法行为

这一个要件包含两层含义：一是妨害民事诉讼的不法行为已经实施，客观上已经有妨害诉讼的行为存在，如果行为人只存在妨害诉讼的意图，这种意图并未以妨害诉讼的行为的方式表现出来，则不能构成该要件；第二层含义是妨害民事诉讼的行为可以是作为和不作为两种类型，行为人直接实施法律所禁止的行为，如不遵守法庭纪律、哄闹、冲击法庭、侮辱诽谤、威胁、殴打审判人员、向法庭作伪证等等，即所谓"作为"；行为人消极的不履行法律要求的行为，如经两次传票传唤不到庭、拒不履行人民法院的生效裁判等等，即所谓"不作为"。无论是作为还是不作为的行为，只要妨害了民事诉讼的正常进行，都可能构成妨害诉讼。

（二）不法行为必须是出于故意

故意是指行为人明知自己的行为违反民事诉讼法的规定，为达到个人目的而有意实施的主观心理状态。这是构成妨害民事诉讼行为的主观要件。不是以妨害诉讼为目的的过失行为，如过失毁灭证据，即不属于妨害民事诉讼的行为。

（三）不法行为必须达到妨害诉讼的法定程度

并非任何细小的妨害诉讼的行为都可以适用民事诉讼的强制措施，妨害诉讼的不法行为必须达到一定的危害程度，而且这种危害的程度是法定的。凡是法律没有规定的行为，尽管这种行为可能对民事诉讼造成一定程度的妨害，法院仍然不能对行为人适用民事诉讼的强制措施。

（四）不法行为必须是在民事诉讼过程中实施的

民事诉讼的强制措施是一种排除诉讼妨害，保证诉讼程序正常进行的强制措施，原则上这种措施只能在当事人起诉至案件执行完毕之间适用，如果诉讼尚未开始，或者诉讼已经结束，法院就没有再适用强制措施的必要。不过，在理解这个问题时有以下两种例外情况需要注意:第一,诉前保全中遇有妨害行为时,应采取强制措施,予以排除,因为诉前财产保全同以后进行的诉讼程序和判决的实现有密切联系;第二,《解释》第519条的规定,在执行终结六个月内,被执行人或者其他人对已执行的标的有妨害行为的,人民法院可以依申请排除妨害,并可以依照民事诉讼法第114条规定进行处罚。因妨害行为给执行债权人或者其他人造成损失的,受害人可以另行起诉。

二、妨害民事诉讼行为的种类

妨害民事诉讼行为的种类,是指妨害民事诉讼行为的具体表现形态。妨害民事诉讼行为的种类是由法律明文规定,并逐一列举的。只有在行为人实施了下列法定的妨害诉讼行为时,法院才可能对其适用强制措施:

(一)依法必须到庭的被告拒不到庭

《民事诉讼法》第112条规定:"人民法院对必须到庭的被告,经两次传票传唤,无正当理由拒不到庭的,可以拘传。"因此,必须到庭的被告,经两次传票传唤,无正当理由拒不到庭的,是妨害民事诉讼的行为。

根据《解释》第174条的规定,民事诉讼法第112条规定的必须到庭的被告,是指负有赡养、抚育、扶养义务和不到庭就无法查清案情的被告。

人民法院对必须到庭才能查清案件基本事实的原告,经两次传票传唤,无正当理由拒不到庭的,也可以拘传。对于法律规定不是必须到庭的被告或者原告,虽经两次传唤无正当理由拒不到庭的以及原告经传票传唤,无正当理由拒不到庭的,都不属于妨害民事诉讼的行为,人民法院可以缺席判决或按撤诉处理。

(二)违反法庭规则,扰乱法庭秩序

《民事诉讼法》第113条规定:"诉讼参与人和其他人应当遵守法庭规则。人民法院对违反法庭规则的人,可以予以训诫,责令退出法庭或者予以罚款、拘留。人民法院对哄闹、冲击法庭,侮辱、诽谤、威胁、殴打审判人员,严重扰乱法庭秩序的人,依法追究刑事责任;情节较轻,予以罚款、拘留。"违反法庭规则,扰乱法庭秩序的行为是在民事诉讼开庭审理过程中实施的。开庭审理是人民法院解决争议、确认民事权利义务关系的重要阶段,在法庭审理中需要进行调查、核实各种证据,正确认定案件事实,而这一切都需要一个良好的法庭秩序。根据《解释》第176条,诉讼参与人或者其他人有下列行为之一的,人民法院可以适用民事诉讼法第113条规定处理:(1)未经准许进行录音、录像、摄影的;(2)未经准许以移动通信等方式现场传播审判活动的;(3)其他扰乱法庭秩序,妨害审判活动进行的。有前款规定情形的,人民法院可以暂扣诉讼参与人或者其他人进行录音、录像、摄影、传播审判活动的器材,并责令其删除有关内容;拒不删除的,人民法院可以采取必要手段强制删除。

(三)民事诉讼法第114条规定的妨害民事诉讼的六种行为

《民事诉讼法》第114条规定:"诉讼参与人或者其他人有下列行为之一的,人民法院可以根据情节轻重予以罚款、拘留;构成犯罪的,依法追究刑事责任:(1)伪造、毁灭重要证据,妨碍人民法院审理案件的;(2)以暴力、威胁、贿买方法阻止证人作证或者指使、贿买、胁迫他人作伪证的;(3)隐藏、转移、变卖、毁损已被查封、扣押的财产,或者已被清点并责令其保管的财产,转移已被冻结的财产的;(4)对司法工作人员、诉讼参加人、证人、翻译人员、鉴定人、勘验人、协助执行的人,进行侮辱、诽谤、诬陷、殴打或者打击报复的;(5)以暴力、威胁或者其他方法阻碍司法工作人员执行职务的;(6)拒不履行人民法院已经发生法律效力的判决、裁定的。人民法院对有前款规定的行为之一的单位,可以对其主要负责人或者直接责任人员予以罚款、拘留;构成犯罪的,依法追究刑事责任。"

根据《解释》的规定,上述第(5)项规定的以暴力、威胁或者其他方法阻碍司法工作人员执行职务的行为,包括以下六种情形:第一,在人民法院哄闹、滞留,不听从司法工作人员劝阻的;第二,故意毁损、抢夺人民法院法律文书、查封标志的;第三,哄闹、冲击执行公务现场,围困、扣押执行或者协助执行公务人员的;第四,毁损、抢夺、扣留案件材料、执行公务车辆、其他执行公务器械、执行公务人员服装和执行公务证件的;第五,以暴力、威胁或者其他方法阻碍司法工作人员查询、查封、扣押、冻结、划拨、拍卖、变卖财产的;第六,以暴力、威胁或者其他方法阻碍司法工作人员执行职务的其他行为。

根据《解释》的规定,上述第(6)项规定的拒不履行人民法院已经发生法律效力的判决、裁定的行为,包括:(1)在法律文书发生法律效力后隐藏、转移、变卖、毁损财产或者无偿转让财产,以明显不合理的价格交易财产,放弃到期债权,无偿为他人提供担保等,致使人民法院无法执行的;(2)隐藏、转移、毁损或者未经人民法院允许处分已向人民法院提供担保的财产的;(3)违反人民法院限制高消费令进行消费的;(4)有履行能力而拒不按照人民法院执行通知履行生效法律文书确定的义务的;(5)有义务协助执行的个人接到人民法院协助执行通知书后,拒不协助执行的。

(四)有义务协助调查、执行的单位或组织拒不履行协助义务

根据《民事诉讼法》第117条的规定,有义务协助调查、执行的单位有下列行为之一的,法院除责令其履行协助义务外,并可以予以罚款:(1)有关单位拒绝或者妨碍法院调查取证的;(2)银行、信用合作社和其他有储蓄业务的单位接到法院协助执行通知书后,拒不协助查询、冻结或者划拨存款的;(3)有关单位接到法院协助执行通知书后,拒不协助扣留被执行人的收入、办理有关财产权证照转移手续,转交有关票证、证照或者其他财产的;(4)其他拒绝协助执行的。法院对有前款规定的行为之一的单位,可以对其主要负责人或者直接责任人员予以罚款,还可以向监察机关或者有关机关提出予以纪律处分的司法建议。

根据《解释》第192条的规定,有关单位接到人民法院协助执行通知书后,有下列行为之一的,人民法院可以适用民事诉讼法第117条规定处理:(1)允许被执行人高消费的;(2)允许被执行人出境的;(3)拒不停止办理有关财产权证照转移手续、权属变更登记、规划审批等手续的;(4)以需要内部请示、内部审批,有内部规定等为由拖延办理的。

(五)采取非法拘禁他人或者非法私自扣押他人财产方式追索债务

《民事诉讼法》第120条规定:对妨害民事诉讼的强制措施,只有人民法院才有权采取。其他任何单位和个人如果采取非法拘禁他人或者非法私自扣押他人财产追索债务,应当依法追究刑事责任,或者予以拘留、罚款。

(六)当事人之间恶意串通,企图通过诉讼、调解方式侵害他人合法权益的行为

这是2012年修法新增的规定,旨在制裁恶意诉讼行为。《民事诉讼法》第115条规定:

"当事人之间恶意串通,企图通过诉讼、调解等方式侵害他人合法权益的,人民法院应当驳回其请求,并根据情节轻重予以罚款、拘留;构成犯罪的,依法追究刑事责任。"

(七)被执行人与他人恶意串通,通过诉讼、仲裁、调解等方式逃避履行法律文书确定的义务的行为

这是 2012 年修法新增的规定,旨在制裁恶意诉讼行为。《民事诉讼法》第 116 条规定:"被执行人与他人恶意串通,通过诉讼、仲裁、调解等方式逃避履行法律文书确定的义务的,人民法院应当根据情节轻重予以罚款、拘留;构成犯罪的,依法追究刑事责任。"

(八)诉讼参与人或者其他人的其他妨碍诉讼的行为

根据《解释》的规定,诉讼参与人或者其他人有下列行为之一的,人民法院可以适用民事诉讼法第 114 条的规定处理:(1)冒充他人提起诉讼或者参加诉讼的;(2)证人签署保证书后作虚假证言,妨碍人民法院审理案件的;(3)伪造、隐藏、毁灭或者拒绝交出有关被执行人履行能力的重要证据,妨碍人民法院查明被执行人财产状况的;(4)擅自解冻已被人民法院冻结的财产的;(5)接到人民法院协助执行通知书后,给当事人通风报信,协助其转移、隐匿财产的。

第三节
对妨害民事诉讼的强制措施的种类及其适用

规定了五种强制措施,对每一种强制措施都规定了严格的适用程序。

一、拘传及其适用程序

拘传,是指人民法院在法定情况下强制被告到庭参加诉讼的一种强制措施。根据《民事诉讼法》第 112 条的规定,适用拘传必须具备以下条件:

1. 通常对必须到庭的被告适用,特殊情况下也可以适用于原告。所谓必须到庭的被告,是指负有赡养、抚育、扶养义务和不到庭就无法查清案件事实的被告。因为赡养、抚育、扶养的案件,直接涉及权利人的基本生活问题,并且原、被告之间有一定的亲属关系,适宜用调解方式解决。如被告不到庭,则不利于原告合法权益的保护和调解的进行。对于被告不到庭就无法查清案件事实的,也必须要求其到庭。至于必须到庭的原告,《解释》将其定义为,"必须到庭才能查清案件基本事实的原告"。此外,根据《解释》的规定,人民法院对必须到庭才能查清案件基本事实的原告,经两次传票传唤,无正当理由拒不到庭的,也可以拘传。

2. 须经过两次传票传唤。这个条件包含两层意思:第一,人民法院必须用法院传票对被告或原告传唤,如果法院用其他传唤方式,如发通知、打电话等等则不能适用拘传;第二,传票传唤的次数为两次,只有传唤了两次以后才能对拒不到庭的被告或者原告适用拘传。

3. 被传唤人无正当理由拒不到庭。何为正当理由?法律及有关的司法解释并未作出规定,一般而言正当理由是指不可抗拒的理由或事实,当事人无法预见和难以自行克服的困难,如自然灾害、突然病重等情况。

以上三个条件必须同时具备,人民法院才能适用拘传措施。

适用拘传措施,由合议庭或独任审判员提出意见,报经本院院长批准,并填写拘传票,直接送达被拘传人,由被拘传人签字或盖章。在拘传前,应向被拘传人说明拒不到庭的后果,经批评教育仍拒不到庭的方可拘传其到庭。

二、训诫及其适用程序

训诫,是指人民法院对妨害民事诉讼行为情节较轻的人,予以批评、教育,并责令其改正,不得再犯的强制措施。根据《民事诉讼法》第113条的规定,适用训诫的对象一般是违反法庭规则的人。法庭规则是法院开庭时诉讼参与人和其他人应当遵守的纪律和秩序,它是开庭审理进行的保障。违反法庭规则通常表现为:(1)未经准许进行录音、录像、摄影;(2)未经准许以移动通信等方式现场传播审判活动;(3)其他扰乱法庭秩序,妨害审判活动进行。

法庭规则由书记员在开庭审理时宣布,对违反法庭规则的人,审判员可以对其直接采用训诫的强制措施并记录在案,由被训诫人签字或盖章。同时,人民法院还可以暂扣诉讼参与人或者其他人进行录音、录像、摄影、传播审判活动的器材,并责令其删除有关内容;拒不删除的,人民法院可以采取必要手段强制删除。

三、责令退出法庭及适用

责令退出法庭是指在法院审理过程中,对违反法庭规则的诉讼参与人及其他人所采取的强行命令其离开法庭的强制措施。责令退出法庭的适用对象,也是违反法庭规则的诉讼参与人或其他人,但这种措施比训诫要严厉得多。需要注意的是,虽然法律规定这一措施可以适用于诉讼参与人,但实际上在司法实践中,对诉讼参与人适用这一措施操作起来非常困难,如果让诉讼参与人退出法庭,那么诉讼常常不能正常进行;因此实际上在司法实践中法院很少对诉讼参与人适用这一措施,这一措施主要对旁听群众适用。如果诉讼参与人确有违反法庭规则的行为,法院首先可以训诫,进而可以适用除退出法庭以外的其他强制措施。

责令退出法庭既可以由合议庭作出决定,也可以由独任审判员决定,并由书记员记录在案。

四、罚款及适用程序

罚款,是指人民法院对有严重妨害民事诉讼行为的人所采取的强令其在指定期间内缴纳一定数额金钱的强制措施。关于罚款的程序应当注意以下几点:

1. 罚款适用的情形。民事诉讼法规定,行为人有《民事诉讼法》第113条、第114条、第117条、第120条规定的妨害民事诉讼行为的均可根据情节轻重适用罚款措施。对同一妨害民事诉讼行为的罚款不得连续适用。但发生了新的妨害民事诉讼的行为,人民法院可以重新予以罚款。

2. 罚款的对象。《民事诉讼法》第117规定:"人民法院对有前款规定的行为之一的单位,可以对其主要负责人或者直接责任人员予以罚款;对仍不履行协助义务的,可以予以拘留;并可以向监察机关或者有关机关提出予以纪律处分的司法建议。"可见,人民法院对有上述妨害诉讼行为的单位,既可以对单位罚款,也可以对其主要负责人或主要负责人罚款,必要时还可以向监察机关或者有关机关提出予以纪律处分的司法建议。

3. 罚款的数额。《民事诉讼法》第 118 条规定：对个人的罚款金额，为人民币 10 万元以下；对单位的罚款金额，为人民币 5 万元以上 100 万元以下。根据最高人民法院《解释》第 193 条的规定，人民法院对个人或者单位采取罚款措施时，应当根据其实施妨害民事诉讼行为的性质、情节、后果，当地的经济发展水平，以及诉讼标的额等因素，在民事诉讼法第 118 条第 1 款规定的限额内确定相应的罚款金额。

4. 罚款措施的救济。罚款作为一种严厉的强制措施，其救济程序非常重要。民事诉讼法规定，罚款必须经法院院长批准，并由人民法院出具罚款决定书。被罚款人对该决定不服的，可以向上一级人民法院申请复议一次。上一级人民法院应在收到复议申请后 5 日内作出决定，并将复议结果通知下级人民法院和被罚款人。复议期间不停止罚款决定的执行。不服人民法院作出的罚款、拘留决定的人，可在接到决定书之次日起 3 日内，向作出决定的人民法院提出书面申请，要求上一级人民法院复议，或直接向上一级人民法院申请复议。对提出书面申请有困难的，可以口头申请。当事人的口头申请，应当记入笔录，由当事人签名或者盖章。

五、拘留及适用程序

这种拘留又称司法拘留，是指人民法院对有严重妨害民事诉讼情节的人予以强行关押，在一定的期限内限制其人身自由的一种强制措施。关于拘留的适用应当注意以下几点：

1. 拘留的适用情形。拘留作为一种最严厉的强制措施，其适用的情形是严格法定的。拘留的适用范围，根据《民事诉讼法》第 113 条、第 114 条、第 120 条规定的妨害诉讼行为，视其情节轻重适用。拘留可以单独适用，也可以与罚款合并适用。对同一妨害民事诉讼行为不得连续适用拘留，但如发生了新的妨害民事诉讼的行为，人民法院可以重新予以拘留。

2. 拘留的期限。民事诉讼法规定，拘留的期限为 15 日以下。被拘留的人，由人民法院交公安机关看管。在拘留期间，被拘留人承认并改正错误的，人民法院可以决定提前解除拘留。

3. 拘留的决定与执行。采用拘留措施可由合议庭或独任审判员提出，并报请法院院长批准。拘留应当制作拘留决定书，并由司法警察将被拘留人送交当地公安机关看管。被拘留人不在本辖区的，作出拘留决定的人民法院应派员到被拘留人所在地的人民法院，请该院协助执行，受委托的人民法院应及时派员协助执行。被拘留人申请复议或者在拘留期间承认并改正错误，需要提前解除拘留的，受委托人民法院应向委托人民法院转达或者提出建议，由委托人民法院审查决定。根据《解释》第 180 条的规定，人民法院对被拘留人采取拘留措施后，应当在 24 小时内通知其家属；确实无法按时通知或者通知不到的，应当记录在案。

因哄闹、冲击法庭，用暴力、威胁等方法抗拒执行公务等紧急情况，必须立即采取拘留措施的，可在拘留后，立即报告院长补办批准手续。院长认为拘留不当的，应当解除拘留。

4. 拘留的救济。被拘留人对该决定不服的，可以在接到决定书之次日起 3 日内向上一级人民法院申请复议一次。上一级人民法院应在收到复议申请后 5 日内作出决定，并将复议结果通知下级人民法院和当事人。上级人民法院复议时认为强制措施不当的，应当制作决定书,撤销或者变更下级人民法院作出的拘留、罚款决定。情况紧急的,可以在口头通知后三日内发出决定书。

【思考题】
1. 妨害民事诉讼行为的构成要件有哪些?
2. 妨害民事诉讼行为有哪些种类?
3. 简述民事诉讼强制措施的罚款和拘留的适用条件。

【参考文献】
1. 常怡主编:《民事诉讼法学》,中国政法大学出版社2002年修订版。
2. 江必新主编:《民事诉讼新制度讲义》,法律出版社2013年版。
3. 江伟、肖建国主编:《民事诉讼法》,中国人民大学出版社2015年第7版。

第16章　诉讼费用

> [提要] 诉讼费用是我国民事诉讼的重要制度，涉及当事人诉讼权利的保护及滥用诉讼权利的预防等。《诉讼费用交纳办法》对诉讼费用的种类、征收标准、分担原则、特殊情况下的诉讼费用问题处理都作了全面的规定。

第一节　诉讼费用概述

一、诉讼费用制度的基础

（一）诉讼费用的含义

根据诉讼费用支出的原因和目的不同，一般把诉讼费用分为狭义的诉讼费用和广义的诉讼费用。狭义的诉讼费用，又称为裁判费用或审判费用，是指当事人因进行诉讼而向法院交纳和支付的费用。广义的诉讼费用，是指当事人因进行诉讼所支出的一切费用，除了裁判费用外，还包括当事人费用。当事人费用是当事人为诉状及其他法律文书的代书而支付的报酬、当事人自身或其非律师的代理人出庭所需要的旅费及住宿费，以及律师费用。[①] 我国民事诉讼法规定的诉讼费用是指狭义的诉讼费用。

在很长一段时间内，我国有关诉讼费用制度主要是通过最高人民法院的司法解释予以规定的，如1989年最高人民法院制定的《人民法院诉讼收费办法》、1999年最高人民法院制定的《〈人民法院诉讼诉讼收费办法〉补充规定》等。2006年12月18日国务院根据《中央政法委员会关于落实〈中央司法体制改革领导小组关于司法体制和工作机制改革的初步意见〉的分工方案》，于2006年12月19日颁布了新的《诉讼费用交纳办法》（以下简称《交纳办法》）。对于国务院制定诉讼费用交纳办法，学者颇有微词。有学者认为最高人民法院和国务院都不具有诉讼费用交纳办法的制定权，诉讼费用办法制定权应当由全国人大及其常务委员会享有。[②]

[①] 王亚新：《社会变革中的民事诉讼》，中国法制出版社2001年版，第270页。
[②] 参见赵钢：《讼费规则制定权的再次旁落》，载《法学》2007年第3期；廖永安：《〈诉讼费用交纳办法〉之检讨》，载《法商研究》2008年第2期。

(二)诉讼费用的性质

根据各国立法,关于诉讼费用的性质主要有以下几种学说和做法:

(1)司法无偿原则

1790年,随着法国大革命对法官世袭制的废除,法国建立了法官的身份保障制度,法官的报酬不再来自当事人交纳的诉讼费用,而来自政府财政。与之相对应,当事人进行诉讼无须交纳作为开支法官薪水之基础的诉讼费用。换句话说,新制度下当事人可以无偿地使用司法。①

(2)国家无偿服务说

该学说认为,现代国家是租税国家,国家设立的任何一项制度都建立在国民交税的基础上,因而具有提供公共服务的性质。民事诉讼制度也是如此。换句话说,由于纳税人已经通过纳税方式预支了裁判费,因此,在民事权益受到侵害时,当然有权利要求国家提供民事裁判服务,而无须交纳裁判费用,否则,就构成对当事人的双重课税。

(3)当事人程序基本权利保障说

该学说认为,民事诉讼是国家取代自力救济而设置的依法解决民事纠纷的制度,国家通过行使审判权解决法律意义上的民事纠纷,是国家向国民承担的义务。与之相对应,任何人都有利用民事诉讼制度保护自己民事实体权利的权利,这种获得司法保护的权利属于公民基本权利的范畴,国家负有平等地保障当事人这一基本权利得以实现的义务。征收裁判费有可能妨碍当事人的这一基本程序权利的实现。

(4)国家规费说

该学说认为,让民事诉讼当事人承担裁判费的理由在于:第一,民事诉讼制度的目的是保护当事人的民事权利,在此意义上,裁判费用应由当事人自己承担。否则,国家财政将承担这一部分费用,这意味着让全社会为少数人进行诉讼承担诉讼费用。第二,由当事人承担诉讼费用具有控制整个司法成本,防止当事人滥诉的作用。我国立法采用这一学说。

二、诉讼费用的功能

人民法院收取诉讼费用,主要有以下几个方面的功能:

(一)减少国家财政开支,消除全社会为少数人诉讼买单的不合理现象

要求当事人交纳诉讼费用主要是基于"受益者分担"的原理,《交纳办法》在较大程度上降低了当事人承担的诉讼费用比例,学者称这样的一种情况表明我国的诉讼费用征收逐渐由"受益人负担"原则走向纳税人负担的"公共负担"原则。② 即当事人除了作为纳税人承担支撑审判制度的一般责任外,还应当为其利用司法制度而获得的特殊利益支付特别的审判费用。尤其在国家财政并不是十分宽裕的情况下,向当事人征收诉讼费用,不仅能够直接减

---

① 江伟主编:《民事诉讼法学原理》,中国人民大学出版社1999年版,第572页。
② 参见王亚新:《诉讼费用与司法改革》,载《人民司法》2008年第6期。

少国家财政支出,而且还能减少由于司法的超负荷运行给纳税人造成的额外负担。①

(二)防止当事人滥用诉权

当事人滥用诉权的行为不仅给对方当事人造成财产和精神上的负担,也增加了法院的工作负担,不利于分配正义的实现。向当事人征收一定的诉讼费用,再加上败诉人负担的一般原则,能够促使当事人慎重地行使诉讼权利。这既在一定程度上遏制了滥用诉权的行为,也在减轻法院工作负担的基础上,促进分配正义的实现。

(三)制裁民事违法行为,教育当事人自觉遵守法律

诉讼费用原则上采取败诉人负担的原则,而败诉方通常就是违反法律,不自觉履行民事义务的当事人。因此,向败诉方当事人征收诉讼费用,实质上就带有对民事违法行为进行制裁的意味,从而有利于促使当事人自觉遵守法律,自觉履行义务。

(四)有利于维护国家主权和经济利益

从世界范围看,大多数国家实行司法有偿主义,如果我们"独树一帜"地实行无偿司法,在涉外民商事纠纷的司法解决中,必然会对国家的主权和经济利益造成负面影响,同时也不符合国际交往中的平等互利原则。

第二节 诉讼费用负担

一、诉讼费用的种类和征收标准

《交纳办法》第6条废止了原来的《人民法院诉讼收费办法》中的"其他诉讼费用"之用语,并将当事人应当向法院交纳的诉讼费用概括为三项:一是案件受理费;二是申请费;三是证人、鉴定人、翻译人员、理算人员在人民法院指定的日期出庭发生的交通费、住宿费、生活费和误工补贴。

(一)案件受理费及其征收标准

案件受理费,是指人民法院决定受理案件后,依照有关规定应向当事人收取的费用。这种费用在我们国家属于一种国家规费,主要用途是弥补法院业务经费方面的支出。《交纳办法》实施以后,由于在较大程度上降低了诉讼费用的收费标准,有学者担心有可能刺激当事人对诉讼手段的使用,从而使诉讼费用的防止滥用诉权功能降低。② 根据《交纳办法》第8条的规定,一般的案件都要缴纳案件受理费,但下列案件除外:依照民事诉讼法规定,按特别程序审理的案件;裁定不予受理、驳回起诉、驳回上诉的案件;对不予受理、驳回起诉和管辖权异议裁定不服,提起上诉的案件;行政赔偿案件;一般的再审案件。

根据《交纳办法》第7条的规定,当事人在民事诉讼中应当向法院交纳的案件受理费主

---

① 廖永安等:《诉讼费用研究——以当事人诉权保护为分析视角》,中国政法大学出版社2006年版,第29页。

② 参见范愉:《纠纷解决的理论与实践》,清华大学出版社2007年版,第365~368页。

要包括第一审案件受理费、第二审案件受理费、特定情况下的再审案件受理费。再审案件一般情况下不征收案件受理费,但根据《交纳办法》第9条,在下列两种情况下当事人应当交纳再审案件受理费:一是当事人有新的证据,足以推翻原判决、裁定,向人民法院申请再审,人民法院经审查决定再审的案件;一是当事人对人民法院第一审判决或者裁定未提出上诉,第一审判决、裁定或者调解书发生法律效力后又申请再审,人民法院经审查决定再审的案件。

1. 财产案件的案件受理费的征收标准。对财产案件计收案件受理费的标准是当事人之间的争议标的额,征收的方法是依率递减的方法。具体分为以下几种情形:

(1)一般财产案件,根据诉讼请求的金额或者价额,按照下列比例分段累计交纳:

不超过1万元的,每件交纳50元;

超过1万元至10万元的部分,按照2.5%交纳;

超过10万元至20万元的部分,按照2%交纳;

超过20万元至50万元的部分,按照1.5%交纳;

超过50万元至100万元的部分,按照1%交纳;

超过100万元至200万元的部分,按照0.9%交纳;

超过200万元至500万元的部分,按照0.8%交纳;

超过500万元至1000万元的部分,按照0.7%交纳;

超过1000万元至2000万元的部分,按照0.6%交纳;

超过2000万元的部分,按照0.5%交纳。

《解释》第197条规定:诉讼标的物是证券的,按照证券交易规则并根据当事人起诉之日前最后一个交易日的收盘价、当日的市场价或者其载明的金额计算诉讼标的额;《解释》第198条规定:诉讼标的物是房屋、土地、林木、车辆、船舶、文物等特定物或者知识产权,起诉时价值难以确定的,人民法院应当向原告释明主张过高或者过低的风险,以原告主张的价值确定诉讼标的额。当事人提出的诉讼请求中包含多项财产性诉讼请求的,合并交纳诉讼费。相对于原来的《人民法院诉讼收费办法》的规定,《交纳办法》较大幅度地降低了案件受理费的收费标准,有利于当事人利用司法,但带来的负面问题是法院的办案经费紧张,影响法院的办案质量。[①]

(2)有争议金额或者价额的知识产权民事案件,按照财产案件的标准交纳。

(3)破产案件依据破产财产总额计算,按照财产案件受理费标准减半交纳,但最高不超过30万元。不过,《解释》第200条规定,对于破产程序中有关债务人的民事诉讼案件,除劳动争议案件之外,均应当按照一般的财产案件的标准交纳诉讼费。

2. 非财产案件的案件受理费的征收标准。非财产案件是指争议的民事权利义务关系不具有直接的财产内容,而是与争议主体的人格、身份等不可分离的案件。其征收的方法是按件计征的方法,具体分为如下几种情况:

离婚案件每件交纳50元至300元。涉及财产分割,财产总额不超过20万元的,不另行交纳;超过20万元的部分,按照0.5%交纳。

---

① 参见高绍安:《〈诉讼费用交纳办法〉实施后的问题与对策》,载《中国审判》2007年第5期。

侵害姓名权、名称权、肖像权、名誉权、荣誉权以及其他人格权的案件,每件交纳100元至500元。涉及损害赔偿,赔偿金额不超过5万元的,不另行交纳;超过5万元至10万元的部分,按照1%交纳;超过10万元的部分,按照0.5%交纳。

其他非财产案件每件交纳50元至100元。

知识产权民事案件,没有争议金额或者价额的,每件交纳500元至1000元;有争议金额或者价额的,按照财产案件的标准交纳。

劳动争议案件每件交纳10元。

行政案件按照下列标准交纳:商标、专利、海事行政案件每件交纳100元;其他行政案件每件交纳50元。

当事人提出案件管辖权异议,异议不成立的,每件交纳50元至100元。

非财产案件的案件受理费征收标准中具有一定幅度范围的情况,省级人民政府可以根据本地的具体情况制定并提出具体的征收标准。《解释》第201条规定:既有财产性诉讼请求,又有非财产性诉讼请求的,按照财产性诉讼请求的标准交纳诉讼费。当事人诉讼请求中有多项非财产性诉讼请求的,按一个案件交纳诉讼费。

3. 案件受理费征收的特殊规定。《交纳办法》在原来的征收标准(原来的征收标准包括两个:一是案件的诉讼性质与非诉讼性质,一是案件的财产性质与非财产性质)之外增加了其他的征收标准,这些标准包括案件审理程序的繁简性、诉讼案件审理的阶段性、诉讼的审级以及解决纠纷的不同方法,真正实现了案件受理费征收标准的多元化与合理化。①

(1)以调解方式结案或者当事人申请撤诉的,减半交纳案件受理费。对于调解结案减半征收案件受理费的规定,学者褒贬不一。有人认为调解中减半收费体现了程序相当原则,不仅能鼓励当事人利用调解手段解决纠纷,而且也与各国在鼓励当事人使用调解方面的努力有一致性。② 有人认为法院以调解的方式解决纠纷,比审判投入的精力更大,支出的成本更高,调解减半收费显无道理。③ 按简易程序审理的案件转化为普通程序的,原告应补交案件受理费,并应自接到人民法院交纳诉讼费用的通知之日起七日内补交,无正当理由未按期足额补交的,按撤诉处理,已经收取的诉讼费用退还一半。

(2)适用简易程序审理的案件减半交纳案件受理费。有学者认为该项缺乏可操作性,如果在立案阶段全额收费,直接划归财政的诉讼费很难退还给当事人,如果按照标的额减半征收,在转化为普通程序时向当事人追加案件受理费,会增加当事人的抵触情绪。④

(3)对财产案件提起上诉的,按照不服一审判决部分的上诉请求数额交纳案件受理费。这样的规定有鼓励当事人利用上诉程序实现救济的意味,但客观上可能导致上诉案件的增加。为此大多数大陆法系国家的立法一般规定对上诉案件征收更高比例的诉讼费用,以限

---

① 廖永安:《〈诉讼费用交纳办法〉之检讨》,载《法商研究》2008年第2期。
② 参见李瑞霞:《对〈诉讼费用交纳办法〉实施问题的思考》,载《法治论丛》2008年第2期。
③ 参见夏群佩、应万荣:《诉讼费用制度改革与反思》,载《贵州警官职业学院学报》2008年第2期。
④ 参见夏群佩、应万荣:《诉讼费用制度改革与反思》,载《贵州警官职业学院学报》2008年第2期。

制当事人上诉。①

(4)被告提起反诉、有独立请求权的第三人提出与本案有关的诉讼请求，人民法院决定合并审理的，分别减半交纳案件受理费。

(5)需要交纳案件受理费的再审案件，按照不服原判决部分的再审请求数额交纳案件受理费。

值得注意的是《交纳办法》规定了多种情况下的案件受理费的减半征收，这些情况可能同时出现于同一个案件的审理中，例如在简易程序审理的过程中调解或者原告撤诉，此时人民法院决定减半征收案件受理费的，只能减半一次，不能重复的、多次减半征收。

(二)申请费及其征收标准

所谓申请费是指当事人申请法院采取特定行为或者特定的诉讼措施时，依法应当向人民法院交纳的费用。根据《交纳办法》，具体分为以下几种情况：

1.申请执行费。是指当事人向人民法院申请执行具有执行力的确定的法律文书时按照《人民法院诉讼收费办法》的规定，当事人申请执行人民法院作出的生效的法律文书时，不交申请执行费。必须向人民法院交纳的费用，具体按照以下标准交纳：

(1)没有执行金额或者价额的，每件交纳50元至500元。

(2)执行金额或者价额不超过1万元的，每件交纳50元；超过1万元至50万元的部分，按照1.5%交纳；超过50万元至500万元的部分，按照1%交纳；超过500万元至1000万元的部分，按照0.5%交纳；超过1000万元的部分，按照0.1%交纳。

(3)符合民事诉讼法第55条第4款规定，未参加登记的权利人向人民法院提起诉讼的，按照本项规定的标准交纳申请费，不再交纳案件受理费。

2.申请保全费。申请保全措施的，根据实际保全的财产数额按照下列标准征收：

财产数额不超过1000元或者不涉及财产数额的，每件交纳30元；

超过1000元至10万元的部分，按照1%交纳；

超过10万元的部分，按照0.5%交纳。

但是，当事人申请保全措施交纳的费用最多不超过5000元。

3.依法申请支付令的，比照财产案件受理费标准的1/3交纳。有学者指出这种情况和以往的收费规定相比较，增加了债权人实现债权的难度，也进一步弱化了督促程序的制度功能。②《解释》第195条规定：支付令失效后可直接转入诉讼程序，债权人应当按照《交纳办法》补交案件受理费；支付令被撤销后债权人另行起诉的，债权人应当按照《交纳办法》交纳诉讼费用。

4.依法申请公示催告的，每件交纳100元。

5.申请撤销仲裁裁决或者认定仲裁协议效力的，每件交纳400元。

6.海事案件的申请费。按照下列标准交纳：

(1)申请设立海事赔偿责任限制基金的，每件交纳1000元至1万元；

---

① 参见常怡主编：《比较民事诉讼法》，中国政法大学出版社2002年版，第481～483页。
② 参见夏群佩、应万荣：《诉讼费用制度改革与反思》，载《贵州警官职业学院学报》2008年第2期。

(2)申请海事强制令的,每件交纳1000元至5000元;

(3)申请船舶优先权催告的,每件交纳1000元至5000元;

(4)申请海事债权登记的,每件交纳1000元;

(5)申请共同海损理算的,每件交纳1000元。

(三)其他诉讼费用及其征收标准

1. 证人、鉴定人、翻译人员、理算人员在人民法院指定的日期出庭发生的交通费、住宿费、生活费和误工补贴,由人民法院按照国家规定标准代为收取。

2. 当事人复制案卷材料和法律文书,应当按照实际成本向人民法院交纳工本费。

诉讼过程中因鉴定、公告、勘验、翻译、评估、拍卖、变卖、仓储、保管、运输、船舶监管等发生的依法应当由当事人负担的费用,人民法院根据谁主张、谁负担的原则,决定由当事人直接支付给有关机构或者单位,人民法院不得代收代付。学者认为这一规定虽然有较好的出发点,但在实践中难以实施,并且容易造成混乱。[①]

人民法院依照民事诉讼法第11条第3款规定提供当地民族通用语言、文字翻译的,不收取费用。

二、诉讼费用的负担

诉讼费用的负担是指在案件审判终结时或者在执行完毕时,应由何方当事人最后承担案件的诉讼费用。

(一)一审案件诉讼费用的负担

1. 败诉人负担。败诉人负担是诉讼费用负担的一般原则,按照该原则,诉讼费用由败诉方负担,胜诉方自愿负担的除外。部分胜诉、部分败诉的,人民法院根据案件的具体情况决定当事人各自负担的诉讼费用数额。共同诉讼当事人败诉的,人民法院根据其对诉讼标的的利害关系,决定当事人各自负担的诉讼费用数额。《解释》第203条规定:承担连带责任的当事人败诉的,应当共同负担诉讼费用。债务人对督促程序未提出异议的,申请费由债务人负担。

判决生效后,胜诉方预交但不应负担的诉讼费用,人民法院应当退还,由败诉方向人民法院交纳,但胜诉方自愿承担或者同意败诉方直接向其支付的除外。当事人拒不交纳诉讼费用的,人民法院可以强制执行。

《交纳办法》明确规定证人、鉴定人、翻译人员、理算人员出庭时的合理费用,不再由当事人预交,而是在诉讼结束后由败诉人负担。

2. 撤诉人负担。民事案件的原告或者上诉人申请撤诉,人民法院裁定准许的,案件受理费由申请撤诉的申请人负担。

3. 协商负担。经人民法院调解达成协议的案件,诉讼费用的负担由双方当事人协商解决;协商不成的,由人民法院决定。离婚案件诉讼费用的负担由双方当事人协商解决;协商不成的,由人民法院决定。执行中当事人达成和解协议的,申请费的负担由双方当事人协商

---

① 参见廖永安:《〈诉讼费用交纳办法〉之检讨》,载《法商研究》2008年第2期。

解决;协商不成的,由人民法院决定。

4. 自行负担。当事人因自身原因未能在举证期限内举证,在二审或者再审期间提出新的证据致使诉讼费用增加的,增加的诉讼费用由该当事人负担。当事人在法庭调查终结后提出减少诉讼请求数额的,减少请求数额部分的案件受理费由变更诉讼请求的当事人负担。

5. 申请人负担。债务人对督促程序提出异议致使督促程序终结的,申请费由申请人负担;申请人另行起诉的,可以将申请费列入诉讼请求。公示催告的申请费由申请人负担。财产保全的申请费由申请人负担,申请人提起诉讼的,可以将该申请费列入诉讼请求。依照特别程序审理案件的公告费,由起诉人或者申请人负担。

《解释》第204条规定:实现担保物权案件,人民法院裁定拍卖、变卖担保财产的,申请费由债务人、担保人负担;人民法院裁定驳回申请的,申请费由申请人负担。申请人另行起诉的,其已经交纳的申请费可以从案件受理费中扣除。《解释》第205条规定:拍卖、变卖担保财产的裁定作出后,人民法院强制执行的,按照执行金额收取执行申请费。

海事案件中的有关诉讼费用依照下列规定负担:

(1)诉前申请海事请求保全、海事强制令的,申请费由申请人负担;申请人就有关海事请求提起诉讼的,可将上述费用列入诉讼请求。

(2)诉前申请海事证据保全的,申请费由申请人负担。

(3)诉讼中拍卖、变卖被扣押船舶、船载货物、船用燃油、船用物料发生的合理费用,由申请人预付,从拍卖、变卖价款中先行扣除,退还申请人。

(4)申请设立海事赔偿责任限制基金、申请债权登记与受偿、申请船舶优先权催告案件的申请费,由申请人负担。

(5)设立海事赔偿责任限制基金、船舶优先权催告程序中的公告费用由申请人负担。

依法向人民法院申请破产的,诉讼费用依照有关法律规定从破产财产中拨付。

6. 人民法院决定负担。人民法院决定负担原则除作为协商负担原则的补充,除在当事人协商不成时适用外,还用于确定申请撤销仲裁裁决案件和认定仲裁协议效力案件中的诉讼费用负担。

(二)二审案件诉讼费用的负担

根据第二审人民法院审理上诉案件的不同结果,上诉案件的负担有以下几种情况:

1. 当事人一方提起上诉,第二审人民法院判决驳回上诉、维持原判的,第二审诉讼费用由上诉人负担。

2. 双方当事人均提起上诉,第二审人民法院判决驳回上诉、维持原判的,第二审诉讼费用由双方当事人分别负担。在具体处理上,应当按照各方当事人各自不服原一审判决的请求数额确定其应承担的诉讼费用数额。

3. 第二审人民法院对上诉案件审理以后,改变第一审人民法院作出的判决、裁定的,应当相应变更第一审人民法院对诉讼费用负担的决定。《解释》第196条规定:人民法院改变原判决、裁定、调解结果的,应当在裁判文书中对原审诉讼费用的负担一并作出处理。

4. 第二审人民法院调解结案的,应当对一、二审案件的诉讼费用一并调解,调解不成的,由第二审人民法院一并作出决定。

5. 第二审人民法院发回原审人民法院重审的案件，上诉人预交的案件受理费应予退还。

6. 裁定驳回上诉的案件不缴纳案件受理费。

(三)再审案件的诉讼费用负担

应当交纳案件受理费的再审案件，诉讼费用由申请再审的当事人负担，双方当事人都申请再审的，依照败诉方负担的原则确定负担。人民法院审理再审案件在确定再审诉讼费用负担的同时，还应当对原审诉讼费用的负担一并处理。

对于人民法院作出的诉讼费用负担决定，当事人不服的不能单独提起上诉，但是可以向作出决定的人民法院申请复核。这种不服包括两种情况：一是对诉讼费用负担的不服，一是对诉讼费用计算有异议。作出决定的人民法院应当自收到复核申请之日起15日内作出答复。当事人拒不交纳诉讼费用的，人民法院可以强制执行。

三、诉讼费用的预交

诉讼费用的预交是指由一方当事人垫付诉讼费用的制度。根据《交纳办法》，其主要包括以下内容：

1. 案件受理费的预交。案件受理费由原告、有独立请求权的第三人、上诉人预交。被告提起反诉，由被告预交。对于需要交纳案件受理费的再审案件，由申请再审的当事人预交，双方当事人都申请再审的，分别预交。追索劳动报酬的案件可以不预交案件受理费。

根据《解释》第194条，在人数不确定的代表人诉讼中，原告无需预交案件受理费，案件受理费于结案后按照诉讼标的额由败诉方交纳。《解释》第202条规定：原告、被告、第三人分别上诉的，按照上诉请求分别预交二审案件受理费；同一方多人共同上诉的，只预交一份二审案件受理费；分别上诉的，按照上诉请求分别预交二审案件受理费。

原告自接到人民法院交纳诉讼费用通知书次日起7日内预交案件受理费，反诉案件由提起反诉的当事人自提起反诉次日起7日内交纳案件受理费。上诉案件的案件受理费由上诉人向人民法院提交上诉状时预交。双方当事人都提起上诉的，分别预交。上诉人在上诉期内未预交诉讼费用的，人民法院应当通知其在7日内预交。

2. 申请费的预交。申请费由申请人预交。但申请执行和申请破产的申请费不存在预交的问题，执行申请费在执行完毕后交纳，破产申请费清算后交纳。

证人、鉴定人、翻译人员、理算人员在人民法院指定日期出庭发生的交通费、住宿费、生活费和误工补贴，待实际发生后交纳，不需预交。

当事人逾期不交纳诉讼费用，不存在诉讼费用减、免、缓的情形，也没有申请司法救助，或者虽然提出申请但未获批准，在人民法院指定的期间内没有交纳诉讼费用的，由人民法院依照有关规定办理。

第三节
诉讼费用的减、免、缓和诉讼费用的管理

一、诉讼费用的减、免、缓

1. 免交诉讼费用。除以上免交案件受理费的案件以外,当事人具备下列情形之一的,可以向承办案件的审判人员或者合议庭提出免交诉讼费用的申请:(1)残疾人无固定生活来源的;(2)追索赡养费、扶养费、抚育费、抚恤金的;(3)最低生活保障对象、农村特困定期救济对象、农村五保供养对象或者领取失业保险金人员,无其他收入的;(4)因见义勇为或者为保护社会公共利益致使自身合法权益受到损害,本人或者其近亲属请求赔偿或者补偿的;(5)确实需要免交的其他情形。

2. 减交诉讼费用。除以上减半或者其他减少征收案件受理费的情形外,符合下列条件之一的,应当准予减交诉讼费用:(1)因自然灾害等不可抗力造成生活困难,正在接受社会救济,或者家庭生产经营难以为继的;(2)属于国家规定的优抚、安置对象的;(3)社会福利机构和救助管理站;(4)确实需要减交的其他情形。人民法院准予减交诉讼费用的,可以根据案件的具体情况决定减交的实际数额,但减交比例不得低于30%。

3. 诉讼费用的缓交。符合下列条件之一的,人民法院可以准许当事人缓交诉讼费用:(1)追索社会保险金、经济补偿金的;(2)海上事故、交通事故、医疗事故、工伤事故、产品质量事故或者其他人身伤害事故的受害人请求赔偿的;(3)正在接受有关部门法律援助的;(4)确实需要缓交的其他情形。

当事人申请缓交诉讼费用经审查符合缓交条件的,人民法院应当在决定立案之前作出准予缓交的决定。

二、诉讼费用的管理与监督

根据《交纳办法》以及最高人民法院2007年9月20日颁布的《关于诉讼收费监督管理的规定》,诉讼费用的管理和监督主要包括以下几个方面:

1. 诉讼费用的交纳和收取制度应当公示。公示的内容主要包括:各级人民法院必须到指定的价格主管部门办理收费许可证;各级人民法院应当严格执行收费公示制度的有关规定,在立案场所公示收费许可证、诉讼费用交纳范围、交纳项目、交纳标准,以及投诉部门和电话等;各级人民法院收取诉讼费用,应当按照财务隶属关系使用国务院财政部门或者省级人民政府财政部门印制的财政票据,不得私自印制或使用任何其他票据进行收费;诉讼收费严格执行"收支两条线"的管理规定,各级人民法院应当严格按照有关规定将依法收取的诉讼费及时上交有关财政,纳入预算管理,不得截留、坐支、挪用、私分诉讼费用。

2. 在诉讼费用的实际收取上,人民法院应当向当事人开具缴费凭证,由当事人持证到指定的代理银行缴费,不能直接向法院缴费。依法应当向当事人退费的,人民法院应当按照国家有关规定办理。诉讼费用缴纳和退费的具体办法由国务院财政部门商最高人民法院另

行制定。

在边远、水上、交通不便地区,基层巡回法庭当场审理案件,当事人提出向指定代理银行交纳诉讼费用确有困难的,基层巡回法庭可以当场收取诉讼费用,并向当事人出具省级人民政府财政部门印制的财政票据;不出具省级人民政府财政部门印制的财政票据的,当事人有权拒绝交纳。

3. 案件审结后,人民法院应当将诉讼费用的详细清单和当事人应当负担的数额书面通知当事人,同时在判决书、裁定书或者调解书中写明当事人各方应当负担的数额。需要向当事人退还诉讼费用的,人民法院应当自法律文书生效之日起15日内退还有关当事人。

4. 对违规收费的制裁。除价格主管部门、财政部门可以根据规定对人民法院的诉讼收费进行监督,并根据法律、法规和国务院相关规定查处外,各级人民法院的监察部门还可以对违规收费的行为与人员进行调查,查证属实的,根据最高人民法院有关纪律处分的规定,对直接责任人员进行处分。在严重侵害当事人的利益,造成恶劣影响的情况下,还可以追究有关领导和责任人员的责任。

律师费不属于诉讼费用,因而不适用败诉方负担的原则,但应注意的是,最高人民法院的司法解释对侵犯著作权、商标专用权民事纠纷案件的律师费用作了特别规定。根据最高人民法院2002年10月12日制定的《关于审理著作权民事纠纷案件适用法律若干问题的解释》第26条、《关于审理商标民事纠纷案件适用法律若干问题的解释》第17条,制止侵权行为所支付的合理开支,包括权利人或者委托代理人对侵权行为进行调查、取证的合理费用。人民法院根据当事人的诉讼请求和具体案情,可以将符合国家有关部门规定的律师费用计算在赔偿范围内。2015年1月6日最高人民法院发布的《关于审理环境民事公益诉讼案件适用法律若干问题的解释》规定原告可以要求被告承担合理的律师费,其第22条规定:原告请求被告承担检验、鉴定费用,合理的律师费以及为诉讼支出的其他合理费用的,人民法院可以依法予以支持。

【思考题】

1. 民事诉讼中诉讼费用负担的有哪些原则?
2. 民事诉讼中减半征收案件受理费的情况有哪些?
3. 哪些案件可免交案件受理费的案件?
4. 律师费能否作为诉讼费用的一部分,由败诉方负担?
5. 根据我国诉讼费用制度的有关规定,下列哪一选项是正确的?( )

A. 甲状告同事侵犯其名誉权,法院因甲主张的事实证据不足,作出驳回其诉讼请求的判决。法院应退还甲预交的案件受理费

B. 乙因一起债务纠纷案,二审败诉,想申请再审,某律师告诉他,当事人申请再审的案件一律不需要交纳受理费

C. 丙向法院起诉与丁离婚。双方经法院调解达成协议而结案,法院应当减半收取案件受理费

D. 中止诉讼、中止执行的案件,已交纳的受理费、申请费应退还给当事人

【答案】C

【参考文献】

1. 常怡主编:《比较民事诉讼法》,中国政法大学出版社2002年版。
2. 廖永安等:《诉讼费用研究——以当事人诉权保护为分析视角》,中国政法大学出版社2006年版。
3. 高绍安:《〈诉讼费用交纳办法〉实施后的问题与对策》,载《中国审判》2007年第5期。
4. 王亚新:《诉讼费用与司法改革》,载《人民司法》2008年第6期。
5. 赵钢:《讼费规则制定权的再次旁落》,载《法学》2007年第3期。

Principles of Civil Procedure

民事诉讼法原理

第五编 民事诉讼证据与证明

第十七章 民事诉讼证据概述

第十八章 民事诉讼中的证明

第17章　诉讼证据概述

> [提要] 民事诉讼证据有其萌芽、发展、变化的漫长过程。证据有客观性、关联性和法律性。民事诉讼证据包括书证、物证、证人证言、鉴定结论、勘验笔录、诉讼参与人陈述、视听资料和电子数据。

第一节　民事诉讼证据定义

一、民事诉讼证据溯源

民事诉讼证据经过了萌芽、发展、变化的漫长过程。在人类社会的早期,由于生产力发展水平的极度低下,文化与科技的极端落后,人们对自然规律的认识十分有限。人们对不能解释的现象和事物,都归结为神的作用。在诉讼中往往用神来明辨是非。

《周礼·秋官·司盟》中说:"有狱讼者,则使盟诅。""凡盟诅,各以其地域之众庶,共有牲而致禡,既盟诅为司盟共祈酒脯。"此即对神的宣誓。

《汉穆拉比法典》第2条规定:"倘自由民控自由民犯巫蛊之罪而不能证实,则被控巫蛊之罪者应行至于河而投入之。倘被河所占有,则控告者可以占领其房屋;倘河为之洗白而彼仍无恙,则控彼巫蛊者应处死;投河者取得控告者之房屋。"[①]此外,决斗、十字形证明等都是神明裁决的方式。

随着生产力的发展,人们对自然规律有所了解,渐渐地可以凭借对事物的认识来审案了。《尚书·吕刑》记载:"两造具备,师听五辞;五辞简孚,正于五刑。"《周礼·秋官·小司寇》说:"以五声听狱讼,求民情。一曰辞听,二曰色听,三曰气听,四曰耳听,五曰目听。"这就是说,法官在审理案件时要善于察言观色,看讲话人的神态是否从容不迫,精神是否恍惚,气息是否平和,眼睛是否有神,并据此分辨案件的是非曲直。后来,法官还比较注意证据材料的收集与运用。"凡民讼,以地比证之;地讼,以图证之。""凡以财狱讼者,正之以傅别、约剂。"(《周礼·秋官·士师》)《睡虎地秦墓竹简·封诊式》"奸条"记载:"爰书:某里士五甲诣男子乙、女子丙,告曰:'乙、丙相与奸,自昼见某所'。"

---

① 江伟主编:《民事诉讼法学原理》,中国人民大学出版社1999年版,第572页。

在中国封建社会里，证据形式有言证、书证、物证和勘验报告。

在欧洲，"1260年法国路易九世发布敕令禁止在诉讼中采取司法决斗，从而使原来以宣誓为条件的担保人，一跃成为向法庭提供证言的证人。随着欧洲君主专制时期纠问式诉讼程序的确立，原先那种神示证据制度因不适应当时社会经济、政治需要而被法定证据制度所取代"①。法定证据制度于是应运而生。法定证据制度的主要内容是：民事诉讼中的各种证据及其证明力、法官对证据的取舍评判，法律都预先作出了规定。法官的职责就是按照法律的规定对各种证据材料加以数学的运算，其作用类似于机械运作的"机器人"。

资产阶级革命胜利后，封建社会的民事诉讼证据制度不得不让位于适合资产阶级需要的民事诉讼证据制度。A.J.F.迪波尔提出，法定证据制度不可能认定案件的真实情况，它是一种荒诞的方法。他建议用自由心证取代法定证据制度。该建议几经波折终获通过。所谓"心证"是指法律不预先对证据及其证明力大小加以规定，而是在诉讼中让法官形成心证亦即法官对证据判断的信念，这种信念达到深信不疑的程度时就是所谓"确信"。1808年的《法兰西刑事诉讼法典》第342条对自由心证作了经典解释："法律不计较陪审官通过何种方法认定事实，也不为陪审官规定据以判断证据是否完全和充分的任何规则；法律要求陪审官深思细察，并本着良心，诚实推求已经提出的对被告人有利的和不利的证据，在他们的理智上产生了什么印象。法律不对陪审官说：'经若干名证人证明的事实就是真实的事实'；法律也不说：'未经某种记录、某种证件、若干证人、若干凭证证明的事实，就不得视为已有充分证明'；法律仅对陪审官提出：'你们已经形成内心确信否？'此即陪审官职责之所在。"

中国古代的审判制度与西方国家的审判制度有着较大的区别。它没有"独立"和"专职"的法官，更无所谓近代陪审制度中的陪审团之说。县长、省长既是一个地方的行政长官又是该地方审案的法官，他对案件的审理依据往往是借助刑讯逼供所取得的当事人的口供。即一个案子只要当事人招认、画押，法官便可据之定案了。中国封建社会实行纠问式的诉讼结构，虽然也确曾出现过一些法定的证据规则，但始终没有形成法定证据主义下对于证据的证明力和证明方式的严密的规定，也没有形成完整的自由心证体系。中国首次明确规定自由心证的是1911年的清末《大清民事诉讼律草案》："审判衙门应斟酌辩论意旨及证据调查结果，以自由心证判断事实上主张之真伪，但法律有特别规定者不在此限。得心证之理由应记明于判决。"

民国时期，"自由心证"制度逐渐为法律所明确。1930年的《民事诉讼法》规定："法院为判决时，应斟酌辩论意旨及调查证据之结果，依自由心证，判断事实之真伪。"

《苏俄民事诉讼法典》是社会主义革命胜利后的第一部比较完整、系统的法典。该法典第一编第六章用了30个条文专门规定民事诉讼证据。其内容涉及证据及其证明力、证据的种类、证据的收集和判断、证据的保全等。

新中国成立后，"依靠群众，调查研究，调解为主，就地解决"的十六字方针几乎成了民事诉讼中的不变公式。虽然口头上也在讲要重视证据，但何谓证据，谁应当负责收集证据，当事人有无责任提供证据，提供不出证据又当如何处置，凡此等等，无人研究，无明文规定。

---

① 毕玉谦：《民事证据法及其程序功能》，法律出版社1997年版，第79页。

"文化大革命"时期则更是"和尚打伞,无法无天"。

中共十一届三中全会后,国家从历史的经验中认识到法制的极端重要性。1982年,《民事诉讼法(试行)》公布。1991年4月,又颁布了《民事诉讼法》。《民事诉讼法》第六章共12个条文规范了民事诉讼证据。从条文来说它并不比试行法多,但就其内容而言则要全面客观得多。其中突出的是它强化了当事人的证明责任,缩小了法官收集调查证据的权限;明确规定法院收某调查证据的范围仅限于"当事人及其诉讼代理人因客观原因不能自行收集的证据,或者人民法院认为审理案件需要的证据"(第67条)。

二、民事诉讼证据的界定

民事诉讼证据,是指在民事诉讼程序中,证明主体依法提供并通过质证、辩论后能证明争执中的民事案件真实情况的客观事实。在民事诉讼证据界定问题上,各国学者仁者见仁智者见智。①

在我国民事诉讼法学界,有人认为民事诉讼证据是一种客观事实,有人认为证据是一种手段②,有人认为是依据,还有人认为证据是根据。我们认为,无论怎样界定民事诉讼证据,有一点必须明确,即必须对民事诉讼证据与民事诉讼证据材料加以区别。民事诉讼是分为若干阶段的,从起诉到法庭辩论终结为审理阶段,从合议到判决为判决阶段。事实上,未经法庭质证和辩论阶段的所谓证据只能是一种尚待认可的证据材料,这种证据材料是粗糙的、含有水分的,它们能否最终用来证明客观事实是尚存疑的。而经过法庭质证、认定后的那些证据材料才是真正能证明案件的证据,对证据而言,其中已经包含有一种价值判断,即它已经确定能够用以证明和确认案件事实。法院的判决不是凭证据材料定案而是凭证据定案。从时间上看,在诉讼中,证据材料往往出现于法庭质证前,定案证据则形成于法庭质证后。从证据力上看,证据材料是含有相当水分的非常粗糙的事实材料,它们当中有的是真实的、有的是不真实的;有的是符合法律要求的,有的是不符合法律要求的;有的与案件有关联,有的与案件无关联。而证据则是经过当事人质证、辩论后留下的无水分、真实的与案件有关联的并具有相当证明力的证据材料内核。正是这种证据材料内核才具有证据必备的特征。就这个意义来说,在诉讼程序尚未结束前当事人所提供的"证据"以及法官收集的"证据"统统只能属于"证据材料"之列,而不是理论上所称的那种"证据"。

三、民事诉讼证据的特征

民诉理论界主流的观点是:民事诉讼证据具有客观性、关联性和合法性。

---

① 裴苍龄:《证据法学新论》,法律出版社1989年版,第32页;王以真主编:《外国刑事诉讼法学》,北京大学出版社1990年版,第161页;[苏]克列曼:《苏维埃民事诉讼》,法律出版社1957年版,第226页;参见王锡三:《民事诉讼法研究》,重庆大学出版社1996年版,第218页;[日]松冈义正:《民事证据论》,上海法学编译社1933年版,第2页。

② 何家弘主编:《新编证据法学》,法律出版社2000年版,第99页。

1. 客观性

我们认为,无论从理论上分析或是从实践中总结,民事诉讼证据应当具有客观性。所谓客观性,是指民事案件在形成的过程中留在外界的种种蛛丝马迹不是案发后人们主观杜撰的,而是在案件形成的过程中就发生并存在的。证据材料的存在状态是不以人们的主观意志为转移的,从这个意义上说民事诉讼证据具有客观性。例如交通事故现场所遗留的痕迹在该损害赔偿案件中就具有客观性。这种痕迹是交通工具肇事时车体与地面或地面物接触所留下的,它不是也不可能是肇事后第三人再强加上去的痕迹。也就是说,证据的客观性是指诉讼证据必须是客观存在的真实情况,是对案件的客观反映和真实描述。任何人的想象、揣测或臆造的东西都不能成为民事诉讼中的证据。民事诉讼证据的客观性具有三层含义,第一,它存在的形式是客观的,外表表现为客观存在的实体,这种实体独立于人的主观意志之外;第二,民事诉讼证据反映的内容源于案件本身,因此它具有真实性;第三,作为民事诉讼证据的内容与案件的待证事实之间的联系是客观的。

强调证据的客观性,在现实中也存在一定的矛盾。因为某些证据的证据资格和证明力须经一定程序检验方能取得,融入主观性不可避免。再如我国证据种类中的当事人陈述、证人证言此类言辞证据,经过人脑主观加工而形成,必然拥有主观性。此现象是否意味着证据的客观性不再存在?我们认为对当事人陈述、证人证言而言,其客观性表现在当事人或证人在作证时必须依客观发生的事实进行陈述,不能加入主观想象或虚构的内容,从而保证其所展现的案件事实的客观性。

2. 关联性

关联性,是指民事诉讼证据与民事案件的待证事实之间存在内在的、必然的联系。这种联系既可以是直接联系,也可以是间接联系。英国学者斯蒂芬(Stephen)说:"有关联性是指两个事实之间的联系达到这样的程度,即按照事件的正常趋势,其中的一个,自身或与其他事实结合在一起,能证明另一个事实在过去、现在或将来的存在或不存在或者使另一个事实在过去、现在或将来的存在或不存在成为很有可能。"如何理解斯蒂芬所说的关联性呢?我们要决定一定事实的存在与否,将会形成一个三段论式的判断程式,即所主张的事实构成了小前提,而大前提是一个命题,该命题的真实性必须被作出决定的人所接受。在司法实践中,三段论式的证明方法经常被采用,这类判断关键在于一个合理的大前提的选择。可见,斯蒂芬强调的关联性是事物与事物之间的关联性,也就是说,必须有证据证明大前提为真,然后,从大前提推出小前提事实的结论。

民事诉讼证据在证明大前提的过程中,必须与证明对象具有某种内在的联系。这是因为,民事诉讼证据是证明对象在形成的过程中所留下的。比如前面提到的交通事故留下的痕迹,这种痕迹具有客观性,但类似痕迹是层出不穷的,并不是所有的汽车肇事留下的痕迹都是特定案件的证据材料,只有与特定案件有关的那些痕迹才是该案证据材料,其他的痕迹因与该案无关联性故不是本案证据材料。是否所有与证明对象有关联性的证据都可以予以采信呢?回答也是否定的。例如,原告甲起诉被告乙要求乙返还欠款两万元,并提出证人丙。证人丙在法庭上作证,声称其在某年某月在某公厕内听到有人交谈,其中就有乙欠甲两万元的内容。显然,丙的证言与证明对象有着一定的关联性,这一点是不容置疑的,但此类证言法院不可采信，原因在于该证言是传闻证据，无法质证。另外，如果甲提出证人若干名，指出被告乙品行不好，经常欠钱不还，试图证明被告乙确实曾经借自己两万元不还的事实，此类所谓的品行证据与证明对象似乎也有着某种关联性，但该证言仍然是不可采信的，原因在于关于某人品行的证据在法律上被认为无关联性。另外，对于意见证据，例如专家意见，是否排除也要视具体情况而定。这类问题在目前司法实践中十分突出，典型的就是医疗事故鉴定。专家只能就所涉专业问题发表意见，不能在其鉴定意见中对是否构成医疗事故下结论，该结论只能由法官通过评价鉴定意见作出。司法今后凡是这类鉴定意见均应予以排除。除此而外，证人对其所看到的事实，只能如实地供述，不能对事实发表自己的意见，法官在评价其证词时对该类证言也应予以排除。最后，某人的习惯、行为方式可能与证明对象也有着关联性，但该类证据也应予以排除，例如，在交通事故责任认定中，驾驶员甲提出一系列的证据证明驾驶员乙平时就是一个粗心大意的人，以证明该事故是由于乙的粗心大意的过失引起的。此类证据同样必须予以排除。

从以上分析可知，法官将证据材料最终采信为证据要经过两个阶段：首先，必须判断证据材料是否具有关联性，没有关联性的证据材料不能考虑采用为证据；其次，对于有关联性的证据材料，还应就其关联性的程度加以评价。因此，这种联系是一种逻辑关联，经过依照法律规定所展开的程序的检验后，这种逻辑关联会转化为一种法律意义上的关系，进而产生具有"证明力"的证据。

3. 合法性

民事诉讼证据有无合法性？对此，诉讼法学界有争论。我们认为，考察民事诉讼证据是否具有合法性可以从两个方面入手。一是从实体法角度，二是从民事诉讼法角度。兹以下述案例说明之：

某地一继承案件。被继承人于乙，其父母系某村村民。1982年，当于乙还在读高中时，家中为他订了一门亲事，女方姓姜。1984年于乙考入县师范学校，1986年分配在某中学当教师，同年底于乙与姜某结婚。次年得子于甲。由于婚前二人缺乏了解，于乙姜某夫妻感情总是不好，1988年于乙与姜某自愿离婚，于甲由姜某抚养。不久于乙与同校女教师刘某结婚，第二年得子取名于丙。不幸的是，1992年于乙为学校到教育局办理订书业务时，被一辆摩托车撞成重伤。在进行手术治疗的前夕，于乙当着校长和妻子的面，立下口头遗嘱："万一手术不成功，我死后，全部遗产由妻子刘某继承，以抚养于丙长大成人。"手术进行中于乙死亡。于乙死后，于甲的代理人提出：于甲有继承权。于乙的口头遗嘱是在刘某的参与下完成的，而法律规定，口头遗嘱应有两个或两个以上的人证明方能有效；与继承人、受遗赠人有利害关系的人不能作遗嘱见证人。法院对此案的判决如下：于乙的口头遗嘱无效，其遗产应由第一顺序继承人于甲、于丙和刘某共同继承。本案中，刘某之所以败诉，就在于口头遗嘱不具有合法性。《继承法》规定，订立口头遗嘱须符合下列条件：一是立遗嘱人必须是处于危急情况下，二是订立口头遗嘱必须有两个以上合法见证人在场。本案中，于乙的口头遗嘱符合第一个条件，但不符合第二个条件。因为两个见证人中有一个人是刘某，而刘某又是该遗产的继承人，所以，刘某不具有见证人的资格。

显然，如果只用证据的客观性和关联性去分析本案中的遗嘱，法官势必判决刘某胜诉。

但此种裁决是与继承法的规定背道而驰的。直言之,离开了证据的合法性,不仅会给审判实践造成预想不到的困难,而且会将当事人导入无休止的争执迷宫。

民事诉讼证据具有合法性的另外一个重要理由,在于任何民事诉讼证据材料都必须经过民事诉讼程序的过滤。证据材料不但要符合客观性和关联性的要求以及实体法规定的条件,还必须满足民事诉讼法的规定和要求,并受到民事诉讼法的调整与制约。民事诉讼法明文规定:人民法院对证据材料"应当按照法定程序,全面地、客观地审查核实"(第67条);证据材料"必须查证属实,才能作为认定事实的依据"(第66条);证据材料"应当在法庭上出示,并由当事人互相质证"(第71条)。"提交外文书证,必须附有中文译本。"(第73条)此外,当事人以及法官收集民事诉讼证据材料时应当手续完备、程序合法。具体而言,证据的合法性可以从两个方面加以判断。

第一,证据的存在形式合法。我国民事诉讼法规定了证据的八种形式,作为法院认定民事案件事实根据的诉讼证据,必然存在于上述八种形式之中。

第二,证据取得程序上也必须要合法。这包括证据的取得合法,即只有依法调查、收集的证明材料才能成为诉讼证据;证据的提交和认定程序合法。即当事人提交的证据,都应当经过法定质证程序,才能作为认定事实的依据。

关于证据取得上的合法性问题,反映到司法实践中则是经常引发讨论的未经当事人同意私自录制的录音录像资料的效力问题。对此,我国民事诉讼立法以及司法解释的态度经历了一个转变的过程。在上世纪90年代的时候,最高人民法院曾经对河北省高级人民法院作出《关于未经对方当事人同意私自录制其谈话取得的资料不能作为证据使用的批复》(以下简称《批复》),指出"证据的取得必须合法,只有经过合法途径取得的证据才能作为定案的根据。未经对方当事人同意私自录制其谈话,系不合法行为,以这种手段取得的录音资料,不能作为证据使用"。根据此《批复》的内容,将未经他人同意而私自录音录像认为是不合法行为,继而取得的证据不具有合法性。

这种对证据合法性的判断标准在2002年所实施的《证据规定》即发生了根本性的变化,《证据规定》第68条将证据合法性的判断标准变化为:"以侵害他人合法权益或者违反法律禁止性规定的方法取得的证据,不能作为认定案件事实的依据。"即判断民事诉讼中的证据是否具有合法性,不能一概是其是否取得他人同意而取得为标准,要看证据的取得方式是否侵害了他人合法权益或者违反法律禁止性规定。2015年《民诉解释》在坚持《证据规定》立法思想的基础上,第106条对证据合法性的判断标准进一步规定为"对以严重侵害他人合法权益、违反法律禁止性规定或者严重违背公序良俗的方法形成或者获取的证据,不得作为认定案件事实的根据"。相比原《证据规定》,《解释》在侵害他人合法权益、违反法律禁止性规定以及违背公序良俗的行为之前加上了限定词"严重",这种改变可以看到我国立法在此问题上明显的价值偏向,即证据取得的合法性与证据自身的效力上,立法的态度是倾向于对证据效力的肯定。之所以民事诉讼中没有刑事诉讼中那样的"非法证据排除规则",原因在于两个方面,其一,刑事诉讼中排除"非法证据"的目的在于防止公权力机关的恣意和滥权,随意侵言公民的人身权益,采取刑讯逼供的方式取得证据。但民事诉讼中双方当事人地位平等,没有此适用前提。其二,刑事诉讼中公权力机关有非常强的证据收集能力,其手段与方式多样。但民事诉讼中当事人证据收集能力有限,对于当事人费尽千辛万苦收集到的证据,若轻易不予采纳,则会影响当事人民事权利的实现,也不能实现民事诉讼纠纷解决的目的。

第二节
民事诉讼证据的分类

为了理论研究的方便和审判实践的操作顺利,我们根据民事诉讼证据的来源、作用及特点,从不同的角度依照一定的标准可以对证据加以分类。通说认为民事诉讼证据在学理上可以分为以下三类。

一、原始证据和传来证据

依据民事诉讼证据内容形成的过程与案件事实的关系,即证据的来源为标准,民事诉讼证据可以分为原始证据和传来证据。

所谓原始证据,是指证据内容直接来源于案件事实本身的证据。即人们平常所说的"第一手资料"。原始证据的内容的形成是直接源于案件事实本身。如合同纠纷案件中的合同原件;借贷纠纷案件中借据的原件;著作权纠纷案件中著作的手稿等等。

正因为原始证据的内容直接来源于案件事实,在一般情况下,原始证据具有较强的证明力。鉴于此,证明主体应优先提供原件或者原物。审判机关应特别重视原始证据。

所谓传来证据是指民事诉讼证据内容不是直接来源于案件事实,而是经过一个中间环节而取得的证据,即人们通常所说的"第二手资料"。如书证的抄件、物证的照片、复制品、影印件等等。判断原始证据与传来证据时要注意它们的划分依据并非在于相关证据是否由司法人员亲自收集。另外,原始证据与传来证据的划分依据也不在于证据是否经过复制或录制都中间环节,或者证据本身是否表现为复制品或录制品形式。如在侵害名誉权案件中,被告将侮辱诽谤信件复印多份广为发散,这些复印件虽为复制品,但也属于原始证据,它直接来源于案件事实。

传来证据的最大特点是该证据内容与案件事实之间存在着一定的距离,这一距离的存在可能会扩大或缩小或扭曲案件事实本身,从而影响证据的证明力。审判实践经验证明,证据的证明力与证据和案件事实之间的距离成反比。证据与案件事实之间的距离越近,证据的证明力越强;证据与案件事实之间的距离越远,证据的证明力越弱。

因此,在诉讼中,法院要让当事人尽量提供原始证据,少提或不提交传来证据。当然,在没有原始证据或原始证据不充分的情况下,传来证据也不是一无是处。传来证据可以印证或补充原始证据;传来证据也可以形成证据锁链证明案件。

与传来证据相类似的一个概念是传闻证据。传闻证据是英美法证据理论上一个重要概念,它是指证人在作证时转述他人在庭外就某事所作的陈述。这里的陈述不仅包括口头陈述和书面陈述,也包括一个人旨在传达信息的行为。[①]由于供述证据形成的整个过程都具

---

① 马跃:《美国证据法》,中国政法大学出版社 2012 年版,第 110 页。

有的一定的主观性和不稳定性,而作为经过了两次或两次以上供述而形成的传闻证据的不稳定性则更为明显,将这种具有强烈主观性的证据形式作为认定案件事实的依据,其可靠性确实让人极为怀疑。因此传闻证据通常被法院所排除。[1]

二、直接证据和间接证据

按照与证明对象的联系度来划分,诉讼证据可分为直接证据和间接证据。直接证据,是指不用推论便能够直接用以证明案件事实的证据。例如,当事人手中的"结婚证",在通常情况下可以直接证明当事人之间存在夫妻关系;"借条"可以直接证明双方当事人之间存在借贷关系;"房产证"可以直接证明房屋的所有权人等等。直接证据的最大特点是它的直接性,它能直截了当地证明案件事实。通过直接证据的运用,法官要么得出肯定的结论,要么得出否定的结论,不可能得出可能性的结论。所以,一般说来,直接证据的证明力较强。

间接证据,是指不能单独或直接证明案件事实的证据。间接证据的最大特点是它的证明力的或然性。它的单独存在会使法官得出几种可能的结论。所以,间接证据一般须与其他证据结合起来证明案件事实。可见间接证据的证明力在通常情况下不如直接证据的证明力强。但绝不等于说间接证据在诉讼中是可有可无的。首先,现实表明,由于案件的复杂性,不少当事人往往从个人的利益出发,常常避重就轻,制造假象,用各种手段与方法将直接证据隐藏起来。因此,在诉讼中往往从间接证据入手,通过运用间接证据,通过质证与辩论,让案情逐步明朗,最后达到掌握民事案件真相的目的。其次,间接证据虽不能直接证明案件事实,但他往往是查清案件事实和发现其他证据的重要线索。最后,在诉讼中,间接证据还可以鉴别直接证据的真伪。在直接证据材料中,有的可能是真实的,有的可能是虚假的,因此对这些证据材料必须通过多种方法加以比对、鉴别,而运用间接证据则是鉴别直接证据是否可靠的一种重要方法。此外,在司法实践中,应注重收集和运用间接证据。直接证据与间接证据对案件真实性的反映都是有条件的、近似的和相对的,而不是无条件的、完全的和绝对的,两者都有一定的局限性,几个间接证据联合起来的证明力,就可以相当于甚至超过一个直接证据的证明效力。所以在证明案件事实时,间接证据是直接证据的可靠佐证。当然,由于间接证据与案件主要事实关联方式的间接性决定了间接证据证明案件主要事实的方法必须经过逻辑推理,这一特征决定了使用间接证据的难度更大、更复杂。要求当事人和办案人员在提供、审查核实、判断和运用间接证据时把握以下几点:第一,应注意在运用间接证据证明案件事实时,必须有足够的数量,使诉讼中所有间接证据形成一个完整的严密的证据锁链,而且这个证明链是合乎道理的、无懈可击的。第二,应注意间接证据所证明的事实与案件本身的事实之间要有关联;如果没有关联就不能成为案件的间接证据;第三,应注意诸间接证据之间必须协调一致,都是围绕着案件中的一个主要事实加以证实的;如果间接证据之间有矛盾,而无法加以排除,案件事实就无法认定。第四,应注意进行综合性的分析研究,既能从正面证实案件的事实,又能从反面排除案件的虚假成分,从而得出正确的结论。

---

[1] 占善刚、刘显鹏:《证据法论》,武汉大学出版社2013年版,第253页。

三、本证和反证

按照当事人证明责任分配来划分,可把证据分为本证和反证。本证是指负有证明责任的当事人所提出的,用来证明自己所主张事实存在的证据材料。凡原告就其请求的原因事实或被告就其抗辩的事实所提出的证据材料均系本证;反证是指当事人为推翻相对方的主张,以证据证明相反事实存在的证据材料。本证是法律中规定,证明责任强制性地加在一方当事人头上的。而反证是当事人自己主动进行的。它不具有一种必然性或强制性。因此法律对本证和反证规定了不同的证明标准,本证必须使法官确信本证提出方所主张的事实为真实,才能达到证明标准,而反证只需达到动摇法官对待证事实的确性即可。

由于证明责任并不是完全分配给原告一方(如证明责任转移时),所以不能认为原告提出的证据就是本证,被告提出的就是反证。

第三节
民事诉讼证据的种类

一、书证

(一)书证的概念

书证,是指用文字、符号、图像或表格表达人的思想、意图并具有证据特征的证据材料。如各种合同书、文件、书信、电报、图纸、各式票证、提单、商品图案、借据、房产证等等。

书证自古有之。《周礼·地官·小司徒》记载:"地讼以图正之。"注谓:"地讼争疆界,图谓邦国本图。"谓:"言地讼争疆界者,谓民于疆之上横相侵削者也。图谓邦国本图者,凡量地以制邑,初封量之时,即有地图在于官府,于后民有讼者则以本图正之。"可见,在很早的时候,古人就懂得使用书证了。难怪"私凭文书官凭印""千年文字会说话"的谚语会在民间流传。

书证必须拥有载体,如纸张、绢帛、布匹、木料、塑料、金属、石块或其他物品等。受时代生产力和科技条件的制约,书证在不同的时代的载体是大有区别的。无论载体如何变化,载体的质地和种类始终未能影响书证的基本特征,即书证是能记录和反映人的主观思想、意图的一种证据。书证虽然具有载体,但载体本身并不是书证,书证是固定在载体上的思想或者行为为内容。

需要说明的是,反映和表达人的思想意图的符号、图像、表格以及文字必须是没有歧义的,是正常人一望便知的。当然文字种类不限,中外文皆可;隶书、草书、行书均行。在书证上标出书面符号的方法,应当是可以认识和阅读的物质痕迹留在物体上。符号可以用化学手段(墨水、染料)画出,也可以用机械手段(切削、冲压、雕刻、烧烙)改变物体表面的办法显示出来。

书证具有三个特征:第一,书证是能够证明案件事实的物品;第二,所反映的思想内容是以一定的文字、符号、图画表现出来,并与案件事实有联系的;第三,以其内容来证明案件事实。不论其存在时间的长短,只要无毁损,就能证明案件事实。书证的最大优点是易于保存、便于携带、复制方便。

书证是一种重要的证据。但书证是否要比其他证据的证明力略高些？我国法律对此无规定。在法国,法律明确规定书证的证明力要比其他证据的证明力高。《法国民法典》第1341条明确写道:"一切物件的金额或价额超过150法郎者,即使为自愿的寄托,均须于公证人前做成证书,或双方签名做成私证书。证书做成后,当事人不得主张与证书内容不同或超出证书记载的事项而以证人证之,亦不得主张于证书做成之时或以前或以后有所声明的事项而以证人证之,虽争执的金额或价额不及150法郎者,亦同。"法国的这种规定有一定的借鉴意义。

（二）书证的分类

书证可以从不同的角度进行分类。

1. 依书证内容为标准可以分为处分性书证和报导性书证。

处分性书证是指能设定、变更或消灭当事人之间民事法律关系的书证。它能够说明当事人之间发生、变更或消灭某种法律关系的事实。如租赁合同、技术合同、买卖合同、离婚证书、判决书等等。处分性书证的最大特点是能反映人的主观意图,能表明人在特定情况下要达到的特定法律目的。报导性书证与处分性书证恰恰相反,它并无特定法律目的,仅仅是报告在一定情况下存在的某项客观事实。这种客观事实一旦出现在诉讼中却能证实一定的案件事实。如朋友之间的通信、开会的记录、私人日记、报纸杂志上的通讯等等。

处分性书证更能体现书证直接性的特点,通过阅读内容可以判定特定的法律效果。而报道性书证则是对事实的记载,用于证明案件事实真相。

2. 依书证的制作形式为标准书证可以分为普通形式的书证和特定形式的书证。

普通形式的书证是指未经特定机关认可的书证,如公民之间使用的借条、收据和书信等。特定形式的书证是指要经过特定机关审核批准或履行一定法律手续方可成立的书证。比如结婚证只能由民政部门颁发、判决书只能由人民法院制作、身份证必须由公安机关签发等等。

特定形式的书证如果不具备形式要件要求,则不具有效力。但如符合要求,通常其效力高于普通形式的书证。

3. 依制作书证的主体的不同,可以将书证分为公文书证和私文书证。

凡国家机关、企事业单位在行使职权的过程中制作的书证称为公文书证。如公证机关制作的公证文书、房地产部门制作的房产证、学校颁发的毕业证等;公文书证必须由上述机关在法定职权范围内制作,具备事务管辖权和地域管辖权。公文书证的制作通常须按照一定的格式制作,如盖有国家机关的公章,使用特定的公文格式等。

凡公民、法人或非法人团体为其自身目的而制作的文件、信函、借条、收据、电报、日记等称为私文书证。由于公文书证在制作的过程中要遵循严格的标准、要求和程序,所以,一般说来,公文书证要比私文书证的证明力略强。对此,《解释》第114条规定:"国家机关或者其他依法具有社会管理职能的组织,在其职权范围内制作的文书所记载的事项推定为真实,但有相反证据足以推翻的除外。必要时,人民法院可以要求制作文书的机关或者组织对文书的真实性予以说明。"

4. 依照书证的制作方式和来源划分,书证还可以分为原本、正本、副本和节录本。

凡主体首次制作的书面文件称为原本,如高等院校发出的新生录取通知书。凡是依原本照录的书面文件称为正本。正本与原本具有同等的法律效力,如经电脑印制的民事判决书。副本是指按原本全文抄录或印制的书面文件,如法院送达被告的起诉状副本。副本的法律效力略低于原本或正本。凡部分摘录原本或正本的内容的书面文件称为节录本。显然,节录本的证明力不如正本的效力。

(三) 出示书证

当事人应将书证的原件呈交法庭,此乃常理。但是在下列特殊情形下,经法庭准许可免予提出。

其一,书证毁损灭失。

其二,提交原件确有困难。凡难以提出的证据,法庭可免予原件提供,必要时可以提交复制品、照片、副本、节录本。这里的提交书证原件确有困难包括:(1)书证原件遗失、灭失或者毁损的;(2)原件在对方当事人控制之下,经合法通知提交而拒不提交的;(3)原件在他人控制之下,而其有权不提交的;(4)原件因篇幅或者体积过大而不便提交的;(5)承担举证证明责任的当事人通过申请人民法院调查收集或者其他方式无法获得书证原件的。对上述情形,人民法院应当结合其他证据和案件具体情况,审查判断书证复制品等能否作为认定案件事实的根据。

按照《民事诉讼法》第67条规定的"谁主张、谁举证"的精神,书证应当由当事人收集并提供。但在诉讼实践中,书证有可能不在负有举证责任的当事人手中,而为对方当事人或第三人所持有,如果对方当事人或第三人拒绝提供该书证,主张该事实的当事人将无计可施。我们认为,在此情况下应当赋予当事人证据调查申请权。

有些大陆法系国家和地区立法规定的书证的收集和提供过程,分为书证的声明和书证的提出两个阶段。书证声明,是指当事人对已主张的案件事实,向法院作出的有相关的书证可以证明该事实真实性的声明。向法院作出书证声明是提供书证的前提,如果当事人未向法院作书证声明,那么法院将不对该书证进行调查。这种书证声明的表现形式,一般是向法院提交"提出书证的申请",如《德国民事诉讼法》第420条、第424条规定,申请人申请提出书证时,应当表明书证、表明以该书证所证明的事实等。

如果声明的文书由举证者本人所持有,那么在其提出文书声明的同时就应当提供此项文书,若不提出则法院将不予以调查该证据,其所主张的事实也就无法通过该书证得到证明。

当事人声明的书证为对方当事人所持有时,当事人在书证声明时应当提交责令对方当事人提出的申请。《德国民事诉讼法》第421条规定:"举证人断定证书在对方当事人手中时,应在申请证据时,同时申请命对方当事人提出证书";申请对方提出书证,还应当说明"主张证书在对方当事人占有中所根据的事由,以及对方当事人有提出证书的义务的原因"(第424条第3款、第4款)。《奥地利民事诉讼法》第303条规定,当事人主张对方持有重要的文书时,法院可以命对方提出该书证。当事人提出申请时应提供对方所应提交文书的副本,不能提供的,应尽可能详细、完整地叙述文书的内容,并提出将提供的文书能加以证明的事实。同时,申请人还应当详细说明与对方当事人占有文书的盖然性有关的事实。《日本民事诉讼法》第220条至第223条也有类似的规定。申请对方提出的,由法院审查决定是否存在责令对方提出书证的充足理由。

从各国的立法来看,法院若有充分的理由相信书证为对方当事人所持有,而责令对方当事人提出该声明的书证时,原则上对方当事人不得拒绝。对方当事人如果拒不提出该项书证,将会产生不利的法律后果。主要包括两个方面的内容,一是法院可以认为该被声明的书证存在为真实,二是以该书证为证明依据的事实主张为真实。《日本民事诉讼法》第224条规定:"1.当事人不服从提出文书的命令时,法院可以认为对方关于文书的主张为真实(即该文书是存在的——作者注);2.当事人以妨碍对方适用为目的,使具有提出义务的文书灭失以及其他不能使用的情形的场合与前款相同;3.在前二款规定的场合,对方当事人通过其他证据证明该文书中记载的具体主张以及根据该文书应证明的事实有明显困难的,法院可以认为对方有关该事实的主张是真实的。"《德国民事诉讼法》第427条规定,如果对方当事人不服从提出证书的命令,或者在符合法定的情形法院相信对方当事人并未细心追究证书的所在时,就可以把举证人提供的证书缮本视为正确的证书。如举证人未提供证书缮本时,举证人关于证书的性质和内容的主张,视为已得到证明。除此之外,有的国家法律还规定可以对违反此项义务的对方当事人科以罚款(如法国民事诉讼法第139条的规定)。另外,外国法律还规定了有关当事人要求对方提供书证申请的审查程序,以及对方当事人可以拒绝提出的法定事由等,以保护该方当事人的利益。

(四)我国书证提出命令的内容

结合域外的规定,我国《解释》第112条和第113条首次在我国规定文书提出命令。按照上述条文的规定,书证在对方当事人控制之下的,承担举证证明责任的当事人可以在举证期限届满前书面申请人民法院责令对方当事人提交。申请理由成立的,人民法院应当责令对方当事人提交,因提交书证所产生的费用,由申请人负担。对方当事人无正当理由拒不提交的,人民法院可以认定申请人所主张的书证内容为真实。持有书证的当事人以妨碍对方当事人使用为目的,毁灭有关书证或者实施其他致使书证不能使用行为的,人民法院可以对其处以罚款、拘留。

由于《解释》的规定过于抽象,缺乏操作性,2020年新修订的《证据规定》设置了当事人提出文书提出命令的申请要求,以及法院的审查规则。

首先,当事人提出文书命令必须载明所申请文书的具体信息,不能使用摸索证明。申请书应当载明所申请提出的书证名称或者内容、需要以该书证证明的事实及事实的重要性、对方当事人控制该书证的根据以及应当提交该书证的理由。

其次,对方当事人可以进行必要的抗辩。对方当事人否认控制书证的,人民法院应当根据法律规定、习惯等因素,结合案件的事实、证据,对于书证是否在对方当事人控制之下的事实作出综合判断。

第三,法院对当事人的申请进行审查时,应当听取对方当事人的意见,必要时可以要求双方当事人提供证据、进行辩论。当事人申请提交的书证不明确、书证对于待证事实的证明无必要、待证事实对于裁判结果无实质性影响、书证未在对方当事人控制之下的,人民法院不予准许。

另外,《证据规定》还对控制书证的当事人应当提交书证的具体情形进行了列举,包括:(1)控制书证的当事人在诉讼中曾经引用过的书证。若控制书证的当事人在答辩状、代理词中引用该书证,意味着其愿意将该书证公开,且其引用该书证意味着有利用、公开该书证的积极意愿,因此,负有证明责任的当事人有权要求控制人提交该书证。(2)为对方当事人的利益制作的书证,即利益书证。此处的对方当事人是指负有证明责任的当事人。此处的利益不仅指负有证明责任的当事人的利益,也包括负有证明责任的当事人与其他人拥有共同利益的情形。书证是否属于为负有证明责任的当事人利益而制作,可以从主客观两个方面考虑。如该书证能够在客观上直接证明负有证明责任当事人的法律地位,或者该书证本身即是为证明负有证明责任当事人的法律地位而制作,则该书证即属于利益文书的范畴。如遗嘱。在主观方面,可以从制作书证的目的、动机等主观因素出发,结合当事人诉讼请求所需保护的利益进行综合判断。[①](3)对方当事人依照法律规定有权查阅、获取的书证。指负有证明责任当事人依照实体法的规定有权要求书证控制人交出或者查阅的书证。如《公司法》第33条关于股东知情权的规定,股东有权查阅、复制公司章程、股东会会议记录、董事会会议决议、监事会会议决议和财务会计报告。(4)账簿、记账原始凭证。商业账簿、记账凭证等财务资料能够比较准确地反映出交易的主要过程,具有较强的证明作用。(5)人民法院认为应当提交书证的其他情形。

二、物证

"物证是以其自身属性、特征或存在状况证明案件事实的客观实在。"[②]物证除具有证据的共性外,它自身还具有下列特性:

物证具有相对的稳定性。由于物在自然界的客观性决定了物证可以在一定的时间和空间独立存在。一般而言,它不会"自己"发生变化。相对静止和稳定是一般物证的共性。

物证具有间接性。单纯地审视物证是很难发现它与案件的关联点的。比如对一根曾致伤他人的木棍,一般很难将其与伤害案件联系起来。只有有人出来指认,该木棍才可能"证明"案情,也就是说法官不能凭直觉判断木棍与案件的关联性。换言之,物证的间接性要通过第三者的沟通才能表现其证明力。所以有人又将其称为"哑巴"证据。

鉴于物证的这种特性,我国法律规定"物证应当提交原物",只有在提交原物有困难时,才允许提交复制品、照片(民事诉讼法第73条)。除此以外,以动产作为证据的,应当将原物提交人民法院。原物不宜搬移或者不宜保存的,当事人可以提供复制品、影像资料或者其他替代品。当事人以不动产作为证据的,应当向人民法院提供该不动产的影像资料。人民法院认为有必要的,应当通知双方当事人到场进行查验。

---

① 最高人民法院民事审判第一庭:《最高人民法院新民事诉讼证据规定理解与适用(上)》,人民法院出版社2020年版,第452页。

② 刘万奇:《物证新论》,载《法学研究》1993年第2期。

三、证人证言

(一)证人证言的特点

证人证言是指证人向人民法院陈述的有关案件真实情况的言词材料。

证人证言的外在表现形式可能是书面材料,也可能是口头陈述。在特殊情形下还可能是"动作"表述。例如,聋哑人不能用汉语表述但可用哑语或手势表达,当然这种表述方式须经翻译并记入笔录。

证人证言具有不可替代性。作为言词材料,它的主体只能是向司法机关提供案件真实情况的特定的人。"特定人"凭借自己的眼、耳、鼻、舌、身感知案件,而后亲自向法官陈述这种感知,这是其他人无法也不能替代的。不了解案件的人的陈述不能成为证人证言,虽了解案情但未直接向法官陈述而是向其他机关吐露的亦非诉讼中的证人证言。

证人证言具有客观性。证人证言并不是特定的人坐在房间里凭空杜撰出来的,而是案件运动过程作用于证人大脑皮层后,经其感知、忆访再原封不动地予以重述。案件的客观性制约着证人证言的客观性。有人认为,证人证言是特定的人对案情加工后形成的材料,因此它具有主观性。这是值得商榷的。诚然,从心理学角度言,证人证言要经历摄取、贮存和恢复案件信息三个阶段,其间也不乏对某些信息进行"加工",但"加工"后的信息不能证实和说明案件真实,只有那些未被加工、符合客观的信息才能起到证明作用。例如,证人某甲看见司机乙压伤丙,后又听说该司机身上有酒味,于是,在法庭上作证说亲自看见司机乙酒后开车压伤丙。显然,某甲的这些证词是经过加工的,因此所谓"司机乙酒后开车"的证词便不足为证。

证人证言具有关联性。众所周知,社会的人们无时无刻不在摄取生活中的各种信息,大到国家政治的、军事的、经济的和文化的信息,小到家庭、个人生活、工作和学习的信息。这些信息通过人的再陈述在一定的前提下也能印证某种事物,具有客观性,但不能说凡是具有客观性的信息都是诉讼中的证人证言。只有那些与诉讼案件有关的信息,并能程度不同地证明案件真实的信息才堪称证人证言。

证人证言具有合法性。司法人员采集证人证言时要依法进行,法律不允许非法收集证据。例如,对证人实行刑讯逼供所得的证词就应当在排斥之列。在特定情形下,民事实体法要求证人证言具有特殊的构成要件。如《民法典》第1135条、第1137条规定:"代书遗嘱应当有两个以上见证人在场见证,由其中一人代书,注明年、月、日,并由代书人、其他见证人和遗嘱人签名。以录音形式立的遗嘱,应当有两个以上见证人在场见证。遗嘱人危急情况下,可以立口头遗嘱。口头遗嘱应当有两个以上见证人在场见证。"

(二)证人出庭作证

证人需要将自己所知晓的案件事实客观向法庭陈述,因此当其又具有其他身份,可能与证人的身份相冲突时,其不能担任证人。如诉讼代理人追求维护当事人的利益,其与证人的地位是冲突的,因此诉讼代理人不能在一个案件中既做代理人又作证人。再如审判员、陪审员、书记员、鉴定人、翻译人员和参与民事诉讼的检察人员如果在自己参与的案件中作为证人则可能影响审判的公正性,因此这些人也不能作为本案的证人。

根据《证据规定》的要求,当事人申请证人出庭作证的,应当在举证期限届满前向人民法院提交申请书。经人民法院通知,证人应当出庭作证。除非因为健康原因不能出庭、路途遥远,交通不便不能出庭、因自然灾害等不可抗力不能出庭,以及其他有正当理由不能出庭几种原因外,经人民法院许可,可以通过书面证言、视听传输技术或者视听资料等方式作证,否则证人必须出庭作证,只提交书面证人证言的,该证明材料不得作为认定案件事实的根据。

人民法院在证人出庭作证前应当告知其如实作证的义务以及作伪证的法律后果,并责令其签署保证书,但无民事行为能力人和限制民事行为能力人除外。证人拒绝签署保证书的,不得作证,并自行承担相关费用。

证人作证时应当客观陈述其亲身感知的事实,不得使用猜测、推断或者评论性语言。证人作证前不得旁听法庭审理,作证时不得以宣读事先准备的书面材料的方式陈述证言。

四、鉴定意见

鉴定人员运用其专门知识或技术对案件某些方面进行鉴定所得出的符合科学的结论称为鉴定意见。如会计鉴定意见、文书鉴定意见、手印鉴定意见、足迹鉴定意见、法医学鉴定意见、司法精神病学鉴定意见、痕迹(包括工具痕迹、枪弹痕迹和其他痕迹)鉴定意见等等。

鉴定意见,是具有某种专门知识或技术的人对诉讼中的疑难问题,进行分析、对比、严格推理后得出的肯定或否定的结论。"鉴定的对象和鉴定人员具有专门性,鉴定方法和形式具有规范性,鉴定结论具有权威性。"[①]鉴定意见体现为鉴定书。鉴定书的内容应包括绪论、检验、论证、结论。绪论指的是收验日期,送检单位,送检人,简要案情,检材名称、种类、数量、提取方法、载体及包装、运输情况,鉴定要求。检验指的是检材和样本的形态、色质、大小、检验、实验的步骤、方法、手段、数据、特征图形。论证包括对检验发现的特征、数据进行综合评断,论述结论的科学依据。结论指的是鉴定的结果。鉴定书应做到文字简明,描述确切;照片要真实清晰,特征要标划鲜明。

《证据规定》对鉴定程序予以了完善。使得民事诉讼中鉴定申请以及鉴定行为更加规范。

(一)鉴定的释明

为了避免将没有必要的事项进行鉴定,增加当事人的负担,法院在审理案件过程中认为待证事实需要通过鉴定意见证明的,应当向当事人释明,并指定提出鉴定申请的期间。释明的内容包括就该待证事实的举证责任分配予以明确(涉及最终谁提申请和缴费),对待证事实可通过哪些技术条件或者鉴定机构的鉴定可予证明等内容。当事人有异议的,应当听取当事人意见,必要时可组织双方开展辩论。

根据《最高人民法院关于人民法院民事诉讼中委托鉴定审查工作若干问题的规定》,应该严格审查拟鉴定事项是否属于查明案件事实的专门性问题,当事人若申请对下列事项进行鉴定的,人民法院不予同意:(1)通过生活常识、经验法则可以推定的事实;(2)与待证事实无关联的问题;(3)对证明待证事实无意义的问题;(4)应当由当事人举证的非专门性问

---

① 邹明理主编:《司法鉴定教程》,法律出版社1995年版,第1页。

题;(5)通过法庭调查、勘验等方法可以查明的事实;(6)对当事人责任划分的认定;(7)法律适用问题;(8)测谎;(9)其他不适宜委托鉴定的情形。

(二)鉴定申请的时间

当事人申请鉴定,应当在人民法院指定期间内提出,并预交鉴定费用。逾期不提出申请或者不预交鉴定费用的,视为放弃申请。对需要鉴定的待证事实负有举证责任的当事人,在人民法院指定期间内无正当理由不提出鉴定申请或者不预交鉴定费用,或者拒不提供相关材料,致使待证事实无法查明的,应当承担举证不能的法律后果。

与《解释》相比,《证据规定》将鉴定申请的时间从举证期限届满前提出变更为在人民法院指定期间内提出,这种改变意味着对当事人申请鉴定行为的性质的变化。《解释》要求鉴定申请在举证期限内提出,系将鉴定作为当事人提供证据的表现形式看待,而《证据规定》则将鉴定作为法院调查收集证据和审查判断证据的一种方式,鉴定只是法院获得心证的手段,因此不受申请期限的影响。同时,因未组织证据交换前,当事人和法院无法得出是否需要鉴定的心证,只能在质证过程中提出。因而将鉴定申请时间不再要求在举证期限届满前更为合理。

(三)鉴定程序

人民法院准许鉴定申请的,应当组织双方当事人协商确定具备相应资格的鉴定人。当事人协商不成的,由人民法院指定。人民法院在确定鉴定人后应当出具委托书,委托书中应当载明鉴定事项、鉴定范围、鉴定目的和鉴定期限。

鉴定开始之前,人民法院应当要求鉴定人签署承诺书。承诺书中应当载明鉴定人保证客观、公正、诚实地进行鉴定,保证出庭作证,如作虚假鉴定应当承担法律责任等内容。

鉴定人故意作虚假鉴定的,人民法院应当责令其退还鉴定费用,并根据情节,予以罚款、拘留;构成犯罪的,依法追究刑事责任。

人民法院应当组织当事人对鉴定材料进行质证。未经质证的材料,不得作为鉴定的根据。经人民法院准许,鉴定人可以调取证据、勘验物证和现场、询问当事人或者证人。鉴定人应当在人民法院确定的期限内完成鉴定,并提交鉴定书。鉴定人无正当理由未按期提交鉴定书的,当事人可以申请人民法院另行委托鉴定人进行鉴定。人民法院准许的,原鉴定人已经收取的鉴定费用应当退还。

人民法院收到鉴定书后,应当及时将副本送交当事人。当事人对鉴定书的内容有异议的,应当在人民法院指定期间内以书面方式提出。对于当事人的异议,人民法院应当要求鉴定人作出解释、说明或者补充。人民法院认为有必要的,可以要求鉴定人对当事人未提出异议的内容进行解释、说明或者补充。

(四)鉴定的撤销

对鉴定机构能否撤销鉴定,相关立法或行业规范未作规定,世界其他主要国家和地区也无相应规定。《证据规定》第42条规定:"鉴定意见被采信后,鉴定人无正当理由撤销鉴定意见的,人民法院应当责令其退还鉴定费用,并可以根据情节,依照民事诉讼法第114条规定对鉴定人进行处罚。当事人主张鉴定人负担由此增加的合理费用的,人民法院应予支持。人民法院采信鉴定意见后准许鉴定人撤销的,应当责令其退还鉴定费用。"之所以作出这种规定，系尊重鉴定人独立诉讼地位。但反对意见认为鉴定作为准司法行为，鉴定意见作为一种证据种类，是否具有证据能力应由法院判断，不允许自行纠正。

五、勘验笔录

在民事诉讼中，有一部分证据材料不是传证人或当事人到庭或者直接提取证据材料就能解决问题的。它需要一个中间环节——对现场或物体进行勘察检验。

所谓勘验笔录是指人民法院工作人员对民事案件涉案现场或物证进行实地或实物勘查检验时所作的记录。勘验笔录是对民事案件现场或案件某项问题的重新固定或反映。如对山林、田土、草原、房屋、宅基地、汽车肇事现场所进行的测绘或丈量，对某些物证或隐匿场所进行的检查而形成的记录。

勘验制度古已有之。《周礼·月令》中的"孟秋之月，命理瞻伤察创视折审断"就是说勘验的事。至于勘验的详细方法步骤则由于史籍散失而不得其详。宋代著名法医宋慈所著《洗冤集录》对勘验一事贡献颇多。他说："狱事莫重于大辟，大辟莫重于初情，初情莫重于检验"；"初受委差，先当急急收索"；"详细检验，务要从实"。

一般而论，被勘验对象是诉讼中双方当事人争议的诉讼标的物，如当事人为某房屋的所有权发生纠纷，该房屋就是该案的诉讼标的物，如该房屋的面积、结构、质量、新旧程度等需要勘验，此时它就成为勘验对象。

审判实践表明，勘验的主体主要是人民法院负责审理案件的法官；有时也可以是其他专业技术人员。负责审理案件的法官应不应当成为勘验的主体呢？笔者认为不能。首先，审理案件的法官是整个诉讼的主持者和指挥者，不应当成为勘验的主体。首先，民事诉讼法明文规定，证据必须在诉讼中质证，在质证时制作该证据的人就有责任接受当事人及其律师的盘问，试想，承审法官一方面要指挥诉讼，另一方面又要以证据资料的制作者身份回答当事人或律师的质询，这种身份竞合的场面只会使法官处于尴尬境地。其次，随着科技的发展，出现在民事诉讼中的现场科技含量增高，一般的法官是难以胜任错综复杂、科技含量较高的勘验工作的。因此，立法上应明确规定法官不得成为勘验人。同时，法律也要规定勘验人在诉讼中的权利义务。勘验人在民事诉讼中处于中立的地位。他是民事诉讼中的独立的诉讼法律关系主体，在诉讼中应当享有了解案情权、查阅材料权、拒绝勘验权、回避权；同时也负有如实勘验、制作笔录、回答提问的义务。

勘验的方法有观察、测量、分析、拍照、录像、绘图和文字笔录等。勘验原则上由当事人提出申请，不应由人民法院主动进行。

勘验应公平、公开地进行。实施勘验时主持者应通知双方当事人到场，同时还应邀请当地基层组织的代表或没有利害关系的公民见证。勘验应忠实于事物的原始面貌。

勘验的步骤大体分为两个阶段。第一阶段是宏观观察，即了解被勘验的物体或现场的位置、状态和分布情况并进行拍照、绘制草图。第二阶段是勘验。可以由外围向中心推进，也可以由中心向外围扩展勘验；可以分片分段地勘验，也可以依标的物的结构循序进行勘验。勘验完毕，勘验人应当将勘验情况和结果制作笔录，由勘验人、当事人和被邀参加人签名或者盖章。

勘验笔录主要由三部分组成。第一是首部，首部应记载案由、时间、天气情况、勘验场所及勘验人、当事人、见证人、书记员的姓名；第二是叙事部分，主要记载勘验的顺序和过程，发现的情况，提取的物品和痕迹；最后是尾部，主要记明勘验结束的时间以及在场人员的声明等等。

虽然勘验笔录的制作有当事人的参与，但是并不意味着勘验笔录一定就能够作为认定案件事实的依据，勘验笔录作为证据的一种，人民法院开庭审理时必须当庭宣读，并由当事人发表意见。

六、当事人陈述

在我国的民事诉讼立法中，当事人陈述一直是作为一种证据形式单列的。审判实践中历来将当事人陈述看成一种独立的证据。当事人是系争民事法律关系的主体。民事案件的发生、发展与他们的行为直接相关。司法实践告诉我们，原告为了取得胜诉，必然尽力将自己所知道的案件事实反映在诉状中，在法庭辩论时他也会据理阐明自己的主张，并提出可能使法庭判断案件事实的证据。所以，当事人陈述有助于法官确定调查证据的方向，有助于法院确定审理的基本范围，有助于人法院尽快地查明案情，解决纠纷。

但是，有两个问题值得仔细研究：一是陈述的范围界定。鉴于当事人陈述的范围较为广泛，有对诉讼请求的陈述，也有对法律适用的陈述，而真正称得上是证据材料的只能是当事人对有关案件事实的陈述。当事人陈述仅为再现案件事实所作的描述性的陈述，不得包含评价性内容；陈述中当事人对案件争议事项的法律主张，包含评价性内容，不属于当事人陈述。二是陈述的主体界定。民事诉讼法理研究表明，当事人有广义和狭义之分。狭义当事人系指原告和被告；广义当事人系指原告、被告、共同诉讼人和第三人。他们在案件审理过程中所作的陈述都属于当事人陈述的范畴。

当事人对案件事实的陈述具有以下两大特征：

其一，可能的真实性。诉讼参加人对案件事实的陈述可能具有真实性的一面。这是因为，民事法律关系的发生、发展与变化都是诉讼参加人直接参加的行为过程。他们的陈述会或多或少地反映民事案件的原貌。

其二，可能的虚假性。民事诉讼参加人的共同特点是与诉讼结果存在直接的利害关系。心理学与社会学研究证明，人有一种趋利避害的本能。从诉讼的动因讲，有利害关系的人总是千方百计地争取胜诉而避免败诉。为此，他们在向法庭的陈述中总带有某种倾向性。对自己有利的部分一般是大加渲染详尽叙述，对自己不利的方面则尽力避重就轻轻描淡写。有的甚至掺杂使假颠倒黑白。

最高人民法院《解释》第92条第1款规定，"一方当事人在法庭审理中，或者在起诉状、答辩状、代理词等书面材料中，对于己不利的事实明确表示承认的，另一方当事人无需举证证明。"事实上，承认的内涵是相当丰富的，有对案件事实的承认，有对诉讼请求的承认，有对适用法律程序的认可等。不同的认可或承认，其法律后果是不一样的。能够作为证据看待的只能是当事人对有关案件事实的承认。我国台湾地区"民事诉讼法"第279条规定："当事人主张之事实，经他造于准备书状内或言词辩论时或在受命法官、受托法官前自认者，无庸举证。"第 384 条规定:"当事人于言词辩论时为诉讼标的之舍弃或者认诺者,应本于其舍弃或认诺为该当事人败诉之判决。"对案件事实的承认称为自认,对诉讼标的的承认称为认诺。此种区分是很有道理并值得借鉴的。

自认可以是全部的自认或部分自认,也可以是有条件的自认或无条件的自认;可以是诉讼上的自认,也可以是诉讼外的自认。全部自认是指诉讼参加人用明确的言语认可或接受相对方的所有案件事实、理由。如被告在返还房屋租金之诉中提出自己的确出具过欠有出租人房屋租金若干的字据,就是一种全部自认。部分自认是指诉讼参加人用明确的语言认可或接受对方当事人所提出的部分事实的行为。如有独立请求权的第三人在诉讼中表示原告所列事实的某部分属实。自认不附加任何条件者谓之无条件自认,自认附一定条件者谓之有条件的自认。前者如被告提出原告所出示的书证是真实的,后者如被告提出,原告若愿意调解,我承认对方的确被我轻微地伤害过。

诉讼上的自认是指诉讼参加人面对法官在法庭上的承认,它必须符合以下条件:

第一,诉讼上的自认必须是在诉讼程序进行中,在法官面前的承认。这是因为,诉讼上的自认成立后,不但产生免除证明的效力,即主张的事实视为真实,而且这种自认也对法院有拘束力。法院不得违背当事人的自认而另行认定该事实主张,应当将自认的事实作为裁判的基础。可以说自认所产生的裁判上的效力也是辩论主义的要求所在。在辩论主义体制下,当事人的自认可排除法院的认定。法院不仅没有必要审查其真实性,而且也不允许作出与此相反的事实认定。因此,当事人自认必须在诉讼中作出才具有这种裁判上的效力。对此种自认的要求,各个国家的法律规定存在差异。在大陆法系国家和地区,一般要求诉讼上的自认是在诉讼过程中,包括准备阶段,也包括在庭审阶段向法院所作的承认。《日本民事诉讼法》第 179 条规定:"当事人在法院自认的事实及显著的事实,无需进行证明。"自认的阶段包括在法庭上的自认,也包括当事人在书状准备阶段的自认。我国台湾地区"民事诉讼法"第 279 条规定:"当事人主张之事实,经他造于准备书状内或言词辩论时或在受命法官、受托事前自认者,无庸举证。"这种立法体例使自认成立的时间具有一定的广延性。无论是在准备阶段或在辩论阶段的自认,实际上都是对法院作出的。但是德国法对自认的时间要求似乎显得严格一些,《德国民事诉讼法》第 288 条规定,经对方自认的事实无须举证。当事人的自认只有在法庭上作出才为有效。德国法不认可法庭之外自认的裁判上的效力。英美法系国家对正式自认的时间要求与大陆法系国家的规定相类似,即在审前准备阶段和审理阶段都会产生自认的效力。只不过在英美法国家,正式开庭前普遍采用证据开示,其中一项开示方法即是要求对方进行自认,并以正式的诉讼文件形式确定下来。按照英国法的规定,正式自认的作出有三种方式:(1)以诉讼文书作出;(2)用答复自认通知(notice of admit)的方式作出,即一方要求另一方对通知所列出的事实或文书作自认;(3)一方当事人经法院许可后,得在审理前向另一方提出书面问题。后者应用宣誓声明予以答复。在审理时得针对作答复的一方使用这些答复。[①] 根据美国《联邦民事诉讼规则》第 26 条至第 37 条规定的发现程序,一方当事人可以要求另一当事人自认。第 36 条第 1 款规定:"要求自认。当事人只是为

---

① 沈达明:《英美证据法》,中信出版社 1996 年版,第 59 页。

了系属的诉讼,可以向其他任何当事人送达自认要求书。要求对方当事人自认,包括要求书中所列的证件真实性在内的关于事实或对事实适用法律的陈述或意见的任何事实的真实性。"第2款规定:"自认的效力。根据本条规定,自认的任何事项均视为最终被确定。"根据上述规定,一般来讲,诉讼上的自认应是在诉讼程序中向法院或法官作出,或在准备书状中以书面形式作出。我国《证据规定》第3条规定:"在诉讼过程中,一方当事人陈述的于己不利的事实,或者对于己不利的事实明确表示承认的,另一方当事人无需举证证明。在证据交换、询问、调查过程中,或者在起诉状、答辩状、代理词等书面材料中,当事人明确承认于己不利的事实的,适用前款规定。"将自认发生的时间不仅规定在开庭审理过程,在证据交换、询问、调查过程中,或者在起诉状、答辩状、代理词等书面材料中也可能产生自认的效果。

除此以外,当事人委托诉讼代理人参加诉讼的,除授权委托书明确排除的事项外,诉讼代理人的自认视为当事人的自认。当事人在场对诉讼代理人的自认明确否认的,不视为自认。普通共同诉讼中,共同诉讼人中一人或者数人作出的自认,对作出自认的当事人发生效力。必要共同诉讼中,共同诉讼人中一人或者数人作出自认而其他共同诉讼人予以否认的,不发生自认的效力。其他共同诉讼人既不承认也不否认,经审判人员说明并询问后仍然不明确表示意见的,视为全体共同诉讼人的自认。

除以上探讨的当事人明确表示承认的情况外,许多国家的法律规定中还涉及拟制自认的问题。拟制自认是指"当事人在言词辩论中,对对方主张的事实无明确的争议,并且根据全部辩论的内容认定也无争议时,该事实视为自认,这就是所谓的拟制自认"①。《日本民事诉讼法》第159条第1款规定:"当事人在口头辩论之中,对于对方当事人所主张的事实不明确地进行争执时,视为对该事实已经自认。但是,根据辩论的全部旨意,应认为争执了该事实时,则不存在此限。"在英国法上,如果一方当事人没有否认诉讼文书上所载的一项主张,则可以认为是一种默示的自认。② 拟制自认的成立是以一方当事人在诉讼准备阶段或辩论阶段对另一方提出的某项事实主张不提出明确的争执,而且从全部辩论的内容来看也不存在对该事实的争执。拟制自认一般要持续到辩论终结时才能加以认定。拟制自认与自认具有相同的法律效果。我国法律同样有拟制自认的规定,《证据规定》第4条规定:"自认的表示应当明确。如果当事人既未承认,也未否认的,经审判人员充分说明并询问后,其仍不明确表示肯定或者否定的,则构成诉讼上的拟制自认。诉讼上的拟制自认与自认具有相同效力。"

第二,自认的对象应当是案件的事实,即对不利于自己的事实主张的承认。之所以限定于事实问题,是因为经自认的事实视为真实,从而免除主张者的举证责任。经验法则以及法律适用问题是法官的权力范畴,即使当事人陈述一致,也不产生对法院的拘束力。"自认是对具体事实而言的,而对法律判断或经验法则,即使双方当事人的陈述相一致也不能约束法院,所以不能成为自认。"③此外,自认是当事人对不利于自己之事实的承认。一般来讲,所

---

① 沈达明:《英美证据法》,中信出版社1996年版,第59页。
② 齐树洁主编:《英国证据法新论》,厦门大学出版社2011年版,第405页。
③ [日]兼子一、竹下守夫:《日本民事诉讼法》,白绿铉译,法律出版社1995年版,第103页。

谓不利的事实,判例认为是对方负有举证责任的事实。①

在诉讼理论上,一般认为可将事实分为主要事实、间接事实和辅助事实,大陆法系民事诉讼理论将事实分为主要事实、间接事实和辅助事实三类。所谓主要事实是指能够对民事权利发生、变更、消灭有直接作用的事实;所谓间接事实就是借助经验法则、理论原理能够推定主要事实存在与否的事实;辅助事实是指能够明确其证据能力和证据力的事实。② 那么对于哪一种事实的自认会产生对法院有约束力的效果呢？大陆法系诉讼理论认为,自认所产生的对法院的拘束力是辩论主义的内容之一,只限于对民事权利产生、变更和消灭所必需的主要事实。"自认具有裁判上的效力也是辩论主义的内容之一。因此,判例也把本人的自认的对象限于主要事实,而对于间接事实的自认和辅助事实的自认则对法院和作出自认的当事人没有拘束力。"③我们赞同这一观点。由于自认的法律效果在于免去举证责任的效力,而举证责任在一般情况下是以法律构成要件事实为分配基础,而且根据辩论主义的精神,只有当事人主张的主要事实才对法院有拘束力,因此,当事人自认的事实只限于主要事实才符合理论的逻辑性和严密性。

在自认的对象方面还涉及当事人对诉讼标的的承认。在诉讼理论上认为,对诉讼标的的承认又称为认诺,与对事实承认的自认的法律效果不同,认诺成立所产生的是承认者败诉的法律效果。认诺必须在言词辩论时作出,并且不许附条件或限制,也不得撤销与撤回。各国法律一般都规定,有效的认诺也约束法院,并产生同确定判决一样的效力。《日本民事诉讼法》第267条规定:"将和解或者放弃或承诺请求记载于笔录时,该记载具有与确定判决同等效力。"自认与认诺虽然在法律效力上存在差别,但是两者也存在一定的联系,也即对诉讼标的的承认实际上包含了对支持该请求存在的所有主要事实(要件事实)的全部承认。因此,认诺包含了自认的内容。各国民事诉讼法一般将自认和认诺分别加以规定。但我国民事诉讼法并没有如大陆法系民事诉讼那样关于认诺的相关规定,同时我国诉讼理论界认为,我国民事诉讼并未实行类似于大陆法系国家的辩论主义,法院在诉讼中处于主导地位,在事实、证据等方面起着决定性的作用,因此,当事人的自认或认诺并不会产生约束法院的效力。

理论上还有一种自认叫权利自认,它是指当事人就他造关于诉讼标的法律关系的前提权利、义务或者法律关系的主张为承认。所谓作为诉讼标的的法律关系之前提的权利或者法律关系,是指包含着法律判断的、小前提中的构成要件事实或者其他辅助性事实,也即诉讼请求的先决性法律关系。对于是否允许权利自认,理论上争议较大。否定者认为适用法律、解释法律为法官职权,不容当事人侵夺。而肯定者则认为诉讼标的的前提法律关系,于法律适用三段论中仅处于小前提的地位,与要件事实地位并无不同,况且既然诉讼中对诉讼标的的承认都许可(认诺),还有什么理由限制对诉讼标的法律关系的前提呢？

第三,自认应当是双方当事人对某一事实的陈述一致。

---

① ［日］三月章:《日本民事诉讼法》,汪一凡译,台湾五南图书出版有限公司1997年版,第425页。
② 参见张卫平:《诉讼构架与程式——民事诉讼的法理分析》,清华大学出版社2000年版,第176~177页。
③ ［日］兼子一、竹下守夫:《日本民事诉讼法》,白绿铉译,法律出版社1995年版,第104~105页。

自认一旦成立,便对当事人和法院产生约束力,当事人不得随意撤销自认,法院不得作与自认不同的事实判断。但是自认在一定条件下也是可以撤销的,原则上以不真实及有错误为自认撤销的要件。《德国民事诉讼法》第290条规定:"当事人撤回其在审判上的自认,只限于他证明自认与真实不符,而且其自认是由于错误而发生的时候,其撤回才影响自认的效力。在这种情况下,自认失其效力。"我国台湾地区"民事诉讼法"第279条第3款也有类似规定:"自认之撤销,除别有规定外,以自认人能证明与事实不符或经他造同意者,始得为之。"一般而言,自认在以下两种情形下可以撤销:一是自认能证明自认与事实不符,二是经对方当事人的同意。

诉讼外的自认,是指在诉讼开始以前作出的,或在诉讼开始以后未以正式文书形式或在除审判人员以外的第三人在场的情况下作出的。从各国的法律规定来看,诉讼外的自认并不产生免除证明的法律效力。诉讼外的自认需要通过其他证据予以证明,并且可以用其他证据予以反驳。在诉讼中,诉讼外自认的自认人重复其诉讼外的自认,则可使其转化为诉讼上的自认。在英美法系国家,诉讼外的自认又称为非正式自认,属于传闻证据排除规则的例外情形。

七、视听资料

在民事诉讼法学界,对于视听资料是否属于一种独立的证据种类,曾经有过不同的看法。一种意见认为:"视听资料介于物证、书证之间,它不外乎分为两类,一类是以其思想内容来证明案件情况的,属于书证的范畴;另一类是以被录制的内容(物品、文件)的存在及其特征来证明案件情况或者某一事实的,是属于物证。因而不主张把视听资料列为一种独立的证据。"那么,视听资料属于何种证据之列呢? 有人主张它是物证,因为它是一种物体;有人主张它是书证,"因为,视听资料之所以能够成为证据,在于它反映当时的客观情况,有一定的思想内容,是用这种内容,而不是用物证明待证事实"。另一种意见认为,"视听资料是以它的图像、音响、储存材料起证明作用的,而不是以它的外部形状,所以不是物证。同样,视听资料不仅静态地反映待证事实的真实情况,而且动态地表现待证事实的现实情景,不是单以文字或符号来表达一定的思想内容的,所以它不是书证",而是一种独立的诉讼证据。①

在国外,苏联、罗马尼亚、德国、日本的民事诉讼法,都没有规定视听资料是一种独立的证据。美国联邦证据规则第100条,将视听资料规定在书证之中;英国民事证据法第10条规定,文件除书面以外,还包括:(1)任何地图、计划、图表或绘画;(2)任何相片;(3)任何收录资料、声音资料,以及能够加以复制的唱片、磁带、声迹或其他装置;(4)任何收录一个或几个可见图像,以便能够加以复制的影片、底片、磁带或其他装置。②《意大利民法典》第2712条也将视听资料列为书证。有的国家将视听资料列为物证的范围,如《加拿大证据法典》第74条对实物证据的规定,实物证据是指能够提供给事实审理者查验的任何物体如文书、录音

---

① 常怡主编:《新中国民事诉讼法学研究综述》,长春出版社1991年版,第204页。
② 王锡三:《民事诉讼法研究》,重庆大学出版社1996年版,第230~231页。

带、照片、物品、场所、可视或可听之展示物。

诚然,在科学技术不发达的过去,不可能出现视听资料。人证与物证是诉讼中经常使用的证据种类。只有在人类发明了电、电影、摄影、录音、录像、雷达、电脑等先进的技术和设备后,视听资料才成为可能。尽管视听资料兼有物证、书证的影子,但它并不能完全等同于书证或物证。正是基于此种原因,我们赞成诉讼证据中应有视听资料的一席之地。

科技的发达必然引起诉讼手段的革新。视听资料出现在民事诉讼领域是不以人的意志为转移的。所谓视听资料是指采用一定的科学技术,将语言、图像或文本转化为能够反复再现的磁介质或数字化存储形态,用以证明民事案件事实的证据。通常视听资料包括录音资料和影像资料两种类型。视听资料的最大优点是能借助人的视觉、听觉感知一定的案件事实,而且这种"事实"可以连续再现、定格、放大、缩微。承办法官从这些画面、数字、图表和声响中可以亲身领会案件形成的原始过程以及当事人的意思表示。

视听资料是既不同于物证又不同于书证的新证据。物证凭物的外部特征证明案件。视听资料以声音、图像等内容证明案件事实。它可以记录物证的外部特征但更能记录该物证运动的轨迹。视听资料中记载的声音、图像等内容,必须通过特定的仪器设备和技术手段才能够予以再现;而书证记载的文字、符号等,一般直接凭借肉眼就能够观察到。书证虽是以载体上的文字、符号、图像说明案件的,但只是静态地说明案件事实,视听资料则是以能看、能听的图像和声音说明案件的,因而是动态地反映案件事实。可以说视听资料是集书证、物证的优点于一身的证据。

视听资料虽然易于保存、内容有较大的准确性的优点,但同时在现代科技下它又易于被伪造。因此对其效力,我国民事诉讼法规定,存有疑点的视听资料不能单独作为认定案件事实的依据。

八、电子数据

电子数据是指基于电子技术生成、以数字化形式存储在电子介质中的信息。如电子邮件、电子数据交换、网上聊天记录、博客、微博客、手机短信、电子签名、域名等。近年来,随着电子商务的异军突起,计算机和网络的日益普及,各种数据电文在现实生活中被大量使用,涉及电子证据的民事诉讼案件也越来越多。常见的电子证据包括:网页、博客、微博客等网络平台发布的信息;手机短信、电子邮件、即时通信、通信群组等网络应用服务的通信信息;用户注册信息、身份认证信息、电子交易记录、通信记录、登录日志等信息;文档、图片、音频、视频、数字证书、计算机程序等电子文件;其他以数字化形式存储、处理、传输的能够证明案件事实的信息。需要注意的是电子数据常常与视听资料这种证据类型发生重合,当某一证据既可以纳入视听资料,又可以纳入电子数据类型时,按照民事诉讼法的规定,存储在电子计算机等电子介质中的视听资料,适用电子数据的规定。即对于非存储在电子介质中的视听资料,如磁带、胶片等,才适用视听资料的相应规则,否则则适用电子数据的规定。

我国1991年《民事诉讼法》没有专门对电子证据作出规定,因此关于电子证据的定位问题,无论理论界还是司法实践中均存在较大的分歧,先后产生了"视听资料说""书证说""物证说""鉴定结论说""混合证据说"和"独立证据说"等多种观点。1999年《合同法》第11条规定:"书面形式是指合同书、信件和数据电文(包括电报、电传、传真、电子数据交换和电子邮件)等可以有形地表现所载内容的形式。"2004年《中华人民共和国电子签名法》(以下简称《电子签名法》)第7条规定:"数据电文不得仅因为其是以电子、光学、磁或者类似手段生成、发送、接收或者存储的而被拒绝作为证据使用。"该规定首次从立法上确认了电子证据的法律效力。2012年修法时,立法机关借鉴外国证据立法,总结我国司法实践经验,在《民事诉讼法》中将电子数据作为一种独立的证据形式加以明确规定。

电子数据的特点表现在以下几个方面,首先,电子数据证据的高科技性。电子数据证据是存储在存储介质上的二进制代码(0和1),人们读取时必须使用电子计算机或一些特殊的设备。因此,电子数据证据的收集和取证以及认定都必须依赖于计算机和一些特殊的电子设备,同时,又依赖于计算机专家。其次,电子数据证据的易修改复制性。电子数据证据极易被修改和破坏,经过变造的电子数据证据,人们往往很难发现。第三,电子数据准确性。电子数据以技术手段为依托,很少受到主观因素的影响,具有较高的精密性。

电子数据具有易伪造,易篡改的特征。电子数据真实性的判断是审判实践中的一个难题,相关司法解释也未做明确规定。因此在修订《证据规定》时,对于电子数据真实性判断的方法和依据,赋予了审判人员自由裁量权,为审判人员对电子数据的采信认定提供指引,也将有利于当事人在未经公证保全的情况下对电子数据举证。《证据规定》第93条规定:"人民法院对于电子数据的真实性,应当结合下列因素综合判断:(1)电子数据的生成、存储、传输所依赖的计算机系统的硬件、软件环境是否完整、可靠;(2)电子数据的生成、存储、传输所依赖的计算机系统的硬件、软件环境是否处于正常运行状态,或者不处于正常运行状态时对电子数据的生成、存储、传输是否有影响;(3)电子数据的生成、存储、传输所依赖的计算机系统的硬件、软件环境是否具备有效的防止出错的监测、核查手段;(4)电子数据是否被完整地保存、传输、提取,保存、传输、提取的方法是否可靠;(5)电子数据是否在正常的往来活动中形成和存储;(6)保存、传输、提取电子数据的主体是否适当;(7)影响电子数据完整性和可靠性的其他因素。人民法院认为有必要的,可以通过鉴定或者勘验等方法,审查判断电子数据的真实性。"该条规定对审判人员的相关专业技能提出了较高的挑战。鉴于实践中电子数据往往是证据链中的一个环节,并非单独的定案依据,如果通过对比上述条款,通过综合采信可以形成内心确认,则可以作出真实性判断。如果无法通过综合判断形成内心确信应及时通过鉴定或者勘验的方法确定真实性。[1]

关于电子数据真实性的认定标准,学术界、实务界目前尚无统一的理论和实务操作,按照司法实务部门的观点,审判人员审查的焦点一般包括:该电子数据的存储磁盘、光盘等可移动存储介质是否与打印件一并提交,是否一致;是否载明该电子数据形成的时间、地点、对象、制作人、制作过程及设备情况等;制作、存储、传输、出示电子数据的程序和环节是否合法,取证的主体是否有签名或盖章等;内容是否真实,有无篡改、添加、拼凑等伪造变造的情

---

[1] 最高人民法院民事审判第一庭:《最高人民法院新民事诉讼证据规定理解与适用(下)》,人民法院出版社2020年版,第817页。

形;出示的电子数据是否是原件,如不是原件,是否附有无法调取原件的说明。①

鉴于电子数据真实性判断上的困难,《证据规定》第94条采用了电子数据推定真实的规则。依该条的规定,电子数据存在下列情形的,人民法院可以确认其真实性,但有足以反驳的相反证据的除外:(1)由当事人提交或者保管的于己不利的电子数据;(2)由记录和保存电子数据的中立第三方平台提供或者确认的;(3)在正常业务活动中形成的;(4)以档案管理方式保管的;(5)以当事人约定的方式保存、传输、提取的。电子数据的内容经公证机关公证的,人民法院应当确认其真实性,但有相反证据足以推翻的除外。

基于现代技术的发展,以及区块链技术的成熟,较多的电子数据通过区块链保存。② 由于区块链"信息不可伪造和篡改"的特点,2021年6月最高人民法院《人民法院在线诉讼规则》针对此类电子数据,规定当事人作为证据提交的电子数据系通过区块链技术存储,并经技术核验一致的,人民法院可以认定该电子数据上链后未经篡改,但有相反证据足以推翻的除外。

【思考题】

1. 民事诉讼证据具有哪些特征?
2. 简述证人证言与鉴定结论的主要区别。
3. 如何收集书证?
4. 试述证据的发展史。
5. 论视听资料。
6. 简述电子证据的特点。

【参考文献】

1. 江伟主编:《证据法学》,法律出版社1999年版。
2. 田平安:《民事诉讼证据初论》,中国检察出版社2001年版。
3. 卞建林主编:《证据法学》,中国政法大学出版社2007年第3版。
4. 张保生主编:《证据法学》,中国政法大学出版社2009年版。
5. 陈光中主编:《证据法学》,法律出版社2015年第3版。
6. 最高人民法院民事审判第一庭:《最高人民法院新民事诉讼证据规定理解与适用》,人民法院出版社2020年版;
7. 张保生、冯俊伟、朱盛文:《中国证据法40年》,载《证据科学》2018年第2期。

---

① 最高人民法院民事审判第一庭:《最高人民法院新民事诉讼证据规定理解与适用(下)》,人民法院出版社2020年版,第817页。

② 区块链是一个信息技术领域的术语。从本质上讲,它是一个共享数据库,存储于其中的数据或信息,具有"不可伪造""全程留痕""可以追溯""公开透明""集体维护"等特征。基于这些特征,区块链技术奠定了坚实的"信任"基础,创造了可靠的"合作"机制,具有广阔的运用前景。

第18章　民事诉讼中的证明

> [提要] 民事诉讼的证明是当事人在诉讼中进行的一种重要活动。对证明活动的规制是民事诉讼制度的重要内容。诉讼证明制度与民事诉讼的其他制度密切相关,并在一定程度上影响其他制度。民事诉讼中的证明包括证明对象、证明标准、证明责任、证据保全等内容。

第一节　民事诉讼证明概述

一、民事诉讼证明的概念和特征

(一)民事诉讼证明的概念

"证明"一词在日常生活中被广泛应用。从一般意义上说,"证明"是指用某种或者某些手段、材料去论证某种观点或事实主张的正确性或真实性的活动。民事诉讼证明是一种特殊的证明方式。通常认为,民事诉讼的证明是当事人和法院依法运用证据确定或者阐明案件事实的诉讼活动。[①] 传统的民事诉讼证明概念过分强调证明中的认知因素,有所不足:一方面忽视了诉讼证明过程中的价值判断,另一方面在对马克思主义认识论片面理解的基础上,过分强调人的认识能力的至上性,诉讼证明概念的确定远离了证明不能的情况和证明责任的概念。[②] 鉴于对传统民事诉讼证明概念的反思,我们认为民事诉讼的证明是民事诉讼中负有证明责任的当事人依照法律的规定运用证据证明自己主张的事实存在,并使审判人员形成有利于自己的内心确信的活动。

(二)民事诉讼证明的特征

1. 民事诉讼证明的主体是当事人

诉讼证明的主体受证明责任的影响和支配,如果负担证明责任的当事人不能证明争议的案件事实,将承担不利的法律后果——败诉的风险。因此,负担证明责任的当事人在诉讼

[①] 江伟主编:《民事诉讼法》,中国人民大学出版社 2008 年第 4 版,第 196 页;陈一云主编:《证据学》,中国人民大学出版社 2000 年版,第 114 页。

[②] 卞建林等:《诉讼证明:一个亟待重塑的概念》,载何家弘主编:《证据学论坛》(第三卷),中国检察出版社 2001 年版。

过程中总是积极地提供证据,并根据证据对其主张的事实进行证明。虽然在某些案件的审理过程中,针对某些案件事实法院有义务依职权调查收集证据,但是在经过证据的收集和判断以后,如果争议的案件事实仍处于真伪不明状况时,仍然由负担证明责任的一方当事人承担败诉的风险。证人、鉴定人等虽然能够帮助案件事实的证明,但与证明责任没有任何关联,故此也不是证明主体。对方当事人虽然可以提出相反的证据证明负担举证责任当事人主张的案件事实不存在,但这是其权利,而不是其义务。按照诉讼证明的要求,不负担证明责任的当事人只要能够成功地阻碍对方对案件事实的证明,并使案件事实处于真伪不明,其诉讼目的已经实现。

2. 民事诉讼证明是一种他向证明

他向证明是相对于自向证明而言的,所谓自向证明是指向自己证明。一般来说,自向证明中的证明者先提出一个假设的结论,然后去寻找证据,并按照一定规则运用证据去证明该结论是正确的或可以成立。而他向证明则不是自己说服自己,而是证明主体提供证据、运用证据说服证明主体以外的其他人,并使其接受自己的观点或者主张的证明活动。传统诉讼制度中不存在证明责任的概念,案件事实无法辨明时司法官必须承担较大的责任,另外纠问制下当事人不负担证明责任,这样诉讼证明表现为一种裁判者的自向证明。现代民事诉讼一方面承认人的认识能力的有限性,另一方面坚持当事人自我责任理论。诉讼证明过程表现为一种当事人运用证据手段说服裁判者的过程,即是一种典型的他向证明。

3. 民事诉讼证明和历史证明具有一定的相似性

民事诉讼证明的对象一般是当事人争议的、已经发生的案件事实,这些事实不能通过时光隧道再次显现,只能借助于一定的证据手段予以认识和探究。因此其与历史证明有一定的相似性,一般是针对已经发生的、过去的事实,并是借助既往事实发展过程中遗留下来的痕迹实现其证明目的。

4. 民事诉讼证明是一种包含许多价值判断在内的活动或者过程

民事诉讼证明活动首先表现为一种认识活动。它以认识主体能够认识客观对象为理论基础,以最大限度地发现案件真实为目标。民事诉讼中的许多证明规则,如直接原则、言词原则、最佳证据规则等在一定程度上也有助于案件事实的发现和认识。民事审判"不仅不能排除认识论,而恰恰大多数规则是按照认识论的规律设置的。那些认为认识论基本不适用或者难以适用于审判程序的观点是难以成立的"。[①] 必须注意,民事诉讼证明过程中的许多价值判断,如非法证据排除规则、传闻规则等,不仅旨在发现案件真实,还同时协调与尊重其他有重大社会意义的价值目标。

5. 民事诉讼证明是依据证据手段进行的证明活动

不同历史阶段的民事诉讼证明有不同的特征。神示证据时代,诉讼证明更多地依赖超自然力量的启迪;法定证据时代,被告人的供述与辩解被作为证据之王,具有典型的口供主义特征;现代民事诉讼证明采证据裁判主义,对案件事实的证明须依据为法律认可的证据,证据裁判也成为现代民事诉讼制度的重要内容。

---

① 陈光中等:《刑事证据制度与认识论》,载《中国法学》2001 年第 1 期。

6. 民事诉讼证明具有严格的程序性和规范性

民事诉讼证明作为司法证明的一种,与司法外的证明的重要区别之一在于,其必须在法定的时间、空间,依法律规定的程序进行,因而具有严格的程序性和规范性特点。

二、诉讼证明的要素

诉讼证明的要素是指构成诉讼证明的基本因素。一般说来,诉讼证明由证明主体、证明对象、证明方法、证明责任、证明标准和证明程序等要素构成。

1. 证明主体

证明主体是相对于接受证明的主体而言的,是指负责完成证明活动的人。证明主体是运用证据说明案件事实,并使特定的人员接受其主张的人,是能动的主体;而接受证明的主体是对证明主体提供的证据、论证的过程进行审查、判断,并最终决定当事人提出的事实主张能否成立的人,是被动的主体。[①] 在民事诉讼中,当事人是证明的主体,裁判者是接受证明的主体。

2. 证明对象

证明对象又称为证明的客体、待证事实等,是指当事人有必要提供证据加以证明的事实。证明对象是民事诉讼证明的重要构成要素,如果缺乏证明对象,当事人的诉讼证明即失去了基本方向,裁判者也无须对当事人提供的证据进行审查。换句话说,没有证明对象,证明活动即无从发生。

3. 证明方法

证明方法又称为证明手段,是指证明主体论证证明对象所必须借助或者依赖的材料。证明方法是诉讼证明的重要构成要素,如果没有证明方法,诉讼主体进行的诉讼证明就失去了基础,证明活动也变得苍白和无力。在证据裁判主义体制下,民事诉讼证明的证明方法即是法律规定的证据。

4. 证明责任

证明责任是指经过当事人提供证据和对案件事实的证明后,如果当事人争议的案件事实仍然处于真伪不明的状态时,一方当事人必须承担不利的诉讼后果的责任。追求有利的诉讼结果,避免不利的诉讼结果的目标促使负担证明责任的当事人积极地收集、提供证据,并依据证据论证自己主张的事实成立或者存在。因此,可以说证明责任是诉讼证明主体进行诉讼证明活动的最主要的动力,如果离开了证明责任这一要素,当事人提供证据与否与案件的处理结果没有联系,当事人也就失去了提供证据、进行证明的积极性,诉讼证明活动也无法推进下去。

5. 证明标准

证明标准是证明应达到的程度,它与证明责任具有紧密联系。证明标准还是裁判者判断当事人诉讼证明程度的客观尺度,是裁判者对当事人的诉讼证明作出判断的基本依据之一。离开了证明标准这一要素,不仅裁判者对当事人诉讼证明的判断会失去统一标准,对裁

---

① 江伟主编:《证据法学》,法律出版社2004年版,第39页。

判者司法认识的约束减少,而且也使当事人的诉讼证明失去证明的界限。

6. 证明程序

证明程序又成为证明的环节、证明的阶段,是指运用证据完成证明活动的过程。一般地说,证明程序包括证据的收集程序、证据的提供和展示程序、证据的审查和判断程序、运用证据认定事实的程序。在不同的证明环节或证明阶段,证明主体和接受证明主体的任务都有所区别,从而使诉讼证明表现出明显的阶段性特征。

第二节 证明对象

一、证明对象的概念

证明对象的确定在民事诉讼中具有重要意义。首先它可以限定当事人举证的范围,有助于当事人有针对性的收集和提供证据;其次,证明对象可以限制裁判者审理的范围,不仅能够有效地提高审判效率,而且能够体现当事人诉权对法院审判权的约束;再次,证明对象的确定在采辩论主义的诉讼模式中体现当事人诉权对法院审判权的约束,而在采职权主义模式的诉讼中,能够促进诉讼效率的实现;最后,证明对象的确定和限定能够在一定程度上促进诉讼和解的实现。

对证明对象不同的理解,形成了不同的证明对象概念。一种观点认为证明对象就是在诉讼中需要用证据加以证明的问题。该观点的最根本问题是不能妥善处理诉讼证明与司法审判之间的区别与联系,模糊了诉讼证明与司法裁判之间的界限。另一种观点认为证明对象是指需要证明主体运用证据予以证明的对案件的解决有法律意义的事实。[①] 该观点是民事诉讼法学界对证明对象理解的基本观点,相对于前一种观点,该观点的最大优点是区分了诉讼证明与司法审判之间的界限,并将诉讼证明的对象限制在事实领域。但该观点在实践中的最大问题是未能划定证明主体证明的事实与法院依职权查明的事实之间的界限。第三种观点认为证明对象不是客观事实,而是当事人在诉讼中争议的事实,而所谓争议事实就是所有为了赢得诉讼而由民事诉讼案件中的原告或是刑事诉讼中的控告人必须加以证明的事实,以及所有遭到控诉的被告人为有效地进行辩护必须加以证明的事实。该观点侧重强调民事诉讼证明的相对性,以及法院查明事实与诉讼主体证明事实之间的区别。存在的问题一是将当事人之间无争议的事实排除于证明对象之外过于绝对;一是赢得诉讼所需要的所有事实比较模糊,无助于证明对象范围的划定。

为厘定证明对象概念,必须首先解决几个在理论和实践上存在广泛争议的问题:

1. 程序性事实能否成为证明对象

通说认为程序事实是当然的证明对象,理由如下:当事人为实现其诉讼请求不仅应当证明其主张的实体事实,同时必须证明民事诉讼法所规定的程序事实。诉权论中的权利保护

---

① 江伟主编:《民事诉讼法学》,中国人民大学出版社 2008 年第 4 版,第 200 页。

请求权论认为,请求权最终获得保护必须同时具备诉讼要件和权利保护要件,在前一个要件缺乏时法院应以裁定的形式驳回诉,而在权利保护要件欠缺时法院应以判决的形式驳回诉讼请求。① 最近学者提出的支持该观点的理由包括两个方面:一是程序法相对于实体法具有独立的地位和价值;一是将程序事实作为证明对象与我国的立法、司法相一致。② 基于以上理由,有学者提出了程序性证明的观点。

对此我们持相反的观点,理由如下:诉讼证明概念的界定是从与证明责任相联系的角度引入的,证明责任的本质内涵是指在作为当事人请求之基础的主要事实处于真伪不明的状态时由一方当事人承担不利诉讼结果的制度。与主要事实的证明不同,法院对程序事实的调查鲜有出现真伪不明的状况,因此程序性事实也与证明责任没有任何关联;法院以证明责任负担为基础作出的判决,和其他情况下的判决一样具有既判力。法院一旦作出裁判,当事人不能再以同一纠纷提起诉讼。法院就程序问题所作的裁决根本上说并不具有既判力,在程序事项瑕疵治愈的情况下,当事人可以再次提出诉讼。学者所论及的以及国外立法规定的既判力都是针对判决而言的,例如《德国民事诉讼法》第322条规定:(1)判决中,只有对于以诉或反诉而提起的请求所为的裁判,有确定力;(2)被告主张反对债权的抵销,而裁判反对债权不存在时,在主张抵销的数额内,判决有既判力。

2. 证据事实能否成为证明对象

传统观点认为证据事实应当属于证明对象的范畴,"诉讼一方可以证实所有与争议事实有关的情况,而不能去证实别的东西。这种相关的情况不仅包括主要争议事实本身的各个部分,而且也包括所有为辩明或解释主要争议事实所需要的辅助事实。"③其基本的理由是诉讼证明必须依赖证据,裁判者为判断证明主体的证明程度,必须查明当事人提交的证据的真实性、客观性、合法性等因素。

对此,我们持相反的观点,认为证据事实不能作为证明对象,其理由如下:(1)证明对象与证明手段之间是目的与手段的关系,以证据事实作为证明对象混淆了目的与手段之间的关系;(2)证据需要查证属实,但并非所有需要查明的事实都能成为证明对象,查证属实只是证据作为证明手段的资格条件,而不是其作为证明对象的条件。查证是法院的职权事项,诉讼证明专属于证明主体,在证明过程中当事人有可能提出许多带有一定的主观性的证据资料;(3)将证据事实排除于证明对象之外,有助于解释证据与证明对象各自特殊的规则。在民事诉讼中证据事实作为一种辅助事实不能采辩论主义,即使当事人对证据事实没有争议,法院仍然应当依职权对证据资格、证明力等问题进行调查;证明对象的确定严格适用辩论主义,由当事人引进和确定,法院只能处于辅助的地位。④

3. 法规、习惯等能否成为证明对象

---

① 参见江伟、邵明、陈刚:《民事诉权研究》,法律出版社2001年版。
② 倪静、程春华:《民事诉讼证明对象的范围澄清与内容审视》,载《甘肃社会科学》2008年第4期。
③ [英]J. W. 塞西尔·特纳:《肯尼刑法原理》,王同庆等译,华夏出版社1989年版,第516页。
④ 关于辩论主义的适用范围,参见张卫平:《程序公正实现中的冲突与衡平》,成都人民出版社1993年版,第22页。

传统观点认为法律应当成为证明对象,其主要理由包括两个方面:一是法官知法仅限于内国法,地方法院还应当对于属于本地区的地方法规予以了解。国外法以及其他地方的地方法规,则在法官的知识以外;①二是对于国外法律的性质,国外学者有不同的理解。有的认为外国法律相对于内国法律而言就是单纯的事实,有的则认为属于和内国法一样的法律,有些则采取折中的说法。

我们认为法规、习惯等不应当作为证明的对象,理由主要有如下两个方面:一是证明对象具有普遍性,而对法律问题的证明不具有普遍性,仅涉及国外法以及其他地方法时存在该问题;二是证明对象总是和证明责任问题联系在一起,而法律问题虽然关涉当事人诉讼的成败,但其与当事人发生联系并不借助证明责任这一中介,而是以有无法律依据为中介。

综上我们认为,民事诉讼中的证明对象是诉讼中证明主体需要用证据加以证明的与一定的民事实体法效果之发生有对应性的民事主要事实。如果这样的对象不能得到证明,则当事人追求的民事实体法效果即不能发生。

二、证明对象的确定方法

民事诉讼中采辩论主义和当事人处分权主义。当事人在民事诉讼证明对象的确定过程中扮演主要角色,居于主导地位,但是法院在证明对象的确定过程中并不是无所作为的;相反,由于当事人实际诉讼能力的欠缺,必须以法院的职权作为辩论主义和处分权主义的补充,这在一定程度上体现了法院与当事人之间的协作性。这种协作性体现于民事诉讼的各个阶段中。

(一)抽象存在的证明对象的确定

抽象存在的证明对象与具体案件的牵连程度较低,是所有当事人在某一类别的民事案件中都应当证明的事实,例如债权债务纠纷中作为抽象存在的证明对象是债权成立的事实和债权是否消灭的事实,侵权纠纷中的抽象存在的证明对象则包括侵权行为、侵害结果、主观过错、因果关系四项事实。抽象存在的证明对象是具体证明对象确立的基础和前提,"与其他证明对象相比,终局裁判意义上的证明对象处于基础性地位,其他证明对象问题则是作为伴生问题而出现的。"②确定抽象存在的证明对象的方法是实体法律规范的选择与适用。我国和其他的大陆法系国家一样,具体案件中的实体法律规范由当事人选择。当事人法律规范的选择权和当事人选择之法律规范对法院适用法律的约束,体现了抽象存在的证明对象确定过程中的当事人主导权。但是由于当事人实际诉讼能力中的消极因素,可能出现的问题是当事人选择的法律规范与案件的性质不一致,此时,应以法院的职权作为补充或者协助。具体运作上由法院行使释明权,并最终由当事人决定法律规范的选择与引入。《证据规定》第53条规定:诉讼过程中,当事人主张的法律关系性质或者民事行为效力与人民法院根据案件事实作出的认定不一致时,当事人可以根据法庭审理的情况变更诉讼请求。

---

① 江伟主编:《民事诉讼法学》,中国人民大学出版社2008年第4版,第201页。
② 吴宏耀、魏晓娜:《诉讼证明原理》,法律出版社2001年版,第75页。

（二）诉讼层面上的具体化的证明对象

以实体法律规范为基础的抽象存在的证明对象与具体案件结合即成为具体案件中诉讼层面上的具体化的证明对象，换句话说诉讼层面上的具体化的证明对象的确定过程，实际上是抽象法律规范与具体案件事实的对应过程。例如债权债务纠纷中抽象存在的证明对象债权成立的事实，在原告诉被告欠款10万元的欠款纠纷中，演化为被告是否从原告处借款，以及借款的数额是否为10万元。诉讼层面上的具体化的证明对象对当事人的权利义务关系具有更直接、更现实的意义，其不仅与具体的诉讼证明主体相关联，而且与当事人提出的具体的诉讼请求直接对应。正是在这样的意义上有学者认为证明对象的确定与具体诉讼请求有一定的关联性，甚至从某种意义上可以认为诉讼请求就是证明对象。①

诉讼层面上具体化的证明对象在诉讼过程中一般由当事人引入。当事人不引入证明对象带来的后果是，法院不能将当事人未引入的事实作为审理对象，即使在法院对该案件事实之存在已经形成心证的情况下，也不能据此作出裁判。当事人不引入证明对象带来的后果，在民事诉讼理论上概括为主张责任。我国民事诉讼中的主张责任最主要体现在诉讼时效的主张中，按照《民法典》第193条的规定，人民法院不得主动适用诉讼时效的规定。对于主张责任还应该注意以下问题：

一是当事人引入证明对象的时间。在大陆法系国家和地区，对当事人引入证明对象的时间并没有限制，即使在二审阶段当事人也可以引入新的证明对象。我国对当事人引入证明对象基本上也没有时间限制，但根据最高人民法院的相关解释，在某些情况下当事人不能于二审阶段引入证明对象。最高人民法院2020年12月23日修正的《关于审理民事案件适用诉讼时效制度若干问题的规定》第3条第1款规定：当事人在一审期间未提出诉讼时效抗辩，在二审期间提出的，人民法院不予支持，但其基于新的证据能够证明对方当事人的请求权已过诉讼时效期间的情形除外。另外，在其他情况下当事人虽然可以引入证明对象，但当事人对这些新证明对象一般不能再行提供证据证明，除非当事人逾期提出证据有正当事由，或者即使没有正当事由但属于不应采取证据失权的证据。

二是当事人引入诉讼层面上的具体化的证明对象应当达到什么样的程度。对此，针对不同的当事人由不同的要求。原告引入的证明对象必须符合"起诉的正当性"要求，即在原告主张的全部案件事实均为真的情况下，原告的诉讼请求应当得到法院的认可。被告对证明对象的引入必须符合"防御的显著性"要求，即在被告主张的事实存在的情况下，原告提出的诉讼请求应予驳回。在大陆法系的其他一些国家将这样要求称为完整陈述的义务。②

三是在当事人引入的证明对象不符合相关要求时，法院应当行使释明权，晓谕当事人应当引入的证明对象以及不引入的法律后果，但无论如何，法院不能在当事人没有引入诉讼层面上的证明对象时对案件事实进行审理。法律"没有赋予法院自动的、无视双方当事人的、对案件事实情况进行阐明的义务，甚至也无权利这样做。毋宁说，法院不仅仅应当接受和利用双方当事人的陈述，而且也督促双方当事人使自己的陈述完整，以达到澄清案件事实情况

---

① 闫庆霞：《民事诉讼证明对象的界定》，载《法治论坛》第六辑，第187页。
② 具体论述可参见程春华主编：《民事证据法专论》，厦门大学出版社2002年版，第381页。

的目的。"①

(三)需要证据证明的证明对象

并不是所有的诉讼层面上的证明对象都需要运用证据加以证明,为了尊重当事人在事实方面的处分权,也为了节约司法资源,对于可以借助其他手段确定的案件事实,可以排除于具体的证据证明的范围之外。不需要用证据加以证明的案件事实,在我国民事诉讼中被称为无需证明的事实。

三、无需证明的事实

无需证明的事实在民事诉讼中只是免除了负担证明责任的一方当事人的提供证据的责任,因此又称为免证事实。根据最高人民法院的相关司法解释,民事诉讼中无需证明的事实包括:

(一)诉讼上自认的事实

诉讼上自认的事实,简称诉讼上的自认或裁判上的自认,或者直接简称为自认,是指在诉讼过程中,一方当事人对于另一方当事人所主张的案件事实,承认其为真实。诉讼上的自认以当事人对事实的处分权为基础,为两大法系国家的民事诉讼制度所认可。根据最高人民法院的相关司法解释,诉讼上的自认制度包括以下几个方面的内容:

1. 诉讼上自认的构成条件

(1)诉讼自认的对象是民事主要事实。法律规范不能作为自认的对象,一方当事人一旦选择法律规范以后,存在的问题仅仅是法院适用该项法律规范裁决案件。当事人提出的诉讼请求不能成为自认的对象,因而诉讼自认与认诺有本质的区别。所谓认诺是指被告对原告诉讼请求的承认,认诺与诉讼自认都以民事诉讼解决对象的特殊性和当事人的处分权为基础,但其与诉讼自认区别是:其一,针对的内容不同。诉讼自认针对的是他方主张的于己不利的主要事实,认诺则针对是当事人的诉讼请求,或者说诉讼标的;其二,效果不同。诉讼自认的结果是证明对象的排除和争点的限制,而认诺直接导致诉讼程序的终结;其三,形式不同。诉讼自认是一方当事人对他方主张事实的承认,认诺采用的是承认对方诉讼请求的方式;其四,对诉讼代理人的限制不同。除授权委托书明确排除的事项外,诉讼代理人都可以代当事人为诉讼自认,而未经特别授权的诉讼代理人无权代理当事人作认诺;其五,可否撤回不同。认诺一经作出,当事人一般不能撤回。在法院认定认诺无效时,诉讼继续进行;根据《证据规定》第9条,作出诉讼自认的当事人经过对方同意,或者诉讼自认是在受胁迫或者重大误解情况下作出的,可以在法庭辩论终结前撤销诉讼自认。与认诺相似的另一制度称为舍弃,舍弃与认诺统一称为权利自认。②

关于诉讼自认的对象是仅限于主要事实还是包括主要事实之外的其他事实,法律和司法解释对之没有明确规定,大陆法系国家和地区的主流观点是主要事实以外的其他事实不

---

① [德]奥特马·尧厄尼希:《民事诉讼法》,周翠译,法律出版社2003年版,第129页。
② 具体论述可参见王甲乙等:《民事诉讼法新论》,台湾三民书局1981年版,第442页。

适用自认。① 我国也有一些学者认为间接事实、辅助事实一般不能成为诉讼自认的对象,因为如果承认间接事实、辅助事实也能够成为诉讼自认的对象,就会与法院通过自由心证来认定事实的有关原则相抵触。②

(2)诉讼自认应当是与对方当事人主张的案件事实相一致的陈述。由此,诉讼自认的当事人是诉讼过程中不负担证明责任的一方当事人,负担举证证明责任的当事人不存在对自己主张的事实的诉讼自认问题。不过必须注意的是当事人的诉讼自认可以通过诉讼代理人代为之。《证据规定》第5条规定:当事人委托诉讼代理人参加诉讼的,除授权委托书明确排除的事项外,诉讼代理人的自认视为当事人的自认。当事人在场对诉讼代理人的自认明确否认的,不视为自认。当事人对于对方当事人主张事实的承认可以是完全的承认也可以是附加限制条件的自认,前一种称为完全自认,后一种称为附加限制的自认。后者又包括两种情况:其一,一方在承认对方所主张的事实时附加独立的攻击与防御方法;其二,一方对于他方所主张的事实,承认其中的一部分而争执其他部分。《证据规定》第7条规定:一方当事人对于另一方当事人主张的于己不利的事实有所限制或者附加条件予以承认的,由人民法院综合案件情况决定是否构成自认。当然,当事人自认可以通过明确的意思表示作出,也可以通过默示的方式作出,前一种情况下的自认被称为明示自认,后一种情况的自认被称为默示自认。我国法律在借鉴国外先进立法经验的基础上,引入了默示自认制度。《证据规定》第4条规定:一方当事人对于另一方当事人主张的于己不利的事实既不承认也不否认,经审判人员说明并询问后,其仍然不明确表示肯定或者否定的,视为对该事实的承认。

(3)诉讼自认应当是在诉讼过程中当事人向法院所作的承认。一方当事人在诉讼程序之外对他方当事人主张的事实表示的承认,在民事诉讼理论上成为诉讼外自认,不产生诉讼自认的法律效力。当然,这也并不是说诉讼外的自认没有任何法律效力,国外对于诉讼外自认的法律效力有不同观点:其一,诉讼外自认是传闻规则的例外。诉讼外自认,是于法院之外的陈述,在审判中难以接受反询问,所以认为是传闻证据。之所以承认其效力,主要是因为其不仅合乎传闻规则例外的条件,而且比一般的传闻有较大的可信性;③其二,诉讼外自认可以作为一种情况证据,用来影响当事人在法庭中的陈述,特别是于当事人审判中的陈述与诉讼外自认之内容不一致时,其立证价值更大;其三,根据诉讼外自认的作出形式予以区分,如果诉讼外自认通过语言作出,则视为传闻规则的例外;如果诉讼外自认通过行为作出,则视为情况证据。

(4)诉讼自认适用的案件范围。自认只能适用于采辩论主义的案件,采职权探知主义的案件不能适用自认。《解释》第92条第2款规定:对于涉及身份关系、国家利益、社会公共利益等应当由人民法院依职权调查的事实,不适用诉讼自认的规定。同时,根据《证据规定》第8条第1款,最高人民法院《解释》第96条第1款规定的事实也不适用诉讼自认的规定。这些事实包括涉及可能损害国家利益、社会公共利益的事实,涉及身份关系的事实,涉及民事

---

① 陈荣宗、林庆苗:《民事诉讼法》,台湾三民书局1996年版,第490页。
② 江伟主编:《民事诉讼法》,高等教育出版社2004年版,第160页。
③ 李学灯:《证据法比较研究》,台湾五南图书出版公司1992年版,第140页。

诉讼法第 58 条规定诉讼的事实,当事人有恶意串通损害他人合法权益可能的事实,以及涉及依职权追加当事人、中止诉讼、终结诉讼、回避等程序性事项的事实。最后,根据《证据规定》第 8 条第 2 款,《解释》第 92 条第 3 款,当事人诉讼自认的事实与已经查明的事实不符的,人民法院不能确认当事人诉讼自认的效力。

2. 诉讼自认的效力

(1) 对当事人的效力。诉讼自认一旦作出,负证明责任的一方当事人即免除了举证责任。《证据规定》第 3 条第 1 款规定,在诉讼过程中,一方当事人陈述的于己不利的事实,或者对己不利的事实明确表示承认的,另一方当事人无需举证证明。作出诉讼自认的一方当事人也应受其诉讼自认约束,除法律另有规定外,不得任意地撤回诉讼自认。

(2) 对法院的效力。诉讼自认对法院的拘束力表现在诉讼自认一经作出,法院不能在对该案件事实存在与否进行审查,而应当直接以之作为裁判的基础。不过,《解释》摒弃了以往司法解释中的关于诉讼自认的"意思表示说",而采取了"观念通知说",其第 92 条第 3 款规定,自认的事实与查明的事实不符的,人民法院不予确认。对之,我们认为这样的规定并不是否认当事人在事实主张上的处分权,而是意味着当事人的处分不得与法院于当事人证明之前所查明的事实相冲突。这种的理解在一定程度上可反映对当事人处分权予以限制的社会民事诉讼观的基本思想,同时并未在实质上否定当事人在事实主张上的处分权。

(3) 诉讼自认效力的限制。诉讼自认的效力除通过其适用范围获得一定的限制以外,还进一步体现在必要共同诉讼中部分必要共同诉讼认为诉讼自认的情况。根据《证据规定》第 6 条第 2 款的规定,必要共同诉讼中,共同诉讼人中一人或者数人作出自认而其他共同诉讼人予以否认的,不发生自认的效力。其他共同诉讼人既不承认也不否认,经审判人员说明并询问后仍然不明确表示意见的,视为全体共同诉讼人的自认。不过,部分必要共同诉讼人的承认虽不能产生诉讼自认的效力,但并非没有任何法律效力,这样的承认可能在一定程度上影响法院的自由心证,成为法院自由审查判断的材料之一。

3. 诉讼自认的撤销

《证据规定》第 9 条规定:有下列情形之一,当事人在法庭辩论终结前撤销自认的,人民法院应当准许:(1) 经对方当事人同意的;(2) 自认是在受胁迫或者重大误解情况下作出的。

(二) 众所周知的事实

众所周知的事实是指在一定区域内一般人都知道的事实,包括众所周知的自然规律、定理、常识、一般性经验、习俗以及政治、经济、文化方面的重大事件等。众所周知的事实在国外民事诉讼中又称为狭义的司法认知。民事诉讼中承认司法认知的免证效力的原因是节约司法成本,提高司法效益。此一法则之目的,"系就若干事项,节省其求证、举证之时间、人力及费用。此类事项通常不能有所争执,亦非真实之争执,而为裁判机关本于一般知识或略加演绎,即可知悉。"①司法认知的另一法理基础在于,对于法官已经知晓的事实再要求当事人举证证明有违常理。"关于事实之认定,虽在辩论主义之下,因为法官亦为社会一分子,并且

---

① *Wigmore's Code of the Rules of Evidence in Trials at Law*, 3rd, West Publishing Co., 1984, p. 328.

假定较常人为有较强之能力,对于在社会上既已成为常识,或众所周知,无可争执之事实,如谓法官不知,何至比诸常人而不如?如谓假装不知,更属有背职务与常理。"①

众所周知的事实根据其强度不同,效力也有一定的差别。其中的自然规律、定理,具有不可推翻性,受司法认知不利益的一方当事人不能提出反证推翻该司法认知。但一般情况下的司法认知虽有免除一方当事人举证的效力,但受其不利益的当事人可以提供反证予以推翻。根据《证据规定》第10条第2款,当事人有充分的证据足以反驳时,众所周知的事实不产生免证的效力。

(三)推定的事实

推定的事实,是指根据法律的规定或者经验法则,从已知事实中所推断出来的另一事实。其中,作为推定基础的前提事实称为"基础事实",依据推定所得的结果事实,一般称为"推定事实"或"结论事实"。根据推定产生的基础将推定分为两类:

1. 法律上的推定

法律上的推定,是指依据法律或者政策,根据某一已知事实的存在而认定另一事实的存在,如建筑物或者其他设施以及其上的附属物致人侵害的纠纷一旦发生,即推定建筑物或者其他设施的所有人或者管理人有主观上的过错。《解释》第93条第1款第3项规定的推定,即是此种法律上的推定。法律上的推定在民事诉讼中具有重新配置证明责任的效力,即是说一旦存在法律上推定的情形,受法律推定不利益的当事人应当就推定事实不存在承担证明责任。当然受推定不利益的当事人也可以通过反驳基础事实,使基础事实的存在在裁判者认识中产生动摇的方法,维护自己的利益。学者大多认为对基础事实提供证据乃是负担证明责任的一方当事人的责任,有些学者甚至认为该当事人应当对基础事实承担证明责任。②

2. 事实上的推定

事实上的推定,是指法院根据已知的事实和日常生活经验法则,推断出另一事实的存在。《解释》第93条第1款第4项规定的推定,即为此种事实推定。事实上推定的基础是事物之间的联系以及这种联系在认识主体方面的经验反映,表现为经验法则。对于事实上的推定各国有不同的称谓,德国命之为"表见证明",日本命之为"表见证明和大致的推定",我国台湾地区则直接使用"经验法则"称谓之。由于经验法则产生依据具有历史性特点,经验法则对于当下的案件事实不具有确定的包容性特点,事实推定在民事诉讼中不具有重新配置证明责任的效力,但可以影响裁判者的司法认识,并因此影响案件中提供证据的责任。即事实推定成立时,受推定不利益的一方当事人应当提供相反的证据反驳推定事实的存在。

在事实推定的情况下,一旦受推定不利益的当事人提供反证以后,作为事实推定基础的经验法则在案件审理过程是否还有影响呢?对此有不同的观点:一种观点认为推定是易碎的泡泡(bursting bubble),一旦对方当事人提出关于推定事实不存在的证据,则事实推定规则失去效力,裁判者在以后的事实认定过程中,也不能再考虑该推定的作用和影响。相反的

---

① 李学灯:《证据法比较研究》,台湾五南图书出版公司1992年版,第11页。
② 参见陈一云主编:《证据学》,中国人民大学出版社1991年版,第166页。

观点认为"基于政策理由而创设推定,这些政策理由和证据提出前确定提供证据责任分配的理由是相似的,且同样有力。尽管存在反驳推定事实的证据,但是,这些政策因素仍然存留并且发挥作用。"①

2015年的《解释》以及《证据规定》并未区分法律推定和事实推定的效力,而是统一规定于受推定不利益的当事人有相反的证据足以反驳的情况下,不发生免证效力,负担证明责任的当事人仍需举证证明。

(四)预决的事实

预决事实,是指已为人民法院发生法律效力的裁判所确认的实施,或者已为仲裁机构的生效裁决所确认的事实。《解释》第93条第1款第5—7项以及《证据规定》第10条第1款第5—7项所规定的事实,即是此种预决事实。承认预决事实的拘束力的意义在于:一是可以防止法院在不同的案件判决中对同一事实作出前后矛盾的认定;二是可以避免对已为生效裁判或者仲裁裁决所认定的事实再次进行证明,从而节约诉讼成本,提高诉讼效率。

对于什么样的事实才属于预决事实,民事诉讼法和最高人民法院的司法解释都未明确规定,理论上也有分歧。有学者认为《证据规定》及《解释》就预决效力所作的规定,就是既判力规定,或者是既判力制度的延伸使用。也有学者认为预决事实是与判决的既判力完全不同的概念,不应当参照既判力理论予以理解。②

我们认为虽然法律对预决事实没有作出明确规定,但从民事诉讼规律的一致性、普遍性的角度出发,应当参照既判力理论和大陆法系国家的争点效或者英美法系国家的争点上的禁反言(issue preclusion/collateral estoppel)理解,否则将导致我国民事诉讼法律制度建设中与其他国家的现代民事诉讼制度的分道扬镳,以及这种分离基础上的国际对话的困难;而且由于在实践中无法把握预决事实的范围、适用条件等问题,造成预决事实适用上的困难。在适用预决事实的规定时可以考虑以下规则:(1)预决事实的范围主要的应当是前诉主要争点事项的案件事实。为防止预决事实的适用侵犯当事人的合法权益,承认前诉案件事实的预决效力必须有严格的条件:其一,法院的事实判断是对前诉请求中主要争点事项的判断;其二,在前诉中当事人尽到了主张和证明责任;其三,法院对争点作过实质性判断,前后两诉所争执的利益几乎相等。③ (2)预决事实约束力的主观范围一般是特定的。按照既判力理论和争点效理论,受既判力和争点效约束的一般是前诉中的当事人以及当事人的权利义务承受人。没有作为当事人参加前诉诉讼程序的人一般不能以预决事实要求免除举证的责任。(3)由于刑事、民事诉讼程序本质不同,且其证明标准也有重大的差别,两种类型的判决之间的预决效力应当分别理解。法院作出的有罪刑事判决对民事案件有预决的效力,法院作出的无罪判决对其后的民事案件没有预决的效力。

在预决事实之规定的适用程序上,首先应解决的问题是法院可否依职权主动适用的问

---

① [美]麦考密克:《麦考密克论证据》,汤维建等译,中国政法大学出版社2004年版,第666页。
② 叶自强:《论司法认知》,载《法学研究》1996年第4期;江伟、常廷彬:《论已确认事实的预决力》,载《中国法学》2008年第3期。
③ [日]兼子一、竹下守夫:《日本民事诉讼法》,白绿铉译,法律出版社1996年版,第164页。

题,一般认为预决事实之规定在具体案件中的适用应由当事人提出、援用,法院不能以职权主动适用。不仅如此,当事人在援用预决事实之规定时还应当承担举证责任,即必须向法院提供生效的法律文书。① 其次是预决事实的效力,即按照法律规定预决事实并没有绝对的免证效力,受其不利益的当事人可以提出相反的证据予以推翻。《解释》第93条第2款规定,当事人有相反的证据足以推翻预决事实时,负举证责任的当事人仍需提供证据证明主张事实。《证据规定》第10条第2款则对生效仲裁裁决书确认的事实、人民法院生效法律文书确认的基本事实区别对待,规定当事人对生效仲裁裁决书确认的事实,有足够证据予以反驳时,生效的仲裁裁决书不生免证效力,而当事人必须有足够的证据推翻法院生效法律文书确认的事实时,法院的生效法律文书确认的事实才不生免证效力。

(五)公证证明的事实

公证证明的事实,是指已为有效公证文书所证明的事实。《民事诉讼法》第72条规定:"经过法定程序公证证明的法律事实和文书,人民法院应当作为认定事实的根据。但有相反证据足以推翻公证证明的除外"。公证证明的事实并不具有绝对的免证效力,受其不利益的当事人可以提供相反的证据推翻公证证明,此时负担证明责任的当事人不能免除举证责任。对之,《解释》第93条第2款采取了与预决事实一样的处理方法。《证据规定》第10条第2款,则采取了与法院生效法律文书确定的预决事实一样的处理方法。

第三节
证明责任

一、证明责任概述

(一)证明责任的含义

证明责任概念最早出现于罗马法初期,但早期的证明责任概念主要是指的当事人负担的向法院提供证据的责任,直到19世纪末现代意义上的证明责任才引入到民事诉讼理论和民事诉讼制度中。德国学者尤利乌斯·格尔查于1883年首次将举证责任分为两个方面;1898年美国学者塞耶也提出了举证责任的双重含义。两种举证责任在两大法系国家稍有差别,大陆法系国家称之为主观的举证责任与客观的举证责任,英美法系国家则称之为提供证据的责任和说服责任。我国关于证明责任的观点主要有以下几种:

1. 行为责任说

该观点认为证明责任就是提供证据的责任,"举证责任是指当事人在诉讼中对自己的主张负有提出证据并证明其主张为真实的责任。至于当事人提出证据或所提证据不足以证明其主张的真实性,是否一定要获得不利于自己的裁判,并作为我国举证责任的一项内容,我们的回答是否定的。"②该观点是关于证明责任的最早的观点。

---

① 江伟、常廷彬:《论已确认事实的预决力》,载《中国法学》2008年第3期。
② 柴发邦主编:《民事诉讼法学》,法律出版社1987年版,第219页。

2. 双重含义说

该说认为证明责任包括行为意义上的证明责任和结果意义上的证明责任两个方面的含义。行为意义上的证明责任，是指对于诉讼中的待证事实，应当由谁提供证据加以证明的责任，又称为形式上的证明责任、主观的证明责任、提供证据的责任。结果意义上的证明责任，是指当待证事实的存在与否最终处于真伪不明的状态时，应当由谁承担因此而产生的不利法律后果的责任，又称为实质上的证明责任、客观的举证责任、说服责任。①

双重含义说在 1991 年之后为部分学者倡导，目前已经成为民事司法实践中的主流观点。

3. 危险负担说

危险负担说，又称为风险负担说、败诉风险说、结果责任说，认为证明责任是指案件事实真伪不明时当事人一方所承担的败诉风险。相对于双重含义说，危险负担说将提供证据的责任排除于证明责任的范畴以外，认为提供证据的责任与证明责任是两个本质上不同的概念，应当加以区别。危险负担说将证明责任与事实真伪不明的现象联系起来，同时也能够充分解决当事人实施诉讼行为的动力和积极性所在。因此，它揭示了证明责任制度的实质与目的，为法院处理案件事实真伪不明时的裁判提供了依据。此外，该说还能够在一定程度上体现和尊重当事人的诉讼主体地位，促使法院在诉讼过程中尊重当事人的诉讼主体地位，协助当事人完成举证和诉讼证明活动。《解释》事实上已经采取了这样的危险负担说的观点，其第 90 条第 2 款规定：在作出判决前，当事人未能提供证据或者证据不足以证明其事实主张的，由负有举证证明责任的当事人承担不利的后果。

（二）证明责任的特点

证明责任作为一种结果意义上的证明责任，可以通过以下特征把握其本质：

1. 对于同一要件事实，证明责任只能由一方当事人承担。不同主要事实的证明责任可能由不同的当事人承担，但对于某一具体主要事实的证明责任，既不能由法院负担，也不能由双方当事人分担。② 否则证明责任规范在具体诉讼中不仅无法实施，也无法实现通过证明责任调动当事人诉讼积极性的功能。

2. 证明责任的适用条件是待证事实处于真伪不明状态。诉讼中当事人对于案件事实的证明会出现三种不同的结果：一是案件事实被证明为真；二是案件事实被证明为假；三是该事实处于真伪不明的状态。只有在第三种情况下才能适用证明责任裁判案件。对于第三种情况能否作为一个独立的状态，学者理解不同。有人认为，主要事实真伪不明时，不是适用实体法律规范进行裁决，而是适用单独的证明责任法规范进行裁决。"证明责任规范与罗森贝克说在结论上并无多大差异，而且正是因为这种差异的存在，相对于罗森贝克说而言，证明责任规范说才能够以一种更趋灵活化、发展化的形式来把握证明责任的概念。"③

---

① 柴发邦主编：《民事诉讼法学新编》，法律出版社 1992 年版，第 223 页。
② 雷万来：《民事证据法论》，台湾瑞兴图书股份有限公司 1997 年版，第 144 页。
③ ［日］高桥宏志：《民事诉讼法——制度与理论的深层分析》，林剑锋译，法律出版社 2003 年版，第 423 页。

3. 现代证明责任制度存在的目的是解决人的认识能力的有限性与法院不得拒绝裁判之间的矛盾。由人的认识能力的有限性决定,某些情况下案件事实的真伪难以查明,而当事人享有的权利保护请求权加上司法最终解决原则,要求法院不管案件事实的审理出现何种情况,都必须适时作出裁判。证明责任规范正是法院在案件事实处于真伪不明时的裁判规范。人的认识能力的有限性存在于各种类型的民事案件中,因此证明责任与案件类型、诉讼模式没有任何联系。①

4. 证明责任规范一般由法律预先作出规定,不允许裁判者根据案件的具体情况、当事人的具体情况裁量性的分配证明责任。当然在实体法律规范、司法解释对证明责任的分配没有作具体规定时,裁判者可以根据民事实体法上的诚实信用原则,结合某一类案件中当事人双方的具体情况,决定案件中证明责任的分配。同时必须注意,由实体法律规范以及司法解释所确定的证明责任分配,在案件开始时就已经确定地分配于某一当事人身上,不因为诉讼程序的进行、诉讼状态的变化而受影响,也不会发生证明责任转移的情况。

5. 证明责任作为一种败诉的风险,是一种潜在的风险,只有在诉讼终结时才可能发生。诉讼主体对案件事实的证明结果只能在诉讼终结时才能浮出水面,作为证明责任适用之前提的真伪不明也是发生于这一阶段。尽管如此,证明责任的作用体现于整个诉讼过程中,甚至是在诉讼开始时。"证明责任作为一种不利益,只有在事实审理完毕、法庭辩论终结以后,才能产生,在此之前的诉讼过程中或者其他纠纷解决过程中,证明责任作为一种实体法不适用的不利益,潜在地存在着,并因此指导当事人提供证据的行为和诉讼证明行为。"②当然,另外的观点从事实真伪不明与事实为伪时均产生实体法律规范不能适用的法律效果之角度,不将事实真伪不明的状态作为一种独立的形态,而是将其推定为争议事实不存在的状态。《解释》采取的即是此种观点,其第108条第2款规定:对一方当事人为反驳负有举证证明责任的当事人所主张事实而提供的证据,人民法院经审查并结合相关事实,认为待证事实真伪不明的,应当认定该事实不存在。

二、证明责任与提供证据的责任

(一)证明责任与提供证据的责任的联系

证明责任与提供证据的责任之间的联系体现为以下几个方面:其一,对于负担证明责任的当事人而言,避免承担适用证明责任规范裁判的不利的诉讼后果是其提供证据的动力之一;其二,在案件事实发生争议时,负担证明责任的一方当事人在诉讼中同时负担最先提供证据的责任;其三,在某些特殊的情况下,当事人与证据之间的距离以及当事人提供证据的能力可能成为影响证明责任分配的重要因素。

(二)证明责任与提供证据责任的区别

1. 涉及的领域不同。提供证据责任涉及的是诉讼过程中的事实认定问题,要解决的问题是,对于特定的争议事实,应当由谁提供证据予以证明;证明责任涉及的是法律适用问题,

---

① 田平安主编:《民事诉讼法·诉讼证据篇》,厦门大学出版社2006年版,第153页。
② 陈刚:《证明责任法与实定法秩序的维护》,载《现代法学》2001年第4期。

解决的是在事实真伪不明时,法官如何适用法律的问题。

2. 承担责任的原因不同。前者是因为在待证事实处于真伪不明时法院也必须作出裁判,后者是促使裁判者在诉讼过程中形成有利于自己的心证。

3. 责任发生的时间不同。前者主要发生于诉讼终结阶段,而后者存在于诉讼开始以后的提供证据的阶段。

4. 在诉讼过程中是否发生转移不同。前者始终固定地分配于某一具体的当事人身上,后者在诉讼过程中可能会因为裁判者心证状态的变化而转移,表现为一种动态的责任。

5. 能否在当事人之间预先分配不同。前者是由法律预先在当事人之间作出分配,后者受具体诉讼情况的影响较大,不能在诉讼开始前抽象地在当事人之间预先分配。

6. 能否由代理人分担不同。前者不能由代理人分担,后者可以由代理人部分或者全部的分担。

7. 可否由法院分担不同。前者始终是当事人承担的责任,后者在特定的情况下,当事人可以申请法院依职权调取证据。

三、证明责任与主张责任

主张责任是指当事人为了获得对自己有利的裁判,需要向法院主张对自己有利的案件事实的责任,如果当事人怠于履行这一责任,对当事人有利的案件事实不能为法院所认可。

证明责任与主张责任的联系表现为两个方面:(1)从诉讼程序的进行而言,在采辩论主义的案件中,首先要求当事人履行主张责任,否则即不存在证明责任的承担问题。当然在采职权探知主义的案件中,当事人虽然没有主张责任,但负有向法院说明案件事实的义务,这种义务主要不是从限定法院审判范围的角度予以规定,而是从协助法院确定案件审理重点的角度予以规定的;(2)对某一主要事实承担证明责任是当事人在诉讼中提出事实主张、履行主张责任的制度基础。"正是因为事先存在着该证明责任规范,才使得当事人不得不负担起主张责任,并使其知道哪些事实应当在诉讼中加以主张并提供证据加以证明。"①所以,在主张责任与证明责任的关系上,不是采取谁主张、谁举证的原则,由主张责任决定证明责任,而是证明责任决定主张责任的分配。

举证证明责任与主张责任的区别主要表现在以下几个方面:

1. 目的不同。主张责任主要解决法院审理范围问题,体现的是诉权对审判权的制约。证明责任主要解决人的认识能力的有限性与法院不得拒绝裁判之间的矛盾。

2. 适用范围不同。证明责任适用所有类型的案件中,主张责任只在采辩论主义的案件中存在。

3. 发生的时间不同。一般案件事实的主张责任都发生于诉讼开始时,我国甚至对某些案件事实的主张责任进行了明确的时间限制,证明责任在诉讼终结时发生。

4. 适用时的结果不同。当事人不主张某一案件事实的后果是法院不能将该案件事实作为裁判的基础,案件事实处于真伪不明时,法院将裁决某一当事人承担不利的后果。

---

① 江伟主编:《民事诉讼法》,中国人民大学出版社 2008 年第 4 版,第 211 页。

四、证明责任的分配

(一)证明责任分配的学说

对证明责任分配问题的认识,大致有两种情形:

一种认为具体诉讼中的证明责任分配错综复杂、情况各异,很难事先制定统一的证明责任分配标准,只能针对案件事实的具体情况个别地作出判断。这样一种进路为英美法系国家的立法以及大陆法系国家的反规范说所倡导。在英美法系国家和地区,立法与司法认为,确定某一要件事实的证明责任分配时应当综合考虑各种相关因素,包括政策、公平、证据持有、证据距离、盖然性、经验法则、便利等,其中政策、证据持有、盖然性是三个主要考量的因素。大陆法系的反规范说包括三种观点:(1)危险领域说。认为应当以待证事实属哪一方当事人控制的危险领域,作为决定证明责任分配的标准,由控制该危险领域的人承担证明责任。其理由是控制该危险领域的人更容易举证。(2)盖然性说。认为应当以争议事实发生的盖然性作为分配证明责任的依据,"如果法官对一个要件事实真伪不明不能确认时,那么,就应当由某个要件事实成立的可能性较小,因而对对其不利的一方当事人承担不利后果。"[1]换句话说,如果某一事实发生的概率较高,则主张该事实的人无需承担证明责任,该事实不存在的证明责任由对方当事人负担。(3)损害归属说。该说主张以实体法确定的责任归属作为分配证明责任的标准,在实际运用中又具体化为盖然性原则、保护性原则等。

另一种研究进路认为,尽管证明责任分配问题异常复杂,但仍然有规律可循,通过研究找出证明责任分配的统一标准,不仅是必要的,而且是可能的。大陆法系国家的多数学者采取这样的进路。这一进路下证明责任分配理论包括多种学说,其中最早学说是待证事实分类说,最有影响的是占支配地位的法律要件分类说。下文主要介绍法律要件分类说。

法律要件分类说是将法律要件分为不同的类别,不同类别的事实也分别由不同的当事人承担证明责任。在法律要件分类说中影响最大的当属罗森贝克创立的规范说。"在德国、日本、韩国以及我国的台湾地区,规范说一直在实务界具有支配地位。在理论界尽管不断受到各方面的挑战,但至今还尚未出现能够完全取代该学说的理论。"[2]按照日本民事诉讼法学者高桥宏志的理解,罗森贝克的规范说包括如下五个方面的内容:

第一,法规不适用原则。该原则是指实体法的要件事实的存在只有被法官报以确信程度的心证,该法律才被适用,因此,不但当法官对于事实的不存在抱有确信时,而且在争议事实处于真伪不明的情形下,也不适用实体法。

第二,当事人在于己有利之法律的要件事实处于真伪不明时,将承受不适用该法律产生的不利益。

第三,法规是否有利的判断应当从实体法律的逻辑关系中,去谋求解决之道。具体来说实体法从性质上可以划分为权利根据规定、权利障碍规定、权利消灭规定。权利根据规定是对提出民事权利请求的当事人有利的实体法律规范,其他两种规定是对反驳民事权利请求

---

[1] [德]汉斯·普维庭:《德国现代证明责任论》,吴越译,法律出版社 2000 年版,第 287 页。
[2] 陈刚:《证明责任法研究》,中国人民大学出版社 2000 年版,第 178 页。

的当事人有利的实体法律规范。

第四,法律规范性质的识别,应当依靠法律条文的形式构造进行。

第五,在证明责任分配上,应当排除每个法官的实质性考虑,而只能基于由精明的立法者历经几个世纪构筑起来的正义——既定的实体法规来进行。①

(二)我国民事诉讼中证明责任的分配

1. 证明责任分配的一般规定

与部分民事实体法律规范对证明责任作出规定相配合,《民事诉讼法》以及《证据规定》规定了民事诉讼中证明责任分配的一般原则。《民事诉讼法》第 67 条第 1 款规定:"当事人对自己提出的主张,有责任提供证据。"学者将这一规定概括为"谁主张、谁举证"的原则,但这一原则并没有解决我国民事诉讼中证明责任能分配的实际问题。体现为两个方面:一是没有提出结果责任的概念,不能解决在案件事实处于真伪不明时法院如何裁判,以及由谁承担不利的诉讼结果的问题;一是规定过于原则,缺乏实践上的可操作性,特别是当事人对同一事实分别从肯定方面和否定方面对其进行主张的情况下,如果案件事实处于真伪不明,法院无法下判。

2002 年旧《证据规定》第 2 条规定:"当事人对自己提出的诉讼请求所依据的事实或者反驳对方诉讼请求所依据的事实有责任提供证据加以证明。没有证据或者证据不足以证明当事人的事实主张的,由负有举证责任的当事人承担不利后果。"该项规定在继承《民事诉讼法》所确立的证明责任分配原则的基础上,引入了结果证明责任的概念,体现了较大的进步性。但该项规定仍然没有解决"谁主张、谁举证"原则面临的第二个方面的困惑,即在双方当事人对同一事实从不同方向主张时的证明责任负担。而且在立法的思路上是根据原告与被告的角色划分来分配证明责任,而这恰恰是极端错误的。所以,认为旧《证据规定》第 2 条借鉴了法律要件分类说的基本观点的说法是没有依据的。《解释》在总结旧《证据规定》实施以后的审判经验的基础上,扩大了规范说的适用范围。按照旧《证据规定》依据规范说分配证明责任的案件仅仅包括合同纠纷案件、劳动争议案件以及代理权纠纷案件。而按照《解释》所有的民事诉讼案件,均应当按照规范说在双方当事人之间分配证明责任。

2. 证明责任分配的具体规定

(1)证明责任分配的一般原则。《解释》全面采纳了规范说,并以之为依据在双方当事人之间分配证明责任理论。其第 91 条规定人民法院应当依照下列原则确定举证证明责任的承担,但法律另有规定的除外:①主张法律关系存在的当事人,应当对产生该法律关系的基本事实承担举证证明责任;②主张法律关系变更、消灭或者权利受到妨害的当事人,应当对该法律关系变更、消灭或者权利受到妨害的基本事实承担举证证明责任。②

(2)特殊侵权案件的证明责任。特殊侵权案件的证明责任分配主要体现于旧《证据规

---

① [日]高桥宏志:《民事诉讼法——制度与理论的深层分析》,林剑锋译,法律出版社 2003 年版,第 439～441 页。

② 举证证明责任一词最早为最高人民法院在《解释》中使用,其含义即为大陆法系民事诉讼中的客观证明责任、结果责任、证明责任。

定》第4条,但2019年《证据规定》修订时将该条文删除,现今关于特殊侵权案件证明责任的分配应当适用《民法典》及相关实体法中的规定。

因新产品制造方法发明专利引起的专利侵权诉讼,由制造同样产品的单位或者个人对其产品制造方法不同于专利方法承担举证责任;高度危险作业致人侵害的侵权诉讼采取无过错责任原则。民用核设施的营运单位应该就核事故中的损害是因战争、武装冲突、暴乱等情形或者受害人故意造成承担举证证明责任;易燃、易爆、剧毒、高放射性、强腐蚀性、高致病性等高度危险物的占有人或者使用人应就危险物致害是由于因受害人故意或者不可抗力造成的承担举证证明责任;从事高空、高压、地下挖掘活动或者使用高速轨道运输工具造成他人损害的诉讼中,经营者应就损害是因受害人故意或者不可抗力造成的承担举证证明责任;非法占有高度危险物造成他人损害的诉讼中,所有人、管理人应就自己对防止非法占有尽到高度注意义务的事实承担举证证明责任;未经许可进入高度危险活动区域或者高度危险物存放区域受到损害的诉讼中,管理人应就已经采取足够安全措施并尽到充分警示义务的事实承担举证证明责任。

行为人应当就法律规定的不承担责任或者减轻责任的情形及其行为与损害之间不存在因果关系承担举证责任。根据2020年12月29日修改的《最高人民法院关于审理环境侵权责任纠纷案件适用法律若干问题的解释》第6条,被侵权人应当提供侵权人排放的污染物或者其次生污染物、破坏生态行为与损害之间具有关联性的证据材料。

建筑物和物件损害侵权诉讼中的举证证明责任分配根据《民法典》的规定要区分不同情形:其一,建筑物、构筑物或者其他设施倒塌、塌陷造成他人损害的诉讼中,建设单位和施工单位应当对建筑物、构筑物或者其他设施之不存在质量问题承担举证证明责任,所有人、管理人、使用人或者第三人应就建筑物、构筑物或其他设施之倒塌、塌陷不是由于自己原因所致承担举证证明责任;其二,建筑物、构筑物或者其他设施及其搁置物、悬挂物发生脱落、坠落造成他人损害的诉讼中,所有人或者管理人、使用人应当承担证明自己没有过错的举证证明责任;其三,从建筑物中抛掷物品或者从建筑物上坠落的物品造成他人损害的侵权诉讼中,可能的加害人必须就自己不是侵权人承担举证证明责任。从建筑物中抛掷物品或者从建筑物上坠落的物品造成他人损害的诉讼中,如果经调查难以确定具体侵权人的,可能的加害人必须就自己不是侵权人承担举证证明责任,否则即由可能加害的建筑物使用人给予补偿;其四,堆放物倒塌、滚落或者滑落造成他人损害的侵权诉讼中,堆放人必须承担证明自己没有过错的举证证明责任,在公共道路上堆放、倾倒、遗撒妨碍通行的物品造成他人损害的诉讼中,公共道路管理人须就自己已经尽到清理、防护、警示等义务承担举证证明责任;其五,因林木折断、倾倒或者果实坠落等造成他人损害的侵权诉讼,林木的所有人或者管理人承担证明自己没有过错的举证证明责任;在公共场所或者道路上挖掘、修缮安装地下设施等造成他人损害的诉讼中,施工人应就自己已经设置明显标志或者采取安全措施承担举证证明责任。

被侵权人有故意或者重大过失承担举证证明责任。即使在违反管理规定未对动物采取安全管理措施的情况下,造成被侵权人损害,动物的饲养人或者管理人,也可以通过举证证明损害是由于被侵权人的故意而造成,实现减轻自己责任的目的。根据《民法典》,这种规则适用于动物园中的动物以及遗弃、逃逸致人损害的情形。第三人的过错致被侵权人损害不能成为动物饲养人、管理人免责的事由,不过其承担责任后可以向第三人追偿。

受害消费者必须就产品存在缺陷、出现了产品以外的人身或者财产损失以及损失与产品缺陷之间存在因果关系承担举证证明责任。因共同危险行为致人损害的侵权诉讼,由实施危险行为的人就其行为与损害结果之间不存在因果关系承担举证责任。根据《民法典》,在承担产品缺陷责任的产品生产者对销售者或者第三人行使追偿权的诉讼中,产品的生产者必须对产品缺陷是由于销售者不当保管或者运输者、仓储者的过错造成的承担举证证明责任。

因医疗行为引起的侵权诉讼中,受到侵害的被侵权人应该就医疗机构存在过错、自己受到的损害以及损害与医疗机构的过错之间有因果关系承担举证证明责任。2020年12月29日修改的《最高人民法院关于审理医疗损害责任纠纷案件适用法律若干问题的解释》第4条第2款规定:患者无法提交医疗机构或者其医务人员有过错、诊疗行为与损害之间具有因果关系的证据,依法提出医疗损害鉴定申请的,人民法院应予准许。为缓和过错原则的严苛,《民法典》规定在特定的情况下可以推定医疗机构存在过错,这包括医疗机构违反法律、行政法规、规章以及其他有关诊疗规范的规定,医疗机构隐匿或者拒绝提供与纠纷有关的病历资料,医疗机构遗失、伪造、篡改或者违法销毁病历资料。当然《民法典》也同时规定了可以免除医疗机构责任的具体情形:患者或者其近亲属不配合医疗机构进行符合诊疗规范的诊疗、医务人员在抢救生命垂危的患者等紧急情况下已经尽到合理诊疗义务、限于当时的医疗水平难以诊疗。

对于可否依此规定得出我国特殊侵权案件中存在"证明责任倒置"的情形,学者有不同的观点,一般认为以上情况正是证明责任倒置的具体体现,并主要表现在因果关系和过错两个方面。① 否定者认为"举证责任倒置"纯属一种学术上的失误或不负责任的表现,他们认为"客观证明责任属于实体法,对某个具体的请求权的前提要件来说,其客观证明责任的分配已经事先由法律设置好了,因此它是不能被转换或者倒置的。"②

第四节 证明标准

一、证明标准概述

(一)证明标准的概念

根据学者对证明标准的理解,证明标准的概念有以下几种:

---

① 江伟主编:《民事诉讼法》,中国人民大学出版社2008年第4版,第215页;王利明:《举证责任倒置应具备的条件》,载《人民法院报》2002年12月27日;戚庚生、刘天兴:《论民事诉讼中的举证责任》,载《人民司法》1998年第10期。

② [德]汉斯·普维庭:《德国现代证明责任论》,吴越译,法律出版社2000年版,中文译序,第3页。

第一,根据证明标准在诉讼证明中的地位界定,认为证明标准"是指履行举证责任必须达到的范围和程度……是证明必须在事实裁判者头脑中造成的确定性或盖然性程度,是承担举证责任的当事人在有权赢得诉讼之前使事实裁判者形成确信的标准。"①

第二,从衡量证明活动成功与否的角度界定,认为证明标准是一把尺子,衡量何时证明成功。②

第三,从双方当事人提供证据的相对数量的角度界定,认为证明标准是指承担举证责任的当事人举证的分量相对于对方当事人举证的分量来说,应当超过多少。③

第四,从证明标准的特征方面界定。④

我们认为证明标准是法律规定的,法官根据当事人的诉讼证明活动,结合经验法则判定当事人主张的事实为真、伪或者真伪不明,而适用实体法或证明责任法则作出裁判的最低限度或者尺度。

(二)证明标准的特点

1. 证明标准是法院进行裁判的标准,是一种法院审判权的约束机制。法院经过对当事人证明活动的审查与评价,有可能形成三种不同的司法认知结果:其一,认为当事人主张的事实为真,判决支持当事人的诉讼请求;其二,认为当事人主张的事实为伪,判决驳回当事人的诉讼请求;其三,认为当事人主张的事实处于真伪不明的状态,判决负担证明责任的当事人承担不利的诉讼结果。这三种情况下的裁判都必须以法官的心证与证明标准进行比对,在法官的认为当事人提交的本证已经达到或者超过证明标准时,出现第一种情形,反之,则有可能出现其他几种情形。

2. 证明标准由民事诉讼法或者证据法规定。首先,证明标准应当由法律明确规定,不能由法官根据个案的情况自由裁量,否则证明标准就失去了其约束裁判者自由心证的机能;其次,证明标准不是由实体法规定,而是由程序法规定的,从而使其与证明责任规范相区别。例如《加拿大证据法典》第13条第2项规定:在民事诉讼中,当法官认定任何一个有正常头脑的人因当事人所举出的证据足以就所主张争执中的事实认为存在的可能性大于不可能性时,该当事人的证明责任即被卸除。《菲律宾证据规则》也有类似的规定。

3. 证明标准反映了国家的立法政策和价值倾向。证明标准对国家立法政策和价值倾向的体现主要表现在证明标准的设定方面,例如之所以在刑事案件中采取较高的证明标准,就是体现刑事案件办理中对被告人、犯罪嫌疑人人身权利保护的价值追求。

二、证明标准和证明责任

证明标准与证明责任是紧密联系的。当事人提供的证据达到了证明标准,说明当事人

---

① Peter Murphy, *A Practical Approach to Evidence*, Blackstone Press Limited, 1992, p.104.
② [德]汉斯·普维庭:《德国现代证明责任论》,吴越译,法律出版社2000年版,第90页。
③ 卞建林等:《诉讼证明:一个亟待重塑的概念》,载何家弘主编:《证据学论坛》(第三卷),中国检察出版社2001年版,第62页。
④ 田平安:《民事诉讼证据初论》,中国检察出版社2002年版,第97页。

已经履行完了他的证明责任,这意味着当事人不可能因为该特定的待证事实的证明问题而受到诉讼中的不利益;反之,如果当事人提供的证据未能达到证明标准,则表明当事人的证明责任没有履行完毕,当事人将因为该特定的待证事实的证明问题而受到诉讼中的不利益。有学者称,"证明标准是在证明责任的基础上才产生的概念,没有真正意义上的证明责任制度,便没有真正意义上的证明标准制度。"①

但证明标准与证明责任依然存在区别,这些区别主要有以下几个方面:

1. 法律依据不同。证明标准是程序法规定的一项制度,而证明责任规范虽然在具体诉讼过程中指导当事人举证和证明活动,并作为法院在案件事实真伪不明时的裁判依据,但证明责任规范从本质上说是一种实体法规范,一般应当在实体法律规定中去探寻证明责任的分配方法和分配原则。

2. 针对的对象不同。证明标准回答的是,就特定的待证事实当事人应当提供多少证据加以证明,解决的是证据提供的数量和质量问题;证明责任解决的问题是在当事人提供的证据使裁判者的心证处于真伪不明的状态时,何方当事人承担不利的诉讼结果的问题。

3. 产生的历史时期不同。尽管现代诉讼中证明标准与证明责任在本质上是一物两面的关系,但是在近代证明责任制度产生之前,仍然有约束裁判者事实判断的具体制度。例如法定证据制度下,法律规定当事人对案件事实的证明必须达到"完全证明"的情况下,才能认定案件事实。在这种意义上可以说证明标准制度的历史更长久一些。

三、我国民事诉讼中的证明标准

(一)关于证明标准确定的观点

1. 客观真实说。客观真实说的证明标准理论是较为传统的观点,持该观点的学者认为,我国民事和刑事诉讼在证明标准上都要求达到事实清楚,证据确实、充分,即在各类诉讼中对证明的要求是共同的。② 客观真实说以查清案件事实真相为最高、最理想的目标本无可厚非,但这样的认识目标具有一定的不适用性,同时不考虑民事诉讼与刑事诉讼之间的区别,采取一元化的证明标准,也不科学。为此学者对之提出了许多批评。③

2. 相对真实说。该说认为,证明既是一种认识活动,又是一种诉讼行为,因此诉讼证明除遵守认识论的规律外,还应接受程序法律和证据规则的调整。基于对认识规律的重新解读和对证据规则的认识和理解,该说认为证明标准从主观上可以概括为"法官内心确信"无疑,其客观标准则为最大限度地符合或接近案件客观真实。④ 该观点对于如何联系主观标

---

① 江伟主编:《证据法学》,法律出版社 2004 年版,第 114 页。
② 刘金友主编:《证据理论与实务》,法律出版社 1992 年版,第 160 页;陈一云主编:《证据学》,中国人民大学出版社 1991 年版,第 117~118 页。
③ 王圣扬:《论诉讼证明标准的二元制》,载《中国法学》1999 年第 3 期;李浩:《民事诉讼证明标准的再思考》,载《法商研究》1999 年第 5 期;何家弘:《论司法证明的目的和标准》,载《法学研究》2001 年第 6 期;李浩:《证明标准新探》,载《中国法学》2002 年第 4 期等。
④ 卞建林:《论刑事证明的相对性》,载陈光中主编:《诉讼法论丛》(第 7 卷),法律出版社 2002 年版,第 26~32 页。

准和客观标准未做说明,换句话说,在这里证明标准的主观属性和客观属性是分离的。同时该观点也没有解决如何以客观标准约束裁判者的主观确信,并进而实现自由心证的客观化问题。

3. 法律真实说。认为法律真实是在诉讼证明过程中,运用证据对案件真实的认定应当符合实体法和程序法的规定,应当达到从法律角度应当认定为真实的程度。就实体事实而言,只要围绕实体法规定的事实之有无进行证明就可以了,为解决程序问题,法律真实之追求要求仅仅围绕程序法律事实之有无进行。该观点没有具体回答以下问题:何谓法律真实?依据法律规定的证明标准确定某一事实为真,算不算实现了法律真实?如果不算实现了法律真实,那么法律真实又具有什么内容?

(二)证明标准确立中应当注意的问题

我国的证明标准必须考虑以下四种因素:(1)诉讼证明的特殊性;(2)人的认识能力的有限性;(3)诉讼所追求的价值目标;(4)证明标准的确定性与灵活性之间的关系。其中前两个因素是世界各国确立证明标准时必须共同面临的问题,对于确立中国的证明标准并无明显的针对性。当然这并不是说对这些因素的考量没有任何实际意义,在客观真实说仍然具有相当影响的情况下,倡导以上因素具有诉讼观念上的重大意义。第四种因素就各国的立法看,实际上是证明标准的具体内容,只不过各个国家处理证明标准的确定性和灵活性的侧重点有一定的差异,影响这一差异的不是该关系本身,而是该关系之外的其他因素。诉讼价值目标是影响证明标准的重要因素。两大法系国家和地区存在不同证明标准体系,其最根本的原因是其追求的诉讼价值目标略有差异。

(三)我国立法所认可的民事诉讼证明标准

2002年制订的《证据规定》第73条(2019年修订《证据规定》时,该条被删除)确立了高度盖然性的证明标准:"双方当事人对同一事实分别举出相反的证据,但都没有足够的依据否定对方证据的,人民法院应当结合案件情况,判断一方提供证据的证明力是否明显大于另一方提供证据的证明力,并对证明力较大的证据予以确认。因证据的证明力无法判断导致争议事实难以认定的,人民法院应当依据举证责任分配的规则作出裁判。"《解释》也同样肯定高度盖然性的民事诉讼证明标准,其第108条第1款规定:对负有举证证明责任的当事人提供的证据,人民法院经审查并结合相关事实,确信待证事实的存在具有高度可能性的,应当认定该事实存在。在理解法律规定的证明标准时应注意以下三个问题:

第一,高度盖然性证明标准是最低限度的证明标准,是对法官内心确信上的最低限度的要求,法官不能以此为借口,放弃对其他证据的认真审查和判断,以达到更强的内心确信,尽可能地接近客观真实。[①]

第二,高度盖然性的证明标准适用于普通类型案件,但不是适用于所有案件以及所有案件事实的证明标准。《解释》一定程度上已经承认了证据标准可能存在的例外情形,其第108条第3款规定,法律对于待证事实所应达到的证明标准另有规定的,从其规定。为维护

---

① 李国光主编:《最高人民法院〈关于民事诉讼证据的若干规定〉的理解与适用》,中国法制出版社2002年版,第467页。

人类基本伦理价值和维护社会公益,对于涉及人的身份关系的案件,应当适用更高的证明标准。《解释》以及《证据规定》对涉及欺诈、胁迫、恶意串通的事实,以及口头遗嘱或者赠与的事实已经采取了例外的证明标准。《解释》第109条规定和《证据规定》第86条第1款均规定:当事人对欺诈、胁迫、恶意串通事实的证明,以及对口头遗嘱或者赠与事实的证明,人民法院确信该待证事实存在的可能性能够排除合理怀疑的,应当认定该事实存在。《证据规定》同时规定对与诉讼保全、回避等程序事项有关的事实,可以采取盖然性占优的证明标准。其第86条第2款与诉讼保全、回避等程序事项有关的事实,人民法院结合当事人的说明及相关证据,认为有关事实存在的可能性较大的,可以认定该事实存在。必须注意,已经有学者对《证据规定》所采取的"排除合理怀疑"的表述方法表示怀疑,认为其片面理解并借鉴了英美判例中的相关规则、混淆了刑事诉讼与民事诉讼的不同性质、漠视不同诉讼程序中的不同证明规则等。①

第三,适用该证明标准认定证据与案件事实时,法官应当公开心证的理由和结果,特别是应当在裁判文书中充分阐述和说明采纳证据与认定事实的理由。《证据规定》第97条规定,人民法院应当在裁判文书中阐明证据是否采纳的理由。对当事人无争议的证据,是否采纳的理由可以不在裁判文书中表述。

第五节 证据的收集

一、证据的收集

证据的收集是指当事人或者人民法院依照法律规定的程序发现、提取或者提交证据的活动。依照证据收集的主体不同,可以将证据收集分为两类:

(一)当事人收集、提供证据

1. 当事人收集、提供证据的范围。《证据规定》在《民事诉讼法》规定的基础上进一步强化了当事人的举证责任,按照《证据规定》的精神,除应当由法院依职权调查收集证据的情形外,其他情况下的证据收集与提供的任务均由当事人承担。

2. 当事人收集、提供证据的时间。《证据规定》在借鉴国外立法和总结我国审判实践经验的基础上确立了举证时限制度,学者们分别从诉讼效率②和当事人诉讼主体地位③等方面来论证举证时限制度的合理性。举证时限制度包括的内容包括两个方面:其一是当事人必须在其协商确定的期限或者法院指定的期限内提供证据或者提出由法院依职权调查收集证据的申请;其二是证据失权,即当事人如果在举证时限内没有提供证据或者没有提出由法院依职权调查收集证据的申请,除《证据规定》所指的新证据以外,视为放弃了举证的权利,

---

① 刘学在、王静:《民事诉讼中的"排除合理怀疑"证明标准评析》,载《法治研究》2016年第3期。
② 张卫平:《举证时限制度若干问题探讨》,载《人民司法》2003年第9期。
③ 陈卫东:《人权保障视觉下的程序变革》,载《法制日报》2005年12月8日。

在客观上可能存在的证据也因此失去了证据能力。由于《证据规定》所确立的举证时限制度以证据失权为核心,相对而言较为严厉,并在较大程度上影响当事人的权利救济,影响司法正义的实现。因此《民事诉讼法》对《证据规定》所确立的举证时限制度做了较大幅度的调整,从而使《证据规定》确立的刚性举证时限制度转变为《民事诉讼法》的人性化举证时限制度。根据《民事诉讼法》以及《解释》和《证据规定》的精神,我国举证时限制度具体包括以下内容:

(1)举证时限制度适用于所有民事案件。不论按照普通程序审理的案件,还是按照简易程序审理的案件均适用举证时限制度。

(2)举证时限产生的方式有两种。一是由法院立案庭在送达案件受理通知书和应诉通知书的同时为当事人指定具体的举证时限。人民法院确定举证时限,第一审普通程序案件不得少于15日,当事人提供新证据的二审案件不得少于10日。适用简易程序审理的案件不得超过15日,小额诉讼案件的举证期限一般不得超过7日。二是由当事人协商一致,并经人民法院认可。

(3)逾期举证的法律后果。逾期举证的法律后果之一是证据失权,即当事人丧失了向法庭提供证据的权利和机会。不过,当事人在法院指定的或当事人协商确定的举证时限内没有提供证据,一般不会导致证据失权的法律后果。《民事诉讼法》第68条第2款规定:当事人逾期提供证据的,人民法院应当责令其说明理由;拒不说明理由或者理由不成立的,人民法院根据不同情形可以不采纳该证据,或者采纳该证据但予以训诫、罚款。据之,《民事诉讼法》确立了包括证据失权在内多元化的逾期举证制裁措施,并对证据失权采取相对审慎的态度。此种审慎表现在多元化的逾期举证制裁措施之设置方面,还体现为要求要求人民法院制裁逾期举证的当事人之前必须给予其说明理由的机会。

《解释》充分贯彻了《民事诉讼法》对逾期举证失权制裁的审慎态度和精神,并有进一步深化的倾向。这主要体现在:其一,将特定情况下的逾期举证视为未逾期,或者视为有正当理由。《解释》第101条第2款规定:当事人因客观原因逾期提供证据,或者对方当事人对逾期提供证据未提出异议的,视为未逾期。《解释》第386条规定:再审申请人证明其提交的新的证据符合下列情形之一的,可以认定逾期提供证据的理由成立:①在原审庭审结束前已经存在,因客观原因于庭审结束后才发现的;②在原审庭审结束前已经发现,但因客观原因无法取得或者在规定的期限内不能提供的;③在原审庭审结束后形成,无法据此另行提起诉讼的。再审申请人提交的证据在原审中已经提供,原审人民法院未组织质证且未作为裁判依据的,视为逾期提供证据的理由成立。其二,在责令当事人说明理由之外,规定了适用证据失权的严格条件。当事人的逾期举证必须是出于故意或者重大过失,当事人非因故意或者重大过失提供的证据,人民法院应当采纳。适用证据失权的另一个必不可少的条件是证据与案件的基本事实无关。换句话说,即使当事人因故意或者重大过失逾期举证,但只要该证据关涉案件的基本事实,人民法院对之仍不能采取证据失权的制裁措施。

逾期举证的另一法律后果是训诫和罚款。训诫和罚款一般是在人民法院采信逾期提供的证据的基础上作出,换句话说,在法院适用证据失权之制裁的情况下,无需训诫和罚款的制裁。对于当事人非因故意或者重大过失逾期提供的证据,人民法院仅需对当事人予以训诚,只有在当事人因故意或者重大过失逾期举证,人民法院又必须采信逾期提供的证据时,才有必要对当事人予以训诫和罚款。

逾期举证的第三种法律后果是责令逾期举证的当事人赔偿对方因此增加的必要费用。《解释》第102条第3款规定:当事人一方要求另一方赔偿因逾期提供证据致使其增加的交通、住宿、就餐、误工、证人出庭作证等必要费用的,人民法院可予支持。当事人增加的此种额外的、必要的费用肇因于人民法院排除证据失权的适用。换句话说,在法院对逾期提供的证据适用证据失权的情况下,不可能对逾期举证当事人的对方当事人造成人、财、物等方面的额外支出,其费用赔偿的要求也无从产生。

举证时限自当事人接到人民法院发送的举证通知书的次日起开始起算,并持续至指定的或者当事人协商确定的举证时限届满日,不过,法院组织证据交换的,证据交换之日举证时限届满。遇有法律规定的特定情况时,按照法律规定的特定方式计算举证时限。根据《证据规定》第55条,当事人依照民事诉讼法第130条规定提出管辖权异议的,举证期限中止,自驳回管辖权异议的裁定生效之日起恢复计算;追加当事人、有独立请求权的第三人参加诉讼或者无独立请求权的第三人经人民法院通知参加诉讼的,人民法院应当依照本规定第51条的规定为新参加诉讼的当事人确定举证期限,该举证期限适用于其他当事人;发回重审的案件,第一审人民法院可以结合案件具体情况和发回重审的原因,酌情确定举证期限;当事人增加、变更诉讼请求或者提出反诉的,人民法院应当根据案件具体情况重新确定举证期限;公告送达的,举证期限自公告期届满之次日起计算。

(4)举证时限的重新指定与延长。《解释》第99条第3款和《证据规定》第51条第3款的规定,举证时限届满后,当事人对已经提供的证据,申请提供反驳证据或者对证据来源、形式等方面的瑕疵进行补正的,人民法院可以酌情再次确定举证时间。不过,此种再次确定或者指定举证时限,不受首次举证时限确定时最低时间要求的限制。另外,《民事诉讼法》将诉的合并制度设定为与举证时限制度没有任何牵连的制度,其第143条规定,原告增加诉讼请求,被告提出反诉,第三人提出与本案有关的诉讼请求,可以合并审理。这意味着,即使举证时限届满后,诉的合并仍有可能发生。此时,如果拒绝当事人对其新合并进来的诉讼请求提供支持证据和反驳证据,无异于剥夺当事人双方的诉权。因此,在此种情况下,人民法院应当就新合并的诉讼请求重新指定举证时限。《证据规定》第53条第2款规定:当事人根据法庭审理情况变更诉讼请求的,人民法院应当准许并可以根据案件的具体情况重新指定举证期限。

2012年《民事诉讼法》第68条第2款规定,当事人在举证时限内提供证据确有困难的,可以向人民法院申请延长举证期限,人民法院根据当事人的申请适当延长。当事人延长举证时限的申请必须在举证时限届满前以书面方式提出,申请理由成立的,人民法院应当准许;申请理由不成立的,人民法院不予准许,并通知申请人。对于当事人的申请理由是否成立,人民法院应当根据当事人的举证能力、不能在举证期限内提供证据的原因等因素综合判断。必要时,可以听取对方当事人的意见。

3. 当事人收集与提供证据时应注意的其他问题。根据《民事诉讼法》、《解释》和《证据规定》的精神,当事人收集、提供证据应尽可能地提供原件或者原物,只有在原件、原物无法收集提供的情况下,才可以提供与原件、原物核对无误的复印件、复制品。根据《解释》第

111条,民事诉讼法规定的当事人提交书证原件确有困难的情形包括:书证原件遗失、灭失或者毁损的;原件在对方当事人控制之下,经合法通知提交而拒不提交的;原件在他人控制之下,而其有权不提交的;原件因篇幅或者体积过大而不便提交的;承担举证证明责任的当事人通过申请人民法院调查收集证据或者其他方式无法获得书证原件的。当事人提供的副本、复制件的,人民法院应当在调查笔录中说明来源和取证情况;当事人提供复制品或者影像资料的,人民法院应当在调查笔录中说明取证情况;当事人提供复制件的,人民法院应当在调查笔录中说明其来源和制作经过。

书证在对方当事人控制之下的,承担举证证明责任的当事人可以在举证期限届满前书面申请人民法院责令对方当事人提交。申请理由成立的,人民法院应当责令对方当事人提交,因提交书证所产生的费用,由申请人负担。对方当事人无正当理由拒不提交的,人民法院可以认定申请人所主张的书证内容为真实。持有书证的当事人以妨碍对方当事人使用为目的,毁灭有关书证或者实施其他致使书证不能使用行为的,人民法院可以依照民事诉讼法第114条规定,对其处以罚款、拘留。当事人提交外文书证的,必须附有中文译本。

人民法院收到当事人提交的证据材料,应当出具收据,写明证据名称、页数、份数、原件或者复印件以及收到时间等,并由经办人员签名或者盖章。

(二)法院依职权收集证据

2012年《民事诉讼法》第67条第2款规定:当事人及其诉讼代理人因客观原因不能自行收集的证据,或者人民法院认为审理案件需要的证据,人民法院应当调查收集。这样人民法院依职权调查收集证据的情形主要包括以下两种情况:

1. 人民法院应当依据职权收集证据的情形。《解释》第96条规定,在下列情况下人民法院应当依职权调查收集证据:(1)涉及可能有损国家利益、社会公共利益的;(2)涉及身份关系的;(3)涉及民事诉讼法规定的公益诉讼案件的;(4)当事人有恶意串通损害他人合法权益可能的;(5)涉及依职权追加当事人、中止诉讼、终结诉讼、回避等程序性事项的。

2. 根据当事人申请而进行的证据调查。《解释》第94条规定,当事人及其诉讼代理人因客观原因不能自行收集的证据包括以下三种情形:(1)证据由国家有关部门保存,当事人及其诉讼代理人无权查阅调取的;(2)涉及国家秘密、商业秘密或者个人隐私的;(3)当事人及其诉讼代理人因客观原因不能自行收集的其他证据。

同时,根据《解释》第95条,当事人申请人民法院调查收集的证据必须是具有关联性、对证明案件事实有意义的证据。当事人申请调查收集的证据,与待证事实无关联、对待证事实无意义或者其他无调查收集必要的,人民法院不予准许。

根据《证据规定》第20条第1款,当事人和诉讼代理人确因客观原因不能自行收集,申请人民法院调查收集的,必须在举证时限届满前提出。申请书应当载明被调查人的姓名或者单位名称、住所地等基本情况,所要调查收集的证据名称或者内容,需要由人民法院调查收集证据的原因及其要证明的事实以及明确的线索。

3. 人民法院调查收集证据的方法。人民法院调查收集证据可以自行调查,在特殊的情况下也可以委托证据所在地的人民法院调查收集证据。人民法院调查收集证据可以采取提取原件、原物的方法,对于不能提取的物证可以采取拍照、勘验等方法收集证据,对于诉讼中的专门问题,法院可以委托鉴定人进行鉴定。在调查收集证据时应当注意以下几个问题:(1)人民法院调查收集证据应当由两人以上的人员进行,调查材料要由调查人、被调查人、记录人签名、捺印或者盖章;(2)调查人员调查收集的证据可以是原件、原物,也可以是经核对无误的副本、复印件或者复制品,是复印件、复制品的,应当在调查笔录中说明来源和取证情况;(3)调查人员调查收集计算机数据或者录音、录像等视听资料的,应当要求被调查人提供有关资料的原始载体。提供原始载体确有困难的,可以提供复制件。提供复制件的,应当在调查笔录中说明来源和取证情况;(4)人民法院依职权委托鉴定的,可以在询问当事人的意见后,指定具备相应资格的鉴定人。同时应当组织当事人对鉴定材料进行质证。未经质证的材料,不得作为鉴定的根据;(5)人民法院应当在勘验前将勘验的时间和地点通知当事人。当事人不参加的,不影响勘验进行。当事人可以就勘验事项向人民法院进行解释和说明,可以请求人民法院注意勘验中的重要事项。人民法院勘验物证或者现场,应当制作笔录,记录勘验的时间、地点、勘验人、在场人、勘验的经过、结果,由勘验人、在场人签名或者盖章。对于绘制的现场图应当注明绘制的时间、方位、测绘人姓名、身份等内容。

(3)检察机关的民事证据调查和收集

2012年《民事诉讼法》确立了检察机关的民事证据调查核实权,其第217条规定:人民检察院因履行法律监督职责提出检察建议或者抗诉的需要,可以向当事人或者案外人调查核实有关情况。不过,由于该条立法高度抽象和概括,没有具体规定检察机关民事证据权的行使方法、效力、对方不予以配合时的处置方法,因此导致检察机关行使民事证据调查核实权遇到许多困难。实务部门中的工作人员将这些困难概括为检察机关行使民事证据调查权的案件范围模糊、检察机关的民事证据调查核实权缺乏强制性、检察机关履行民事证据调查权之职责的人员素质偏低。[①] 理论上对检察机关民事证据调查权行使之现状概括为调查核实权的立法层级太低、调查核实权的范围与方式过于笼统、调查核实权缺乏强制力保障。[②] 为一定程度上克服检察机关民事证据调查权缺乏强制性的现实困难,最高人民检察院发布的《人民检察院民事诉讼监督规则(试行)》明确赋予了检察机关民事证据调查权的强制力以及被调查人的配合义务,其73条规定:人民检察院调查核实,有关单位和个人应当配合。拒绝或者妨碍人民检察院调查核实的,人民检察院可以向有关单位或者其上级主管部门提出检察建议,责令纠正;涉嫌犯罪的,依照规定移送有关机关处理。理论上对检察机关民事证据调查权行使制度之改革完善提出的意见可以概括为如下两个方面:其一,应当从目的主义的角度改革检察机关民事证据调查权制度,特别是检察机关的民事公益诉讼调查权制度。法学的真实性问题其实就是一个实现既定的价值与目标的调整方式的特殊问题,法律必须满足社会的内在需要,法律本身以及法律的发展应当是实现社会目的的手段。肇因于公益诉讼中案件事实包括损害后果、因果关系等证明上的困难,检察机关民事证据调查权制度改革的方向应当是降低举证责任、降低证明标准、增加证据调查权的强制性和约束

[①] 李彪麟、张丽萍:《民事检察调查核实权行使的现状和完善建议》,载《中国检察官》2019年第6期。

[②] 牛向阳、王瑞霞:《检察机关提起行政公益诉讼举证责任分配辨析》,载《人民检察》2018年第5期。

性。① 其二，从检察机关自身的国家机关地位以及专业优势方面来看，认为应当给检察机关更多的举证义务。"检察机关作为公诉机关，在保障调查手段的前提下，在诉讼中应承担更多的举证义务。检察机关应依职权对证据进行全面调查……，遵从客观义务。"②

二、证据的保全

（一）证据保全概述

通常认为证据保全是指法院在诉讼进行过程中或者是在诉讼开始前，在证据有可能灭失或者难以取得的情况下，根据当事人或者利害关系人的申请或者依据职权对证据进行的调查与固定行为。1991年的《民事诉讼法》仅仅规定了诉讼中的证据保全制度，诉讼开始前的证据保全只能向公证机关提出申请，并由公证机关采取。此后有关法律和司法解释对特定类型的案件规定了诉前证据保全制度，例如《著作权法》《商标法》等法律。2012年民事诉讼法修改时，增设诉前证据保全制度。《民事诉讼法》第84条规定："在证据可能灭失或者以后难以取得的情况下，当事人可以在诉讼过程中向人民法院申请保全证据，人民法院也可以主动采取保全措施。因情况紧急，在证据可能灭失或者以后难以取得的情况下，利害关系人可以在提起诉讼或者申请仲裁前向证据所在地、被申请人住所地或者对案件有管辖权的人民法院申请保全证据。证据保全的其他程序，参照适用本法第九章保全的有关规定。"

证据保全作为一项重要的诉讼制度其意义主要体现在以下两个方面：一是使裁判在事实认定上获得正确的结果。实践中可能会出现证据灭失或者无法取得的情况，此时案件事实的真伪无法查明，虽然法院可依证明责任规范进行裁判，但这毕竟是不得已的一种方法。证据保全能够在一定程度上防止人为的和自然的证据灭失，促进案件事实的发现；一是疏减讼源，减少纠纷。民事诉讼的发生常常并不是一方当事人固执己见造成的，往往是一方当事人未能保全证据，对方趁机否认其权利所致。如果能够完好地保全证据，便可以在较大程度上减少纠纷，即使发生纠纷也可以依据证据实现纠纷的和解解决。③

（二）证据保全的条件

1. 证据保全的时间是起诉前或者是诉讼进行的过程中，《民事诉讼法》修改前有学者认为诉前证据保全既没有立法上的基础，也没有民事诉讼法理上的基础，总体上是违法的。④ 2012年《民事诉讼法》修改后，利害关系人于诉讼开始前申请证据保全已经不存在任何问题了。

2. 证据有灭失的可能或者以后难以取得。此种证据的灭失或者以后难以取得，可能源自自然的原因，也可能源自其他原因。申请诉前证据保全还必须满足情况紧急的条件，即是说，利害关系人已无法透过先提起诉讼或者仲裁申请，再申请保全的方法防止证据的灭失，或者避免以后难以取得的情形。

---

① 樊华中：《检察公益诉讼的调查核实权研究》，载《中国政法大学学报》2019年第3期。
② 刘辉：《检察公益诉讼的目的与构造》，载《法学论坛》2019年第5期。
③ 毕玉谦：《证据保全程序问题研究》，载《北京科技大学学报（社会科学版）》2001年第3期。
④ 参见张金兰、许继学：《论诉前诉讼证据保全的违法性》，载《法学评论》2000年第3期。

(三)证据保全的程序

证据保全可以因当事人、利害关系的申请发生,也可以由法院依职权主动采取,本书中所讲的证据保全程序主要是指申请证据保全的程序。

1. 管辖。诉前证据保全申请应当向证据所在地、被申请人住所地或者对案件有管辖权的人民法院提出,但是如果采取诉前证据保全的法院不享有对案件的管辖权,其并不能因采取诉前证据保全措施而获得对案件的管辖权。《证据规定》第29条规定:人民法院采取诉前证据保全措施后,当事人向其他有管辖权的人民法院提起诉讼的,采取保全措施的人民法院应当根据当事人的申请,将保全的证据及时移交受理案件的人民法院。诉讼开始后的证据保全由受诉法院管辖,一审程序终结、二审程序尚未开始的案件之证据保全仍然由第一审人民法院管辖。

2. 申请。申请是启动证据保全的主要形式,特别是诉前证据保全应当由利害关系人提出申请。在我国也有学者认为诉前证据保全可以由法院依职权主动采取,人民法院依职权采取诉前证据保全的,应当通知利害关系人在一定的时间内提起诉讼。① 事实上由于起诉前案件尚未系属于人民法院,在利害关系人未提出的情况下,人民法院无从发现证据保全的必要性,因之,不能存在法院依职权启动的诉前证据保全。根据《证据规定》第25条,当事人或者利害关系人申请证据保全的,申请书应当载明需要保全的证据的基本情况、申请保全的理由以及采取何种保全措施等内容。当事人申请诉讼证据保全的,应当在举证期限届满前向人民法院提出。申请原则上以书面形式提出,也可以采取口头形式。有学者提出,申请的形式可以根据案件的不同情况而定,按普通程序审理的案件,以书面申请为主、口头申请为辅;按照简易程序审理的案件原则上采取口头申请的方式。②

3. 担保。根据《证据规定》第26条,当事人或者利害关系人申请采取查封、扣押等限制保全标的物使用、流通等保全措施,或者保全可能对证据持有人造成损失的,人民法院应当责令申请人提供相应的担保。担保方式或者数额由人民法院根据保全措施对证据持有人的影响、保全标的物的价值、当事人或者利害关系人争议的诉讼标的金额等因素综合确定。

4. 审查。人民法院对于当事人、利害关系的证据保全申请,应当根据证据保全的条件进行审查,符合证据保全条件的作出准许证据保全的裁定,反之,裁定驳回申请。法律和司法解释没有具体规定法院审查的方式和具体时间。依据民事诉讼法法理,我们认为人民法院对证据保全申请的审查方式,与对实体争议问题的审查方式应当有严格的区别。因此可以采取较为灵活的审查方式,一般不需要组织言词辩论。根据证据保全制度的目的,人民法院应当尽快完成对证据保全的审查,及时作出裁定,并在作出裁定以后立即执行。否则证据保全制度的立法目的即无法实现。

5. 证据保全的实施。根据《证据规定》第27条,人民法院进行证据保全,可以要求当事人或者诉讼代理人到场。根据当事人的申请和具体情况,人民法院可以采取查封、扣押、录

---

① 参见梁书文、回沪明、杨荣新:《民事诉讼法及配套规定新释新解》,人民法院出版社1992年版,第218页。
② 毕玉谦:《证据保全程序问题研究》,载《北京科技大学学报(社会科学版)》2001年第3期。

音、录像、复制、鉴定、勘验等方法进行证据保全，并制作笔录。在符合证据保全目的的情况下，人民法院应当选择对证据持有人利益影响最小的保全措施。如果证据保全错误给被保全人造成损失，当事人请求申请证据保全的申请人赔偿损失的，人民法院应予准许。

第六节 证据的审查

证据的审查是在诉讼参加人参加下，在法庭开庭审理阶段进行的诉讼活动。具体程序为在法庭审理阶段，在审判人员的主持下，将各种证据在法庭上举示，由双方当事人进行鉴别、相互质证、辩论。法官根据当事人辩论的内容，运用法律规定的方法，对证据材料进行判断，确认其能否作为认定案件事实的根据。具体而言，证据的审查包含当事人质证与法官认证两个环节。

一、质证

（一）质证概述

1. 质证的概念

质证有广义和狭义之分，广义的质证是指当事人和法院对当事人提供的证据以及法院收集的证据进行调查的活动，狭义上的质证是指诉讼当事人、诉讼代理人在法庭审判人员的主持下，对当事人提供的证据以及法院依职权收集的证据进行宣读、展示、辨认、质疑、说明等活动的总称。本书所指的质证是指狭义上的质证。

2. 质证的特点

（1）质证是当事人的法定的诉讼权利。当事人通过行使质证这一程序权利，影响裁判者对证据的审查与判断，实现当事人的程序利益和实体利益。

（2）质证是法院采信证据的前提与基础。《民事诉讼法》第71条规定：证据应当在法庭上出示，并由当事人互相质证。《解释》第103条规定：证据应当在法庭上出示，由当事人互相质证。未经当事人质证的证据，不得作为认定案件事实的依据。

（3）质证的主体是当事人。在诉讼过程中法院的审判人员虽然可以对证人、鉴定人进行询问，可以对其他的证据材料进行审查，但这种询问和审查不属于质证的范畴。

（二）质证的范围和程序

1. 质证的范围

对于质证的范围可以从两个方面理解：一是质证适用于所有类型的民事案件中，不管是采辩论主义的案件，还是采职权探知主义的案件，其证据都必须经过质证环节，否则证据不能作为认定案件事实的依据。二是需要质证的证据包括所有种类和所有类型的证据，直接证据、间接证据、辅助证据等概不例外。

2. 质证的程序

（1）质证的方式。在具体的质证方式上，两大法系国家略有不同。英美法系国家采取交叉询问的方式，大陆法系国家采取当事人询问的方式。大陆法系国家具体的进行方式是先由裁判者对证人等进行询问,然后由当事人对证人等进行询问,当事人询问作为裁判者询问的一种补充而存在。

我国民事诉讼中的质证方式,可以概括为如下几个方面的特点:

①质证一般在法庭上进行。在理解这一原则必须注意两个问题:一是当事人在审理前的准备阶段认可的证据可以不组织当庭质证。根据《解释》第103条第2款和《证据规定》第60条第1款,当事人在审理前的准备阶段认可的证据,经审判人员在庭审中说明后,视为质证过的证据。二是有些情况下的质证虽然是当庭进行,但不能公开进行。2012年《民事诉讼法》第71条规定:对涉及国家秘密、商业秘密和个人隐私的证据应当保密,需要在法庭出示的,不得在公开开庭时出示。《解释》第103条第3款规定:涉及国家秘密、商业秘密、个人隐私或者法律规定应当保密的证据,不得公开质证。

②质证主要采取询问、反驳等言词方法。为保障质证以言词的方式进行,《民事诉讼法》和《解释》设定了证人、鉴定人的出庭义务和接受当事人询问的义务。《民事诉讼法》将证人出庭规定为其作证的一般方式,以证人出庭作证作为一般原则,只有在以下例外的情况下,证人才可以不出庭作证,并可以通过书面证言、视听传输技术或者视听资料等方式作证:因健康原因不能出庭作证的;因路途遥远,交通不便不能出庭的;因自然灾害等不可抗力不能出庭的;有其他正当理由不能出庭的。《民事诉讼法》在鉴定人出庭方面,确立了以不出庭为原则、出庭为例外的处理精神,规定于当事人对鉴定意见有异议或者人民法院认为鉴定人有必要出庭的,鉴定人应当出庭。鉴定人拒不出庭作证的,不仅鉴定意见不能作为认定案件事实的依据,而且支付鉴定费用的当事人还可以要求该鉴定人返还鉴定费用。对于其他的证据形式,当事人一般情况下,也应当以言词的形式提出自己的意见和见解。对于当事人提出的言词意见,裁判人员必须认真关注,必要的情况下还应当向当事人、诉讼代理人表明已经注意到了其质证意见的情况。根据《证据规定》第60条第2款,当事人要求以书面方式发表质证意见的,人民法院应当听取对方当事人的意见,并在必要的情况下准许当事人提交书面质证意见。对该书面质证意见,人民法院应当及时送交对方当事人。

为弥补当事人对鉴定意见质证能力的欠缺,《民事诉讼法》规定,当事人可以申请人民法院通知有专门知识的专家辅助人出庭,协助其对鉴定意见以及其他的专业性问题提出意见和建议。

③审判人员在质证过程中扮演着重要角色。质证过程中审判人员的作用主要体现在如下几个方面:其一,质证必须在审判人员的主持下进行;其二,法庭有权决定证人、鉴定人是否符合于免于出庭的情形;其三,当事人对证人等的询问必须经过审判人员的许可;其四,审判人员在当事人询问的基础上可以对证人等进行补充询问;其五,审判人员可以采取其他必要的措施,以弥补当事人质证活动的不足。例如对于国家机关或者其他依法具有社会管理职能的组织,在其职权范围内制作的文书,可以依职权要求文书制作机关或组织对文书的真实性予以说明;对于单位出具的证明材料,人民法院可以向单位及证明材料制作人进行调查核实。必要时还可以要求证明材料制作人出庭作证。

(2)质证的具体内容。《解释》第104条规定:人民法院应当组织当事人围绕证据的真实性、合法性以及与待证事实的关联性进行质证,并针对证据有无证明力和证明力大小进行说明和辩论。

(3)质证的具体顺序。《证据规定》第62条规定:质证按一般下列顺序进行:

①原告出示证据,被告、第三人与原告进行质证;

②被告出示证据,原告、第三人与被告进行质证;

③第三人出示证据,原告、被告与第三人进行质证。

人民法院根据当事人申请调查收集的证据,审判人员对调查收集证据的情况进行说明后,由提出申请的当事人与对方当事人、第三人进行质证。

人民法院依照当事人申请调查收集的证据,作为提出申请的一方当事人提供的证据。人民法院依照职权调查收集的证据应当在庭审时出示,听取当事人意见,并可就调查收集该证据的情况予以说明。

二、认证

(一)认证的概念

认证是指法庭运用法律规定的方法,对经过当事人质证的证据材料作出判断和界定,以确认其能否作为认定案件事实的根据。

认证在法庭上具有重要意义,具体变现为:①认证是举证、质证的目的的实现。②认证是以法官为认识主体的认识活动和认识过程,是对证据的证据能力和证明力进行判断。

(二)认证的原则

认证的正确决定了裁判的公正问题。目前,基本的认证原则是自由心证原则。自由心证有广义和狭义之分,广义的自由心证是指,对于证据的证明力,法律不作具体规定,而完全交由裁判者自由裁量的制度。狭义上的自由心证是指法律对证据的证据能力和证明力均不作规定,完全由裁判者根据案件的具体情况自由裁量的证据评价制度。从自由心证与法定证据制度的历史关系的角度出发,我们认为对自由心证应当做广义上的理解。[①]

2002年《证据规定》初步确立了我国民事诉讼中的自由心证制度,其第64条规定:审判人员应当依照法定程序,全面、客观地审核证据,依据法律的规定,遵循法官职业道德,运用逻辑推理和日常生活经验,对证据有无证明力和证明力大小独立进行判断,并公开判断的理由和结果。"《解释》第105条进一步肯定了民事诉讼证据评价的自由心证原则。实践中适用这一原则应注意以下问题:

(1)证据是法官自由心证的基础。2019年修订的《证据规定》第85条第1款规定:"人民法院应当以证据能够证明的案件事实为依据依法作出裁判。"在没有证据或者证据不足的情况下,法官不得随意形成心证。

(2)法官的心证一般应在审理过程中形成,而不能在审理之前形成,只有这样才能坚持民事诉讼中的直接原则和言词原则。

(3)法官的自由心证不能违反法律规定、经验法则、法官的职业道德、逻辑法则。否则,

---

① 王亚新:《刑事诉讼中发现案件真相与抑制主管随意性的问题》,载《比较法研究》1993年第2期。

当事人可以向上一级人民法院上诉,也可以在裁判确定以后依法启动再审程序。

(三)认证的方法

(1)透过立法的形式限定证据的证据资格。《解释》第 106 条规定:以严重侵害他人合法权益、违反法律禁止性规定或者严重违背公序良俗的方法形成或者获取的证据,不得作为认定案件事实的依据;《解释》第 107 条规定:在诉讼中,当事人为达成调解协议或者和解协议作出妥协而认可的事实,不得在后续的诉讼中作为对其不利的根据,但法律另有规定或者当事人均同意的除外。《证据规定》第 68 条第 3 款规定:无正当理由未出庭的证人以书面等方式提供的证言,不得作为认定案件事实的根据。《证据规定》第 81 条规定:鉴定人拒不出庭作证的,鉴定意见不得作为认定案件事实的根据。人民法院应当建议有关主管部门或者组织对拒不出庭作证的鉴定人予以处罚。

(2)明确单一证据的认定规定。《证据规定》第 87 条:审判人员对单一证据可以从下列方面进行审核认定:(一)证据是否为原件、原物,复制件、复制品与原件、原物是否相符;(二)证据与本案事实是否相关;(三)证据的形式、来源是否符合法律规定;(四)证据的内容是否真实;(五)证人或者提供证据的人与当事人有无利害关系。

(3)对全部证据综合判断。《证据规定》第 88 条规定:"审判人员对案件的全部证据,应当从各证据与案件事实的关联程度、各证据之间的联系等方面进行综合审查判断。"

(4)确定证明妨碍认定规则。《证据规定》第 95 条:"一方当事人控制证据无正当理由拒不提交,对待证事实负有举证责任的当事人主张该证据的内容不利于控制人的,人民法院可以认定该主张成立。"

(5)以立法的形式规定人民法院在特定的情况下认定证据的真实性。《解释》第 114 条规定:国家机关或者其他依法具有社会管理职能的组织,在其职权范围内制作的文书所记载的事项推定为真实,但有相反证据足以推翻的除外。必要时,人民法院可以要求制作文书的机关或者组织对文书的真实性予以说明。《证据规定》第 91 条规定:公文书证的制作者根据文书原件制作的载有部分或者全部内容的副本,与正本具有相同的证明力。在国家机关存档的文件,其复制件、副本、节录本经档案部门或者制作原本的机关证明其内容与原本一致的,该复制件、副本、节录本具有与原本相同的证明力。《证据规定》第 94 条规定:电子数据存在下列情形的,人民法院可以确认其真实性,但有足以反驳的相反证据的除外:由当事人提交或者保管的于己不利的电子数据;由记录和保存电子数据的中立第三方平台提供或者确认的;在正常业务活动中形成的;以档案管理方式保管的;以当事人约定的方式保存、传输、提取的。电子数据的内容经公证机关公证的,人民法院应当确认其真实性,但有相反证据足以推翻的除外。

(6)补强证据规则。补强证据规则是指法律明确规定某些种类的证据的证明力不足,不能单独作为认定案件事实的根据,必须由其他证据予以佐证、补强的原则,又称为佐证原则。《证据规定》第 90 条规定:"下列证据不能单独作为认定案件事实的依据:(1)当事人的陈述;(2)无民事行为能力人或者限制民事行为能力人所作的与其年龄、智力状况或者精神健康状况不相当的证言;(3)与一方当事人或者其代理人有利害关系的证人陈述的证言;(4)存有疑点的视听资料、电子数据;(5)无法与原件、原物核对的复制件、复制品。"

(四)认证结果的公开

认证是法官心证活动,心证公开是对法官自由心证的约束。所谓心证公开,就是指裁判者应当将自己对证据证明能力、证明力的判断结果和判断理由向当事人和社会公开的一种原则。其公开的方法有两种:一是当庭公开,裁判者当庭审查判断证据、当庭决定认定证据与否、当庭向当事人和社会说明理由。当庭公开的适用条件是裁判者有较高的素质、较高的社会地位,合议庭具有较大的权威性,目前我国总体上还不具备当庭公开的条件,而且当庭公开容易造成裁判者与当事人之间的对立。二是在裁判文书中公开。我国目前采取的是后一种公开方式。《证据规定》第97条规定:"人民法院应当在裁判文书中阐明证据是否采纳的理由。当事人无争议的证据,是否采纳的理由可以不在裁判文书中表述。"

【思考题】

A市的顾某是著名的内画专家,他画的每个鼻烟壶都能卖到5000元人民币以上。B市的某旅游商店以每个3500元的价格向顾某订购了两个,双方约定四个月后交货,旅游商店给付顾某2000元定金。

一个月后,海外某机构邀请顾某出国讲学。顾某在出国前,对他的一个徒弟说:"这两个壶就交给你了,你临摹上我的两个壶,写上我的名字,就当是我画的,那5000元就算给你的报酬啦。"合同到期,旅游商店来取货。顾某将这两个壶交给了旅游商店,收取了5000元报酬,后将这笔报酬给了徒弟。旅游商店将这两个鼻烟壶放在店中,被一个外国客商看中,用重金买下。该客商回国前请有关专家鉴赏,发现是赝品,要求退货。

旅游商店将顾某起诉到B市人民法院,要求顾某履行合同并赔偿损失。顾某认为"我是A市市民",B市人民法院没有管辖权。

请问:

(1)本案中,原告的证明对象具体是什么?

(2)顾某提出的"我是A市市民",能否成为证明对象?

【参考文献】

1. 李浩:《民事证明责任研究》法律出版社2003年版。
2. 吴杰:《民事诉讼证明标准理论研究》,法律出版社2007年版。
3. 李国光主编:《最高人民法院〈关于民事诉讼证据的若干规定〉的理解与适用》,中国法制出版社2002年版,第467页。
4. 何家弘主编:《证据法学研究》,中国人民大学出版社2007年版。
5. 奚玮:《民事当事人证明权保障》,中国人民公安大学出版社2009年版。
6. 刘金友主编:《证明标准研究》,中国政法大学出版社2009年版。
7. 毕玉谦:《民事证明责任研究》,法律出版社2007年版。

Principles of Civil Procedure

民事诉讼法原理

第六编　审判程序

第十九章　普通程序

第二十章　简易程序和小额程序

第二十一章　民事裁判

第二十二章　第二审程序

第二十三章　审判监督程序

第19章 普通程序

> [提要] 普通程序是规定人民法院审理第一审民事案件通常所适用的程序,具有程序的基础性、完整性和适用广泛性的特点。在普通程序中,从原告起诉到法院审查受理、审前准备、开庭审理、作出判决,以及在审理过程中可能出现的撤回起诉、诉讼中止、诉讼终结、延期审理、缺席判决等特殊情况,立法均作了明确的规定。

第一节 起诉与受理

一、起诉的概念

起诉,是指公民、法人及其他组织认为自己的或依法由自己管理、支配的民事权益受到侵害或与他人发生了争议,以自己的名义向人民法院提出诉讼请求,要求人民法院通过审判予以保护的诉讼行为。

诉讼程序的启动实行"不告不理"机制。"没有被告就没有原告","没有原告就没有法官"。因此,原告起诉与法院受理是普通程序启动的两个不可或缺的诉讼环节。起诉具有以下属性:第一,起诉是原告单方的诉讼行为。第二,起诉是原告行使起诉权的诉讼行为。第三,起诉是原告以自己的名义向人民法院提出民事之诉的诉讼行为。

二、起诉的条件

我国《民事诉讼法》第122条规定了起诉的实质要件,第123条规定了起诉的形式要件。

(一)实质要件

当事人起诉必须符合下列实质要件。

1. 原告是与本案有直接利害关系的公民、法人和其他组织。这是对原告作为正当当事人提起诉讼时的资格条件要求。根据《民事诉讼法》的规定,享有民事诉讼权利能力的人包括公民、法人和其他组织,当特定的民事主体权利受到侵害或者与他人发生争议,便可作为适格当事人提起诉讼。所谓"直接利害关系",是指请求人民法院保护的利益是属于提起诉讼的当事人自己的利益或者受其管理和支配的利益（例如财产代管人、破产清算组织等）。直接的利害关系实际上是一种民事权利义务关系，只有与被起诉的案件具有这种利益冲突，才有起诉的资格，法院的判决才会对其产生拘束力。

2. 有明确的被告。所谓明确的被告，是指原告在起诉时必须在起诉状中载明是谁侵害了自己的民事权益或者与谁发生了争议。民事纠纷是在特定的当事人之间发生的，原告在起诉时就应当明确、具体地提出相对方当事人，以便人民法院解决他们之间的民事纠纷。《解释》第209条规定，原告提供被告的姓名或者名称、住所等信息具体明确，足以使被告与他人相区别的，可以认定为有明确的被告。起诉状列写被告信息不足以认定明确的被告的，人民法院可以告知原告补正。原告补正后仍不能确定明确的被告的，人民法院裁定不予受理。

3. 有具体的诉讼请求和事实、理由。所谓有具体的诉讼请求，是指原告提起诉讼要求人民法院通过审判予以保护的民事权益的具体内容。具体的诉讼请求，可以使人民法院明确救济的方式及审判保护的范围。所谓事实和理由，是指原告起诉时向人民法院提出的诉讼请求的案件事实、证据事实和法律根据。具体包括原、被告之间的民事法律关系发生、变更、消灭的事实和理由，以及当事人权利受到侵害或者发生争议的事实和理由。应当注意的是，原告起诉时所主张的事实是否属实、证据是否真实、充分，属于人民法院开庭审理阶段的任务，而不是当事人起诉阶段应当确定的问题。

4. 属于人民法院主管和受诉人民法院管辖。首先，原告提起诉讼要求解决的纠纷，必须属于人民法院受理民事案件的范围。其次，当事人起诉应当向对具体民事案件享有管辖权的人民法院提起，这是受诉人民法院对具体民事案件行使审判权的基础。

（二）形式要件

1. 一般应当提交起诉状。《民事诉讼法》第123条规定，当事人可以以两种方式发动第一审普通程序，原则上以书面形式起诉，在书写存在困难的情况下，也可以口头起诉。

当事人以书面形式起诉时，起诉状应当载明下列事项：第一，当事人的基本情况。当事人起诉时，起诉状必须记明原告、被告双方的基本概况；当事人为公民的，应当写明当事人的姓名、性别、年龄、民族、职业、工作单位及住所；当事人为法人或其他组织的，应当写明其名称、住所和主要负责人姓名、职务。第二，诉讼请求和所依据的事实、理由。该部分为起诉状的核心部分。原告必须明确提出具体的请求事项，以及支持这些请求成立的事实和理由。第三，证据材料及其来源、证人的姓名和住所。原告起诉时，应当向人民法院提交能证明自己的主张真实的各种证据材料，并说明其来源。提供证人的，须注明证人的姓名及住所。当事人及其诉讼代理人因客观原因无法收集到的证据，应当向人民法院提供该证据的线索。当事人以口头方式起诉的，人民法院应当将起诉的内容记入笔录，并告知对方当事人。第四，起诉状的结尾部分应写明诉诸哪一个法院，具状人签名或盖章及具状时间。《解释》第210条规定，原告在起诉状中有谩骂和人身攻击之辞的，人民法院应当告知其修改后提起诉讼。

2. 预交案件受理费。《解释》第213条规定，原告应当预交而未预交案件受理费，人民法院应当通知其预交，通知后仍不预交或者申请减、缓、免未获批准而仍不预交的，裁定按撤诉处理。

三、受理

(一)立案登记的适用受理

受理,又称立案,是指人民法院经过审查,认为原告的起诉符合民事诉讼法规定的条件,而决定予以审理的行为。

为了落实《中共中央关于全面推进依法治国若干重大问题的决定》关于对人民法院依法应当受理的案件应做到有案必立、有诉必理的明确要求,《解释》规定,人民法院变民事起诉立案审查制为立案登记制,依法保障当事人诉权,充分发挥人民法院化解社会矛盾作用。根据《解释》第 208 条的规定,立案登记制的适用规则为:人民法院接到当事人提交的民事起诉状时,对符合《民事诉讼法》第 122 条的规定,且不属于第 127 条规定情形的,应当登记立案;对当场不能判定是否符合起诉条件的,应当接收起诉材料,并出具注明收到日期的书面凭证。需要补充必要相关材料的,人民法院应当及时告知当事人。在补齐相关材料后,应当在七日内决定是否立案。立案后发现不符合起诉条件或者属于《民事诉讼法》第 127 条规定情形的,裁定驳回起诉。

为保证民事起诉立案登记制的施行,最高人民法院《关于人民法院登记立案若干问题的规定》(法释〔2015〕8 号,自 2015 年 5 月 1 日起施行)共 20 个条文对民事起诉立案登记制进行了细化规定,主要内容为:第一,对起诉,人民法院应当一律接收诉状,出具书面凭证并注明收到日期。对符合法律规定的起诉,人民法院应当当场予以登记立案。对不符合法律规定的起诉,人民法院应当予以释明。第二,人民法院应当提供诉状样本,为当事人书写诉状提供示范和指引。当事人书写诉状确有困难的,可以口头提出,由人民法院记入笔录。符合法律规定的,予以登记立案。第三,登记立案后,人民法院立案庭应当及时将案件移送审判庭审理。第四,对立案工作中存在的不接收诉状、接收诉状后不出具书面凭证,不一次性告知当事人补正诉状内容,以及有案不立、拖延立案、干扰立案、既不立案又不作出裁定或者决定等违法违纪情形,当事人可以向受诉人民法院或者上级人民法院投诉。人民法院应当在受理投诉之日起 15 日内,查明事实,并将情况反馈当事人。发现违法违纪行为的,依法依纪追究相关人员责任;构成犯罪的,依法追究刑事责任。第五,为方便当事人行使诉权,人民法院提供网上立案、预约立案、巡回立案等诉讼服务。第六,人民法院推动多元化纠纷解决机制建设,尊重当事人选择人民调解、行政调解、行业调解、仲裁等多种方式维护权益,化解纠纷。

(二)受理的效力

原告的起诉经人民法院审查受理后,将产生以下法律后果:第一,受诉人民法院依法取得对本案的审判权,开始具体运作审判程序。第二,案件的利害关系人取得了本案诉讼当事人的地位,各自依法享有诉讼权利、承担相应的诉讼义务。第三,诉讼时效中断。根据《民法典》第 195 条规定,原告起诉成立后,诉讼时效即告中断。从诉讼中断时起,诉讼时效应重新计算。第四,除法律另有规定外,人民法院受理起诉后,当事人不得就同一诉讼标的、同一被告、同一事实和理由再行起诉,人民法院也不得对此再次受理。

(三) 应当依法及时受理的具体案件情形

根据《民事诉讼法》《仲裁法》《解释》，下列案件，人民法院应当予以受理：

第一，裁定不予受理、驳回起诉的案件，原告再次起诉，符合起诉条件且不属于《民事诉讼法》第 127 条规定情形的，人民法院应予受理。

第二，原告撤诉或者人民法院按撤诉处理后，原告以同一诉讼请求再次起诉的，人民法院应予受理。

第三，赡养费、扶养费、抚育费案件，裁判发生法律效力后，因新情况、新理由，一方当事人再行起诉要求增加或者减少费用的，人民法院应作为新案受理。

第四，裁判发生法律效力后，发生新的事实，当事人再次提起诉讼的，人民法院应当依法受理。

第五，夫妻一方下落不明，另一方诉至人民法院，只要求离婚，不申请宣告下落不明人失踪或者死亡的案件，人民法院应当受理，对下落不明人公告送达诉讼文书。

第六，当事人超过诉讼时效期间起诉的，人民法院应予受理。受理后对方当事人提出诉讼时效抗辩，人民法院经审理认为抗辩事由成立的，判决驳回原告的诉讼请求。

第七，当事人达成的仲裁条款无效、失效或者内容不明无法执行的，当事人在仲裁协议中选择的仲裁机构不存在，或者选择裁决的事项超过仲裁机构权限的，人民法院有权受理一方当事人的起诉。当事人一方向人民法院起诉时未声明有仲裁协议，人民法院受理后，对方当事人应诉答辩的，视为该人民法院有管辖权。

第八，病员及其亲属对医疗事故技术鉴定委员会作出的医疗事故鉴定结论没有意见，仅要求医疗单位就医疗事故赔偿经济损失向人民法院提起诉讼的，人民法院应予以受理。

第九，判决不准离婚、调解和好的离婚案件，以及判决、调解维持收养关系的案件的被告向人民法院起诉的，应予以受理。

(四) 裁定不予受理

根据《民事诉讼法》第 127 条、《解释》的有关规定，人民法院在审查当事人的起诉中，对下列情形之一的起诉，人民法院不予受理：

1. 依照行政诉讼法的规定，属于行政诉讼受案范围的，告知原告提起行政诉讼。行政案件与民事案件是两类不同性质的案件，在审理原则、制度、方式上都存在差异，应分别适用不同的程序审理。

2. 依照法律规定，双方当事人对合同纠纷自愿达成书面仲裁协议，不得向人民法院起诉，告知原告向仲裁机构申请仲裁。《解释》第 215 条规定，当事人在书面合同中订有仲裁条款，或者在发生纠纷后达成书面仲裁协议，一方向人民法院起诉的，人民法院应当告知原告向仲裁机构申请仲裁，其坚持起诉的，裁定不予受理，但仲裁条款或者仲裁协议不成立、无效、失效、内容不明确无法执行的除外。

3. 依照法律规定，应当由其他机关处理的争议，告知原告向有关机关申请解决。

4. 对不属于本院管辖的案件，告知原告向有管辖权的人民法院起诉；原告坚持起诉的，裁定不予受理。《解释》第 211 条规定，人民法院立案后发现本院没有管辖权的，应当将案件移送有管辖权的人民法院。

5. 对判决、裁定已经发生法律效力的案件,当事人又起诉的,告知原告按照申诉处理。但人民法院准许撤诉的裁定除外。

6. 依照法律规定,在一定期限内不得起诉的案件,在不得起诉的期限内起诉的,不予受理。

7. 判决不准离婚、调解和好的离婚案件,判决、调解维持收养关系的案件,没有新情况、新理由,原告在6个月内又起诉的,不予受理。《解释》第214条规定,原告撤诉或者按撤诉处理的离婚案件,没有新情况、新理由,6个月内又起诉的,不予受理。

8. 《解释》第247条规定,当事人就已经提起诉讼的事项在诉讼过程中或者裁判生效后再次起诉,构成重复起诉的,裁定不予受理;已经受理的,裁定驳回起诉,但法律、司法解释另有规定的除外。

9. 《解释》第233条规定,反诉应由其他人民法院专属管辖,或者与本诉的诉讼标的及诉讼请求所依据的事实、理由无关联的,裁定不予受理,告知另行起诉。

四、应诉

(一)应诉的立法规定

人民法院在受理案件后,首先应当立即向原告送达案件受理通知书。其次,人民法院应当在立案之日起5日内将起诉状副本发送被告。被告收到起诉状副本后,有权提交答辩状,也可以不提交答辩状而在诉讼的其他阶段进行答辩,是否答辩属于被告处分权的范围。最高人民法院《证据规定》第32条规定:"被告应当在答辩期届满前提出书面答辩,阐明其对原告诉讼请求及其所依据的事实和理由的意见。"被告提交答辩状,应当在收到起诉状副本之日起15日内提交。人民法院收到被告答辩状后,应当在5日内将答辩状副本发送原告。

(二)民事答辩状

民事答辩状是民事诉讼被告针对原告在起诉状中提出的起诉请求事项、事实和理由,向人民法院提出答辩(自认或否认与抗辩)提交的诉讼文件。

答辩状主要包括以下部分:(1)名称。写明"答辩状",也可以明确写"一审民事答辩状"。(2)答辩人的基本情况(具体写法同起诉状)。(3)答辩的案由。写明对何人或对何案进行答辩。可表述为:因×××诉×××(案由)一案,提出答辩如下。(4)答辩理由。即针对对方的诉讼请求和理由以及其所依据的事实和法律作出明确的回答或反驳。(5)答辩人的意见(或请求事项)。在充分阐明答辩理由的基础上,经过综合分析和归纳,依法向人民法院提出答辩人的诉讼主张和要求。(6)尾部。写明呈送法院名称。

为深化民事诉讼制度改革,推进案件繁简分流、轻重分离、快慢分道,进一步优化司法资源配置,全面促进司法公正,提升司法效能,满足人民群众多元、高效、便捷的纠纷解决需求,维护当事人合法诉讼权益,根据第十三届全国人民代表大会常务委员会第十五次会议作出的《全国人民代表大会常务委员会关于授权最高人民法院在部分地区开展民事诉讼程序繁简分流改革试点工作的决定》,最高人民法院制定了《民事诉讼程序繁简分流改革试点实施办法》(法〔2020〕10号),人民法院、当事人及其他诉讼参与人可以通过信息化诉讼平台在线开展诉讼活动。诉讼主体的在线诉讼活动与线下诉讼活动具有同等效力,人民法院根据技术条件、案件情况和当事人意愿等因素,决定是否采取在线方式完成相关诉讼环节。2021年修订《民事诉讼法》时,增加了一条作为第16条:"经当事人同意,民事诉讼活动可以通过信息网络平台在线进行,民事诉讼活动通过信息网络平台在线进行的与线下活动具有同等法律效力。"目前,原告起诉和被告应诉答辩等诉讼行为可以选择在线诉讼方式和线下诉讼方式。《关于互联网法院审理案件若干问题的规定》(法释〔2018〕16号)对在线诉讼程序规则进行了细化规定。

第二节 审理前的准备

一、确立审理前的准备程序规则的必要性

审理前的准备,是指人民法院受理案件后至开庭审理之前,为保证庭审的正常进行,由审判本案的合议庭进行的一系列诉讼活动。

审理前的准备是适用普通程序审理民事案件的法定程序。做好审理前的准备工作,有利于当事人之间充分交换诉讼资料,有利于审判人员了解案件的基本情况,掌握双方当事人的诉讼请求,收集、调查必要的证据,使开庭审理顺利进行并及时、公正地裁判民事案件。

一般而言,审前准备程序的功能应包括以下几点:(1)明确争点。即双方当事人在庭前形成、明确并固定争执的焦点,以保障庭审围绕争点进行。(2)交换并固定证据。其目的在于保证双方当事人开庭审理时的攻击、防御能够建立在公平对抗的基础上,并保证法庭能够最大限度地发现真实。(3)促进当事人和解。

二、审理前准备的事项和程序

根据《民事诉讼法》《解释》的规定,在审理前的准备程序中,除进行被告在答辩期限内提交答辩状的事项外,人民法院还应完成以下几项工作:

1. 在法定期间内向当事人送达诉讼文书,告知当事人的诉讼权利和义务。当事人在诉讼中享有广泛的诉讼权利,也承担相应的诉讼义务。如果当事人不了解自己所享有的诉讼权利和承担的诉讼义务,不利于当事人合法权益的保护,也不利于人民法院审判的正常进行。

2. 确定审判员。通常普通程序应组成合议庭,合议庭的组成人员确定后,人民法院应当在3日内将合议庭的组成情况告知当事人,以便当事人决定是否提出回避申请。2021年修订的《民事诉讼法》第40条第2款规定,对基本事实清楚、权利义务明确的一审案件,可以由审判员一人适用普通程序独任审理。第43条规定,人民法院在审理过程中,发现案件不宜由审判人员一人独任审理的,应当裁定转由合议庭审理。由独任审理转为合议庭审理的案件,审理期限自人民法院立案之日起计算,已经作出的诉讼行为继续有效;双方当事人已确认的事实,可以不再举证、质证。法官一人适用普通程序独任审理也要严格遵守回避制度的规定。

3. 组织证据交换、召集庭前会议。《解释》第 224 条、第 225 条规定，人民法院可以在答辩期届满后，通过组织证据交换、召集庭前会议等方式，作好审理前的准备。根据案件具体情况，庭前会议可以包括下列内容：(1)明确原告的诉讼请求和被告的答辩意见；(2)审查处理当事人增加、变更诉讼请求的申请和提出的反诉，以及第三人提出的与本案有关的诉讼请求；(3)根据当事人的申请决定调查收集证据，委托鉴定，要求当事人提供证据，进行勘验，进行证据保全；(4)组织交换证据；(5)归纳争议焦点；(6)进行调解。人民法院应当根据当事人的诉讼请求、答辩意见以及证据交换的情况，归纳争议焦点，并就归纳的争议焦点征求当事人的意见。

4. 审核诉讼材料、调查收集必要的证据。审理前准备阶段的诉讼材料主要包括原告的起诉状和被告提交的答辩状，以及相关的证据材料。对这些材料，审判人员应当进行认真审核，以便归纳、明确当事人争议的焦点以及确定应当由人民法院自己调查收集证据的范围。

人民法院主动调查收集证据的范围、程序，应当严格按照《民事诉讼法》及最高人民法院相关司法解释的规定进行。受诉人民法院在必要时也可以委托外地人民法院调查。受托人民法院收到委托书后，应当在 30 日内完成调查，因故不能完成的，也应在 30 日内函告委托人民法院。

5. 追加当事人。必须共同进行诉讼的当事人没有参加诉讼的，应当通知其参加诉讼，追加为共同诉讼人。本案的诉讼标的涉及有独立请求权第三人的利益的，或本案的处理结果与第三人存在法律上的利害关系的，有独立请求权第三人可以向受理本诉的法院以起诉的方式参加诉讼，无独立请求权的第三人可以申请参加，或由人民法院通知其参加诉讼。《解释》规定，基于同一事实发生的纠纷，当事人分别向同一人民法院起诉的，人民法院可以合并审理。原告在起诉状中直接列写第三人的，视为其申请人民法院追加该第三人参加诉讼。是否通知第三人参加诉讼，由人民法院审查决定。在诉讼中，争议的民事权利义务转移的，不影响当事人的诉讼主体资格和诉讼地位。人民法院作出的发生法律效力的判决、裁定对受让人具有拘束力。受让人申请以无独立请求权的第三人身份参加诉讼的，人民法院可予准许。受让人申请替代当事人承担诉讼的，人民法院可以根据案件的具体情况决定是否准许；不予准许的，可以追加其为无独立请求权的第三人。人民法院准许受让人替代当事人承担诉讼的，裁定变更当事人。变更当事人后，诉讼程序以受让人为当事人继续进行，原当事人应当退出诉讼。原当事人已经完成的诉讼行为对受让人具有拘束力。

6. 选择适用案件审理的程序。《民事诉讼法》第 136 条规定，人民法院对受理的案件，分别情形，予以处理：(1)当事人没有争议，符合督促程序规定条件的，可以转入督促程序；(2)开庭前可以调解的，采取调解方式及时解决纠纷；(3)根据案件情况，确定适用简易程序或者普通程序；(4)需要开庭审理的，通过要求当事人交换证据等方式，明确争议焦点。《解释》第 216 条规定，在人民法院首次开庭前，被告以有书面仲裁协议为由对受理民事案件提出异议的，人民法院应当进行审查。经审查符合下列情形之一的，人民法院应当裁定驳回起诉：(1)仲裁机构或者人民法院已经确认仲裁协议有效的；(2)当事人没有在仲裁庭首次开庭前对仲裁协议的效力提出异议的；(3)仲裁协议符合《仲裁法》第 16 条规定且不具有《仲裁法》第 17 条规定情形的。

第三节
开庭审理

一、开庭审理的任务

开庭审理,是指人民法院在当事人和其他诉讼参与人的参加下,依照法定程序和方式,全面审查、认定案件事实,并依法作出裁判的诉讼活动。

开庭审理的任务是审查、核实案件的证据的真伪性及证明力,查明案件真实情况,分清责任是非,正确适用法律,依法作出裁判。根据《民事诉讼法》的规定,人民法院审理第一审民事案件,一律开庭审理。开庭审理的形式包括公开开庭审理和不公开开庭审理。公开开庭是原则,不公开开庭是例外情况。

开庭审理是整个民事诉讼程序的最核心阶段,是人民法院行使审判权、当事人行使诉权的重要阶段。开庭审理可以保障当事人诉讼权利的充分实现,并通过辩论、质证保护自己的合法权益。案件中所涉及的一切证据、事实,都要在开庭审理阶段审查、认定,人民法院在正确认定事实的基础上,才能分清责任是非,正确适用法律,公正裁判民事案件。因此,人民法院庭审活动必须严格按照法定的程序进行。

根据《解释》第228条至第233条、第252条的规定,开庭审理任务具体有:(1)法庭审理应当围绕当事人争议的事实、证据和法律适用等焦点问题进行。(2)当事人在庭审中对其在审理前的准备阶段认可的事实和证据提出不同意见的,人民法院应当责令其说明理由。必要时,可以责令其提供相应证据。人民法院应当结合当事人的诉讼能力、证据和案件的具体情况进行审查。理由成立的,可以列入争议焦点进行审理。(3)人民法院根据案件具体情况并征得当事人同意,可以将法庭调查和法庭辩论合并进行。(4)当事人在法庭上提出新的证据的,人民法院应当依照《民事诉讼法》第68条第2款规定和本解释相关规定处理。(5)在案件受理后,法庭辩论结束前,原告增加诉讼请求,被告提出反诉,第三人提出与本案有关的诉讼请求,可以合并审理的,人民法院应当合并审理。(6)《解释》第251条规定,二审裁定撤销一审判决发回重审的案件,当事人申请变更、增加诉讼请求或者提出反诉,第三人提出与本案有关的诉讼请求的,依照《民事诉讼法》第143条规定处理。(7)再审裁定撤销原判决、裁定发回重审的案件,当事人申请变更、增加诉讼请求或者提出反诉,符合下列情形之一的,人民法院应当准许:第一,原审未合法传唤缺席判决,影响当事人行使诉讼权利的;第二,追加新的诉讼当事人的;第三,诉讼标的物灭失或者发生变化致使原诉讼请求无法实现的;第四,当事人申请变更、增加的诉讼请求或者提出的反诉,无法通过另诉解决的。

《民事诉讼法》第152条规定,人民法院适用普通程序审理的案件,应当在立案之日起6个月内审结。有特殊情况需要延长的,由本院院长批准,可以延长6个月;还需要延长的,报请上级人民法院批准。《解释》第243条规定,《民事诉讼法》第152条规定的审限,是指从立案之日起至裁判宣告、调解书送达之日止的期间,但公告期间、鉴定期间、双方当事人和解期间、审理当事人提出的管辖异议以及处理人民法院之间的管辖争议期间不应计算在内。

二、开庭审理的方式

在网络化时代的民事智慧司法建设进程中,我国人民法院民事案件普通程序开庭审理产生了在线开庭审理的新方式;民事案件普通程序开庭审理方式包括线下开庭审理方式即传统开庭审理和在线开庭审理方式即网络在线开庭审理这两种方式。

三、开庭审理的程序

根据《民事诉讼法》的规定,开庭审理的程序主要由以下几个阶段构成:

(一)庭审准备

庭审准备是开庭审理的最初阶段,是衔接审理前准备与开庭审理的阶段,庭审准备主要完成两项工作:

1. 告知当事人及其他诉讼参与人出庭日期。人民法院在确定了开庭日期后,应当在开庭3日前告知当事人和其他诉讼参与人。《解释》第227条规定,人民法院适用普通程序审理案件,应当在开庭3日前用传票传唤当事人。对诉讼代理人、证人、鉴定人、勘验人、翻译人员应当用通知书通知其到庭。当事人或者其他诉讼参与人在外地的,应当留有必要的在途时间。

2. 发布开庭审理公告。人民法院对公开开庭审理的案件,应当在开庭3日前发布公告,公告当事人的姓名、案由及开庭的时间和地点。公告可以在人民法院的公告栏内张贴,巡回审判的也可以在审判地发布公告。

(二)宣布开庭

这一阶段活动主要是由书记员和审判长或独任审判员进行,具体工作有:

1. 由书记员查明当事人和其他诉讼参与人是否到庭,由书记员向全体诉讼参与人和旁听群众宣布法庭纪律。如果应当到庭的当事人或其他诉讼参与人没有到庭,书记员应向合议庭报告,并由审判长依法酌情处理。

2. 由审判长或者独任审判员宣布开庭,核对当事人身份,宣布案由,宣布审判人员、书记员名单,并询问当事人是否提出回避申请。当事人提出回避申请的,人民法院应当依法作出处理。

(三)法庭调查

法庭调查,是指审判人员在法庭上对案件事实、证据材料进行全面审查、核实的诉讼活动。法庭调查是庭审的重要环节,是对案件进行实体审理的重要阶段。通过双方当事人对案件事实的陈述、举证、质证,人民法院审查、核实、认定证据的效力,为查清案件事实和正确适用法律提供客观依据。

法庭调查按下列顺序进行:

1. 当事人陈述。法庭调查开始后,首先由原告陈述事实或宣读起诉状,讲明具体诉讼请求和理由。然后由被告陈述事实或者宣读答辩状,对原告诉讼请求提出异议或者反诉的,讲明具体请求和理由。有第三人参加诉讼的,由第三人陈述或者答辩。当事人陈述是法庭调查的一项重要内容,是当事人享有的一项重要的诉讼权利,也是辩论原则的具体化。人民法院应尊重并保证当事人充分、正确地行使这一诉讼权利,认真听取当事人的陈述意见,并从中确定案件的争议焦点,为庭审辩论打下基础。

2. 告知证人权利义务,证人作证,宣读未到庭的证人证言。证人出庭作证时,法庭首先应当查明证人的身份,并告知证人的权利、义务。证人作证后,经法庭许可,当事人及其诉讼代理人可以向证人发问。证人因特殊原因不能出庭作证的,由法庭当庭宣读其书面证言。

3. 出示书证、物证和视听资料。当事人提交的书证、物证和视听资料以及人民法院依职权收集到的证据,都必须在法庭调查阶段在法庭上出示,并由当事人相互质证。

质证按下列顺序进行:原告出示证据,被告、第三人与原告进行质证;被告出示证据,原告、第三人与被告进行质证;第三人出示证据,原告、被告与第三人进行质证。人民法院依当事人申请调查收集的证据,作为提出申请的一方当事人提供的证据。人民法院依职权调查收集的证据应当在庭审时出示,听取当事人意见,并可就调查收集该证据的情况予以说明。案件有两个以上独立的诉讼请求的,当事人可以逐个出示证据进行质证。质证时,当事人应当围绕证据的真实性、关联性、合法性,针对证据证明力有无以及证明力大小,进行质疑、说明与辩驳。合议庭在当事人质证的基础上,对证据的真伪性及证明力加以认定。未经庭审质证的证据不能作为法院认定案件事实的根据。

4. 宣读鉴定意见。鉴定意见应当庭宣读。对于鉴定意见的形成过程、所依据的科学根据等,鉴定人应到庭加以说明。经法庭许可,当事人及其诉讼代理人可以向鉴定人发问。当事人认为鉴定意见存在疑问的,有权申请重新鉴定,是否准许,由人民法院决定。

5. 宣读勘验笔录。勘验笔录由法庭当庭宣读,如有照片或图表应当庭出示。经法庭许可,当事人及其诉讼代理人可以向勘验人发问。当事人对勘验结果有疑问的,有权申请重新勘验,是否准许,由人民法院决定。

法庭调查结束前,审判长应就法庭调查认定的事实和当事人争议的问题进行归纳总结。然后,由审判长宣布法庭调查结束,进入法庭辩论阶段。

(四)法庭辩论

法庭辩论,是指在审判人员的主持下,当事人及其诉讼代理人就法庭调查查明的事实、证据,阐明自己的意见,反驳对方的主张,相互进行辩论的诉讼活动。法庭辩论,是当事人行使辩论权比较集中的一个阶段,通过辩论,对案件有争议的问题进行进一步的审查、核实,分清是非责任,为人民法院正确适用法律及公正裁判打下基础。

在法庭辩论中,审判人员应当为当事人提供平等辩论的机会,正确引导当事人围绕争议焦点进行辩论。当事人及其诉讼代理人的发言与本案无关或者重复未被法庭认定的事实,审判人员应予以制止。法庭辩论应按下列顺序进行:(1)原告及其诉讼代理人发言;(2)被告及其诉讼代理人发言;(3)第三人及其诉讼代理人发言;(4)互相辩论。

法庭辩论终结,应当由审判长或独任审判员按原告、被告、第三人的顺序征询各方最后意见。审判长在征得各方当事人的同意后,可依法进行调解,调解不成的,应当转入合议庭评议并及时进行判决。

(五)合议庭评议

法庭辩论终结后,当事人不愿调解或调解未能达成协议的,合议庭应当对案件及时进行评议。合议庭评议由审判长主持，实行少数服从多数的原则，评议结果及不同意见应当如实记入评议笔录，由合议庭成员签字。合议庭评议应当保密。

（六）宣告判决

合议庭评议后，即进入判决宣告阶段。无论是公开审理还是不公开审理的案件，都必须公开宣告判决。判决的宣告有当庭公开宣判和择日定期宣判两种形式。当庭宣判的，应当在10日内向当事人发送判决书；定期宣判的，宣判后立即向当事人发送判决书。

人民法院在宣告判决时，应当告知当事人上诉权利、上诉期限和上诉的法院。宣告离婚判决时，必须告知当事人在判决发生法律效力前不得另行结婚。

《解释》第242条规定，一审宣判后，原审人民法院发现判决有错误，当事人在上诉期内提出上诉的，原审人民法院可以提出原判决有错误的意见，报送第二审人民法院，由第二审人民法院按照第二审程序进行审理；当事人不上诉的，按照审判监督程序处理。第244条规定，可以上诉的判决书、裁定书不能同时送达双方当事人的，上诉期从各自收到判决书、裁定书之日计算。第253条规定，当庭宣判的案件，除当事人当庭要求邮寄发送裁判文书的外，人民法院应当告知当事人或者诉讼代理人领取裁判文书的时间和地点以及逾期不领取的法律后果。上述情况，应当记入笔录。

根据《解释》第254条、第255条规定，公民、法人或者其他组织申请查阅发生法律效力的判决书、裁定书的，应当向作出该生效裁判的人民法院提出。申请应当以书面形式提出，并提供具体的案号或者当事人姓名、名称。对于查阅判决书、裁定书的申请，人民法院根据下列情形分别处理：第一，判决书、裁定书已经通过信息网络向社会公开的，应当引导申请人自行查阅；第二，判决书、裁定书未通过信息网络向社会公开，且申请符合要求的，应当及时提供便捷的查阅服务；第三，判决书、裁定书尚未发生法律效力，或者已失去法律效力的，不提供查阅并告知申请人；第四，发生法律效力的判决书、裁定书不是本院作出的，应当告知申请人向作出生效裁判的人民法院申请查阅；第五，申请查阅的内容涉及国家秘密、商业秘密、个人隐私的，不予准许并告知申请人。

根据最高人民法院《关于互联网法院审理案件若干问题的规定》（法释〔2018〕16号），互联网法院采取在线视频方式开庭；存在确需当庭查明身份、核对原件、查验实物等特殊情形的，互联网法院可以决定在线下开庭，但其他诉讼环节仍应当在线完成。在在线开庭审理时，互联网法院可以视情决定采取下列方式简化庭审程序：第一，开庭前已经在线完成当事人身份核实、权利义务告知、庭审纪律宣示的，开庭时可以不再重复进行。第二，当事人已经在线完成证据交换的，对于无争议的证据，法官在庭审中说明后，可以不再举证、质证。第三，经征得当事人同意，可以将当事人陈述、法庭调查、法庭辩论等庭审环节合并进行。对于简单民事案件，庭审可以直接围绕诉讼请求或者案件要素进行。第四，经告知当事人权利义务，并征得其同意，互联网法院可以电子送达裁判文书。当事人提出需要纸质版裁判文书的，互联网法院应当提供。

四、法庭笔录

法庭笔录，又称为庭审笔录，是指人民法院在开庭审理过程中，由书记员对法庭审理的全过程所作的书面记录。

书记员必须将法庭审理的全部活动全面、客观、准确地记入笔录,由审判人员和书记员签名。庭审笔录应当当庭宣读,也可以告知当事人和其他诉讼参与人当庭或者在5日内阅读。当事人和其他诉讼参与人认为对自己的陈述记录有遗漏或有差错的,有权申请补正。如果不予补正,应当将当事人的申请记录在案。庭审笔录应当由当事人和其他诉讼参与人签名或者盖章。拒绝签名盖章的,载明情况。

庭审笔录真实地记录了人民法院开庭审理的全部活动,是人民法院重要的诉讼文书。庭审笔录具有以下重要作用:第一,可以固定法院审理中涉及的案件事实及证据,是人民法院作出裁判的根据,为案件的第二审及再审提供重要的依据;第二,可以固定法院开庭审理的活动过程,作为审查法院判决程序是否合法的依据。鉴于合议庭评议阶段的保密性,因此评议笔录应另行制作。

第四节 对案件审理中的特殊情况的处理

一、撤回起诉

(一)撤回起诉的概念和分类

撤回起诉,是指根据当事人的申请或者依据法律规定,对人民法院已经受理的诉予以撤销,从而结束已开始的诉讼程序。撤回起诉从主体上划分,可以分为原告撤回本诉、被告撤回反诉以及有独立请求权的第三人撤回参加之诉;以是否当事人申请为标准划分,可以分为当事人申请撤回起诉与人民法院按撤诉处理。从本质上讲,撤回起诉是当事人对其诉讼权利的处分,这种处分行为直接对审判权产生影响。

1. 申请撤回起诉

申请撤回起诉,通常表述为申请撤诉,是指当事人在人民法院对案件作出实体判决以前,以积极明确的意思表示,向人民法院提出撤诉请求的诉讼行为。当事人申请撤诉应当符合下列条件:

第一,申请撤诉必须出自当事人的意愿。申请撤诉是当事人对自己诉讼权利的处分,除非当事人提出明确、真实的撤诉要求,其他任何人不得强迫当事人撤诉,人民法院也不得动员当事人撤诉。

第二,撤诉必须在法定期间内提出。当事人若要撤回起诉,应当在人民法院立案之后,宣告判决之前提出。

《解释》第238条规定,当事人申请撤诉或者依法可以按撤诉处理的案件,如果当事人有违反法律的行为需要依法处理的,人民法院可以不准许撤诉或者不按撤诉处理。法庭辩论终结后原告申请撤诉,被告不同意的,人民法院可以不予准许。《解释》第239条规定,人民法院准许本诉原告撤诉的,应当对反诉继续审理;被告申请撤回反诉的,人民法院应予准许。

2. 按撤回起诉处理

按撤回起诉处理，通常表述为按撤诉处理，是指当事人虽未提出申请，但由于当事人的行为符合法律规定的情形，人民法院视为撤诉。

根据《民事诉讼法》的规定，有以下情形之一的，按撤诉处理：第一，原告经传票传唤，无正当理由拒不到庭的；第二，原告虽已到庭，但未经许可中途退庭的；第三，原告应当预交而未预交案件受理费，法院也未批准其缓交与免交的。前述情形适用于原告一方为无民事诉讼行为能力的当事人的法定诉讼代理人以及有独立请求权第三人参加诉讼的情形。《解释》第236条规定，有独立请求权的第三人经人民法院传票传唤，无正当理由拒不到庭的，或者未经法庭许可中途退庭的，比照《民事诉讼法》第146条的规定，按撤诉处理。根据最高人民法院《关于互联网法院审理案件若干问题的规定》（法释〔2018〕16号）第14条的规定，互联网法院根据在线庭审特点，适用《中华人民共和国人民法院法庭规则》的有关规定。除经查明确属网络故障、设备损坏、电力中断或者不可抗力等原因外，原告不按时参加在线庭审的，视为"拒不到庭"，庭审中擅自退出的，视为"中途退庭"，按撤回起诉处理。

（二）裁定准许撤回起诉的法律后果

人民法院裁定准许撤诉或按撤诉处理以后，将会产生以下法律后果：

1. 终结诉讼程序。法院裁定准许撤诉或按撤诉处理后，诉讼程序便告结束，人民法院不能对案件再继续进行审理和作出判决，这是撤诉的最直接的法律后果。撤诉，仅仅处分了当事人的程序权利，人民法院对当事人之间的实体权利义务争议并未作出权威判断。撤诉后，当事人的实体权利义务争议仍然存在。因此，当事人可以就同一诉讼标的、同一事实，依同一理由，再次提起诉讼，人民法院应当予以受理。

2. 诉讼费用由原告负担。国务院《交纳办法》第34条规定，民事案件的原告申请撤诉，人民法院裁定准许的，案件受理费由原告负担。

3. 诉讼时效重新开始计算。原告起诉后，诉讼时效中断，而自人民法院裁定准予撤诉之日起，诉讼时效重新开始计算。

二、延期审理

延期审理，是指在遇有法定事由时，使人民法院已经确定的开庭期日或者正在进行的开庭审理，无法继续进行，而顺延至另一个期日进行审理的制度。

《民事诉讼法》规定，有下列情况之一的，人民法院可以裁定延期审理：

1. 必须到庭的当事人和其他诉讼参与人有正当理由没有到庭的，人民法院可以延期审理。必须到庭的当事人包括：离婚案件的当事人，赡养案件中的被告，不到庭就无法查清案件事实的被告。必须到庭的其他诉讼参与人，是指其不到庭，就无法查清案件事实的其他参与人。

2. 当事人提出回避申请的，人民法院可以延期审理。当事人在开庭时或者在审理的过程中提出回避申请，人民法院需要时间审查其理由是否成立，此时，人民法院可以延期审理。

3. 需要通知新的证人到庭、调取新的证据、重新鉴定、勘验，或者补充调查的。

4. 其他应当延期审理的情形。这是一项弹性规定，以适应诉讼中出现的特殊情况，由人民法院根据具体情况加以裁量。

三、缺席判决

缺席判决，是与对席判决相对的用语，是指人民法院在一方当事人无正当理由拒不参加庭审或未经许可中途退庭的情况下，依法对案件所作出的判决。

人民法院审理民事诉讼案件以对席判决为原则，以缺席判决为例外。一般情况下，人民法院审理民事案件应当在双方当事人或其诉讼代理人参加下进行。但个别当事人无正当理由拒不到庭或未经许可就中途退庭，对这些行为除了可分别按撤诉处理、拘传等方法处置外，在人民法院履行了告知义务（即人民法院必须依法传唤当事人出庭，并告知其相应的诉讼权利义务），当事人无正当理由不出庭时，人民法院可依法作出缺席判决。

根据《民事诉讼法》的规定，具备以下情况之一的，人民法院可以缺席判决：第一，被告、无独立请求权第三人经传票传唤，无正当理由拒不到庭，或者未经法庭许可中途退庭的；第二，原告或有独立请求权第三人申请撤诉，人民法院裁定不准许撤诉的，经传票传唤无正当理由拒不到庭的；第三，案件受理后，被告提出反诉的，原告经传票传唤，无正当理由拒不到庭的，或者未经法庭许可中途退庭的；第四，必要共同诉讼的部分原告，经人民法院传票传唤，无正当理由拒不到庭或未经法庭许可而中途退庭的。前述缺席判决的情况，同样适用于无民事诉讼行为能力当事人的法定诉讼代理人。

《解释》对缺席判决的适用作了以下补充规定：第234条规定，无民事行为能力人的离婚诉讼，当事人的法定代理人应当到庭；法定代理人不能到庭的，人民法院应当在查清事实的基础上，依法作出判决。第235条规定，无民事行为能力的当事人的法定代理人，经传票传唤无正当理由拒不到庭，属于原告方的，比照《民事诉讼法》第146条的规定，按撤诉处理；属于被告方的，比照《民事诉讼法》第147条的规定，缺席判决。必要时，人民法院可以拘传其到庭。第240条规定，无独立请求权的第三人经人民法院传票传唤，无正当理由拒不到庭，或者未经法庭许可中途退庭的，不影响案件的审理。第241条规定，被告经传票传唤无正当理由拒不到庭，或者未经法庭许可中途退庭的，人民法院应当按期开庭或者继续开庭审理，对到庭的当事人诉讼请求、双方的诉辩理由以及已经提交的证据及其他诉讼材料进行审理后，可以依法缺席判决。

根据最高人民法院《关于互联网法院审理案件若干问题的规定》（法释〔2018〕16号）第14条，互联网法院根据在线庭审特点，适用《中华人民共和国人民法院法庭规则》的有关规定。除经查明确属网络故障、设备损坏、电力中断或者不可抗力等原因外，当事人不按时参加在线庭审的，视为"拒不到庭"，庭审中擅自退出的，视为"中途退庭"，人民法院可依法作出缺席判决。

四、诉讼中止

诉讼中止，是指在诉讼过程中，由于出现了法定事由，人民法院裁定暂时停止诉讼程序的进行，待法定原因消失后，再恢复诉讼程序的制度。

《民事诉讼法》第153条规定，具有下列情形之一的，人民法院应当裁定中止诉讼：第一，一方当事人死亡，需要等待继承人表明是否参加诉讼的；第二，一方当事人丧失诉讼行为能力,尚未确定法定代理人的;第三,作为一方当事人的法人或者其他组织终止,尚未确定权利义务承受人的;第四,一方当事人因不可抗拒的事由,不能参加诉讼的;第五,本案必须以另一案的审理结果为依据,而另一案尚未审结的;第六,其他应当中止诉讼的情形。

中止诉讼的裁定作出后立即生效,当事人不得上诉,也不能申请复议。中止诉讼的原因消除,恢复诉讼程序时,不必撤销原裁定,从人民法院通知或者准许当事人双方继续进行诉讼时起,中止诉讼的裁定即失去效力。《解释》第246条规定,裁定中止诉讼的原因消除,恢复诉讼程序时,不必撤销原裁定,从人民法院通知或者准许当事人双方继续进行诉讼时起,中止诉讼的裁定即失去效力。

五、诉讼终结

诉讼终结,是指在诉讼进行过程中,出现法定事由,而使诉讼不可能或者没有必要进行下去,由人民法院裁定结束诉讼程序的制度。诉讼终结导致诉讼程序的完全结束,今后也不再恢复。

诉讼终结与诉讼程序的正常结束不同。诉讼程序的正常结束,是指全部诉讼程序进行完毕后,在事实认定清楚、是非责任明确的基础上,依法判决而结束诉讼程序;诉讼终结是在诉讼程序进行完毕前,由于出现某种特殊原因而非正常地结束诉讼程序。在终结诉讼时,人民法院对当事人争讼的实体权利义务关系并不加以评判。终结诉讼程序的裁定一经作出,立即生效,当事人不得提出上诉,也不能申请复议。

《民事诉讼法》第154条规定,有下列情形之一的,人民法院应当裁定终结诉讼:第一,原告死亡,没有继承人,或者继承人放弃诉讼权利的;第二,被告死亡,没有遗产,也没有应当承担义务的人的;第三,离婚案件一方当事人死亡的;第四,追索赡养费、扶养费、抚养费以及解除收养关系案件的一方当事人死亡的。

【思考题】

1. 简述起诉应当具备的条件。
2. 简述审理前准备程序的具体事项。
3. 简述开庭审理的具体阶段。
4. 简述按撤诉处理、缺席判决、延期审理、诉讼中止和诉讼终结的法定情形。

【参考文献】

1. 杨荣馨主编:《民事诉讼原理》,法律出版社2003年版。
2. 廖中洪:《中国民事诉讼程序制度研究》,中国检察出版社2004年版。
3. 齐树洁:《民事程序法研究》,科学出版社2007年版。

第20章 简易程序和小额程序

[提要] 本章主要阐述简易程序的基本原理、简易程序适用的范围、人民法院适用简易程序审理民事案件时应遵循的程序规范及国外小额诉讼程序的概况。

第一节 简易程序概述

一、简易程序的含义

简易程序是指基层人民法院及其派出法庭审理简单民事案件所适用的一种简便易行的诉讼程序。相对于普通程序,简易程序具有如下特点:

1. 适用范围的限定性。简易程序只适用于基层人民法院及其派出法庭审理的简单民事案件,对于其他人民法院作为第一审法院审理的案件,以及基层人民法院审理的非简单的民事案件,均不能适用简易程序。

2. 审理程序的简便性。简易程序相对于普通程序在审理的组织、审理的程序、审理的时间方面,都有特殊规定,这些特殊规定主要目的是实现该程序的简便、快捷,促进其追求的民事诉讼价值之实现。

3. 简易程序与普通程序之间转化的单向性。按照《民事诉讼法》和《解释》的规定,人民法院在按照简易程序审理案件的过程中,如果发现案件比较复杂的可以转化为普通程序,并按照普通程序收取案件的诉讼费用和按照普通程序审理案件。《解释》第258条第2款规定:人民法院发现案件不宜适用简易程序,需要转为普通程序审理的,应当在审理期限届满前作出裁定并将审判人员及相关事项书面通知双方当事人。《解释》第260条规定:已经按照普通程序审理的案件,在审理过程中无论是否发生了情况变化,都不得改用简易程序审理。

简易程序以诉讼程序的简化和灵活为基点,在遵循程序保障和诉讼费用相当原理的基础上,首先在保障案件审理的最低限度的公正度、公正性的前提下,追求司法效率的提高。这样的提高以当事人的程序保障为前提,并不是对程序公正的牺牲于放弃,而是追求不需要法律技巧的简便和效率,追求达到迅速而经济的裁判之程序保障。其次,从超出个案的目标看,程序保障与诉讼费用相当原理,意味着在争议标的较小的案件中投入较少的司法资源,从而使司法资源运用于更大、更有意义的纠纷解决,实现司法资源的合理配置和接近司法、分配正义的理想目标。①

二、简易程序的适用范围

（一）适用简易程序的人民法院

根据《民事诉讼法》第 160 条的规定，只有基层人民法院和其派出法庭才可以适用简易程序审理民事案件。在理解时应当注意以下几点：

第一，中级人民法院及其以上的人民法院，虽然有一审案件的管辖权，但是不能按照简易程序对案件进行审理，只能按照普通程序审理其管辖的第一审民事案件。

第二，对于基层人民法院及其派出法庭按照简易程序审理的案件，如果二审发回重审，或者按照第一审程序启动了再审程序的情况下，原审理案件的基层人民法院不能再以简易程序审理发回重审的案件和再审案件。

（二）适用简易程序的案件

《民事诉讼法》第 160 条规定，适用简易程序审理的案件是事实清楚、权利义务关系明确、争议不大的简单的民事案件②。《解释》第 256 条规定，民事诉讼法规定的简单的民事案件中的事实清楚，是指当事人对争议的事实的陈述基本一致，并能提供相应的证据，无须人民法院调查收集证据即可查明事实；权利义务关系明确是指能明确区分谁是责任的承担者，谁是权利的享有者；争议不大是指当事人对案件的是非、责任承担以及诉讼标的的争执无原则分歧。实践中认为下列案件属于简单的民事案件：(1)结婚时间短、财产争议不大的离婚案件，或者婚前一方就患有法定不准结婚的疾病的离婚案件；(2)权利义务关系明确，只是在给付时间、金额上有争议的赡养费、抚养费、抚育费案件；(3)确认、变更收养关系，双方争议不大的案件；(4)借贷关系明确，证据充分，金额不大的债务纠纷；(5)遗产和继承人的范围明确、讼争遗产数额不大的继承案件；(6)事实清楚，赔偿金额不大，责任明确的损害赔偿案件；(7)事实清楚、情节简单、是非分明、争议焦点明确、讼争金额不大的经济纠纷。

为进一步限定和明确简易程序适用的案件范围，2003 年 9 月 10 颁布的《最高人民法院关于适用简易程序审理民事案件的若干规定》（以下简称《简易程序规定》）进行了积极努力，这些努力表现在几个方面：

1. 明确规定某些特定类型的案件不能适用简易程序审理。《简易程序规定》第 1 条规定：基层人民法院审理简单的民事案件，适用本规定，但有下列情形之一的案件除外：(1)起诉时被告下落不明的；(2)发回重审的；(3)共同诉讼中一方或者双方当事人人数众多的；(4)法律规定应当适用特别程序、审判监督程序、督促程序、公示催告程序和企业法人破产还债程序的；(5)人民法院认为不宜适用简易程序进行审理的。2007 年民事诉讼法的修改删除了企业法人破产还债程序，而将其统一地纳入《企业破产法》规制的内容中。但是按照《简易程序规定》的精神，人民法院审理破产案件不能适用简易程序。《解释》部分承认了《简易程

---

① 范愉：《小额诉讼程序研究》，载《中国社会科学》2001 年第 3 期。
② 根据《中华人民共和国民事诉讼法（修正草案）》，简单民事案件的判断标准删除"争议不大"的表述，即简单民事案件的判断仅以"事实清楚、权利义务关系明确"为标准。

序规定》中所作的不能适用简易程序审理的案件的规定。其第257条规定,下列案件,不适用简易程序:起诉时被告下落不明的;发回重审的;当事人一方人数众多的;适用审判监督程序的;涉及国家利益、社会公共利益的;第三人起诉请求改变或者撤销生效判决、裁定、调解书的;其他不适用简易程序的案件。

2. 当事人可以合意选择适用简易程序。当事人合意以及对当事人合意的尊重与保护是程序保障的重要内容,也是认可简易程序中程序保障与诉讼费用相当原理的重要方面之一,许多国家和地区也以当事人合意作为确定适用简便程序的重要条件和标准之一。例如我国台湾地区"民事诉讼法"第427条第3项规定:不合于前两项规定之诉讼,得以当事人合意,适用简易程序。《简易程序规定》第2条规定:基层人民法院适用第一审普通程序审理的民事案件,当事人各方自愿选择适用简易程序,经人民法院审查同意的,可以适用简易程序进行审理。人民法院不得违反当事人自愿原则,将普通程序转为简易程序。为鼓励当事人合意选择简易程序,《交纳办法》还规定了相应的激励措施,即可以减半征收案件受理费。《民事诉讼法》第160条第2款规定,当事人双方也可以约定适用简易程序。当事人双方约定适用简易程序的,应当在开庭前提出。口头提出的,记入笔录,由双方当事人签名或者捺印确认。

3. 赋予当事人适用简易程序的异议权,以体现在决定是否适用简易程序时对当事人的程序保障。《简易程序规定》第3条规定:当事人就适用简易程序提出异议,人民法院认为异议成立的,或者人民法院在审理过程中发现不宜适用简易程序的,应当将案件转入普通程序审理。《解释》第269条规定:当事人就案件适用简易程序提出异议,人民法院经审查,异议成立的,裁定转为普通程序;异议不成立的,裁定驳回。裁定以口头方式作出的,应当记入笔录。转为普通程序的,人民法院应当将审判人员及相关事项以书面形式通知双方当事人。当然,在当事人没有提出异议的情况下,法院如果发现按照普通程序审理的案件,属于简单的民事案件的,可以依职权决定转为简易程序。

第二节
简易程序的具体规定

一、审前准备工作

《解释》第267条规定:适用简易程序审理案件,可以简便的方式进行审理前的准备。此种审理前的简便体现在多种审前准备工作中。

(一)起诉与答辩

原告可以口头起诉,对于原告的口头起诉,法院应将当事人的基本情况、联系方式、诉讼请求、事实及理由予以准确记录,将相关证据予以登记。同时法院应当将记录的以上内容向原告宣读,或者由原告确认,原告认为无误后,应当签字或者捺印。

双方当事人到庭后,被告同意答辩的,法院可以当即开庭审理;被告要求书面答辩的,法院应将答辩状提交期限和开庭具体日期告知各方当事人,并向当事人说明逾期举证以及拒不到庭的法律后果。

当事人双方可以同时到基层人民法院或者它派出的法庭,请求解决纠纷。基层人民法院或者它派出的法庭可以当即审理,也可以另定日期审理。

(二)送达诉讼文书

当事人应当在起诉或者答辩时向人民法院提供自己准确的送达地址、收件人、电话号码等其他联系方式,并签名或者捺印确认。

送达地址应当写明受送达人住所地的邮政编码和详细地址;受送达人是有固定职业的自然人的,其从业的场所可以视为送达地址。

原告起诉后,人民法院在保障当事人陈述表达意见的权利的基础上,可以采取捎口信、电话、传真、电子邮件等简便方式随时传唤双方当事人、证人、送达诉讼文书、审理案件。不过,不能以简便的方式送达裁判文书,同时以简便方式送达的开庭通知,未经当事人确认或者没有其他证据证明当事人已经收到的,人民法院不得缺席判决。人民法院在送达诉讼文书时可以根据出现的不同情况,采取不同措施:

1. 人民法院按照原告提供的被告的送达地址或者其他联系方式无法通知被告应诉的,应当按以下情况分别处理:

(1)原告提供了被告准确的送达地址,但人民法院无法向被告直接送达或者留置送达应诉通知书的,应当将案件转入普通程序审理;

(2)原告不能提供被告准确的送达地址,人民法院经查证后仍不能确定被告送达地址的,可以被告不明确为由裁定驳回原告起诉。

2. 被告到庭后拒绝提供自己的送达地址和联系方式的,人民法院应当告知其拒不提供送达地址的后果;经人民法院告知后被告仍然拒不提供的,按下列方式处理:

(1)被告是自然人的,以其户籍登记中的住所地或者经常居住地为送达地址;

(2)被告是法人或者其他组织的,应当以其工商登记或者其他依法登记、备案中的住所地为送达地址。

人民法院应当将上述告知的内容记入笔录。

3. 因当事人自己提供的送达地址不准确、送达地址变更未及时告知人民法院,或者当事人拒不提供自己的送达地址而导致诉讼文书未能被当事人实际接收的,按下列方式处理:

(1)邮寄送达的,以邮件回执上注明的退回之日视为送达之日;

(2)直接送达的,送达人当场在送达回证上记明情况之日视为送达之日。

上述内容,人民法院应当在原告起诉和被告答辩时以书面或者口头方式告知当事人。

4. 受送达的自然人以及他的同住成年家属拒绝签收诉讼文书的,或者法人、其他组织负责收件的人拒绝签收诉讼文书的,送达人应当依据《民事诉讼法》第89条的规定邀请有关基层组织或者所在单位的代表到场见证,被邀请的人不愿到场见证的,送达人应当在送达回证上记明拒收事由、时间和地点以及被邀请人不愿到场见证的情形,将诉讼文书留在受送达人的住所或者从业场所,即视为送达。于被邀请人不愿见证的情况下,人民法院也可以直接将诉讼文书留在受送达人的住所,并采用拍照、录像等方式记录送达过程。

受送达人的同住成年家属或者法人、其他组织负责收件的人是同一案件中另一方当事人的,不适用前款规定。

(三)其他审前准备工作

除向当事人送达诉讼文书外,简易程序的其他审前准备工作还包括以下几个方面的、具有自身特色的内容。

1. 独任审判员审判

人民法院按照简易程序审理案件,应当由审判员一人独任审理。法律和司法解释没有明确规定独任审判员确定以后告知当事人的时间。此情况下,应当适用普通程序中的规定,在独任审判员确定以后的3日内告知当事人。

2. 特殊的举证制度

相对于普通程序而言,简易程序中当事人对证据的收集与提供主要有以下方面的特殊性:一是可以当庭举证。《简易程序规定》第22条规定:当事人双方同时到基层人民法院请求解决简单的民事纠纷,但未协商举证期限,或者被告一方经简便方式传唤到庭的,当事人在开庭审理时要求当庭举证的,应予准许。一是举证时限的确定有特殊的规定。这种特殊性首先是当事人协商确定举证时限的,举证时限最长不得超过15日,其次是法院决定举证时限的情况下,不受《解释》第99条第2款规定的最低举证时限的限制,且最高不得超过15日。当事人双方均表示不需要举证期限、答辩期间的,人民法院可以立即开庭审理或者确定开庭日期。

3. 某些特殊情况下的先行调解

根据《简易程序规定》第14条的规定,下列民事案件,人民法院在开庭审理时应当先行调解:(1)婚姻家庭纠纷和继承纠纷;(2)劳务合同纠纷;(3)交通事故和工伤事故引起的权利义务关系较为明确的损害赔偿纠纷;(4)宅基地和相邻关系纠纷;(5)合伙协议纠纷;(6)诉讼标的额较小的纠纷。但是根据案件的性质和当事人的实际情况不能调解或者显然没有调解必要的除外。

调解达成协议并经审判人员审核后,双方当事人同意该调解协议经双方签名或者捺印生效的,该调解协议自双方签名或者捺印之日起发生法律效力。当事人要求摘录或者复制该调解协议的,应予准许。

人民法院可以当庭告知当事人到人民法院领取民事调解书的具体日期,也可以在当事人达成调解协议的次日起10日内将民事调解书发送给当事人。

当事人以民事调解书与调解协议的原意不一致为由提出异议,人民法院审查后认为异议成立的,应当根据调解协议裁定补正民事调解书的相关内容。

二、开庭审理

简易程序的简便性还表现在开庭审理程序的简便性方面,人民法院适用简易程序审理案件,在开庭审理时,不受《民事诉讼法》第139条、第141条、第144条的限制。即在开庭审理前不受传唤当事人、通知其他诉讼参与人的时间的限制,不受公开审理案件之庭前公告规定的限制,不受法庭审理顺序的限制,从而体现出较大的灵活性和简便性。此外,《简易程序规定》以及《解释》结合审判实践经验,还进一步拓宽了简易程序的简易内涵。

（一）诉讼权利义务告知的简便

开庭前已经书面或者口头告知当事人诉讼权利义务，或者当事人各方均委托律师代理诉讼的，审判人员除告知当事人申请回避的权利外，可以不再告知当事人其他的诉讼权利义务。当然，这并不是说法院在简易程序中可以完全放弃对当事人的指导义务，放弃自己的释明义务，特别是在当事人本人诉讼的情况下，更是如此。《简易程序规定》第20条规定：对没有委托律师代理诉讼的当事人，审判人员应当对回避、自认、举证责任等相关内容向其作必要的解释或者说明，并在庭审过程中适当提示当事人正确行使诉讼权利、履行诉讼义务，指导当事人进行正常的诉讼活动。《解释》第268条规定：对没有委托律师、基层法律服务工作者代理诉讼的当事人，人民法院在庭审过程中可以对回避、自认、举证证明责任等相关内容向其作必要的解释或者说明，并在庭审过程中适当提示当事人正确行使诉讼权利、履行诉讼义务。

（二）法庭审理程序的简便化

适用简易程序审理的案件，人民法院可以根据案件情况，采取下列方式简化庭审程序，但应当保障当事人答辩、举证、质证、陈述、辩论等诉讼权利：(1)开庭前已经通过庭前会议或者其他方式完成当事人身份核实、权利义务告知、庭审纪律宣示的，开庭时可以不再重复；(2)经庭前会议记载的无争议事实和证据，可以不再举证、质证；(3)庭审可以直接围绕诉讼请求或者案件要素进行。而简易程序中法庭辩论内容的简便化主要表现在两个方面：一是开庭时，审判人员可以根据当事人的诉讼请求和答辩意见归纳出争议焦点，经当事人确认后，由当事人围绕争议焦点举证、质证和辩论。二是当事人对案件事实无争议的，审判人员可以在听取当事人就适用法律方面的辩论意见后径行判决、裁定。

（三）审理次数的限定性

《简易程序规定》第23条规定：适用简易程序审理的民事案件，应当一次开庭审结，但人民法院认为确有必要再次开庭的除外。这一规定是在《民事诉讼法》规定的简易程序的审限基础上，进一步促进简易程序快速化审理的一种重大举措。

（四）审理期限较短

按照《民事诉讼法》的规定，人民法院按照简易程序审理的案件应当在3个月内审理完毕。《解释》第258条第1款规定：适用简易程序审理的案件，审理期限到期后，有特殊情况需要延长的，经本院院长批准，可以延长审理的期限。延长后的审理期限累计不得超过六个月。2021年修订的《民事诉讼法》第164条规定，按照简易程序审理的案件，如果有特殊情况需要延长的，经本院院长批准，可以延长一个月。按照简易程序审理案件的审限自人民法院立案之日起开始计算。

（五）可以选择简单的方式开庭审理

人民法院审理简易民事案件除可以依照《民事诉讼法》第163条的规定灵活处理法庭调查及法庭辩论的顺序外，也可以采取更加灵活的开庭审理方式。《解释》第259条规定：当事人双方就开庭方式向人民法院提出申请，由人民法院决定是否准许。经当事人双方同意，可以采用视听传输技术等方式开庭。

尽管有以上简化，书记员的记录工作不能简化，即书记员不能忽略审理过程中应当记录的内容。《简易程序规定》第24条规定:书记员应当将适用简易程序审理民事案件的全部活动记入笔录。对于下列事项,应当详细记载:(1)审判人员关于当事人诉讼权利义务的告知、争议焦点的概括、证据的认定和裁判的宣告等重大事项;(2)当事人申请回避、自认、撤诉、和解等重大事项;(3)当事人当庭陈述的与其诉讼权利直接相关的其他事项。《解释》第263条进一步规定了按照简易审理的案件必须包含的卷宗内容,这些内容分别是:起诉状或者口头起诉笔录;答辩状或者口头答辩笔录;当事人身份证明材料;委托他人代理诉讼的授权委托书或者口头委托笔录;证据;询问当事人笔录;审理(包括调解)笔录;判决书、裁定书、调解书或者调解协议;诉讼费收据;适用小额程序审理的有关程序适用的书面告知。

三、宣判

(一)判决的宣告

适用简易程序审理的民事案件,宣判时应坚持以当庭宣判为主、以定期宣判为辅的原则,除人民法院认为不宜当庭宣判的以外,应当当庭宣判。

当庭宣判的案件,除当事人当庭要求邮寄送达的以外,人民法院应当告知当事人或者诉讼代理人领取裁判文书的期间和地点以及逾期不领取的法律后果。

人民法院按照简易程序审理案件,制作的裁判文书也应当包含判决的理由,但是根据《证据规定》第81条和第79条的规定,人民法院按照简易程序审理民事案件,裁判文书中可以不予说明证据是否采纳的理由。《解释》第270条的规定,适用简易程序审理的案件,有下列情形之一的,人民法院在制作判决书、裁定书、调解书时,对认定事实或者裁判理由部分可以适当简化:当事人达成调解协议并需要制作民事调解书的;一方当事人明确表示承认对方全部或者部分诉讼请求的;涉及商业秘密、个人隐私的案件,当事人一方要求简化裁判文书中的相关内容,人民法院认为理由正当的;双方当事人同意简化的。在此基础上,《繁简分流办法》进一步超出特殊情况地规定了人民法院于简易程序中可以简化裁判文书的具体努力方向。其第14条规定:适用简易程序审理的案件,人民法院可以采取下列方式简化裁判文书:(1)对于能够概括出案件固定要素的,可以根据案件要素载明原告、被告意见、证据和法院认定理由、依据及裁判结果;(2)对于一方当事人明确表示承认对方全部或者主要诉讼请求的,当事人对案件事实没有争议或者争议不大的,裁判文书可以只包含当事人基本信息、诉讼请求、答辩意见、主要事实、简要裁判理由、裁判依据和裁判主文。简化后的裁判文书应当包含诉讼费用负担、告知当事人上诉权利等内容。

根据《简易程序规定》第30条的规定,原告经传票传唤,无正当理由拒不到庭或者未经法庭许可中途退庭的,可以按撤诉处理;被告经传票传唤,无正当理由拒不到庭或者未经法庭许可中途退庭的,人民法院可以根据原告的诉讼请求及双方已经提交给法庭的证据材料缺席判决。

(二)判决的送达

当庭宣判的一般告知当事人在指定的时间内到法院领取裁判文书,当事人在指定的期间内领取裁判文书之日即为送达之日;当事人在指定期间内未领取的,指定领取裁判文书期间届满之日即为送达之日,当事人的上诉期从人民法院指定领取裁判文书期间届满之日的次日起开始计算。

当事人因交通不便或者其他原因要求邮寄送达裁判文书的,人民法院可以按照当事人自己提供的送达地址邮寄送达。

人民法院根据当事人自己提供的送达地址邮寄送达的,邮件回执上注明收到或者退回之日即为送达之日,当事人的上诉期从邮件回执上注明收到或者退回之日的次日起开始计算。

定期宣判的案件,定期宣判之日即为送达之日,当事人的上诉期自定期宣判的次日起开始计算。当事人在定期宣判的日期无正当理由未到庭的,不影响该裁判上诉期间的计算。

当事人确有正当理由不能到庭,并在定期宣判前已经告知人民法院的,人民法院可以按照当事人自己提供的送达地址将裁判文书送达给未到庭的当事人。

第三节 小额案件审理程序的特别规定

一、小额诉讼程序的概念

国外的小额诉讼程序,是指基层法院的小额法庭或者专门的小额法院审理诉讼标的额很小的案件所适用的专门程序。

在国外,"简易法院的程序是以地方法院的程序为基础而制定的,对一般人而言,该程序的使用也并非易事。"①于是这些国家在简易程序之外创设了一种新型的诉讼程序,这就是小额诉讼程序。小额诉讼程序追求的是不需法律技巧的简易和效率,而且比简易程序更简便、快捷、灵活,能够更迅速地审结案件。更容易实现节约诉讼成本,促进司法大众化的目标。相对于简易程序,其具有如下几个特点:

1. 它是一种更加简易化的诉讼程序。其程序的简便化体现于诉讼的各个环节中,其设计的基本标准是,当事人不需律师的帮助即可以操作诉讼程序,其追求的目标不仅是减轻法院的负担,更在于实现司法的大众化。"通过简易化的努力使一般国民普遍能够得到具体的有程序保障的司法服务,使当事者和国家完全能够消化提起诉讼和进行审判的成本。"②

2. 审理形式的非正式化。如在审理中不适用严格的证据规则,作证时可以不经过宣誓,以及法院可以限制交叉询问的适用等等。

3. 职权主义的强化。在小额诉讼程序中,法官更为主动地介入诉讼,而当事人双方的对抗以及各当事人的诉讼主体地位受到一定的限制。

4. 支持当事人本人诉讼。为了节省费用,小额诉讼程序对当事人聘用律师进行诉讼持消极态度,有些国家的法律甚至明确禁止律师代理小额案件。

5. 注重调解。小额诉讼一般采取调解与审判一体化的立法思路,在审理过程中,审判人员可以通过谈话的方式,让双方当事人直接对话。法官并不是严格按照消极的原则主持

---

① [日]中村英郎:《日本新民事诉讼法讲义》,陈刚等译,法律出版社2001年版。
② 江伟主编:《民事诉讼法》,高等教育出版社、北京大学出版社2007年第3版,第330页。

诉讼程序,而是积极地采取为当事人接受的方法,为当事人提供对话、交流的条件,尽力促成当事人之间的和解。

二、国外小额诉讼程序介绍

从立法体例上看,大多数国家和地区都有小额裁判法,有的是专门立法,如韩国1973年的《小额诉讼程序法》,有的体现于民事诉讼法典之中,如日本1996修改的《民事诉讼法》。从机构设置上看,主要有两种方式:一种方式是设立专门的小额法庭或者小额法院,英、美等国家多采取这种机构设置方式。英国早在1973年就设立了专门的小额法庭,美国大部分州也设立了小额法院。另一种方式是利用现有的简易法院的设置,由这些法院的法官审理小额案件,但适用独立的程序。日本、德国等国家多采取这样的设置方式,如《日本民事诉讼法》第368条规定:在简易法院内可以请求依据小额诉讼程序审理及判决。

除具有以上几个方面的特征外,各国和地区的小额诉讼程序对其适用范围作了严格限制,以真正实现对诉讼效率的追求,不至于损害最低限度的程序保障的要求。在国外,小额诉讼程序一般只限于债权债务纠纷,而且具有明确的标的额限制。各国、各地区根据自身经济发展的状况设定了不同的标的额限制标准。例如英国于1973年设置的小额诉讼程序规定,小额诉讼程序仅适用于3000英镑以下的小额消费争议和人身伤害赔偿案件,1999年正式实施的《民事诉讼规则》将这一标准提高到5000英镑(后又提高到1万英镑)。日本、中国香港、中国台湾地区适用小额程序的最高限额分别是60万日元、5万元港币、10万元新台币。

司法实践中有的当事人,特别是原告为了达到适用小额诉讼程序的目的,往往将较大的争讼额予以分割,这种状况侵害了被告的合法权益,背离了国家设置小额诉讼程序制度的制度目标,因此,为各国、各地区的立法所禁止。《香港小额钱债审裁处条例》规定,当事人不得为使其纠纷在该审裁处解决,而将大笔的请求额分割为若干小笔的请求额。该规定的目的是防止把小额诉讼程序变为一些向一般市民发放贷款、贩卖货物的金融企业或公司催讨债务的工具。[①]

三、我国民事诉讼中的小额程序

(一)小额诉讼的确立过程

在我国近年的审判实践中,某些法院的简易程序改革措施已经呈现出小额诉讼的特点。《人民法院第二个五年改革纲要(2004—2008)》提出,要探索建立小额诉讼制度,提高诉讼效率。然而,小额诉讼要求更为灵活的审判方式和一审终审的审判制度,这与我国法律的规定不相吻合。因此,建立小额诉讼程序必须以民事诉讼法的修改为条件。2011年3月,为配合民事诉讼法的修改,最高人民法院部署在90个基层法院开展小额速裁试点工作并取得了有益的经验。

---

① 汤维建、单国军:《香港民事诉讼法》,河南人民出版社1997年版。

《民事诉讼法》第 165 条规定:"基层人民法院和它派出的法庭审理符合本法第一百五十七条第一款规定的简单的民事案件,标的额为各省、自治区、直辖市上年度就业人员年平均工资百分之五十以下的,实行一审终审。"基层人民法院和它的派出法庭审理前款规定的民事案件,标的额超过各省、自治区、直辖市上年度就业人员年平均工资百分之五十但在二倍以下的,当事人双方也可约定适用小额诉讼程度。从条文结构及其内容上看,立法者将小额程序规定在简易程序中,予以特别规定,并未将小额程序视为一种独立于简易程序的诉讼程序。

(二)我国小额诉讼程序的具体内容

《民事诉讼法》中的关于小额诉讼程序的规定,置于简易程序的规定之中,同时其第 165 条的规定的小额诉讼案件必须首先属于民事诉讼法规定的简单的民事案件。《解释》对小额程序的称谓也直接使用"简易程序中的小额诉讼"的表述方法,这表明小额诉讼程序制度必须以简易程序制度为基础,对有关程序作进一步的简化。其具体制度可以概括为如下方面:

1. 适用小额诉讼程序的案件范围。《民事诉讼法》第 165 条规定,可以适用小额程序的案件是标的额为各省、自治区、直辖市上年度就业人员年平均工资百分之五十以下的简单的民事案件。在上一年度就业人员的平均工资公布前,以已经公告的最近年度就业人员年平均工资为标准。《解释》第 272 条对之也采取相同的方法予以规定。《民事诉讼法》第 166 条规定:下列案件,不适用小额诉讼程序审理:人身关系、财产确权纠纷;涉外民事纠纷;需要评估、鉴定或者对诉前评估、鉴定结果有异议的纠纷;一方当事人下落不明的案件;当事人提出反诉的案件,其他不宜适用一审终审的纠纷。

同时,法律赋予了当事人对人民法院按照小额程序审理的异议权。《解释》第 279 条规定:当事人对按照小额诉讼案件审理有异议的,应当在开庭前提出。人民法院经审查,异议成立的,适用简易程序的其他规定审理;异议不成立的,裁定驳回。裁定以口头方式作出的,应当记入笔录。《解释》第 278 条第 1 款规定:因当事人申请增加或者变更诉讼请求、提出反诉、追加当事人等,致使案件不符合小额诉讼案件条件的,应当适用简易程序的其他规定审理。如果发现当事人申请增加或者变更诉讼请求、提出反诉、追加当事人等,致使案件应当适用普通程序审理的,裁定转为普通程序审理。根据《解释》第 278 条第 3 款的规定,小额诉讼程序转化为简易程序或者普通程序前双方当事人已经确认的事实,人民法院可以不再组织举证、质证。

2. 更加简化的审前准备程序。其一,更加简化的举证时限制度。小额诉讼程序的举证时限相对于简易程序更短,其举证时限可以由人民法院确定,也可以由当事人协商一致并经人民法院准许,但一般不超过 7 日。其二,于当事人不需要举证期限和答辩期间的情况下,没有赋予人民法院可以当即确定开庭日期的选择,而是规定"人民法院可以立即开庭审理"。《繁简分流办法》第 7 条规定:适用小额诉讼程序审理的案件,经人民法院告知放弃答辩期间、举证期限的法律后果后,当事人明确表示放弃的,人民法院可以直接开庭审理。其三,根据《繁简分流办法》第 8 条第 1 款的规定,适用小额诉讼程序审理的案件,可以比照简易程序进一步简化传唤、送达、证据交换方式,但不得减损当事人答辩、举证、质证、陈述、辩论等诉讼权利。

3. 适用更加简化的案件审理程序。《繁简分流办法》第 8 条第 2 款规定:适用小额程序审理的案件,庭审可以不受法庭调查、法庭辩论等庭审程序的限制,直接围绕诉讼请求或者案件要素进行,原则上应当一次开庭审结,但人民法院认为确有必要再次开庭的除外。《民事诉讼》第167条规定,人民法院适用小额诉讼程序审理的案件,可以一次开庭审结并且当庭宣判。

4. 限制当事人对人民法院作出的管辖权异议裁定和驳回起诉裁定的上诉权。《解释》第276条规定:当事人对小额诉讼案件提出管辖异议的,人民法院应当作出裁定。裁定一经作出即生效。《解释》第277条规定:人民法院受理小额诉讼案件后,发现起诉不符合民事诉讼法规定的起诉条件的,裁定驳回起诉。裁定一经作出即生效。

5. 更加简化的裁判文书。《解释》第280条规定:小额诉讼案件的裁判文书可以简化,主要记载当事人基本信息、诉讼请求、裁判文书等内容。《繁简分流办法》第9条规定:适用小额诉讼程序审理案件,可以比照简易程序进一步简化裁判文书,主要记载当事人基本信息、诉讼请求、答辩意见、主要事实、简要裁判理由、裁判依据、裁判主文和一审终审的告知等内容。对于案情简单、法律适用明确的案件,法官可以当庭作出裁判并说明裁判理由。对于当庭裁判的案件,裁判过程经庭审录音录像或者庭审笔录完整记录的,人民法院在制作裁判文书时可以不再载明裁判理由。

6. 一审终审,并采取更短的审理期限。与简易程序审理的案件不同,人民法院按照小额诉讼程序审理的案件实行一审终审。同时采取最短的案件审理期限,2021年修订的《民事诉讼法》第168条规定,适用小额诉讼程序审理的案件,应当在立案之日起两个月内审结。特殊情况需要延长的,经本院院长批准,可以延长一个月。

【思考题】

1. 什么是简易程序? 相对于普通程序,它有哪些特点?
2. 不能适用简易程序审理的案件有哪些?
3. 在简易程序中,哪些案件应当先行调解?
4. 国外小额诉讼程序有哪些规则值得借鉴?
5. 如何构建我国的小额的诉讼程序规则?

【参考文献】

1. [日]中村英郎:《日本新民事诉讼法讲义》,陈刚等译,法律出版社2001年版。
2. [日]小岛武司:《诉讼制度改革的法理与实证》,汪祖兴译,法律出版社2001年版。
3. 范愉:《小额诉讼程序研究》,载《中国社会科学》2001年第3期。
4. 章武生:《民事简易程序研究》,中国人民大学出版社2002年版。

第21章　民事裁判

> [提要] 本章主要介绍民事判决、民事裁定、民事决定、民事调解书的概念、种类、适用范围等。对民事判决的既判力的概念和基本理论应当重点掌握。

第一节　民事判决

一、民事判决概念

民事判决，是指人民法院审理民事案件和非讼案件完结之时，依据已经查明的案件事实和法律规定对案件作出的权威性判定。

民事判决是人民法院行使国家审判权的基本标志和主要方式之一。人民法院受理原告起诉后，先要认真审理案件，剖析案件事实，而后根据已经查明的案件事实作出断定。没有正确的审理就没有正确的判决。对于经过法院审理仍然不能查清案件事实的案件，还必须正确适用证据规则的有关规定，依法进行判决。因此，民事判决从宏观上讲是国家审判权的最终体现，从微观上讲又是法院解决纠纷的主要结案方式。

二、民事判决种类

理论界根据不同标准对民事判决通常作如下分类：

（一）依民事判决性质，可分为给付判决、确认判决和变更判决

给付判决，是人民法院作出的责令一方当事人向另一方当事人交付一定金钱、财物或履行一定义务的判决，如责令某甲向其父支付一定赡养费的判决。给付判决与给付之诉存在一定的联系，但人民法院审理给付之诉的结果不一定全部形成给付判决。给付判决的重点在给付，义务人在规定期限不履行义务的，还可能进入执行程序。

确认判决，是人民法院制定的确认当事人间存在或不存在某种民事权利义务关系或某项法律事实的判决，如确认甲、乙之间存在收养关系的判决。确认判决的前提是当事人对权利义务关系现状认识不一致或者利害关系人对某项法律事实的稳定性担心。

变更判决，是人民法院制作的变更当事人间现存的某种法律关系的判决，如判令张三与李四解除婚姻关系的判决。变更判决的前提是当事人对现存法律关系并无歧见，争执在于

是否有必要继续保留或发展现存法律关系。

(二)依案件性质,民事判决可分为诉讼案件判决和非讼案件判决

诉讼案件判决通常是解决双方当事人的民事权益之争的判决。比如合同当事人对合同是否成立发生分歧而涉讼,人民法院依法按照普通程序对该案审理后所制定的判决。非讼案件判决是人民法院依法对某项法律事实的确认。如人民法院制作的认定某项财产无主的判决。

(三)依判决内容,可分为全部判决和部分判决

全部判决,是人民法院对全案审理结束后依法作出的决断。它是对当事人提出的全部诉讼请求的回答和评断,审判实践中多用全部判决。部分判决,是人民法院对案件的一部分或几部分的请求先作出的决断。部分判决存在的前提在于案件诉讼标的的多元性:有的因诉讼请求事项太多,有的因存在反诉或者发生了诉的合并。人民法院审理一部分,判决一部分,有助于推动诉讼进程,也符合诉讼经济的目的。

(四)依判决作出的时间,可分为原判决和补充判决

原判决,是人民法院首次制作的判决。当首次制作的判决主文不明、难以履行或执行,或漏判了诉讼请求时,人民法院有必要对原判决加以补充,补充后所形成的判决即为补充判决。

(五)依双方当事人是否出庭,可分为对席判决和缺席判决

对席判决是人民法院在全部当事人自始至终参加诉讼活动的情况下所制作的判决。当然,当事人本人虽未出庭,但他们有诉讼代理人参加诉讼时,法院作出的判决还是对席判决。缺席判决,是人民法院在当事人一方的个别或全部主体未参加诉讼活动的情况下所制作的判决。判决本应在双方当事人辩论后制作,但等待不能没有时间限制。民事诉讼法规定:人民法院裁定不准原告撤诉时,原告经传票传唤,无正当理由拒不到庭的,可以缺席判决;被告或其法定代理人经合法传唤无正当理由拒不到庭的,或未经法庭许可中途退庭的,可以缺席判决;原告按撤诉处理后被告又提出反诉的,原告经传票传唤无正当理由拒不到庭时,可以缺席判决。缺席判决有利于维护法律的权威,有助于全面保护当事人的合法利益。

三、民事判决书的内容

民事判决的书面表现形式称为民事判决书。它是法院针对案件的实体问题作出的法律评价,通常不涉及诉讼程序问题。根据《民事诉讼法》第155条的规定:"判决书应当写明判决结果和作出该判决的理由。判决书内容包括:(一)案由、诉讼请求、争议的事实和理由;(二)判决认定的事实和理由、适用的法律和理由;(三)判决结果和诉讼费用的负担;(四)上诉期间和上诉的法院。判决书由审判人员、书记员署名,加盖人民法院印章"。另外,根据《民事诉讼法》第156条的规定:"人民法院审理案件,其中一部分事实已经清楚,可以就该部分先行判决"。

从理论上讲,民事判决书由首部、正文和尾部组成。首部主要是诉讼参加人的基本情况和案由。正文主要是对案件事实和理由的阐述,通常包含原告诉称事实和法律、被告辩称事实和法律及人民法院认定事实和法律几部分。制作民事判决书一要依据事实,二要依据法

律,三要文字简洁、准确。具体而言,民事判决书应包含下列内容:

（一）首部

首部包含诉讼参加人的基本情况和案由等。诉讼参加人是指当事人和诉讼代理人。判决书中应写明原告、被告和第三人的姓名、性别、年龄、民族、工作单位、职业、住所等基本情况。有诉讼代理人的应写明其基本情况。当事人是法人或其他组织时,除写明该法人或其他组织的全称外,还应写明其法定代表人或主要负责人的基本情况。案由主要是指案件的性质,案由的表述必须符合最高人民法院《民事案件案由规定》（法〔2020〕346号第二次修正）的规定。

（二）正文

正文包含诉讼请求,争议的事实和理由,判决认定的事实,理由和适用的法律依据等。诉讼请求包括原告起诉时所提出的诉讼请求和被告答辩提出的反诉请求。争议的事实和理由系指双方对案情的认识和分歧的焦点、争执的经过和各方所持理由。本部分还应写明审判组织和审判方式。判决认定的事实、理由和适用的法律依据是民事判决的重点内容。审判组织成员通过对案件的全面审理,必然会形成对案件事实的认定,必须对案件当事人的是与非、对与错、权利或义务问题公开表态。表态的方式是全面分析案情、揭示案件事实,在分析与揭示中客观地评价当事人主张的价值,同时辅之以充足的理由,由浅入深,由表及里,循序渐进,最后提出处理案件所适用的法律、法规及其条款。

（三）尾部

尾部包含判决结果、诉讼费用的负担、上诉期间、上诉的法院等。判决结果是民事判决书的重点部分之一。人民法院在认定事实和适用法律的基础上对案件当事人之间的争执给予明确的回答:或者确认某种民事法律关系或法律事实存在或不存在;或者变更某种民事法律关系;或者决定某方当事人向相对方为一定给付义务,同时指出当事人行使权利履行义务的方式、时间和地点等。此外,根据案件处理结果,按照诉讼费用负担原则,还应明确当事人负担的诉讼费用。除最高人民法院制作的第一审民事判决和依特别程序审理制作的判决外,地方各级人民法院制作的第一审民事判决都允许上诉。因此,本部分应明确写明当事人上诉的期限和上诉的法院,并且由审判员和书记员署名,加盖人民法院印章。

民事判决书完成后,书记员应当进行核对,加盖"本件与原本核对无异"印章。

四、民事判决的效力

（一）民事判决效力概述

民事判决的效力,是指生效民事判决在法律上具有的各种效果。通常认为,生效民事判决具有拘束力、形式上的确定力、既判力、形成力、执行力等效力。

1. 拘束力

拘束力是判决对法院的效力,指民事判决一旦作出并送达双方当事人,除非有特殊理由,否则不能加以变更和取消。拘束力主要是对本法院的效力,称为自缚力。也包括对其他法院的效力,称为拘束力。在我国,生效判决对人民法院具有拘束力,主要体现在人民法院要切实维护生效判决的权威和稳定,非经法定程序不得随意更改,必要时可以移送强制执行,并不得接受当事人的重复起诉。

2. 形式上的确定力

判决一经确定,即发生当事人不得以上诉的方法请求上级法院将该判决废弃与变更的效力。

3. 既判力

既判力指判决一旦确定,其就诉讼中出现的实体性主张所为之判断,就成为规范双方当事人间民事法律关系的法定依据,当事人不得就同一实体性事项再行讼争或提出不同主张,法院也不得就同一实体事项再次以诉的形式受理或作出不同的判断。

4. 形成力

形成力为已确定之形成判决所特有的,导致法律关系发生、变更或消灭的效力。

5. 执行力

执行力指已经确定之给付判决所具有的作为强制执行依据启动、推进强制执行程序的效力。

(二)既判力

判决的既判力,是指生效判决对诉讼标的的判断具有的确定力。判决的既判力是民事诉讼法中最重要的理论问题之一,包括判决的既判力的根据、判决的既判力的本质和判决的既判力的范围几个主要方面的内容。

1. 判决的既判力的根据

主要有三种学说:

一是"制度要求说"。这种学说在19世纪末到20世纪中期的法国和德国是通说,现在日本也有很多学者主张。该学说认为,判决的既判力是民事诉讼制度自身为了保证权利的安定而设置的,如果没有判决的既判力制度,已经发生法律效力的判决随时都可能被推翻,不利于民事诉讼解决纠纷的目的的实现。

二是"程序保障说"。该学说认为,判决的既判力是程序保障下的自我责任承担的表现,当事人应当主动接受既判力的约束,不能再就同一法律关系提出主张。

三是"二元说"。该学说认为,判决的既判力既是民事诉讼制度的内在要求,也是当事人自我责任承担的表现,即应该赋予当事人程序上充分的权利,并且予以当事人充分的程序保障。这种观点在我国是通说。

2. 判决的既判力的本质

判决的既判力是判决一经确定便不能加以改变的性质。关于判决的既判力的本质,有以下几种主要学说:

一是"实体法说"。该说认为判决的既判力的本质在于确定判决创设的实体法效果。正当的判决可以为原来的实体权利关系增加基础,错误的判决也会使实体权利关系发生变更。因此后诉法院不能作出与前诉判决矛盾的判决。

二是"诉讼法说"。该说认为判决的既判力是纯粹的诉讼法上的效力。基于裁判的国家统一性要求,后诉法院不能作出与前诉法院矛盾的判决。因此,当事人在后诉中提出的主张，就不可能推翻前诉的判决。判决的既判力既约束当事人的主张行为，也约束法院的裁判行为。根据"一事不再理"原则，当事人就既判力事项重新起诉，法院应以诉不合法为由驳回，不能进行实体审理。

三是"权利实在说"。该说认为，在法院判决之前，当事人自己适用法律而主张的权利只是一种虚拟的存在，不是真正实在的权利，只有在法院作出判决后，才能真正成为存在的权利。判决的既判力之所以对当事人及法院均有约束力，是因为判决能够赋予当事人实实在在的权利。

此外还有"法规说""新诉讼法说"等主张。在诉讼法学界处于主导地位的是从解释论层面强调判决的既判力的实践意义的观点，认为判决的既判力具有双重性质，既承认当事人作为解决纠纷的主体地位的实体侧面，又强调对方当事人在别的纠纷中攻击其实体地位时，可以基于判决的既判力阻断这种攻击的程序侧面。我们认为这种观点较为可取。

3. 判决的既判力的范围

判决的既判力的范围包括判决的既判力的主观范围、客观范围和时间局限三个方面。

（1）主观范围，即判决对哪些人具有既判力。原则上既判力只对提出请求及与请求相对立的当事人有拘束力，对与请求的诉讼标的无关的案外人不发生效力。故原则上既判力的主观范围只及于当事人。但在下列情形下既判力主观范围会发生扩张：①既判力及于诉讼系属后当事人的继受人；②既判力及于诉讼系属后为了当事人或其继受人的利益占有标的物的人；③在原告或被告为他人的利益参与诉讼时，该他人也为既判力所约束。

（2）客观范围。通说认为，既判力的客观范围原则上仅限于法院判决书主文中对原告请求的判断。判决的主文是直接针对当事人提出的诉讼请求作出的回应，在内容上一般表现为关于特定权利义务是否存在的结论性判断，因而判决主文就是针对诉讼标的作出的判断，限定在判决主文上的既判力客观范围原则上就是与诉讼标的相一致。因为诉讼标的有传统理论与新理论的不同，既判力的客观范围也随之发生了相应的变化。一般认为，采纳新诉讼标的理论则既判力的客观范围较大，采传统诉讼标的理论则既判力的客观范围较小。对判决理由的判断一般不产生既判力，因为判决理由只是对判决主文中的事实认定和法律适用的论证，不是诉讼标的，不属于当事人辩论的对象，若让其产生既判力，会使既判力客观界限过宽。但是，当事人在诉讼中提出的抵销抗辩除外。抵销抗辩不同于其他抗辩理由，它是与请求及其原因无关的反对债权，是以对等数额消灭请求债权为目的的抗辩。如不承认抵销抗辩判断的既判力，则在反对债权不成立、抵销抗辩被法院驳回时，被告还可以另行起诉主张反对债权。反之，在反对债权成立，原告的诉讼请求被驳回后，被告也还可以重复利用该债权，另行主张反对债权。

（3）时间范围，即判决的既判力发生的基准时点。由于判决是以言词辩论终结时的事实资料为基础作出的，言词辩论终结时，权利义务是否存在的最终判断的时点，是判决的既判力发生的时间前提。

（三）判决的附随效力

1. 法定的附随效力

所谓法定的附随效力，相对于判决本身原有的效力，是指法律上规定的以生效判决作为构成要件而发生一定法律效果的效力,学理上称为构成要件的事实效力。这里的法律主要是指民法与民诉法,而各国法律规定不同,因此判决的法定附随力各不相同。但有些法定附随力是各国普遍都具有的,如生效判决具有中断时效的效力。

2. 法理上的附随效力

法理上的附随效力,是指相对于法定的附随效力而言的,是指虽然没有法律上的规定,但学理上主张判决所附带的效力。其不同于判决原有效力,只是作为一种附随效力,例如争点效和反射效。争点效主要是针对既判力的客观范围,而反射效主要针对既判力的主观范围,详述如下:

(1) 争点效

通说认为,既判力的客观范围只及于判决主文,而不及于原因事实。但是,在后诉中,若不赋予前诉中的判决理由以既判力,那结果也可能导致纠纷不能及时的解决,甚至会在不同的程序中对同一个问题作出矛盾的判决。考虑到这一问题,有的国家的理论认为,作为例外情形,在特定的情况下判决理由也具有既判力。例如,法国民事诉讼法认为当判决理由作为该判决必需的支持理由时,该理由的记载成了裁判的必要前提,因此已经与判决主文同时具有既判力;此外,判决中的某种理由具有决定性时,该理由具有裁判的价值,因此具有既判力。美国民事诉讼理论并未明确判决理由是否有既判力,而是基于程序保障的理念和充分诚实与信用的原则将判决主文和判决理由分别适用不同的规则,即请求排除规则和争点排除规则。

与既判力不同,争点排除规则并不是禁止第二个诉讼的发生和进行,而是为了使审理后诉的法院,对于诉讼中所涉及的在前诉中法院已经认定的争点,作出与前诉裁判完全相同的认定,即禁止当事人后诉中对前诉中已经确定的争点再行争议,所以又称为禁止反悔规则。

曾留学美国的新堂幸司教授在"争点排除规则"的基础上,受兼子一教授的参加效力扩张理论和英美法上间接不可否认法理的启示,提出了"争点效"理论。他认为:"在前诉中,被双方当事人作为主要争点予以争执,而且,法院也对该争点进行了审理并作出判断,当同一争点作为主要的先决问题出现在其他后诉请求的审理中时,前诉法院对于该争点作出的判断产生的通用力,就是争点效。"① 概而言之,产生通用力的争点必须是在诉讼中经过了当事人认真争执了的主要争点,并且法院对该争点进行了实质性的判断。"争点效"是一种基于审理机动性考虑上的理论,具有一次性解决纠纷的优点。

因此,争点效又被称为争点排除效,其适用可跨越诉讼标的障碍而发生作用,从而收到一次性解决纠纷的效果。新堂幸司又指出:"在诉讼上成为重要之争点,经当事人两造激烈之争论,法院所作之判断,如允许当事人或后诉法院轻易推翻,实有悖于当事人之公平。此等考虑值兹诉讼上诚实信用原则被强调之时,更应受到重视。"②

可见,争点效理论的基础是民事诉讼法的诚实信用原则和当事人之间的公平原则。但是,并非所有的争点都产生争点效,日本学者认为只有具有下述要件的争点才能产生争点

---

① [日]高桥宏志:《民事诉讼法制度与理论的深层分析》,林剑锋译,法律出版社2003年版,第519页。
② 骆永家:《既判力之研究》,台湾三民书局1996年版,第76页。

效:第一,该争点属于判断前后诉讼的两个请求妥当与否的主要争点。第二,当事人在前述中已经对该主要争点穷尽了主张及举证,对该争点已经进行了认真严格的争执。第三,法院对该争点作出了实质性的判断,未作出实质性判断的不产生争点效。第四,前后两诉的诉讼利益几乎是同等或者前诉的诉争利益大于后诉。第五,当事人在后诉中主张争点效。

主张争点效的日本学者认为,争点效和既判力是不同的,二者有如下区别:第一,既判力发生于判决主文中,争点效发生于判决理由中。第二,既判力具有制度效力的一面,在缺席判决中也会产生既判力,而争点效必须在当事人对争点进行认真辩论的基础上,在法院作出的判断中才会产生效力。换言之,相对于既判力而言,争点效的产生被限制更多的条件。第三,前诉判决对后诉是否产生既判力属法院调查事项,而争点效是否发生取决于当事人在后诉中是否引用前判决。

争点效理论的优点在于既可以保持既判力的客观范围,又能够避免重复诉讼、矛盾判决。但是争点效理论也不是完美的,其缺点在于如果前诉判决不当形成时比如扩大不当的范围;其要件不明确时易于导致发生拘束效力的范围也不容易确定。即这样不可避免地使争点效和诚实信用原则在界限上不够清晰,容易导致诚实信用原则的"滥用"和争点效的拘束力过于"扩张"的弊端。虽然对于争点效与既判力的关系问题上学者们至今未曾达成一致看法,但不得不承认这一理论在纠纷的一次性解决和保持法的安定性方面发挥了不可替代的作用。

(2)反射效

判决的既判力一般发生在当事人之间,非当事人不受既判力的拘束。但对某案的判决有时也会通过对该案当事人的作用,而间接地影响到当事人之外的第三人。判决的这种间接的作用就如同光线的反射一样,因此有学者将其称为反射效力或反射效。

例如,债权人与主债务之间的诉讼,当主债务人胜诉时,该判决便有利于保证人,故前诉就不存在债务关系的判断,拘束债权人与保证人间的后诉。又如,前诉出租人与承租人间存在租赁关系的判断,拘束出租人与次承租人间的后诉。反射效的示例图,可以图示如图22-1:

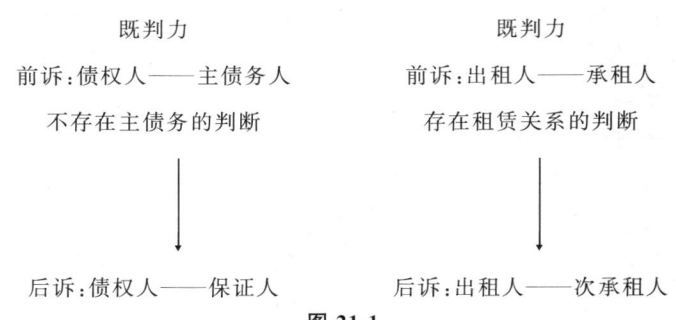

图 21-1

国外学者一般认为,反射效力与既判力存在以下区别:第一,既判力是诉讼法上的效力,仅能在诉讼法上为抗辩,但反射效力不仅能在诉讼法上为抗辩,而且也能在实体法上为实体抗辩,从而能产生实体法效果。第二,既判力属于法院依职权调查事项,而反射效力则须由当事人主张援用。第三,在第三人参加之诉中,既判力及于独立参加诉讼人而不能及于从诉讼参加人,反射效力却仅及于从诉讼参加人。第四,给付之诉中,既判力伴有执行力,而反射效力不伴有执行力。第五,既判力及于判决主文,而反射效力及于判决主文和判决理由的判断。

以上内容实际上属于判决反射效力说的主要内容。在日本,反射效力说为主流,但还存在既判力扩张说、否定反射效力说和无区别必要说等等。然而,在德国,反射效力说则让位于既判力扩张说。既判力扩张说认为,第三人与诉讼当事人之间在实体法上既然有依存关系,应类推适用既判力基准时以后当事人的承继人继受的规定,将既判力扩张及于第三人,无须用反射效来说明。

第二节
民事裁定

一、民事裁定的概念

民事裁定,是指人民法院对民事审判和执行程序中的程序问题以及特殊的实体问题所作的权威性判定。民事审判程序问题包括立案至诉讼的非正常结束阶段中涉及的程序问题,例如,法院不受理原告的起诉状。执行程序中的问题包括当事人申请启动执行程序至执行程序结束前的问题,例如,法院决定中止执行。特殊的实体问题是指直接涉及当事人的实体权利义务的有关问题,如财产保全。财产保全虽涉及实体权利义务,但它并不是实体问题的最终认定。因此,民事裁定主要是解决程序问题,即针对那些阻碍程序正常推进、需要用裁定方式对它们及时地加以处理的程序问题。

民事裁定和民事判决都是人民法院制作的法律文书,它们生效之后都具有权威性和不可更改性,其目的都是为了实现诉讼的公正和保护当事人利益。这是他们的相同之处。但是它们也有明显区别:第一,适用范围不同,民事裁定重在处理程序问题,民事判决重在解决实体问题;第二,适用根据不同,民事裁定主要依据诉讼开始、进行或者终结的程序性事实,民事判决主要依据民事法律关系发生、变更和消灭的实体性事实;第三,上诉的期限不同,可以上诉的判决其上诉期为15日,可以上诉的裁定其上诉期为10日;第四,表现形式不同,民事判决必须是书面形式,民事裁定既可用书面又可用口头形式;第五,适用阶段不同,民事裁定在审判阶段和执行阶段均可适用,而民事判决只能在审判阶段适用。

二、民事裁定的效力和适用对象

(一)民事裁定的效力

民事裁定的效力,是指它在何时对何事何人产生法律上的拘束力。

民事裁定生效时间不尽相同。最高人民法院和第二审人民法院制作的民事裁定,一经送达便产生法律效力;地方各级人民法院制作的第一审民事裁定,除"不予受理""对管辖权有异议的"和"驳回起诉"裁定允许上诉外,其他裁定一经送达立即生效;地方各级人民法院制作的有上诉期的民事裁定,在上诉期内当事人不上诉且上诉期届满时,该民事裁定生效。

民事裁定生效后,对人民法院和当事人即产生拘束力,表现在:第一,人民法院未经法定程序不得随意更改裁定的内容;第二,当事人须依裁定结论办事,不允许他们再对同一事项提出相同要求。

民事裁定效力一般只涉及诉讼领域之内,但有时也有例外。例如,补正判决书中笔误的裁定和准予先予执行裁定,一旦生效,除对人民法院和当事人具有拘束力外,对社会有关部门和人士也有拘束力。又如,对强制执行先予执行裁定,有协助执行义务的人若无正当理由拒绝协助,可按妨害民事诉讼行为论处。

(二)民事裁定的适用对象

民事裁定的适用对象,是指对哪些具体问题可以适用民事裁定。根据《民事诉讼法》第157条的规定,民事裁定的适用对象如下:(1)对原告的起诉不予受理。包括以下几种情况:一是案件不属于人民法院主管,二是虽属法院主管但不属该人民法院管辖,三是法律规定暂时不能起诉的,四是重复起诉的。根据《解释》第247条的规定,当事人就已经提起诉讼的事项在诉讼过程中或者裁判生效后再次起诉,同时符合下列条件的,构成重复起诉:①后诉与前诉的当事人相同;②后诉与前诉的诉讼标的相同;③后诉与前诉的诉讼请求相同,或者后诉的诉讼请求实质上否定前诉裁判结果。当事人重复起诉的,裁定不予受理;已经受理的,裁定驳回起诉,但法律、司法解释另有规定的除外。(2)当事人对管辖权提出异议。人民法院受理案件后,当事人有权对管辖权提出异议,人民法院对此应当认真审查。审查认为异议有理,应裁定将案件移送到有管辖权的人民法院,审查认为异议无理,也应裁定驳回当事人的异议。(3)驳回原告的起诉。对以上三种裁定当事人可以上诉。(4)是否准予财产保全和先予执行。财产保全和先予执行虽涉及实体问题,但又与程序密切相关。财产保全或先予执行的申请提出后得不到及时解决,必然影响程序顺利推进。故法律规定解决这两个问题使用裁定。对于财产保全或先予执行的裁定,当事人可以申请复议,但是复议期间不影响其执行。(5)是否准许当事人撤诉。当事人申请撤诉是行使他们的处分权利。但当事人的处分权不能绝对化,需由人民法院进行审查。(6)中止或终结诉讼。中止诉讼是诉讼程序的暂时停止。终结诉讼是诉讼程序的非正常结束。(7)补正判决书中的笔误。补正判决书中笔误是纠正判决中的局部失误,不是法院从根本上改变对案件实体问题的认定。根据《解释》第245条的规定,民事诉讼法第157条第一款第七项规定的笔误是指法律文书误写、误算,诉讼费用漏写、误算和其他笔误。(8)中止或终结执行。中止或终结执行涉及的是执行程序,人民法院应当适用裁定。(9)撤销或不予执行仲裁裁决。仲裁机构制作的仲裁裁决书经当事人申请应作为执行根据。人民法院在接到当事人申请后应认真审查。法律文书无误时可交付执行,法律文书有误时,若予以执行便会侵害对方当事人利益。根据司法最终解决原则,撤销或不予执行的仲裁裁决须使用裁定。(10)不予执行公证机关赋予强制执行效力的债权文书。公证债权文书有错误的,人民法院应裁定不予执行,并将裁定书送达双方当事人和公证机关。(11)其他需要裁定解决的事项。例如,裁定确认人民调解协议的效力。

三、民事裁定书

民事裁定既可以采用口头形式,又可以采用书面形式。书面形式的民事裁定称为民事裁定书。对于准予上诉的裁定，必须是书面形式。

民事裁定书由首部、正文和尾部三部分组成。首部由案号、案由、诉讼参加人基本情况等组成。正文包括裁定的事实、理由和裁定结论等大部分。"事实"是指程序进行中所遭遇到的客观情况，"理由"是指审判组织根据法律所确认的理由，"结论"是人民法院根据事实和理由对问题作出的判断。尾部的内容包括是否准予上诉、制作主体、裁定日期等。民事裁定书末尾应由审判员、书记员署名，加盖人民法院印章。口头裁定的必须记入笔录。

根据《民事诉讼法》第159条的规定，公众可以查阅发生法律效力的判决书、裁定书，但涉及国家秘密、商业秘密和个人隐私的内容除外。另据《解释》第254条的规定，公民、法人或者其他组织申请查阅发生法律效力的判决书、裁定书的，应当向作出该生效裁判的人民法院提出。申请应当以书面形式提出，并提供具体的案号或者当事人姓名、名称。《解释》第255条还规定，对于查阅判决书、裁定书的申请，人民法院根据下列情形分别处理：(1)判决书、裁定书已经通过信息网络向社会公开的，应当引导申请人自行查阅；(2)判决书、裁定书未通过信息网络向社会公开，且申请符合要求的，应当及时提供便捷的查阅服务；(3)判决书、裁定书尚未发生法律效力，或者已失去法律效力的，不提供查阅并告知申请人；(4)发生法律效力的判决书、裁定书不是本院作出的，应当告知申请人向作出生效裁判的人民法院申请查阅；(5)申请查阅的内容涉及国家秘密、商业秘密、个人隐私的，不予准许并告知申请人。

第三节　民事决定

一、民事决定的概念

民事决定，是指人民法院为保障诉讼活动的顺利进行，就诉讼中的特殊事项依法所作的权威判定。

民事决定不同于民事判决和民事裁定，区别有三：(1)解决问题的性质不同。民事决定解决特殊事宜，所谓特殊事宜是指既非案件实体问题又非纯诉讼程序事宜。特殊事宜的处置具有相当的紧迫性和特别的重要性，如当事人申请回避，不及时解决将影响诉讼的正常进行。民事判决解决实体问题，民事裁定解决程序问题。(2)作出的时间不同。民事裁定和民事决定产生于诉讼过程中，民事判决只有在案件审理终结或者部分事实查清后才能作出。(3)效力不同。民事决定一律不能上诉；对于未生效的一审判决和准予上诉的裁定，当事人可以依法上诉。

根据民事诉讼法的规定，民事决定主要适用于下列事项：(1)解决是否回避问题。申请回避是当事人的一项诉讼权利，但是否构成回避则须对照法定条件。人民法院认为符合法定条件者应决定其回避，否则应决定不予回避。(2)采取强制措施，排除妨害民事诉讼行为。妨害民事诉讼行为是一种不法行为，不果断加以排除，诉讼难以顺利进行。但妨害民事诉讼行为有其特定的构成要件，对不同的行为又可采取不同的强制手段，这就要求人民法院在决定行为构成和实施手段时必须果断迅速。对重大措施如罚款、拘留应当用决定书。(3)解决当事人申请缓、减、免交诉讼费用问题。实践中,有的当事人交纳诉讼费用可能有一定困难,为此,民事诉讼法规定了救济原则,即在一定条件下,当事人可向法院申请缓交、减交或免交诉讼费用。是否同意当事人缓、减、免的申请由人民法院审查决定。(4)解决重大疑难问题。人民法院审判委员会对解决重大疑难问题所作出的决定,如决定生效判决案件的再审等。(5)解决提审和指令再审问题。最高人民法院和上级人民法院对于下级人民法院已经发生法律效力的判决和裁定发现确有错误,有权作出提审和指令下级人民法院再审的决定。(6)解决诉讼期间问题。如对于当事人申请顺延耽误的诉讼期间是否准许的决定等。

二、民事决定书

民事决定有口头与书面两种形式,适用时由人民法院视情况而定。民事决定的书面形式称为民事决定书,一般应写明法院名称、决定书种类和案号,决定所依据的事实、理由和决定内容,最后应注明是否准予申请复议。民事决定书应加盖人民法院印章。

民事决定解决的是诉讼中或者诉讼结束后的特殊事项,它的法律效力从时间上说是一经作出即发生效力。民事决定生效后,人民法院、当事人和有关人员必须严格遵守。由于民事决定制作有其紧迫性,为了保护当事人的合法利益,《民事诉讼法》规定当事人对是否回避的决定和拘留、罚款决定可以申请复议一次,复议期间不停止原决定的执行。

第四节 >>>
民事调解书

一、民事调解书的概念

民事调解书,是人民法院在民事案件的审理过程中,根据双方当事人自愿、平等的基础上达成的调解协议内容而制作的法律文书。

根据现行法律的有关规定,民事调解书具有如下特征:

（一）以调解协议为基础制作

调解协议,是在人民法院的主持下,双方当事人在自愿、平等、互谅互让的基础上达成的,因此,调解协议是当事人的意思表示,在表达上可以相对随意。民事调解书是由人民法院制作的、具有法律效力的司法文书,在表达上必须严谨、规范。这就要求人民法院在制作民事调解书时必须以调解协议为依据,真实客观地反映调解协议的内容,而又不拘泥于调解协议的文字表达。

（二）内容合法

民事调解书是以当事人的调解协议为基础制作的,而当事人的调解协议是当事人行使处分权的结果。如果当事人行使处分权超过了必要限度,损害了国家、集体或者第三人利益,人民法院应当进行干预,在民事调解书中不能有违反法律禁止性规定的内容。至于调解协议与实际的法律关系状况有出入,即调解协议的内容违反了真实原则,民事调解书中是否应当反映该部分内容,理论上有争议。我们认为,调解协议是当事人行使处分权的结果,只要其内容没有违反法律的禁止性规定,民事调解书应当采信该部分内容。

（三）当事人有反悔权

根据现行法律的规定,双方当事人达成调解协议后,或者人民法院在制作完民事调解书后,只要没有送达当事人签收,当事人均有权反悔、不履行当事人已经达成的调解协议的内容,这时人民法院应当依法判决。法律作此规定的积极意义是赋予当事人在处分实体权利时充分的选择机会,充分尊重当事人的意思自治。但是根据 2004 年 8 月《最高人民法院关于人民法院民事调解工作若干问题的规定》第 13 条的规定,当事人各方同意在调解协议上签名或者盖章后生效,经人民法院审查确认后,应当记入笔录或者将协议附卷,并由当事人、审判人员、书记员签名或者盖章后即具有法律效力。当事人请求制作调解书的,人民法院应当制作调解书送交当事人。当事人拒收调解书的,不影响调解协议的效力。一方不履行调解协议的,另一方可以持调解书向人民法院申请执行。

（四）当事人无权上诉

民事调解书是在当事人自愿协商的基础上制作的,本身就是当事人行使处分权的结果,因此不存在不服的问题,法律也不允许当事人上诉。

二、民事调解书的效力

民事调解书是反映调解协议内容的司法文书。但是当事人达成的调解协议也可以不制作民事调解书,而只记入调解笔录,调解笔录与民事调解书具有同等法律效力。如调解和好的离婚案件、能够及时清结的商事纠纷案件等。

民事调解书与民事判决书的格式基本相同。

民事调解书的法律效力表现在以下几方面：

1. 确认当事人争议的权利义务关系。民事调解书生效后当事人争议的实体权利义务关系即已经得到解决,根据一事不再理原则,双方当事人均不得就同一诉讼标的再行向人民法院起诉。按照既判力理论的通说,既判力有积极既判力和消极既判力之分。民事调解书具有禁止重复诉讼的消极既判力,但是不具有约束后诉的积极既判力。

2. 结束诉讼程序。民事调解书是人民法院审理民事案件,结束诉讼程序的一种正常方式,凡是调解结案的,人民法院不得另行判决或者继续进行审理。

3. 具有强制执行力。民事调解书生效后,产生与民事判决书同等的执行力,负有履行义务的一方当事人如不履行民事调解书中确定的义务,对方当事人可以申请人民法院强制执行。

【思考题】

1. 民事判决、裁定、决定的区别何在？

2. 某法院对甲乙之间的租赁合同纠纷案件作出了判决,当事人在上诉期内未上诉。后该法院发现判决书将支付房租数额 10000 元误写成了 1000 元。法院应当如何处理？2005 年国家司法考试卷三第 35 题。

A. 作出补正错误的裁定书并送达双方当事人

B. 通知收回判决书，重新制作判决书

C. 由院长提交审委会讨论决定再审

D. 裁定撤销判决书，重新制作

3. 如何理解民事判决的既判力？

【参考文献】

1. 张卫平：《民事诉讼：关键词展开》，中国人民大学出版社2005年版，第9章。
2. 邵明：《民事诉讼法理研究》，中国人民大学出版社2004年版，第2章、第8章。
3. 彭世忠 董丽霞：《"东方经验"视阈下的"调判效力等同"批判》，《中国法学》（英文版）2017年第6期。
4. 丁宝同：《民事判决既判力研究》，法律出版社2012年版。
5. 宋朝武主编：《民事诉讼法学》（第二版），高等教育出版社2018年版。

民事诉讼法原理

第22章 第二审程序

[提要] 我国实行两审终审制度,上诉审程序即为终审程序。对上诉的概念和特征、上诉审理的程序以及上诉审程序与第一审程序的联系和区别应当重点掌握。

第一节
上诉

一、上诉的概念

上诉,是指当事人不服人民法院的第一审未生效裁判,在法定期间内,要求上一级人民法院对上诉请求的有关事实和法律适用,进行审理的诉讼行为。上一级人民法院根据当事人的上诉,就下级人民法院的一审判决和裁定,在其发生法律效力前,对案件进行重新审理的程序称为上诉审程序,也称第二审程序、终审程序。

上诉审程序是我国民事诉讼程序的重要组成部分。首先,上诉审程序对当事人来说,有利于当事人维护自己的合法权益。上诉审程序为当事人提供了对一审裁判表示异议的合法渠道。当事人通过上诉活动使自己的合法权益不因一审裁判错误而受到损害。其次,上诉审程序是人民法院系统内进行自我监督的程序制度,有利于上级人民法院对下级人民法院的审判工作进行监督和指导。上级人民法院通过对上诉案件的审理,审查一审判决、裁定是否有错误,保证人民法院裁判的正确性和合法性。

上诉审程序与第一审程序既有联系又有区别。它们的联系表现在:第一审程序是上诉审程序的前提和基础,上诉审程序是第一审程序的继续和发展。上诉审程序不是人民法院审理民事案件的必经程序。第一审程序中,当事人对一审判决和裁定在上诉期限内不上诉,或一审案件经调解达成协议,以及依照法律规定实行一审终审的案件,均不会发生上诉审程序。它们的区别表现在:第一,审理的对象不同。第一审程序的审理对象是针对原、被告双方争议的民事法律关系及其所依据的事实和法律适用。上诉审程序是当事人因不服一审未生效裁判,向上一级法院提起上诉而发生。上诉审程序的审理对象是一审裁判认定事实和适用法律是否正确。第二,程序发生的原因不同。第一审程序是原、被告间发生民事争议,因原告向法院起诉而开始,即第一审程序的发生是基于当事人行使起诉权。上诉审程序是因为当事人不服一审未生效的裁判,向上级人民法院提起上诉而开始,即上诉审程序的发生,是基于当事人行使上诉权。起诉权与上诉权不仅是两个不完全相同的诉讼权能,而且行使起诉权和上诉权的主体也不一样。行使起诉权的主体只能是因民事法律关系发生争议,而向法院提起诉讼的原告;行使上诉权的主体既可能是一审的原告,也可能是一审被告或诉讼第三人。第三,裁判的效力不同。地方各级人民法院所作的第一审判决和准许上诉的裁定,在上诉期间内暂不生效;按上诉审程序所作的判决、裁定,一经宣告和送达,即发生法律效力,是不准再行上诉的终局裁判。第四,适用的程序不同。第一审法院和第二审法院是两个不同审级的法院,它们所适用的程序也不相同。第一审法院审理民事案件,既可适用普通程序,也可适用简易程序,并且必须开庭审理,不能径行判决;第二审法院审理上诉案件不能适用简易程序,只能按上诉审程序进行审理,对事实清楚、不需要开庭审理的上诉案件,可以径行判决、裁定。第五,审限不同。第一审普通程序的审限为6个月,简易程序的审限为3个月。对裁定不服的上诉审程序审限为30日,对判决不服的上诉审程序的审限为3个月。

上诉权是法律赋予当事人的一项诉讼权利。当事人行使上诉权的目的,是要求上级人民法院对原审判决和裁定进行审查、纠正错误的裁判,以维护自己的合法权益。上诉作为当事人的一项诉讼权利,当事人既可以行使也可以放弃。一审法院的裁判作出后,当事人是否提起上诉,应由其自行决定,任何组织和个人都无权加以限制和剥夺。

上诉不同于起诉,它们的区别表现在:第一,提起目的不同。上诉是针对第一审法院未生效的裁判提起的,并要求上一级法院纠正错误的裁判;起诉则是原告针对被告的侵权行为或与被告发生权益争议,要求人民法院进行审理并作出裁判,以解决他们之间的纠纷。第二,提起诉讼的原因不同。上诉是因当事人不服一审未生效的裁判,认为一审裁判认定事实和适用法律有错误;起诉则是因为当事人的民事权益发生争议而提起诉讼。第三,提起诉讼的形式要求不同。起诉有书面和口头两种形式,上诉只能采用书面形式。第四,提起诉讼的时间要求不同。上诉要受上诉期限的限制,且期限较短;起诉只受诉讼时效的限制。起诉的时效较长,在诉讼时效内随时可以提起诉讼。

二、上诉的条件

当事人上诉应具备法定的条件,具体包括:

(一)有法定的上诉对象

根据《民事诉讼法》的规定,除依特别程序、督促程序、公示催告程序和简易程序中的小额诉讼所作的裁判不准上诉外,凡地方各级人民法院以普通程序和简易程序(不含小额诉讼)所作出的一审判决,以及法律规定可以上诉的裁定,包括不予受理、驳回起诉(不含小额诉讼)和对管辖权异议(不含小额诉讼)的裁定,在法定期间内,当事人均可提起上诉。

(二)有合格的上诉人与被上诉人

合格的上诉人,是指依法享有上诉权的原一审案件的当事人;合格的被上诉人,是指在一审程序中具有实体权利义务的对方当事人。上诉人和被上诉人具体包括:一审案件中的原告和被告、共同诉讼人、代表人诉讼中的代表人和被代表的成员以及有独立请求权的第三人。无独立请求权的第三人的上诉权,依一审判决是否判决其承担民事责任而定。如果一审判决涉及他的民事权利义务的,无独立请求权的第三人依法享有上诉权而成为上诉人,否则其不能成为上诉人和被上诉人。根据《解释》第315条，双方当事人和第三人都提出上诉的，均为上诉人。

必要共同诉讼的上诉案件，应分别视不同情况确定上诉人与被上诉人。根据《解释》第317条，必要共同诉讼人中的一人或者部分人提出上诉的，按下列情况处理：(1)该上诉请求是针对对方当事人之间权利义务分担有意见，不涉及其他共同诉讼人利益的，对方当事人为被上诉人，未上诉的同一方当事人依原审诉讼地位列明；(2)该上诉请求仅对共同诉讼人之间的权利义务分担有异议，不涉及对方当事人利益的，未上诉的同一方当事人为被上诉人，对方当事人依原审诉讼地位列明；(3)该上诉请求对双方当事人之间以及共同诉讼人之间权利义务承担有异议的，未提出上诉的其他当事人均为被上诉人。

普通的共同诉讼，共同诉讼人对诉讼标的不存在共同利害关系，他们各自享有独立的上诉权，其中一人的上诉行为对其他共同诉讼人不发生拘束力。在普通共同诉讼中，以提起上诉的人为上诉人，以被提起上诉的人为被上诉人。未提起上诉或未被提起的普通共同诉讼人，均不能追加为上诉人和被上诉人。

代表人诉讼的上诉权的处理比较复杂。对于代表人诉讼中部分代表人上诉、部分代表人不上诉，或者全体代表人都不上诉的情况，被代表的一方当事人的上诉权的处理，在立法上未明确规定，学界也存在不同意见。有的学者认为，在代表人诉讼中，诉讼实施权转移给了诉讼代表人，因此代表人提起上诉，视为其代表的一方当事人都提起上诉，代表人放弃上诉权，其代表的一方当事人也不可再享有上诉权。我们认为，由于代表人诉讼的特殊性，代表人诉讼案件的上诉，应根据不同情况予以解决。

人数确定的代表人诉讼，诉讼标的是共同的，其中一人或者部分成员上诉，经未提起上诉的代表人或其他成员认可的，应视为代表人诉讼的全体成员行使上诉权，将全体成员列为上诉人。如果未经没有提起上诉的代表人和部分成员认可，二审人民法院可将未提起上诉的代表人和被代表的未提起上诉的成员，按原审的诉讼地位予以确定。二审人民法院的判决，对全体人数确定的代表人诉讼成员发生效力。

人数不确定的代表人诉讼案件，一审人民法院作出判决后，部分代表人或者部分已登记的成员提起上诉，二审人民法院应将未提起上诉的代表人及部分成员，按原审诉讼地位确定。二审人民法院所作的判决，对已登记的全体代表人及其被代表的成员发生效力；判决对尚未登记的其他成员，在法律上也有预决效力。

法人或其他组织作为当事人的，由其法定代表人或主要负责人提起上诉。无民事行为能力和限制民事行为能力人的法定代理人，有权代理被代理人提起上诉。经过当事人特别授权的委托代理人，也可以被代理人的名义提起上诉。

根据《解释》第320条的规定，上诉案件的当事人死亡或者终止的，人民法院依法通知其权利义务承继者参加诉讼。

（三）遵守上诉期间

上诉期间是当事人行使上诉权的法定期间，当事人必须在法定期间内提起上诉才有效。根据《民事诉讼法》第164条，当事人不服一审法院判决提起上诉的期间为15日，对一审裁定不服提起上诉的期间为10日，超过上诉期间，原一审法院的判决、裁定即发生效力，当事人也就丧失了上诉权。

上诉期间的计算,是从一审判决书、裁定书送达当事人后的第二日起计算。当事人分别接受人民法院裁判书的,以各自收到裁判书的时间计算上诉期。当事人在各自的上诉期间内,享有上诉权。

普通共同诉讼人的上诉期的计算,是以共同诉讼人各自收到法院裁判书的时间计算,各自独立地行使上诉权。必要的共同诉讼人因共同诉讼人之间诉讼标的有共同利害关系,故共同诉讼人的上诉期的计算,以最后一个共同诉讼人收到裁判书的时间计算。最后一个共同诉讼人的上诉期满,共同诉讼人不上诉的,即丧失上诉权。人数确定的和人数不确定的代表人诉讼,其上诉期的计算,可按《解释》第78条的规定,人民法院可将判决书直接送交其代表人签收,从代表人签收之日的第二日起计算。

上诉期间内,当事人因不可抗拒的事由或者有其他正当理由耽误了上诉期间的,在障碍消除后10日内可以申请顺延期间,是否准许,由人民法院视当事人的申请有无正当理由来决定。法律规定的上诉期间,是当事人行使上诉权的法定期间,它可保证当事人在法定期间内行使上诉权,也可促使当事人及时行使上诉权,使人民法院及时审结民事案件。

(四)提交上诉状

上诉状是当事人不服一审人民法院未生效裁判,请求上一级人民法院变更原审裁判的诉讼文书。上诉状是上诉人提起上诉的法定方式,也是第二审人民法院接受上诉请求的依据。上诉不仅是上诉人申明不服一审裁判所确定的内容,而且表明上诉人与对方当事人或与共同诉讼人之间的权利义务有争议,所以《民事诉讼法》要求上诉应当以书面方式进行。根据《解释》第318条的规定,一审宣判时或者判决书、裁定书送达时,当事人口头表示上诉的,人民法院应告知其必须在法定上诉期间内递交上诉状。未在法定上诉期间内递交上诉状的,视为未提起上诉。虽递交上诉状,但未在指定的期限内交纳上诉费的,按自动撤回上诉处理。

根据《民事诉讼法》第168条的规定,上诉状的内容应当包括:(1)当事人的姓名,法人的名称及其法定代表人的姓名或者其他组织的名称及其主要负责人的姓名;(2)原审人民法院名称、案件的编号和案由;(3)上诉的请求和理由。

前述上诉状内容中上诉的请求和理由,是上诉状的核心内容。上诉请求与一审中原告的诉讼请求一样,是当事人所要达到的诉讼目的,但两者又有区别:上诉请求是上诉人请求二审人民法院变更原审裁判的内容,重新确定与对方当事人的民事权利义务;一审原告的诉讼请求,是当事人请求一审法院查明案件事实,解决与被告之间的民事争议。上诉理由是上诉请求的根据,它包括上诉人认为一审裁判在认定事实和适用法律上有错误,以及要求变更一审裁判的新的证据和理由。

三、上诉的提起和受理

上诉的提起是指上诉人通过法定程序,请求上一级人民法院对案件重新进行审理的诉讼行为。根据《民事诉讼法》第169条的规定,上诉人的上诉状应当通过原审人民法院提出,并按对方当事人或法定代表人的人数递交上诉状副本。上诉状应当通过原审人民法院提出,是法律规定的一般原则,其目的便于上诉人行使上诉权,也有利于原审法院对上诉状的审查。同时，法律也允许上诉人直接向第二审人民法院递交上诉状，这是为了消除上诉人的疑虑，保障上诉人行使上诉权，是立法的原则性与灵活性相结合的体现。第二审人民法院收到上诉状后，应当在5日内将上诉状移交原审人民法院，便于原审人民法院及时办理上诉手续和对上诉状进行审查。

上诉的受理是指人民法院通过法定程序，对上诉主体资格及上诉状进行审查、接受审理的诉讼行为。原审人民法院收到上诉状后，首先对上诉人是否具有上诉权进行审查，即审查上诉人是否具备上诉主体资格。只有符合法律规定的上诉人条件，才有权提起上诉。其次，对上诉状形式要件进行审查。上诉状必须符合《民事诉讼法》第172条规定的内容，发现上诉状的内容有欠缺需要补正的，原审人民法院应告知上诉人及时补正。再次，原审人民法院对上诉人的上诉，是否超过法定上诉期进行审查。对逾期提起上诉，要审查逾期上诉的原因是否符合顺延上诉期限的法定事由。原审人民法院对上诉的形式要件和实质要件进行审查后，认为上诉符合法定条件的，应在5日内将上诉状副本送达被上诉人，并告知其在15日内提出答辩状。逾期不提出答辩状的，不影响第二审人民法院的审理。原审人民法院收到上诉状、答辩状，应当在5日内，连同全部案卷和诉讼证据，报送第二审人民法院。

人民法院依照第二审程序审理的案件，认为依法不应由人民法院受理的，可以由第二审人民法院直接裁定撤销原判，驳回起诉。

四、上诉的撤回

上诉的撤回，是指上诉人提起上诉后，在第二审人民法院判决宣告前撤回上诉请求的诉讼行为。上诉人在第二审人民法院审理过程中，认为自己的上诉理由不充分或接受一审法院的裁判，可以向第二审法院申请撤回自己的上诉。

撤回上诉虽然是上诉人对自己权利的处分，但是否准许，经第二审人民法院审查后作出裁定。第二审人民法院应依法审查上诉人撤回上诉的申请。主要审查上诉人的申请有否违反法律、规避法律以及原审裁判是否有错误等情况，并据此作出是否准予撤回上诉的裁定。在民事诉讼中，当事人有权处分自己的民事权利和诉讼权利，但这种处分不是绝对的，要受法律的制约，上诉人撤回上诉的申请，虽然不存在规避法律或损害被上诉人的利益，但如果原裁判确有错误，或者双方当事人串通损害国家和集体利益、社会公共利益及他人合法权益的，第二审人民法院不能准予撤回上诉。《民事诉讼法》设立第二审程序不仅是维护上诉人的合法权利，也是为了保障上一级人民法院对下一级人民法院的审判工作行使其监督职能。

申请撤回上诉的方式，既可以是书面的，也可以是口头的。口头申请撤回上诉的，应将申请内容记入笔录。第二审人民法院对不准上诉人撤回上诉的，可用口头裁定驳回，并将裁定内容记入笔录；准予上诉人撤回上诉的，应以书面形式作出裁定。准予撤回上诉的裁定是终审裁定。

撤回上诉同一审程序中撤回起诉一样，有当事人申请撤回上诉和按撤回上诉处理两种情况。例如，上诉人不依法预交上诉案件受理费，或者经传唤无正当理由拒不到庭，由第二审人民法院裁定按撤回上诉处理。值得注意的是，根据《解释》第336条的规定，在第二审程序中，原审原告申请撤回起诉，经其他当事人同意，且不损害国家利益、社会公共利益、他人合法权益的，人民法院可以准许。准许撤诉的，应当一并裁定撤销一审裁判。原审原告在第二审程序中撤回起诉后重复起诉的，人民法院不予受理。简言之，原审原告在符合条件的情况下可以"一撤到底"，但是不能再次起诉。这与一审撤诉有明显区别。

撤回上诉与撤回起诉的法律后果不同。一审中原告撤回起诉后可以再行起诉；上诉人撤回上诉即丧失了上诉权，不能再提起上诉。第二审人民法院准予上诉人撤回上诉，第一审裁判即发生法律效力，上诉人即使对一审裁决再有异议，也不能再行上诉，而只能向人民法院申请再审。

第二节　上诉案件的审理

根据《民事诉讼法》第160条的规定，上诉案件的审理程序首先应依照第二审程序的规定进行，第二审程序无规定的，适用第一审普通程序。具体而言有以下程序要求：

一、审理前的准备工作

第二审人民法院收到第一审人民法院报送的上诉案件后，在开庭审理前，应做好以下几项准备工作。

（一）组成合议庭

第二审人民法院审理上诉案件，原则上由审判员组成合议庭，这是由第二审人民法院的审判职能及上诉案件的特殊性决定的。当事人提起上诉，既是因为上诉人与对方当事人之间的权利义务还有争议，且案情较为复杂，又是因为上诉人不服一审判决，认为一审法院的裁判认定事实有错误，或适用法律不当。因此，第二审人民法院审理上诉案件，不仅要对当事人之间的权利义务争议重新进行审理，还负有审查监督第一审人民法院的审判工作是否正确的任务。所以，第二审人民法院审理上诉案件，原则上由审判员组成合议庭进行审判，不能由审判员、陪审员共同组成合议庭，但对一审适用简易程序审结或不服裁定提起上诉的二审案件，事实清楚、权利义务关系明确的，经双方当事人同意，可由审判员一人独任审理。

（二）审阅案卷、调查和询问当事人

第二审人民法院的合议庭成员在开庭审理前，应认真审阅案卷材料，这是合议庭熟悉案情的第一步。审查案卷的任务：一是进一步审查上诉人与被上诉人的资格，以及上诉是否超过上诉期间，如发现上诉主体不符合法定条件或超过上诉期的，应裁定驳回其上诉。对于上诉状有欠缺的，应通知其补正。二是审查上诉请求、答辩主张以及案卷的其他材料。审查的重点是与上诉请求有关的事实是否清楚，证据是否充分、确凿，适用法律是否正确。通过审阅案卷，以明确哪些案件事实是清楚的，哪些问题需要进行调查和询问当事人后才能查清楚。合议庭根据案情的需要，进行必要的调查和询问当事人，以进一步查明案情。

二、审理范围

根据《民事诉讼法》第175条的规定，第二审人民法院审理上诉案件时，应当对当事人上诉请求的有关事实和适用法律进行审查。所谓上诉请求的有关事实和适用法律,是指证明和确认上诉请求能否成立的事实和法律依据。上诉请求的有关事实,包括上诉人在一审中提出的事实和证据以及在上诉审中提出的新的事实和证据。上诉请求的法律适用,包括原审人民法院审理过程中对《民事诉讼法》的适用是否正确,以及对案件裁判所适用的实体法是否正确。

《解释》第321条规定:"第二审人民法院应当围绕当事人的上诉请求进行审理。当事人没有提出请求的,不予审理,但一审判决违反法律禁止性规定,或者损害国家利益、社会公共利益、他人合法权益的除外"。根据上述规定,第二审人民法院只审理上诉人提出的上诉请求及其有关的事实和适用的法律,对上诉人未提出异议的原审裁判所认定的事实和权利义务,一般不予审查,这是尊重当事人的处分权。但判决违反法律禁止性规定、侵害社会公共利益或者他人利益的除外。此外,被上诉人在答辩中提出超越二审法院审理上诉案件范围的要求的,第二审人民法院可以不予审查。

三、审理方式

第二审人民法院审理上诉案件,以开庭审理为原则,不开庭审理为例外。第二审人民法院审理上诉案件,一般都应传唤双方当事人和其他诉讼参与人到庭,进行开庭调查、辩论,并在此基础上进行合议庭评议裁判。这对上诉案件的正确裁判是必要的,所以《民事诉讼法》将开庭审理作为原则予以规定。

第二审法院合议庭经过阅卷、调查和询问当事人后,对没有提出新的事实、证据或者理由,人民法院认为不需要开庭审理的,可以径行裁决、裁定。这就说明径行判决不同于书面审理,合议庭仍然要询问当事人,听取当事人的陈述,在查清案件事实后,合议庭才能作出判决。《解释》第331条规定,第二审人民法院对下列上诉案件,依照民事诉讼法第176条规定可以不开庭审理:一是一审就不予受理、驳回起诉和管辖权异议作出裁定的案件;二是当事人提出的上诉请求明显不能成立的案件;三是原审裁判认定事实清楚,但适用法律错误的案件;四是原判决违反法定程序,可能影响案件正确判决,需要发回重审的案件。

第二审人民法院在审理上诉案件过程中,可以根据双方当事人自愿原则进行调解。经调解达成协议后,第二审人民法院应当制作调解书。调解书由审判员、书记员署名,加盖人民法院印章。调解书送达当事人后即发生法律效力,原审人民法院的判决即视为撤销。所谓"视为撤销",可以理解为调解书生效后,原一审裁判等于被撤销而失去其效力。在二审调解中,当事人双方可以就上诉请求范围内的实体问题进行调解,也可以对一审判决认定的而上诉人未提出异议的实体问题进行调解。因为一审裁决未生效,当事人有权对此进行处分。

根据《解释》第324条至第330条的规定,对当事人在一审中已经提出的诉讼请求,原审人民法院未作审理、判决的,第二审人民法院可以根据当事人自愿的原则进行调解,调解不成的,发回重审。必须参加诉讼的当事人在一审中未参加诉讼,第二审人民法院可以根据自愿原则予以调解,调解不成的,发回重审,但发回重审的裁定书不列应当参加的当事人。在第二审程序中,原审原告增加独立的诉讼请求或原审被告提出反诉的,第二审人民法院可以根据当事人自愿的原则,就新增加的诉讼请求或反诉进行调解,调解不成的,告知当事人另行起诉。一审判决不准离婚的案件,上诉后,第二审人民法院认为应当判决离婚的,可以根据当事人自愿的原则,与子女扶养、财产问题一并调解,调解不成的,发回重审。

当事人在二审达成和解协议的,人民法院可以根据当事人的请求,对双方达成的和解协议进行审查,并制作调解书送达当事人。因和解而申请撤诉,经审查符合撤诉条件的,人民法院应予准许。双方当事人同意由第二审人民法院一并审理的,第二审人民法院可以一并裁判。人民法院依照第二审程序审理案件,认为依法不应由人民法院受理的,可以由第二审人民法院直接裁定撤销原裁判,驳回起诉。人民法院依照第二审程序审理案件,认为第一审人民法院受理案件违反专属管辖规定的,应当裁定撤销原裁判并移送有管辖权的人民法院。第二审人民法院查明第一审人民法院作出的不予受理裁定有错误的,应当在撤销原裁定的同时,指令第一审人民法院立案受理;查明第一审人民法院作出的驳回起诉裁定有错误的,应当在撤销原裁定的同时,指令第一审人民法院审理。

第三节 上诉案件的裁判

第二审人民法院对上诉案件经过审理后,根据不同情况,分别作出如下判决和裁定。

一、驳回上诉,维持原判

第二审人民法院对上诉案件经过审理,认为原判决、裁定认定事实清楚,适用法律正确的,应依法判决或裁定驳回上诉,维持原判决、裁定。即确认一审法院的判决、裁定是正确合法的,当事人上诉的请求和理由不能成立,依法不予支持。根据《解释》第332条的规定,原判决、裁定认定事实或者适用法律虽有瑕疵,但裁判结果正确的,第二审人民法院可以在判决、裁定中纠正瑕疵后,依照民事诉讼法第177条第1款第1项规定予以维持。

二、依法改判

第二审人民法院对上诉案件经过审理,对以下两种情形,可依法予以改判:(1)原判决、裁定认定事实错误或者适用法律错误的,以判决、裁定方式依法改判、撤销或者变更;(2)原判决认定基本事实不清的,查清事实后改判。

三、撤销原判,发回重审

第二审人民法院对上诉案件经过审理,对于以下情形应依法裁定撤销原判,发回重审:

1.原判决认定基本事实不清的。根据《解释》第333条的规定,民事诉讼法第177条第1款第3项规定的基本事实,是指用以确定当事人主体资格、案件性质、民事权利义务等对原判决、裁定的结果有实质性影响的事实。

2.原判决遗漏当事人或者违法缺席判决等严重违反法定程序的。所谓"严重违反法定程序",根据《解释》第333条的规定,还包括下列情形,可以认定为民事诉讼法第177条第1款第4项规定的严重违反法定程序:(1)审判组织的组成不合法的;(2)应当回避的审判人员未回避的;(3)无诉讼行为能力人未经法定代理人代为诉讼的;(4)违法剥夺当事人辩论权利的。

3.对当事人在一审中已经提出的诉讼请求,原审法院未作审理、判决,经二审法院调解不能达成协议的。

4.必须参加诉讼的当事人或者有独立请求权的第三人在一审中未参加诉讼,在二审中参加诉讼,经二审法院调解,不能达成协议的。

5.一审判决不准离婚的案件,上诉后,第二审人民法院认为应当判决离婚的,经二审法院调解,不能达成调解协议的。

四、撤销原裁判,驳回起诉

根据《解释》第328条的规定,人民法院依照第二审程序审理案件,认为依法不应由人民法院受理的,可以由第二审人民法院直接裁定撤销原裁判,驳回起诉。意即,对于依法不符合人民法院受理的条件的案件,第二审人民法院可以直接驳回一审法院的判决和裁定。

五、撤销原裁判,移送有管辖权的人民法院

对属于专属管辖的案件,一审法院如果错误管辖,二审法院当然不能继续错误管辖。对此,根据《解释》第329条的规定,"人民法院依照第二审程序审理案件,认为第一审人民法院受理案件违反专属管辖规定的,应当裁定撤销原裁判并移送有管辖权的人民法院"。

第二审人民法院对不服第一审人民法院裁定的上诉案件的处理,一律使用裁定。处理结果有两种情况:一是原审裁定所依据的事实清楚,适用法律正确的,第二审人民法院裁定驳回上诉;二是原审裁定所依据的事实不清或错误,适用法律不当,第二审人民法院撤销原裁定,作出变更原裁定的裁定。第二审人民法院查明第一审人民法院作出的不予受理的裁定有错误,应在撤销原裁定的同时,指令第一审人民法院立案受理;第二审人民法院查明第一审人民法院作出的驳回起诉的裁定有错误,应在撤销原裁定的同时,指令第一审人民法院进行审理。

根据《民事诉讼法》第183条的规定,第二审人民法院对不服判决的上诉案件,应在第二审人民法院立案之日起3个月内审结。这是上诉案件法定的审结期限,一般不能变更。但立法考虑到其些案件的复杂性,所以又规定,如有特殊情况,在3个月内不能结案,需要延长审结期限的,经本院院长批准可以延长审限。第二审人民法院对不服裁定的上诉案件,应当在第二审人民法院立案之日起30日内作出终审裁定。对裁定的上诉案件的审结期限,不能延长。

第二审人民法院的裁判是终审裁判,一旦送达当事人,立即发生法律效力,当事人不能再以上诉的方式申明不服。当事人如不服第二审人民法院裁判,也不得以同一事实和理由再行起诉,只能在法定期间内依审判监督程序的规定向人民法院申请再审。

【思考题】

1.什么是第二审程序?它的设立有何意义?
2.上诉如何提起,应具备哪些条件?
3.法院如何受理当事人的上诉?
4.上诉案件的审理范围应如何确定,有哪些审理方式?
5.对上诉案件的裁判有哪几种?

【参考文献】

1.宋冰编:《程序、正义与现代化:外国法学家在华演讲录》,中国政法大学出版社1998

年版,第 4 章。

2. [日]中村英郎:《新民事诉讼法讲义》,陈刚等译,法律出版社 2001 年版,第 18 章～第 21 章。

3. 宋朝武主编:《民事诉讼法学》,高等教育出版社 2018 年第 2 版。

4. 齐树洁:《民事上诉制度研究》,法律出版社 2006 年版。

5. 傅郁林:《民事司法制度的功能与结构》,北京大学出版社 2006 年版。

第23章 审判监督程序

民事诉讼法原理

[提要] 根据我国民事诉讼法的规定，人民法院发现生效的民事裁判、调解书确有错误时，应根据审判监督权依法进行再审；人民检察院发现人民法院生效的民事裁判确有错误时，应根据法律监督权依法提出民事抗诉；当事人认为人民法院生效的民事裁判、民事调解书有错误的，可以依法申请再审。

第一节 审判监督程序概述

一、审判监督程序的概念

审判监督程序，通常称为再审程序，是指人民法院对已经发生法律效力的判决、裁定和调解书，当其具备某种法定情形时，对案件进行再审的程序。《民事诉讼法》第16章规定的"审判监督程序"包括由法定机关行使监督权，对人民法院审判活动进行监督的程序和当事人行使诉权申请再审的程序。

监督程序，是指法定机关行使监督权，对人民法院的民事审判活动进行监督的程序。首先，是人民法院系统内部对生效裁判错误的监督。根据《民事诉讼法》的规定，人民法院行使审判监督权引起的再审，具体表现为本法院自行提起再审、最高人民法院和上级人民法院提审和指令再审。其次，是人民检察院对人民法院民事生效裁判的违反或者错误的监督，通常称为民事检察监督，最高人民检察院对各级人民法院生效裁判、上级人民检察院对下级法院生效的裁判，发现有法定情形，有权依法提出民事抗诉。

当事人申请再审程序，是当事人认为生效的判决、裁定有错误，在判决、裁定生效后6个月内，法律规定的自知道或者应当知道之日起6个月内，向原审人民法院或者上一级人民法院申请再审；对生效的调解书，提出证据证明调解违反自愿原则或者调解协议内容违反法律的，有权在调解书生效后6个月内申请再审。但对生效的解除婚姻关系的判决，不得申请再审。

二、审判监督程序的作用

审判监督程序不是民事诉讼案件审理的必经程序，它是纠正已经发生法律效力的裁判

错误的法定程序。其作用主要在于:

(一)审判监督程序是实事求是、有错必纠原则在民事诉讼中的具体体现

由于社会生活的复杂性,以及人们认识能力的有限性,有些案件虽然经过两审终审,仍然有可能出现错误的裁判。审判监督程序为发现并纠正生效民事裁判、调解书中的错误提供了多种手段与途径,是实事求是、有错必纠原则在民事诉讼中的一个具体体现。

(二)审判监督程序有利于保护当事人的合法权益,有利于维护法院的司法权威

当事人要求法院解决其民事权益争议,如果人民法院生效的裁判是错误的,设置审判监督程序就有助于缓解当事人对司法的不满与对抗,使当事人通过正常的法定程序纠正错误的裁判;有助于树立国家法律的尊严和人民法院的权威。

立法机关于2007年、2012年和2017年三次修改《民事诉讼法》,对审判监督程序作了修改和完善。在2008年12月1日起施行的最高人民法院《关于适用〈中华人民共和国民事诉讼法〉审判监督程序若干问题的解释》(2020年修改,2021年1月1日起施行,以下简称《审判监督程序解释》)、《关于受理审查民事申请再审案件的若干意见》(法发〔2009〕26号)、《关于民事审判监督程序严格依法适用指令再审和发回重审若干问题的规定》(法释〔2015〕7号)和《解释》对人民法院受理审查民事再审案件程序规则进行了更进一步细化规定;另外,最高人民检察院第十二届检察委员会第十次会议通过《人民检察院民事诉讼监督规则》(2013年9月23日施行,该《规则》的修改情况是,最高人民检察院《关于停止执行〈人民检察院民事诉讼监督规则(试行)〉第32条的通知》(高检发研字〔2018〕18号)、《人民检察院检察建议工作规定》(2019年2月26日起施行),我国民事诉讼立法和相关司法文件对审判监督程序的完善,进一步优化了审判监督程序规则,更加有利于发挥再审制度的作用,保障当事人申请再审权利,维护当事人的合法权益,实现民事审判公平正义的司法效果。

三、审判监督程序的特点

审判监督程序属于事后监督与补救程序,不是民事诉讼的必经程序。它具有以下几个特点:

(一)审理对象的特定性

审判监督程序审理的对象,是发生法律效力的判决、裁定或调解书,且判决、裁定或调解书确有错误。发生法律效力的裁判包括人民法院已生效的一审判决、裁定或调解书和二审判决、裁定或调解书。

(二)提起再审主体的广泛性

审判监督程序是由特定主体即人民法院、人民检察院或当事人提起的。

(三)进行再审理由的特定性

提起再审必须以已经生效的民事判决、裁定、调解书确有错误为理由,且具体理由由法律直接规定,这是维护法院生效民事判决、裁定和调解书效力的稳定性与权威性的必然要求。

(四)程序适用的对应性

人民法院按照审判监督程序再审的案件,发生法律效力的判决、裁定是由第一审法院作

出的,按照第一审程序审理;发生法律效力的判决、裁定是由第二审法院作出的,按照第二审程序审理;上级人民法院按照审判监督程序提审的,按照第二审程序审理。具体由哪一级法院以及适用何种程序再审,要根据具体案件情况来定。

第二节
再审案件的审理

一、再审案件的提起

(一)人民法院依职权提起

《民事诉讼法》第205条规定,人民法院的下列人员和组织可以提起审判监督程序:

1.各级人民法院院长。各级人民法院院长对本院已经发生法律效力的判决、裁定,发现确有错误,认为需要再审的,有权将案件提交审判委员会讨论,以决定是否再审。

2.最高人民法院和上级人民法院。最高人民法院对地方各级人民法院的生效裁判,上级人民法院对下级人民法院的生效裁判,当发现其确有错误时,有权启动审判监督程序。方式有提审和指令再审两种。这里的"提审"是专指最高人民法院或上级人民法院,将属于下级人民法院的生效裁判,提至本院进行审理的行为。"指令下级人民法院再审"是指最高人民法院或上级人民法院对下级人民法院已经发生法律效力的判决、裁定,发现确有错误,裁定指令下级人民法院再次对案件进行审理的行为。

依据最高人民法院《关于规范人民法院再审立案的若干意见(试行)》的规定,各级人民法院、专门人民法院对本院或者上级人民法院对下级人民法院作出的终审裁判,经复查认为符合再审立案条件的,应当决定或裁定再审。人民检察院依照法律规定对人民法院作出的终审裁判提出抗诉的,应当再审立案。具体职责为:地方各级人民法院、专门人民法院负责下列案件的再审立案:第一,本院作出的终审裁判,符合再审立案条件的;第二,下一级人民法院复查驳回或者再审改判,符合再审立案条件的;第三,上级人民法院指令再审的;第四,人民检察院依法提出抗诉的。最高人民法院负责下列案件的再审立案:第一,本院作出的终审裁判,符合再审立案条件的;第二,高级人民法院复查驳回或者再审改判,符合再审立案条件的;第三,最高人民检察院依法提出抗诉的;第四,最高人民法院认为应由自己再审的。上级人民法院对下级人民法院作出的终审裁判,认为确有必要的,可以直接立案复查,经复查认为符合再审立案条件的,可以决定或裁定再审。

《审判监督程序解释》第20条规定,有下列情形之一的,不得指令原审人民法院再审:第一,原审人民法院对该案无管辖权的;第二,审判人员在审理该案件时有贪污受贿,徇私舞弊,枉法裁判行为的;第三,原判决、裁定系经原审人民法院审判委员会讨论作出的;第四,其他不宜指令原审人民法院再审的。第21条规定,当事人未申请再审、人民检察院未抗诉的案件,人民法院发现原判决、裁定、调解协议有损害国家利益、社会公共利益等确有错误情形的,应当依照《民事诉讼法》第205条的规定提起再审。

《关于民事审判监督程序严格依法适用指令再审和发回重审若干问题的规定》(法释

〔2015〕7号）共10个条文，其规定内容划清了提审和指令再审的区分线，依法从严界定再审发回重审的适用标准，明确指令再审、发回重审裁定应阐明具体理由，再审应覆盖当事人再审期间的全部争议，发回重审后当事人原诉讼请求和主张不得随意变更，严肃审判纪律，为人民法院在民事审判监督程序中严格依法适用指令再审和发回重审提供了具体依据。

（二）人民检察院依法提出抗诉、检察建议或再审检察建议

1. 人民检察院依法提出抗诉

我国《宪法》规定，人民检察院是国家的法律监督机关。在民事诉讼中，最高人民检察院对各级人民法院已经发生法律效力的判决、裁定，上级人民检察院对下级人民法院已经发生法律效力的判决、裁定，根据《民事诉讼法》第215条的规定，发现有《民事诉讼法》第207条规定情形之一的（即与当事人申请再审的法定事由一致），应当提出抗诉。

根据《民事诉讼法》第218条的规定，人民检察院提出抗诉的案件，接受抗诉的人民法院应当自收到抗诉书之日起30日内作出再审的裁定。

《解释》对人民检察院提出民事抗诉作出以下规定：人民检察院依法对损害国家利益、社会公共利益的发生法律效力的判决、裁定、调解书提出抗诉，或者经人民检察院检察委员会讨论决定提出再审检察建议的，人民法院应予受理。（第411条）人民检察院对已经发生法律效力的判决以及不予受理、驳回起诉的裁定依法提出抗诉的，人民法院应予受理，但适用特别程序、督促程序、公示催告程序、破产程序以及解除婚姻关系的判决、裁定等不适用审判监督程序的判决、裁定除外。（第412条）人民检察院依当事人的申请对生效判决、裁定提出抗诉，符合下列条件的，人民法院应当在30日内裁定再审：第一，抗诉书和原审当事人申请书及相关证据材料已经提交；第二，抗诉对象为依照民事诉讼法和本解释规定可以进行再审的判决、裁定；第三，抗诉书列明该判决、裁定有民事诉讼法第215条第一款规定情形；第四，符合《民事诉讼法》第216条第一款第一项、第二项规定情形。不符合前款规定的，人民法院可以建议人民检察院予以补正或者撤回；不予补正或者撤回的，人民法院可以裁定不予受理。（第415条）当事人的再审申请被上级人民法院裁定驳回后，人民检察院对原判决、裁定、调解书提出抗诉，抗诉事由符合《民事诉讼法》第207条第一项至第五项规定情形之一的，受理抗诉的人民法院可以交由下一级人民法院再审。（第416条）

2. 人民检察院提出检察建议或再审检察建议

根据《民事诉讼法》第215条、第216条的规定，人民检察院可以依法提出检察建议或再审检察建议。《解释》第413条、第414条、417条作了以下补充规定：（1）人民检察院依照《民事诉讼法》第216条第一款第三项规定对有明显错误的再审判决、裁定提出抗诉或者再审检察建议的，人民法院应予受理。（2）地方各级人民检察院依当事人的申请对生效判决、裁定向同级人民法院提出再审检察建议，符合下列条件的，应予受理：第一，再审检察建议书和原审当事人申请书及相关证据材料已经提交。第二，建议再审的对象为依照民事诉讼法和本解释规定可以进行再审的判决、裁定。第三，再审检察建议书列明该判决、裁定有《民事诉讼法》第215条第二款规定情形。第四，符合《民事诉讼法》第216条第一款第一项、第二项规定情形。第五，再审检察建议经该人民检察院检察委员会讨论决定。不符合前款规定的，人民法院可以建议人民检察院予以补正或者撤回；不予补正或者撤回的，应当函告人民

检察院不予受理。(3)人民法院收到再审检察建议后,应当组成合议庭,在3个月内进行审查,发现原判决、裁定、调解书确有错误,需要再审的,依照《民事诉讼法》第205条规定裁定再审,并通知当事人;经审查,决定不予再审的,应当书面回复人民检察院。

最高人民检察院《人民检察院检察建议工作规定》(自2019年2月26日起施行)共五章32条,主要规定了以下内容:检察建议的性质、检察建议的制发原则、检察建议的类型和适用范围、检察建议的制发程序、检察建议的刚性保证、被建议单位的异议权、检察建议的监督管理,对检察建议或再审检察建议程序规则进行了进一步细化。例如,《人民检察院检察建议工作规定》第16条规定,检察建议书要阐明相关的事实和依据,提出的建议应当符合法律、法规及其他有关规定,明确具体、说理充分、论证严谨、语言简洁、有操作性。检察建议书一般包括以下内容:第一,案件或者问题的来源;第二,依法认定的案件事实或者经调查核实的事实及其证据;第三,存在的违法情形或者应当消除的隐患;第四,建议的具体内容及所依据的法律、法规和有关文件等的规定;第五,被建议单位提出异议的期限;第六,被建议单位书面回复落实情况的期限;第七,其他需要说明的事项。显然,这样具体的程序规定对于进一步加强和规范检察建议工作,确保检察建议的质量和效果,充分发挥检察建议的作用十分必要。

为了理顺人民检察院民事检察监督与当事人申请再审的关系,《民事诉讼法》第216条规定:"有下列情形之一的,当事人可以向人民检察院申请检察建议或者抗诉:(一)人民法院驳回再审申请的;(二)人民法院逾期未对再审申请作出裁定的;(三)再审判决、裁定有明显错误的。人民检察院对当事人的申请应当在3个月内进行审查,作出提出或者不予提出检察建议或者抗诉的决定。当事人不得再次向人民检察院申请检察建议或者抗诉。"

为了保障人民检察院依法行使法律监督权,《民事诉讼法》第217条规定:"人民检察院因履行法律监督职责提出检察建议或者抗诉的需要,可以向当事人或者案外人调查核实有关情况。"最高人民检察院《人民检察院检察建议工作规定》(自2019年2月26日起施行)第14条规定,检察官可以采取以下措施进行调查核实:第一,查询、调取、复制相关证据材料;第二,向当事人、有关知情人员或者其他相关人员了解情况;第三,听取被建议单位意见;第四,咨询专业人员、相关部门或者行业协会等对专门问题的意见;第五,委托鉴定、评估、审计;第六,现场走访、查验;第七,查明事实所需要采取的其他措施。进行调查核实,不得采取限制人身自由和查封、扣押、冻结财产等强制性措施。

(三)当事人申请再审

当事人申请再审,是指当事人对人民法院已经发生法律效力的判决书、裁定书认为有错误,或者对已发生法律效力的调解书提出证据证明其违反自愿原则或调解协议内容违反法律,向原审人民法院或者上一级人民法院提出申请,请求对案件进行再审的行为。申请再审区别于申诉,因受篇幅所限,此处不讲述申诉的内容。

当事人申请再审必须具备以下条件:

1. 申请再审的主体是当事人和当事人的法定代理人。这里的当事人可能是原审案件的原告,也可能是原审案件的被告,还可能是原审案件中的第三人。此外,其他人不能申请再审。作为例外,法定代理人可以代理无民事行为能力、限制民事行为能力的当事人提出再审申请。

《解释》第 373 条、第 420 条至第 422 条、第 424 条对申请再审主体进行了以下补充规定:(1)当事人死亡或者终止的,其权利义务承继者可以根据《民事诉讼法》第 206 条、第 208 条的规定申请再审。判决、调解书生效后,当事人将判决、调解书确认的债权转让,债权受让人对该判决、调解书不服申请再审的,人民法院不予受理。(2)必须共同进行诉讼的当事人因不能归责于本人或者其诉讼代理人的事由未参加诉讼的,可以根据《民事诉讼法》第 207 条第 8 项的规定,自知道或者应当知道之日起 6 个月内申请再审,但符合《解释》第 421 条规定情形的除外。人民法院因前款规定的当事人申请而裁定再审,按照第一审程序再审的,应当追加其为当事人,作出新的判决、裁定;按照第二审程序再审,经调解不能达成协议的,应当撤销原判决、裁定,发回重审,重审时应追加其为当事人。(3)根据《民事诉讼法》第 234 条规定,案外人对驳回其执行异议的裁定不服,认为原判决、裁定、调解书内容错误损害其民事权益的,可以自执行异议裁定送达之日起 6 个月内,向作出原判决、裁定、调解书的人民法院申请再审。(4)根据《民事诉讼法》第 234 条的规定,人民法院裁定再审后,案外人属于必要的共同诉讼当事人的,依照《解释》第 420 条第 2 款规定处理。案外人不是必要的共同诉讼当事人的,人民法院仅审理原判决、裁定、调解书对其民事权益造成损害的内容。经审理,再审请求成立的,撤销或者改变原判决、裁定、调解书;再审请求不成立的,维持原判决、裁定、调解书。(5)对小额诉讼案件的判决、裁定,当事人以《民事诉讼法》第 207 条规定的事由向原审人民法院申请再审的,人民法院应当受理。申请再审事由成立的,应当裁定再审,组成合议庭进行审理。作出的再审判决、裁定,当事人不得上诉。当事人以不应按小额诉讼案件审理为由向原审人民法院申请再审的,人民法院应当受理。理由成立的,应当裁定再审,组成合议庭审理。作出的再审判决、裁定,当事人可以上诉。

2. 申请再审的对象,必须是生效的裁判、调解书

最高人民法院《解释》规定,发生法律效力的不予受理、驳回起诉的裁定错误的,当事人可以申请再审。未生效的裁判不得申请再审,适用特别程序、督促程序、公示催告程序、破产程序等非讼程序审理的案件,当事人不得申请再审。对依法规定不准上诉的判决、裁定,也不能申请再审。解除婚姻关系的判决,不得申请再审。当事人就离婚案件中的财产分割问题申请再审,如涉及判决中已分割的财产,人民法院应当依照《民事诉讼法》第 207 条的规定进行审查,符合再审条件的,应当裁定再审;如涉及判决中未作处理的夫妻共同财产,应当告知当事人另行起诉。

3. 生效的判决、裁定、调解书存在可能的错误

根据《民事诉讼法》第 207 条的规定,当事人的申请符合下列情形之一的,人民法院应当再审:

(1)有新的证据,足以推翻原判决、裁定的。所谓"有新的证据",《解释》第 385 条、第 386 条作了具体规定:第一,再审申请人提供的新的证据,能够证明原判决、裁定认定基本事实或者裁判结果错误的,应当认定为《民事诉讼法》第 207 条第 1 项规定的情形。对于符合前款规定的证据,人民法院应当责令再审申请人说明其逾期提供该证据的理由;拒不说明理由或者理由不成立的,依照《民事诉讼法》第 68 条第 2 款和《解释》第 102 条的规定处理。第

二,再审申请人证明其提交的新的证据符合下列情形之一的,可以认定逾期提供证据的理由成立:在原审庭审结束前已经存在,因客观原因于庭审结束后才发现的;在原审庭审结束前已经发现,但因客观原因无法取得或者在规定的期限内不能提供的;在原审庭审结束后形成,无法据此另行提起诉讼的。再审申请人提交的证据在原审中已经提供,原审人民法院未组织质证且未作为裁判根据的,视为逾期提供证据的理由成立,但原审人民法院依照《民事诉讼法》第68条规定不予采纳的除外。

(2)原判决、裁定认定的基本事实缺乏证据证明的。

(3)原判决、裁定认定事实的主要证据是伪造的。

(4)原判决、裁定认定事实的主要证据未经质证的。《解释》第387条规定,当事人对原判决、裁定认定事实的主要证据在原审中拒绝发表质证意见或者质证中未对证据发表质证意见的,不属于《民事诉讼法》第207条第4项规定的未经质证的情形。

(5)对审理案件需要的主要证据,当事人因客观原因不能自行收集,书面申请人民法院调查收集,人民法院未调查收集的。

(6)原判决、裁定适用法律确有错误的。根据《解释》第388条规定,有下列情形之一,导致判决、裁定结果错误的,应当认定为《民事诉讼法》第207条第6项规定的原判决、裁定适用法律确有错误:第一,适用的法律与案件性质明显不符的;第二,确定民事责任明显违背当事人约定或者法律规定的;第三,适用已经失效或者尚未施行的法律的;第四,违反法律溯及力规定的;第五,违反法律适用规则的;第六,明显违背立法原意的。

(7)审判组织的组成不合法或者依法应当回避的审判人员没有回避的。

(8)无诉讼行为能力人未经法定代理人代为诉讼或者应当参加诉讼的当事人,因不能归责于本人或者其诉讼代理人的事由,未参加诉讼的。

(9)违反法律规定,剥夺当事人辩论权利的。《解释》第389条规定,原审开庭过程中有下列情形之一的,应当认定为《民事诉讼法》第207条第9项规定的剥夺当事人辩论权利:第一,不允许当事人发表辩论意见的;第二,应当开庭审理而未开庭审理的;第三,违反法律规定送达起诉状副本或者上诉状副本,致使当事人无法行使辩论权利的;第四,违法剥夺当事人辩论权利的其他情形。

(10)未经传票传唤,缺席判决的。

(11)原判决、裁定遗漏或者超出诉讼请求的。《解释》第390条规定,《民事诉讼法》第207条第11项规定的诉讼请求,包括一审诉讼请求、二审上诉请求,但当事人未对一审判决、裁定遗漏或者超出诉讼请求提起上诉的除外。

(12)据以作出原判决、裁定的法律文书被撤销或者变更的。《解释》第391条规定,《民事诉讼法》第207条第12项规定的法律文书包括:第一,发生法律效力的判决书、裁定书、调解书;第二,发生法律效力的仲裁裁决书;第三,具有强制执行效力的公证债权文书。

(13)审判人员在审理该案件时有贪污受贿、徇私舞弊、枉法裁判行为的。《解释》第392条规定,《民事诉讼法》第207条第13项规定的审判人员审理该案件时有贪污受贿、徇私舞弊、枉法裁判行为,是指已经由生效刑事法律文书或者纪律处分决定所确认的行为。

根据《民事诉讼法》第208条规定,当事人对已经发生法律效力的调解书,提出证据证明调解违反自愿原则或者调解协议的内容违反法律的,可以申请再审。经人民法院审查属实的,应当再审。第 209 条规定,当事人对已经发生法律效力的解除婚姻关系的判决,不得申请再审。

4. 在法定期限内申请再审。当事人申请再审,应当在判决、裁定发生法律效力后 6 个月内提出;有第 207 条第 1 项、第 3 项、第 12 项、第 13 项规定情形的,应当自知道或者应当知道之日起 6 个月内提出再审申请。这是对当事人申请再审的时间限制,其目的在于促使当事人及时行使申请再审的权利,维护民事法律关系的稳定性。

5. 向有管辖权的人民法院申请再审。根据《民事诉讼法》第 206 条的规定,当事人申请再审,可以向上一级人民法院提出。当事人一方人数众多或者当事人双方为公民的案件,也可以向原审人民法院申请再审。《解释》第 374 条规定,《民事诉讼法》第 206 条规定的人数众多的一方当事人,包括公民、法人和其他组织;当事人双方为公民的案件,是指原告和被告均为公民的案件。第 377 条规定,当事人一方人数众多或者当事人双方为公民的案件,当事人分别向原审人民法院和上一级人民法院申请再审且不能协商一致的,由原审人民法院受理。明确规定申请再审的管辖法院,一方面有利于当事人行使再审申请权,另一方面有利于明确人民法院的职责,防止法院之间互相推诿而损害当事人的合法权益。

6. 应当以书面形式申请再审。《解释》第 375 条规定,当事人申请再审,应当提交下列材料:第一,再审申请书,并按照被申请人和原审其他当事人的人数提交副本。第二,再审申请人是自然人的,应当提交身份证明;再审申请人是法人或者其他组织的,应当提交营业执照、组织机构代码证书、法定代表人或者主要负责人身份证明书。委托他人代为申请的,应当提交授权委托书和代理人身份证明。第三,原审判决书、裁定书、调解书。第四,反映案件基本事实的主要证据及其他材料。前列第二项、第三项、第四项规定的材料可以是与原件核对无异的复印件。《解释》第 376 条规定,再审申请书应当记明下列事项:第一,再审申请人与被申请人及原审其他当事人的基本信息;第二,原审人民法院的名称,原审裁判文书案号;第三,具体的再审请求;第四,申请再审的法定情形及具体事实、理由。再审申请书应当明确申请再审的人民法院,并由再审申请人签名、捺印或者盖章。

二、再审案件的审理程序

(一)组成合议庭

人民法院审理再审案件,应当依法组成合议庭。

(二)对再审申请的审查

人民法院应当自收到再审申请书之日起 5 日内将再审申请书副本发送对方当事人。对方当事人应当自收到再审申请书副本之日起 15 日内提交书面意见;不提交书面意见的,不影响人民法院审查。人民法院可以要求申请人和对方当事人补充有关材料,询问有关事项。《民事诉讼法》第 211 条第 1 款规定:"人民法院应当自收到再审申请书之日起 3 个月内审查,符合本法规定的,裁定再审;不符合本法规定的,裁定驳回申请。有特殊情况需要延长的,由本院院长批准。"

1. 对再审申请审查的内容。根据最高人民法院《解释》第 383 至第 386 条规定,对再审申请主要应审查以下内容:(1)人民法院应当自收到符合条件的再审申请书等材料之日起五日内向再审申请人发送受理通知书,并向被申请人及原审其他当事人发送应诉通知书、再审申请书副本等材料。(2)人民法院受理申请再审案件后,应当依照《民事诉讼法》第207条、第208条、第211条等规定,对当事人主张的再审事由进行审查。(3)再审申请人提供的新的证据,能够证明原判决、裁定认定基本事实或者裁判结果错误的,应当认定为《民事诉讼法》第207条第一项规定的情形。对于符合前款规定的证据,人民法院应当责令再审申请人说明其逾期提供该证据的理由;拒不说明理由或者理由不成立的,依照《民事诉讼法》第68条第2款和《解释》第102条的规定处理。(4)再审申请人证明其提交的新的证据符合下列情形之一的,可以认定逾期提供证据的理由成立:第一,在原审庭审结束前已经存在,因客观原因于庭审结束后才发现的;第二,在原审庭审结束前已经发现,但因客观原因无法取得或者在规定的期限内不能提供的;第三,在原审庭审结束后形成,无法据此另行提起诉讼的。

2. 对再审申请审查后的处理方式。《解释》第381条、第393条至第400条作了以下规定:(1)当事人申请再审,有下列情形之一的,人民法院不予受理:第一,再审申请被驳回后再次提出申请的;第二,对再审判决、裁定提出申请的;第三,在人民检察院对当事人的申请作出不予提出再审检察建议或者抗诉决定后又提出申请的。前款第一项、第二项规定情形,人民法院应当告知当事人可以向人民检察院申请再审检察建议或者抗诉,但因人民检察院提出再审检察建议或者抗诉而再审作出的判决、裁定除外。第393条规定,当事人主张的再审事由成立,且符合民事诉讼法和本解释规定的申请再审条件的,人民法院应当裁定再审。当事人主张的再审事由不成立,或者当事人申请再审超过法定申请再审期限、超出法定再审事由范围等不符合民事诉讼法和本解释规定的申请再审条件的,人民法院应当裁定驳回再审申请。(2)人民法院对已经发生法律效力的判决、裁定、调解书依法决定再审,依照《民事诉讼法》第213条规定,需要中止执行的,应当在再审裁定中同时写明中止原判决、裁定、调解书的执行;情况紧急的,可以将中止执行裁定口头通知负责执行的人民法院,并在通知后10日内发出裁定书。(3)人民法院根据审查案件的需要决定是否询问当事人。新的证据可能推翻原判决、裁定的,人民法院应当询问当事人。(4)审查再审申请期间,被申请人及原审其他当事人依法提出再审申请的,人民法院应当将其列为再审申请人,对其再审事由一并审查,审查期限重新计算。经审查,其中一方再审申请人主张的再审事由成立的,应当裁定再审。各方再审申请人主张的再审事由均不成立的,一并裁定驳回再审申请。(5)审查再审申请期间,再审申请人申请人民法院委托鉴定、勘验的,人民法院不予准许。(6)审查再审申请期间,再审申请人撤回再审申请的,是否准许,由人民法院裁定。再审申请人经传票传唤,无正当理由拒不接受询问的,可以按撤回再审申请处理。(7)人民法院准许撤回再审申请或者按撤回再审申请处理后,再审申请人再次申请再审的,不予受理,但有《民事诉讼法》第207条第1项、第3项、第12项、第13项规定情形,自知道或者应当知道之日起6个月内提出的除外。(8)再审申请审查期间,有下列情形之一的,裁定终结审查:第一,再审申请人死亡或者终止,无权利义务承继者或者权利义务承继者声明放弃再审申请的;第二,在给付之诉中,负有给付义务的被申请人死亡或者终止,无可供执行的财产,也没有应当承担义务的人的;第三,当事人达成和解协议且已履行完毕,但当事人在和解协议中声明不放弃申请再审权利的除外；第四，他人未经授权以当事人名义申请再审的；第五，原审或者上一级人民法院已经裁定再审的；第六，有《解释》第381条第1款规定情形的。

（三）开庭审理

人民法院应当依照《民事诉讼法》第214条的规定，按照第一审程序或者第二审程序审理再审案件。《解释》第401条至第403条规定对再审审理的程序作了以下补充规定：(1)人民法院审理再审案件应当组成合议庭开庭审理，但按照第二审程序审理，有特殊情况或者双方当事人已经通过其他方式充分表达意见，且书面同意不开庭审理的除外。符合缺席判决条件的，可以缺席判决。(2)人民法院开庭审理再审案件，应当按照下列情形分别进行：第一，因当事人申请再审的，先由再审申请人陈述再审请求及理由，后由被申请人答辩，其他原审当事人发表意见；第二，因抗诉再审的，先由抗诉机关宣读抗诉书，再由申请抗诉的当事人陈述，后由被申请人答辩，其他原审当事人发表意见；第三，人民法院依职权再审，有申诉人的，先由申诉人陈述再审请求及理由，后由被申请人答辩，其他原审当事人发表意见；第四，人民法院依职权再审，没有申诉人的，先由原审原告或者原审上诉人陈述，后由原审其他当事人发表意见。对前列第一项至第三规定的情形，人民法院应当要求当事人明确其再审请求。(3)人民法院审理再审案件应当围绕再审请求进行。当事人的再审请求超出原审诉讼请求的，不予审理；符合另案诉讼条件的，告知当事人可以另行起诉。被申请人及原审其他当事人在庭审辩论结束前提出的再审请求，符合《民事诉讼法》第212条规定的，人民法院应当一并审理。人民法院经再审，发现已经发生法律效力的判决、裁定损害国家利益、社会公共利益、他人合法权益的，应当一并审理。

《解释》第418条、第419条对人民法院审理检察院提出抗诉或再审检察建议案件的开庭审理作出了以下补充规定：(1)人民法院审理因人民检察院抗诉或者检察建议裁定再审的案件，不受此前已经作出的驳回当事人再审申请裁定的影响。(2)人民法院开庭审理抗诉案件，应当在开庭3日前通知人民检察院、当事人和其他诉讼参与人。同级人民检察院或者提出抗诉的人民检察院应当派员出庭。人民检察院因履行法律监督职责向当事人或者案外人调查核实的情况，应当向法庭提交并予以说明，由双方当事人进行质证。

（四）再审的结案方式

1. 裁定

(1)裁定终结再审程序。再审审理期间，有下列情形之一的，可以裁定终结再审程序：第一，再审申请人在再审期间撤回再审请求，人民法院准许的；第二，再审申请人经传票传唤，无正当理由拒不到庭的，或者未经法庭许可中途退庭，按撤回再审请求处理的；第三，人民检察院撤回抗诉的；第四，有《解释》第400条第一项至第四项规定情形的。因人民检察院提出抗诉裁定再审的案件，申请抗诉的当事人有前款规定的情形，且不损害国家利益、社会公共利益或者他人合法权益的，人民法院应当裁定终结再审程序。再审程序终结后，人民法院裁定中止执行的原生效判决自动恢复执行。(2)当事人提出的调解违反自愿原则的事由不成立，且调解书的内容不违反法律强制性规定的，裁定驳回再审申请；人民检察院抗诉或者再审检察建议所主张的损害国家利益、社会公共利益的理由不成立的，裁定终结再审程序。裁定作出后，人民法院裁定中止执行的调解书需要继续执行的，自动恢复执行。(3)裁定准许撤回起诉。一审原告在再审审理程序中申请撤回起诉，经其他当事人同意，且不损害国家利益、社会公共利益、他人合法权益的，人民法院可以准许。裁定准许撤诉的，应当一并撤销原判决。一审原告在再审审理程序中撤回起诉后重复起诉的，人民法院不予受理。按照第二审程序再审的案件，人民法院经审理认为不符合民事诉讼法规定的起诉条件或者符合《民事诉讼法》第 127 条规定不予受理情形的，应当裁定撤销一、二审判决，驳回起诉。

2. 判决。(1)维持原判。人民法院经再审审理认为，原判决、裁定认定事实清楚、适用法律正确的，应予维持；原判决、裁定认定事实、适用法律虽有瑕疵，但裁判结果正确的，应当在再审判决、裁定中纠正瑕疵后予以维持。(2)依法改判、撤销或者变更。原判决、裁定认定事实、适用法律错误，导致裁判结果错误的，应当依法改判、撤销或者变更。当事人提交新的证据致使再审改判，因再审申请人或者申请检察监督当事人的过错未能在原审程序中及时举证，被申请人等当事人请求补偿其增加的交通、住宿、就餐、误工等必要费用的，人民法院应予支持。(3)部分当事人到庭并达成调解协议，其他当事人未作出书面表示的，人民法院应当在判决中对该事实作出表述；调解协议内容不违反法律规定，且不损害其他当事人合法权益的，可以在判决主文中予以确认。《解释》第 423 条规定，人民法院适用二审程序再审，宣告再审判决可以自行宣判，也可以委托原审人民法院或者当事人所在地人民法院代行宣判。

3. 调解。《审判监督程序解释》第 25 条规定，当事人在再审审理中经调解达成协议的，人民法院应当制作调解书。调解书经各方当事人签收后，即具有法律效力，原判决、裁定视为被撤销。

(五)再审的审限

再审案件按照第一审程序审理的，适用《民事诉讼法》第 152 条规定的审限，按第一审普通程序规定的审限执行。再审案件按照第二审程序审理的，适用《民事诉讼法》第 183 条规定的审限，即按第二审程序规定的审限执行；审限自决定再审的次日起计算。

【思考题】

1. 简述审判监督程序的特点。
2. 简述审判监督程序的作用。
3. 简述当事人申请再审的条件。
4. 简述审判监督程序的结案方式。
5. 简述检察监督与当事人申请再审的关系。

【参考文献】

1. 刘荣军：《程序保障的理论视角》，法律出版社 1999 年版。
2. 杜闻：《民事再审程序研究》，中国法制出版社 2006 年版。
3. 王俊杰：《法的正义价值理论与民事再审程序构建》，人民法院出版社 2007 年版。
4. 康万福：《民事再审制度理念与机制研究》，中国政法大学出版社 2016 年版。

Principles of Civil Procedure

民事诉讼法原理

第七编 非讼程序

第二十四章 特别程序

第二十五章 督促程序

第二十六章 公示催告程序

第24章 特别程序

> [提要] 特别程序是基层人民法院依法审理选民资格案件、宣告公民失踪、宣告公民死亡、认定公民无民事行为能力和限制民事行为能力、认定财产无主案件、确认调解协议案件及实现担保物权案件所适用的程序。与通常诉讼程序规定相比较,特别程序规则具有特定性。

第一节 特别程序概述

一、特别程序的概念

特别程序,是指人民法院审理特定类型的民事非讼案件和选民资格案件所适用的程序。理解特别程序的概念,需要明确以下问题:

(一)民事非讼案件

民事非讼案件是民事诉讼案件的对称。民事诉讼案件,是指当事人之间因发生民事权利义务争议而形成的民事案件。民事非讼案件,也可以称为非讼事件、非民事权益争议案件,是指不具有民事权利义务之争但有必要由人民法院依法处理的民事案件。无论是民事诉讼案件还是民事非讼案件,都是我国民事诉讼法对事效力的组成部分,属于民事案件的范畴。

(二)民事非讼程序

所谓民事非讼程序,是指人民法院审理民事非讼案件所适用的程序。学理上一般认为,我国《民事诉讼法》规定的特别程序、督促程序和公示催告程序属于民事非讼程序。

我国民事非讼程序在立法构造上具有分立性和适用对象的特定性。所谓分立性,是指各种非讼案件之间没有统一的、相互之间存在必然联系的程序,因此,民事非讼程序并非一个统一的程序,而是由若干个独立和相对独立的程序组成,彼此不能相互代替。所谓适用对象的特定性,是指每一个独立或相对独立的非讼程序只适用于一种非讼民事案件的审理,亦即各类非讼民事案件都有自己特定的程序。

根据法律的规定,人民法院适用非讼程序审理案件过程中,发现非讼案件实质上属于民事权益争议的,应裁定终结民事非讼程序,并告知利害关系人按照通常民事诉讼程序另行起诉;在非讼程序终结后,利害关系人有正当理由的,也可以按照通常民事诉讼程序起诉。这反映了民事非讼程序与民事争议案件诉讼程序的联系。

十五章所规定的程序称为狭义的特别程序。本章仅阐述狭义的特别程序,在2012年修法时,在第十五章中增设两节:第六节"确认调解协议案件"、第七节"实现担保物权案件"。

二、特别程序的特点

特别程序与通常的民事诉讼程序相比较,存在以下主要特点:

1. 对程序启动要求的特定性。适用特别程序审理的案件除选民资格案件外,都采用申请的方式提起,不适用起诉制度的规定。特别程序对申请的要求不同于起诉,而且每一种民事非讼案件的申请都有不同的条件。

2. 审判组织形式的特定性。《民事诉讼法》第185条规定:"选民资格案件或者重大、疑难的案件,由审判员组成合议庭审理;其他案件由审判员独任审判。"据此规定,适用特别程序审理案件,以独任审判为原则,以由合议庭审判为补充,而且特别程序中的合议庭只能由审判员组成,不能有陪审员参加。

3. 审限的特定性。适用特别程序审理的几种案件的结案期限并不完全统一,但结案期限都较短。选民资格案件必须在选举日前审结,且审限不得延长;其他民事非讼案件应当在立案之日起30日内或者公告期满后30日内审结,如果有特殊情况需要延长的,由本院院长批准。

4. 适用特别程序审理的案件,当事人依法不交纳诉讼费用。

5. 撤销原判决、作出新判决的特定性。《解释》第372条规定,适用特别程序作出的判决、裁定,当事人、利害关系人认为有错误的,可以向作出该判决、裁定的人民法院提出异议。人民法院经审查,异议成立或者部分成立的,作出新的判决、裁定撤销或者改变原判决、裁定;异议不成立的,裁定驳回。对人民法院作出的确认调解协议、准许实现担保物权的裁定,当事人有异议的,应当自收到裁定之日起15日内提出;利害关系人有异议的,自知道或者应当知道其民事权益受到侵害之日起6个月内提出。

第二节
选民资格案件程序

一、向选举委员会提出申诉是选民资格案件起诉的前置程序

选民资格案件,是指公民认为选举委员会公布的选民名单有错误,向选举委员会申请处理后,对选举委员会作出的处理决定不服,向人民法院提起诉讼的案件。

选民资格所争议的是选民名单有无错误以及有何错误的问题,至于某一公民有无选举权、应否剥夺或者恢复选举权的争议,不形成选民资格案件。选民资格案件的争议当事人,就是认为选民名单有错误的公民和选举委员会。公民认为选举委员会公布的选民名单有错误,不能直接向人民法院起诉。根据《中华人民共和国全国人民代表大会和地方各级人民代表大会选举法》(以下简称《选举法》)的规定,对于公布的选民名单有不同意见的,可以向选

举委员会提出申诉。选举委员会对申诉意见应当在3日内作出处理决定。申诉人如果对处理决定不服,可以向人民法院起诉。根据《民事诉讼法》第188条的规定,申诉人不服选举委员会的处理决定欲行起诉的,应当在选举日的5日以前向人民法院提起诉讼。

二、选民资格案件的审判程序规则

(一)起诉

选民资格案件的起诉人只能是公民,不能是企业、事业单位和机关、团体。提起选民资格案件诉讼的公民,既可以是认为选民名单的错误与其有直接利害关系的公民本人,也可以是其他公民。起诉的内容,就是起诉人认为公布的选民名单有错误和选举委员会对申诉处理的错误。被起诉的人则是公布选民名单和对申请作出处理决定的选举委员会。

(二)管辖

根据《民事诉讼法》第188条的规定,选民资格案件由选区所在地的基层人民法院管辖。

(三)审判组织

人民法院审理选民资格案件的审判组织只能采用合议制,而且只能由审判员组成合议庭。这是因为选民资格案件的审理结果直接关系到选举权的行使问题,对此必须严肃、慎重地对待。

(四)审理

人民法院对选民资格案件应当开庭审理。在开庭之前,人民法院应当及时通知起诉人、选举委员会的代表以及有关公民参加庭审。"有关公民",是指认为选民名单的错误与其有直接利害关系、但没有起诉的公民,亦即公民本人。人民法院开庭审理选民资格案件,主要是通过起诉人、选举委员会的代表和有关公民的陈述和对他们的询问,查明有关事实,确认选民名单是否存在错误。

(五)判决

人民法院对选民资格案件经过审理,认为选民名单没有错误,选举委员会对申诉的处理正确的,应当判决维持选举委员会的处理决定,驳回诉讼请求。人民法院认为选民名单和选举委员会的处理决定确有错误的,应当直接以判决的方式纠正错误,不宜判决责令选举委员会重新处理,以保证选举按时和顺利进行。人民法院审理选民资格案件,必须在选举日前审结,其作出的判决为终审判决,当事人不得上诉。人民法院的判决书,应当在选举日前送达选举委员会和起诉人,并通知有关公民。

第三节
宣告公民失踪案件程序

一、宣告公民失踪案件的概念

宣告公民失踪案件,是指公民离开自己的住所下落不明已达法定期限,经利害关系人申请,人民法院依法宣告其为失踪人的案件。民事诉讼法确立宣告公民失踪程序,是对民法通则规定的宣告公民失踪制度的落实,是规范利害关系人申请宣告公民失踪和人民法院审判宣告公民失踪案件的程序。根据《民事诉讼法》的规定,宣告公民失踪程序包括申请和受理、公告、审理和判决、撤销原判决与作出新判决。

二、宣告公民失踪的申请和受理

宣告公民失踪由利害关系人的申请开始。根据《民事诉讼法》第190条的规定,申请宣告公民失踪应当符合下列条件:

1. 必须由利害关系人向人民法院申请。利害关系人,指被申请宣告失踪公民的近亲属以及其他有民事权利义务关系的人,主要包括被申请宣告失踪的公民的配偶、父母、子女、兄弟姐妹、祖父母、外祖父母、孙子女、外孙子女以及被申请宣告失踪公民的债权人、合伙人等。没有利害关系人的申请,人民法院不能依职权主动宣告公民为失踪人。《解释》第344条规定,符合法律规定的多个利害关系人提出宣告失踪、宣告死亡申请的,列为共同申请人。

2. 被申请宣告失踪的公民下落不明已满2年。下落不明,是指公民离开最后住所地后,去向不明,杳无音信,无法寻找。下落不明满2年,是指公民离开最后住所地并失去音讯之日起连续计算已满2年。因战争下落不明的,从战争结束之日起计算。

3. 必须向下落不明人住所地基层人民法院申请。宣告公民失踪案件属于下落不明人住所地的基层人民法院管辖,其他法院没有管辖权。

4. 申请人必须以书面方式向人民法院申请。利害关系人申请宣告公民失踪,必须向人民法院提交申请书,不能口头申请。申请书应当写明该公民失踪的事实、时间和请求,并附有公安机关或者其他机关关于该公民下落不明的书面证明。

对于申请人的申请,人民法院应当进行审查。凡申请符合上述条件的,人民法院应当受理,反之,则不予受理。《解释》第346条规定,人民法院受理宣告失踪、宣告死亡案件后,作出判决前,申请人撤回申请的,人民法院应当裁定终结案件,但其他符合法律规定的利害关系人加入程序要求继续审理的除外。

三、公告

人民法院受理宣告公民失踪案件后,应当发出寻找下落不明人的公告。公告是人民法院审理宣告公民失踪案件的必经程序,是从法律上推定公民失踪的必然要求,其目的在于寻找下落不明的公民并获知其确切的信息,使宣告公民失踪的判决尽量符合客观真实。《解释》第345条规定,寻找下落不明人的公告应当记载下列内容:第一,被申请人应当在规定期间内向受理法院申报其具体地址及其联系方式。否则,被申请人将被宣告失踪、宣告死亡。第二,凡知悉被申请人生存现状的人,应当在公告期间内将其所知道情况向受理法院报告。公告期间为3个月,从公告之日起计算。在公告期间,人民法院可以根据申请人的请求,清理下落不明人的财产,指定诉讼期间的财产代管人,以保护下落不明人的民事权益。

四、审理和判决

公告期间,如果下落不明人出现或者已经查明其下落或行踪的,人民法院应当判决驳回申请,终结宣告公民失踪程序。公告期间届满,人民法院经审查,下落不明人仍然没有音讯,失踪事实确实存在,应当依法判决宣告该公民为失踪人。人民法院无论作出的是哪一种判决,一经送达,立即生效。

《解释》第343条规定,人民法院判决宣告公民失踪后,利害关系人向人民法院申请宣告失踪人死亡,自失踪之日起满4年的,人民法院应当受理,宣告失踪的判决即是该公民失踪的证明,审理中仍应依照《民事诉讼法》第172条规定进行公告。《解释》第341条规定,宣告失踪或者宣告死亡案件,人民法院可以根据申请人的请求,清理下落不明人的财产,并指定案件审理期间的财产管理人。公告期满后,人民法院判决宣告失踪的,应当同时依照《民法典》第42条的规定指定失踪人的财产代管人。《解释》第342条规定,失踪人的财产代管人经人民法院指定后,代管人申请变更代管的,比照民事诉讼法特别程序的有关规定进行审理。申请理由成立的,裁定撤销申请人的代管人身份,同时另行指定财产代管人;申请理由不成立的,裁定驳回申请。失踪人的其他利害关系人申请变更代管的,人民法院应当告知其以原指定的代管人为被告起诉,并按普通程序进行审理。

五、撤销原判决与作出新判决

被宣告失踪的公民又出现时,经该公民本人或者利害关系人的申请,人民法院在查证属实后,应当撤销原判决,同时作出新判决。原判决撤销后,财产代管关系终止,财产代管人应当将其代管的财产及其收益返回给该公民,该公民应当支付代管人因代管财产而必需的费用。

第四节
宣告公民死亡案件程序

一、宣告公民死亡案件的概念

宣告公民死亡案件,是指公民离开自己的住所地或最后居住地,下落不明已达法定期限,人民法院根据利害关系人的申请,依法宣告该公民死亡的案件。宣告公民死亡程序,是指利害关系人申请宣告公民死亡以及人民法院审判宣告公民死亡案件所适用的程序。宣告公民死亡程序以民法上宣告公民死亡制度为前提和基础,同时又是对该制度的落实。根据《民事诉讼法》规定,宣告公民死亡程序包括:申请和受理、公告、审理和判决、撤销原判决与作出新判决。

二、宣告公民死亡的申请和受理

宣告公民死亡程序由利害关系人的申请引起,人民法院不能主动开始这一程序。根据《民事诉讼法》第191条的规定,申请宣告公民死亡应当符合下列条件:

1. 被申请宣告死亡公民的近亲属以及其他有民事权利义务关系的人,如配偶、父母、子女,被申请宣告死亡公民的债权人、合伙人等等。《民法典》第47条规定,对同一自然人,有的利害关系人申请宣告死亡,有的利害关系人申请宣告失踪,符合本法规定的宣告死亡条件的,人民法院应当宣告死亡。《解释》第344条规定,符合法律规定的多个利害关系人提出宣告失踪、宣告死亡申请的,列为共同申请人。

2. 公民失踪后,其生死不明的状态必须已经达到法定期限。公民失踪的原因不同,要求达到的法定期限也不同。在正常情况下,公民杳无音讯、生死不明须达到4年;因意外事件下落不明的须达到2年;因意外事件下落不明,经有关机关证明该公民不可能生存的,没有具体的时间限制。公民因战争下落不明的,适用4年的期限。公民下落不明的时间,从其最后离开自己的住所地或经常居住地之日起计算;战争期间下落不明,从战争结束之日起计算;因意外事件下落不明的,从事故发生之日起计算。

3. 申请人必须向有管辖权的人民法院申请。宣告公民死亡案件由下落不明人住所地的基层人民法院管辖,申请人只能向该法院提出申请,其他人民法院没有管辖权。

4. 申请人必须向人民法院提交申请书。利害关系人申请宣告公民死亡必须以书面方式进行,申请书应当写明该公民下落不明的事实、时间和请求,并附有公安机关或者其他机关关于该公民下落不明的书面证明。

人民法院对于利害关系人的申请应当进行审查。经审查,人民法院认为申请符合上述条件的,应当受理,反之,则不予受理。《解释》第346条规定,人民法院受理宣告失踪、宣告死亡案件后,作出判决前,申请人撤回申请的,人民法院应当裁定终结案件,但其他符合法律规定的利害关系人加入程序要求继续审理的除外。

三、公告

宣告死亡属于推定死亡,为慎重起见,《民事诉讼法》规定人民法院受理以后,必须公告寻找下落不明人。公告是人民法院审理宣告公民死亡案件的必经程序,未经公告,法院不得判决宣告公民死亡。在正常情况下,公告期限为1年;因意外事故下落不明并经有关机关证明被申请人不可能生存的,公告期为3个月。《解释》第345条规定,寻找下落不明人的公告应当记载下列内容:第一,被申请人应当在规定期间内向受理法院申报其具体地址及其联系方式。否则,被申请人将被宣告死亡。第二,凡知悉被申请人生存现状的人,应当在公告期间内将其所知道情况向受理法院报告。

四、审理和判决

在公告期间内或公告期满至判决之前,有证据证明被申请人已经自然死亡或者还活着,或者被申请人已出现的,人民法院应当判决驳回申请。公告期间届满,仍然没有被申请人的任何音讯,无法认定其生死的,人民法院应当根据已查证的被申请人下落不明以及杳无音讯的事实,判决宣告被申请人死亡。判决宣告之日,就是被申请人的死亡日期。人民法院作出的宣告死亡判决和驳回申请的判决,自送达之日起生效,申请人不得上诉。宣告死亡与自然死亡产生同样的法律后果。

五、撤销原判决与作出新判决

宣告死亡只是依法推定死亡,其推定结论并不一定符合客观真实。宣告死亡的判决生效后,如果被宣告的公民出现,经其本人或者利害关系人的申请,人民法院在对有关事实查证属实的前提下,应当撤销原判决,作出新判决,恢复被宣告死亡人的权利。对于新判决生效后,已被继承的财产以及婚姻关系的问题,按《民法典》有关规定处理。

第五节
认定公民无民事行为能力或限制民事行为能力案件程序

一、认定公民无民事行为能力或限制民事行为能力案件的概念

认定公民无民事行为能力或限制民事行为能力案件,是指人民法院根据利害关系人的申请,对不能正确表达自己的意志或不能完全正确表达自己意志的患者,依照法定程序,认定和宣告该公民无民事行为能力或限制民事行为能力,并为其指定监护人的案件。认定公民无民事行为能力或限制民事行为能力的程序由申请和受理、审理和判决、撤销原判决与作出新判决三部分规则构成。

二、认定公民无民事行为能力或限制民事行为能力案件的申请和受理

认定公民无民事行为能力和限制民事行为能力程序由利害关系人的申请而启动。申请认定公民无民事行为能力或限制民事行为能力,应当符合下列条件:

1. 必须由利害关系人或者有关组织向人民法院申请。《民法典》第24条规定,不能辨认或者不能完全辨认自己行为的成年人,其利害关系人或者有关组织,可以向人民法院申请认定该成年人为无民事行为能力人或者限制民事行为能力人。利害关系人是指被申请人的近亲属,有关组织包括:居民委员会、村民委员会、学校、医疗机构、妇女联合会、残疾人联合会、依法设立的老年人组织、民政部门等。没有利害关系人或者有关组织的申请,人民法院不能主动认定公民无民事行为能力或限制民事行为能力。《解释》第347条规定,"在诉讼中,当事人的利害关系人或者有关组织提出该当事人不能辨认或者不能完全辨认自己的行为,要求宣告该当事人无民事行为能力或者限制民事行为能力的,应由利害关系人或者有关组织向人民法院提出申请,由受诉人民法院按照特别程序立案审理,原诉讼中止。"

《解释》第350条规定,申请认定公民无民事行为能力或者限制民事行为能力的案件,被申请人没有近亲属的,人民法院可以指定经被申请人住所地的居民委员会、村民委员会或者民政部门同意,且愿意担任代理人的个人或者组织为代理人。没有前款规定的代理人的,由被申请人住所地的居民委员会、村民委员会或者民政部门担任代理人。代理人可以是一人,也可以是同一顺序中的两人。

2. 申请的事由只能是被申请人由于病理上的原因导致其无民事行为能力或只具有限制民事行为能力。公民由于未成年依法当然不具有民事行为能力或者只具有限制民事行为

能力,因而不必适用特别程序作专门的认定。只有当公民由于病理原因丧失或部分丧失民事行为能力或者因此而不能取得或不能完全取得民事行为能力时,才可以也才有必要申请人民法院认定该公民无民事行为能力或限制民事行为能力。

3. 必须向有管辖权的人民法院申请。根据《民事诉讼法》第194条的规定,认定公民无民事行为能力或限制民事行为能力案件由被认定公民住所地的基层人民法院管辖。如此确定管辖,有利于人民法院通过调查被认定公民的日常表现来正确认定事实,同时也有利于法院为被认定公民指定诉讼代理人和监护人。

4. 申请人必须向人民法院提交申请书。利害关系人必须采用书面方式申请认定公民无民事行为能力或限制民事行为能力。申请书应当写明的内容有:被认定公民基本情况;被认定公民丧失民事行为能力或者不能取得民事行为能力的原因、事实和证据;申请人与被认定公民之间的关系等。

人民法院对申请人的申请应当进行审查。申请符合上述条件的,人民法院应当受理,反之,则不予受理。

三、审理和判决

申请认定公民无民事行为能力或限制民事行为能力只能由病理原因引起,而该公民是否因精神疾病、神经病、阿尔茨海默病、植物人等情况而丧失民事行为能力或限制民事行为能力,则有赖于医学鉴定。在此类案件的审理过程中,申请人没有提供必要的医疗诊断材料或者所提供的医疗诊断材料不足以证明该公民有无民事行为能力或限制民事行为能力的,人民法院应当指定或聘请有关专门机构进行鉴定。申请人提供了医学鉴定的,人民法院应当进行认定该公民有无民事行为能力或有限制民事行为能力;但如果该医学鉴定存在疑问,人民法院应当重新进行鉴定。

人民法院审理认定公民无民事行为能力或限制民事行为能力的案件,应当为该公民设定代理人,代理人由该公民的近亲属担任,但申请人除外。设定代理人是为了保护被申请人在审理过程中的合法权益,而排除申请人充当代理人的目的,在于避免因申请人与代理人同一而侵害被申请人的合法权益。近亲属互相推诿代理责任的,由人民法院指定其中一人为代理人。该代理人只履行本案的代理职责,并不必然是该公民被认定为无民事行为能力人或者限制民事行为能力人以后的监护人。人民法院在审理此类案件时,如果该公民健康状况许可的,还应当询问本人的意见。

人民法院经过审理,认定申请人的申请没有事实根据的,应当判决驳回申请;认定申请是有事实根据的,就应当在查明事实的基础上,判决认定该公民无民事行为能力或者认定该公民有限制民事行为能力,同时,人民法院还应当按照《民法典》规定的监护资格顺序为该公民指定监护人。前述两种判决,一经送达,立即发生法律效力。

《解释》第349条规定,被指定的监护人不服居民委员会、村民委员会或者民政部门指定,应当自接到通知之日起30日内向人民法院提出异议。经审理,认为指定并无不当的,裁定驳回异议;指定不当的,判决撤销指定,同时另行指定监护人。判决书应当送达异议人、原指定单位及判决指定的监护人。

有关当事人依照《民法典》第31条第一款规定直接向人民法院申请指定监护人的,适用特别程序审理,判决指定监护人。判决书应当送达申请人、判决指定的监护人。

四、撤销原判决与作出新判决

公民的民事行为能力可能由于病理原因而全部或部分丧失,也可能基于治疗而全部或部分恢复。在认定公民无民事行为能力或限制民事行为能力的判决生效以后,该公民通过治疗恢复健康的,本人或其监护人都可以向作出该判决的人民法院申请撤销原判决、作出新判决。人民法院对该公民或监护人的申请应当进行审查,证实该公民无民事行为能力或限制民事行为能力的原因已经消除的,应当作出新判决,撤销原判决。新判决认定该公民恢复全部民事行为能力的,监护关系消灭。

第六节 认定财产无主案件程序

一、认定财产无主案件的概念

认定财产无主案件,是指人民法院根据申请人的申请,按法定程序将某项所有权人不明确或者所有权人不存在的财产认定为无主财产,并判决该项财产归国家或集体所有的案件。公民、法人、其他组织申请认定财产无主和人民法院审判认定财产无主案件所适用的程序,就是认定财产无主程序。民事诉讼法设立的认定财产无主程序包括:申请和受理、审理和判决、撤销判决与作出新判决。

二、认定财产无主案件的申请和受理

根据《民事诉讼法》第198条的规定,申请人民法院认定财产无主,应当符合下列条件:

1. 由公民、法人或其他组织向人民法院申请。《民事诉讼法》对认定财产无主案件的申请人没有作严格限制,公民、法人以及其他组织均可以成为申请人。实践中,认定财产无主案件的申请人主要有该项财产的发现人、保管人、该项财产原所有人所在的单位或基层组织等。

2. 必须向有管辖权的人民法院申请。认定财产无主案件由被申请认定无主的财产所在地的基层人民法院管辖,以利于人民法院就近查证核实该财产是否确系无主、就近发出认领公告,同时也有利于利害关系人认领财产。

3. 必须向人民法院提交申请书。公民、法人或其他组织申请认定财产无主,必须向人民法院提交申请书,口头申请无效。申请书的内容包括:申请认定无主的财产的种类、数量;该项财产的所在地;申请认定财产无主的根据等。

对于认定财产无主的申请,人民法院应当进行审查。申请符合上述条件的,人民法院应当受理,反之,则不予受理。

三、审理和判决

财产通常都有主人,财产脱离主人的有效管理并不等于财产无主。民法上确立财产无主制度的适用形式属于法律上的推定,即经过一定的法定程序推定某项财产无主,而其主要的法定程序就是公告。公告是人民法院审理认定财产无主案件的必经程序。公告的目的是寻找财产的主人(包括所有人和该财产的继承人)。根据《民事诉讼法》第199条的规定,人民法院受理认定财产无主案件以后,应当发出财产认领公告,公告期限为1年。在公告期间内,被申请认定无主的财产无人管理的,人民法院应当指定专人管理。

在公告期间内,《解释》第348条规定,认定财产无主案件,公告期间有人对财产提出请求的,人民法院应当裁定终结特别程序,告知申请人另行起诉,适用普通程序审理。在公告期间至判决之前,该财产的主人出现,经查证属实的,人民法院应当判决驳回申请人的申请。公告期间届满,无人认领财产的,人民法院应当判决认定该财产无主,并将该财产判决归国家或者集体所有。前述判决和裁定一经送达,立即生效。

四、撤销原判决与作出新判决

判决财产无主属于法律上的推定,并不意味着该财产真的无主。在认定财产无主的判决生效后,原财产所有人或者继承人出现,并在《民法典》规定的诉讼时效期间内对财产提出诉讼请求的,人民法院应当进行审查。经审查核实后,确认原财产所有人已出现的,应当撤销原判决,作出新判决。

第七节
确认调解协议案件程序

一、确认调解协议案件的概念

调解协议的司法确认,是指基于当事人的申请,人民法院对人民调解委员会等调解组织主持下所达成调解协议的效力进行审查确认,并决定是否赋予该调解协议强制执行力的民事诉讼特别程序。

未经司法确认的人民调解协议仅具有民事合同性质,不具有强制执行力,达成协议后当事人反悔的情形屡见不鲜。与原先的调解协议司法审查机制相比较,司法确认新机制有其明显优势。在司法审查机制下,当调解协议不能正常履行时,当事人需向法院提起诉讼才能获得救济。法院审理后,既可能维持调解协议,又可能重新调解、变更甚至是推翻原调解协议。在司法确认机制下,当事人只要达成调解协议即可提起确认申请,申请时间前移,审查期限缩短,程序更为便捷,无须交纳任何费用。实践证明,司法确认机制能够有效地减轻当事人的讼累,节约司法资源,维护调解组织的威信,促进非诉讼纠纷解决机制的发展。

二、确认调解协议案件的审理

关于调解协议的司法确认,《民事诉讼法》第 201 条、第 202 条作了原则性规定,具体的程序规则可参照《解释》的规定。

1. 管辖

《民事诉讼法》第 201 条规定,"经依法设立的调解组织调解,达成调解协议,申请司法确认的,由双方当事人自调解协议生效之日起 30 日内,共同向下列人民法院提出:(一)人民法院邀请调解组织开展先行调解的,向作出的人民法院提出;(二)调解组织自行开展调解的,向当事人住所地、标的物所在地、调解组织所在地的基层人民法院提出;调解协议所涉纠纷应由中级人民法院管辖的向相应的中级人民法院提出。"根据《解释》第 351 条、第 352 条规定,申请司法确认调解协议的,双方当事人应当本人或者由符合《民事诉讼法》第 61 条规定的代理人向调解组织所在地基层人民法院或者人民法庭提出申请。两个以上调解组织参与调解的,各调解组织所在地基层人民法院均有管辖权。双方当事人可以共同向其中一个调解组织所在地基层人民法院提出申请;双方当事人共同向两个以上调解组织所在地基层人民法院提出申请的,由最先立案的人民法院管辖。

2. 申请

(1)申请对象

该条规定包含两方面的内容:一是申请确认的只能是调解协议,而不是一般性的民事合同;二是申请确认的对象只能是无争议的调解协议,而不是可能导致争议的其他调解事项。凡请求履行、变更、撤销调解协议或者请求确认调解协议无效的案件,当事人应通过诉讼程序解决,而不能通过具有非讼性质的司法确认程序进行。

(2)申请期限

申请司法确认调解协议,由双方当事人依照《人民调解法》等法律的规定,自调解协议生效之日起 30 日内,共同向调解组织所在地基层人民法院提出。

(3)申请的形式

根据《解释》第 353 条规定,当事人申请司法确认调解协议,可以采用书面形式或者口头形式。当事人口头申请的,人民法院应当记入笔录,并由当事人签名、捺印或者盖章。《解释》第 354 条规定,当事人申请司法确认调解协议,应当向人民法院提交调解协议、调解组织主持调解的证明,以及与调解协议相关的财产权利证明等材料,并提供双方当事人的身份、住所、联系方式等基本信息。当事人未提交上述材料的,人民法院应当要求当事人限期补交。

3. 受理

根据 2011 年 3 月 30 日起施行的最高人民法院《关于人民调解协议司法确认程序的若干规定》(以下简称《确认规定》)第 4 条的规定,法院收到当事人司法确认申请后,应当在 3 日内决定是否受理;如果决定受理,应当编立"调确字"案号,并及时向当事人送达受理通知书。双方当事人同时到法院申请司法确认的,人民法院可以当即受理并作出是否确认的决定。《解释》第 355 条规定,当事人申请司法确认调解协议,有下列情形之一的,人民法院裁定不予受理：第一，不属于人民法院受理范围的；第二，不属于收到申请的人民法院管辖的；第三，申请确认婚姻关系、亲子关系、收养关系等身份关系无效、有效或者解除的；第四，涉及适用其他特别程序、公示催告程序、破产程序审理的；第五，调解协议内容涉及物权、知识产权确权的。人民法院受理申请后，发现有上述不予受理情形的，应当裁定驳回当事人的申请。

为鼓励当事人就调解协议进行司法确认，《确认规定》第 11 条规定，人民法院办理人民调解协议司法确认案件，不收取费用。

4. 审理

《确认规定》第 6 条规定，人民法院受理司法确认申请后，应当指定一名审判人员对调解协议进行审查。

人民法院审理申请确认调解协议案件时，重点应当包括如下三方面内容：第一，对签订协议过程合法性的程序审查；第二，对协议内容合法性的实体审查；第三，对双方当事人是否充分全面理解协议内容和责任的审查。司法确认程序是非讼程序，在审理过程中虽可参照适用简易程序，但不应设置答辩、辩论、调解等程序。《解释》第 356 条规定，人民法院审查相关情况时，应当通知双方当事人共同到场对案件进行核实。人民法院经审查，认为当事人的陈述或者提供的证明材料不充分、不完备或者有疑义的，可以要求当事人限期补充陈述或者补充证明材料。必要时，人民法院可以向调解组织核实有关情况。《解释》第 357 条规定，确认调解协议的裁定作出前，当事人撤回申请的，人民法院可以裁定准许。当事人无正当理由未在限期内补充陈述、补充证明材料或者拒不接受询问的，人民法院可以按撤回申请处理。

5. 司法确认

（1）法院裁定

《民事诉讼法》第 202 条规定，人民法院受理申请后，经审查，符合法律规定的，裁定调解协议有效，一方当事人拒绝履行或者未全部履行的，对方当事人可以向人民法院申请执行；不符合法律规定的，裁定驳回申请，当事人可以通过调解方式变更原调解协议或者达成新的调解协议，也可以向人民法院提起诉讼。

（2）裁定驳回调解协议司法确认申请的情形

《解释》第 358 条规定，经审查，调解协议有下列情形之一的，人民法院应当裁定驳回申请：第一，违反法律强制性规定的；第二，损害国家利益、社会公共利益、他人合法权益的；第三，违背公序良俗的；第四，违反自愿原则的；第五，内容不明确的；第六，其他不能进行司法确认的情形。

《解释》第 372 条规定，对人民法院作出的确认调解协议、准许实现担保物权的裁定，当事人有异议的，应当自收到裁定之日起 15 日内提出；利害关系人有异议的，自知道或者应当知道其民事权益受到侵害之日起 6 个月内提出。

（3）确认期限

《确认规定》第 5 条规定："人民法院应当自受理司法确认申请之日起 15 日内作出是否确认的决定。因特殊情况需要延长的，经本院院长批准，可以延长 10 日。在人民法院作出是否确认的决定前，一方或者双方当事人撤回司法确认申请的，人民法院应当准许。"

第八节
实现担保物权案件程序

2012年修改《民事诉讼法》时,立法机关在第十五章"特别程序"增设一节,专门规定了"实现担保物权案件"程序。与之对应的实体法依据是,《民法典》第410条第2款规定,抵押权人与抵押人未就抵押权实现方式达成协议的,抵押权人可以请求人民法院拍卖、变卖抵押财产。第436条第2款规定,债务人不履行到期债务或者发生当事人约定的实现质权的情形,质权人可以与出质人协议以质押财产折价,也可以就拍卖、变卖质押财产所得的价款优先受偿。第454条规定,债务人可以请求留置权人在债务履行期限届满后行使留置权;留置权人不行使的,债务人可以请求人民法院拍卖、变卖留置财产。"实现担保物权案件"的程序设置保证了程序法与实体法协调一致,相辅相成。

一、实现担保物权案件的概念和意义

实现担保物权案件,是指对内容真实、合法,不具有实质性争议的担保物权,经担保物权人申请,人民法院以非讼程序进行审查,裁定拍卖、变卖担保财产直接实现担保物权人权利。《民事诉讼法》增设这类案件的程序规则,有助于减轻当事人的诉累,降低当事人的诉讼成本,发挥担保制度的功能。

二、实现担保物权案件的审理

1. 管辖

《民事诉讼法》第203条规定:"申请实现担保物权,由担保物权人以及其他有权请求实现担保物权的人依照民法典等法律,向担保财产所在地或者担保物权登记地基层人民法院提出。"《解释》第360条至第362条作了以下补充规定:第一,实现票据、仓单、提单等有权利凭证的权利质权案件,可以由权利凭证持有人住所地人民法院管辖;无权利凭证的权利质权,由出质登记地人民法院管辖。第二,实现担保物权案件属于海事法院等专门人民法院管辖的,由专门人民法院管辖。第三,同一债权的担保物有多个且所在地不同,申请人分别向有管辖权的人民法院申请实现担保物权的,人民法院应当依法受理。

2. 申请

《解释》第359条规定,《民事诉讼法》第203条规定的担保物权人,包括抵押权人、质权人、留置权人;其他有权请求实现担保物权的人,包括抵押人、出质人、财产被留置的债务人或者所有权人等。《解释》第363条规定,依照《民法典》第392条的规定,被担保的债权既有物的担保又有人的担保,当事人对实现担保物权的顺序有约定,实现担保物权的申请违反该约定的,人民法院裁定不予受理;没有约定或者约定不明的,人民法院应当受理。

《解释》第364条规定,同一财产上设立多个担保物权,登记在先的担保物权尚未实现的,不影响后顺位的担保物权人向人民法院申请实现担保物权。

申请的方式。《解释》第365条规定,申请实现担保物权,应当提交下列材料:第一,申

书。申请书应当记明申请人、被申请人的姓名或者名称、联系方式等基本信息,具体的请求和事实、理由;第二,证明担保物权存在的材料,包括主合同、担保合同、抵押登记证明或者他项权利证书,权利质权的权利凭证或者质权出质登记证明等;第三,证明实现担保物权条件成就的材料;第四,担保财产现状的说明;第五,人民法院认为需要提交的其他材料。

3. 审查

《解释》第 366 条至第 369 条对实现担保物权案件的审查作了以下规定:第一,人民法院受理申请后,应当在 5 日内向被申请人送达申请书副本、异议权利告知书等文书。被申请人有异议的,应当在收到人民法院通知后的 5 日内向人民法院提出,同时说明理由并提供相应的证据材料。第二,实现担保物权案件可以由审判员一人独任审查。担保财产标的额超过基层人民法院管辖范围的,应当组成合议庭进行审查。第三,人民法院审查实现担保物权案件,可以询问申请人、被申请人、利害关系人,必要时可以依职权调查相关事实。第四,人民法院应当就主合同的效力、期限、履行情况,担保物权是否有效设立、担保财产的范围、被担保的债权范围、被担保的债权是否已届清偿期等担保物权实现的条件,以及是否损害他人合法权益等内容进行审查。被申请人或者利害关系人提出异议的,人民法院应当一并审查。

4. 裁定

《民事诉讼法》第 204 条规定:"人民法院受理申请后,经审查,符合法律规定的,裁定拍卖、变卖担保财产,当事人依据该裁定可以向人民法院申请执行;不符合法律规定的,裁定驳回申请,当事人可以向人民法院提起诉讼。"《解释》第 370 条至第 372 条作了以下补充规定:(1)人民法院审查后,按下列情形分别处理:第一,当事人对实现担保物权无实质性争议且实现担保物权条件成就的,裁定准许拍卖、变卖担保财产;第二,当事人对实现担保物权有部分实质性争议的,可以就无争议部分裁定准许拍卖、变卖担保财产;第三,当事人对实现担保物权有实质性争议的,裁定驳回申请,并告知申请人向人民法院提起诉讼。(2)人民法院受理申请后,申请人对担保财产提出保全申请的,可以按照民事诉讼法关于诉讼保全的规定办理。(3)对人民法院作出的确认调解协议、准许实现担保物权的裁定,当事人有异议的,应当自收到裁定之日起 15 日内提出;利害关系人有异议的,自知道或者应当知道其民事权益受到侵害之日起 6 个月内提出。

5. 拍卖、变卖

人民法院经审查后裁定拍卖担保财产的,属于强制拍卖而非任意拍卖。以拍卖的方式实现抵押权具有较多优点。拍卖是一种公开竞价的方式,因此,拍卖的成交价格能够最大限度地体现拍卖财产的价值,既有利于维护抵押人的利益,又能充分发挥抵押财产对债权的担保功能,从而维护抵押权人的利益。

人民法院经审查后裁定变卖担保财产,即出卖有关财物,换取现款。变卖财产的优点在于简便易行、省时省力。在变卖担保财产时,应当参照市场价格。

【思考题】

1. 简述特别程序与通常诉讼程序的区别。
2. 简述认定公民无民事行为能力和限制民事行为能力案件的申请条件。
3. 简述宣告公民失踪和宣告公民死亡的申请条件。
4. 简述确认调解协议事件的审理程序。
5. 简述实现担保物权案件的审理程序。

【参考文献】

1. 廖中洪主编:《民事诉讼法·诉讼程序编》,厦门大学出版社2005年版。
2. 江伟主编:《民事诉讼法专论》,中国政法大学出版社2005年版。
3. 常怡主编:《中国调解制度》,法律出版社2013年版。

第25章 督促程序

[提要] 在债务人承担确定的金钱等给付义务时,债权人可以选择督促程序,申请人民法院发出支付令,从而迅速实现其债权主张。督促程序对支付令的申请、审查、发出,支付令异议的提出和审查作出了明确规定。

第一节 督促程序概述

一、督促程序的特征

督促程序,是指人民法院根据债权人要求债务人给付一定金钱或有价证券的请求,向债务人发出附有条件的支付令,催促债务人在法定期限内向债权人清偿债务的程序。

督促程序具有下列特征:

1. 适用案件范围的特定性。督促程序只适用于请求给付金钱或有价证券且没有对待给付义务的案件,其他债务案件则不适用于督促程序。

2. 当事人的限定性。督促程序所适用的债务案件就其本质而言,属于民事纠纷案件,有对应的两方当事人存在。但人民法院适用督促程序审理案件的前提,就是拟定债务人对债权人的给付请求没有争议,因而只需要债权人单方参加诉讼。

3. 审理规则的简略性。督促程序所适用的虽然是债务案件,但审理过程不具有通常民事诉讼的对抗性,因而属于非讼程序性质。督促程序的非讼性质决定了该程序的简略性,其不具有通常民事诉讼程序的精密和严格,例如,没有设定严格的开庭前的准备与开庭审理的不同诉讼阶段,适用督促程序审理的案件不论请求给付标的数额的大小,都由审判员一人独任审判,不适用合议制。所以,督促程序又是一种略式程序。

4. 支付令发生效力的附条件性。支付令发出后,对债务人只有催促其清偿债务的效力,尚无强制执行的效力。支付令与给付判决具有同等的执行效力,必须符合一个前提条件,即债务人在法定期间内没有以法定方式向人民法院提出对支付令的异议。如果债务人在法定期间内对支付令提出异议,支付令就自动失效。

二、督促程序的意义

赋予债权人实现债权的诉讼与非讼司法程序选择权;同时,为了平等保护当事人双方的利益,债权人利用督促程序,申请法院对债务人签发支付命令,法律规定了若干条件的限制,以兼顾当事人双方利益和达到诉讼经济的目的。

第二节 支付令

一、支付令的申请和受理

(一)支付令的申请

督促程序由债权人的申请引起。根据《民事诉讼法》第221条、《解释》第429条规定,债权人申请支付令必须符合下列条件:

1. 申请人必须是本案的债权人。申请支付令的案件均为债权案件,申请支付令的目的在于以法定程序催促债务人清偿债务,因而申请人必须是、也只能是债权人。

2. 债权人请求给付的只能是金钱或有价证券。并不是所有的给付请求都能申请支付令的,只有请求债务人给付一定数量的金钱或有价证券的才能申请支付令。关于其他财产的给付以及行为的给付,债权人不能申请支付令。有价证券包括汇票、本票、支票、股票、国库券、可转让的存款单等。

3. 债务人履行给付金钱或者有价证券义务的期限已经届满,并且数额确定。如果债务人给付一定数额金钱或者有价证券的期限尚未届满,债权人不能向人民法院申请支付令。数额确定,是指现有民事法律关系的内容明确规定了债务人向债权人支付一定数额金钱或者有价证券的义务。数额尚无法确定的金钱给付请求,债权人不能向人民法院申请支付令,如因侵权之债而引起的金钱给付请求就不能申请支付令。

4. 债权人与债务人之间不存在对待的给付义务。对待的给付义务有两种:一是一方的给付须以另一方的给付为前提条件,二是债权人与债务人存在着可以抵销的债权债务。债权人与债务人之间存在对待给付义务的,不能向人民法院申请支付令。

5. 债权人必须向有管辖权的人民法院申请。就级别管辖而言,申请支付令的案件只能由基层人民法院管辖。就地域管辖而言,《解释》第425条规定,两个以上人民法院都有管辖权的,债权人可以向其中一个基层人民法院申请支付令。债权人向两个以上有管辖权的基层人民法院申请支付令的,由最先立案的人民法院管辖。

6. 债权人必须向人民法院提交申请书。债权人申请支付令必须采用书面形式。支付令的申请书应当写明的内容有:(1)债权人和债务人的基本情况。债权人和债务人是公民的,具体应写明姓名、性别、年龄、职业、住所或者经常居住地;当事人无诉讼行为能力的应写明其法定代理人。委托代理人的,同时应写明代理人的有关情况。债权人和债务人是法人、其他组织的,具体应写明名称、地址,法定代表人姓名、住所。(2)债权人请求给付金钱的数量或者有价证券的数额和种类。(3)请求发出支付令的事实和证据。例如,证明债权已经到期,债权人与债务人没有其他的债务纠纷等。(4)申请发出支付令的法院。

7. 支付令能够送达债务人。对支付令提出异议是债务人的诉讼权利,债务人行使这一权利的前提是收到支付令。如果支付令不能送达债务人,债务人就无从提出异议,债务人的诉讼权利乃至民事权益就不能得到有效的保护。所以,凡支付令不能送达债务人的,债权人的支付令申请将不被受理。基于此,债务人下落不明的或者债务人不在我国领域内居住的给付金钱或有价证券的案件,不适用督促程序。

人民法院接到债权人的申请后,应当依据上述条件进行审查。如果申请符合条件的,人民法院应当在5日内通知受理;如果申请不符合条件,人民法院应在5日内通知不予受理,并说明理由。人民法院收到债权人的书面申请后,认为申请书不符合要求的,人民法院可以通知债权人限期补正。补正期间不计入《民事诉讼法》第222条规定的5日内的立案期限。

(二)支付令的受理

《解释》第426条、第427条对支付令的受理作了以下规定:

1. 人民法院收到债权人的支付令申请书后,认为申请书不符合要求的,可以通知债权人限期补正。人民法院应当自收到补正材料之日起5日内通知债权人是否受理。

2. 债权人申请支付令,符合下列条件的,基层人民法院应当受理,并在收到支付令申请书后5日内通知债权人:第一,请求给付金钱或者汇票、本票、支票、股票、债券、国库券、可转让的存款单等有价证券;第二,请求给付的金钱或者有价证券已到期且数额确定,并写明了请求所根据的事实、证据;第三,债权人没有对待给付义务;第四,债务人在我国境内且未下落不明;第五,支付令能够送达债务人;第六,收到申请书的人民法院有管辖权;第七,债权人未向人民法院申请诉前保全。不符合前款规定的,人民法院应当在收到支付令申请书后5日内通知债权人不予受理。基层人民法院受理申请支付令案件,不受债权金额的限制。

二、对申请支付令案件的审理

根据《民事诉讼法》第223条的规定,人民法院审理申请支付令案件的程序有二:一是对债权债务进行实体审查,二是在审查的基础上发出支付令或者裁定驳回申请。

(一)对债权债务进行审查

人民法院受理债权人的申请后应由审判员一人对债权债务进行审查。这种审查的形式通常是书面性的,人民法院不需要开庭审理。但如果债权人提供的事实和证据需要通过询问才能认定的,审判员应当直接询问债权人。这种实体审查的内容主要是通过审查债权人提供的事实和证据,确定债权债务关系是否明确、合法,进而决定是否发出支付令。

(二)对申请支付令案件进行审查后的处理方式

人民法院对所受理的支付令申请进行审查后,除针对特定情形,应当依法作出裁定驳回支付令申请、裁定终结督促程序、发出支付令的处理方式。

1. 裁定驳回支付令申请。《解释》第428条规定,经审查,有下列情形之一的,裁定驳回申请:第一,申请人不具备当事人资格的;第二,给付金钱或者有价证券的证明文件没有约定逾期给付利息或者违约金、赔偿金,债权人坚持要求给付利息或者违约金、赔偿金的;第三,要求给付的金钱或者有价证券属于违法所得的;第四,要求给付的金钱或者有价证券尚未到期或者数额不确定的。人民法院受理支付令申请后,发现不符合本解释规定的受理条件的,应当在受理之日起15日内裁定驳回申请。

2. 裁定终结督促程序。《解释》第 430 条规定,有下列情形之一的,人民法院应当裁定终结督促程序,已发出支付令的,支付令自行失效:第一,人民法院受理支付令申请后,债权人就同一债权债务关系又提起诉讼的;第二,人民法院发出支付令之日起 30 日内无法送达债务人的;第三,债务人收到支付令前,债权人撤回申请的。

3. 发出支付令。支付令,是指人民法院根据债权人的申请,依法向债务人发出的督促其限期清偿债务的法律文书。支付令在所附条件成就时,与生效的给付判决具有同等的法律效力。基于此,人民法院发出支付令必须以债权债务关系明确、合法为实质要件。

人民法院对债权人主张的事实和提供证据经过审查,认为债权债务关系明确、合法的,应当在受理之日起 15 日内向债务人发出支付令。支付令应当写明的内容有:债权人和债务人的基本情况;债权人请求给付的金钱、有价证券的种类和数量;清偿债务或者提出异议的期限;债务人在法定期限内不提出异议的法律后果。支付令最后由审判员、书记员署名,写明支付令发布的年、月、日,并加盖人民法院的印章。根据法律和司法解释的规定,人民法院一般应采取直接送达的方式向债务人送达支付令;在直接送达有困难的情况下也可以采取其他方式送达,包括委托送达、邮寄送达、转交送达和留置送达。由于公告送达方式不能实际送达债务人,因此,支付令不能适用公告送达方式。

(三)对支付令的异议

支付令是人民法院在只审查债权人一方提供的事实和证据的基础上发出的,并没有允许债务人抗辩和质证,基于此,支付令就可能不符合当事人之间权利义务的事实,因而允许债务人对支付令提出异议就成为必要。对支付令的异议,是指债务人在法定期限内,对支付令所载明的债务提出的不同意见。

债务人对支付令提出异议,应当符合下列条件:

1. 必须在法定期限内提出异议。债务人对支付令有不同意见的,必须在收到支付令之日起 15 日内向发出支付令的人民法院提出异议。《解释》第 431 条规定,债务人在收到支付令后,未在法定期间提出书面异议,而向其他人民法院起诉的,不影响支付令的效力。债务人超过法定期间提出异议的,视为未提出异议。

2. 异议必须是对支付令所载明的债权债务提出不同意见。异议的本质是债务人对支付令所载明的债权债务关系是否存在、是否明确、是否合法以及所涉范围的争议,如果债务人承认债务存在,只是对清偿能力、清偿期限、清偿方式等提出不同意见的,就不是对支付令的异议,不影响支付令的效力。《解释》第 432 条至第 434 条对以下债权债务异议的情形作了规定:第一,债权人基于同一债权债务关系,在同一支付令申请中向债务人提出多项支付请求,债务人仅就其中一项或者几项请求提出异议的,不影响其他各项请求的效力。第二,债权人基于同一债权债务关系,就可分之债向多个债务人提出支付请求,多个债务人中的一人或者几人提出异议的,不影响其他请求的效力。第三,对设有担保的债务的主债务人发出的支付令,对担保人没有拘束力。债权人就担保关系单独提起诉讼的,支付令自人民法院受理案件之日起失效。

3. 必须以书面方式提出异议。债务人对支付令的异议直接关系到支付令能否产生绝对效力的问题,为慎重起见,法律要求必须以书面方式为之。债务人口头提出异议无效,不影响支付令产生绝对的效力。《解释》第436条规定,债务人的口头异议无效。

4. 只能向发出支付令的基层人民法院提出异议。

债务人提出异议后,人民法院应当按照上述条件进行审查。异议符合上述条件的,人民法院应当裁定终结督促程序,支付令自行失效,债权人可以另行起诉。需要指出的是,人民法院不能对债务人的异议进行实体审查,即不能审查异议是否有理由以及理由是否成立。因为异议是债务人对债务有争议的表现,而督促程序的非讼性质决定了该程序不能对民事权利义务的争议进行审理。《解释》第435条规定,经形式审查,债务人提出的书面异议有下列情形之一的,应当认定异议成立,裁定终结督促程序,支付令自行失效:第一,《解释》规定的不予受理申请情形的;第二,《解释》规定的裁定驳回申请情形的;第三,《解释》规定的应当裁定终结督促程序情形的;第四,人民法院对是否符合发出支付令条件产生合理怀疑的。

对于债务异议不符合条件,诸如债务人提出口头异议;债务人对债务本身没有异议,只是提出缺乏清偿能力、延缓债务清偿期限、变更债务清偿方式等异议的,不影响支付令的效力。根据《解释》第436条规定,人民法院经审查认为异议不成立的,裁定驳回。

《解释》第437条规定,人民法院作出终结督促程序或者驳回异议裁定前,债务人请求撤回异议的,应当裁定准许。债务人对撤回异议反悔的,人民法院不予支持。

对于督促程序终结后可否直接转入民事诉讼通常程序的问题,有两种立法例。一种做法是在督促程序终结时,将支付令的申请视为起诉,直接转入诉讼程序。这就免除了当事人另行起诉的手续,由此简化诉讼程序。另一种做法是根据民事诉讼的处分原则,由当事人自己决定是否起诉,因为若将支付令的申请视为起诉,可能有违起诉自由的原则。我国过去采取第二种做法,1991年《民事诉讼法》规定,在债务人提出异议、支付令失效后,督促程序终结,债权人如果要诉请司法保护,必须依民事诉讼法关于起诉的规定,另行向人民法院起诉。2012年修改《民事诉讼法》时,改采第一种立法例。修改后的《民事诉讼法》第224条第2款规定:"支付令失效的,转入诉讼程序,但申请支付令的一方当事人不同意提起诉讼的除外。"《解释》第438条、第439条作了以下补充规定:第一,支付令失效后,申请支付令的一方当事人不同意提起诉讼的,应当自收到终结督促程序裁定之日起7日内向受理申请的人民法院提出。申请支付令的一方当事人不同意提起诉讼的,不影响其向其他有管辖权的人民法院提起诉讼。第二,支付令失效后,申请支付令的一方当事人自收到终结督促程序裁定之日起7日内未向受理申请的人民法院表明不同意提起诉讼的,视为向受理申请的人民法院起诉。债权人提出支付令申请的时间,即为向人民法院起诉的时间。

三、支付令的效力

(一)支付令的效力范围

根据《民事诉讼法》的规定,基于债务人对支付令的态度不同,支付令具有两种不同意义的效力:

1. 支付令的相对效力。它是指支付令发出以后,在法定的期限内对债务人产生特定的行为要求和约束。支付令的相对效力表现在两个方面:其一,债务人收到支付令之日起15日内,必须在清偿债务或提出异议这两种行为中选择其一,债务人选择清偿债务的,人民法院发布支付令的目的得以实现,债权人与债务人之间的债权债务关系消灭;其二,债务人在收到支付令之日起 15 日内既不清偿债务又不提出异议,另行起诉,或者异议不成立而被裁定驳回异议,在支付令异议期限届满后,支付令的绝对效力发生。其三,债务人对债权人的支付令申请,人民法院认定异议成立,裁定终结督促程序,支付令自行失效。

2. 支付令的绝对效力。它是指债务人在法定期限内既不清偿债务,又不提出异议的,支付令就具有与给付判决同等的法律效力。支付令的绝对效力表现在三个方面:其一,支付令生效,督促程序正常结束,债务人对支付令既不能上诉,也不能对该项债务另行起诉;其二,债权人与债务人的债权债务关系得以确认,给付纠纷得到解决,不论是债权人还是债务人,均不能以同一诉讼标的另行起诉;其三,债务人拒不按照支付令的要求清偿债务的,债权人有权向人民法院申请强制执行,亦即支付令具有执行的效力。《解释》第 440 条规定,债权人向人民法院申请执行支付令的期间,适用《民事诉讼法》第 246 条的规定。

(二)支付令错误的救济

《解释》第 441 条规定,人民法院院长发现本院已经发生法律效力的支付令确有错误,认为需要撤销的,应当提交本院审判委员会讨论决定后,裁定撤销支付令,驳回债权人的申请。

【思考题】

1. 简述督促程序的特征。
2. 申请支付令应当具备的条件。
3. 支付令异议应当具备的条件。

【参考文章】

1. 白绿铉:《督促程序比较研究》,载《中国法学》1995 年第 4 期。
2. 章武生:《督促程序的改革与完善》,载《法学研究》2002 年第 2 期。
3. 王福华:《督促程序的属性、类型与程序保障》,载《当代法学》2014 年 3 期。

第26章　公示催告程序

[提要] 公示催告程序是为保护票据关系人的合法权益,保障票据的正常使用和流通而设置的,具有重要意义。公示催告程序的适用范围,作出除权判决的条件和程序等问题是本章的重点。

第一节　公示催告程序概述

一、公示催告程序的概念

公示催告程序,是指人民法院将申请人申请的事项,以公示方式,催告不明的利害关系人在法定期间主张权利,如无人主张权利,经申请人申请,作出除权判决的程序。公示催告程序对保护票据关系人的合法权益,保障票据的正常流通,促进社会主义市场经济的发展,具有重要意义。公示催告程序具有如下特点:

（一）案件的非讼性

适用公示催告程序的案件中,没有确定的对方当事人。最后持票人因票据被盗、遗失或灭失而向法院提出公示催告申请,其目的是通过法定公告方式,请求人民法院宣告该票据无效,以其他方式实现自己对票据上的权利,而不致因票据上的权利与他人发生争议。所以在公示催告程序中,只有申请人,而无被申请人。即使有可能出现与申请事项有利害关系的人,在公示催告期间也处于不确定状态。以普通程序和简易程序审理的案件,必须有明确的被告,其诉因是原被告民事权益发生争议。由此可见,公示催告案件属于非讼案件。

（二）当事人的特定性

公示催告程序的申请人只能是丧失票据的票据持有人,即指票据被盗、遗失或者灭失前的最后持票人,而不是所有与票据有某种关系的人都可作为公示催告程序的申请人。

（三）审理方式的特殊性

公示催告案件审理方式的特殊性表现在两个方面:一是人民法院以公告方式来确定票据利害关系人是否存在,以及对申报权利人的主张是否成立,只从程序上进行审查。二是公告期届满无人申报权利的,人民法院不直接作出宣告该票据无效的判决,而必须由申请人向法院提出宣告该票据无效的申请,人民法院才可以作出除权判决。

（四）适用范围的限定性

根据《民事诉讼法》的规定,公示催告程序的适用范围主要是因票据被盗、遗失或灭失引起的申请人提出的请求。对于《民事诉讼法》规定的其他事项，目前已有一些实体法作出了规定。公示催告程序只适用于基层人民法院。

二、公示催告程序的适用范围

公示催告程序的适用范围，是指可以适用公示催告程序的具体事项。对此，世界各个国家的法律都是根据本国的具体情况作出不同的规定。有的国家法律对公示催告程序的适用范围规定得比较广，除了宣告失票无效的公示催告，还有排除土地所有权人权利等公示催告。我国《民事诉讼法》对公示催告的适用范围作了较为严格的限制，目前只限于可以背书转让的票据被盗、遗失或灭失引起的公示催告的申请，以及"可以申请公示催告的其他事项"的申请。

票据是以无条件支付一定金额为基本效力的有价证券。它是发票人依照法律规定发行的、由发票人自行支付或发票人委托的他人支付的有价证券。票据的背书转让，是指持票人以背书方式将票据权利转让给他人的单方要式行为。即票据转让只需让与人一方的意思表示就发生效力，但让与人必须依法定方式作成背书并交付票据。票据背书的方式，分为正式背书和略式背书。正式背书，是由持票人记载受让人的姓名，背书的年、月、日及背书人的签名。略式背书，持票人在票据背面不记载受让人的姓名和背书日期，只有背书人（持票人）的签名。这种背书也称不记名背书或空白背书。《民事诉讼法》第225条第1款规定的可以背书转让的票据，包括汇票、本票和可以背书转让的支票三种。

汇票是发票人委托他人在指定日期向收款人或持票人无条件支付一定金额的票据。汇票的种类按不同标准可分为多种，其中比较重要的有两种：一是按汇票的付款期为标准，分为即期汇票和远期汇票。即期汇票，就是见票即行付款的汇票；远期汇票，是指必须到指定日期才能付款的汇票。二是根据《中华人民共和国票据法》第19条第2款和中国人民银行《银行结算办法》的规定，分为银行汇票和商业汇票两种。银行汇票，是汇款人将款项交存当地银行，并由银行签发给汇款人持往异地办理转账结算或支付现金的票据。商业汇票，是由企事业单位、机关、团体签发的汇票，即由收款人或付款人、承兑申请人签发，由承兑人承兑，到期向收款人或被背书人支付款项的票据。银行汇票和商业汇票，是以汇票的发票人为标准所作的分类。以汇票上记载权利人的方式为标准，汇票还可分为记名式汇票、指示式汇票和无记名式汇票等。

本票是出票人签发的，承诺自己在见票时无条件支付确定的金额给收款人或者持票人的票据。即本票是发票人签发，并承诺于见票时或指定日期无条件支付一定金额给收款人或持票人的一种有价证券。本票一个重要特点是，发票人也是付款人，这是本票与汇票、支票的不同之处。汇票和支票是发票人委托他人付款的票据，本票是发票人自己支付的票据。本票可分为银行本票和商业本票。由银行签发的本票称为银行本票，由企业、事业单位、机关、团体签发的本票称为商业本票。我国票据法规定的本票仅指银行本票。本票发票人的资格由中国人民银行审定。

支票是发票人签发，委托银行或其他金融机构在见票时无条件支付一定金额给收款人或者持票人的票据。支票有两个重要特点：一是付款人以银行为限；二是见票即付，这表示支票注重现实的支付。支票分为转账支票和现金支票两种。经批准地区的转账支票可以背书转让。现金支票不能背书转让。

第二节
公示催告案件的审判

一、申请

公示催告的申请,是指享有请求权的最后持票人,依法向人民法院请求,以公示催告的方式维护自己票据上权利的法律行为。公示催告程序依申请人申请而开始,人民法院不能依职权提起公示催告程序。根据民事诉讼法的规定,申请公示催告必须具备以下条件:

首先,申请事项必须是可以背书转让的票据被盗、遗失或灭失。除此之外的事项,不能申请公示催告。

其次,申请主体必须是依法享有票据权利的最后持票人。最后持票人又称失票人,是指丧失可以背书转让的票据的公民、法人和其他组织。签发票据的发票人是否可以作为公示催告申请人,我们认为应根据不同情况来确定。发票人签发的票据未交付收款人之前遗失,应当可以向人民法院申请公示催告。因为在这种情况下的发票人,也是该票据的合法权利人,不应把他理解为债务人。如果发票人签发的票据已交付收款人后遗失,该发票人已是票据债务人,不能申请公示催告。

再次,必须向有管辖权的人民法院提出申请。按照《民事诉讼法》第225条的规定,当事人应向票据支付地的基层人民法院申请公示催告。票据支付地,是指票据上载明的付款机构所在地或票据付款人的住所地。法律规定以票据支付地为法院的管辖地,是便于人民法院审理,便于申请人申请公示催告。

最后,利害关系人处于不明状态。在公示催告程序中利害关系人处于不明状态,是申请公示催告的前提条件。因为,如果与票据上的权利有利害关系的人是明确的,这就不需要申请公示催告,可按一般的票据纠纷向人民法院提起诉讼。所谓利害关系人不明,是指与申请事项有权益关系的人有无不明,或者该利害关系人是谁不明。

公示催告的申请人,应以书面方式向人民法院提出申请。申请书的内容如下:(1)票面金额,即失票上载明的金额;(2)发票人,即签发票据的人;(3)持票人,即丧失票据前的最后票据持有人;(4)背书人,即转让票据权利的人;(5)申请的理由和事实等。

二、受理

公示催告申请的受理,是指人民法院对申请人的申请,经审查认为符合法定条件的,应予以审理的行为。

适用公示催告程序审理的案件,可由审判员一人独任审理;判决宣告票据无效的,应当组成合议庭审理。

人民法院收到公示催告的申请,应当即进行审查,并决定是否受理。人民法院对公示催告申请的审查包括：(1)申请主体资格的审查，即审查申请人是否是享有请求权的票据持有人；(2)申请标的是否属于法律规定的可以背书转让的票据被盗、遗失、灭失；(3)当事人提供的事实和证据，是否与申请请求相符；(4)当事人的申请是否属本法院管辖。根据《解释》第444条的规定，因票据丧失，申请公示催告的，人民法院应结合票据存根、丧失票据的复印件、出票人关于签发票据的证明、申请人合法取得票据的证明、银行挂失止付通知书、报案证明等证据，决定是否受理。

人民法院经过上述审查后，认为符合受理条件的，通知予以受理，并同时通知支付人停止支付；认为申请不符合受理条件的，在7日内裁定驳回申请。

公示催告申请人撤回申请，应在公示催告前提出，公示催告期间申请撤回的，人民法院应当裁定终结公示催告程序。

三、公告

人民法院受理公示催告的申请后，应当立即发出停止支付通知，支付人收到人民法院停止支付通知，应当立即停止支付，直至公示催告程序终结。停止支付通知在法律上有要求支付人履行停止支付义务的效力，如果支付人收到人民法院止付通知后不停止支付，将承担由此引起的后果。支付人收到停止支付通知后拒不停止支付的，除可依照《民事诉讼法》的规定采取强制措施外，在判决后，支付人仍应承担支付义务。公示催告程序终结，停止支付通知的保全措施自行解除。

人民法院决定受理申请，应当同时通知支付人停止支付，并在3日内发出公告，催促利害关系人申报权利。此公告是人民法院在公示催告程序中，公开催告票据利害关系人申报权利的告示，也是人民法院保障利害关系人合法权益的法定程序。公示催告期间，由人民法院根据实际情况决定，但不得少于60日。人民法院的公告应写明如下内容：

1. 公示催告申请人的姓名或名称。申请人是公民的，应写明姓名、性别、年龄、职业和住所；是法人或其他组织的，应写明单位名称、法定代表人和负责人的姓名、机构所在地等。

2. 票据的种类、票面金额、发票人、持票人、背书人，以及申请的事实和理由等。

3. 利害关系人申报权利的时间。按照《民事诉讼法》第219条的规定，利害关系人申报权利的期间为60日。期间应标明开始日和终止日。

4. 在公示催告期间转让票据权利和利害关系人不申报权利的法律后果。人民法院在公告中写明在公示催告期间转让票据权利无效，以及利害关系人不申报权利将产生失权的法律后果。

根据有关司法解释的规定，人民法院的公告方式如下：公告在有关报纸或其他宣传媒介上刊登，并于同日张贴于人民法院公告栏内；人民法院所在地有证券交易所的，还应当将公告张贴于证券交易所内。公告期间不得少于六十日，且公示催告期间届满日不得早于票据付款日后十五日。

四、申报权利

申报权利，是指利害关系人在公示催告期间，向人民法院主张票据权利的行为。申报权利应当符合以下条件：

1. 申报权利人应当是持票人。持票人是指被催告申报权利的失票持有人，即票据持有人丧失票据后，取得该票据的人。票据上的权利与票据联系在一起，是不能分离的；持有票据才能行使票据上的权利。所以，申报权利的利害关系人，必须是被催告申报权利的失票持有人。为此，利害关系人申报权利，人民法院应通知其出示票据，并通知公示催告申请人在指定的期间查看该票据。申报人出示的票据，必须同被催告的失票一致，申报才能成立。公示催告申请人申请公示催告的票据与利害关系人出示的票据不一致的，人民法院应当裁定驳回利害关系人的申报权利的申请。

2. 利害关系人应在公示催告期间或除权判决前申报权利。申报权利一般应在公示催告期间提出。利害关系人申报权利，人民法院应当通知其向法院出示票据，并通知公示催告申请人在指定的期间查看该票据。公示催告申请人申请公示催告的票据与利害关系人出示的票据不一致的，应当裁定驳回利害关系人的申报。如利害关系人在公示催告期间因故未申报权利，而在申报期间届满后，人民法院作出除权判决前申报权利的，同公示催告期间申报权利具有同等效力。

根据《民事诉讼法》第228条的规定，人民法院收到利害关系人申报后，经审查符合申报条件的，应当裁定终结公示催告程序，并通知申请人和支付人。利害关系人在申报期届满后，除权判决作出之前申报权利的，同样应裁定终结公示催告程序。裁定书由审判员、书记员署名，加盖人民法院印章。申请人如不服人民法院终结公示催告程序的裁定，可以向票据支付地的基层人民法院提起诉讼。经审查，认为利害关系人的申报不符合申报条件的，裁定驳回利害关系人的申报。利害关系人如不服法院驳回申报的裁定，也可向票据支付地的基层人民法院提起诉讼。

五、除权判决

除权判决是指人民法院在公示催告期届满无人申报权利，或者申报被驳回，依申请人的请求所作的宣告失票无效的判决。根据《解释》第450条的规定，在申报权利的期间无人申报权利，或者申报被驳回的，申请人应当自公示催告期间届满之日起一个月内申请作出判决。逾期不申请判决的，终结公示催告程序。裁定终结公示催告程序的，应当通知申请人和支付人。

根据《解释》第452条至第453条的规定适用公示催告程序审理案件，可由审判员一人独任审理；判决宣告票据无效的，应当组成合议庭审理。公示催告申请人撤回申请，应在公示催告前提出；公示催告期间申请撤回的，人民法院可以径行裁定终结公示催告程序。

人民法院作出除权判决，必须根据公示催告申请人的申请，人民法院不能依职权主动作出除权判决。除权判决不确认票据关系人之间的权利义务，只解决票据是否有效的问题。申请人应当在申报权利期间届满的次日起1个月内向人民法院申请作出除权判决。逾期不申请判决的，终结公示催告程序。除权判决应当公告，自公告之日起除权判决发生法律效力。公示催告程序实行一审终审，除权判决作出后，当事人不能上诉。

除权判决具有两方面的法律效力，一是被催告申报权利的票据丧失效力，即持有该票据的利害关系人不能行使票据上的权利。但利害关系人对除权判决有异议的，可以按《民事诉讼法》第 230 条的规定提起诉讼。二是公示催告申请人根据人民法院的判决行使票据上的权利，有权依据人民法院的除权判决向付款人请求付款，付款人不得拒绝支付。根据《解释》第 451 条的规定，判决公告之日起，公示催告申请人有权依据判决向付款人请求付款。付款人拒绝付款，申请人向人民法院起诉，符合民事诉讼法第 122 条规定的起诉条件的，人民法院应予受理。

六、撤销除权判决之诉

当事人和利害关系人对除权判决有异议，既不能提起上诉，也不能提起再审之诉，这对因除权判决而影响其权利的人是不利的。为了保障当事人和所有票据关系人的权益，《民事诉讼法》也作了诉讼补救的规定。《民事诉讼法》第 230 条规定："利害关系人因正当理由不能在作出判决前向人民法院申报权利的，自知道或应当知道判决公告之日起 1 年内，可以向作出判决的人民法院起诉。"超过法定期间，票据利害关系人的诉讼请求不再受法律保护。根据《解释》第 458 条的规定，民事诉讼法第 230 条规定的正当理由，包括：(1)因发生意外事件或者不可抗力致使利害关系人无法知道公告事实的；(2)利害关系人因被限制人身自由而无法知道公告事实，或者虽然知道公告事实，但无法自己或者委托他人代为申报权利的；(3)不属于法定申请公示催告情形的；(4)未予公告或者未按法定方式公告的；(5)其他导致利害关系人在判决作出前未能向人民法院申报权利的客观事由。

利害关系人向人民法院起诉的，人民法院可按票据纠纷适用普通程序审理，将申请人列为被告。利害关系人仅诉请确认其为合法持票人的，人民法院应当在裁判文书中写明，确认利害关系人为票据权利人的判决作出后，除权判决即被撤销。从性质上讲，撤销除权判决之诉属于程序法上的变更之诉。

【思考题】

1. 什么是公示催告程序？其适用范围包括哪些方面？
2. 公示催告程序的特点是什么？
3. 简述除权判决的效力。

【参考文献】

1. 宋朝武主编：《民事诉讼法学》，高等教育出版社 2018 年第 2 版。
2. 田平安主编：《民事诉讼法学》，法律出版社 2015 年版。

Principles of Civil Procedure

民事诉讼法原理

第八编　执行程序

第二十七章　执行程序概述

第二十八章　执行程序的一般规定

第二十九章　执行措施

第三十章　执行过程

第三十一章　对执行过程中特殊情况的处置

第27章 执行程序概述

> [提要] 本章首先概略地界定了执行、执行程序的概念,分析了执行程序与审判程序的关系;其次阐述了民事执行权的性质;最后论述了民事执行的基本原则。

第一节 执行与执行程序

一、执行

(一)执行的概念和特征

执行是指人民法院的执行组织依照法定程序,对生效法律文书中确定的给付内容,运用国家强制力予以实现的行为。根据上述概念,执行具有以下特征:

1. 执行是人民法院执行组织依法实施的职权行为。执行权是人民法院职权的重要组成部分,除法院以外的其他机构一般不享有这样的权力。

2. 执行是一种带有强制性的行为。法院在实施执行行为时,通常要以各种不同的强制措施强迫被执行人履行法律文书中的内容。

3. 执行的内容是生效法律文书中的给付内容。生效法律文书是执行程序开始的前提,没有生效法律文书作为执行依据,执行就不能启动。

4. 执行的程序是法定的。民事执行由一系列的程序规范组成,执行机构以及执行当事人都必须遵循这些规范进行活动,否则执行活动就不会产生相应的法律效果。

(二)执行的条件

根据我国现行民事诉讼法,启动执行必须具备四个条件:

1. 执行以生效法律文书为依据。生效法律文书是执行程序开始的基础,尚未生效的法律文书不能付诸执行。

2. 执行依据必须具有给付内容。生效法律文书必须具有执行性,不具有执行性的法律文书即使已经生效也无须强制执行,这个执行性就是要求法律文书中包含有给付内容,当然这里的给付内容可能是财产也可能是某种行为。

3. 执行必须以负有义务的一方当事人无故拒不履行义务为前提。如果法律文书确定的义务人已经在规定的时间内自动全部履行了法律文书中的义务,或者虽然被执行人没有切实履行法律文书中的义务,确有正当理由,那么执行程序也不能启动。

4. 未超过法定的执行时效。民事诉讼法第222条规定:当事人"申请执行的期间为二年。申请执行时效的中止、中断,适用法律有关诉讼时效中止、中断的规定"。而且"前款规定的期间,从法律文书规定履行期间的最后一日起计算;法律文书规定分期履行的,从规定的每次履行期间的最后一日起计算;法律文书未规定履行期间的,从法律文书生效之日起计算"。超过这一法定期限,执行程序也不能启动。

二、执行程序

执行程序,是指人民法院执行机构、协助执行人以及其他执行当事人进行执行活动必须遵守的法律规范。我国至今尚未制定一部完整而又独立的强制执行法,民事执行程序的法律规范的渊源比较复杂,大致包括以下几个部分:

1. 民事诉讼法总则部分涉及与强制执行相关的规定。例如总则部分关于财产保全和先予执行的规定。

2. 民事诉讼法中的第三编执行程序的规定。这是我国目前执行程序法律规范的主要渊源。

3. 最高人民法院的各种司法解释。例如《解释》中关于民事执行程序的解释,《关于法院执行工作若干问题的规定(试行)》(以下简称《执行规定》)中有79条关于民事执行程序的规定。又如《关于人民法院民事执行中查封、扣押、冻结财产的规定》(以下简称《查扣冻规定》)、《最高人民法院关于人民法院民事执行中拍卖、变卖财产的规定》(以下简称《拍卖、变卖规定》)、《关于民事执行中变更、追加当事人若干问题的规定》(以下简称《变更、追加规定》)、《关于民事执行中财产调查若干问题的规定》(以下简称《执行财产调查规定》)、《关于执行担保若干问题的规定》(以下简称《执行担保规定》)、《关于执行和解若干问题的规定》(以下简称《执行和解规定》)、《关于人民法院办理仲裁裁决执行案件若干问题的规定》(以下简称《仲裁裁决执行规定》)、《关于人民法院办理执行异议和复议案件若干问题的规定》(以下简称《执行异议复议规定》)等解释均是对民事执行程序的细化规定。

4. 其他法律、法规中关于民事执行程序的规定。例如仲裁法、国家赔偿法、行政诉讼法、海事诉讼特别程序法以及我国参加或者缔结的国际条约、国际公约和双边条约中关于民事执行程序的规定。

三、执行程序与审判程序的关系

在我国,执行程序和审判程序都属于民事诉讼程序的有机组成部分,二者既有联系又有区别。执行程序和审判程序都要以民事诉讼法为依据,两个程序相互衔接,功能相辅相成。可以说审判程序是执行程序的前提和根据,执行程序是审判程序的继续和实现。

然而,由于两个程序设置的目的以及自身的功能不同,两个程序的区别也是十分明显的。首先,执行程序的基础是法院的司法执行权,而审判程序的基础则是法院的审判权;其次,执行程序的功能在于实现生效法律文书中确定的给付内容,而审判程序的功能是解决民事纠纷,确认民事实体权利义务关系;第三,执行程序和审判程序的程序内容不同的,执行程序是由多种执行方式和强制措施构成的执行规范,而审判程序是由第一审、第二审以及多种案件的审判程序规范,其中既有审理民事争议案件的各种程序,又有审理非讼案件的各种特别程序。

第二节
民事执行权的性质

民事执行权是民事执行机关(人民法院)采取强制性的执行措施,迫使被执行人履行生效法律文书中的给付义务,实现执行债权人的合法权益的国家公权力。对于民事执行权的性质,理论界和实务界尚未形成统一的认识,一般认为,探讨民事执行权的性质,最重要的是解决两个方面的问题:第一,确定民事执行权的主体,即解决民事执行权的来源问题;第二,明确民事执行权的定位,即解决民事执行权在国家权力结构中的位置问题。只要解决了这两个方面的问题,民事执行权的性质也就相当明晰了。其中,关于民事执行权的主体问题,由于人们普遍认为民事执行权是国家统治权的组成部分,所以对于国家是民事执行权的主体的命题,理论界与实践中基本没有什么争议。但是,关于民事执行权的定位问题,理论界的争议比较大,实践中存在的问题也比较多。关于民事执行权的定位,在我国学术界至少有以下几种不同的观点:

1. 司法权说。民事执行行为也是由法院实施的民事诉讼行为,民事执行行为是一种法院的司法行为,因此民事执行权是法院职权的组成部分,是一种司法权。应该说,这一观点是目前我国学术界的通说。

2. 行政权说。由于执行工作从性质上讲是行政活动,具有确定性、主动性、命令性、强制性的特点,因此执行和审判是两种不同性质的工作,审判工作实施的目的是以裁判的方式确认民事权利义务关系,具有司法权的性质;民事执行固然也有需要裁决的情况,但更重要的是"实施",裁决只是为达到顺利实施目的的一种手段和保障,因此,执行行为在本质上是一种行政行为,民事执行权的主要属性是行政权而不是司法权。

3. 双重属性说。在司法实践中,执行机构既要实施执行措施,又要对执行程序中发生的各种情况作出裁定,据此,关于民事执行权属性的界定,无论是司法权说还是行政权说,都有失偏颇。因此,民事执行权在国家权力定位上具有司法权与行政权的双重属性,在执行程序工作中,司法权与行政权的有机结合构成了强制执行权的有效运行。①

我们认为对执行权的性质的认识,双重属性说较为合理并符合我国的司法实践:执行权兼有司法权和行政权双重性质,既非单纯的司法权,也非单纯的行政权;执行权在构造上由执行裁决权和执行实施权两部分组成,前者属于司法权,后者属于行政权。

强制执行权之所以具有行政因素和行政性质,是因为强制执行的目的在于按照合法、迅速、经济和适当的理念,强制被执行人履行执行依据所确定的给付内容,从事实上实现执行债权人的债权。为此,在执行过程中,执行机构应当依法妥当及时地采取强制执行措施,这种行为即是执行实施行为,该行为所依凭的权力即执行实施权。执行实施行为和执行实施权的作用方式是实施强制执行措施,所处理的事项并非争议性问题,这种行为和权力关系存在于执行机构与被执行人之间,体现为执行机构对被执行人的强制,遵循的是职权进行主义

---

① 参见谭秋桂:《民事执行原理研究》,中国法制出版社 2001 年版,第 45~50 页。

和当事人不平等主义。因此,执行实施行为和执行实施权具有行政性。正因为如此,许多国家和地区将采取强制执行措施的权力赋予具有行政性的机构。

与此同时,强制执行权还具有司法因素和性质。执行机构的执行裁决权和执行裁决行为也属于强制执行权和强制执行行为的范畴,其作用方式是裁决,所处理的事项是执行过程中出现的需要裁决的事项(包括争议性问题),比如是否同意债权人的执行申请和参与分配的申请,以及有关当事人变更、暂缓执行、中止执行程序、终结执行程序、执行异议等,通常需要执行法院予以裁决,体现了司法性。再者,就执行法院制作的执行依据来说,对其强制执行的正当性不仅来源于执行行为的合法性和妥当性,而且也来源于审判行为的正当性,同时从国家权力分工来看,执行行为和审判行为同是实现司法救济的相辅相成的基本手段,由此可见执行裁决权具有司法因素和性质。

总之,民事强制执行权是一种复合权力,在权力的构成上包含了执行裁决权和执行实施权,兼有司法权和行政权双重性质。

第三节
执行的原则

执行程序的基本原则,也可称为民事执行法的基本原则,是指在整个执行程序中对人民法院和当事人起到指导作用的基本准则。该准则能够体现民事执行的基本法理,是统帅民事执行法的总依据,构建民事执行具体程序制度和民事强制执行立法的指导方针。基本原则应当具有拘束性、概括性、抽象性和适用性。长期以来,学理上对我国民事执行的基本原则应当包括哪些存在较大的争议。不过,随着我国特色民事执行模式的形成,可将我国执行程序的基本原则概括为以下几项:

一、执行依法原则

依法执行原则,是指民事执行必须严格按照法律规定的条件、程序和方式进行。执行依法是民事执行程序强制性特点的必然要求。民事执行是利用国家强制力实现私权的程序,其必然要求享有执行权的执行主体应当依法执行,确保公权力恰当行使,保障执行当事人的合法权益,维护法律的权威和社会秩序。依法执行原则有以下三个方面的含义和要求:(1)民事执行必须以生效的法律文书为依据;(2)民事执行必须严格依法定的程序和方式启动、进行和结束;(3)民事执行必须严格依法适用执行措施,不能超过或者违反法律和司法解释规定采取措施强制被执行人履行债务。

二、执行高效原则

执行高效原则,是指民事强制执行应当及时、连续进行,非因法定情形并经法定程序,不得停止。公正与效率是民事执行程序追求的价值,其中,效率是民事执行最高价值追求。在执行程序中,执行机关以最快的速度、最小的成本实现生效法律文书所确定的实体权利,是执行程序的宗旨。执行程序的设置应当提高执行效率,降低执行成本,便于申请执行人行使权利和实现债权。具体而言,执行高效原则体现在设置民事执行体制和机制、实施民事执行时应当注意以下几点:(1)民事执行机关的架构设置与权力配置应当能够体现出执行高效的要求;(2)民事执行程序的设置上,应当注意程序的衔接和高效运作,如执行案件立案审查应当形式审查,停止执行程序的情形应当法定化,执行送达制度和执行周期应当以效率为先进行设置。(3)在执行实施阶段,非依法不得随意停止执行,执行被执行人责任财产时注意考虑变价的难易程度等确定执行顺序;(4)注意运用信息网络技术改进执行程序,提高被执行人财产调查的效率,提高财产变价速度和降低执行成本。

三、执行比例原则

比例原则是公法领域一项基本原则,是制约国家公权力以保护公民宪法所规定的基本权利的一种公法上的基本原则,强调国家公权力的行使,注意目的和手段之间的均衡,手段应当以对公民的损害最小为基本要求,不得为达目的而超出必要的限度。

对于比例原则能否适用于强制执行领域,理论争论较大。否定论认为,比例原则适用于国家权力的实现,即国家与人民的关系领域,对于债权人和债务人之间的关系没有适用的可能性;比例原则不允许牺牲债务人来实现债权,将会降低债务人自动履行债务的可能性;比例原则是不确定概念,具体内容不明确,让执行机关适用可能增加其判断的难度和延缓执行程序的进行。①

肯定论认为,比例原则根源于宪法上的依法治国原则,对于国家公权力的行使,无论是行政、立法还是司法机关都应适用。民事执行是国家公权力介入私法领域,应当避免执行机关权力滥用,执行机关在执行时应当考虑被执行人的财产状况、履行能力、全面保护执行当事人双方合法权益。②

在民事执行程序中,执行机关经常会遇到各种相互利益冲突的利益和价值,执行人员需要在其中进行利益衡量,此时,比例原则作为保障执行权恰当行使的衡量标准实属必要。因而,执行比例原则就是要求民事强制执行应当合理、适当,兼顾当事人之间、当事人和利害关系人之间的合法权益,不得超过实现执行目的所需的必要限度。对此,可以从三个方面判断是否符合执行比例原则:(1)适当性原则,也称为合目的性原则,强调民事执行程序应当合乎执行目的,避免无益执行。执行机关在行使执行权时,注意执行时间、方法、方式、措施的合目的性。例如,对于查封、拍卖标的价值不足以支付相应执行费用、优先债权、税收时,应当禁止无益查封和拍卖。(2)必要性原则,是指执行程序中应选择对被执行人或者利害关系人侵害最小的时间、方法、手段、措施和执行对象。如在确定被执行人责任财产的执行顺序上,要按照责任财产类型、执行难易程度来确定妥当的执行顺序;在查封标的时,要注意不超额查封、拍卖;在执行时间上,德日等国家和地区都有明确限定,我国尚未明确,但执行机关也应当注意善意文明执行,贯彻人权保障和维护公序良俗。(3)衡量性原则,又称狭义的比例原则,是指依强制执行行为所造成损害与其所谋求利益之间应当有合理的比例,不得有过量

---

① 参见姜世明:《民事程序法之发展与宪法原则》,元照出版公司2003年版,第297~298页。
② 参见姜世明:《民事程序法之发展与宪法原则》,元照出版公司2003年版,第299~300页。

而呈现不合比例的关系。例如,执行程序中应当保留被执行人及其所扶养家庭成员生活所必需的物品、生活费用、居住房屋等;拍卖保留价的设定,防止对被执行人财产的贱卖;等等。

对于执行机关违反比例原则的情形,相关权利人可以通过《民事诉讼法》第232条的规定提出执行异议进行救济。

四、科技执行原则

科技执行是对中国特色执行模式的一个概括,是指在尊重当事人隐私、保障信息安全的前提下,在民事强制执行活动中广泛应用现代化科学技术,推进执行与科技融合发展,提高现代化水平。近年来,执行工作取得了历史性成就,可以说,科学技术对此发挥了重大的支撑性作用。目前,执行工作与信息化结合尤为密切,被执行人的个人信息、财产形态,乃至行踪轨迹都越来越多地以数字化信息的方式展现。信息化时代呼唤信息化的执行手段和管理手段。面对这些纷繁复杂、稍纵即逝的数字化信息,以往登门临柜式的执行手段发挥的作用越来越小。为此,执行机关建立起相应的信息化平台。一是执行信息化系统建设,实现以执行指挥中心综合管理平台为核心,以四级法院统一的办案系统和执行公开系统为两翼,以网络查控、评估拍卖、信用惩戒、执行委托等多个执行办案辅助系统为子系统的执行信息化系统全面应用。二是强化全国执行指挥系统建设,确保统一管理、统一指挥、统一协调的执行工作机制有效运行,不断强化指挥中心在执行调度、指挥管理、考核决策分析等工作中的枢纽作用,实现执行管理扁平化、集约化、可视化、规范化、智慧化。三是加强智慧执行建设,借助信息化手段强化同级法院之间的协同配合,例如委托执行管理系统等。

可以说,科技执行已经深刻影响到我国执行程序或者成为我国执行程序的标签,未来民事强制执行法制定、执行体制的改革都要以科技执行为指导。执行工作将进一步强化科技支撑,广泛应用信息技术、人工智能技术、区块链技术等现代科技,提高执行工作的效率、透明性、便捷性和可接受性,丰富中国特色执行模式的内涵。[①]

【思考题】

1. 简述执行的概念及条件。
2. 执行应当遵循哪些原则?

【参考文献】

1. 常怡主编:《民事诉讼法学》,中国政法大学出版社2021年版。
2. 杨荣馨主编:《民事诉讼原理》,法律出版社2004年版。
3. 黄金龙:《关于人民法院执行工作若干问题的规定实用解析》,中国法制出版社2000年版。
4. 谭秋桂:《民事执行原理研究》,中国法制出版社2001年版。
5. 李浩主编:《强制执行法》,厦门大学出版社2005年版。
6. 张卫平:《民事诉讼法》,法律出版社2019版。

---

① 邵长茂:《论制定一部现代化的民事强制执行法》,载《法律适用》2019年第11期。

第28章 执行程序的一般规定

> [提要] 本章的内容主要包括:(1)执行主体的设置与范围,执行当事人的追加和变更、执行标的的范围;(2)执行依据的种类,执行管辖;(3)妨害执行行为的制裁方法;(4)执行救济的体系。

第一节 执行机构

一、执行机构

执行主体即执行机构,是指在人民法院内部设置的,专门负责执行的工作机构。在法院内部具体称为执行局和执行庭。

(一)执行机构的设置

《民事诉讼法》第235条规定:"执行工作由执行员进行。采取强制执行措施时,执行员应当出示证件。执行完毕后,应当将执行情况制作笔录,由在场的有关人员签名或者盖章。人民法院根据需要可以设立执行机构。"《人民法院组织法》第41条规定:"地方各级人民法院设执行员,办理民事案件判决和裁定的执行事项,办理刑事案件判决和裁定中关于财产部分的执行事项。"《执行规定》第1条要求:"人民法院根据需要,依据有关法律的规定,设立执行机构,专门负责执行工作。"最高人民法院于1996年4月召开的第一次全国法院执行工作会议,明确肯定了应从机构上来确立审执分离制度。这次会议要求全国各级法院应当在1997年4月底前全部做到审执分离。可以说,审执分离在立法和观念上已经得到解决。

人民法院实行审执分离,由人民法院内部专门的执行机构从事执行工作,主要基于以下理由:

1. 执行工作与审判工作的差异

审判和执行是两种性质完全不同的诉讼活动。审判是人民法院在双方当事人及一切诉讼参与人的参加下,按照一定的程序查明事实,确认民事实体权利义务关系,解决纠纷的活动。这种活动要充分发挥当事人的主动性,在起诉、受理、辩论、质证过程中当事人的处分权都起着十分重要的作用,当事人主义的特征十分明显。而执行工作是执行机构以国家的强制力实现生效法律文书中的给付内容,在这个阶段法院并不解决纠纷,执行措施的实施、执行程序的运作处处体现了法院职权的支配性。由于审判和执行具有上述明显的程序差异,因此两种工作要求的法官业务素质和专业知识也是不同的,这是审执分离最直接的原因。

2. 我国执行工作的具体情况

我国是一个实行单一制国体的大国,执行案件跨地区、跨省市的较多,当事人恶意逃债、隐匿财产、对抗执行的较多,执行难的情况普遍存在而且成为我国人民法院的头号难题,如果审执不分,没有一个专门的执行机构办理执行案件,执行难的问题就更难解决。另外,在我国外地法院委托执行和协助执行的案件也较多,这也为法院成立一个独立的执行机构提出了要求。

审执分离原则也有其弊端,在司法实践中,审判和执行脱节、审执不能兼顾的现象也是十分普遍的,因此法律在强调审执分离的同时,也没有绝对地要求审执分离。例如《执行规定》第4条规定:"人民法庭审结的案件,由人民法庭负责执行。其中复杂、疑难或被执行人不在本法院辖区的案件,由执行机构负责执行。"再如,我国台湾地区的"民事强制执行法"规定:民事执行事务专属地方法院民事执行处办理。高等法院和"最高法院"只负责审判工作,不负责执行工作。而民事执行处的工作,系由专任的执行法官和书记官办理。在执行事务不多而且比较简单的法院,可以由法院院长根据法院内部的事务分配,指定民事法庭的法官及书记官兼办执行,不必另设专任的执行法官和书记官。

(二)执行机构的职权范围

根据《民事诉讼法》、《执行规定》和执行实践,各级人民法院执行机构的职权范围如下:

1. 基层人民法院执行组织的职权范围包括:(1)由本院制作的发生法律效力的判决书、裁定书、调解书、支付令,以及本院审判庭移送的执行案件;(2)二审人民法院制作的终审判决、裁定和调解书,执行债权人申请法院执行的案件;(3)仲裁机构制作的裁决书发生法律效力后,一方当事人逾期不履行的,对方当事人依照法律规定向人民法院申请执行的案件;(4)公证机关作出的依法赋予强制执行效力的债权文书,一方当事人逾期不履行,对方当事人依法向人民法院申请执行的案件;(5)行政机关依法作出的处罚决定,对方当事人逾期不起诉也不履行,行政机关依法申请人民法院强制执行的案件;(6)外地人民法院委托执行的案件;(7)上级人民法院交办执行的案件;(8)法律规定的其他执行案件。

2. 中级人民法院执行组织的职权范围包括:(1)由本院作为一审作出的并已发生法律效力的判决书、裁定书、调解书,执行债权人申请法院执行的案件;(2)高级法院制作的终审判决书、裁定书和调解书,执行债权人申请法院执行的案件;(3)当事人依法申请执行外国法院作出的发生法律效力的判决书、裁定书的案件;(4)当事人依法申请执行的我国涉外仲裁机构裁决的案件;(5)上级法院交办的执行案件;(6)专利纠纷案件的执行由省会所在市中级人民法院执行庭受理。

3. 高级人民法院执行组织的职权范围包括:(1)由本院作为一审作出的并已发生法律效力的判决书、裁定书、调解书,执行债权人申请法院执行的案件;(2)最高人民法院制作的终审判决书、裁定书和调解书,执行债权人申请法院执行的案件;(3)最高人民法院交办执行的案件。

第二节 执行当事人

一、执行当事人的概念

执行当事人包括执行程序中的债权人和债务人,具体而言指法院判决、裁定、仲裁裁决等具有给付内容的执行依据上所载明的债权人与债务人。其中,主动申请启动执行程序的债权人为申请执行人,债务人也称为被执行人。需要明确,执行依据上所载明的权利并不仅仅限于民法上的债权,还包括物权法中的物上请求权、身份法上的请求权和公法上的请求权。因此,强制执行法上的执行债权人与债务人概念,与民法上的债权人与债务人概念并不完全相同。当前我国民诉法中对于执行当事人的称谓并不统一,强制执行立法中应当注意上下位概念的明确。

二、执行当事人资格的确定

(一)执行当事人的确定依据

在实行执行文制度的德日等大陆法系国家,执行当事人的确定是强制执行开始的法定条件,因此执行当事人的确定具有重要意义。我国民诉法从便捷利民的角度出发,未采用执行文制度和执行正本制度,确定执行程序中债权人与债务人的最主要方式是执行依据的记载。我国《执行规定》第 18 条的表述为"申请执行书""生效法律文书的副本""申请执行人的身份证明""权利继受的证明文件"等,可见执行依据是债权人申请执行的主要证明文件。在具体操作中,执行机关以生效的法律文书(执行依据)为主要标准,结合当事人、利害关系人提供或者执行机关调查的证据材料,同时辅之以调卷审查,因此,卷宗以及卷宗之外的事实证据是执行法院确定执行方式人的辅助标准。

(二)执行当事人适格

在具体的强制执行案件中,具有执行债权人或债务人的资格,可以为其实施执行行为或对其实施执行行为的执行当事人,称为适格的执行当事人。强制执行以实现执行依据所载明的债权人请求权为目的,执行当事人适格属于执行依据的对人效力范畴,与执行依据的执行力所及范围相关,也称为"执行力的主观范围"。我国《民事诉讼法》对执行依据的效力及执行力的主观范围未作出相关规定。

执行当事人适格的范围主要解决两个问题:

1. 执行力主观范围与既判力主观范围的关系

针对二者的关系,理论上有"相同说"和"不同说"两种观点。"相同说"认为,既判力的主观范围与执行力主观范围是一致的,确定执行当事人适格的范围必须以既判力主观范围的射程为准。[①] "不同说"认为,执行力与既判力是两种不同的制度:既判力对双方当事人均有

---

① 参见陈荣宗:《强制执行法》,台北:三民书局,2000 年修订新版,第 47 页。

作用,但执行力主要是针对败诉的被告而言,至于胜诉原告则拥有强制执行请求权,在没有法律明文规定的情况下不得任意转让、放弃。因此,在确定执行力主观范围时不宜简单以既判力主观范围为限。① 本书认可"不同说"的观点。具体而言,执行机构据以执行的执行依据不仅包括人民法院作出的终局裁判,还包括仲裁机构、公证机构等作出的生效法律文书,即并非所有执行依据均具有既判力,因此既判力主观范围的理论不足以解释执行力主观范围的问题。

2. 执行当事人适格的范围界定

为了应对执行依据所确定的权利义务人在执行实践中变化的情形,有必要在坚持"既判力相对性原则"的前提下,允许将执行当事人适格的范围扩大至执行依据所指明的当事人以外的民事主体。根据扩张的原因不同,理论上生效法律文书执行力主观范围的扩张包括两个层次:一是与既判力扩张的主观范围相同的主观范围;二是在既判力扩张的主观范围之外扩张的主观范围。换言之,执行力扩张的主观范围大于既判力扩张的主观范围。

德日韩等大陆法系国家以及我国台湾地区在其强制执行立法中均对执行力扩张的范围作出了明文规定,内容大致相同,即向当事人的继受人、为当事人或其继受人利益占有请求之标的物的人和诉讼担当时的被担当人扩张。

三、执行当事人的变更和追加

执行依据的效力原则上只及于生效法律文书所确定的权利人和义务人,但是,基于债的可移转性以及生效法律文书效力的扩张性等实体上和程序上的原因,生效法律文书确定的权利人和义务人之外的主体,也可能进入执行程序成为执行当事人,此即执行当事人的变更或者追加。

(一)申请执行人的变更或者追加

《变更、追加规定》第2条至第9条规定了申请执行人变更或者追加的几种情形,一般而言是在权利内容不变但权利主体发生变更的情况下形成的。主要包括:作为申请执行人的自然人死亡、被宣告死亡或者被宣告失踪,离婚时生效法律文书确定的权利全部或者部分分割给其配偶,法人或者其他组织终止、合并、分立,法人或其他组织清算或者破产时生效法律文书确定的权利依法分配给第三人、机关法人被撤销,申请执行人将生效法律文书确定的债权依法转让给第三人等。

(二)被执行人的变更或者追加

被执行人的变更或追加是指基于法定原因,生效法律文书确定的被执行人之外的主体进入执行程序,代替生效法律文书确定的被执行人或者与其共同履行生效法律文书确定的义务。《变更、追加规定》第10条至第25条规定了被执行人变更或者追加的具体情形,主要包括:自然人死亡、被宣告死亡或者被宣告失踪,法人或者非法人组织因合并而终止,法人或者非法人组织分立,个人独资企业、合伙企业、法人分支机构以及前三者之外的其他组织不

---

① 参见许士宦:《诉讼系属后之继受人与执行力的扩张》,载杨与龄主编:《强制执行法争议问题研究》,五南图书出版公司2000年版。

能清偿生效法律文书确定的债务,股东、出资人未缴纳、未足额缴纳或者抽逃出资或者未依法履行出资义务即转让股权,一人有限责任公司的财产不足以清偿生效法律文书确定的债务,未经清算即办理公司注销登记导致无法进行清算,股东、出资人或者主管部门无偿接受法人或者非法人组织的财产,第三人在法人或者非法人组织未经依法清算即办理注销登记时书面承诺对被执行人的债务承担清偿责任,第三人向执行法院书面承诺自愿代被执行人履行生效法律文书确定的债务,第三人根据无偿调拨、划转财产的行政命令取得被执行人的财产等情形。

(三)执行当事人变更或者追加的程序

1. 提出申请。根据《变更、追加规定》的规定,申请人申请变更、追加执行当事人,应当向执行法院提交书面申请及相关证据材料。

2. 审查与裁定。除事实清楚、权利义务关系明确、争议不大的案件外,执行法院应当组成合议庭审查并公开听证。经审查,理由成立的,裁定变更、追加;理由不成立的,裁定驳回。执行法院应当自收到书面申请之日起 60 日内作出裁定。有特殊情况需要延长的,由本院院长批准。

3. 财产保全。执行法院审查变更、追加被执行人申请期间,申请人申请对被申请人的财产采取查封、扣押、冻结措施的,执行法院应当参照诉讼财产保全的规定办理。申请执行人在申请变更、追加第三人前,向执行法院申请查封、扣押、冻结该第三人财产的,执行法院应当参照诉前财产保全的规定办理。

(四)执行当事人变更或者追加的救济

被申请人、申请人或其他执行当事人对执行法院作出的变更、追加裁定或驳回申请裁定不服的,可以自裁定书送达之日起 10 日内向上一级人民法院申请复议,但依据规定应当提起诉讼的除外。上一级人民法院对复议申请应当组成合议庭审查,并自收到申请之日起 60 日内作出复议裁定。有特殊情况需要延长的,由本院院长批准。被裁定变更、追加的被申请人申请复议的,复议期间,人民法院不得对其争议范围内的财产进行处分。申请人请求人民法院继续执行并提供相应担保的,人民法院可以准许。

被申请人或申请人对执行法院依据《变更、追加规定》第 14 条第 2 款、第 17 条至第 21 条规定作出的变更、追加裁定或驳回申请裁定不服的,可以自裁定书送达之日起 15 日内,向执行法院提起执行异议之诉。被申请人提起执行异议之诉的,以申请人为被告。申请人提起执行异议之诉的,以被申请人为被告。

被申请人提起的执行异议之诉,人民法院经审理,按照下列情形分别处理:(1)理由成立的,判决不得变更、追加被申请人为被执行人或者判决变更责任范围。(2)理由不成立的,判决驳回诉讼请求。诉讼期间,人民法院不得对被申请人争议范围内的财产进行处分。申请人请求人民法院继续执行并提供相应担保的,人民法院可以准许。申请人提起的执行异议之诉,人民法院经审理,按照下列情形分别处理:(1)理由成立的,判决变更、追加被申请人为被执行人并承担相应责任或者判决变更责任范围;(2)理由不成立的,判决驳回诉讼请求。

第三节
执行依据

执行依据是指执行机关据以强制执行的各类法律文书的总称。在德国和我国台湾地区称为执行名义,日本称为债务名义。在英美法系国家则称为执行令状。没有执行的依据,法院不能启动执行程序,采取强制措施。在执行过程中,执行依据被依法撤销的,法院应当立即终结执行;对于已执行完毕的案件,还应当执行回转,将执行标的恢复到执行前的状态。

(一)执行依据的条件

作为执行依据的生效法律文书应当具备形式要件和实质要件。形式要件主要包括:(1)必须是法律规定可以强制执行的法律文书,也就是说执行依据具有可执行性,也即法律文书包含有给付内容;(2)该法律文书必须明确载明了执行债权人和被执行人,即执行双方当事人;(3)该法律文书必须明确表明了应该执行的范围、事项或具体内容;(4)该法律文书必须是已经确定的,即已经生效的。

实质要件主要包括:(1)作为执行依据的法律文书必须具有确定、合法的和可能执行的(执行标的属于财产或者行为)给付内容;(2)义务人在法律文书规定的期限内没有履行执行债务或者其拒不履行执行债务。

(二)执行依据的种类

《执行规定》第 2 条规定:"执行机构负责执行下列生效法律文书:(1)人民法院民事、行政判决、裁定、调解书,民事制裁决定、支付令,以及刑事附带民事判决、裁定、调解书,刑事裁判涉财产部分;(2)依法应由人民法院执行的行政处罚决定、行政处理决定;(3)我国仲裁机构作出的仲裁裁决和调解书;人民法院依据《中华人民共和国仲裁法》有关规定作出的财产保全和证据保全裁定;(4)公证机关依法赋予强制执行效力的债权文书;(5)经人民法院裁定承认其效力的外国法院作出的判决、裁定,以及国外仲裁机构作出的仲裁裁决;(6)法律规定由人民法院执行的其他法律文书。"对于这六类执行依据,可分为以下三类:

1. 人民法院制作的生效法律文书

人民法院制作的生效法律文书包括以下三类:

(1)人民法院制作的具有给付内容的民事判决书、裁定书、调解书和支付令。这类法律文书来自三个途径:一是本院民事审判庭和经济审判庭制作的判决书、裁定书、调解书和支付令;二是外地法院委托执行的判决书、裁定书和调解书;三是上级人民法院指令执行的判决书、裁定书和调解书。

(2)人民法院制作的发生法律效力并具有给付内容的刑事判决书和裁定书、调解书。根据刑事诉讼法的规定,刑事诉讼中的被害人由于被告人的犯罪行为而遭受物质损失的,有权提起刑事附带民事诉讼。如果国家、集体财产遭受损失的,人民检察院在必要的时候,可以查封或者扣押被告人财产。在这些情况下,人民法院作出的具有财产执行内容的刑事判决书、裁定书以及自诉刑事案件中当事人的调解协议书,都会成为执行的依据。

(3)人民法院制作的发生法律效力并具有给付内容的行政判决书和裁定书。《行政诉讼法》第94条、第95条规定:当事人必须履行人民法院发生法律效力的判决、裁定、调解书。公民、法人或者其他组织拒绝履行判决、裁定、调解书的,行政机关或者第三人可以向第一审人民法院申请强制执行,或者由行政机关依法强制执行。由此可见,行政案件的执行权是由人民法院和行政机关分享的。行政机关自己具有强制执行权的,可以由行政机关自行执行。没有强制执行权的,则由人民法院执行。

最高人民法院《关于审理行政赔偿案件若干问题的规定》第30条规定:"人民法院审理行政赔偿案件在坚持合法、自愿的前提下,可以就赔偿范围、赔偿方式和赔偿数额进行调解。调解成立的,应当制作行政赔偿调解书。"第36条规定:"发生法律效力的行政赔偿判决、裁定或调解协议,当事人必须履行。一方拒绝履行的,对方当事人可以向第一审人民法院申请执行"。

2. 其他机关或者组织制作的生效法律文书

其他机关或者组织制作的生效法律文书包括以下三类:

(1)依法应由人民法院执行的行政处罚决定书、行政处理决定书。

《行政诉讼法》第97条规定:公民、法人或者其他组织对行政行为在法定期间不提起诉讼又不履行的,行政机关可以申请人民法院强制执行,或者依法强制执行。

(2)国内仲裁机构制作的具有给付内容的仲裁裁决书和调解书,以及仲裁过程中的财产保全和证据保全裁定。

《民事诉讼法》第244条规定:"对依法设立的仲裁机构的裁决,一方当事人不履行的,对方当事人可以向有管辖权的人民法院申请执行。受申请的人民法院应当执行。"《仲裁法》第62条规定:当事人应当履行裁决。一方当事人不履行裁决的,"另一方当事人可以依照民事诉讼法的有关规定向人民法院申请执行"。受申请的人民法院应当执行。关于仲裁过程中的财产保全问题,《仲裁法》第28条第1款、第2款规定:"一方当事人因另一方当事人的行为或者其他原因,可能使裁决不能执行或者难以执行的,可以申请财产保全。当事人申请财产保全的,仲裁委员会应当将当事人的申请依照民事诉讼法的有关规定提交人民法院。"关于仲裁过程中的证据保全问题,《仲裁法》第46条规定:"在证据可能灭失或者以后难以取得的情况下,当事人可以申请证据保全。当事人申请证据保全的,仲裁委员会应当将当事人的申请提交证据所在地的基层人民法院。"

(3)公证机关制作的依法赋予强制执行效力的债权文书。

公证处是国家的证明机关,统一行使公证权。公证机关的业务比较广泛,其中一项就是办理证明有强制执行效力的债权文书。《民事诉讼法》第245条规定:"对公证机关依法赋予强制执行效力的债权文书,一方当事人不履行的,对方当事人可以依法向有管辖权的人民法院申请执行,受申请的人民法院应当执行。公证债权文书确有错误的,人民法院裁定不予执行,并将裁定书送达双方当事人和公证机关。"据此,应当认为,对经公证证明赋予强制执行效力的债权文书,债务人若不履行,对方当事人可以向被执行人住所地或者被执行的财产所在地的人民法院申请强制执行。

3. 人民法院制作的承认和执行外国法院判决或仲裁机构仲裁裁决的裁定书

根据国家主权原则,任何国家法院的判决和仲裁机构的裁决,原则上只能在该国领域内产生法律效力,而没有域外效力,法院地国的判决或者仲裁机构的裁决需要执行时必须请求有关争议标的地国法院予以承认并协助执行。为了扩大我国同外国的贸易往来,使外国投资者和外国经济贸易商对他们在外国可能获得的胜诉裁决能够在我国得到承认及执行,为使我国仲裁裁决得以在外国得到承认及执行,全国人大常委会于1986年12月2日通过了《关于我国加入〈承认及执行外国仲裁裁决公约〉的决定》。参加公约后,我国承担了承认及执行各缔约国仲裁裁决的义务,我国的仲裁裁决在140多个缔约国得到承认及执行。

第四节
执行管辖

执行案件的管辖,是指根据法律规定,在人民法院系统内部,划分各级人民法院和同级人民法院之间受理执行案件的分工和权限。

关于执行管辖,我国《民事诉讼法》和《执行规定》及有关司法解释都作了规定。《民事诉讼法》第231条规定:"发生法律效力的民事判决、裁定,以及刑事判决、裁定中的财产部分,由第一审人民法院或者与第一审人民法院同级的被执行的财产所在地人民法院执行。法律规定由人民法院执行的其他法律文书,由被执行人住所地或者被执行的财产所在地人民法院执行。"《解释》第460条规定,发生法律效力的实现担保物权裁定、确认调解协议裁定、支付令,由作出裁定、支付令的人民法院或者与其同级的被执行财产所在地的人民法院执行。认定财产无主的判决,由作出判决的人民法院将无主财产收归国家或者集体所有。

《执行规定》第10条至第17条也详细规定了人民法院的执行管辖问题。下文依据执行依据的不同种类对执行管辖作如下分类:

(1)人民法院制作的生效法律文书,由第一审人民法院或者与第一审人民法院同级的被执行的财产所在地人民法院执行。

(2)其他机关或者组织制作的生效法律文书,由被执行人住所地或者被执行的财产所在地的人民法院执行。级别管辖,参照各地法院受理诉讼案件的级别管辖的规定确定。

(3)在国内仲裁过程中,当事人申请财产保全,经仲裁机构提交人民法院的,由被申请人住所地或被申请保全的财产所在地的基层人民法院裁定并执行;申请证据保全的,由证据所在地的基层人民法院裁定并执行。在涉外仲裁过程中,当事人申请财产保全,经仲裁机构提交人民法院的,由被申请人住所地或被申请保全的财产所在地的中级人民法院裁定并执行;申请证据保全的,由证据所在地的中级人民法院裁定并执行。

(4)专利管理机关依法作出的处理决定和处罚决定,由被执行人住所地或财产所在地的省、自治区、直辖市有权受理专利纠纷案件的中级人民法院执行;国务院各部门,各省、自治区、直辖市人民政府和海关依照法律、法规作出的处理决定和处罚决定,由被执行人住所地或财产所在地的中级人民法院执行。

(5)人民法院制作的承认和执行外国法院判决或仲裁机构仲裁裁决的裁定,由被执行人住所地或者被执行的财产所在地的中级人民法院执行。

对于执行过程中出现的一些特殊情况,根据《执行规定》第13条至第15条的规定,依据如下程序解决：

(1) 两个以上人民法院都有执行管辖权的，当事人可以向其中一个人民法院申请执行；当事人向两个以上人民法院申请执行的，由最先立案的人民法院管辖。

(2) 人民法院之间因执行管辖权发生争议的，由双方协商解决；协商不成的，报请双方共同的上级人民法院指定管辖。

(3) 基层人民法院和中级人民法院管辖的执行案件，因特殊情况需要由上级人民法院执行的，可以报请上级人民法院执行。

第五节 对妨害执行行为的制裁

妨害执行行为，是指执行当事人、其他诉讼参与人或案外人实施的对法院执行活动造成妨碍的行为。

一、妨害执行行为的种类

根据《执行规定》第 57 条规定，妨害执行行为主要有以下几种情形：

(1) 隐藏、转移、变卖、毁损向人民法院提供执行担保的财产的；

(2) 案外人与被执行人恶意串通转移被执行人财产的；

(3) 故意撕毁人民法院执行公告、封条的；

(4) 伪造、隐藏、毁灭有关被执行人履行能力的重要证据，妨碍人民法院查明被执行人财产状况的；

(5) 指使、贿买、胁迫他人对被执行人的财产状况和履行义务的能力问题作伪证的；

(6) 妨碍人民法院依法搜查的；

(7) 以暴力、威胁或其他方法妨碍或抗拒执行的；

(8) 哄闹、冲击执行现场的；

(9) 对人民法院执行人员或协助执行人员进行侮辱、诽谤、诬陷、围攻、威胁、殴打或者打击报复的；

(10) 毁损、抢夺执行案件材料、执行公务车辆、其他执行器械、执行人员服装和执行公务证件的。

二、对妨害执行行为的制裁

对妨害执行行为的制裁，是指人民法院对妨害执行的行为人采取的制裁措施，其目的是保证人民法院执行的顺利进行。妨害执行的行为从本质上也属于妨害诉讼的行为，因此总则部分对妨害民事诉讼的强制措施对执行程序同样适用。目前，对妨害执行行为的制裁措施包括拘传、罚款、拘留和对被执行人的限制措施。

其中，对被执行人的限制措施主要是指限制出境、征信系统记录和媒体公告债务人信息等。为了强化促使当事人履行判决裁定的措施，《民事诉讼法》规定了几种执行辅助措施，即限制出境、征信系统记录和媒体公告债务人信息制度等。《民事诉讼法》第262条规定:"被执行人不履行法律文书确定的义务的,人民法院可以对其采取或者通知有关单位协助采取限制出境,在征信系统记录、通过媒体公布不履行义务信息以及法律规定的其他措施。"《解释》第516条规定,被执行人不履行法律文书确定的义务的,人民法院除对被执行人予以处罚外,还可以根据情节将其纳入失信被执行人名单,将被执行人不履行或者不完全履行义务的信息向其所在单位、征信机构以及其他相关机构通报。这些措施使民事执行制度更为完备,对被执行人的威慑效果更为明显。

此外,在执行过程中遇有被执行人或其他人拒不履行生效法律文书或者妨害执行情节严重,需要追究刑事责任的,应将有关材料移交有关机关处理。

第六节
执行救济

一、执行行为异议和复议

(一)执行行为异议的概念

所谓执行行为异议,是指当事人、利害关系人认为已实施的执行行为违反法律规定的,通过异议加以救济的制度。《民事诉讼法》第232条规定:"当事人、利害关系人认为执行行为违反法律规定的,可以向负责执行的人民法院提出书面异议。当事人、利害关系人提出书面异议的,人民法院应当自收到书面异议之日起十五日内审查,理由成立的,裁定撤销或者改正;理由不成立的,裁定驳回。当事人、利害关系人对裁定不服的,可以自裁定送达之日起十日内向上一级人民法院申请复议。"

(二)执行行为异议的条件

1. 提出异议的主体是当事人、利害关系人。"当事人"既包括申请执行人,也包括被执行人,不限于执行依据载明的主体。被变更、追加为当事人者,仍为此处之当事人。"利害关系人"指当事人之外,因强制执行法律权益受损的其他主体。

2. 提出异议的时间应当是执行程序开始后,执行程序终结之前,对终结执行措施提出异议的除外。《最高人民法院关于人民法院办理执行异议和复议案件若干问题的规定》(以下简称《执行异议复议规定》)第6条第1款规定:"当事人、利害关系人依照《民事诉讼法》第232条规定提出异议的,应当在执行程序终结之前提出,但对终结执行措施提出异议的除外。"

3. 提出异议应当采取书面的方式,并提供相应的证据。《执行异议复议规定》第1条规定:"异议人提出执行异议或者复议申请人申请复议,应当向人民法院提交申请书。申请书应当载明具体的异议或者复议请求、事实、理由等内容,并附下列材料:(一)异议人或者复议申请人的身份证明;(二)相关证据材料;(三)送达地址和联系方式。"

4. 异议的内容为执行行为违反执行程序规则。

（三）执行行为异议的审查和处理

1. 执行行为异议的立案受理。根据《执行异议复议规定》，执行异议符合《民事诉讼法》第232条（执行行为异议）或者第234条（执行标的异议）规定条件的，人民法院应当在三日内立案，并在立案后三日内通知异议人和相关当事人。不符合受理条件的，裁定不予受理；立案后发现不符合受理条件的，裁定驳回申请。执行异议申请材料不齐备的，人民法院应当一次性告知异议人在三日内补足，逾期未补足的，不予受理。异议人对不予受理或者驳回申请裁定不服的，可以自裁定送达之日起十日内向上一级人民法院申请复议。上一级人民法院审查后认为符合受理条件的，应当裁定撤销原裁定，指令执行法院立案或者对执行异议进行审查。执行法院收到执行异议后三日内既不立案又不作出不予受理裁定，或者受理后无正当理由超过法定期限不作出异议裁定的，异议人可以向上一级人民法院提出异议。上一级人民法院审查后认为理由成立的，应当指令执行法院在三日内立案或者在十五日内作出异议裁定。对同一执行行为有多个异议事由，但未在异议审查过程中一并提出，撤回异议或者被裁定驳回异议后，再次就该执行行为提出异议的，人民法院不予受理。

2. 执行行为异议案件的审查。人民法院对执行异议和实行书面审查。案情复杂、争议较大的，应当进行听证。人民法院审查执行异议案件，应当依法组成合议庭。指令重新审查的执行异议案件，应当另行组成合议庭。办理执行实施案件的人员不得参与相关执行异议案件的审查。

3. 执行行为异议案件的处理。人民法院对执行行为异议，应当按照下列情形，分别处理：(1)异议不成立的，裁定驳回异议；(2)异议成立的，裁定撤销相关执行行为；(3)异议部分成立的，裁定变更相关执行行为；(4)异议成立或者部分成立，但执行行为无撤销、变更内容的，裁定异议成立或者相应部分异议成立。

（四）执行复议

执行复议包括两种，第一种是对特定执行行为的救济，例如不予执行公证债权文书、限制出境，当事人可以直接向上一级法院提出复议等。第二种是作为对执行行为异议的救济。

1. 申请执行复议的形式。为防止滥用复议权，与执行异议相同，申请复议应当采用书面形式。

2. 执行复议的提出时限。对执行行为异议裁定不服的，可以自裁定送达之日起十日内向上一级人民法院申请复议。被限制出境的人认为对其限制出境错误的，自收到限制出境决定之日起十日内向上一级人民法院申请复议。不服驳回不予执行公证债权文书申请的裁定的，可以自收到裁定之日起十日内向上一级人民法院申请复议。

3. 复议程序。复议程序须注意以下几点：一是复议程序的审查规则。人民法院对复议案件实行书面审查。案情复杂、争议较大的，应当进行听证。人民法院审查复议案件，应当依法组成合议庭。办理执行实施案件的人员不得参与相关复议案件的审查。二是法院对复议的处理方式。(1)异议裁定认定事实清楚，适用法律正确，结果应予维持的，裁定驳回复议申请，维持异议裁定；(2)异议裁定认定事实错误，或者适用法律错误，结果应予纠正的，裁定撤销或者变更异议裁定；(3)异议裁定认定基本事实不清、证据不足的，裁定撤销异议裁定，发回作出裁定的人民法院重新审查，或者查清事实后作出相应裁定；(4)异议裁定遗漏异议请求或者存在其他严重违反法定程序的情形,裁定撤销异议裁定,发回作出裁定的人民法院重新审查;(5)异议裁定对应当适用民事诉讼法第234条规定审查处理的异议,错误适用民事诉讼法第232条规定审查处理的,裁定撤销异议裁定,发回作出裁定的人民法院重新作出裁定。三是复议对执行程序的影响。复议期间,不停止执行。

二、执行标的异议与执行异议之诉

执行标的异议与执行异议之诉制度的目的就在于让那些认为因执行行为而致自己实体权益遭受侵害的案外人能够获得司法救济。《民事诉讼法》第234条规定:"执行过程中,案外人对执行标的提出书面异议的,人民法院应当自收到书面异议之日起十五日内审查,理由成立的,裁定中止对该标的的执行;理由不成立的,裁定驳回。案外人、当事人对裁定不服,认为原判决、裁定错误的,依照审判监督程序办理;与原判决、裁定无关的,可以自裁定送达之日起十五日内向人民法院提起诉讼。"因此,我国目前的执行标的异议与执行异议之诉制度由二阶段构成:第一阶段,案外人根据《民事诉讼法》第234条提出书面异议,此时与执行行为异议同属"执行异议",程序规范基本一致。第二阶段,对执行标的异议处理结果不服的,案外人或申请执行人可以提起诉讼,前者提起的通称案外人异议之诉,后者提起的通称申请执行人异议之诉。

(一)执行标的异议的条件

案外人提出异议,必须符合下列条件:

1. 提出异议的主体只能是执行案件之外的有利害关系的人,执行当事人特别是被执行人不能提出执行异议。这里所指的案外人,是指除当事人以外,其法律上的权益因执行行为而受侵害的利害关系人。在执行中,执行债权人和被执行人也可能会对法院执行持有不同意见,比如:被执行人对执行根据不服,认为某些财产属于法律规定不能作为执行对象的范围等等,这不能认为是执行异议。如果执行案件的当事人对执行标的重新主张债权,在我国现行制度中则应按再审程序或其他途径去变更或者撤销执行根据,而不能提出执行异议。大陆法系国家则存在债务人异议之诉制度,允许执行债务人在不提起审判监督程序的前提下,以基准时后发生的实体事由寻求救济。

2. 提出执行异议的时间应当在执行程序开始后,异议指向的执行标的执行终结之前;执行标的由当事人受让的,应当在执行程序终结之前。执行程序尚未开始,不可能发生因强制执行而损害案外人权利,案外人无须提出执行异议;而执行程序结束后,允许案外人提出异议已无意义,如果此时案外人的权利确实受到了损害,他只能寻求别的程序实现权利的救济。

3. 案外人提出异议应当采取书面的方式,并提供相应的证据。

4. 异议的内容为案外人对执行标的之全部或一部拥有所有权或者其他足以排除执行的权利。

5. 案外人不得重复提出异议。案外人撤回异议或者被裁定驳回异议后,再次就同一执行标的提出异议的,人民法院不予受理。

（二）对执行标的异议的审查和处理

1. 案外人同时提出执行标的异议与执行行为异议的，以执行行为异议是否与执行标的异议根据的实体权利相关分情况处理。基于实体权利既对执行标的提出排除执行异议又作为利害关系人提出执行行为异议的，依照《民事诉讼法》第234条规定进行审查。既基于实体权利对执行标的提出排除执行异议又作为利害关系人提出与实体权利无关的执行行为异议的，分别依照《民事诉讼法》第234条和第232条规定进行审查。

2. 执行标的异议与执行行为异议都属执行异议，立案受理及审查规则参见上文执行行为异议的立案受理及审查。

3. 执行标的异议理由不成立的，驳回异议。执行异议理由不成立的，裁定驳回异议。但驳回案外人执行异议裁定送达案外人之日起十五日内，人民法院不得对执行标的进行处分。

4. 执行标的异议理由成立的，裁定中止执行或停止执行。

5. 案外人、当事人对裁定不服，认为原判决、裁定错误的，依照审判监督程序办理。案外人对原判决、裁定、调解书确定的执行标的物主张权利且无法提起新的诉讼解决争议的，可以在判决、裁定、调解书发生法律效力后二年内，或者自知道或应当知道利益被损害之日起三个月内，向作出原判决、裁定、调解书的人民法院的上一级人民法院申请再审。

6. 案外人、当事人对裁定不服，认为与原判决、裁定无关的，可以自裁定送达之日起15日内向人民法院提起诉讼，即异议之诉。

（三）执行异议之诉

执行异议之诉由案外人异议之诉与申请执行人异议之诉组成。

（1）案外人异议之诉

1. 案外人异议之诉的概念。案外人异议之诉是对于执行依据所确定的执行标的提出主张，认为自己对执行标的享有实体上权利，请求法院对实体法律关系进行裁判，实现对标的的强制执行的排除的执行救济方法。

2. 案外人异议之诉的提起。案外人、当事人对执行异议裁定不服，自裁定送达之日起十五日内向人民法院提起执行异议之诉的，由执行法院管辖。案外人提起执行异议之诉，除符合《民事诉讼法》第122条规定外，还应当具备下列条件：第一，案外人的执行异议申请已经被人民法院裁定驳回；第二，有明确的排除对执行标的执行的诉讼请求，且诉讼请求与原判决、裁定无关；第三，自执行异议裁定送达之日起十五日内提起。人民法院应当在收到起诉状之日起十五日内决定是否立案。案外人提起执行异议之诉的，以申请执行人为被告。被执行人反对案外人异议的，被执行人为共同被告；被执行人不反对案外人异议的，可以列被执行人为第三人。

3. 案外人异议之诉的处理。对案外人提起的执行异议之诉，人民法院经审理，按照下列情形分别处理：第一，案外人就执行标的享有足以排除强制执行的民事权益的，判决不得执行该执行标的；第二，案外人就执行标的不享有足以排除强制执行的民事权益的，判决驳回诉讼请求。案外人同时提出确认其权利的诉讼请求的，人民法院可以在判决中一并作出裁判。

对案外人执行异议之诉,人民法院判决不得对执行标的执行的,执行异议裁定失效。

(2)申请执行人异议之诉

1. 申请执行人异议之诉的概念。对于案外人提出的执行异议,法院认为理由成立,裁定中止执行或停止执行时,申请执行人也可以提出执行异议之诉,此即申请执行人异议之诉。

2. 申请执行人异议之诉的提起。除符合民事诉讼法第122条规定外,还应当具备下列条件:第一,依案外人执行异议申请,人民法院裁定中止执行;第二,有明确的对执行标的继续执行的诉讼请求,且诉讼请求与原判决、裁定无关;第三,自执行异议裁定送达之日起十五日内提起。人民法院应当在收到起诉状之日起十五日内决定是否立案。申请执行人提起执行异议之诉的,以案外人为被告。被执行人反对申请执行人主张的,以案外人和被执行人为共同被告;被执行人不反对申请执行人主张的,可以列被执行人为第三人。

3. 申请执行人异议之诉的处理。对申请执行人提起的执行异议之诉,人民法院经审理,按照下列情形分别处理:第一,案外人就执行标的不享有足以排除强制执行的民事权益的,判决准许执行该执行标的;第二,案外人就执行标的享有足以排除强制执行的民事权益的,判决驳回诉讼请求。对申请执行人执行异议之诉,人民法院判决准许对该执行标的执行的,执行异议裁定失效,执行法院可以根据申请执行人的申请或者依职权恢复执行。

三、不予执行

(一)不予执行的概念

不予执行是指在执行过程中,因发生法定情形而停止执行并终结执行程序。包括仲裁裁决、公证债权文书、外国法院裁判、外国仲裁裁决的执行中存在的不予执行问题。

(二)不予执行的情形

1. 仲裁裁决的不予执行

对于国内仲裁裁决,根据《民事诉讼法》第244条规定,对依法设立的仲裁机构的裁决,一方当事人不履行的,对方当事人可以向有管辖权的人民法院申请执行。受申请的人民法院应当执行。被申请人提出证据证明仲裁裁决有下列情形之一的,经人民法院组成合议庭审查核实,裁定不予执行:(1)当事人在合同中没有订有仲裁条款或者事后没有达成书面仲裁协议的。(2)裁决的事项不属于仲裁协议的范围或者仲裁机构无权仲裁的。(3)仲裁庭的组成或者仲裁的程序违反法定程序的。(4)裁决所根据的证据是伪造的。(5)对方当事人向仲裁机构隐瞒了足以影响公正裁决的证据的。(6)仲裁员在仲裁该案时有贪污受贿,徇私舞弊,枉法裁决行为的。依《解释》第475条规定,仲裁机构裁决的事项,部分有上述第(2)、(3)项规定情形的,人民法院应当裁定对该部分不予执行。应当不予执行部分与其他部分不可分的,人民法院应当裁定不予执行仲裁裁决。依第476条规定,人民法院裁定不予执行仲裁裁决后,当事人对该裁定提出执行异议或者复议的,人民法院不予受理。当事人可以就该民事纠纷重新达成书面仲裁协议申请仲裁,也可以向人民法院起诉。《仲裁裁决执行规定》第8条规定,被执行人向人民法院申请不予执行仲裁裁决的,应当在执行通知书送达之日起十五日内提出书面申请;有民事诉讼法第244条第二款第四、六项规定情形且执行程序尚未终结的,应当自知道或者应当知道有关事实或案件之日起十五日内提出书面申请。规定期限届满前,被执行人已向有管辖权的人民法院申请撤销仲裁裁决且已被受理的,自人民法院驳回撤销仲裁裁决申请的裁判文书生效之日起重新计算期限。第9条规定,案外人可以向人民法院申请不予执行仲裁裁决或者仲裁调解书,有下列要件:(1)有证据证明仲裁案件当事人恶意申请仲裁或者虚假仲裁,损害其合法权益;(2)案外人主张的合法权益所涉及的执行标的尚未执行终结;(3)自知道或者应当知道人民法院对该标的采取执行措施之日起三十日内提出。第10条规定,被执行人申请不予执行仲裁裁决,对同一仲裁裁决的多个不予执行事由应当一并提出。不予执行仲裁裁决申请被裁定驳回后,再次提出申请的,人民法院不予审查,但有新证据证明存在民事诉讼法第244条第二款第四、六项规定情形的除外。第11条规定,不予执行仲裁裁决案件应当组成合议庭围绕被执行人申请的事由、案外人的申请进行审查;对被执行人没有申请的事由不予审查,但仲裁裁决可能违背社会公共利益的除外。被执行人、案外人对仲裁裁决执行案件申请不予执行的,人民法院应当进行询问;被执行人在询问终结前提出其他不予执行事由的,应当一并审查。人民法院审查时,认为必要的,可以要求仲裁庭作出说明,或者向仲裁机构调阅仲裁案卷。

2. 公证债权文书的不予执行

根据《民事诉讼法》第245条,对公证机关依法赋予强制执行效力的债权文书,一方当事人不履行的,对方当事人可以向有管辖权的人民法院申请执行,受申请的人民法院应当执行。但公证债权文书确有错误的,人民法院裁定不予执行,并将裁定书送达双方当事人和公证机关。确有错误的情形包括(1)公证债权文书属于不得赋予强制执行效力的债权文书的;(2)被执行人一方未亲自或者未委托代理人到场公证等严重违反法律规定的公证程序的;(3)公证债权文书的内容与事实不符或者违反法律强制性规定的;(4)公证债权文书未载明被执行人不履行义务或者不完全履行义务时同意接受强制执行的。对该裁定,可以通过执行复议的途径加以救济。

3. 外国法院裁判的不予执行

《民事诉讼法》第288条规定,外国法院作出的发生法律效力的判决、裁定,需要我国人民法院承认和执行的,可以由当事人直接向我国有管辖权的中级人民法院申请承认和执行,也可以由外国法院依照该国与我国缔结或者参加的国际条约的规定,或者按照互惠原则,请求人民法院承认和执行。《民事诉讼法》第289条规定,人民法院对申请或者请求承认和执行的外国法院作出的发生法律效力的判决、裁定,依照我国缔结或者参加的国际条约,或者按照互惠原则进行审查后,认为不违反我国法律的基本原则或者国家主权、安全、社会公共利益的,裁定承认其效力,需要执行的,发出执行令,依照本法的有关规定执行。违反我国的基本原则或者国家主权、安全、社会公共利益的,不予承认和执行。

4. 外国仲裁裁决的不予执行

《民事诉讼法》第290条规定,国外仲裁机构的裁决,需要我国人民法院承认和执行的,应当由当事人直接向被执行人住所地或者其财产所在地的中级人民法院申请,人民法院应当依照我国缔结或者参加的国际条约,或者按照互惠原则办理。

(三) 不予执行的效力

不予执行裁定生效后,该执行程序即告结束。原执行根据丧失了执行力,不仅不能依其进行新的执行行为,已为的执行行为也应当予以撤销。《解释》第478条规定,公证债权文书被裁定不予执行后,当事人、公证事项的利害关系人可以就争议提起诉讼。《解释》第542条规定,承认和执行申请被裁定驳回的,当事人可以向人民法院起诉。

四、执行回转

我国执行回转制度来自于苏联法律,是指人民法院在执行过程中或者执行完毕以后,因据以执行的法律文书被依法撤销或者变更,由执行人员采取措施,将执行标的物恢复到执行程序开始前的状态的一种制度。

(一) 执行回转的原因

执行回转是执行程序中的一种救济补救措施,只有在据以执行的法律文书被撤销时,才能适用。执行回转是审判监督程序或其他法律文书的监督程序的必要的配套制度。从司法实践经验出发导致执行回转的原因大致有以下几类:

1. 人民法院作出先予执行的裁定,在执行完毕后,申请人在诉讼中败诉,在这种情况下,申请人因先予执行而取得的财物就应当返还给被申请人,拒不返还的,法院采取强制措施强制返还。

2. 人民法院制作的判决书、裁定书、支付令、除权判决书和调解书,在执行过程中或者执行完毕后,该判决书、裁定书、支付令、除权判决书和调解书又被本法院或者上级人民法院经审判监督程序或者其他法律程序依法撤销或变更,对因上述判决书、裁定书、支付令、除权判决书和调解书而获得利益的一方当事人也应采取执行回转的措施。

3. 其他机关制作的依法由人民法院执行的法律文书,由被制作机关或者制作机关的上级机关、监督机关撤销或者变更的,在执行过程中或者执行完毕后,人民法院也应该采取措施执行回转。这里所指的法律文书包括仲裁裁决书,公证机关所作的赋予强制执行效力的债权文书、行政机关制作的行政处罚和行政处理决定书。

(二) 执行回转的程序

《民事诉讼法》第240条及《执行规定》第65条、第66条对执行回转作了明确规定。执行回转所适用的程序如下:

1. 执行回转的时间必须是在执行过程中或者执行完毕以后,原生效法律文书所确定的执行标的已经部分或者全部被实现。《民事诉讼法》第240条只提到执行完毕后才存在回转问题。《执行规定》65条增加了"执行中"的规定,即法律文书的内容已经执行了一部分,而其他部分仍在执行中。这也可以理解为已经执行的部分已经执行,可以回转。

2. 据以执行的法律文书被撤销或变更是执行回转的前提条件。被撤销的情况包括人民法院撤销和有关机关撤销。人民法院可以对自己的裁判予以撤销,也可以对仲裁裁决、行政非诉法律文书予以撤销。《执行规定》中增加了法律文书被"变更"的规定,执行回转的依据不仅包括据以执行的原法律文书被全部撤销,也包括被撤销了部分裁判内容,而其他内容仍保留、维持,或者是对原来确定的债权人应得款项数额作了调整,这些情况都可以称为"变更"。当然在法律文书数额调整的情况下,需要执行回转的情况只限于债权人应得款项数额缩小的情况,数额增多了应该再执行,而不能执行回转。

3. 关于执行回转的提起,既可由当事人申请,也可由人民法院依职权进行。依职权执行回转是《执行规定》增加的内容。强制执行的错误后果是由作出原生效法律文书的机构裁判错误造成的,人民法院主动纠正因裁判错误而造成的执行不当。

4. 制作执行回转的裁定时应当注意,其内容应当严格按照新的生效法律文书的内容制作。在一般情况下,按照审判监督程序审理案件,在撤销原生效法律文书的同时,就作出了新的法律文书。新的生效法律文书内容可能完全否定原法律文书,也可能部分推翻原法律文书的内容,而部分维持原来的内容,所以执行回转的范围应限制在被新的法律文书撤销或推翻的内容,而不是对所有已执行的财产一律执行回转。

5. 执行回转的财产,不仅包括已经执行的财产本身,还包括该财产所产生的孳息。根据民事实体法的分类,孳息包括自然孳息和法定孳息。

6. 执行回转应当重新立案。执行回转与原来的执行相比较属于新的执行,是在原来的执行程序之外又提起一个执行程序,是一个新的案件,因为原来的执行程序已经全部或者部分结束,所以应当重新立案。

7. 执行回转时,应当注意以下四种情况:第一,已执行的标的物系特定物的,原则上应当退还原物;不能退还原物的,双方协商同意时可以折价抵偿,双方当事人对折价赔偿不能协商一致的,人民法院应当终结执行回转程序,由当事人另行起诉争议。第二,如已经执行的标的物属于种类物的,一般折价回转。第三,如果已经执行的标的物产生了孳息的,孳息也应当一并回转。第四,案外人取得财产时,注意对善意取得人的保护,不能以程序法规则改变实体法规则。

【思考题】

1. 我国民事执行依据包含哪些种类?
2. 执行当事人变更和追加的救济程序是什么?
3. 什么叫执行异议?人民法院如何审查与处理执行异议?
4. 简述执行异议之诉的条件。

【参考文献】

1. 黄金龙:《关于人民法院执行工作若干问题的规定实用解析》,中国法制出版社2000年版。
2. 谭秋桂:《民事执行原理研究》,中国法制出版社2001年版。
3. 李浩主编:《强制执行法》,厦门大学出版社2005年修订版。
4. 江必新主编:《强制执行法理论与实务》,中国法制出版社2014年版。
5. 肖建国主编:《民事执行法》,中国人民大学出版社2014年版。

第29章 执行措施

民事诉讼法原理

[提要] 本章仔细解析了我国的民事执行措施,包括对财产的执行措施和对行为的执行措施,对被执行人到期债权的执行措施。

执行措施,是指人民法院根据民事诉讼法的规定,强制实现生效法律文书的给付内容的具体方法和手段。执行措施具有以下明显的特征:

1. 措施的配套性。民事诉讼法设定的执行措施从执行调查到金钱给付内容的执行,再到交付财产和完成行为的执行等等,是一整套相互衔接配套的措施;对于不同的执行标的和执行情况,人民法院采取相应的措施执行。

2. 程序的法定性。执行措施的种类和程序是由我国民事诉讼法及相关的司法解释明确规定的,人民法院应当依据法律规定的条件和程序采取执行措施,人民法院既不能违反程序适用执行措施,也不能采取法律没有规定的措施。

3. 措施的强制性。人民法院采取执行措施的目的是强制被执行人履行生效法律文书中的给付内容,执行措施的采取具有很强的职权性和支配性,法院一旦作出执行措施的裁定,执行当事人必然受其约束。

我国《民事诉讼法》和有关的司法解释主要是以执行标的性质为标准,将执行措施划分为对财产给付的执行措施和对行为给付的执行措施。对财产给付的执行措施又可以按照两个标准进行分类:以被执行财产是否包含不动产为标准,对财产给付的执行措施可以分为对动产的执行措施、对不动产的执行措施和对其他财产权的执行措施;以执行财产是否包含金钱给付内容为标准,对财产给付的执行措施可以分为金钱给付债权的执行措施和非金钱给付债权的执行措施。

第一节 对财产给付的执行措施

一、对金钱给付债权的执行措施

对金钱给付债权的执行措施,是指生效法律文书载明的执行标的是金钱或者可以转化为金钱的给付内容,为实现这一内容法院所适用的执行措施。这种执行措施主要包括以下几类:

(一)查询、冻结、划拨被执行人的存款

《民事诉讼法》第249条第1款规定,被执行人未按执行通知履行法律文书确定的义务,人民法院有权向有关单位查询被执行人的存款、债券、股票、基金份额等财产情况,有权扣押、冻结、划拨、变价被执行人的财产,但查询、扣押、冻结、划拨、变价的财产不得超出被执行人应当履行义务的范围。

《执行规定》第27条规定,被执行人为金融机构的,对其交存在人民银行的存款准备金和备付金不得冻结和扣划,但对其在本机构、其他金融机构的存款,及其在人民银行的其他存款可以冻结、划拨,并可对被执行人的其他财产采取执行措施,但不得查封其营业场所。

1.《查扣冻规定》第1条规定,人民法院查封、扣押、冻结被执行人的动产、不动产及其他财产权,应当作出裁定,并送达被执行人和申请执行人。

采取查封、扣押、冻结措施需要有关单位或者个人协助的,人民法院应当制作协助执行通知书,连同裁定书副本一并送达协助执行人。查封、扣押、冻结裁定书和协助执行通知书送达时发生法律效力。因此 人民法院决定冻结、划拨存款,应当作出裁定,并发出协助执行通知书。银行(含其分理处、营业所和储蓄所)、非银行金融机构、其他有储蓄业务的单位必须办理。

首先,人民法院采取冻结、划拨存款的措施,应当作出裁定。其次银行(含其分理处、营业所和储蓄所)、非银行金融机构、其他有储蓄业务的单位对协助执行通知书必须办理,不得拒绝。如果这些机构对协助执行通知书拒绝办理,这属于妨害民事诉讼行为,一般情节的,人民法院可以对其适用强制措施;情节严重的还可以对直接责任人依法追究刑事责任。最高人民法院1998年《执行规定》第32条把银行(含其分理处、营业所和储蓄所)、非银行金融机构、其他有储蓄业务的单位简称为"金融机构",主要目的是简化执行程序中的用语,避免引用时的烦琐。关于非银行金融机构的概念,主要包括城市信用合作社、农村信用合作社、信托投资公司、财务公司、保险公司、证券公司、金融租赁公司等。当然随着我国金融体制改革的深化,信用合作社会逐步改组成农村或城市合作银行,从而使在类别上属于国有商业银行以外的银行,而不再属于非银行金融机构。"其他有储蓄业务的机构"主要指办理储蓄业务的邮电局、所等。1996年2月最高人民法院《关于人民法院依法有权查询、冻结和扣划邮政储蓄存款问题的批复》指出:民事诉讼法有关条文中的"其他有储蓄业务的单位",包括办理邮政储蓄业务的邮政企业。人民法院为财产保全、先予执行或者执行已经发生法律效力的法律文书,有权查询、冻结、扣划邮政企业办理邮政储蓄存款,有关的邮政企业依法应得协助人民法院查询、冻结和扣划。

2. 查询、冻结、划拨存款不得超出被执行人应当履行义务的范围。根据保护执行双方当事人的合法权益原则,人民法院在采取这一措施时不得超额查询、冻结、划拨存款,给被执行人造成不必要的损害。

3.《执行规定》第26条规定:金融机构擅自解冻被人民法院冻结的款项,致冻结款项被转移的,人民法院有权责令其限期追回已转移的款项。在限期内未能追回的,应当裁定该金融机构在转移的款项范围内以自己的财产向申请执行人承担责任。

4. 根据《解释》第485条的规定,人民法院冻结被执行人的银行存款的期限最长不得超过一年。

5. 人民法院适用这一措施应当注意豁免财产的执行问题。

(1)《执行规定》第 27 条明确规定:"被执行人为金融机构的,对其交存在人民银行的存款准备金和备付金不得冻结和扣划。但对其在本机构、其他金融机构的存款,及其在人民银行的其他存款可以冻结、划拨,并可对被执行人的其他财产采取执行措施,但不得查封其营业场所。"

(2)关于被执行人为金融机构时执行的财产豁免的问题,还应注意最高人民法院 1997 年 12 月 2 日下发的《关于冻结、划拨证券或期货交易所、证券登记结算机构、证券经营或期货经纪机构清算账户资金等问题的通知》[法发(1997)27 号]。依该通知规定,证券交易所、证券登记结算机构及其异地清算代理机构开设的清算账户上的资金,是证券经营机构缴存的自营及其所代理的投资者的证券交易清算资金。当证券经营机构为债务人,人民法院确需冻结、划拨其交易清算资金时,应冻结、划拨其自营账户中的资金;如证券经营机构未开设自营账户而进行自营业务的,依法可以冻结其在证券交易所、证券登记结算机构及其异地清算代理机构清算账户上的清算资金,但暂时不得划拨。如果证券经营机构在法院规定的合理期限为举证证明被冻结的上述清算账户中的资金是其他投资者的,应当对投资者的资金解除冻结。在不能证明时,人民法院可以划拨已冻结的资金。证券经营机构以自己的名义在银行开设的清算账户上的资金是投资者为进行证券交易缴存的清算备付金。当投资者为债务人时,人民法院对证券经营机构清算账户中该投资者的相应部分资金依法可以冻结、划拨。证券经营机构为债务人时,则不得对该清算账户上的资金予以冻结、划拨。

(3)根据最高人民法院 2000 年《关于在审理和执行民事、经济纠纷案件时不得查封、冻结和扣划社会保险基金的通知》[法(2000)19 号],社会保险基金是由社会保险机构代参保人员管理,并最终由参保人员享用的公共基金,不属于社会保险机构所有。社会保险机构对该项基金设立专户管理,专款专用,专项用于保障企业退休职工、失业人员的基本生活需要,属专项资金,不得挪作他用。因此,各地人民法院在审理和执行民事、经济纠纷案件时,不得查封、冻结或扣划社会保险基金;不得用社会保险基金偿还社会保险机构及其原下属企业的债务。

(二)扣留、提取被执行人的收入

《民事诉讼法》第 250 条第 1 款规定,被执行人未按执行通知履行法律文书确定的义务,人民法院有权扣留、提取被执行人应当履行义务部分的收入。但应当保留被执行人及其所扶养家属的生活必需费用。《执行规定》第 29 条规定,被执行人在有关单位的收入尚未支取的,人民法院应当作出裁定,向该单位发出协助执行通知书,由其协助扣留或提取。扣留,是指人民法院强制留置被执行人的收入,禁止其支取和处分的执行措施。扣留是一种临时性的执行措施,其目的在于促使被执行人履行义务。提取,是指人民法院依法支取被执行人的收入,并将其转交给权利人的执行措施。提取是一种最终性的执行措施,能够直接实现权利人的权利。提取可以在扣留的基础上进行,也可以不扣留直接进行。在适用这一措施时应当注意:

1. 人民法院扣留、提取收入时,应当作出裁定,并发出协助执行通知书,被执行人所在单位、银行、信用合作社和其他有储蓄业务的单位必须办理。有关单位收到人民法院协助执行被执行人收入的通知后,擅自向被执行人或其他人支付的,人民法院有权责令其限期追回；逾期未追回的，应当裁定其在支付的数额内向申请执行人承担责任。

2. 人民法院在决定扣留、提取收入时，应当为被执行人及其所扶养的家属保留生活必需费用，不能因执行使被执行人及其所扶养的家属的基本生活发生困难，这是我国民事执行保障人权的具体要求。

3. 作为被执行人的自然人，其收入转为储蓄存款的，应当责令其交出存单。拒不交出的，人民法院应当作出提取其存款的裁定，向金融机构发出协助执行通知书，由金融机构提取被执行人的存款交人民法院或存入人民法院指定的账户。

4. 对被执行人从有关企业中应得的已到期的股息或红利等收益，人民法院有权裁定禁止被执行人提取和有关企业向被执行人支付，并要求有关企业直接向申请执行人支付。对被执行人预期从有关企业中应得的股息或红利等收益，人民法院可以采取冻结措施，禁止到期后被执行人提取和有关企业向被执行人支付。到期后人民法院可从有关企业中提取，并出具提取收据。

5. 对被执行人在其他股份有限公司中持有的股份凭证（股票），人民法院可以扣押，并强制被执行人按照公司法的有关规定转让，也可以直接采取拍卖、变卖的方式进行处分，或直接将股票抵偿给债权人，用于清偿被执行人的债务。对被执行人在有限责任公司、其他法人企业中的投资权益或股权，人民法院可以采取冻结措施。冻结投资权益或股权的，应当通知有关企业不得办理被冻结投资权益或股权的转移手续，不得向被执行人支付股息或红利。被冻结的投资权益或股权，被执行人不得自行转让。

6. 被执行人在其独资开办的法人企业中拥有的投资权益被冻结后，人民法院可以直接裁定予以转让，以转让所得清偿其对申请执行人的债务。对被执行人在有限责任公司中被冻结的投资权益或股权，人民法院可以依据《中华人民共和国公司法》的规定，征得全体股东过半数同意后，予以拍卖、变卖或以其他方式转让。不同意转让的股东，应当购买该转让的投资权益或股权，不购买的，视为同意转让，不影响执行。人民法院也可允许并监督被执行人自行转让其投资权益或股权，将转让所得收益用于清偿对申请执行人的债务。

二、对非金钱债权的执行措施

对非金钱债权的执行措施，是指生效法律文书载明的执行标的是非金钱的动产和不动产的给付内容，为实现这一内容法院所适用的执行措施，可分为对非金钱动产的执行措施和对不动产的执行措施。

（一）对非金钱动产的执行措施

《民事诉讼法》及《执行规定》、《查扣冻执行规定》规定了对非金钱动产的执行措施。这类措施包括查封、扣押、冻结、拍卖、变卖等方式。查封，是指人民法院执行员将作为执行对象的财产加贴封条予以封存，禁止被执行人转移或处分的措施。扣押，是指人民法院的执行机构将作为执行对象的财产运送到有关场所，使被执行人不能占有、使用和处分的强制措施。拍卖是指人民法院将被执行人的财产，以公开的方式卖给出价最高的买受人，并将所得的价款给付执行债权人的措施。变卖是指人民法院将被执行人的财产强制出卖，并将所得的价款直接给付执行债权人的执行措施。采取这一类措施的程序要求如下：

1. 人民法院查封、扣押、冻结被执行人的动产、不动产及其他财产权，应当作出裁定，并送达被执行人和申请执行人。查封、扣押、冻结被执行人的财产，以其价额足以清偿法律文书确定的债权额及执行费用为限，不得明显超标的额查封、扣押、冻结。发现超标的额查封、扣押、冻结的，人民法院应当根据被执行人的申请或者依职权，及时解除对超标的额部分财产的查封、扣押、冻结，但该财产为不可分物且被执行人无其他可供执行的财产或者其他财产不足以清偿债务的除外。

2. 这一措施仍然应当注意执行豁免财产的问题。人民法院查封、扣押、冻结、拍卖、变卖被执行人应当履行义务部分的财产时，应当保留被执行人及其所扶养家属的生活必需品。根据最高人民法院 1999 年 3 月 4 日《关于不得对中国人民银行及其分支机构的办公楼、运钞车、营业场所等进行查封的通知》[法（1999）28 号]，人民银行及其分支机构的办公楼、运钞车和营业场所是豁免执行的财产，人民法院不得采取执行措施。

3. 人民法院查封、扣押财产时，被执行人是公民的，应当通知被执行人或者他的成年家属到场；被执行人是法人或者其他组织的，应当通知其法定代表人或者主要负责人到场。拒不到场的，不影响执行。被执行人是公民的，其工作单位或者财产所在地的基层组织应当派人参加。对被查封、扣押的财产，执行员必须造具清单，由在场人签名或盖章后，交给被执行人一份，被执行人是公民的也可以交给他的成年家属一份。

4. 查封不动产的，人民法院应当张贴封条或者公告，并可以提取保存有关财产权证照。查封、扣押、冻结已登记的不动产、特定动产及其他财产权，应当通知有关登记机关办理登记手续。未办理登记手续的，不得对抗其他已经办理了登记手续的查封、扣押、冻结行为。

5. 查封、扣押的财产不宜由人民法院保管的，人民法院可以指定被执行人负责保管；不宜由被执行人保管的，可以委托第三人或者申请执行人保管。由人民法院指定被执行人保管的财产，如果继续使用对该财产的价值无重大影响，可以允许被执行人继续使用；由人民法院保管或者委托第三人、申请执行人保管的，保管人不得使用。

6. 对已被人民法院查封、扣押、冻结的财产，其他人民法院可以进行轮候查封、扣押、冻结。查封、扣押、冻结解除的，登记在先的轮候查封、扣押、冻结即自动生效。其他人民法院对已登记的财产进行轮候查封、扣押、冻结的，应当通知有关登记机关协助进行轮候登记，实施查封、扣押、冻结的人民法院应当允许其他人民法院查阅有关文书和记录。其他人民法院对没有登记的财产进行轮候查封、扣押、冻结的，应当制作笔录，并经实施查封、扣押、冻结的人民法院执行人员及被执行人签字，或者书面通知实施查封、扣押、冻结的人民法院。

7. 人民法院对被执行人所有的其他人享有抵押权、质押权或留置权的财产，可以采取查封、扣押措施，财产拍卖、变卖后，所得价款应在抵押权人、质押权人或留置权人优先受偿后，其余额部分用于清偿申请执行人的债权。

8. 被执行人的财产经查封、扣押后在人民法院指定的期间内履行义务的，人民法院应及时解除查封、扣押措施。

9.《解释》第 485 条规定，查封、扣押动产的期限不得超过两年。查封不动产、冻结其他财产权的期限不得超过三年。

10. 对变卖的财产，人民法院或者其工作人员不得买受。经申请执行人和被执行人同意,且不损害其他债权人合法权益和社会公共利益的,人民法院可以不经拍卖、变卖,直接将被执行人的财产作价交申请执行人抵偿债务。对剩余债务,被执行人应当继续清偿。被执行人的财产无法拍卖或者变卖的,经申请执行人同意,且不损害其他债权人合法权益和社会公共利益的,人民法院可以将该项财产作价后交付申请执行人抵偿债务,或者交付申请执行人管理;申请执行人拒绝接收或者管理的,退回被执行人。拍卖成交或者依法定程序裁定以物抵债的,标的物所有权自拍卖成交裁定或者抵债裁定送达买受人或者接受抵债物的债权人时转移。

（二）对不动产的执行措施

对不动产的执行措施,是指生效法律文书载明的执行标的以不动产为给付内容,为实现这一内容法院所适用的执行措施。根据我国民事诉讼法的规定,对不动产的执行措施,主要是指强制迁出房屋和强制退出土地的执行措施。强制迁出房屋或退出土地,是指人民法院强行搬出被执行人在所占房屋内或土地上的财物,并将腾出的房屋或土地交付执行债权人的执行措施。

1. 由人民法院院长签发强制迁出房屋或退出土地的公告并加盖人民法院印章,公开张贴在人民法院的公告栏以及被执行人占有的房屋或土地附近。履行义务期限届满,被执行人履行义务的,结束执行程序;如果仍不履行义务的,即开始强制执行。

2. 人民法院决定强制执行时,应当通知有关人员到场。被执行人是公民的,应当通知被执行人或者他的成年家属到场;被执行人是法人或者其他组织的,应当通知其法定代表人或者主要负责人到场。拒不到场的,不影响执行。被执行人是公民的,其工作单位或者房屋、土地所在地的基层组织应当派人参加。执行员应当将强制执行的情况记入笔录,由在场人员签名或者盖章。

3. 在执行中,被执行人在占有的房屋内或者土地上存放的财物,执行人员应当造具清单,由在场人签名或者盖章后,由人民法院派人将这些财物运至指定处所,交给被执行人,被执行人是公民的,也可交给他的成年家属。如果他们拒绝接受,由此造成的损失,由被执行人承担。

4. 根据《解释》的规定,查封不动产的期限最长不得超过三年。

第二节
对行为的执行措施

对行为的执行措施,是指生效法律文书载明的执行标的是要求被执行人履行某种行为,为强制被执行人履行这一行为法院所适用的执行措施。这种执行措施分为三类:第一类是交付特定财物、票证行为的执行措施;第二类是完成法律文书指定行为的执行措施;第三类是办理有关财产权证照手续的执行措施。

一、交付特定财物、票证行为的执行措施

交付特定财物、票证行为的执行措施是指人民法院根据生效法律文书,强制被执行人履行法律文书规定的交付特定财物、票证的行为的执行措施。这类强制措施虽然执行标的也涉及财产,但这类执行措施的目的是强制被执行人履行财产交割的行为,不需要对财产进行变价,即不存在对财产拍卖、变卖的问题,因此我们将这类措施概括到对行为给付的执行措施中。这类措施的法定程序可以归纳为以下几点:

1. 强制交付法律文书指定交付的财物、票证的,由执行人员传唤双方当事人到庭或到指定场所,当面交付,或者由执行员转交,并由被交付人签收。有关单位持有该项财物或票证的,应当根据人民法院的协助执行通知书转交,并由被交付人签收。有关公民持有该项财物或票证的,人民法院应通知其交出。拒不交出的,强制执行。

2. 法人或其他组织持有法律文书指定交付的财物或者票证,在人民法院发出协助执行通知书后,拒不转交的,强制执行,并可依照《民事诉讼法》的规定对其适用强制措施。有关单位和个人持有法律文书指定交付的财物或者票证,在接到人民法院协助执行通知书后,协同被执行人转移财物或票证的,人民法院有权责令其限期追回,逾期未追回的,应当裁定其承担赔偿责任。因其过失被毁损或灭失的,人民法院可责令持有人赔偿;拒不赔偿的,人民法院可按被执行的财物或者票证的价值强制执行。

3. 生效法律文书确定被执行人交付特定标的物的,应当执行原物。原物确已毁损或者灭失的,经双方当事人同意,可以折价赔偿。双方当事人对折价赔偿不能协商一致的,人民法院应当终结执行程序。申请执行人可以另行起诉。

4. 被执行人的财产经拍卖、变卖或裁定以物抵债后,需从现占有人处交付给买受人或申请执行人的由人民法院根据具体情况采取强制交付、赔偿或者其他相应的措施。

二、完成法律文书指定行为的执行措施

完成法律文书指定行为的执行措施是指人民法院根据生效法律文书,强制被执行人完成法律文书规定的行为的执行措施。显然,这种执行措施的执行标的是法律文书所指定的某种行为,包括作为和不作为。根据《民事诉讼法》第259条和《执行规定》第44条的规定,采取这种执行措施应遵守如下法定程序:

1. 对判决、裁定和其他法律文书指定的行为,被执行人未按执行通知履行的,人民法院可以强制执行或者委托有关单位或者其他人完成,费用由被执行人承担。被执行人拒不交付这些费用,人民法院则可以采取扣留、提取其存款或收入,或者拍卖、变卖其财产等措施强制执行。这时,对行为的执行就转变为对财产的执行。

2. 当事人不履行法律文书确定的行为义务,如果该项行为义务只能由被执行人完成的,经教育,被执行人仍拒不履行的,人民法院可以依照《民事诉讼法》的规定适用强制措施,如处以拘留或者罚款,也可以强制被执行人缴纳迟延履行金。根据司法实践经验,人民法院最终还可以由本旨执行转化为赔偿执行,即由被执行人赔偿执行债权人因被执行人拒绝履行所遭受的损失。

另外，根据《解释》，被执行人不履行生效法律文书确定的行为义务，该义务可由他人完成的，人民法院可以选定代履行人；法律、行政法规对履行该行为义务有资格限制的，应当从有资格的人中选定。必要时，可以通过招标的方式确定代履行人。申请执行人可以在符合条件的人中推荐代履行人，也可以申请自己代为履行，是否准许，由人民法院决定。代履行费用的数额由人民法院根据案件具体情况确定，并由被执行人在指定期限内预先支付。被执行人未预付的，人民法院可以对该费用强制执行。代履行结束后，被执行人可以查阅、复制费用清单以及主要凭证。

三、办理有关财产权证照手续的执行措施

办理有关财产权证照转移手续或禁止办理该财产权证照转移手续的行为以实现执行目的的执行措施。财产权证照是表明财产权属的各项证明文书和执照，如房产证、土地证、山林所有权证、车辆执照、专利证书、商标证书等。人民法院对上述财产权的转移进行强制执行，应通知执行人交出原权利证书，并协助人民法院办理有关手续，从这种意义上讲，这种措施仍然属于对行为给付的执行措施。适用这种措施应当注意以下程序：

1. 在执行中，需要办理有关财产权证照转移手续的，人民法院可以向有关单位发出协助执行通知书，有关单位必须办理。

2. 被执行人不履行生效法律文书确定的义务，人民法院有权裁定禁止其转让其专利权、注册商标专用权、著作权（财产权部分）等知识产权。上述权利有登记主管部门的，应当同时向有关部门发出协助执行通知书，要求其不得办理财产权转移手续，必要时可以责令被执行人将产权或使用权证交人民法院保存，有关单位按照人民法院的协助执行通知书办理或不办理证照转移手续，是其应负的法律义务，否则，人民法院可按照《执行规定》第57条及《民事诉讼法》有关规定采取相应强制措施。

第三节 >>>
对被执行人到期债权的执行措施

一、对被执行人到期债权执行制度的概念

责任人的全部财产系债务人的责任财产，是债权的一般担保，在债务人不履行生效法律文书确定的债务时，属于责任财产范围内的所有财产都能够被执行机关强制执行。在执行程序中，债务人的债权只要具有财产价值并适于强制执行，就可以成为执行标的，该债权不能豁免执行，债权人有权申请执行法院查封该债权，并通过变价程序实现债权清偿。对债权的执行是指当被执行人不能清偿债务，但对本案以外的第三人享有自然债权的，人民法院可以根据申请执行人的申请，对该第三人的财产进行执行。

对债权的执行包括对存款的执行和对一般债权的执行。前述的存款人与银行之间的存款合同关系本质上是一种债权债务关系，债务人的银行存款实质上是债务人对于银行所享有的债权。一般债权是指债务人对第三人所享有的债权，既包括债务人对第三人享有的金

钱债权,也包括债务人对第三人享有交付物或者转移权属的债权。

二、债权执行制度的历史源流

我国《民事诉讼法》并没有关于对债权执行的规定,最早对债权执行的规定见诸1992年最高人民法院颁行的《关于适用〈中华人民共和国民事诉讼法〉若干问题的意见》(以下简称《民诉法适用意见》)第300条之中,该条规定了对第三人享有到期债权的,人民法院可依申请执行人的申请通知该第三人向申请执行人履行债务,第三人未提出异议又不履行的,人民法院可以对其强制执行。此后,最高人民法院在1998年颁布的《执行规定》第七部分专门规定了"被执行人到期债权的执行",增强了对到期债权执行的可操作性。《解释》第501条对《民诉法适用意见》第300条的内容进行了修改,该条规定:"人民法院执行被执行人对他人的到期债权,可以作出冻结债权的裁定,并通知该他人向申请执行人履行。该他人对到期债权有异议,申请执行人请求对异议部分强制执行的,人民法院不予支持。利害关系人对到期债权有异议的,人民法院应当按照民事诉讼法第234条的规定处理。对生效法律文书确定的到期债权,该他人予以否认的,人民法院不予支持。"2020年修订的《执行规定》在债权执行方面的规定与1998年《执行规定》中内容保持一致,未作修改。

三、对一般债权执行的措施

对存款等到期债权执行在本章第一节已经论述,在此集中就一般债权的执行措施进行论证。对一般债权的执行适用的程序为:

1. 当事人申请

申请执行人首先应当向有管辖权的人民法院提出,以书面申请为原则,书写确有困难的,允许口头申请,由人民法院作出笔录。

2. 履行通知

人民法院接到申请后,应予以审查,是否向第三人发出履行通知,要根据债权执行申请是否符合条件而定。此外,还要审查被执行人和第三人之间债权债务关系是否明确合法。对不符合条件的驳回申请;对符合条件的,应向第三人发出履行到期债务的通知。履行通知必须直接送达第三人。

履行通知应当包括如下内容:(1)要求第三人直接向申请执行人履行其对被执行人所负的债务,不得向被执行人清偿。(2)告知第三人应当在收到履行通知后的15日内向申请执行人履行债务。(3)告知第三人对履行到期债务有异议的,应当在收到履行通知后的15日内向执行法院提出。(4)告知第三人违反上述义务的法律后果,即须受强制执行。

3. 第三人的异议

第三人接到履行通知后,有权提出异议,但应符合法律规定的条件和程序:(1)第三人应在收到履行通知指定的期间内提出。(2)第三人的异议一般应采用书面形式提出口头提出的,执行人员应记入笔录,并由第三人签字盖章。(3)第三人的异议在内容上应针对其与被执行人的债权债务关系是否存在、明确、合法。第三人提出自己无履行能力或其与申请执行人无直接法律关系的,不属于异议。(4)对第三人提出的异议,人民法院经审查认为异议成立的,不得对第三人强制执行;异议不成立的,人民法院应对第三人强制执行;第三人如对债务部分承认,部分有异议的,可以对其承认的部分强制执行。对于第三人提出的异议,人民法院经审查认定异议成立的不得对第三人执行。此时,债权人可根据我国《民法典》第535条至第537条的规定,以第三人(次债务人)为被告提出代位权诉讼。大陆法系国家或地区针对此种情形,采取的是债权人提起收取诉讼的方式予以解决。(5)第三人收到人民法院要求其履行到期债务的通知后,擅自向被执行人履行,造成已向被执行人履行的财产不能追回的,除在已履行的财产范围内与被执行人承担连带责任外,可以追究其妨害执行的责任。

4. 对第三人强制执行

第三人在履行通知指定的期限内没有提出异议而又不履行的,人民法院有权裁定对其强制执行。裁定同时送达第三人和被执行人。被执行人在第三人收到人民法院履行通知后,放弃对第三人的债权或者延缓第三人履行期限的行为无效,这种情况下第三人无异议又不履行的,人民法院应对第三人予以强制执行。如果第三人妨碍执行活动的,人民法院可依法采取冻结、划拨和查封、扣押、拍卖、变卖等执行措施。

【思考题】

1. 简述对交付特定财产的执行措施。
2. 简述执行第三人到期债权的程序。

【参考文献】

1. 常怡主编:《民事诉讼法学》,中国政法大学出版社2021年版。
2. 黄金龙:《关于人民法院执行工作若干问题的规定实用解析》,中国法制出版社2000年版。
3. 谭秋桂:《民事执行原理研究》,中国法制出版社2001年版。
4. 胡志超:《执行威慑机制研究》,人民法院出版社2008年版。

民事诉讼法原理

第30章 执行过程

[提要] 本章从执行开始、财产调查、执行中止、执行终结四个阶段,完整地描述了民事执行程序运作的全过程。

第一节 执行开始

执行开始即执行程序的发动。根据我国《民事诉讼法》的规定,执行的开始有三种方式,即申请执行、移送执行和委托执行。原则上,民事执行程序依执行债权人申请而启动;在特殊情况下法院也可以不经执行债权人申请而依职权执行;人民法院也可能因受其他法院的委托而启动执行程序。

一、申请执行

申请执行,是指执行债权人在对方当事人拒不切实履行生效法律文书中的给付内容时,在法定期间内向人民法院请求强制执行的行为。申请执行及受理应当遵循以下程序规定:

(一)递交申请执行书及有关文件、证件

申请执行需要提交的文件和证件包括五个方面:

1. 申请执行书。申请执行人可以委托代理人代为申请执行。委托代理的,应当向人民法院提交经委托人签字或盖章的授权委托书,写明委托事项和代理人的权限。委托代理人代为放弃、变更民事权利,或代为进行执行和解,或代为收取执行款项的,应当有委托人的特别授权。申请执行书中应当写明申请执行的理由、事项、执行标的以及申请执行人所了解的被执行人的财产状况。申请执行人书写申请执行书确有困难的,可以口头提出申请。人民法院接待人员对口头申请应当制作笔录,由申请执行人签字或盖章。

外国当事人申请执行的,应当提交中文申请执行书。当事人所在国与我国缔结或共同参加的司法协助条约有特别规定的,按照条约规定办理。

2. 生效法律文书副本。

3. 申请执行人的身份证明。公民个人申请的,应当出示居民身份证;法人申请的,应当提交法人营业执照副本和法定代表人身份证明;其他组织申请的,应当提交营业执照副本和主要负责人身份证明。

4. 继承人或权利承受人申请执行的,应当提交继承或承受权利的证明文件。

5. 申请执行仲裁机构的仲裁裁决,应当向人民法院提交有仲裁条款的合同书或仲裁协议书。申请执行国外仲裁机构的仲裁裁决的,应当提交经我国驻外使领馆认证或我国公证机关公证的仲裁裁决书中文本。

(二)人民法院对执行申请的受理

人民法院受理执行案件的条件如下:(1)申请或移送执行的法律文书已经生效;(2)申请执行人是生效法律文书确定的权利人或其继承人、权利承受人;(3)申请执行人在法定期限内提出申请;(4)申请执行的法律文书有给付内容,且执行标的和被执行人明确;(5)义务人在生效法律文书确定的期限内未履行义务;(6)属于受申请执行的人民法院管辖。

人民法院对符合上述条件的申请,应当在 7 日内予以立案;不符合上述的条件的,应当在 7 日内裁定不予受理。

(三)预交执行费

申请人民法院强制执行,应当按照人民法院诉讼收费办法的规定缴纳申请执行的费用,否则,法院将按撤回申请处理。不过,近年来在司法实践中通常的做法是:执行立案时,申请人无需预交执行费,待案件执行终结后,再从执行的财产中扣取。

二、移送执行

移送执行又称依职权执行,是指对于某些特殊的案件,人民法院审判员依法主动将生效法律文书交付法院内部的执行机构,从而启动执行程序的行为。根据最高人民法院的有关司法解释,需要移送执行的案件,有以下三种类型:

1. 人民法院已生效的法律文书中具有给付赡养费、扶养费、抚育费、抚恤金、医疗费和劳动报酬的法律文书。这类案件往往情况紧急,被执行人如不及时履行义务,将会严重影响执行债权人的生活;而债权人大多属于缺乏自我保护能力和法律知识的弱势群体。法律规定移送执行,体现了国家对这类弱势群体的关怀。

2. 人民法院作出的已生效的刑事法律文书中的财产部分。在这类案件中,有的没有债权人,如刑事判决中的没收财产、罚金、追缴财产上缴国库;有的虽然有债权人,但这些人属于弱势群体,如刑事附带民事判决、裁定、调解书,也不宜由他们申请执行。

3. 人民法院作出的程序性民事裁定书、决定书。例如,保全或者先予执行的裁定书、人民法院对妨碍民事诉讼进行的行为所作的罚款、拘留的决定等。

移送执行时,应填写移送执行通知书,其内容一般包括移送执行案件的编号、案由;需要执行的事项和具体要求;被执行人经济状况、履行义务的能力、对判决的态度,以及在执行中需要注意的其他事项。移送执行通知书经庭长或院长批准后,连同生效的判决书、裁定书、支付令、调解协议书交给执行庭或者执行员。如有必要,也可以将案卷一并移交。

三、委托执行

执行程序经执行债权人申请或者法院依职权开始以后,如果被执行人或者被执行的财产在外地人民法院直接执行确有困难时,可以委托有关人民法院代为执行。

根据《民事诉讼法》第 236 条、《最高人民法院关于委托执行若干问题的规定》和《关于严格规范执行事项委托工作的管理办法(试行)》的要求,委托执行的程序如下:

1. 凡需要委托执行的案件,委托法院应在立案后一个月内办妥委托执行手续。超过此期限委托的,应当经对方法院同意。委托法院应当向受委托法院出具书面委托函,并附送据以执行的生效法律文书副本原件、立案审批表复印件及有关情况说明,包括财产保全情况、被执行人的财产状况、生效法律文书履行的情况,并注明委托法院地址、联系电话、联系人等。受托法院接到委托后,应当及时将指定的承办人、联系电话、地址等告知委托法院;如发现委托执行的手续、资料不全,应及时要求委托法院补办。但不得据此拒绝接受委托。

受托法院应在收到委托执行函件以后15日内开始执行;执行完毕,应及时把执行结果函告委托法院。在30日内还未执行完毕,也应当将执行情况函告委托的人民法院。受委托人民法院自收到委托函件之日起15日内不开始执行的,委托人民法院可以请求受委托人民法院的上级人民法院指令受委托人民法院执行。受委托人民法院的上一级人民法院在接到委托人民法院指令执行的请求后,应当在5日内书面指令受委托人民法院执行,并将这一情况及时告知委托人民法院。受委托人民法院在接到上一级人民法院的书面指令后,应当立即执行,将执行情况报告上一级人民法院,并告知委托人民法院。

2. 案件委托执行后,未经受托法院同意,委托法院不得自行执行。

3. 委托法院明知被执行人有下列情形的,应当及时依法裁定中止执行或终结执行,不得委托当地法院执行:(1)无确切住所,长期下落不明,又无财产可供执行的;(2)有关法院已经受理以被执行人为债务人的破产案件或者已经宣告其破产的。

4. 委托执行一般应在同级人民法院之间进行,经对方法院同意也可委托上一级的法院执行。被执行人是军队企业的,可以委托其所在地的军事法院执行,执行标的物是船舶的,可以委托有关的海事法院执行。

5. 委托执行时,受委托人民法院不得向委托人民法院收取费用。委托执行案件的实际支出费用,由受托法院向被执行人收取,确有必要的,可以向申请执行人预收。委托法院已经向申请执行人预收费用的,应当将预收的费用转交受托法院。

6. 受委托人民法院在接到委托函后,无权对委托执行的生效的法律文书进行实体审查;执行中发现据以执行的法律文书有错误的,受委托人民法院应当及时向委托人民法院反映。受托法院认为委托执行的法律文书有错误,如执行可能造成执行回转困难或无法执行回转的,应当首先采取查封、扣押、冻结等保全措施,必要时要将保全款项划到法院账户,然后函请委托法院审查。受托法院按照委托法院的审查结果继续执行或停止执行。

7. 受委托人民法院应当严格按照生效法律文书的规定和委托人民法院的要求执行。对债务人履行债务的时间、期限和方式需要变更的,应当征得申请执行人的同意,并将变更情况及时告知委托人民法院。受托法院在执行中,认为需要变更被执行人的,应当将有关情况函告委托法院,由委托法院依法决定是否作出变更被执行人的裁定。

8. 受委托人民法院遇有需要中止或者终结执行的情形,应提供有关证据材料函告委托法院作出裁定,受托法院提供的证据材料确实、充分的,委托法院应当及时作出中止或终结执行的裁定。在此期间,可以暂缓执行。受委托人民法院不得自行裁定中止或者终结执行。

9. 对执行担保和执行和解的情况以及案外人对非属法律文书指定交付的标的物提出异议,受托法院可以按照有关法律规定处理并及时通知委托法院。

10. 受委托的法院在执行过程中,有权依法采取强制执行措施和对妨害执行行为的强制措施。被执行人在受托法院当地有工商登记或户籍登记,但人员下落不明,如有可供执行的财产,可以直接执行其财产。

四、协助执行与执行争议的协调处理

（一）协助执行

协助执行是指人民法院在实施执行措施过程中,根据执行需要,通知、请求或者责令有关单位或者个人帮助实现生效法律文书所确定的给付内容的制度。法院执行与有关单位或者个人协助执行相结合是我国执行制度的一项重要原则。从我国的执行实践来看,当前我国协助执行可以分为三类：一是有关单位的协助执行,二是法院的协助执行,三是个人的协助执行。

1. 法院的协助执行

人民法院在异地执行时,可以请求当地人民法院协助执行。当地人民法院应当积极配合,协同排除障碍,保证执行人员的人身安全和执行装备、执行标的物不受侵害,配合做好有关部门和被执行人的工作,了解被执行人的财产状况及对强制执行的态度；协助外地法院采取财产保全措施,如查封、扣押财产,冻结银行账户；协助外地人民法院采取强制措施等等。

2. 有关单位的协助执行

人民法院在执行过程中,可以通知有关单位协助执行；而协助人民法院执行又是有关单位的法定义务,如果拒不协助人民法院的执行,则属于妨害民事诉讼的行为。有关单位的协助执行主要有银行、信用合作社、需要办理有关财产权证照转移手续的单位及被执行人所在单位的协助执行。如银行、信用合作社根据法院的通知,冻结、扣发被执行人在银行、信用合作社存款。办理房产证、土地证、山林所有权证、专利证书、车辆执照等有关财产权证照转移手续的部门根据法院通知而办理该财产权证照的转移手续。被执行人所在单位的财务部门扣缴被执行人的工资或其他收入等。对人民法院作出的协助执行通知书,有关单位必须办理。

3. 公民协助执行

在执行过程中,人民法院可以责令有关公民协助执行；同样协助人民法院执行也是有关公民的法定义务,违反这一义务也属于妨害民事诉讼的行为。不管是直接执行还是委托执行,在执行中都可能发生公民协助执行人员进行执行的事项,如公民交出被执行人存放在该处的钱、物、证券、车辆等。

（二）执行争议的协调处理

在人民法院的实践中,不同的人民法院乃至同一个法院内部,在对相关案件的执行过程中,经常发生各种各样的争议,这些争议有时表现为执行管辖的争议,有时又表现为执行标的的争议,有时还表现为执行依据的争议等等。这些争议如何解决,民事诉讼法并没有作出具体的规定,但是最高人民法院《执行规定》第67条至第70条为解决这些争议规定了比较详细的程序：

1. 两个或两个以上人民法院在执行相关案件中发生争议的,应当协商解决。协商不成

的,逐级报请上级法院,直至报请共同的上级法院协调处理。执行争议经高级人民法院协商不成的,由有关的高级人民法院书面报请最高人民法院协调处理。

2. 执行中发现两地法院或人民法院与仲裁机构就同一法律关系作出不同裁判内容的法律文书的,各有关法院应当立即停止执行,报请共同的上级法院处理。

3. 上级法院协调处理有关执行争议案件,认为必要时,可以决定将有关款项划到本院指定的账户。

4. 上级法院协调下级法院之间的执行争议所作出的处理决定,有关法院必须执行。

第二节
财产调查

"执行难"是转型期中国一个客观的现象。在这场轰轰烈烈的"执行难"治理中,获取被执行人或者说执行债务人有效的财产信息无疑是解决问题的关键。就获取财产信息,《执行财产调查规定》第1条规定:"执行过程中,申请执行人应当提供被执行人的财产线索;被执行人应当如实报告财产;人民法院应当通过网络执行查控系统进行调查,根据案件需要应当通过其他方式进行调查的,同时采取其他调查方式。"从上述规定可以看出,我国现行法律规定的被执行财产调查的主要途径有三种:一是申请执行人提供财产线索,二是被执行人报告财产状况,三是人民法院依职权查明。

（一）申请执行人提供财产线索

申请执行人提供被执行的财产状况或者线索,是查明被执行人财产的重要方法。德国法、日本法财产调查采用当事人主义模式,向执行机关明示执行财产的具体信息是执行实施程序的启动要件,作为申请人的债权人负有财产调查责任。[①] 申请执行人提供被执行人财产线索,应当填写财产调查表。财产线索明确、具体的,人民法院应当在七日内调查核实;情况紧急的,应当在三日内调查核实。财产线索确实的,人民法院应当及时采取相应的执行措施。申请执行人确因客观原因无法自行查明财产的,可以申请人民法院调查。

（二）被执行人报告财产状况

2007年修订的《民事诉讼法》保留法院的查询义务,又增加被执行人财产报告义务,即"报告当前以及收到执行通知之日前一年的财产情况"(第217条)。结合相关司法解释,被执行人报告财产状况的要点如下。首先,被执行人报告财产状况的适用条件是被执行人未按执行通知履行法律文书确定的义务,即被执行人收到执行通知后,仍未履行生效法律文书确定的义务。其次,被执行人报告财产状况的范围,从时间维度来看是其当前以及收到执行通知之日前1年的财产状况,包括财产状况与财产的变动状况。再次,被执行人拒绝报告、虚假报告财产状况,或者隐匿财产、会计账簿等资料的,应当承担妨害执行的法律责任。复次,人民法院可以依申请执行人的申请或依职权责令被执行人报告财产情况的,应当向其发

---

① 参见史明洲:《执行财产调查程序的模式选择:为职权主义辩护》,载《华东政法大学学报》2021年第2期。

出报告财产令。金钱债权执行中,报告财产令应当与执行通知同时发出。人民法院根据案件需要再次责令被执行人报告财产情况的,应当重新向其发出报告财产令。最后,被执行人报告的财产情况,人民法院应当及时调查核实,必要时可以组织当事人进行听证。申请执行人申请查询被执行人报告的财产情况的,人民法院应当准许。申请执行人及其代理人对查询过程中知悉的信息应当保密。

(三)人民法院依职权查明

人民法院依职权查明,包括传唤被执行人到庭接受询问和对隐匿财产的处所采取搜查措施等。被执行人不履行法律文书确定的义务,并隐匿财产的,人民法院有权发出搜查令,对被执行人及其住所或者财产隐匿地进行搜查。被执行人不履行法律文书确定的义务,人民法院有权通过网络执行查控系统、现场调查等方式向被执行人、有关单位或个人调查被执行人的身份信息和财产信息,人民法院通过网络执行查控系统进行调查,与现场调查具有同等法律效力。

近年最高人民法院相关文件更加强调法官调查职责。2014 年《关于执行案件立案、结案若干问题的意见》、2015 年《最高人民法院关于适用〈中华人民共和国民事诉讼法〉的解释》、2016 年《关于严格规范终结本次执行程序的规定(试行)》都明确法院终结本次执行前提条件是法院"穷尽财产调查措施"。当前,最高人民法院已经建立起来全国统一的执行案件管理系统,利用信息化查控机制开辟出新的路径。人民法院通过网络执行查控系统进行调查,与现场调查具有同等法律效力。

(四)律师调查令

最高人民法院印发的《关于依法制裁逃避执行行为的若干意见》第 2 条规定:"强化申请执行人提供财产线索的责任。各地法院可以根据案件的实际情况,要求申请执行人提供被执行人的财产状况或者财产线索,并告知不能提供的风险。各地法院也可根据本地的实际情况,探索尝试以调查令、委托调查函等方式赋予代理律师法律规定范围内的财产调查权。"执行程序中的律师调查令制度是一种执行调查方法的新尝试,在诸多地方法院已有实践探索。上海等地执行法院可以依申请执行人的申请,为其代理律师发出协助执行调查令,律师持此令可对被执行人的财产状况进行调查。

第三节
执行中止

所谓执行中止是指在执行过程中由于发生了某些特殊情况,使执行工作不能继续下去,从而暂时停止执行程序,待这种情况消失后,执行程序再继续进行的制度。

一、执行中止的法定情形

执行中止的情形,是指人民法院中止执行程序的那些特殊情况,这些特殊情况都是由法律明确设定的;在司法实践中,既要防止法院无故中止执行,又要防止法院在法定情形出现时仍然强行继续执行的违法行为。《民事诉讼法》第 263 条对中止执行作了规定:

1. 申请人表示可以延期执行

在执行过程中,当事人的处分权仍然应当得到法院的尊重。法律文书发生法律效力以后,既然执行债权人有权依法申请人民法院强制执行,在执行过程中执行开始后,执行债权人当然就有权也有权要求延期执行。因此,在执行程序开始以后,只要申请人表示可以延期执行并且向人民法院正式提出的,人民法院应当作出裁定,中止执行。

2. 案外人对执行标的提出确有理由的异议

根据民事诉讼法的规定,案外人对执行标的主张权利的,人民法院应当进行审查。异议无理由的应当驳回;异议确有理由,报请院长批准中止执行。

3. 作为一方当事人的公民死亡,需要等待继承人继承权利或者承担义务

执行程序的运作,需要执行双方当事人参加,一方为执行债权人,另一方为执行债务人,缺少其中任何一方,执行程序就无法进行。执行债权人死亡,需要等待其继承人继承权利;执行债务人死亡,则需要等待其继承人承担义务。无论哪一种情况的存在执行程序都不能继续进行下去,因此,人民法院应当裁定中止诉讼。

4. 作为一方当事人的法人或者其他组织终止,尚未确定权利义务承受人

在执行过程中,法人或者其他组织依法被撤销、解散、宣告破产以及合并、分立时,无论法人或其他组织是作为执行债权人还是执行债务人,执行程序都不能继续下去,应当中止执行,必须等该法人或者其他组织的权利义务承受人确定以后执行程序才能恢复。

5. 人民法院认为应当中止执行的其他情形

该规定赋予人民法院在执行实践中灵活处理法律没有明确规定的特殊情况的自由裁量权。例如,被执行人下落不明,作为执行依据的法律文书与正在审理的案件有密切联系,无法单独执行,被执行人在短期内无偿付能力等,法院可以裁定中止执行。

二、执行中止的效力

中止执行与暂缓执行不同,中止执行是执行程序完全停止,何时恢复、是否恢复均无法确定;暂缓执行是执行程序暂时停止,等暂缓执行的期间届满执行程序必然恢复。根据《民事诉讼法》第263条的规定,中止执行的,人民法院应制作裁定书。裁定书送达当事人后立即生效;在执行程序中止以后,恢复执行以前人民法院不得再行采取任何执行措施,执行当事人和人民法院不得改变执行中止前的财产状况和事实状况。

三、执行程序的恢复

执行中止的情形消失后,人民法院应当恢复执行,根据《执行规定》第60条的要求,执行程序可以由人民法院依职权主动恢复,也可以由当事人申请经人民法院同意后恢复。恢复执行时,实际上是原来的执行程序继续进行,因此已进行的执行活动依然有效。恢复执行应书面通知当事人。

第四节 执行终结

执行终结,是指在执行过程中,由于发生了某些特殊情况,使执行程序不能进行下去,或者没有必要再进行下去,从而结束执行程序,以后也不再恢复的制度。人民法院裁定执行终结必须以执行终结的法定情形出现或者成就为前提。

一、执行终结的法定情形

执行终结的法定情形,是指那些使执行程序不能进行下去,或者没有必要再进行下去的特殊的法定的事由。具备了这些事由,人民法院就应当终结执行。根据《民事诉讼法》第264条的规定,具有下列情形之一的,人民法院裁定终结执行:

(一)申请人撤销申请的

在执行过程中,申请人以明确的意思表示撤回他向法院已经提出的执行申请的,这说明执行债权人已经明确处分了自己在生效法律文书中确定的实体权利和执行程序权利,这种处分只要不违反法律,不损害国家、集体或者他人的合法权益,人民法院应当批准确认,终结执行。根据《解释》的规定,因撤销申请而终结执行后,当事人在《民事诉讼法》第239条规定的申请执行时效期间内再次申请执行的,人民法院应当受理。

(二)据以执行的法律文书被撤销的

法律文书是人民法院进行强制执行的前提和基础,如果据以执行的法律文书被撤销,那就等于执行没有法律依据,此时如果执行标的尚未执行完毕,法院应当立即终结执行;如果已经执行完毕,那法院应当执行回转。

(三)作为被执行人的公民死亡,无遗产可供执行,又无义务承担人的

根据民事实体法的有关规定,在作为被执行人的公民死亡后,应当以其遗产清偿债务;如果他没有遗产可供执行,还可以由他的义务承担人清偿债务。但如果他死亡后既无遗产可供执行,又无义务承担人,那就只好"人死债销"了,人民法院应当裁定终结执行。

(四)追索赡养费、扶养费、抚育费案件的权利人死亡的

追索赡养费、扶养费、抚育费的权利是带有身份意义与人身不可分离的权利。这种权利不能继承和转让,也不能被其他人继受。因此,追索赡养费、扶养费、抚育费的权利人死亡后,权利人所享有的身份权利随之消灭,继续执行已经没有必要,此时人民法院应当作出裁定,终结执行。

(五)作为被执行人的公民因生活困难无力偿还借款,无收入来源,又丧失劳动能力的

这一法定情形可以分解出以下几个条件:第一,被执行人与执行债权人是一种借贷关系,被执行人对执行债权人负有金钱给付的义务,如果被执行人对执行债权人负有其他非金钱的债务,即使被执行人生活同样困难法院也不能终结执行;第二,被执行人生活困难且无收入来源;第三,被执行人已经丧失了劳动能力。上述三个条件必须同时具备,法院才能认定被执行人永久地丧失了偿还能力,才能裁定终结执行。需要注意的是,根据《解释》的规

定,经过财产调查未发现可供执行的财产,在申请执行人签字确认或者执行法院组成合议庭审查核实并经院长批准后,可以裁定终结本次执行程序。依照前款规定终结执行后,申请执行人发现被执行人有可供执行财产的,可以再次申请执行。再次申请不受申请执行时效期间的限制。

（六）人民法院认为应当终结执行的其他情形

《执行规定》第61条增加了一种情况:在执行中,被执行人被人民法院裁定宣告破产的,执行法院应当依照民事诉讼法的规定,裁定终结执行。

终结执行由执行法院下达裁定书,裁定书应当写明终结执行的理由和法律根据。《民事诉讼法》第265条规定:"中止和终结执行的裁定,送达当事人后立即生效。"

二、执行结案

执行结案是指人民法院在执行程序进行到一定阶段后,宣告执行程序完结的行为。

（一）执行结案期限

《执行规定》第63条规定:"人民法院执行生效法律文书,一般应当在立案之日起六个月内执行结案,但中止执行的期间应当扣除。确有特殊情况需要延长的,由本院院长批准。"这条规定实际上是一条弹性很大的条文,6个月仅仅是一个指导性的期间,很多执行案件都会因种种原因超过这个期间。

（二）执行结案的方式

《执行规定》第64条规定了六种执行结案的方式:

第一,执行完毕。

在生效法律文书确定的内容全部执行完毕后,执行目的已经达到,当然应执行结案。对金钱给付的债权而言,就是债权人收到了判决书确定的本金、利息、迟延履行期间的双倍银行利息等全部款项数额;对非金钱给付的债权而言,就是法律文书确定交付的财产已经全部交付给债权人,或被执行人应履行的行为已经全部完成,或者禁止其实施的行为得到了有效制止,恢复了原状。这种情况是最圆满的结案方式,权利人的全部权利得到了实现,是执行工作所追求的理想状态。这种结案方式属于正常结案。

第二,终结本次执行程序。

第三,终结执行。

在执行过程中如果出现了《民事诉讼法》第264条规定的情形,执行程序就不能或者没有必要继续进行了,法院在执行标的并未完全实现的情况下结束执行程序,此后也不会再恢复执行程序。这种结案方式属于非正常结案方式。

第四,销案。

第五,不予执行。

这是对法院判决裁定以外由法院执行的其他法律文书执行中出现的情况,具体包括仲裁裁决、有强制执行效力的公证债权文书、行政非诉法律文书。这主要涉及《民事诉讼法》第244条、第245条、第281条的规定,以及最高人民法院《关于执行〈中华人民共和国行政诉讼法〉若干问题的解释》第94条的规定。

第六,驳回申请。

【思考题】

1. 我国民事执行开始的方式有哪几种？
2. 简述执行中止的法定情形。
3. 执行终结的法定情形有哪些？

【参考文献】

1. 常怡主编：《民事诉讼法学》，中国政法大学出版社2015年版。
2. 李浩主编：《强制执行法》，厦门大学出版社2005年修订版。

第31章 对执行过程中特殊情况的处置

[提要] 本章对执行过程中存在的如下五种特殊情况及其在法律上的处理方式进行了详尽的论述:(1)执行和解;(2)执行担保;(3)参与分配;(4)参与分配;(5)执行监督。

第一节 执行和解

执行和解,是指在执行过程中,执行双方当事人在自愿、合法的基础上,平等协商、互谅互让,就生效法律文书确定的债权债务关系达成协议,从而结束执行程序。执行和解是结束执行程序的一种特殊方式。《民事诉讼法》第237条规定:"在执行中,双方当事人自行和解达成协议的,执行员应当将协议内容记入笔录,由双方当事人签名或者盖章。申请执行人因受欺诈、胁迫与被执行人达成和解协议的,或者当事人不履行和解协议的,人民法院可以根据当事人的申请,恢复对原生效法律文书的执行。"执行和解是执行当事人行使处分权的结果。民事诉讼的处分权贯穿于民事诉讼的全过程,在执行阶段当事人对执行债权债务同样可以行使处分权。在执行过程中执行双方当事人可以自愿达成和解协议,对生效法律文书确定的履行义务主体、标的物及其数额、履行期限和履行方式加以变更,使之更加符合当事人的实际情况。

一、执行和解的条件

执行和解是双方当事人行使处分权的过程,当事人的处分权不是绝对的,执行和解也非绝对生效,执行当事人执行和解必须具备一定的条件,和解才能够成立,产生法律上的后果。这些条件应当包括:

1. 执行和解必须出于执行双方当事人自愿。所谓自愿,是指当事人自愿作出的,不是在受他方威胁、欺诈、利诱或者在自己重大误解的情况下作出的。任何一方当事人都不得采取非法手段或者不正当方式强迫对方当事人与其达成和解协议,否则,就不是出于当事人的自愿。另一方面,和解的内容应当是双方当事人在自愿、平等的基础上协商达成的,并且不得违反国家法律、政策的有关规定,不得损害国家、集体或者他人的合法权益,同时也不得违背社会主义公共道德、不得损害社会公共利益。否则,法院不批准和解协议。

2. 执行和解应当在执行过程中进行。在执行程序开始以前,当事人双方就所发生的纠纷达成某种协议,以及就生效法律文书中确定的权利义务关系达成某种协议,都不属于执行和解。执行程序结束后,执行债权人的权利已经得到了实现,也不存在执行和解的问题。因此,执行和解必须在执行程序中进行。

3. 执行和解协议应采用书面形式或由执行人员记入笔录。执行和解涉及执行当事人的实体权利义务的变更,因而必须慎重,法律本身也要求执行和解协议采用书面的方式。根据《最高人民法院关于执行和解若干问题的规定》,和解协议一般应当采用书面形式。当事人达成口头和解协议,执行人员将和解协议内容记入笔录,由各方当事人签名或者盖章的,人民法院可以裁定中止执行。

二、执行和解的效力以及对和解协议反悔的处理

1. 执行和解的效力

执行和解协议虽不属于法律文书,不具有法律上强制执行的效力,但是执行和解协议经法院准许后,和解协议会发生一定的程序法效力。

(1)和解协议达成后,各方当事人共同向人民法院提交书面和解协议的,一方当事人向人民法院提交书面和解协议,其他当事人予以认可的,以及当事人达成口头和解协议,执行人员将和解协议内容记入笔录,由各方当事人签名或者盖章的,人民法院可以裁定中止执行。中止执行后,申请执行人申请解除查封、扣押、冻结的,人民法院可以准许。

(2)执行和解协议履行完毕后,执行程序不再恢复,人民法院就此结案。

2. 对执行和解协议反悔的处理

在执行和解协议达成后,一方当事人对该协议反悔的,另一方当事人可以申请法院恢复对原生效法律文书的执行,但和解协议已履行的部分应当扣除。执行和解协议不属于法律文书,不具有法律上强制执行的效力。也就是说,在一方当事人对该协议反悔的情况下,另一方当事人不得将该和解协议作为执行根据向人民法院申请强制执行。

另外,根据《解释》的规定,一方当事人不履行或者不完全履行在执行中双方自愿达成的和解协议,对方当事人申请执行原生效法律文书的,人民法院应当恢复执行,但和解协议已履行的部分应当扣除。和解协议已经履行完毕的,人民法院不予恢复执行。申请恢复执行原生效法律文书,适用《民事诉讼法》第246条申请执行期间的规定。申请执行期间因达成执行中的和解协议而中断,其期间自和解协议约定履行期限的最后一日起重新计算。

第二节

执行担保

执行担保是指在执行中,被执行人因马上履行执行债务确有困难,向人民法院提供担保并经执行债权人同意,从而获得暂缓执行期间的制度。《民事诉讼法》第238条、《解释》第467条、第470条、第471条、《执行担保规定》及《执行规定》第54条为这一制度提供了法律根据。

一、执行担保的条件

《民事诉讼法》第238条规定:"在执行中,被执行人向人民法院提供担保,并经申请执行人同意的,人民法院可以决定暂缓执行及暂缓执行的期限。被执行人逾期仍不履行的,人民法院有权执行被执行人的担保财产或者担保人的财产。"据此,我们可以将执行担保的条件归纳为以下几点:(1)执行担保程序的启动只能以被执行人申请开始,法院不得以职权主动裁定执行担保。(2)须经执行债权人同意。(3)被执行人或者其他保证人应向法院提供充分、可靠的担保。(4)由人民法院决定是否准许执行担保以及决定暂缓执行的期限。

二、执行担保的程序

1. 启动。由被执行人申请启动。

2. 担保。根据《执行担保规定》第2条的规定,执行担保可以由被执行人向人民法院提供财产作担保,也可以由第三人提供财产担保或者保证。被执行人或者他人提供执行担保的,应当向人民法院提交担保书,并将担保书副本送交申请执行人。担保人应当具有代为履行或者代为承担赔偿责任的能力。被执行人或者他人提供财产担保,可以依照民法典规定办理登记等担保物权公示手续;已经办理公示手续的,申请执行人可以依法主张优先受偿权。

申请执行人申请人民法院查封、扣押、冻结担保财产的,人民法院应当准许,但担保书另有约定的除外。

3. 裁定。人民法院裁定准许执行担保以后,可以暂缓全部执行措施的实施,但担保书另有约定的除外。暂缓执行的期限应当与担保书约定一致,但最长不得超过一年。

4. 后果及救济。《执行担保规定》第11条规定,暂缓执行期限届满后被执行人仍不履行义务,或者暂缓执行期间担保人有转移、隐藏、变卖、毁损担保财产等行为的,人民法院可以依申请执行人的申请恢复执行,并直接裁定执行担保财产或者保证人的财产,不得将担保人变更、追加为被执行人。

执行担保财产或者保证人的财产,以担保人应当履行义务部分的财产为限。被执行人有便于执行的现金、银行存款的,应当优先执行该现金、银行存款。

第三节
执行竞合

执行竞合,是指两个或两个以上的执行债权人基于不同的执行根据,同时或先后请求法院强制执行债务人的同一财产,而各请求之间产生排斥,无法使各个债权人的权利同时获得满足的一种状态。

执行竞合有广义和狭义之分,就狭义而言,是指多数债权人同时或先后以不同的执行根据对同一债务人的特定财产请求执行,由于各债权人执行根据的种类和内容不同,导致各债权人的执行无法同时获得满足,部分债权人的强制执行遭受排斥的一种执行现象。因此对同一债务人的同一特定财产进行强制执行时,债权人金钱债权请求的执行根据必然与非金钱债权请求的执行根据发生竞合,而在金钱债权请求的执行之间,即在财产保全之间、财产保全与金钱债权的终局执行之间根本不存在竞合问题。对此,我国台湾地区学者陈荣宗教授认为:假扣押执行之间,以及假扣押执行与金钱债权的终局执行之间不存在执行竞合问题,这是因为,在上述情况下,执行均系量的问题,且有参与分配方法可资援用。所以,要具体分析保全执行竞合形态,必须引入行为保全的概念,即只有财产保全与行为保全执行之间以及行为保全执行之间才会发生执行竞合现象。同理,行为保全与终局执行之间以及财产保全与非金钱债权的终局执行之间也会发生竞合问题。就广义而言,只要不同执行根据的执行同时或先后针对同一债务人的特定财产即发生竞合现象,并不要求各执行程序之间必须互相排斥。此时,参与分配只不过是处理金钱债权执行竞合的一种方式。根据这种解释,广义的执行竞合与狭义的执行竞合的区别在于是否包括参与分配。

上述两种观点的区别在于:前一种观点认为,执行竞合的构成必须有两个或两个以上的执行债权人的存在,而后一种观点则相反。后一种观点认为,债务人应为两个或两个以上给付是执行竞合的构成要件之一。但前一种观点未将此列为执行竞合的构成要件。对此,持后一种观点的学者作了如下说明:执行竞合不一定要有两个以上的债权人(执行权利人)存在。因为对同一债权人也会发生执行竞合,执行名义竞合就是债权人为单一主体的执行竞合的典型例子。只是,债权人为单一主体的执行竞合无论如何处理都不会影响其他主体的合法权益,所以比较容易解决。第一种观点较为明确的说明了执行竞合的构成内容,而第二种观点提到的执行名义竞合虽在理论上存在,但对于解决实际中的执行竞合问题无太大意义。

一、执行竞合的种类

在我国,民事执行分为终局执行(生效法律文书的执行)和保全执行(财产保全)两种,因此执行竞合的具体形态也可以分为:终局执行之间的竞合、保全执行之间的竞合、终局执行与保全执行之间的竞合。

终局执行是指对终局执行根据的执行,比如法院确定的判决、调解书、支付令的执行;仲裁裁决和调解书的执行;公证债权文书的执行等等。终局执行之间的竞合,有相同种类执行根据形成的执行竞合,如法院判决与法院判决等;也有不同种类执行根据形成的执行竞合,如法院判决与仲裁裁决等。

在执行竞合的情形中,保全执行主要包括诉讼前的财产保全和诉讼中的财产保全等。从执行根据所载的债权来看,要么是金钱债权执行与特定物交付执行的竞合,要么是特定物与特定物交付执行之间的竞合,而不可能是金钱债权与金钱债权之间的执行竞合。对于金钱债权与金钱债权之间的执行,数个债权人可以通过参与分配获得受偿。参与分配解决的是量的问题,即数个金钱债权之间对标的物变价金额的分配问题,并不存在排斥性执行。另外,执行竞合只存在于特殊的执行程序当中。在破产程序中,虽有多个债权人存在,但各债权人的债权都能转换为金钱,其受偿按债权额比例公平分配,不会发生多个强制执行相互竞合排斥的问题。执行竞合解决的是质的问题,即执行竞合体现为排斥性执行,数个债权无法同时获得执行。

二、执行竞合的条件

执行竞合的构成必须具备如下条件:

1. 必须有两个或者两个以上的债权人存在。如果债权人是单一主体,即使有数个执行根据,且债务人的特定财产无法满足债权人的全部要求,所涉及的也只是债务人的履行能力,对债权人来说并不发生执行请求之间相互排斥的问题,因而也就不构成执行竞合。

2. 执行标的或执行对象是债务人的同一特定财产。如果数个债权人对同一债务人申请强制执行,但执行标的互不牵连,各债权人的债权都能通过执行得到满足,就不能形成执行竞合。所以,只有在数个债权人申请执行的内容不相同,但却均指向债务人的同一特定财产时,才会出现执行竞合。

3. 数个执行债权人的执行依据是各自独立的数个法律文书,即各个债权人之间无共同利益。

4. 各个不同执行依据的执行发生在同一个时期,也就是数个执行共存于某段时期,这段时期应当是较为紧密的时间段。各债权人在某段时期内同时或先后提出了执行申请,才会产生此执行根据能否排斥彼执行根据的问题。如果一个执行程序结束后另一个执行程序才开始,也不会构成执行竞合。

三、执行竞合的处理

1. 国外法律处理执行竞合的主要方法

目前世界各国解决执行竞合的方法主要有以下几种:

(1)德国的执行优先原则(优先清偿主义)。优先清偿主义是指首先对于债务人财产进行强制执行的债权人,可以优先于后来对同一财产为强制执行的债权人而受清偿满足的立法主义。现行采取优先清偿主义的国家除大陆法系的德国和奥地利以外,还包括英美法系的英国和美国。

(2)法国、意大利和日本的平等执行原则(平等主义)。平等主义是指各债权人在强制执行程序中,不因查封时间或申请参与分配时间的先后,而使执行债权有优劣和先后之分,一律依其债权额按比例公平受偿。

(3)瑞士的折中执行原则(团体优先主义)。团体优先主义是指在强制执行程序进行中,在某一特定时间以前申请参与分配的多数债权人成为一群,而某一特定时间以后申请参与分配的多数债权人又另外形成一群。在前一时间申请参与分配的一群债权人,优先于后一群债权人而受偿。至于同一群的债权人之间,则不分先后平等受偿。这种制度是兼采优先主义和平等主义的折中办法。我国台湾地区现行"强制执行法"也改变了原来的优先主义,而采取了瑞士的团体优先主义。台湾地区的现行"强制执行法"规定:以财产拍卖或变卖终结或在不经拍卖变卖的情况下在当次分配表的作成时间为标准,此前申请参与分配的债权人之间公平受偿,此后申请的则在前次分配有剩余的情况下才能受偿。

2. 我国法律处理执行竞合的方法

我国处理执行竞合的方法较为复杂,总的来讲有三项在不同情况下适用的原则:有限优先原则、物权优先原则和有限平等原则。

根据《执行规定》第 55 条至第 56 条及《解释》的相关规定,解决执行竞合的方法如下:

(1)多份生效法律文书确定金钱给付内容的多个债权人分别对同一被执行人申请执行,各债权人对执行标的物均无担保物权的,按照执行法院采取执行措施的先后顺序受偿。这条规定体现了有限优先原则。

(2)多个债权人的债权种类不同的,基于所有权和担保物权而享有的债权,优先于金钱债权受偿。有多个担保物权的,按照各担保物权成立的先后顺序清偿。这条规定体现了物权优先原则。

(3)一份生效法律文书确定金钱给付内容的多个债权人对同一被执行人申请执行,执行的财产不足清偿全部债务的,各债权人对执行标的物均无担保物权的,按照各债权比例受偿。这体现了有限平等原则。

根据《解释》的规定,在执行中,作为被执行人的企业法人符合《企业破产法》第二条第一款规定情形的,执行法院经申请执行人之一或者被执行人同意,应当裁定中止对该被执行人的执行,将执行案件相关材料移送被执行人住所地人民法院。被执行人住所地人民法院应当自收到执行案件相关材料之日起三十日内,将是否受理破产案件的裁定告知执行法院。不予受理的,应当将相关案件材料退回执行法院。被执行人住所地人民法院裁定受理破产案件的,执行法院应当解除对被执行人财产的保全措施。被执行人住所地人民法院裁定宣告被执行人破产的,执行法院应当裁定终结对该被执行人的执行。被执行人住所地人民法院不受理破产案件的,执行法院应当恢复执行。当事人不同意移送破产或者被执行人住所地人民法院不受理破产案件的,执行法院就执行变价所得财产,在扣除执行费用及清偿优先受偿的债权后,对于普通债权,按照财产保全和执行中查封、扣押、冻结财产的先后顺序清偿。

第四节
参与分配

所谓参与分配,是指当被执行人是公民或者其他组织时,在执行过程中,被执行人的其他已经取得金钱执行依据的债权人发现被执行人的财产不能清偿所有债权,而向人民法院提出申请,参与被执行人现有财产的分配的制度。

参与分配既是执行竞合的一种表现形式,又是解决执行竞合的一种办法。最高人民法院《解释》和《执行规定》对此作了规定。我国的申请参与分配制度,是指执行程序开始以后,申请执行债权人以外的其他债权人,因债务人的财产不能清偿所有债务,而向法院申请参加执行程序并就所有债权公平受偿的制度。

一、参与分配的构成

我国通过司法解释建立的参与分配制度,与其他国家和地区的参与分配制度有所不同。我国的参与分配的构成要件有以下几项:

1. 进行参与分配的被执行人须为公民或其他组织。从各国立法来看,对参与分配的被执行人并无此种限制,因为破产与参与分配毕竟是两种不同的制度。在我国,要求适用参与分配的被执行人必须是公民或其他组织,是因为参与分配和破产的适用条件之一都是资不抵债。若企业法人资不抵债,可以根据《企业破产法》的规定,实行破产还债,而不必适用参与分配制度。而目前尚没有调整公民或其他组织资不抵债时清偿数个债务问题的法律规定,在实务中无法处理。目前这种规定采取分流的办法:企业法人资不抵债,通过破产程序;公民和其他组织资不抵债,通过参与分配程序。

2. 除申请执行人以外,被执行人须有其他债权人。被执行人有两个以上的债权人,是适用参与分配的前提。如果被执行人只有一个债权人,无论被执行人有多少财产,都不涉及参与分配的问题。

在这一点上,各国的立法例相同。这就是说,在被执行人的数个债权人中,已经有一个债权人提出开始执行程序的申请,或者就一个债权人的判决执行已交付法院执行。除此之外,该被执行人还必须有另外一个或者数个其他债权人。

3. 提出参与分配的其他债权人必须已取得执行依据。参与分配的提起须由被执行人的其他债权人提出申请,法院不以职权主动为之。对其他债权人提出参与分配的资格限制,其他国家或地区的立法,通常规定为债权须到期,即债权人的债权已届清偿期。最高人民法院《解释》第507条规定,提出参与分配的其他债权人必须提供执行依据,并于执行程序开始后、被执行人的财产执行终结前提出,即没有取得执行依据的债权人不能参与分配。

4. 债务人没有其他财产可供执行或者其他财产不足清偿全部债务这是关于参与分配的债务人财产的量的条件。只有当债务人没有其他财产可供执行或者其他财产不足清偿所有的债务时,他债权人才能请求参与分配。如果债务人还有其他财产可供执行,或者其他财产足以清偿全部债务,债权人之间的债权应依优先原则受偿,即采取执行措施在先的债权人的债权优先受偿。"债务人没有其他财产可供执行"是指除了已被采取民事执行措施的财产之外,债务人已没有其他财产。此时,他债权人如不参与分配,其债权将没有受偿的可能。"其他财产不足清偿全部债务"是指除了已被采取执行措施的财产之外,债务人还有其他财产,但是其他财产不足以清偿他债权人的全部债权。此时,后来的他债权人如不参与前面已开始的执行程序,其债权就不能得到全部清偿,从而与前面的债权人处于不平等的地位。总之,在这两种情形下,如果他债权人不参与分配,就都会违反"债务人的全部财产是全体债权人所有债权的共同担保"的实体法原则。

5. 参与分配的申请须于执行程序开始后,被执行人的财产被执行完毕前提出。关于参与分配申请期间的始期,各立法均为执行程序开始之后,这是因为执行程序未开始之前,尚无提出参与分配的必要。关于参与分配申请期间的终期,国外一般规定为强制执行物拍卖或变卖终结前,或者参与分配的分配表做成之前。我国司法解释规定:"参与分配申请应当在执行程序开始后,被执行人的财产被执行完毕前提出。"相比较而言,这一规定所确定的申请期限,比其他立法规定的更长,更有利于保护其他债权人的债权。

6. 实行参与分配的各债权必须是金钱债权或者已经转换为金钱请求的债权。参与分配是将各债务人财产按照各债权人债权比例进行清偿,那么,债权人的债权必须均是金钱债权或者已经转换为金钱请求的债权,才能适用参与分配制度。因为只有金钱债权才具有同质性,可以经由一般等价物的货币为清偿,也只有在金钱债权时,财产的查封、变卖、强制管理、受偿等这一货币化的过程才有实质意义。

二、我国参与分配的具体程序

根据最高人民法院《解释》《执行规定》《最高人民法院关于适用〈中华人民共和国民事诉讼法〉执行程序若干问题的解释》的规定,我国的参与分配程序如下:

1. 参与分配执行中,执行所得价款扣除执行费用,并清偿应当优先受偿的债权后,对于普通债权,原则上按照其占全部申请参与分配债权数额的比例受偿。

2. 多个债权人对执行财产申请参与分配的,执行法院应当制作财产分配方案,并送达各债权人和被执行人。债权人或者被执行人对分配方案有异议的,应当自收到分配方案之日起十五日内向执行法院提出书面异议。

3. 债权人或者被执行人对分配方案提出书面异议的,执行法院应当通知未提出异议的债权人、被执行人。

未提出异议的债权人、被执行人自收到通知之日起十五日内未提出反对意见的,执行法院依异议人的意见对分配方案审查修正后进行分配;提出反对意见的,应当通知异议人。异议人可以自收到通知之日起十五日内,以提出反对意见的债权人、被执行人为被告,向执行法院提起诉讼(分配方案异议之诉);异议人逾期未提起诉讼的,执行法院按照原分配方案进行分配。

4. 诉讼期间进行分配的,执行法院应当提存与争议债权数额相应的款项。

5. 清偿后的剩余债务,被执行人应当继续清偿;债权人发现被执行人有其他财产的,可以随时请求人民法院执行。参与分配执行之后,如果全部满足债权要求者,则债权债务关系消灭;如果按平均受偿原则清偿债务,仅清偿部分的债务消灭,未清偿部分的债务继续存在,被执行人应当继续执行。这一点与破产程序不同。破产债权平均受偿之后,即告债权消灭,债务人因其破产已不复存在,因而不负剩余债务的继续清偿义务。参与分配的债务人清偿后,仍负清偿剩余债务的义务。如果债权人发现被执行人有其他财产的,可以随时请求人民法院执行。如果被执行的其他组织已经不复存在,则不在此列。

第五节
执行监督

所谓执行监督,是指最高人民法院对地方各级人民法院、上级人民法院对其辖区内的下级人民法院的执行工作有权进行检查、督促、指导、协调和处理的制度。为了规范人民法院的执行监督,最高人民法院《执行规定》专门规定了执行监督制度。

执行监督权包括执行检查权、暂缓执行决定权、执行协调权、指令执行权、执行争议裁定权等。兹分述如下:

1. 上级人民法院依法监督下级人民法院的执行工作。最高人民法院依法监督地方各级人民法院和专门法院的执行工作。

2. 上级法院发现下级法院在执行中作出的裁定、决定、通知或具体执行行为不当或有错误的,应当及时指令下级法院纠正,并可以通知有关法院暂缓执行。下级法院收到上级法院指令后必须立即纠正。如果认为上级法院的指令有错误,可以在收到该指令后5日内请求上级法院复议。上级法院认为请求复议的理由不成立,而下级法院仍不纠正的,上级法院可直接作出裁定或决定予以纠正,送达有关法院及当事人,并可直接向有关单位发出协助执行通知书。

3. 上级法院发现下级法院执行的非诉讼生效法律文书有不予执行事由,应当依法作出不予执行裁定而不制作的,可以责令下级法院在指定时限内作出裁定,必要时可直接裁定不予执行。

4. 上级法院发现下级法院的执行案件(包括受委托执行的案件)在规定的期限内未能执行结案的,应当作出裁定、决定、通知而不制作的,或应当依法实施具体执行行为而不实施的,应当督促下级法院限期执行,及时作出有关裁定等法律文书,或采取相应措施。对下级法院长期未能执结的案件,确有必要的,上级法院可以决定由本院执行或与下级法院共同执行,也可以指定本辖区其他法院执行。

5. 上级法院在监督、指导、协调下级法院执行案件中,发现据以执行的生效法律文书确有错误的,应当书面通知下级法院暂缓执行,并按照审判监督程序处理。

6. 上级法院在申诉案件复查期间,决定对生效法律文书暂缓执行的,有关审判庭应当将暂缓执行的通知抄送执行机构。

7. 上级法院通知暂缓执行的,应同时指定暂缓执行的期限。暂缓执行的期限一般不得超过三个月。有特殊情况需要延长的,应报经院长批准,并及时通知下级法院。暂缓执行的原因消除后,应当及时通知执行法院恢复执行。期满后上级法院未通知继续暂缓执行的,执行法院可以恢复执行。

8. 下级法院不按照上级法院的裁定、决定或通知执行,造成严重后果的,按照有关规定追究有关主管人员和直接责任人员的责任。

【思考题】

1. 简述执行和解的条件。
2. 简述执行竞合的处理程序。
3. 什么叫参与分配?简述我国参与分配的程序。

【参考文献】

1. 黄金龙:《关于人民法院执行工作若干问题的规定实用解析》,中国法制出版社2000年版。
2. 李浩主编:《强制执行法》,厦门大学出版社2005年版。
3. 王娣:《强制执行竞合研究》,中国人民公安大学出版社2009年版。

Principles of Civil Procedure

民事诉讼法原理

第九编　涉外民事诉讼程序

第三十二章　涉外民事诉讼程序的特别规定

第三十三章　司法协助

第32章 涉外民事诉讼程序的特别规定

[提要] 本章主要阐述我国涉外民事诉讼制度的基本问题,包括我国涉外民事诉讼的特征、基本原则、管辖权的冲突与消解、诉讼期间与送达以及涉外诉讼中的财产保全。涉外民事诉讼程序是含有涉外因素的诉讼流程,与国内民事诉讼程序相比,具有补充性和专门性。涉外民事诉讼的基本原则包括程序规范适用法院地法原则、国家主权原则、平等互惠原则、遵循国际条约原则以及便利诉讼和司法原则。涉外诉讼管辖是一个棘手的法律问题。国家意志的差异和不可妥协性反映在管辖权问题上,就是管辖权的冲突和对抗,由此成为一个悬而未决的世界难题。本章还简要介绍了诉讼期间与送达问题。

第一节 涉外民事诉讼程序概述

一、涉外民事诉讼程序的概念

涉外民事诉讼程序,简言之,即是指含有涉外因素的民事诉讼程序,具体而言,它是指在审理涉外民商事案件的过程中,法院、当事人、其他诉讼参与人进行涉外民商事诉讼活动必须遵守的专门程序,规定这种专门程序的法律规范称作涉外民事诉讼程序规范。

对于涉外一词,据司法解释的精神看来,是国际私法意义上的涉外,即法律关系的主体、客体和内容三要素之一的涉外。[①] 这种理解是一种狭义上的判断。有学者则持广义观点,以为涉外民事诉讼程序除了实体法律关系涉及国际因素以外,还可以是诉讼程序本身包含有国际因素,其判断标准除了主体、客体和内容以外,还包括引用的证据是否具有外国因素、

---

① 刘想树:《中国涉外仲裁裁决制度与学理研究》,法律出版社2002年版,第12页。

案件的准据法是否属于外国法律、诉讼请求的承认与执行是否具有涉外因素、诉讼程序是否涉及国际司法协助等问题。① 对于上述两种观点,我们以为都有其合理之处,广义的观点站在整个国际社会的立场试图对国际民事诉讼程序作一个包容性理解,充分考虑和尊重各国国内立法的差异,狭义观点则是严谨地站在我国立场,以我国立法视角来判断何种民事诉讼程序对于我国而言具有涉外因素。鉴于本书叙事的国内立场,此处的涉外是指《解释》第520条的规定:"有下列情形之一的,人民法院可以认定为涉外民事案件:(一)当事人一方或者双方是外国人、无国籍人、外国企业或者组织;(二)当事人一方或双方的经常居住地在中华人民共和国领域外的;(三)标的物在中华人民共和国领域外的;(四)产生、变更或消灭民事关系的法律事实发生在中华人民共和国领域外的;(五)可以认定为涉外民事案件的其他情形。"

二、我国涉外民事诉讼程序的特征

(一)涉外民事诉讼程序的补充性

涉外民事诉讼程序并不是独立于民事诉讼法之外的完整程序,它是民事诉讼法的一部分,是一种补充性规定。一方面,因为它是根据涉外因素这个特点,对人民法院审理涉外案件的某些诉讼程序所作的特别规定。它只适用于涉外因素的民事案件的审理,非涉外因素的民事案件不能适用特别规定,因而具有特殊性。另一方面,因为它是一种补充性规定,并非完整的诉讼程序,所以本条规定,在涉外民事诉讼的法律适用中,应当遵循特别规定优于普通规定的原则。

(二)涉外民事诉讼程序的专门性

之所以对涉外民事诉讼作出特别规定,是因为它有不同于非涉外民事诉讼的特殊情况。例如,当事人在外国或者诉讼客体在外国,人民法院对不在我国境内居住的当事人进行送达,或者对事实进行调查,都需要采取不同于国内的诉讼方式。当事人不在我国境内,他们从事某些诉讼活动,客观上需要较长时间。另外,处理涉外民事诉讼,涉及我国对外国人、外国企业或组织在诉讼上的权利问题,涉及国家之间在司法上的关系等问题。因此,针对涉外民事诉讼的特殊情况,在涉外民事诉讼程序上,应当作出相应的特别规定。对涉外民事诉讼程序作某些必要的特别规定,这在世界各国是一致的,但具体做法各不相同。本法在第四编中,对涉外民事诉讼中的特别问题专编做了集中规定,这样既便于诉讼当事人有所遵循,又便于人民法院审判涉外案件时掌握和适用。②

---

① 李玉泉:《国际民事诉讼与国际商事仲裁》,武汉大学出版社1994年版,第2页。
② 梁书文、杨荣新主编:《民事诉讼法及配套规定新释新解》(下),人民法院出版社2002年版,第2076页。

第二节 涉外民事诉讼的原则

涉外民事诉讼的原则是指贯穿于涉外民事诉讼活动各环节和各领域,诉讼参加人包括法院、诉讼当事人以及其他诉讼参与人必须遵循的,对涉外民事诉讼立法和活动具有指导意义的准则。根据我国立法规定,涉外民事诉讼的基本原则包括程序规范适用法院地法原则、国家主权原则、平等互惠原则、遵循国际条约原则以及便利诉讼和司法原则。

一、程序规范适用法院地法原则

公私法的划分是罗马法学家的杰出贡献之一,其功能除了体现法律性质,划定当事人自治的范围以外,在国际私法意义上还通常用以确定法律是否具有域外效力。自巴托鲁斯以来,公法规范效力范围即被认为具有严格的属地性质,只能在主权国家领土范围内适用,不具有域外效力,程序规范被认为是关乎公益的立法而被划属于公法范畴,根据"场所支配行为"的法谚,程序规范只能且必须适用于法院地国。这一认识被后来历代法学者所因袭,历史法学派巨子萨维尼更是将这一判断吸纳入他所创造的精致的"本座"体系中,骄傲而武断地宣称,诉讼程序应以法院地为其本座。① 萨维尼有足够的资本骄傲,因为这一体系仍然在一个半世纪后的今天作为经典理论指引着实践,其不朽的理性魅力承受了时空变幻的冲刷而益发显得光芒四射。

现代国际私法学者将这一经典理论公式化,将它提升为国际私法的七大系属公式之一,以标识其作为真理性认识的普世性和普适性。这一系属公式被高度浓缩为法院地法,亦即诉讼程序的唯一准据法是审理涉外案件的法院所在地法律。美国涉外民事诉讼法也对此予以佐证,将其作为基本原则确立下来。②

二、国家主权原则

主权被认为是国家构成要素中的核心,国家主权原则是所有以涉外法律关系为调整对象的法律部门的基本原则,涉外民事诉讼法也不例外。在涉外民事诉讼领域,国家主权原则表现为司法主权,其贯穿本领域的全过程:

第一,在涉外民事案件管辖权的行使上,主权国家的法院依据本国法律独立自主地行使司法管辖权。国家行使司法管辖权的标准有三:其一是属地管辖,其二是属人管辖,其三是当事人约定管辖。具体而言,一国法院对位于该国境内的一切人和物,包括外国人和为外国人所有的物,都享有管辖权;一国法院对在国内和国外的本国公民都有管辖权;当事人约定由我国法院管辖,即便不存在属地和属人标准,根据国家主权原则,我国法院仍可管辖。

---

① [德]弗里德里希·卡尔·冯·萨维尼:《法律冲突与法律规则的地域和时间范围》,李双元等译,法律出版社1999年版,第245页。
② 张茂:《美国国际民事诉讼法》,中国政法大学出版社1999年版,第25页。

第二，在涉外民事案件的法律适用上，诉讼程序依据法院地法自不待言，在案件的实体问题适用外国法的情况下，法院地法的影响仍不可忽视。法院地法替代某一外国法以调整案件实体问题通常在如下被认为具有国家主权色彩的行为和方式中得到实现：其一，公共秩序保留的运用；其二，外国法不能查明的情形；其三，一级反致和间接反致；其四，识别制度的运用；其五，法律规避的认定。

第三，在涉外民事案件判决的承认与执行上，国家主权原则的行使具有双重性质，一方面，任何主权国家基于其承诺或者根据互惠对等原则有义务承认与执行外国法院判决；另一方面，任何主权国家有权按照本国立法和国际条约的规定对要求得到承认与执行的外国判决进行形式或者实质审查，并按照本国程式拒绝或者执行该判决。我国民事诉讼法第288条、第289条对此作出了明确规定。

第四，国家作为可能的涉外民事案件当事人，在涉外民事诉讼中享有豁免权。这种豁免权是绝对和圆满的，其主体既可以是主权国家，也可以是主权国家的外交代表或者领事。主权国家享有的豁免权包括司法管辖的豁免、强制措施的豁免以及执行的豁免。

三、平等互惠原则

平等互惠原则亦称对等原则，在国际民事诉讼中具体表现为：其一，在当事人诉讼地位方面，一国应当赋予外国当事人与内国当事人同等的诉讼权利。若该外国对内国公民的诉讼权利加以限制时，内国也对该外国所属公民的诉讼权利加以限制。其二，在司法协助方面，实行互惠原则。

四、遵循国际条约原则

"人无信而不立"的儒家理念可类推适用于国际社会，国际条约作为国家之间缔结的契约理应被善意信守，这已经被联合国载入宪章，得到国际社会的广泛接受和公认。我国在遵循国际条约方面堪称典范：其一，凡是我国缔结或者参加的国际条约，我国就严格遵守条约的规定，承担条约的义务；其二，我国参加或者缔结的国际条约中的某些规定与我国诉讼法存在冲突，除非我国已经提出保留声明，均奉行国际条约优先的原则；其三，我国不是对于所有国际条约一般地予以承认和接受，只有我国缔结或者参加的国际条约才对我国具有拘束力。

五、便利诉讼和司法原则

此原则充分考虑到争讼当事人和受理案件的法院可能面对的困难，要求涉外民事诉讼的立法和实践应便利当事人诉讼和法院司法，以保障涉外案件的顺利审决。我国涉外民事诉讼也彰显了这一精神，比如在涉外时效方面，一般认为其时限通常是国内诉讼的两倍，这被认为是便利当事人诉讼原则的体现；在诉讼适用的语言文字上，要求采用法院地国的语言和文字，这被视作便利法院诉讼原则的体现。

第三节
涉外民事诉讼的管辖

一、涉外民事诉讼管辖的意义

涉外民事诉讼管辖是指一国法院受理涉外民事案件的权限范围。涉外民事诉讼管辖与纯粹的国内民事诉讼管辖不同,后者主要解决一国内部的法院系统如何分工,它包括垂直方向的分工,即不同级别的法院之间如何进行管辖分工;也包括水平方向的分工,即同级法院之间如何进行管辖分工。如果说国内民事诉讼管辖所要解决的是管辖分工的内部矛盾的话,则涉外民事诉讼管辖所要解决的是管辖分工的国际矛盾,即它所要解决的是一国法院受理涉外案件的范围问题,并不涉及国内的具体管辖规定。但不能由此而得出结论,认为国际民事诉讼管辖与国内民事诉讼管辖存在截然二分的鸿沟,实际上,两者仍然存在着十分密切的联系,有时甚至是密不可分的。[①] 但凡研究涉外民事诉讼管辖的学者都非常注重涉外管辖的意义,究其原因在于研究和把握涉外民事诉讼管辖的意义具有异常重要的"意义",不仅能够明了涉外民事诉讼管辖对于国家和当事人利益的重要性,而且还能深刻理解导致涉外民事诉讼管辖冲突的根源,从而为冲突的消解指引路径。具体而言,涉外民事诉讼管辖的意义展现为:

第一,涉外民事诉讼管辖关系到国家主权的正确行使。司法管辖作为国家主权的一个方面,其行使程度和方式被认为是国家主权得以实现的程度和方式。各国都根据本国的具体情况独立自主地设立了司法管辖的标准。"在国际上,各国争夺涉外民商事案件管辖的斗争十分复杂、激烈,其目的就在于取得本国对涉外民事案件的管辖,以维护本国的利益。"[②] 更有甚者,有的国家滥用主权原则,不适当地过度扩张本国的管辖,如有学者指出,外国人对于美国法院的管辖权谈虎色变,视之为合法"抢劫",[③] 从而为涉外民事诉讼管辖的国际冲突开创了危险的示范。

第二,涉外民事诉讼管辖既是内国法院受理并审理涉外案件之"因",也是内国法院判决在国外获得承认和执行之"因"。一国法院能否受理某一涉外案件,关键在于对该案有无管辖权,只有确定了内国法院对该案的管辖权之后,方能受理并审理。而在判决的承认与执行过程中,受案法院是否具备适当的管辖资格将经受接受申请的异国法院严苛的审查,并据之决定是否承认与执行。

第三,涉外民事诉讼管辖关系到案件实体问题的法律适用,从而在一定程度上将左右当事人权益的保护。由于在审理涉外案件的过程中,各国法院均依照本国冲突规范确定案件实体问题的准据法,这就意味着不同国家的法院在受理案件后可能依据不同的准据法对案

---

① 李玉泉:《国际民事诉讼与国际商事仲裁》,武汉大学出版社 1994 年版,第 70 页。
② 徐卉:《涉外民商事诉讼管辖权冲突研究》,中国政法大学出版社 2001 年版,第 13 页。
③ 杨良宜:《国际商务仲裁》,中国政法大学出版社 1997 年版,第 601 页。

件作出不同的裁决,使当事人权益的保护处于一种不可知的神秘状态。

第四,涉外民事诉讼管辖还关系到管辖国际冲突根源的理解及其消解。通过比较研究各国涉外民事诉讼管辖的制度,可以看出,涉外民事诉讼管辖的冲突在本质上包括两类,其一是管辖的重叠,也即管辖的积极冲突;其二是管辖的空白,也即管辖的消极冲突。其根源在于国家主权的冲突,这种冲突甚至可能在国际社会中泛化,"在国际交往中,在每一个具体的公司,每一个个人背后……都有它自己的国家,而在这民事法律关系中发生的任何争议,甚至有关离婚的家庭纠纷,最终都可能转变为国家之间的冲突"。① 因此,要解决管辖的国际冲突必须在主权国家之间进行自觉的国际协调和自我调整。

二、涉外民事诉讼管辖的冲突及其解决

(一)涉外民事诉讼管辖的形态

涉外民事诉讼管辖存在四类形态:第一,属地管辖,即以地域为管辖标准,凡是涉外民事案件诸多因素中涉及一国领域,则该国对该案行使管辖权。又分为三种情况:其一是以被告住所地为标志确定管辖权,其二是以诉讼标的物或者被告财产所在地为标志确定管辖权,其三是以法律事实发生地为标志确定管辖权。第二,属人管辖,即以当事人的国籍作为确定案件管辖权的标志,凡是具有某国国籍的当事人,无论是原告还是被告,无论其现在居住地位于何国,其国籍国法院都有管辖权。第三,专属管辖,即独占或者排他管辖,是指一国法律规定某些涉外案件只能由本国法院管辖,不承认他国法院对于此类案件的管辖权。专属管辖是一种强制性管辖,很容易引起国家之间的对抗。第四,协议管辖,即合意管辖,是指当事人根据意思自治原则,可以将他们之间可能或者已经发生的纠纷交付某一国法院管辖和审理。协议管辖通常要受到如下限制:其一,协议管辖只适用于合同或者财产权益纠纷案件,不适用于有关身份关系的案件;其二,协议管辖不得变更内国级别管辖;其三,协议管辖不得变更内国专属管辖;其四,协议管辖选择的法院应当与案件存在实际联系。②

(二)涉外民事诉讼管辖的冲突及其解决

涉外民事诉讼管辖的冲突存在积极和消极冲突之分,国内外学者多对管辖的积极冲突作过深入研究,而对消极冲突则关注较少。这是因为消极冲突并不是涉外管辖冲突的主要表现形式,其解决途径也由于不存在国家主权的直接对抗而简便易行。

1. 涉外民事诉讼管辖的积极冲突及其解决。管辖的积极冲突是指就实质上的同一纠纷,数个国家的法院都主张具有管辖权,也就是说多个国家的法院各依据其本国涉外民事诉讼法的规定,对同一纠纷都有管辖权。这种冲突与国家在涉外民事管辖立法上规定的范围大小存在正向关联,如美国各州在涉外管辖上盛行长臂管辖,③为管辖的积极冲突营造了有利的条件。涉外诉讼管辖的积极冲突包括两类,其一是原被告相同型,也称重复诉讼;其二

---

① [苏]隆茨:《国际私法》,袁振民、刘若文译,中国金融出版社1987年版,第9页。
② 刘想树:《国际私法基本问题研究》,法律出版社2001年版,第376页。
③ David H. Vernon. Conflict of Laws: Cases, Materials and Problems. 1990,pp.148~149.

是原被告逆转型,也称对抗诉讼。①

涉外管辖积极冲突的解决途径可以分为统一法途径和国内法途径。统一法途径主要是依据一些双边条约和区域性条约对涉外民事诉讼管辖作出统一协调;国内法途径主要有三种模式:②其一是无限制模式,即内国我行我素,不顾可能或者现存的国外管辖情况,一味强调内国的管辖,为意大利采用;其二是比较衡量说,即主张综合分析各种情况,由法院进行比较权衡,裁定外国法院和本国法院哪一个合适,为英美等国采用;其三是承认可能性预测说,即若外国法院受理在先,则限制内国法院的管辖,为德国、瑞士等国采用。

2. 涉外民事诉讼管辖的消极冲突及其解决。管辖的消极冲突是指某一个纠纷各国法院都拒绝行使管辖权,即司法拒绝,其结果是当事人的权利得不到司法保护。这是对当事人接近正义原则(access to justice)的否定和侵犯。为保护当事人的合法权益,对于管辖的消极冲突的解决,通常是在国内立法中赋予法院一定的自由裁量权,由法院在方便当事人诉讼的情况下,例外地受理一些其他任何国家都无管辖权的案件,③也可以由各国国际民事诉讼法中的紧急管辖或者称为基于必要的补充性直接管辖来解决。④

三、我国涉外民事诉讼管辖的相关立法

我国涉外民事诉讼管辖的规定主要体现在国际条约和国内立法中。国际条约和国内立法都有规定的,国际条约优先;国际条约没有规定的,则适用国内立法。

国内立法确立了三类管辖:

其一,级别管辖。即一般涉外民事案件的一审法院是基层法院,重大涉外民事案件的一审法院是中级人民法院。对于何谓重大涉外案件,根据2015年《解释》,争议标的额大,或者案情复杂,或者一方当事人人数众多等具有重大影响的案件为重大涉外案件;海事海商案件的第一审法院是与中级法院平级的海事法院。

其二,地域管辖。即以涉外案件诸因素所涉及的地域为管辖标准,采取原告就被告原则,即由被告住所地、经常居住地的法院管辖;或者特殊情况下的被告就原告原则,即对不在我国境内居住的人提起的有关身份关系的诉讼,可以由原告住所地的人民法院管辖;或者按照涉外合同所涉及的地域,分别赋予合同签订地、合同履行地、诉讼标的物所在地、可供扣押财产所在地、侵权行为地、当事人代表机构所在地的法院管辖权。

其三,专属管辖。我国立法规定的专属管辖有六种情形:中外合资经营合同纠纷、中外合作经营合同纠纷、中外合作勘探开发自然资源合同纠纷、涉及不动产的纠纷、因港口作业引发的纠纷和死者遗产继承引发的纠纷。

---

① Allan D. Vestal, Repetitive Litigation, 45 *Iowa L. Rev.* 525,1960.
② 李旺:《国际诉讼竞合》,中国政法大学出版社2002年版,第18~19页。
③ 赵相林、宣增益:《国际民事诉讼与国际商事仲裁》,中国政法大学出版社1994年版,第87页。
④ 李浩培:《国家民事程序法概论》,法律出版社1996年版,第65页。

第四节
涉外民事诉讼的期间、送达

一、涉外民事诉讼的期间

期间是指由法律规定的或者法院依据职权指定的,法院、当事人或者其他诉讼参与人为一定诉讼行为的时间期限。因此,期间可以分为法定期间和指定期间。涉外民事诉讼中,原则上如果当事人在我国境内有住所的,适用民事诉讼法的一般规定,如果当事人不在我国境内居住的,则应适用该法的特殊规定。此类特殊规定主要规定了三种期间,即答辩期间、上诉期间以及审理期间。

（一）答辩期间

我国《民事诉讼法》第 275 条、第 276 条规定了一审和二审的答辩期间。第 268 条规定:"被告在中华人民共和国领域内没有住所的,人民法院应当将起诉状副本送达被告,并通知被告在收到起诉状副本后三十日内提出答辩状。被告申请延期的,是否准许,由人民法院决定。"第 276 条规定:"……被上诉人在收到上诉状副本后,应当在三十日内提出答辩状。当事人不能在法定期间提起上诉或者提出答辩状,申请延期的,是否准许,由人民法院决定。"这两条规定反映了答辩期间的两个特点:第一,期间较长,为 30 日,是国内民事诉讼提出答辩状期间的两倍。第二,答辩期间为法定期间,一般不得变更;被告确有困难的,在法院审查后酌情确定是否延期以及延期的天数。

（二）上诉期间

我国《民事诉讼法》第 276 条规定了涉外诉讼的上诉期间:"在中华人民共和国领域内没有住所的当事人,不服第一审人民法院判决、裁定的,有权在判决书、裁定书送达之日起三十日内提起上诉……"综合考虑当事人的居住情况,我们可以得出如下结论:第一,对于一审判决、裁定不服的上诉期间实行双轨制,即当事人双方若分别居住在我国领域内、外的,国内居住方的上诉期间为 15 日或者 10 日;国外居住方的上诉期间一律为 30 日。第二,双方当事人上诉期间没有提起上诉的,一审判决、裁定即发生法律效力。境外当事人不能在法定期间内提起上诉的,可以向法院申请延期。

（三）审理期间

我国《民事诉讼法》第 277 条规定了人民法院审理涉外案件的期间:"人民法院审理涉外民事案件的期间,不受本法第 152 条、第 183 条规定的限制。"即是说,人民法院没有时间上的强制性规定,这一规定固然为人民法院审理涉外案件提供了充足的时间保障,但是其立法预设并不一定科学,时间的长短固然与案件的公正性存在一定的关联,但这种关联显然不具有必然性,而且迟到的公正并不是真正的公正。因此,立法应对涉外案件的审理时限作出规定,但此类规定应当注意两点:其一,该期限应比国内案件的审结时限宽松,使得当事人有充分的陈述和申辩的机会,也能让法院的裁决更加深思熟虑而更具说服力;其二,立法技巧上应采用建议性的语言,适当限制强制性的表述方式,让法院有一定的自由裁量余地。例如,规定为"应当在合理期限内审结"。

二、涉外民事诉讼的送达

（一）涉外民事诉讼送达的一般理论

涉外民事诉讼的送达因当事人所在地不同而存在域内送达和域外送达两种情形。域内送达的程序和方式遵循民事诉讼法的一般规定，域外送达的程序和方式则遵循民事诉讼法的特殊规定。在国际私法中，域外送达被认为是国际司法协助的三大主要板块之一，多数学者直接将域外送达等同于涉外民事诉讼送达。

从各国立法和有关国际条约的规定看，司法文书域外送达的方式主要有以下几种：

1. 外交或者领事途径送达。即内国法院将需要送达的诉讼文书或者诉讼外文书交由内国驻相关国家的外交代表或者领事代为送达。但是此类送达不得违反被请求国法律的规定，不得采取强制性措施，而且受送达的主体仅仅限于外交或者领事所属国公民。

2. 邮寄送达。即内国法院通过邮局直接将法律文书寄给国外的诉讼当事人或者诉讼参与人的送达方式。但有的国家不接受这种送达方式。

3. 法院途径送达。即两国法院以国家之间的司法协助条约为基础，由一国法院直接将司法文书寄交给另一法院，再由该法院送达。此类方式必须具有相关条约才能进行。

4. 直接送达。即内国法院将司法文书直接邮寄给居住在国外的受送达人，或者通过当事人的诉讼代理人代为送达。此类方式必须征得受送达国法律允许。

5. 公告送达。即采用登报、广播或者张贴公告的途径送达司法文书。这一途径为多数国家立法采用，但通常在采用其他送达方式不能达到目的的情况下作为救济方式。

（二）我国涉外民事诉讼送达的相关立法

根据《民事诉讼法》第274条的规定，人民法院可以采用以下的送达方式：

（1）依照受送达人所在国与我国缔结或者共同参加的国际条约中规定的方式送达。我国已参加了《关于向国外送达民事或商事司法文书和司法外文书公约》，还先后与法国、波兰、比利时等国家签订了司法协助协定，在向公约参加国的当事人送达诉讼文书时，可以按公约或条约的规定进行。

（2）通过外交途径送达。这种送达方式是国际公认的一种最正规的送达方式。最高人民法院、外交部、司法部1986年8月14日《关于我国法院和外国法院通过外交途径相互委托送达法律文书若干问题的通知》对这种送达方式的程序和要求作了具体的规定。其程序如下：经我国各高级人民法院将应送达的诉讼文书，送交我国外交机关，然后由外交部领事司交当事人所在国驻我国的外交机构，再由其转交给该国的外交机关，按照该国法律规定送达给当事人。但该种送达方式的手续较为烦琐，所花的时间也较长。

（3）委托我国驻外使、领馆代为送达。对在我国领域内没有住所的具有中国国籍的受送达人，可以委托我国驻受送达人所在国的使领馆代为送达。这种送达方式是《维也纳领事关系公约》所认可的，我国与大多数国家一样，是该公约的参加国。

（4）向有权代收的诉讼代理人送达。在我国没有住所的当事人，如有委托代理人的，且代理人有代收诉讼文书的权利，或者当事人专门委托了代收诉讼文书的代理人的，人民法院可直接向其代理人送达。

(5)向受送达人在我国领域内设立的代表机构或者有权接受送达的分支机构、业务代办人送达。受送达人在我国没有住所,但有代表机构,或者授权分支机构或业务代办人接收的,人民法院可向上述机构送达。

(6)邮寄送达。采用该种送达方式,必须以受送达人所在国的法律允许邮寄送达为前提。涉外邮寄送达,自邮寄之日起满3个月,送达回证没有退回,但根据各种情况足以认定已经送达的,期间届满之日即视为送达。

(7)采用传真、电子邮件等能够确认受送达人知悉的方式送达。这是2012年修法时增设的送达方式。

(8)公告送达。采用以上方式均无法送达时,可以公告送达。自公告之日起满3个月的,视为送达。

2. 外国法院诉讼文书在国内的送达。

首先,该外国与我国签订有国际条约的,应遵循条约有关送达的规定。

其次,没有国际条约的,通过外交途径送达。采用此类方式的,由我国法院按照国内诉讼文书送达的方式送达。

再次,外国法院也可通过该国驻华使领馆直接向本国公民送达。

最后,对于拒绝转递我国法院通过外交途径委托送达的文书的国家或者对之有特殊限制的国家,采取对等原则。

【思考题】

1. 简述涉外民事诉讼程序中的"涉外"因素。
2. 简述涉外民事诉讼的基本原则。
3. 简述涉外民事诉讼管辖的冲突解决。
4. 简述涉外民事诉讼期间、送达的特殊性。

【参考文献】

1. 李浩培:《国际民事程序法概论》,法律出版社1996年版。
2. 刘想树:《国际私法基本问题研究》,法律出版社2001年版。
3. 李玉泉:《国际民事诉讼与国际商事仲裁》,武汉大学出版社1994年版。
4. [德]弗里德里希·卡尔·冯·萨维尼:《法律冲突与法律规则的地域和时间范围》,李双元等译,法律出版社1999年版。
5. 张茂:《美国国际民事诉讼法》,中国政法大学出版社1999年版。
6. 徐卉:《涉外民商事诉讼管辖权冲突研究》,中国政法大学出版社2001年版。
7. 何其生:《域外送达制度研究》,北京大学出版社2006年版。
8. 宋建立:《国际民商事诉讼近辖权冲突的协调与解决》,法律出版社2009年版。

第33章　司法协助

> **[提要]** 司法协助作为一项法律制度,是特指国家或者不同法域之间公权力机构相互给予的协作和帮助。按照司法协助涉及领域的不同,可以分为国际司法协助和区际司法协助;按照司法协助内容的不同,可以分为一般司法协助和特殊司法协助。

第一节　司法协助概述

　　与任何一个使用得泛滥的词组一样,司法协助同样是一个使用频率很高但认同程度却没有表现出相当水准的法律术语。有的国家称为司法协助,有的国家称为法律协助,有的国家称为司法合作,也有的国家称为司法联系。司法协助就其本意而言,是指在司法方面的协调和合作,但司法方面的协调和合作并不是合作者先天的经验或生而具之的本性,而是后天的习得和体认。因此,按照马克思式的经典语言来说,司法协助作为一项制度,它是法律发展到一定时期的产物,是国际民事关系发展到一定时期的产物。"在社会历史的发展进程中,基于不同的生产方式,形成了不同类型的国际司法协助制度。"①套用时下流行话语则可表述为,司法协助制度是一种历时性知识、国际性知识和地方性知识:由于司法协助制度历史的变迁和发展,它的内涵表现出历时性特征;由于司法协助制度主要是在国家与国家之间,也即在国际界面上达成和架构的,它的内涵在抽象层面上首先表现为一种国际性知识;由于司法协助制度的动态展开是在一国领域之内,它的内涵在具象层面上则转化为地方性知识。之所以这一概念被使用得纷繁复杂,在于不同的国家立法者和学者在不同的语境下界定它。

　　我们认为,司法协助即是指不同国家的法院之间,根据本国缔结或者参加的国际条约或者互惠关系,彼此相互协助,为对方代为一定的诉讼行为。它是私法意义上的协助,其内容主要涉及域外送达、域外调查取证,还包括涉外判决或者裁决的承认与执行;既包括协助主体的消极同意与允许,也包括协助主体的积极作为和配合;在无特殊限定的情况下,仅仅指的是国际司法协助,区际司法协助只是一种准国际司法协助形态;是国家之间在官方层面展开的协助,排除私人之间或者民间的相互协助;按照我国民事诉讼法的立法预设,它是一般

---

① 徐宏:《国际民事司法协助》,武汉大学出版社1996年版,第30页。

司法协助和特殊司法协助的综合体。

第二节 >>>
一般司法协助

根据我国《民事诉讼法》第283条的规定,一般司法协助的范围主要有两个方面:代为送达文书、代为调查取证。

一、代为送达文书

代为送达文书是指一国法院根据国际条约或者本国法律或者按照互惠原则将司法文书和司法外文书送交给居住在国外的诉讼当事人或者其他诉讼参与人的行为。有人认为涉外民事诉讼中送达文书的方式有两个方面,即域内送达方式和域外送达方式,[①]我们以为,域内送达方式按照"场所支配行为"的属地原则应严格地适用法院地内国民事诉讼法的规定,不是涉外民事诉讼所探讨的特殊方式,尽管域外送达与域内送达存在密切联系。因此,此处的送达仅仅指的是域外送达。

(一)域外送达方式之比较

不同学者对域外送达方式作出了大同小异的归纳,既可以将其划分为代为送达、通过使领馆送达、邮寄送达和对外国国家的送达;[②]也可以将其划分为按照内国法律和国际条约规定直接送达或者由内国法院委托内国的有关驻外机关送达、按照内国法律和国际条约的规定委托外国的主管机构代为送达,并将后一种方式认定为司法协助途径送达,[③]还可以划分为中央机关送达、外交途径送达、领事途径送达、法院途径送达、直接送达和公告送达等方式。[④] 如果愿意,甚至还可能列出不同学者不同分类的长长清单。我们认为,域外送达方式从宏观层面上应有三种方式:

第一,公约途径。即国家之间签订或者参加的公约中约定有域外送达制度的,应从其约定。如1965年的《关于向国外送达民事或者商事司法文书和司法外文书公约》约定了中央机关送达模式。我国已加入了该公约,并指定司法部作为中央机关。

第二,政治途径。即国家之间通过驻国外的本国使领馆送达。这种方式为国际社会所普遍承认和采用,并有《维也纳外交关系公约》作为保障。此种方式虽最为普及,但是在适用上却存在缺陷,即使领馆送达的对象只能是使领馆所属国国民,并且不得采取强制措施。但这一规范也并非绝对,如美国法律规定,国务院和驻外使领馆不为美国法院诉讼中的诉讼私

[①] 徐宏:《国际民事司法协助》,武汉大学出版社1996年版,第145~167页。
[②] 徐宏:《国际民事司法协助》,武汉大学出版社1996年版,第156~163页。
[③] 李玉泉:《国际民事诉讼与国际商事仲裁》,武汉大学出版社1994年版,第164页。有学者进一步指出,前一种方式即为直接送达,后一种方式即为间接送达;李双元等:《中国国际私法通论》(第2版),法律出版社2003年版,第560页。
[④] 赵生祥、刘想树:《国际私法学》,法律出版社1999年版,第377页。

人方送达文书,对于外国使领馆在其境内的送达也并未强制性规定必须具有使领馆所属国国民资格。① 我国也通过国内立法和参加、缔结国际条约等方式确立了这一送达途径。

第三,法院途径。这种方式大致存在如下三种做法,一是法院直接将诉讼文书寄交给另一国法院,再由该另一国法院依据其国内法的规定将诉讼文书转交给有关当事人;二是法院将诉讼文书直接邮寄给居住在国外的受送达人,或者通过受送达人的诉讼代理人代为送达;英美法系普遍采用代理人接受送达,大陆法系则立法禁止;而直接向当事人送达了除葡萄牙等少数国家外,大多数国家立法禁止。② 三是法院采用登报、广播或者张贴公告的方式送达诉讼文书。

(二)我国域外送达的相关制度

我国域外送达制度由三个层面的规范所构成,第一层面是我国民事诉讼法以及最高人民法院《关于依据国际公约和双边司法协助条约办理民商事案件司法文书送达和调查取证司法协助请求的规定》、最高人民法院《关于依据国际公约和双边司法协助条约办理民商事案件司法文书送达和调查取证司法协助请求的规定实施细则(试行)》等司法解释;第二层面是我国与相关国家,如中法、中波、中蒙之间签订的国际条约;第三层面是我国参加1965年海牙域外送达公约。综合以上规定,我国域外送达的制度内容有:

1. 我国域外送达的方式

我国《民事诉讼法》第267条规定了8种域外送达方式。

2. 我国域外送达的程序

按照域外送达的三大途径,相应地存在三种送达程序,法院途径受到送达国和受送达国规定的制约,因各国规定不同而有异,此处不再过多阐释;重点关注的是外交途径和公约途径。

其一,外交途径。我国最高人民法院、外交部、司法部于1986年发布了关于通过外交途径送达法律文书的司法解释。该解释规定,人民法院通过外交途径向国外送达文书时,首先由省、自治区、直辖市高级人民法院审查,其次交由外交部领事司转递,并注明受送达人的详细情况和案件基本情况。在形式要件上,必须具有委托书,委托书的文字必须符合约定,如果需要公证、认证的,由外交部个案通知。

其二,公约途径。此处所指公约主要是指我国参加的1965年海牙域外送达公约。公约规定,请求国主管机关或者司法官员应向被请求国中央机关递交符合要求的请求书一式两份,被请求国中央机关接受申请后,可自行或者通过适当的代理机构向受送达人送达。原则上,被请求国中央机关应按照本国法律规定的方式进行送达,在不违反被请求国法律的条件下可以按照请求国要求的特殊方式送达。请求执行完毕,被请求国中央机关或者其适当代理机构应按照约定的格式制作证明书,详细说明执行请求的情况,未获得执行的,应说明执行受阻的事实。

---

① 徐宏:《国际民事司法协助》,武汉大学出版社1996年版,第158~159页。
② 参见赵生祥、刘想树:《国际私法学》,法律出版社1999年版,第376页。

二、代为调查取证

代为调查取证是指受理涉外民事案件的法院在本国领域之外询问当事人、证人、鉴定人、进行司法勘验或者收集其他证据的诉讼行为。证据作为诉讼法的脊梁,对于案件事实的是非曲直起着决定性作用,因此域外调查取证相对于域外送达而言,更具实质性和重要性,也因各国具体情况和所属法系的不同存在根本性分歧。

(一)两大法系调查取证制度的横向考察

肇始于中世纪罗马——教会法程序的纠问式诉讼制度带有鲜明的大陆法系痕迹,其内在精神是,取证属于一种国家司法权力的行使方式,这一活动理应由法院进行,当事人仅仅起着辅助司法机关取证的作用。法国法律规定,法官对当事人举证负担、证据的合格性与结果都有判断权。[①] 德国法律也规定,法院取证过程中,律师只能向法官建议向证人提出哪些问题,甚至可以自己询问证人,但问题的范围很窄,在询问中只能起到次要作用。普通法系则将调查取证的责任和重心转移到当事人身上,奉行当事人诉讼主义。美国民事诉讼的基本特点即是允许当事人最大限度和可能地获悉与解决争讼问题有关的案件资料,以展开惊心动魄的法庭辩论,并从中获取最接近正义的裁决,为达此目的,美国法律精心设计出了证据开示制度,但这一制度导致的广泛争议形成了普通法系和民法法系之间的对立。[②] 英国与美国的取证程序基本相似,当事人承担了几乎绝对的举证责任。

(二)域外调查取证制度的主要方式

综观现行条约和两大法系相关国家国内立法,可归纳出如下几种域外调查取证方式:

(1)公约途径。即通过1970年海牙《民商事案件国外调取证据公约》约定的方式取证。公约规定了直接和间接两种取证方式,我国已经加入该公约。

(2)外交途径。即由本国驻外国领事代为调查取证。此种方式除了葡萄牙和丹麦等少数国家反对外,大多数国家都承认这种方式。

(3)法院途径。即委托外国法院调查取证或者经受案法院授权,由特派人员代表该法院在国外取证。

(三)我国域外调查取证的相关制度

我国域外取证制度也由三个层面的规范所架构:第一层面是我国民事诉讼立法及1986年最高人民法院、外交部和司法部关于域外送达的司法解释;第二层面是我国与外国缔结的双边司法协助条约;第三层面是我国加入的1970年海牙域外取证公约。

我国域外调查取证的方式主要有以下几种:

(1)存在司法协助条约或者根据互惠原则,委托外国法院调查取证。

(2)按照国家之间的条约或者互惠原则,由本国驻外领事在不违背领事驻在国法律的情况下,向领事所属国国民取证,但不得采取强制性措施。

---

① 沈达明:《比较民事诉讼法初论》(上),中信出版社1991年版,第304页。
② Andreas F. Lowenfeld, *International Litigation and the Quest for Reasonableness*, Clarendon Press, 1996, p.137.

(3)根据海牙取证公约的规定,通过嘱托书的形式委托对方国家的主管机关代为调查取证或者由本国驻外使领馆官员代为调查取证,但我国拒绝特派员取证方式。

第三节 特殊司法协助

一、外国法院判决的承认与执行

(一)外国法院判决的承认与执行的含义

一般认为,对这一概念的各个构成部分均应作广义解释,此处之"外国"并非独指国际公法意义上的国家,还包括联邦制国家的州、单一制国家内的不同法域等;此处之"法院"不独指一般意义上的法院,还包括特别法庭、行政法院,甚至可能是被国家赋予一定程度司法权的公共监督机构,如公证处等。① 国际法院、国际河流委员会、欧洲煤钢共同体等一些国际组织;②此处之"判决"不独指法院对案件实体问题作出的决定,还包括司法机关作出的裁决、裁定、命令以及要求金钱支付或者要求有关当事人作为或者不作为的决定。③

至于承认和执行,学者均将两者分割开来并辩证地看待两者的关系。承认是执行的前提,而执行则是承认的可能后果。但是并非所有获得承认的外国判决都需要执行,概括地说,民事判决有给付判决、确认判决和变更判决等三类情形,只有给付判决才有执行的要求,而确认判决和变更判决只需承认,不具有执行的内容。具体地说,下述三种情况不需执行,只需承认:其一是外国法院就离婚、婚姻无效、分居、认知、准禁治产宣告,失踪或死亡宣告,以及亲子关系的认定、监护、收养等涉及人的身份和能力等事项所作出的确认性质的判决;其二是当事人请求承认外国法院判决的目的仅仅在于阻止另一方当事人就同一诉讼标的另行起诉;其三是外国法院为满足原告对物的请求而命令出卖船舶或者其他动产的破产案件,通常也不在内国执行。④

(二)外国法院判决的承认与执行的条件和方式

1. 承认和执行外国法院判决的条件。学者们在这一问题上充分展现了独特主体的思维个性,有学者提出八要件论,⑤有学者提出七要件论,⑥也有学者提出九要件论。⑦ 这些观点,概括观之不外乎积极要件和消极要件的范围不同。我们以为,上述诸理论中以九要件论

---

① 参见卓萍:《公证法学概论》,法律出版社1988年版,第25页。甚至是教会机构,李玉泉:《国际民事诉讼与国际商事仲裁》,武汉大学出版社1994年版,第209页。
② 李双元、谢石松:《国际民事诉讼法概论》,武汉大学出版社1990年版,第481~483页。
③ 赵生祥、刘想树:《国际私法学》,法律出版社1999年版,第381页。
④ 参见徐宏:《国际民事司法协助》,武汉大学出版社1996年版,第255~256页。
⑤ 李双元等:《中国国际私法通论》(第2版),法律出版社2003年版,第576~580页;李玉泉:《国际民事诉讼与国际商事仲裁》,武汉大学出版社1994年版,第218~231页。
⑥ 徐宏:《国际民事司法协助》,武汉大学出版社1996年版,第312~328页。
⑦ 赵生祥、刘想树:《国际私法学》,法律出版社1999年版,第382页。

较为合理。该理论认为,外国法院判决的承认与执行在总括层面必须具备两个要件:

第一,积极要件,即内外国之间存在互相承认与执行对方法院判决的条约或者互惠关系。但是,根据《解释》第542条的规定:"当事人向中华人民共和国有管辖权的中级人民法院申请承认和执行外国法院作出的发生法律效力的判决、裁定的,如果该法院所在国与中华人民共和国没有缔结或者共同参加国际条约,也没有互惠关系的,裁定驳回申请,但当事人向人民法院申请承认外国法院作出的发生法律效力的离婚判决的除外。"即此种情况下,内外国之间不存在互相承认与执行对方法院判决的条约或者互惠关系,我国法院也可承认外国法院的判决。

第二,消极要件,即外国法院的判决不属于内国应拒绝予以承认和执行的情形。此类禁止性消极要件大致有:(1)外国法院对判决的事项无适格管辖权;(2)作成判决的外国法院没有给予义务人出庭参加诉讼的合理通知,并因此而使其丧失了申辩的机会;(3)外国法院的判决尚未发生法律效力,或者已经被该外国有权机关宣布撤销;(4)外国法院的判决与内国的公共秩序相抵触;(5)外国法院的判决与内国法院以前就同一争议所作的判决相矛盾;(6)外国法院的判决与第三国法院就同一争议所作的判决相矛盾,且第三国法院的判决已经被承认和执行;(7)外国法院的判决是通过欺骗手段取得的;(8)外国法院的判决带有惩罚性质,或者以征收税款为目的。

2. 承认与执行外国法院判决的方式。考察各国承认与执行外国法院判决的方式,有如下三类:

第一类,发布执行令的方式。即被请求国对请求国的判决进行审查,认为外国法院判决符合承认和执行的条件的,便承认该外国法院判决的效力,并发布执行令,依照执行本国法院判决的程序予以执行。

第二类,重新审判方式。即被请求国不直接承认和执行外国法院的判决,而是由申请承认和执行的一方当事人以外国法院判决为依据向被请求国重新起诉,被请求国以该外国法院的判决为依据对案件重新进行审理,经审理后作出一个新的判决,然后依照本国法律规定的程序予以执行。

第三类,特殊登记方式。此方式为英国所独创、独有。即外国法院作出的判决,可由有关的当事人在作出判决后6年内到英国高等法院申请登记,经英国高等法院审查后予以登记的,便按照执行英国法院判决的方式予以执行。

(三)我国关于承认与执行外国法院判决的制度

1. 我国法院判决在外国的承认与执行。必须具备如下基本条件:其一,判决必须是已生效的终审判决,具有强制执行力;其二,请求主体既可以是当事人一方,也可以是我国有关法院;其三,被请求国与我国存在互惠关系或者存在条约关系。

2. 外国法院判决在我国的承认与执行。其程序是首先由涉外案件当事人或者外国法院依《解释》第541条规定向我国有管辖权的中级人民法院提出请求;我国法院依照国际条约或者按照互惠原则进行审查(当事人向人民法院申请承认外国法院作出的发生法律效力的离婚判决的除外);审查结果显示,该判决不违背我国法律基本原则或者国家基本利益的,裁定承认其效力,需要执行的,发布执行令状。

二、外国仲裁裁决的承认与执行

外国仲裁裁决既多义又多疑。首先,何谓仲裁裁决,学界有三种认识:其一,仲裁裁决是仲裁庭在审理案件过程中或者审结案件后,对当事人提交仲裁的争议事项所作的权威性决断;① 其二,仲裁裁决是指仲裁庭依法对提交仲裁的案件在审理过程中或者进行审理后,根据已经查明的事实和认定的证据,对当事人提出的仲裁请求或者反请求或者与之有关的其他事项作出书面决定的行为;② 其三,仲裁裁决是仲裁庭依照法律和仲裁规则,在仲裁过程中或者仲裁审理终结后,就仲裁中的程序事项或者当事人提交仲裁的实体事项所作出的对当事人有约束力的书面决定,其中仲裁庭对仲裁案件审理后作出的对当事人有约束力的书面决定具有终局性。③ 比较上述概念,第三种定义较为全面严谨。其次,何谓外国仲裁裁决,简单地说,1958年《承认及执行外国仲裁裁决公约》(下称《纽约公约》)规定了领土标准和非内国标准。领土标准是指仲裁裁决是在被请求承认和执行裁决国以外的国家领土内所作出,④ 非内国标准是指在被请求承认和执行裁决地国领土内依据另一国仲裁法作出的裁决。⑤

(一)外国仲裁裁决的承认与执行

与外国法院判决的承认与执行比较,外国仲裁裁决的承认与执行要相对明朗容易得多,因为世界上大多数国家已经成为1958年《纽约公约》的缔约国。各国立法关于承认和执行外国仲裁裁决的基本结构大致有二:其一将属于公约裁决与不属于公约裁决予以区别对待;其二无论如何,对上述两类判决同等对待。⑥

(二)我国关于承认与执行外国仲裁裁决的制度

1. 外国仲裁裁决在我国的承认与执行。方式有二:若裁决是在纽约公约缔约国内作成,则我国法院按照该公约规定办理;若裁决是在非纽约公约缔约国内作成,则按照我国与该国缔结或者参加的其他条约办理,或者依照互惠原则办理,否则我国法院有权拒绝承认和执行。

2. 我国涉外仲裁裁决在国外的承认与执行。当事人在向外国法院申请执行仲裁裁决时分为两种情况:一是向纽约公约缔约国的法院申请执行,则按照纽约公约规定进行;二是向非纽约公约成员国的法院申请执行,则按照我国与其参加或者缔结的相关条约或者依据互惠原则向对方国家的法院申请承认与执行。

---

① 谭兵主编:《中国仲裁制度研究》,法律出版社1995年版,第242页。
② 黄进等:《仲裁法学》,中国政法大学出版社1999年版,第140页。
③ 刘想树:《中国涉外仲裁裁决与学理研究》,法律出版社2001年版,第160~161页。
④ UN. Doc. E/2704, reprinted in International Commercial Arbitration: New York Convention, at Ⅲ. A. 1. 7(G. Gaja ed. 1985).
⑤ 韩健:《现代国际商事仲裁法的理论与实践》,法律出版社2000年版,第383页。
⑥ 韩健:《现代国际商事仲裁法的理论与实践》,法律出版社2000年版,第387页。

【思考题】

1. 简述一般司法协助的范围。
2. 简述承认与执行外国法院判决的条件。
3. 简述关于承认与执行外国仲裁裁决的国际公约。

【参考文献】

1. 徐宏:《国际民事司法协助》,武汉大学出版社 2006 年第 2 版。
2. 李双元等:《中国国际私法通论》,法律出版社 2003 年第 2 版。
3. 沈达明:《比较民事诉讼法初论》(上册),中信出版社 1991 年版。
4. 李双元、谢石松:《国际民事诉讼法概论》,武汉大学出版社 1990 年版。
5. 韩健:《现代国际商事仲裁法的理论与实践》(修订本),法律出版社 2000 年版。
6. 张春良:《论我国区际司法协助的难点及其应对》,载《学术论坛》2002 年第 3 期。
7. 肖永平、郭树理:《欧盟统一国际私法的最新发展》,载《法学评论》2001 年第 2 期。
8. 杜焕芳:《国际民商事司法与行政合作研究》,武汉大学出版社 2007 年版。

9. Andreas F. Lowenfeld, International Litigation and the Quest for Reasonableness, Clarendon Press, 1996.

10. UN. Doc. E/2704, reprinted in International Commercial Arbitration: New York Convention, at III. A. 1.7(G. Gaja ed. 1985)